合肥年鉴

2022

合肥年鉴

中共合肥市委主办

中共合肥市委党史和地方志研究室编著

全国百佳图书出版单位

时代出版传媒股份有限公司

黄山书社

图书在版编目（CIP）数据

合肥年鉴．2022 / 中共合肥市委党史和地方志研究室编著．-- 合肥：黄山书社，2022.11

ISBN 978-7-5737-0418-4

Ⅰ．①合… Ⅱ．①中… Ⅲ．①合肥－2022－年鉴Ⅳ．①Z525.41

中国版本图书馆 CIP 数据核字（2022）第 212244 号

出 品 人 贾兴权
责任编辑 马奔奔
装帧设计 合肥艺杭文化传媒有限公司
出版发行 时代出版传媒股份有限公司（http://www.press-mart.com）
黄山书社（http://www.hspress.cn）
地址邮编 合肥市政务文化新区翡翠路 1118 号出版传媒广场 7 层　230071
制　　版 合肥艺杭文化传媒有限公司
印　　刷 合肥添彩包装有限公司
版　　次 2022 年 11 月第 1 版
印　　次 2022 年 11 月第 1 次印刷
开　　本 889mm × 1194mm　1/16
字　　数 800 千
印　　张 29.5
插　　页 48
书　　号 ISBN 978-7-5737-0418-4
定　　价 160.00 元

服务热线　0551-63533706
销售热线　0551-63533761
官方直营书店（http://hsssbook.tianmao.com）

《合肥年鉴（2022）》编辑委员会

枫林路秋色斑斓（何希斌/摄）

《合肥年鉴（2022）》责任审稿

主　　　审： 单　虎（市委常委、秘书长）

副　主　审： 吴功福（市委副秘书长、市委办公室主任）

翟新明（市委党史和地方志研究室主任）

分 类 审 稿： 各供稿单位主要负责人

特别责任审稿： 市委办公室

《合肥年鉴（2022）》编辑部

主　编： 翟新明

副主编： 王德桡　李　敏　张　晔

夏传乐　邓　伟

编　辑：（按姓名笔画排序）

王尚先　王晓燕　田　文

赵永军　贾南田　徐仙春

陶俊生　崔建军　储茂仁

鲍　甄

天鹅湖畔 （王世保/摄）

编辑说明

一、《合肥年鉴》是系统记述合肥市政治、经济、文化、社会、自然和生态等方面情况的年度资料性文献。2000年创刊，逐年编纂，本卷是第23卷。

二、本卷坚持以马克思列宁主义、毛泽东思想、邓小平理论、“三个代表”重要思想、科学发展观、习近平新时代中国特色社会主义思想为指导，贯彻落实党的十九大和十九届历次全会精神，全面系统记述2021年合肥市经济社会发展情况和特点，为读者提供认识、了解合肥各方面情况的权威性、综合性、实用性、基础性材料。

三、本卷主体内容以合肥市现行行政区划为记述范围，记述时限为2021年1月1日至12月31日。

四、本卷按分类法编辑，主体内容分为类目、分目、条目三个层次，全书设类目39个、分目254个，收入条目1445条、随文图照275幅、表格67张。坚持“质量第一、常编常新”的原则，全书框架和内容在上年的基础上进行了一些调整。主要有以下变化：在合肥市人民代表大会类目中增加“人大议案建议”分目；在中国人民政治协商会议合肥市委员会类目中增加“政协提案”分目；在“工业”类目中取消“世界显示产业大会”内容，取消“脱贫攻坚”类目，单独设立“乡村振兴”类目，并在其中设置“乡村建设与治理”分目；在“城乡建设与管理”类目中增设“引江济淮”分目；在“生态建设与环境保护”类目中，取消“农业生态建设”分目；在经济监督与管理中增加“价格管理”分目；在“应急管理”类目中，取消“疫情防控”分目；在“卫生健康”类目中，取消“健康合肥”分目；在“体育”类目中增设“青少年体育”分目。

五、本卷年鉴所载录的文章和条目，均由合肥市各承编单位提供并经其主要负责人严格审核，文中主要数据由市统计局提供，文字和数据记述时限为2021年。

合肥名片

全国双拥模范城市
全国文明城市
全国首个科技创新型试点城市
中国先进制造业重点城市
世界区域创新集群百强
世界科技城市联盟（WTA）会员城市
新能源汽车推广应用示范城市
国家特色型信息消费示范城市
全国社会信用体系建设示范城市
智慧城市国际标准试点城市
全国质量魅力城市

社会治理创新典范城市

美好生活指数最高省会城市十强

国家公交都市建设示范城市

十佳数字阅读城市

外籍人才眼中最具吸引力的中国城市

中国服务外包示范城市

全国优秀旅游城市

国家森林城市

全国首批园林城市

全国水生态文明城市

营商便利度提升最快的城市

巢湖岸边（王世保/摄）

合肥市地图

淮南市
寿县
长丰县
定远县
肥东县
庐阳区
瑶海区
蜀山区
合肥市
新桥国际机场
合肥站
长
丰
县
肥
东
县
滁
州
市
淮
南
市
庐
阳
区
瑶
海
区
巢
蜀
山
山王镇
唐山镇
九龙岗镇
能仁乡
炉桥镇
永康镇
西州店镇
范岗乡
三和集镇
池河镇
双桥镇
杨公镇
窑口乡
安丰塘镇
瓦埠镇
双庙集镇
炎刘镇
刘岗镇
三觉镇
水湖镇
罗塘乡
左店乡
杜集镇
庄墓镇
义井乡
朱巷镇
造甲乡
下塘镇
杨庙镇
陶楼镇
吴山镇
双墩镇
朱湾镇
严桥乡
吴圩镇
仓镇镇
藕塘镇
张桥镇
二龙回族乡
章广镇
响导乡
陈集镇
西王镇
白龙镇
八斗镇
古城镇
杨店乡
元疃镇
马湖乡
马厂镇
张集乡
大墅镇
众兴乡
梁园镇
牌坊回族满族乡
栏杆集镇
石塘镇
包公镇
古河镇
店埠镇
苏湾镇
高刘街道
三十岗乡
高店乡
小庙镇
南岗镇
大兴镇
S102
S311
S101
S331
S226
G206
滁淮高速
京台高速
京沪高铁
宁西铁路
沪陕高速
合淮阜高速
济祁高速
京九铁路
机场高速
合肥绕城高速
合蚌高铁

图例
省政府
市政府
县（市、区）政府
乡、镇、街道办事处
社居委
村委会
机场
山峰
高速立交
比例尺
0 4 8 12 16(千米)
高速公路
高铁及车站
铁路及车站
国道及编号
省道及编号
县道
省级界线
市级界线
县区级界线
乡镇级界线
省政府
肥西县
庐江县
巢湖市
无为市
舒城县
桐城市
西
县
庐
江
县
巢
湖
芜
湖
市
马
鞍
山
市
六
安
市
安
庆
市
铜
陵
市
铭传乡
椿树镇
孙岗镇
山南镇
柿树岗乡
花岗镇
严店乡
上派镇
丰乐镇
三河镇
同大镇
杭埠镇
柏林乡
棠树乡
万佛湖镇
舒茶镇
汤池镇
山七镇
大关镇
庐镇乡
唐湾镇
范岗镇
青草镇
金神镇
钱桥镇
义津镇
金社乡
横埠镇
周潭镇
郭河镇
石头镇
金牛镇
白山镇
盛桥镇
万山镇
汤池镇
柯坦镇
庐城镇
冶父山镇
白湖镇
乐桥镇
泥河镇
罗河镇
龙桥镇
矾山镇
长临河镇
中庙街道
黄麓镇
烔炀镇
中垾镇
夏阁镇
半汤街道
凤凰山街道
卧牛山街道
亚父街道
银屏镇
散兵镇
槐林镇
坝镇镇
清溪镇
严桥镇
石涧镇
开城镇
襄安镇
无城镇
福渡镇
白湖农场

合肥城区图

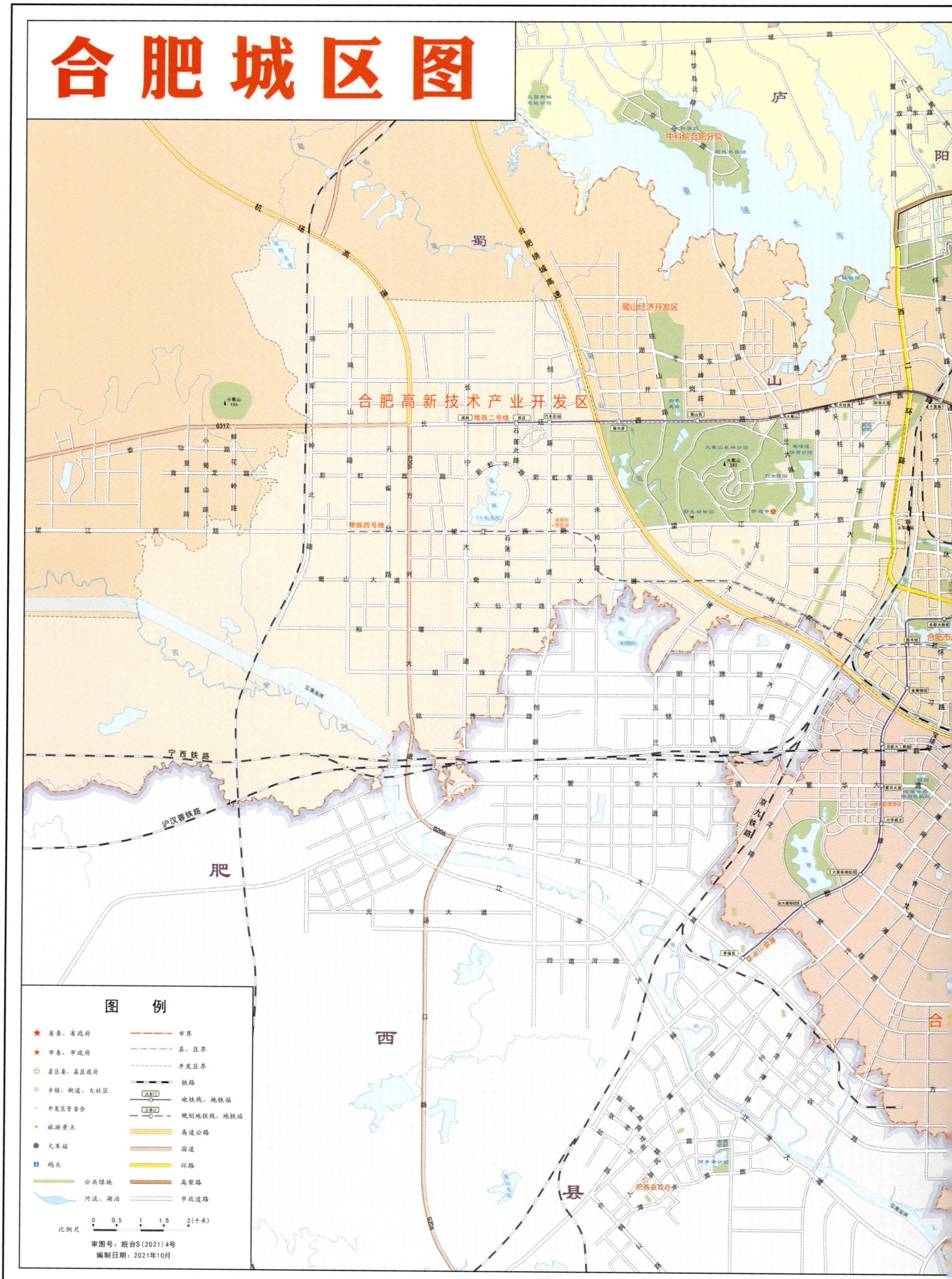

中科院合肥分院
蜀山经济开发区
合肥高新技术产业开发区
地铁二号线
地铁四号线
大蜀山森林公园
庐阳
蜀山
宁西铁路
沪汉蓉铁路
合九铁路
合肥铁路枢纽
机场高速
肥西县
肥西县政府
图例
省委、省政府
市委、市政府
县区委、县区政府
乡镇、街道、大社区
开发区管委会
旅游景点
火车站
码头
公共绿地
河流、湖泊
市界
县、区界
开发区界
铁路
地铁线、地铁站
规划地铁线、地铁站
高速公路
国道
环路
高架路
市政道路
比例尺
0 0.5 1 1.5 2(千米)
审图号：皖合S（2021）4号
编制日期：2021年10月

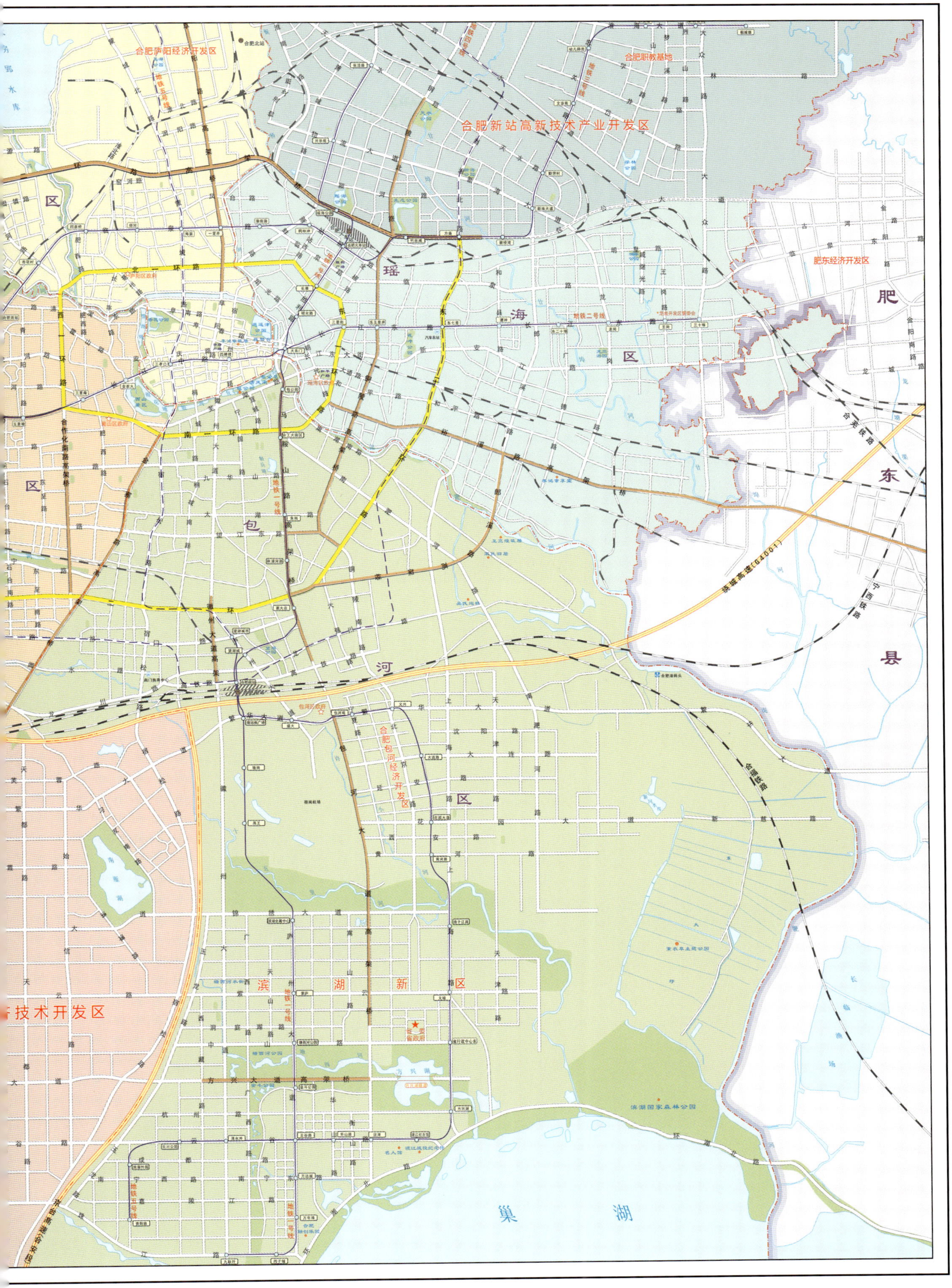
合肥庐阳经济开发区
合肥职教基地
合肥新站高新技术产业开发区
肥东经济开发区
瑶
海
区
肥
东
县
包
河
区
合肥包河经济开发区
滨湖新区
滨湖国家森林公园
巢
湖
技术开发区
合宁铁路
宁西铁路
合蚌铁路
地铁一号线
地铁二号线
地铁五号线
北一环路
南一环路
二环路
东二环路
方兴大道高架桥

2021年9月25—28日，中国共产党合肥市第十二次代表大会召开　　（张大岗/摄）

2021年1月14日，市委召开2020年度县（市）区委书记抓基层党建工作述职评议会议　　（市委办/供）

2021年3月26日，十一届市委第七轮巡察整改推进暨第八轮整改情况专项检查动员会召开　　（市纪委监委/供）

2021年3月26日，市直机关党的工作、模范机关建设和全市效能建设工作会议在市政务中心小会堂召开（市直机关工委/供）

2021年4月16日，市党史学习教育市委宣讲团宣讲动员会召开（市委宣传部/供）

2021年7月2日，市优秀共产党员、优秀党务工作者、先进基层党组织表彰大会召开。省委常委、市委书记虞爱华出席会议并讲话（张大岗/摄）

2021年5月23日，市委理论学习中心组成员在渡江战役纪念馆序厅集体重温入党誓词。省委常委、市委书记虞爱华领誓 （张大岗/摄）

2021年7月2日，省委常委、市委书记虞爱华观看牢记初心使命 矢志砥砺前行——中国共产党合肥历史图片展 （张大岗/摄）

2021年7月8日，"七一勋章"获得者马毛姐与武警合肥支队党员代表分享入党故事（武警合肥支队/供）

2021年12月10日，庐阳区委"一线为民"理论宣讲团走进逍遥津公园，以艺术化方式宣讲党的十九届六中全会精神（庐阳区委/供）

2021年2月25日，市科技创新大会召开　　（市科技局/供）

2021年，中科院量子信息与量子科技创新研究院1号科研楼全面建成。图为创新研究院外景

2021 年 4 月 26—27 日，中国（安徽）科技创新成果转化交易会在合肥举办　　（市科技局/供）

（高新区工委办/供）

2021年1月12日，合肥先进光源预研项目顺利通过工艺验收。图为国家同步辐射实验室合肥光源全景　（张大岗/摄）

2021年4月28日，科研人员正在有"人造太阳"之称的全超导托卡马克核聚变实验装置（EAST）内进行升级改造，检查高场侧瓦片安装。5月28日第16轮EAST装置物理实验实现了可重复的1.2亿摄氏度101秒等离子体运行和1.6亿摄氏度20秒等离子体运行，再次创造托卡马克实验装置运行新的世界纪录　（张大岗/摄）

2021年5月18日，智飞龙科马重组新冠疫苗智能生产线上技术人员在忙碌着　（郭如琦/摄）

2021年，聚变堆主机关键系统综合研究设施园区全面建成　　（市科技局/供）

2021年6月20日，合肥先进计算中心正式运行　　（市重点局/供）

2021年6月7日，中央广播电视总台《对话》栏目在合肥天鹅湖公园录制“万亿城市新征程·合肥”专题节目，省委常委、市委书记虞爱华作为主嘉宾接受现场采访　（张大岗/摄）

2021年11月19日，世界制造业大会开幕　（苏　玲/摄）

2021年6月17日，世界显示产业大会开幕　（市经信局/供）

2021年4月7日，蔚来第10万辆汽车下线

（范红金/摄）

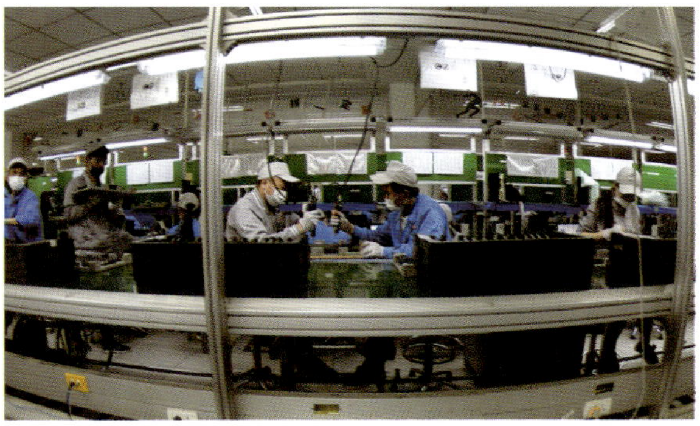

2021年，联宝（合肥）电子科技有限公司营收超1200亿元。图为联宝工作人员正在生产线作业

（张大岗/摄）

2021年，合肥晶合集成电路股份有限公司跻身全球晶圆代工企业前10位。图为公司内景

（新站区工委办/供）

2021年4月16日，大众汽车（安徽）新能源汽车项目签约落户合肥经开区

（经开区工委办/供）

2021年12月18日，合肥沛顿存储科技有限公司建成投产

（经开区工委办/供）

2021年，合肥京东方光电科技有限公司产值达650亿元，创历史新高。图为公司外景
（张大岗/摄）

2021年，合肥维信诺科技有限公司AMOLED智能手机面板出货量约0.3亿片，市场份额5.1%，位居全球第四，国内第二。图为公司外景
（郭如琦/摄）

2021年，长鑫存储技术有限公司营收比上年增长5倍。图为公司外景（刘　伟/摄）

2021年7月，比亚迪项目落户长丰县下塘镇，项目总投资150亿元。图为12月19日，比亚迪项目建设现场（王世保/摄）

2021年，智能语音入选国家首批先进制造业集群。图为中国声谷（刘　伟/摄）

2021年，淮河路步行街入选首批国家级夜间文旅消费集聚区（市商务局/供）

2021年，合肥市积极引导制造业企业专注创新和质量提升。图为制造业单项冠军示范企业——安徽安利材料股份有限公司内景（安利股份/供）

2021 年 9 月 8 日，"合肥—伦敦" 全新国际货运航线正式开通 （市商务局/供）

2021 年，合肥港直航上海外贸航线常态化运营。图为合肥国际集装箱码头

2021年11月12日，智慧长三角发展大会上合肥市数据资源局荣获数字化转型创新案例一等奖
（市数据资源局/供）

2021年12月30日，中老铁路（合肥—万象）国际货运列车首发 （市商务局/供）

2021年，黄山—合肥—塔什干城际定向班列黄山茶专列突破百柜 （市商务局/供）

（王少明/摄）

2021年7月27日，国家级合肥蜀山经济技术开发区揭牌暨“中国环境谷”零碳产业基地共建启动会举行（蜀山区委史志室/供）

2021年9月2日，海关人员正在对长三角海关进口一体化特殊货物进行查验（庐州海关/供）

2021年，合肥市推进社会体制改革，畅通诉求渠道，提升利企便民服务水平。图为市12345热线电话受理中心（市委政研室/供）

2021年10月20日，长三角区域首次申领居民身份证“跨省通办”（宋　军/摄）

2021年1月5日，包河区网格化服务管理中心工作人员正在监控大共治城市运行中心监控大屏（市政府办/供）

2021年12月26日，轨道交通4号线正式开通运营（轨道交通集团公司/供）

2021年9月13日，畅通二环（西南环）夜景
（市政府办/供）

2021年12月5日零点，畅通二环（西南环）建成通车
（市政府办/供）

2021年5月1日，引江济淮工程淠河总干渠渡槽正式通水，这是目前世界上最大跨度的通水通航钢渡槽（市政府办/供）

2021年11月，庐州大道上跨繁华大道施工现场（苏 玲/摄）

2021年11月29日，位于新站高新区的文忠路双层高架雏形渐现。文忠路高架是合肥首个双层高架
（张大岗/摄）

2021年，合肥推进东部新中心建设。图为青年创意田园为城市居民提供休闲娱乐场所
（解　琛/摄）

2021年7月，重启开园的逍遥津公园
（王世保/摄）

2021 年，改造后的撮造山巷（市城建局/供）

2021 年 11 月，已建成的骆岗中央公园智慧中心（苏 玲/摄）

2021 年 9 月，庐州坊改造升级工程完工（王世保/摄）

2021年，合肥市实施现代种业提升工程，加快打造“种业之都”。图为3月4日，省委常委、市委书记虞爱华调研安徽荃银高科种业股份有限公司　（市农业农村局/供）

2021年9月13日，肥西县上派镇彭圩村扶贫产业园全景　（肥西县委史志室/供）

2021年9月，长丰县美丽乡村——朱巷镇庞谷堆社区　（长丰县委史志室/供）

2021年，合肥市建成76个省、市级美丽乡村中心村。图为巢湖市槐林镇美丽乡村中心村　（何希斌/摄）

2021年，巢湖中庙河西村边的云水湾成为网红打卡地。图为7月31日，游客在游玩拍照
（王世保/摄）

2021年，合肥市不断完善城乡公路网络建设，为乡村振兴提供有力交通保障。图为7月15日，肥东县牌坊回族满族乡境内公路
（郭如琦/摄）

2021年6月22日，在肥东县八斗镇陆还社区扶贫产业园里，工人将采摘的哈密瓜包装、外运　（郭如琦/摄）

2021年3月，庐江县柯坦镇分水村万亩茶园开园采摘　（庐江县委史志室/供）

2021年，合肥市大力推动都市休闲农业示范区建设。图为4月，蜀山区小庙镇德丰综合性生态农业示范园　（苏　玲/摄）

2021年8月23日，省委常委、市委书记虞爱华乘船入湖实地察看巢湖蓝藻情况。经监测，巢湖首次出现蓝藻时间较2020年同期推迟56天，发生次数减少78.3%，累计面积减少84.4%，藻密度下降58.9%
（张大岗/摄）

2021年，合肥市生态环境质量持续改善，全市空气质量优良率明显提高
（王世保/摄）

2021年9月7日，市生态环境局开展十五里河排口排查专项行动　（王仁玉/摄）

2021年，合肥市有序推进庐南矿山生态修复，并依托矾矿资源推进文旅融合，助力乡村振兴。图为12月17日，庐江矾矿矿山生态修复工程现场　（王世保/摄）

2021年，合肥市修复恢复湿地0.41万公顷。图为巢湖市柘皋河省级湿地公园

（市生态环境局/供）

2021年5月，巢湖生态清淤试点工程正式开工建设，通过清淤、底泥固结、尾水处理、湖滨带湿地修复等一系列环节，改善巢湖水质

（王世保/摄）

2021年，十五里河入巢湖水质稳定达到地表水III类水标准。图为十五里河下游河口生态治理工程鸟瞰　（苏　玲/摄）

2021年11月10日，董铺水库红杉林色彩艳丽成为一道风景线　（王世保/摄）

2021年6月16日，安徽省暨合肥市“安全生产月”宣传咨询日活动现场（市应急管理局/供）

2021年3月9日，“智汇合肥名校行”大学生招聘活动现场　　（市人社局/供）

2021年5月15日，在合肥市最大的新冠疫苗接种点——合肥奥体中心方舱接种点，市民有序入场接种疫苗（宋炎骏/摄）

2021年12月，建设中的合肥一中东校区（王世保/摄）

2021年4月，合肥四湾菜市经过改造提升后开始试营业（葛传红/摄）

2021年7月10日，庐阳万象汇商业综合体顶层空中运动场 （苏 玲/摄）

2021年，合肥以创建林长制改革示范区为抓手，让市民尽享家门口的“绿色福利。图为市民在金寨路与水阳江路交口东北角劳动公园休闲游玩 （苏 玲/摄）

2021年9月27日，合肥市医疗保障服务热线接听现场 （王 丽/摄）

2021 年 12 月 7 日，回迁居民在磨店家园安置房小区散步　　　（新站区工委办/供）

2021 年，留在合肥过年的工友通过视频让家人感受工地的年味　　　（苏　玲/摄）

2021 年 12 月 7 日，包河区义城街道大陈村村民一家在回迁的新家中自拍全家福　　　（苏　玲/摄）

庆祝中国共产党成立100周年

2021年3月18日，"学党史 强信念 跟党走"——合肥百万青少年学党史活动启动仪式举行
（团市委/供）

2021年6月27日晚，合肥市庆祝中国共产党成立100周年文艺晚会在合肥大剧院上演
（郭如琦/摄）

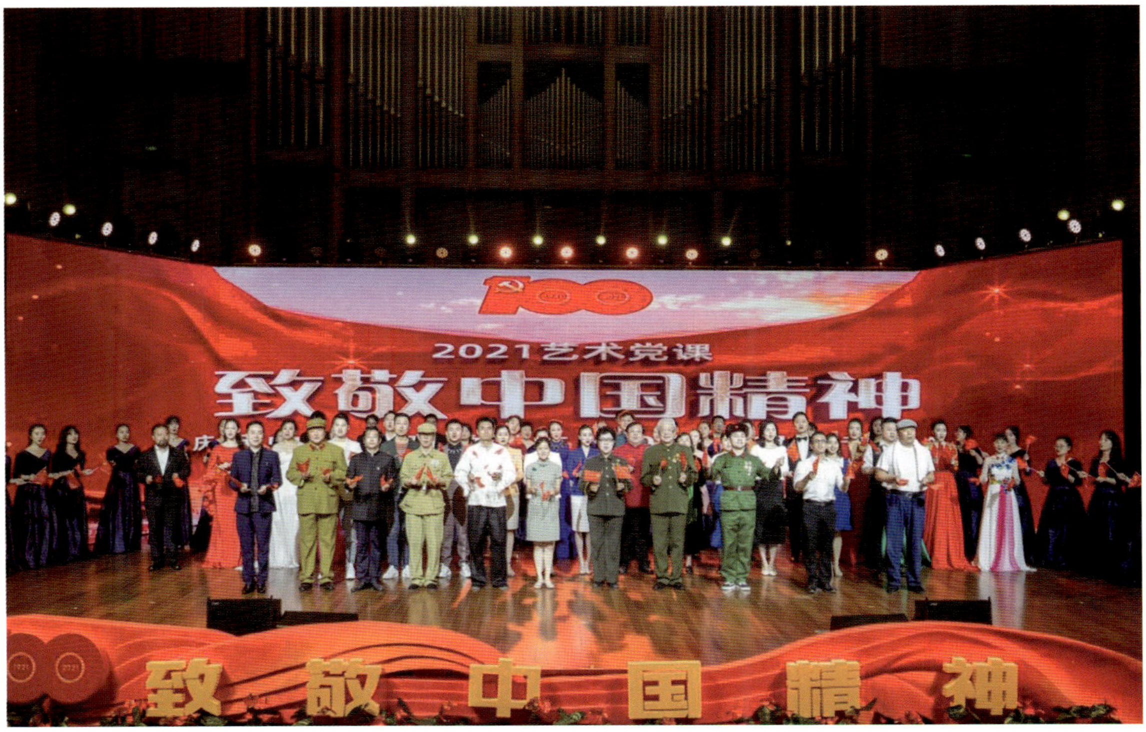

2021 年 6 月 24 日，艺术党课《致敬中国精神》在合肥大剧院上演　（市委宣传部/供）

2021 年 6 月 29 日，合肥市“新时代好少年”先进事迹现场发布活动举办　（市文明办/供）

合肥年鉴2022

庆祝中国共产党成立100周年

2021年4月12日，蜀山区丁岗社区开展“红色剪纸照初心”活动　（郭如琦/摄）

2021年6月24日，肥东县八斗镇大张社区志愿者为91岁党员圣荣好送上“党史随身听”　（郭如琦/摄）

2021年4月20日，全国人大代表李小莉进工地宣讲党史　（肥东县委史志室/供）

2021年7月1日，在蜀山区竹荫里社区，“光荣在党50年”老党员在社区广场通过大屏幕收看庆祝中国共产党成立100周年大会直播盛况　　（苏　玲/摄）

2021年3月15日，市民在位于合肥市长江中路的新华书店里阅读、购买党史学习教育系列书籍　　（张大岗/摄）

2021年6月，包河区举办“知史爱党 初心传承”党史知识大赛，庆祝中国共产党成立100周年
（包河区委史志室/供）

2021年6月28日，“奋斗百年路”——庐阳区庆祝中国共产党成立100周年主题艺术党课在庐阳剧院上演
（庐阳区委史志室/供）

目 录

图 照

专 记

大事记

合肥概览

中国共产党合肥市委员会

合肥市人民代表大会

合肥市人民政府

中国人民政治协商会议 合肥市委员会

中国共产党合肥市纪律检查委员会 合肥市监察委员会

军　事

民主党派与工商联

群众团体

法 治

改革开放

生态建设与环境保护

工　业

民营经济

信息产业与信息化

农业农村

商贸服务业

交通邮政

自然资源和规划

城乡建设与管理

建筑业与房地产业

财政 税务

金 融

经济监督与管理

应急管理

科　技

教 育

文化旅游传媒

卫生健康

体 育

乡村振兴

社会民生

经济开发区

县（市）区概览

人 物

附 录

索 引

Catalogue

专 记

合肥市庆祝中国共产党成立100周年纪实

2021年，是中国共产党百年华诞。合肥市紧紧围绕庆祝中国共产党成立100周年这一主线，把开展好庆祝活动作为重大政治任务，摆在突出位置，2月23日，召开市委常委会会议，专题研究《中共合肥市委关于中国共产党成立100周年庆祝活动的实施方案》及任务分工，对庆祝活动进行专门部署，列出时间表、任务书、责任人，确保做到规定动作不漏项、不走样，自选动作有特色、有实效；3月3日，专题召开庆祝活动调度会，进一步研究部署全市庆祝活动各项工作。全市各地党委统一领导，党委宣传部牵头抓总，组织、统战、网信、党史、文旅和群团等各有关部门各司其职，形成强大合力，推动全市各项庆祝活动扎扎实实、高质高效开展，大力营造同庆百年华诞、共铸历史伟业的浓厚氛围，进一步坚定全市上下“感党恩、听党话、跟党走”的信心和决心。

庆祝活动期间，合肥市牢牢把握“党的盛典 人民的节日”基调定位，坚持立足实际、面向基层、深入群众，强化时代元素、地域特点，把主题文化活动和党史学习教育、“四史”宣传教育、“永远跟党走”群众性主题宣传教育活动有机结合起来，精心谋划安排12个方面81项展演播宣活动，广泛开展近千场内容丰富、形式多样、群众参与度高的主题文化活动。

3月8日至3月31日，为庆祝中国共产党成立100周年，面向全市广大职工开展“百年华章·E起诵”主题诵读作品征集活动，并对获奖作品进行线上线下展示。

3月21日，由市委宣传部主办的“文化有礼 全民畅享”第七季合肥市高雅艺术文化惠民活动持续上演精彩演出，《百年梦想·时代音符——中国电影乐团大型交响视听音乐会》在合肥大剧院激情奏响。

4月8日至9日，在合肥大剧院“红色经典艺术节”上，张继钢导演作品舞蹈史诗《黄河》震撼上演。本次艺术节，一系列涵盖音乐、舞剧、戏曲、话剧等多种形式的优秀红色经典舞台艺术作品陆续亮相，让广大合肥观众在重温红色经典的同时，唱响时代壮歌，凝聚奋斗力量。

6月15日，由市委宣传部、市委党史和地方志研究室、市妇联、市文联、合肥产投集团联合举办的庆祝中国共产党成立100周年——“党的女儿 最美巾帼”主题摄影展在市政务中心阳光大厅开展，本次展出分为“筚路蓝缕 弦歌不辍”“疫散花开 风雨同行”“初心不改 筑梦未来”“蔚然新风 不负韶华”“锲而不舍 久久为功”5个篇章，展出100幅摄影作品，集中宣传展示党的百年历程和党领导下的合肥妇女事业取得的丰硕成就。

6月24日，由市委宣传部主办的艺术党课《致敬中国精神》在合肥大剧院音乐厅拉开大幕，用合唱、朗诵、情景剧、曲艺表演唱等艺术形式，展现党带领中国人民进行革命、建设、改革，走向中华民族伟大复兴的光辉历程。

6月28日，由市委党史和地方志研究室举办的“牢记初心使命矢志砥砺前行——中国共产党合肥历史大型图片展”在市政务中心阳光大厅拉开帷幕。此次展览以中国共产党合肥历史发展脉络为轴，分为开天辟地（新民主主义革命时期）、改天换地（社会主义革命和建设时期）、翻天覆地（改革开放和社会主义现代化建设新时期）、惊天动地（中国特色社会主义新时代）4个篇章。

“七一”期间，根据市委统一部署，各部门各单位积极组织，开展近百场形式多样的主题文艺活动。6月27日，合肥市庆祝中国共产党成立100周年文艺晚会在合肥大剧院上演，整场晚会分为“站起来”“富起来”“强起来”三个篇章，融合歌舞、朗诵、合唱、戏曲等形式，让市民重温在中国共产党的领导下，我们伟大的祖国从“站起来”到“富起来”再到“强起来”的光辉历程。6月30日，由省委宣传部、省文化旅游厅主办，省文化馆、全省文化馆联盟、市文旅局承办的“唱支山歌给党听”暨“永远跟党走”安徽省群众大家唱歌咏大会在合肥大剧院精彩上演，2100余位演职人员、观众欢聚一堂，共庆中国共产党的百年华诞。

各地也围绕建党百年主题，广泛动员群众参与，相继开展了形式多样、丰富多彩的主题文艺展演活动。6月22日，新站高新区举行“永远跟党走，阔步新征程”庆祝中国共产党成立100周年群众性合唱比赛，15支代表队、900多名党员干部群众，用歌声深情歌唱伟大祖国，歌颂伟大的党，致敬伟大的时代。6月25日，由长丰县重点打造的大型原创庐剧现代戏《崔筱斋》在安徽艺术剧场首演；“永远跟党走——包河区庆祝中国共产党成立100周年文艺演出”在包河区政府广场火热举行。6月26日，“永远跟党走·逐梦经开人”合肥经开区第九届全民文化月活动开幕式隆重举行。6月28日，“奋斗百年路”——庐阳区庆祝中国共产党成立100周年主题艺术党课在庐阳区市民中心庐阳剧院上演。6月29日，肥西县“永远跟党走——庆祝中国共产党成立100周年”文艺演出在派河剧场举行；庐江县庆祝中国共产党成立100周年音乐舞蹈史诗《永远跟党走》在庐江大剧院上演；瑶海区第九届“颂歌献给党”歌咏大赛在瑶海大剧院举行。6月30日，“辉煌100年 奋斗新征程”蜀山区庆祝中国共产党成立100周年文艺演出在市政务中心小礼堂举行；肥东县庆祝中国共产党成立100周年专场演出在合肥理工学校举行。7月1日，“百万职工心向党 高歌奋进新征程”安巢经开区艺术党课在巢湖传媒中心演播大厅精彩上演。7月3日，“百年风华•红心向党”巢湖市庆祝中国共产党成立100周年合唱音乐会在原居巢区政府会场举行……

7月1日上午8时，庆祝中国共产党成立100周年大会在北京天安门广场隆重举行。来自全市各行各业的广大干部群众，通过电视、网络等不同方式收听收看直播盛况，共同感受这一激动人心的伟大时刻，共同庆祝中国共产党百年华诞。省委常委、市委书记虞爱华参加省级领导同志集中收听收看，市四大班子负责同志在市政务中心集中收听收看，各级党组织、社会各界通过多种形式组织党员干部群众集中收听收看，聆听总书记重要讲话。据统计，全市1.8万个党的基层组织集中收看庆祝大会盛况，44万名党员、200万群众进行了收听收看。

7月1日至12月31日，由上海、江苏、浙江、安徽三省一市档案局、档案馆联合主办的“建党百年 初心如磐——长三角红色档案珍品展”在蜀山区档案馆向市民开放。

7月5日，“艺心向党 文艺为民——庆祝中国共产党成立100周年书法美术摄影民间文艺作品展”在市政务中心阳光大厅拉开帷幕。本次展览遴选的124幅文艺作品，从笔墨、镜头、指尖回望记录百年奋斗历程中令人感动的瞬间和人物，展现中国共产党的百年风华和伟业。

7月10日，由中国美术家协会艺术委员会、市委宣传部和市文联共同主办的“从大别山到瑶岗‘写·景’——优秀美术家红色足迹写生创作学术邀请展”，在合肥-久留米友好美术馆开幕。本次活动于4月初正式启动，来自全国各地的20多名优秀画家探访革命旧址、重走红色足迹、感受旧貌新颜，用油画、国画、版画等多种艺术形式，创作一批思想精深、艺术精湛、风格多样的美术佳作。

（韩 婷）

合肥市开展党史学习教育综述

2021年3月7日，合肥市党史学习教育动员部署大会召开，全市党史学习教育全面启动。其间，全市各级党组织深入学习贯彻习近平总书记在党史学习教育动员大会、庆祝中国共产党成立100周年大会、党的十九届六中全会上的重要讲话精神，按照党中央及省委决策部署，高站位、高标准、高质量开展党史学习教育，“学党史”走深走实、“悟思想”入脑入心、“办实事”用心用力、“开新局”有力有效，在学史明理、学史增信、学史崇德、学史力行上取得显著成效。《人民日报》等中央和省级主要媒体刊发合肥市重点报道一万余篇（条），其中，中央媒体2000余篇（条）。

高位部署推进　学习入脑入心

合肥市上下把党史学习教育作为一项重大政治任务。“要深入学习贯彻习近平总书记在党史学习教育动员大会上的重要讲话精神，做到学史明理、学史增信、学史崇德、学史力行。”在合肥市党史学习教育动员部署大会上，省委常委、市委书记虞爱华强调，开展党史学习教育领导要带头带动，态度要认真较真，工作要抓实抓细，做到规定动作不漏项、不走样，自选动作有创新、有实效，确保高标准高质量完成学习教育各项任务。

市委第一时间研究制定党史学习教育实施方案，成立党史学习教育领导小组，要求各级党组织把党史学习教育作为一项重大政治任务去落实。制定负面提示单“十不得”，明确各级党组织在开展党史学习教育过程中，不得机械地强制性规定学习时间等10项举措，力戒形式主义、官僚主义。组建13个市委巡回指导组，选调党性强、作风正、经验丰富的县处级干部担任组长、副组长，先后召开巡回指导工作动员部署培训会、座谈会、推进会，加强培训辅导，督促严格指导。制定巡回指导工作方案，对全市100个市管领导机构开展三轮、300多次督导指导，推动各地学习教育落地落实、取得成效。

市委常委会带头开展专题学习，市委理论学习中心组专题学习25次，做到及时学、跟进学。2021年“七一”以后，市委相继举办学习贯彻习近平总书记“七一”重要讲话精神研讨班、理论学习中心组学习报告会暨“庐州讲坛”等。全市各级党委（党组）强化主体责任，各级主要领导带头抓学习、抓宣讲、办实事，以“关键少数”带动“绝大多数”。

党的十九届六中全会闭幕后，合肥市根据部署，遴选一批政治素质好、理论水平高、宣讲能力强的领导干部，特别明确市委常委会班子成员对口联系一个县（市、区）宣讲，组建由现任副市级以上领导参加的市委宣讲团。

随后，全市开展“举旗帜•送理论”专题宣讲活动。各地各部门参照市委宣讲团做法，结合自身实际组织开展本地本系统的宣传宣讲工作。

市领导带头认领民生工程，带头开展“进万户、访千企、解十难”活动，带头开展大调研工作。全市副市级以上领导干部走访群众1300余户及企业、单位500余家，现场解决问题220项；780多位处级领导干部走访群众1.5万余户及企业、单位5800余家，现场解决问题6211项。

在市委统一安排下，全市上下把党史学习教育作为砥砺初心使命的“磨刀石”，掀起“学党史、悟思想、办实事、开新局”的热潮。

感悟思想伟力　增强政治定力

思想就是力量。全市牢牢把

握理论武装这个根本，不断夯实思想之基。

市直相关部门开展主题党日活动、专题学习研讨会，学习习近平《论中国共产党历史》等书籍；各地开办党史学习教育理论学习中心组专题学习班，举办网上读书班、学习小组等，让理论学习入脑入心。

坚持读原著、学原文、悟原理，全市广大党员干部及时学跟进学，深学深读、精学精研。做好4本指定学习书目、4本重要参考书目的学习使用；围绕学习贯彻党的十九届六中全会精神和习近平总书记在党史学习教育动员大会、庆祝中国共产党成立100周年大会上重要讲话精神，组织形式多样的专题学习、专题研讨。全年，全市县处级以上党委（党组）开展集体学习1000多次，全市各级党组织开展集体学习8.6万多次，举办各类读书班培训班580余场（次），开展主题党日活动3.6万多次，举办党史知识竞赛900多场、68万人参赛，1万多名领导干部讲专题党课。

“我们要不忘初心、牢记使命，拼搏奉献、为民服务，为社会发展贡献自己的一份力量。”2021年12月15日，在巢湖市坝镇镇整村推进安置点项目锦绣南苑工地上，“中国好人”、省劳动模范郑爱军结合自身工作对党的十九届六中全会精神进行宣讲。

宣讲是党史学习教育的关键环节。

组建市委宣讲团，高质量完成党史学习教育、学习贯彻习近平总书记“七一”重要讲话精神专题宣讲24场；组建专家、劳动模范、青年、巾帼等宣讲团，开展百名女性百场宣讲双百行动、党史学习教育“进工地”、青年马克思主义者培养工程学员讲党史、社会科学名家大巡讲、纪法宣传宣讲等，推动党史学习教育深入人心。

既在深入上做文章，又在广泛上下功夫。

全市各地组织新时代五老宣讲团、派河春晖宣讲团、百姓圆梦宣讲团、新乡贤宣讲团、青年宣讲团等基层宣讲团，广泛开展农村田园会、“板凳会”“口述红色史”等系列活动；组织开展“红色记忆·创新时代”网络主题宣传，开展“青年大学习·一起学党史”网上主题团课等。其中，肥东县创新开展“党史教育随身听”，将装有党史教育素材的内存卡，放到收音机上，解决老党员出行不便、阅读不畅的难题；包河区大圩镇组织辖区圩美实践宣讲团成员，通过打油诗、三句半等群众喜闻乐见的方式宣讲党的十九届六中全会精神。

创新开展“百团千人讲党史”等活动，全市组建各类宣讲团500余个，开展系列宣讲1.4万场、受众百万人次，打造百万青少年学党史、送党史进工地等一批特色宣讲品牌，推动党史学习教育走深走实。全市上下形成知史爱党、知史爱国的高度自觉。庐阳区委“一线为民宣讲团”获全国基层理论宣讲先进集体。

用好红色资源　赓续精神血脉

历史是最好的教科书，也是最好的营养剂。

2021年，肥西县由20多人组成的“作家采写团”深入村居一线，历时7个月，走访烈士后代、战友、同乡等160余人，写出30多篇纪实作品，形成《上派红色足迹》。12月4日，上派镇举办“品读上派　寻找红色印记”党史学习教育暨赠书仪式，成为合肥市用好红色资源，打造党史学习教育“第二课堂”的写照。

让红色资源火起来、红色人物亮起来、红色基因传下来。合肥市深入挖掘红色资源，讲好红色故事，推动广大党员干部在“跨越时空的对话”中感知革命精神。

全面梳理排查挖掘全市革命文物资源，统计各类纪念设施遗址139处；围绕党在合肥各个历史时期发生的重大事件、重要会议、重要人物，编写推出《中国共产党合肥历史（1926—1949）》等党史读物；组织开展“红色文物故事”展示展播，创新推出一批“红色明信片”；借助《觉醒年代》热播效应，策划打造“延乔路”红色网红打卡地，入选全国党史学习教育创新案例；相继举办庆祝中国共产党成立100周年交响音乐会、主题文艺演出、艺术党课《致敬中国精神》、“学党史、跟党走、少年志”青少年红色经典朗诵、“读党史、守初心、担使命”全民阅读主题演讲、“看电影学党史”千场电影下基层等系列活动；创作推出革命历史题材电影《瑶岗1949》在中央电视台电影频道黄金时段播出，版画《三大改造》入选中央宣传部庆祝建党100周年大型美术创作工程，庐剧《崔筱斋》《等不到今生等来世》和舞剧《立夏》入选安徽省庆祝中国共产党成立100周年新创优秀剧目展演……

12月17日，长丰县造甲乡双河社区党总支书记崔少先带领同学们参观中共合肥北乡支部纪念馆。他从党的百年历史入手，结合崔筱斋事迹，深入浅出解读党的十九届六中全会的核心要义和精神实质。长丰县造甲乡依托中共合肥北乡支部纪念馆，采取“宣讲+研学”的形式，传承红色基因。

合肥市利用重要节点，发挥爱国主义教育基地作用，举办“英雄在我心中”百名中小学生讲江淮英烈故事、“建功十四五奋进新征程”劳动竞赛、国家公祭日纪念等活动，开展“节日里的党史教育”，策划开展“发扬红色传统　传承红色基因”百项活动等。其中，蜀山区打造社区红色展示馆；肥东县精选十个点，推出红色旅游线路；巢湖市开通“红色交通专线”H101线，把本地革命纪念场馆串联起来，打造流动的党史学习教育宣传阵地；合肥新站高新技术产业开发区挖掘本地红色资源、典型事例，在线推出“红色有声日历”等系列音频；合肥高新技术产业开发区汇聚活跃在科普一线的博士志愿者走进校园，传播科学思想，弘扬科学精神。

……

2021年，全市爱国主义教育基地接待党员群众超120万人次，渡江战役纪念馆和渡江战役总前委旧址联合获批第二批中华民族文化基因库红色基因试点，“百万雄师过大江”“科技创新·驱动江淮”2条线路入选文化和旅游部“建党百年红色旅游百条精品线路”。

聚焦急难愁盼　践行为民初心

群众觉得好才是真的好。2021年，合肥市树牢以人民为中心的发展思想，聚焦群众急难愁盼，扎实开展“我为群众办实事”实践活动，集中精力办成一大批群众“看得见、摸得着、得实惠”的好事实事，让市民的笑容成为城市最美的市容。

越是群众觉得“难过”，就越不放过；越是事情“难干”，就越要大干。

市区最大堵点西南二环，仅用10个月就实现主线高架贯通，“老堵点”变成“新亮点”。家住滨湖新区的王女士对此深有感慨：“畅通二环（西南环）主线高架通车后，花在上下班路上的时间缩减了一半。”

知民需，更要行民盼。

2021年1月1日起，合肥市区路面停车泊位免费停车时间由15分钟延长至30分钟，引发市民和网友纷纷“点赞”。不止于此，错时共享停车位、潮汐停车位、智能停车场……合肥市以“优化停车资源”为切入点，推出一项又一项管用举措，让停车不再成为“老大难”。

把群众的小事当大事干，努力让群众看见变化、得到实惠、感受温暖。

“孩子出生时，就为家门口没有幼儿园而烦恼；没想到，这个问题今年解决了。”家住合肥经开区徽园附近的程林青说。2021年秋季，她的孩子顺利进入合肥明珠幼儿园徽园分园。

大力实施新建一批、扩建一批、转换一批、补充一批“四个一批”工程，多渠道扩充普惠性学前教育资源。2021年，全市在园幼儿公办率和普惠率分别达51%和84%，6.8万名幼儿入园需求基本实现学位供给平衡。

把实事办到群众心坎里，就是要从最困难的群众入手、从最突出的问题抓起、从最现实的利益出发。

2021年12月6日，对瑶海区和平路街道辖区安居四栋楼的居民来说，是个喜悦的日子，108套回迁房全部分配完毕，每一位回迁户都选到属于自己的新房，实现翘首以盼的安居心愿。

聚焦群众牵肠挂肚的民生大事、天天有感的关键“小事”，全市上下千方百计破难题。解决企业用工急，创新推广“共享员工”，提供岗位60万余个；纾解“赶考奔波愁”，将原来全市一个高考考区分拆为四个分考区，变“满城跑”为“就近考”……

“办实事”体现的是作风，检验的是初心。

全市各地各部门主动出击，倾听民声，问需于民，从群众关心的“小事”做起，从群众不满意的地方改起，切实把党史学习教育成果转化成为民办实事、解难事的实际行动。全市共列出为民办实事清单16万余件、已解决14万余件，其中，2021年度27项重点民生项目、512项微民生项目全部按计划完成。

各地形成“四步工作法”“一线为民工作法”“千名党员下基层”等一批各具特色、富有成效的经验做法。瑶海区开展“行走瑶海、服务基层”周六千名党员下基层活动，组织近千名党员利用周末时间，深入基层一线、入户走访；庐阳区通过每月10日“一线驻点”、夜访万家等专项行动，组织党员干部深入社区村居、走进园区楼宇集中“访民情”；包河区上线“我为群众办实事”项目征集小程序“共治包河”，让群众手机“扫一扫”即可表达诉求；庐江县把“微宣讲”融入“办实事”，组织230支乡村振兴工作队每月下沉全县所有村、社区；安徽巢湖经济开发区企业党委各支部开展“我为企业献计策”主题党日活动，结合企业生产经营管理，为企业发展建言献策，共同推动企业和园区经济发展；合肥经济技术开发区政务中心修订绿色通道制、部门联动制，推行65个事项异地通办，在41个城市实现企业开办跨省申领执照……

学史以明志，鉴往而知来。

党史宣讲鼓舞人心、红色教育涤荡心灵、民生实事解民难题。全市上下规定动作不折不扣、自选动作有声有色，衷心拥护“两个确立”、忠诚践行“两个维护”的政治自觉、思想自觉、行动自觉更加坚定。

事不避难，难中求成。全市上下坚持以习近平新时代中国特色社会主义思想为指导，持续深入学习宣传党的十九届六中全会精神，坚持把党史学习教育的重大成果转化为推动发展的实际成效，满怀信心奋进新征程、建功新时代，以实际行动迎接党的二十大胜利召开。

（王安波）

合肥市2021年度推动高质量发展纪实

2021年1月26日，合肥市统计局公布2021年经济运行情况：全市生产总值（GDP）11412.8亿元，同比增长9.2%！站在“十四五”的新起点，尽管充满不确定性，但合肥依然交上一份靓丽的成绩单，迈出“开局之年”的稳健步伐。

一季度，2356.31亿元；上半年，5203.46亿元；前三季度，8206.66亿元；全年，11412.8亿元！攀升的数字，映照出高质量发展的成色和韧性。细观，这组数字展示着勇毅前行的担当，见证着搏击风浪的意志，蕴藏着耕耘收获的喜悦。

看似寻常最奇崛，成如容易却艰辛。观察一个城市的角度有很多种，从时间凝望，这已是合肥连续六年每年跨越一个千亿台阶；从空间打量，安徽的合肥、长三角的合肥、中国的合肥，已经挑起更大的重担。不同的新维度，无数个奋斗者，叠加成一个追求高质量发展的合肥。

迈稳“开局第一步”

翻开合肥2021年的“统考卷”，总量增长、结构优化、动能蓄积、民生改善……一个个向上的“学科分数”，无不表明，这一年的经济发展，实现质的稳步提升和量的合理增长。

地区生产总值（GDP）是经济社会发展的核心指标之一。2021年，全市地区生产总值（GDP）11412.8亿元。合肥连续六年拾级而上，每年跨越一个千亿台阶，同比增长9.2%，两年平均增长6.7%。

稳中有进，稳是基础，进是动能。这一年，迈上新台阶的还有多项经济指标……服务业（第三产业）增加值6890.54亿元，同比增长8.6%，对经济增长的贡献率达57.5%；建筑业总产值、社会消费品零售总额均迈上5000亿元台阶，进出口总额超500亿美元，人民币存贷款余额双双突破2万亿元。

“这份经济成绩单十分亮眼，面对世界百年变局和世纪疫情，合肥依然保持了昂扬上升的势头，极为难得！”安徽大学创新研究院副院长宋宏分析认为，这样的成绩，离不开创新驱动、战新产业主导，这些优势也在为合肥接续发展积蓄后劲。

时值隆冬，江淮蔚来先进制造基地一片火热。这家新能源汽车的“领头羊”，在2021年交付新车91429台，同比增长109.1%，连续两年翻番。蔚来汽车的沸腾时刻，映照出合肥工业的坚韧不拔。

数据显示：2021年，合肥实现工业增加值2472.25亿元，同比增长15.7%，对全市经济增长贡献率达35.1%。其中，规上工业增加值同比增长19.6%，位居全省第1、省会城市第2、长三角主要城市第2。全年净增规上工业企业131户，创8年来新高，年末规上工业企业达2219户。

判断一座城市产业的竞争力，要看当下的表现，更要看它定义未来的能力。而这种能力，很大程度就蕴含在战新产业的发展态势之中。

2021年，合肥市战略性新兴产业产值增长28.3%，占规上工业比重达54.9%。其中，生物、新能源汽车、新一代信息技术产业产值分别增长102.1%、45.4%和27.1%。从数据中可以洞悉，“芯屏汽合”“急终生智”的现象级地标产业强势崛起。

不只是新产业，更多新动能澎湃在这片土地上：2021年，合肥实物商品网上零售额占限额以上比重为19.2%；快递业务量突破12亿件，增长35.6%，占全省比重达38.4%；生态保护和环境治理业投资在上年增长50.7%的基础上再增长72.2%。

“三驾马车”拉动高质量发展

投资、消费和出口是拉动经济增长的“三驾马车”，2021年的表现可圈可点，为合肥经济高质量发展增添动力。

作为拉动经济增长的“三驾马车”之一，投资事关经济工作的全链条。

从投资来看，“稳”是关键词。

数据显示，合肥市2021年固定资产投资同比增长3.5%，两年平均增长4.1%。

资本就是风向标。引导资本流向最应该去的地方，提高投资的质量，这是稳投资的题中之义。2021年，合肥市“新基建”投资持续加力，同比增长8%；工业投资加速转型，同比增长9.6%；民生投资有力有效，全市在建安置房项目306个，投资额增长25.5%。

项目是资本的载体，海量资本的背后是一个个项目的支撑。引进大众新能源、蔚来先进制造基地重大项目，构建新能源汽车完整产业链。总投资100亿元的神州数码信创总部基地落户合肥。国内空天信息产业头部企业落地合肥的步伐明显加快。

国家战略叠加效应不断释放，迈向新征程的合肥，顺势而为、乘势而上、聚势而强。海内外企业家、投资者，用真金白银作出了最有说服力的证明。

韧劲，还来自内外新动能。

从消费来看，“持续增长”是关键词。

合肥市2021年社会消费品零售总额5111.68亿元，同比增长13.2%，两年平均增长8%。

2021年合肥市淮河路步行街客流量破8000万，营业额114.5亿元，成为全省首条百亿街区。各大商圈、“15分钟生活圈”热气腾腾；“宅经济”方兴未艾；“夜经济”红红火火。新能源汽车、智能手机、智能家电类商品零售额分别增长5.5倍、1.3倍和74.5%，升级类消费需求持续释放。新消费活力涌动，“稳外贸”显现成效。

从出口来看，“超预期”是关键词。

2021年12月31日上午9时，一列满载100标箱安徽本土货物的中欧专列从合肥北站鸣笛发车，标志着合肥中欧班列以668列的成绩为2021年画上句号。2021年出口保持高景气格局：全年进出口总额514.6亿美元，同比增长37.2%，两年平均增长26.4%；出口314.13亿美元，增长37.8%。

走进联宝科技，映入眼帘的是一块显示全球出货量的电子大屏。联宝科技已累计向126个国家和地区出货超2亿台笔记本电脑。在合肥，像联宝科技这样的外贸企业不在少数，它们通过品牌、技术等实现质量型生长。在它们的推动下，合肥外贸发展韧劲十足。2021年，合肥全年实际利用外商直接投资37.48亿美元，增长4.3%。越来越多的外商选择携手合肥，共同做大发展蛋糕。

惠企便民提升获得感

“我们2021年9月3日提出申请办理留抵退税，当天退税事项即办结，9月6日，8.31亿元资金一次性退还到企业账户。”合肥维信诺科技有限公司相关人士表示，政府以最大的力度、最实的举措、最快的速度把税收政策落实到位，让企业倍感暖心。

税惠政策在增强企业获得感的同时，也为企业发展注入了新动能。2021年以来，合肥市通过实施“春雨润苗”专项行动，确保减税降费政策直达快享，呵护专精特新中小企业向阳生长。全年为专精特新中小企业减税降费11.66亿元，其中19家国家级专精特新“小巨人”企业享受减税降费4741万元。

“高效退税保障了企业流动资金的周转，保证了企业研发项目的稳定性与持续性。”在接到税务部门发出的红利清单时，合肥通富微电子有限公司的财务负责人吴成凤感慨道：“退税大部分用于设备投资，极大地促进了生产线建设的顺利完成。2021年，合肥通富微电子有限公司已享受增值税留抵退税税额2970万元，退税平均办理时间6个工作日。”

充满活力的中小企业，是经济韧性的重要保障。“真金白银”的支持，有效提振市场信心。数据显示，2021年，合肥新增减税降费超百亿元，新增市场主体超30万户。

一手惠企，一手便民。2021年，合肥市一般公共预算收入844.22亿元，同比增长10.7%。财政支出1223.72亿元，增长5.1%，其中民生支出1062.9亿元，占财政支出比重达86.9%。

经济发展的高质量，还体现在人们满满的获得感和稳稳的幸福感中。就业和收入，关乎经济社会发展，也关乎百姓日常生活。2021年，全市实现城镇新增就业14.36万人，比2020年增加2.22万人。居民人均可支配收入46009元，同比增长10.5%。其中，城镇居民人均可支配收入53208元，增长10.2%；农村居民人均可支配收入26856元，增长10.6%。

（丁　涛　方　娟　苏晓琼）

合肥市2021年加快科创名城建设纪实

回望2021年，合肥市科技创新浪潮翻涌，激荡高质量发展澎湃动能。

2021年5月，“人造太阳”以1.2亿摄氏度的温度持续“燃烧”101秒，将1亿摄氏度20秒的原世界纪录延长5倍。短短7个月后，喜讯再次传来。这次，这一大科学装置实现1056秒的长脉冲高参数等离子体运行，再创新的世界纪录。

“人造太阳”屡创纪录，是2021年合肥科技创新的一个剪影。

这一年，“九章二号”成功问世，求解特定问题比超算快亿亿亿倍；中国科学技术大学研究团队将光存储时间提升至1小时，刷新德国团队创造的光存储1分钟世界纪录……一批原始创新成果竞相涌现，彰显合肥坚持创新驱动发展的决心和实力。

新一年，新征程，锚定目标再出发。合肥将深入学习贯彻习近平总书记考察安徽重要讲话指示精神，坚持把创新放在核心地位，不断健全创新体系，持续优化创新环境，加快推动科技成果转化，奋力在科技强国建设中担纲承梁。

夯实创新基础，创新资源加速集聚

在合肥，创新驱动从来都是这座城市瞄准未来发展的选择与共识。

2021年新春伊始，合肥便召开一场规格高、规模大的科技创新大会，强势宣示全市上下坚持创新驱动发展、奋力迈向科创名城的坚定决心。

在庐阳区三十岗乡，合肥第四个大科学装置——聚变堆主机关键系统综合研究设施备受关注。令人期待的是，聚变堆主机园区工程基本建设完成，将逐步交付中科院等离子体物理研究所使用。项目建成后，将成为国际聚变领域参数最高、规模最大的综合性研究测试平台。

作为全国第二个综合性国家科学中心，2021年的合肥，成为全国大科学装置最密集的地区之一，基础科研能力位居全国第三，主要创新指标稳居全国前列。

世界知识产权组织发布的《2021年全球创新指数报告》显示，世界区域创新集群百强榜单上，合肥排名第73位，比2020年上升6位。

以重大平台建设为支撑，合肥大力促进创新资源加速集聚。

安全，是一座城市发展的底线。依托清华大学合肥公共安全研究院，2021年，合肥在全国率先开展城市生命线工程安全运行监测系统的研发和实施应用，保障桥梁、供水、燃气及热力管线等城市生命线基础设施安全运行。

截至年底，“城市生命线系统”在全国30多个城市推广，成为合肥全面深化大院大所大学合作对接的生动实践。

市科技局有关负责人介绍，2021年，合肥持续深化与大院大所大学合作，新建3所新型研发机构，截至年底，全市新型研发机构达30家。同时，合肥出台新型研发机构管理办法，不断提升现有新型研发机构功能。

以中国科学技术大学先进技术研究院为例，累计建成应用工程技术中心19家，联合实验室66家，获批省部级重点实验室3个，累计申请各项专利393项。依托国家级孵化器，孵化292家企业。

科技创新离不开人才。2021年，合肥坚持用好人才第一资源，努力让人才“抢着来”而不是“抢过来”，让人才队伍加速集结、创新力量加速释放。截至年底，全市汇聚各类人才超200万人，其中认定高层次人才8000余人，在肥服务院士138人，每10万人口中拥有大学文化程度2.6万人。

全社会研发经费投入强度，是国家和地区科技创新竞争力的重要指标。近年来，合肥全社会研发经费投入强度达3.52%，跃居省会城市第3位。

深化体制改革，创新活力持续迸发

科技创新和体制创新，犹如鸟之双翼、车之两轮，只有两者共同驱动，才能把创新活力充分激发出来。

时间，对于科技人员来说比金子还要珍贵。为保障科研时间，合肥结合全市科技创新实际，制定发布相关文件，将“无谓的迎来送往活动”“不必要的评审评价活动”具体细化成“十条负面清单”，纳入市委整治形式主义为基层减负专项工作机制督查范围。

“合肥的用心之举，能够更

好保障我们把更多时间和精力用在科研上。”从中国科大毕业的董宁和团队成立合肥埃科光电科技有限公司，专注机器视觉核心部件的研发、生产、销售，已经在这条赛道上攻克了一道道关卡。

科技创新是一项系统性工作，需要多方形成合力，更需要一个专门的机构统筹协调。合肥市设立科技创新委员会，作为专门议事协调机构，统筹协调科技创新过程中的重大问题，负责组织编制战略规划、研究制定政策措施、协调推进重大事项、评估督查重点工作、开展政策绩效评价等。

“设立科技创新委员会，由市委统一领导，明确职责，可以进一步强化组织领导，在全市形成推动‘大科技’的‘大格局’，充分发挥科技创新的引领带动作用，大力促进科技创新与实体经济深度融合。”合肥社会主义学院副院长唐明德坦言。

为弘扬科学家精神、企业家精神和工匠精神，合肥还将每年9月20日设为“科技创新日”，通过“发布一批科技创新成果、表彰一批优秀科技工作者、宣传一批科技先进人物”等活动，引领全社会形成热爱科学、尊重人才、崇尚创新的良好氛围，让人才创新创造的活力充分涌流。

在合肥，越来越多科技人员有了实实在在的获得感。

强化政策扶持，推动科企走向“顶天立地”

全芯智造是国内首家专注于半导体制造领域的EDA软件企业，致力于通过人工智能等新兴技术改造半导体制造业。

“在合肥一系列政策支持下，全芯智造坚持高强度研发投入，目前吸引半导体等相关产业各类人才309人，其中博士38人，为快速突破高精尖技术瓶颈提供了人才支撑。”全芯智造CEO倪捷说。

2021年，在合肥，与全芯智造一样收获满满的还有许许多多的创新企业。合肥市着力强化企业创新主体地位，健全“科技型中小企业—国家高新技术企业—高成长企业”培育链条，推动科技企业由“铺天盖地”走向“顶天立地”。

企业是最活跃的创新主体。只有企业的创新热情得到充分激发，创新之基才得以牢固。

2021年，合肥引导企业加大研发投入，出台企业研发费用补助政策，深入落实研发费用加计扣除，100余家企业获租用仪器设备和引进高科技人才补贴1100万元。同时，新增组建技术创新中心6家，全市累计达16家，不断提升企业技术研发能力。

科技型企业规模也在不断扩大。市科技局高新处有关负责人介绍，2021年，合肥科技型中小企业数量接近翻一番，总数达4905户。一年净增国家高新技术企业数量首次突破千户大关，总数超4500户。与此同时，新增科创板上市企业6家、总数达13家，居省会城市第2位。

立足新阶段，贯彻新理念，服务新格局。

未来，合肥将继续强化企业创新主体地位，发挥大企业引领支撑作用，支持创新型中小微企业成长为创新重要发源地，推动产业链上中下游、大中小企业融通创新。支持领军企业组建体系化、任务型的创新联合体，承担国家重大科技项目，加快突破一批核心关键性技术。

攻坚成果转化，推动“创新花”结满“产业果”

巢湖岸边，安徽创新馆熠熠生辉。2021年4月，首届中国（安徽）科交会在这里举行：发布科技成果1043项，视频云签约项目60个，金额达282亿元……

作为全国首座以创新为主题的场馆，安徽创新馆自带“汇聚创新合力，加速科技成果转化”使命，构建“政产学研用金”六位一体科技成果转化机制，打造千亿级科技大市场。2021年以来，举办成果转化活动近60场，发布创新成果1800余项。

创新成果不能“锁”在实验室里。合肥加速发力，以服务体系建设释放科技成果转化潜力，推动科技成果就地交易、就地转化、就地应用。

2021年，合肥进一步健全成果转化政策制度，实施推动科技成果转化三年攻坚行动，出台进一步促进科技成果转化若干政策。同时，推动建设科技服务平台载体，新增市级科技企业孵化器和众创空间29家、省级19家，新增获批国家级大学科技园、科技企业孵化器3家，支持安徽创新馆打造千亿级科技大市场。

“我们还推进科技金融深度融合。”市科技局有关负责人介绍，合肥用好市天使基金，推动高层次人才引进和科技成果转化，截至年底，市天使基金规模6.24亿元，累计投资项目142个。

技术合同成交额是衡量科技成果转化的重要指标。数据显示，2021年全市技术合同交易总额867亿元、创历史新高，同比增长51.5%，完成科技成果登记4005项、同比增长36.2%，登记数量创历史新高。就地转化科技成果3492项。

（葛清政）

责任编辑：史　志

大事记

1月

1日 合肥市电动自行车登记工作即日起进入常态化，全市将不再核发临时通行标志，符合新、旧国家标准的电动自行车仍可继续办理注册登记，“无牌车”上路将被处罚。截至2020年12月31日，全市登记上牌电动自行车270.3万辆，其中，市区上牌140.2万辆。

同日 国家林业和草原局公布2020年国家湿地公园试点验收结果，安徽肥西三河国家湿地公园成功通过国家湿地公园试点验收。三河湿地位于三河镇环巢湖区域内，主要包括杭埠河及其故道、丰乐河、小南河以及周边圩区。2015年12月31日，国家批准开展安徽三河国家湿地公园（试点）建设，建设周期为5年。

5日 渡江战役纪念馆（安徽名人馆）管理处与中共一大会址纪念馆、南湖革命纪念馆、中国共产党杭州历史馆（杭州市方志馆）、渡江胜利纪念馆共同签订《长三角红色博物馆合作联盟协议》，这标志着长三角地区首个红色博物馆合作联盟正式成立。

6日 中国电子科技集团第38研究所研制国内首颗商业SAR卫星“海丝一号”，从太空拍下合肥新年第一张SAR图像“纪念照”。2020年12月22日，“海丝一号”搭载长征八号运载火箭在文昌卫星发射中心发射升空。

同日 合肥市江水西调生态补水工程（市直段）通过竣工验收。

7日 “长三角企业家联盟走进安徽”首场活动在合肥举行。副省长、省工商联主席王翠凤参加活动。

11日 市政府新闻办公室和市体育局发布，“十三五”时期，合肥累计投入资金2.15亿元，建成以环城健身带、蜀峰湾体育公园、天鹅湖健身广场、杏花公园、庐州公园、市民篮球公园为代表的全民健身示范工程；建成13个体育公园、653个全民健身苑、65个笼式多功能健身场、35个乡镇全民健身广场、100个街道（社区）体育俱乐部、24个三人制篮球场、20个扶贫工程、135块足球场地（含5人制、7人制和11人制）以及1000个示范晨晚练点等，群众就近就便健身和多样化健身需求基本得到满足。城区10分钟健身圈基本形成。

12日 巢湖大桥通车。巢湖大桥是湖光路与巢湖的交叉工程，位于巢湖市西郊，“心”形巢湖最东端，是巢湖市“两环三横三纵”的关键工程，也是环巢湖大道全线贯通的最后节点工程。该桥于2018年1月12日正式开工建设，全长2149.66米，其中桥梁长度1122米，桥梁跨径460米，是目前安徽省最大跨度市政斜拉桥。

同日 市政府新闻办发布：全市河湖水质持续向好，水生态水环境持续改善。“十三五”期间，全市累计完成水利投资227亿元。市农村饮水安全巩固提升工程完成投资17.2亿元，为11.2万建档立卡贫困人口接通自来水，设市县乡村四级河长4005名。

14日 市城市管理局公布，2020年，全市拆除违法建设3337处，面积588191.7平方米。全市对违法建设继续保持高压态势。

15日 市扶贫开发工作办公室公布：至2020年11月，全市所有建档立卡贫困户全部脱贫。2014—2020年，贫困群众人均纯收入从2720元增长到13130元，增长4.83倍；贫困村集体经济收入从2014年的平均1.08万元增长到平均43万元，增长39.81倍；67个贫困村成为经济强村。全市脱贫攻坚取得重大胜利。

同日 省民政厅公示第八批安徽省千年古镇、千年古村落地名文化遗产候选认定名单，肥东县八斗镇、巢湖市散兵镇入选。

17—20日 中国人民政治协商会议第十四届合肥市委员会第四次会议召开。韩冰作政协第十四届合肥市委员会常务委员会工作报告，张炜作政协第十四届合肥市委员会常务委员会关于三次会议以来提案工作情况的报告。会议通过市政协十四届四次会议决议，选举罗兆好为十四届市政协副主席。

18—21日 合肥市第十六届人民代表大会第四次会议召开。会议表决通过关于政府工作报告的决议，关于合肥市国民经济和社会发展第十四个五年规划和二〇三五年远景目标纲要的决议，关于合肥市2020年国民经济和社会发展计划执行情况与2021年计划的决议，关于合肥市2020年预算执行情况和2021年预算的决议，关于合肥市人民代表大会常务委员会工作报告的决议，关于合肥市中级人民法院工作报告的决议，关于合肥市人民检察院工作报告的决议。会议选举宋道军为合肥市第十六届人民代表大会常务委员会副主任；选举刘晓文为合肥市第十六届人民代表大会常务委员会秘书长；选举华克思为合肥市监察委员会主任。

20日 市医疗保障局公布，国家组织冠脉支架集中带量采购心脏支架在合肥正式落地。经过集采，国产、进口支架共10种产品中选，均价从1.3万元左右下降至700元左右，降幅约93%，其中国内产品平均降价92%，进口产品平均降价95%。

同日 京港高铁合安段庐江西至上海虹桥的始发、终到高铁正式开通。从庐江西站出发，直达上海最快仅需2小时58分钟。

22日 合肥市人民政府—神州数码项目签约及信创总部基地揭牌活动举行。省委常委、市委书记虞爱华，神州数码集团董事长兼总裁郭为出席并为信创总部基地揭牌。

23日 市人力资源和社会保障局发布，经市政府批准同意，合肥市将为在合肥外来务工人员发放“留肥工作红包”，针对非安徽户籍并在合肥缴纳社保的春节期间在合肥务工人员，通过企业申报向每人发放不少于1000元现金补贴。

同日 装载着安徽滁州博西华家用电器（中国）有限公司制造的冰箱、洗衣机、吸尘器、咖啡机等家电产品的专列从合肥北站物流基地发车，向德国汉堡驶去。这趟专列开辟“合肥北—二连浩特—汉堡”中欧班列新线路。

25日 引江济淮工程G312合六叶公路桥1号、2号连续钢箱梁主跨顺利合龙，标志着引江济淮最大跨度的连续钢箱梁桥主体工程全部完工，G312合六叶公路桥实现全幅合龙。

26日 市政府新闻办、市统计局发布：2020年，合肥实现生产总值10045.72亿元，同比增长4.3%，合肥正式迈入“万亿俱乐部”。

28日 市林业和园林局、市农业农村局、市水务局、市自然资源和规划局、市生态环境局联合公布第一批合肥市湿地名录。巢湖、安徽肥东管湾国家湿地公园、安徽肥东龙栖地省级湿地公园、安徽肥西三河国家湿地公园、安徽巢湖半岛国家湿地公园、安徽巢湖槐林省级湿地公园、安徽巢湖柘皋河省级湿地公园、安徽合肥巢湖湖滨国家湿地公园、安徽庐阳董铺国家湿地公园共9处湿地上榜。其中，巢湖为中国重要湿地，肥东管湾、肥西三河、巢湖湖滨、庐阳董铺为安徽省重要湿地。

同日 商务部2020年国家级经济开发区区域综合发展考核评价结果专题发布会公布，在全国218家国家级经济开发区中，合肥经济技术开发区位列第11位，比上年提升2位，居中西部首位。2020年，合肥经开区成功获批国家“双创”示范基地、国家自贸试验区改革试点经验复制推广示范区、国家进口贸易促进创新示范区等“国字号”招牌。

31日 满载100标箱货物的中欧班列从合肥北站物流基地驶出，经霍尔果斯口岸，开往捷克共和国布拉格，开辟一条全新线路。至此，合肥中欧班列线路增至35条，直达德国、法国、俄罗斯、荷兰等11个国家的36个节点城市。

2月

1日 满载着安徽制造的白色家电和防疫物资的合肥国际铁海联运班列抵达德国汉堡港，标志合肥国际陆港开辟“合肥北—芬兰赫尔辛基—德国汉堡港”新线路。

同日 工业和信息化部印发《关于同意设立合肥国际互联网数据专用通道的批复》，同意合肥建设国际互联网数据专用通道。这是安徽省首条获批建设通达中国互联网国际出入口局的直连高速通道，计划于2021年年底前完成建设。

3日 省政府新闻办公室发布，截至2020年12月31日，中国声谷入驻企业1024户，年营业收入1060亿元，实现“双千目标”。

17日 在中央电视台播出的《感动中国2020年度人物颁奖盛典》中，合肥市庐江县消防救援大队原政治教导员陈陆烈士当选《感动中国》2020年度人物。

18日 全市2021年第二批贯彻“六稳”重大项目暨中国科学院合肥技术创新工程院二期项目集中开工现场推进会在合肥高新技术产业开发区举行。省委常委、市委书记虞爱华出席并宣布项目开工。此次集中开工项目58个，总投资340.8亿元。项目涵盖科技创新、产业发展、社会事业及基础设施等多个领域。

24日 原上海市民徐马飞到合肥市公安局蜀山分局户政中心，5分钟不到就拿到了新户口本，成为一名合肥“新市民”。这也是苏浙皖沪三省一市跨省户口迁移新政实施以来，全市完成的首笔长三角区域内户口迁入业务。

25日 合肥市科技创新大会召开。省委常委、市委书记虞爱华出席并讲话。中国科学院院士、中国科学技术大学校长包信和，中国科学院院士杨金龙、叶向东、陆夕云、吴宜灿、俞书宏，中科院合肥物质科学研究院院长刘建国等专家应邀出席。省科技厅厅长罗平到会并讲话。市长凌云主持会议。市人大常委会主任汪卫东，市政协主席韩冰，市委副书记罗云峰参会。与会领导为入选“国内外顶尖人才引领计划”的5名院士和中国科学技术大学、中科院合肥物质科学研究院2家培养单位颁发荣誉证书，并给予5名院士每人补助经费200万元，给予培养单位分别奖励经费2000万元和500万元。

同日 全国脱贫攻坚总结表彰大会在北京人民大会堂召开。合肥市有3人被授予全国脱贫攻坚先进个人称号，3个集体荣获全国脱贫攻坚先进集体称号。

26日 合肥市发放第一笔线上“创业贷”，庐阳区百帮创业园内的创业者李文杰成为第一个获益人。

3月

1日 合肥市即日起在全市范围内开展企业简易注销登记改革试点工作，完善市场主体退出机制。改革试点后，企业简易注销适用范围扩容，耗时减少，引入容错机制，实行“一网”服务。

4日 市医保部门发布，合肥市城镇职工医保个人账户家庭成员间共济可通过微信绑定实现，一张卡最多可给7名直系亲属支付医药费，直系亲属限定父亲1人、母亲1人、配偶1人、子女4人。

7日 合肥市党史学习教育动员部署大会召开。省委常委、市委书记虞爱华出席并作动员讲话。市人大常委会主任汪卫东，市政协主席韩冰，市委常委，市人大常委会、市政府、市政协有关负责人出席。市委副书记罗云峰主持会议。

22日 安徽省促进旅游业改革领导小组办公室发布关于拟确定安徽省首批特色旅游名镇的公示，合肥市有8地上榜：肥东县长临河镇、桥头集镇，肥西县三河镇、铭传乡，长丰县杨庙镇，庐江县汤池镇，巢湖市中庙街道，庐阳区三十岗乡。

23日 按照中央统一部署，党史学习教育中央宣讲团宣讲报告会在合肥举行。中央宣讲团成员、原中央党史和文献研究院院长冷溶作宣讲报告。省委书记李锦斌主持报告会并讲话。省委常委，其他在职省级领导干部出席会议。省委常委、市委书记虞爱华，市委副书记、市长凌云，市人大常委会主任汪卫东，市政协主席韩冰，市委副书记罗云峰等在合肥分会场出席会议。

28日 全市2021年第三批贯彻“六稳”重大项目暨运河新城中国环境谷项目集中开工动员会在蜀山区举行。省委常委、市委书记虞爱华出席并宣布项目开工。市长凌云、中科院合肥物质科学研究院院长刘建国参加。此次集中开工项目共23个，总投资111.9亿元，涵盖战略性新兴产业、先进制造业、现代服务业、社会事业、生态建设等领域。

31日 合肥市有4个先进典型入选2020年度全国学雷锋志愿服务“四个100”：全国最美志愿者——合肥市蓝天救援队队长苏琴；全国最佳志愿服务组织——包河区夕阳红志愿服务队；全国最佳志愿服务项目——合肥燃气集团“蓝焰暖万家”志愿服务项目、合肥师范学院千所“行知学堂”青年志愿者服务万名留守儿童志愿服务项目。

4月

1日 合肥芯碁微电子装备股份有限公司在科创板上市，成为国内光刻设备第一股。

5日 市房地产市场调控工作联席会议发布《关于进一步促进合肥市房地产市场平稳健康发展的通知》，自4月6日起施行。主要内容有：稳定增加居住用地供应，实行市区学区内成套住房入学年限政策，深化住房限购措施，实行市区热点楼盘“摇号+限售”政策，从严调控商品住房价格，加强住房贷款审慎管理，加大租赁住房建设力度，严厉打击各种房地产市场乱象。

7日 合肥市首次发布由市市场监督管理局组织编制的《合肥市2020年标准化发展状况白皮书》。截至2020年底，全市获中国标准创新贡献奖20项，13家企业获评国家企业标准“领跑者”。

8日 2021中国（合肥）服务创新发展峰会举行，发布《合肥市服务外包产业发展白皮书（2020）》。2020年，合肥企业承接服务外包合同执行额39.27亿美元，比上年增长25.02%。其中，离岸服务外包增速达39.7%，位列全国31个服务外包示范城市第二位，长三角9个服务外包示范城市第一位。

10日 省发展和改革委员会发布关于2020年度县域经济高质量发展考核评价得分靠前的县（市、区）名单公示，肥西县连续第二次获全省县域经济高质量发展A类第一名。

13日 因工作变动，凌云提出辞去合肥市人民政府市长职务的请求。根据《中华人民共和国地方各级人民代表大会和地方各级人民政府组织法》《合肥市人民代表大会常务委员会任免地方国家机关工作人员办法》的有关规定，市第十六届人民代表大会常务委员会第二十七次会议决定：接受凌云的辞职请求，报市人民代表大会备案。

16日 大众汽车（安徽）新能源汽车项目合作签约活动举行。省委常委、市委书记虞爱华，大众汽车（中国）首席执行官冯思翰致辞并见证签约。大众汽车（安徽）宣布投资超200亿元，在合肥经济技术开发区建设新能源汽车研发和一期制造基地，预计年产量可达35万辆。同步启动二期研发中心和二期生产基地建设，并将组建近800人的专家团队，建立数字化中心，为旗下新能源产品提供车联网和数字化服务。

19日 合肥市第十六届人民代表大会第五次会议在市政务中心召开。会议以无记名投票的方式，选举罗云峰为合肥市人民政府市长。

同日 由本源量子与中国科学技术大学国际金融研究院、中国建设银行联合主办，合肥大数据资产运营有限公司协办，2021年量子金融行业应用生态联盟签约暨首届量子金融创新赛道班开营仪式举行。这是中国首个量子金融应用联盟。

20日 由安徽省风景园林行业协会主办的“2021年安徽国际花卉展”在合肥牛角大圩高科技农业示范区华绿种苗基地举办。来自上海、浙江、福建及瑞士、德国、日本、以色列等地的国内外多家知名花卉企业参展。展示新优品种系列200余个，数量10万余盆。展出特色花境、花墙、花柱等花卉景观设计。

21日 市数据资源局发布，安徽合肥数字经济创新发展试验区正式获省政府批复设立。

26—27日 由安徽省人民政府、科技部、中国科学院联合主办的首届中国（安徽）科技创新成果转化交易会在合肥举办。全国政协副主席张庆黎致辞并宣布大会开幕。省委书记李锦斌致辞并为安徽科技大市场鸣锣开市。省委副书记、省长王清宪主持开幕式。科技部副部长徐南平、中科院副院长张涛分别致辞。省政协主席张昌尔，全国政协委员、提案委员会驻会副主任张敬安，省委常委，省人大常委会主持日常工作的副主任，省政府有关副省长，黑龙江、江西、海南、云南、甘肃省有关副省长，中国科学技术大学党委书记出席开幕式。省委常委、市委书记虞爱华，市长罗云峰，市政协主席韩冰出席开幕式。大会发布科技成果1043项；通过视频云签约方式，60个项目实现签约合作，签约金额282亿元；科技成果竞拍总成交额680.9万元；“426线上交易节”3天直播销售1.4亿元。

27日 “中国声谷”语音产业发展高峰论坛在安徽创新馆举行。副省长何树山出席论坛。第四届国际智能语音及人工智能产品创新大赛同步启动。同日在安徽创新馆举办2021中国（安徽）科交会创新资本发展论坛、长三角区域技术市场论坛。

同日 合肥高新技术产业开发区与腾讯云签署关于腾讯（合肥）智慧产业总部基地项目的投资合作协议。省委常委、市委书记虞爱华与腾讯公司高级执行副总裁汤道生、卢山商谈并见证签约。市长罗云峰，市领导宋道军、路军参加。该项目重点建设研发平台集群、腾讯云启（合肥）产业生态基地、腾讯智慧产业长三角（合肥）智算中心等。

28日 市人力资源和社会保障局发布，合肥市三代社保卡发行。与二代卡相比，三代卡卡面上方添加“居民服务一卡通”标识；卡面右下角印有非接触标识，加载“非接触”芯片，实现“一晃而过”的读卡功能；卡面右下角印有交通标识，即将实现使用三代社保卡乘坐地铁和公交。

29日 新桥智能电动汽车产业园区开工仪式在合肥举行。省委书记李锦斌宣布开工，省委副书记、省长王清宪讲话。省委常委、常务副省长、省政协副主席邓向阳主持，省委常委、合肥市委书记虞爱华致辞。省领导郭强、宋国权、李修松出席。此次集中开工230个项目、总投资1139.2亿元，涉及战略性新兴产业、传统产业升级改造等11个行业领域。

5月

1日 由中铁四局等单位负责施工建设的引江济淮淠河总干渠渡槽充水试验成功，正式通水通航。渡槽总长350米，其中钢结构渡槽246米，主跨跨度110米，是迄今世界上跨度最大的通水通航钢结构渡槽，也是引江济淮工程重要节点性工程。

10日 省文化和旅游厅发布安徽省首批特色旅游名镇名单，合肥市有8个单位上榜，分别是：肥东县长临河镇、桥头集镇，肥西县三河镇、铭传乡，长丰县杨庙镇，庐江县汤池镇，巢湖市中庙街道，庐阳区三十岗乡。

同日 一趟满载100标准箱的合肥中欧回程班列自俄罗斯索利卡姆斯克经满洲里口岸发往合肥北站物流基地，标志合肥中欧班列成功开通“索利卡姆斯克—满洲里—合肥北”新线路。至此，合肥中欧班列开辟线路39条，连接12个国家，直达38个国际城市。

13日 在苏州召开的全国优化营商环境经验交流现场会公布2020年度国家营商环境评价结果，合肥成为2020年营商便利度提升最快的城市之一。其中，合肥市5项指标（劳动力市场监管、财产登记、纳税、政务服务、包容普惠创新）成为全国标杆。

14日 市疫情防控应急指挥部办公室召开新闻发布会，疫情发生后，合肥市迅速启动应急预案，成立以市委、市政府主要领导为总指挥、市政府常务负责同志为副总指挥，相关市领导为成员的突发疫情紧急处置领导小组。省委常委、市委书记虞爱华在接到六安市疫情协查通报后，立即对肥西县疫情防控工作进行部署。

15日 合肥市疫情防控应急指挥部办公室召开第二场新闻发布会，自5月13日11时以来，市委、市政府统一指挥肥西县和市直单位，快速处置、全力处置、精准处置突发疫情，围绕“流调、采样、检测、管控、救治、发布”12字，有力有序有效开展疫情防控工作。截至15日11时，采集核酸样本125720份，检测118311份，结果全部为阴性。疫苗供应总体有保证，可满足单日30万人接种。引导市民有序接种，减少集聚。倡导全市党员干部尤其是市直单位党员干部，要“让群众优先接种、让基层一线人员优先接种”。

17日 国务院正式批复，合肥蜀山经济开发区晋升为国家级经济技术开发区，定名为“合肥蜀山经济技术开发区”，成为“十三五”以来全省唯一成功晋升为国家级的经济技术开发区。

18日 省政府新闻办举行的新闻发布会上发布，安徽省第七次人口普查主要数据公布，全省常住人口为6102.7万人，比第六次人口普查增加152.7万人，增长2.57%，年均增长0.25%。其中，合肥市9369881人，常住人口数量居全省16个省辖市之首，十年来合肥市常住人口增加了191.3万人，增长25.65%。

27日 联想集团发布：作为联想全球最大的PC研发和制造基地，位于合肥的联宝科技2020年经营业绩再创历史新高，成为合肥首家“千亿企业”。

28日 中国科学院合肥物质科学研究院全超导托卡马克核聚变实验装置EAST（被誉为“人造太阳”）正在开展的第16轮EAST装置物理实验实现可重复的1.2亿摄氏度101秒等离子体运行和1.6亿摄氏度20秒等离子体运行，再次创造托卡马克实验装置运行新的世界纪录。

同日 省新冠肺炎疫情防控应急综合指挥部办公室召开新闻发布会，截至目前，合肥市疫情防控实现“三无”：一是至今无本地确诊病例、无症状感染者和疑似病例；二是住院患者“清零”，无在院治疗患者；三是无中风险地区，全域皆为低风险地区。至此，合肥市疫情防控阻击战取得阶段性重大胜利。

31日 马德里时间5月31日，一列满载82TEU（41个40尺高箱）的货运列车从西班牙马德里Abronigal铁路场站驶出，一路向东，途经法国、德国、波兰、俄罗斯、哈萨克斯坦，横贯欧亚大陆，约20天后抵达合肥北站物流基地，全程12445千米。这是合肥中欧班列目前开辟的欧洲最远线路，标志着合肥北至西班牙马德里线路首开。

6月

3日 合肥市第二批普通高中

集团化办学签约。此次根据《合肥市推进普通高中集团化办学实施意见》安排，正式组建合肥市第七中学教育集团，增加合肥市第一中学教育集团、合肥市第六中学教育集团、合肥市第八中学教育集团成员学校。

7日 中央广播电视总台《对话》栏目在合肥天鹅湖公园采访录制“万亿城市新征程·合肥”专题节目。省委常委、市委书记虞爱华作为主嘉宾接受现场采访。

9日 合肥市乡村振兴局挂牌成立。

17日 2021世界显示产业大会在合肥开幕。省委书记、省人大常委会主任李锦斌宣布开幕，省委副书记、省长王清宪致辞，省政协主席张昌尔出席。上海合作组织秘书长弗拉基米尔·诺罗夫视频致辞，工业和信息化部副部长王志军致辞。省委常委，省人大常委会、省政府负责同志出席。省政府副省长何树山主持开幕式。省委常委、市委书记虞爱华，市长罗云峰出席开幕式。本次大会以“显示世界，看见未来”为主题，由工业和信息化部、安徽省人民政府共同主办，合肥市人民政府、省经济和信息化厅、中国电子信息产业发展研究院共同承办。

18日 为期4天的2021第十四届安徽国际茶产业博览会在合肥滨湖国际会展中心开幕。省人大常委会副主任沈强、省政协副主席肖超英、中国工程院院士刘仲华、中国供销集团副董事长管爱国等出席开幕式。副省长张曙光宣布大会开幕。开幕式上，省供销社与中国供销集团、省供销社与安徽邮政管理局、中国农业科学院茶叶研究所与安徽农业大学等29个战略合作和茶产业项目集中签约。项目签约总金额34.11亿元，比上届增长21.95%，签约金额和项目质量再创新高。本届茶博会秉承“中国徽茶，迎客天下”主题，大会吸引省内外、境内外600多家品牌茶企、1000多家采购商参展采购。本届茶博会由安徽省供销社、安徽省农业农村厅、安徽省商务厅以及合肥市、六安市、宣城市、池州市、安庆市、黄山市六市人民政府共同主办。

同日 首批市直机关主题党日活动基地授牌仪式在市政务中心举行。首批入选的15家单位是中国共产党合肥历史馆、渡江战役纪念馆、合肥蜀山烈士陵园、渡江战役总前委旧址纪念馆、中共合肥北乡支部纪念馆、新四军江北指挥部纪念馆、李克农故居、中国农村包产到户纪念馆、蔡永祥烈士纪念馆、杨庙镇革命事迹陈列馆（刘云峰烈士纪念馆）、陈原道故居、肥西县烈士陵园、茶壶山革命烈士陵园、庐江县革命烈士陵园、巢湖市南山烈士陵园。

17—18日 长三角“六市一区”政协主席第三次联席会议暨长三角一体化与农业农村现代化研讨会在江苏盐城召开。会议由上海市徐汇区政协、浙江省宁波市政协、安徽省合肥市政协、江苏省南通市政协、浙江省湖州市政协、浙江省绍兴市政协、江苏省盐城市政协共同主办。会议签署《长三角“六市一区”政协助力推进农业农村现代化创新联盟合作框架协议》，签订12个现代农业项目合作协议，举行长三角“六市一区”政协庆祝中国共产党成立100周年书画联展开幕式。

20日 合肥先进计算中心正式运行暨合作签约推进会在合肥高新区举行，标志中国先进计算阵营再添重要一员。

23日 中国（安徽）自由贸易试验区合肥片区中欧班列跨境电商出口专列正式发运，标志着合肥跨境电商产业发展步入新阶段，合肥中欧班列与跨境电商合作迈出新步伐。

7月

1日 庆祝中国共产党成立100周年大会在北京天安门广场隆重举行。省委常委、市委书记虞爱华在省行政中心，市委副书记、市长罗云峰，市人大常委会主任汪卫东，市政协主席韩冰等市四大班子负责同志在市政务中心集中收听收看实况直播，共同见证党的百年光辉历程。

2日 省委常委、市委书记虞爱华主持召开市委常委会扩大会议，传达学习习近平总书记在庆祝中国共产党成立100周年大会和在“七一勋章”颁授仪式上的重要讲话，传达学习省委有关会议精神，研究合肥市贯彻落实工作。会后，与会人员参观“牢记初心使命矢志砥砺前行——中国共产党合肥历史大型图片展”。

7—8日 合肥市遭遇强降雨天气，24小时降雨量187.8毫米、最大小时雨强62.9毫米，均是全国第一。

9日 腾讯（合肥）智慧产业总部基地正式揭牌，同时启动总部企业战略合作联席签约仪式，以及首批生态企业代表入驻仪式。

同日 首台套国产质子治疗系统医疗验证基地项目设计启动招标，此举意味着合肥市正式开建首台套国产质子治疗系统医疗验证基地。

12日 全市见义勇为先进个人表彰大会在市政务中心举行，王尚勇等20人被评为“合肥市见义勇为先进个人”。

18日 第十二届中国奶业大会暨2021中国奶业展览会开幕式在合肥滨湖国际会展中心举行。

19日 安徽省首单9810（即海关监管方式代码，全称“跨境电子商务出口海外仓”）发货，这标志中国（安徽）自贸试验区合肥片区蜀山区块开通跨境电商出口9610、9710、9810全部业务模式。

22日 “科技之家大使、外交官·2021合肥行”活动在合肥开幕。

27日 国家级合肥蜀山经济技术开发区揭牌暨“中国环境谷”零碳产业基地共建启动会在市政务中心举行，省委常委、市委书记虞爱华出席并揭牌。省商务厅厅长张箭、市长罗云峰出席并致辞。市委常委、常务副市长王文松主持会议。

31日 第四届ACM中国图灵大会在合肥开幕。副省长张红文、中国科学技术大学校长包信和、市长罗云峰出席并致辞。

8月

4日 市委全面深化改革委员会召开第九次会议，省委常委、市委书记虞爱华主持会议并讲话。市委副书记、市长罗云峰，市委副书记、政法委书记马军，市委全面深化改革委员会成员出席会议。

10日 合肥市与中航锂电科技有限公司投资合作协议正式签署，总投资248亿元的中航锂电合肥基地项目落地长丰县。省委常委、市委书记虞爱华与中航锂电党委书记、董事长刘静瑜共同见证签约并进行商谈。市长罗云峰，市委常委、常务副市长王文松参加。

23—24日 市十六届人大常委会第二十九次会议在市政务中心举行。会议初次审议《合肥市机动车和非道路移动机械排气污染防治条例（草案）》；表决通过《合肥市科技创新条例》、关于批准合肥市2020年市级决算的决议、关于批准合肥市2021年市级预算调整方案的决议和有关人事任免案，决定任命刘卫宝为市人民政府副市长、市公安局局长，决定免去马军的市公安局局长职务；会议组织宪法宣誓。

26日 全省“万企兴万村”行动启动大会在合肥召开。省委书记李锦斌、省长王清宪作出批示，省委副书记程丽华出席并讲话，省委常委、统战部部长张西明主持会议，副省长、省工商联主席王翠凤作工作部署。市领导马军、陈晓波、姚亚妹在合肥分会场出席会议。

9月

7—10日 全国政协副主席马飚率全国政协无党派人士界别考察团，就“秉承中华优秀文化传统、增强中华民族凝聚力”到安徽考察。在皖期间，考察团先后到宿州、蚌埠、淮南、合肥等地实地考察，并与省直相关部门进行座谈交流，听取情况介绍和工作建议。

10日 中国共产党合肥市第十一届委员会第十四次全体会议召开。全会由市委常委会主持。省委常委、市委书记虞爱华出席会议并讲话。市委副书记、市长罗云峰，市政协主席韩冰，市委副书记、政法委书记马军，市委委员出席会议。

16日 安徽名优农产品“塑品牌 招项目 促融合”市长推介会在滨湖国际会展中心举办。此次推介会是中国安徽名优农产品暨农业产业化交易会（2021·合肥）的主要活动之一。副省长杨光荣，国务院参事室特约研究员、中国农产品市场协会会长张玉香出席并致辞。全省16个省辖市的市政府负责同志轮番登台推介。

16—19日 中国安徽名优农产品暨农业产业化交易会（2021·合肥）在合肥滨湖国际会展中心举办，其中16日为采购商开放日，17—19日为观众开放日。17日的开幕式上，省委书记李锦斌宣布开幕；省委副书记、省长王清宪，中国农业产业化龙头企业协会会长刘身利分别致辞；副省长杨光荣主持开幕式。

25—28日 中国共产党合肥市第十二次代表大会召开。25日的开幕式上，虞爱华同志代表中共合肥市第十一届委员会向大会作题为《弘扬伟大建党精神 勇当两个开路先锋 全面开启合肥现代化建设新征程》的报告。会议选举中共合肥市第十二届委员会委员60名、候补委员12名，选举中共合肥市第十二届纪律检查委员会委员41名。28日举行的中共合肥市第十二届委员会第一次全体会议，选举虞爱华、罗云峰、马军、华克思、陈晓波、方涛、路军、葛建荣、程雪涛、葛斌、单虎、袁飞为中共合肥市第十二届委员会常务委员会委员，选举虞爱华为市委书记，罗云峰、马军为市委副书记；同日举行的中共合肥市第十二届纪律检查委员会第一次全体会议，选举华克思为市纪委书记，左学和、单宇航、张勇为市纪委副书记。

10月

8—10日 中国工业与应用数学学会第十九届年会暨第八届会员代表大会在合肥举办。来自海内外高校、科研院所的专家学者、企业代表等1000余人出席8日的开幕式。此次大会由中国科学技术大学和安徽大学承办。

10—11日 市政协主席韩冰出席在芜湖举行的九城市政协共商长三角G60科创走廊更高质量发展第八次活动。上海松江，浙江杭州、嘉兴、金华、湖州，江苏苏州，安徽合肥、芜湖、宣城九市（区）政协领导和政协委员代表，围绕“碳达峰、碳中和与高质量发展”主题，共商助推G60绿色低碳高质量发展“政协方案”。

12日 长三角女企业家科技创新成果展示暨对接交流会在安徽创新馆开幕。全国妇联副主席、书记处书记吴海鹰出席并讲话。省委常委、市委书记虞爱华，省妇联主席刘苹出席并致辞。中国科学院院士施蕴渝，市委副书记、政法委书记马军，沪苏浙皖妇联及省有关部门负责人出席。此次活动以“共建长三角 科创她力量”为主题，旨在搭建长三角科技成果转化桥梁，共同探讨女性科技创新优势，推动长三角女性创业创新，推进长三角一体化高质量发展。现场，25家单位和企业进行合作签约，签约项目15个，总投资36亿元；成立长三角巾帼科技创新联盟。

15日 2021年中国·合肥苗木花卉交易大会在中国中部花木城（肥西）开幕。省委副书记程丽华，全国政协常委、国家林业和草原局副局长刘东生，省委常委、市委书记虞爱华，省人大常委会副主任沈强，省政协副主席肖超英出席，并共同启动合肥苗木交易信息中心平台。副省长周喜安主持。开幕式上，全国苗木供需分析研究组发布《2022年全国苗木供需分析报告》，举行沪苏浙皖“长三角共建林长制改革示范区”、三省一市苗木花卉协会“长三角苗木花卉产业合作联盟”及安徽省16个市林业主管部门招商项目集中签约仪式。

同日 第四届长三角G60科创走廊九城市人大工作交流会在合肥举行。省委常委、市委书记虞爱华出席并致辞，省人大常委会党组副书记、副主任宋国权出席并讲话，市人大常委会党组书记、主任汪卫东主持会议，九城市人大常委会有关领导、企业家人大代表等出席。

19日 2021年全国大众创业万众创新活动周安徽分会场活动在合肥中安创谷科技园开幕，省长王清宪出席并宣布活动正式启动。省有关部门负责同志，市委常委、常务副市长葛斌出席。

同日 安徽晶科年产32GW光伏产品生产线项目建设推进会在合肥循环经济示范园举行。省委常委、市委书记虞爱华出席并宣布项目全面开工。市委常委袁飞、晶科能源首席运营官陈经纬出席并致辞。晶科能源、晶科科技董事长李仙德参加。

同日 合肥市有5个社区入选2021年全国示范性老年友好型社区，分别是：包河区烟墩街道滨湖欣园社区、包河区方兴社区、瑶海区七里站街道恒通社区、蜀山区五里墩街道家家景园社区、长丰县陶楼镇石集社区。

同日 合肥市有13个单位入选第十二批省级博士后科研工作站（博士后创新实践基地），其中合肥本源量子计算成为全省第一个获批建设省级博士后科研工作站的量子信息企业。

21日 2021第六届海峡两岸半导体产业（合肥）高峰论坛在合肥举行。省委常委、市委书记虞爱华与中国电子信息产业发展研究院院长、中国半导体行业协会常务副理事长兼秘书长张立，国务院台湾事务办公室经济局副局长陈斌华，国家集成电路产业发展咨询委员会委员严晓浪等嘉宾进行会谈。

22日 第十五届合肥国际文化博览会在合肥滨湖国际会展中心开幕。省委常委、市委书记虞爱华，省政协副主席刘莉、姚玉舟，市长罗云峰巡视展馆。

25日 以“AI共生·新征程”为主题的第四届世界声博会暨2021科大讯飞全球1024开发者节在合肥开幕。省长王清宪作主旨演讲并宣布开幕。省领导虞爱华、何树山、张红文，中国科学技术大学党委书记舒歌群出席。会议以线上线下结合方式举行，其中线上参会人数达1200万人。

26日 合肥国际陆港项目开工动员会在项目一期建设现场举行。省委常委、市委书记虞爱华出席并宣布开工。市长罗云峰主持活动并致辞。该项目总投资约

99756万元，分三期建设，建成后可开展贸易、仓储、报关、集装箱租赁、市内短驳等班列附加业务。

27日 亚洲清洁空气中心在“2021中国蓝天观察论坛”上发布最新报告《大气中国2021：中国大气污染防治进程》，在纳入评分的168个重点城市中，合肥综合评分排名位居榜首。

28日 市委统战部举行“全市统一战线教育基地”授牌活动，合肥市民主党派之家、合肥学院党史研究基地、肥东县博物馆、肥西县刘铭传纪念馆、庐江县世界何氏根亲文化园5家单位获授此牌。至此，全市有12家单位挂牌。

29日 郑栅洁到中国共产党安徽省第十一次代表大会合肥市代表团，与大家一起审议省委报告。郑栅洁说，省委对合肥的工作总体是满意的，对合肥的未来充满信心、充满期待。指出，合肥要敢于同国际先进城市比，拉升标杆、奋勇争先，埋头苦干、久久为功，力争用3到5年时间再上一个大台阶。强调，要提高创新驱动力，争当享誉全球的科创名城。要提高产业集聚度，争当特色鲜明的制造强市。要提高发展含绿量，树牢“两山”理念，争当城湖共生的养人福地。要提高城市国际化，争当区域经济的质量高地。要提高人民幸福感，争当共同富裕的先行者。要提高党建实效性，争当从严治党的样板标杆。

31日 省第十一次党代会合肥代表团完成各项议程后，召开总结会议。虞爱华在总结时说，会上学习党代会精神，感到热血沸腾，会后更要干得热气腾腾，重点在“实”字上下功夫。一要把握精神实质。二要紧扣工作实际。三要积极谋划实招。四要奋力取得实效。

11月

3日 中共中央、国务院在北京举行国家科学技术奖励大会。中国科学技术大学作为第一单位完成的2项成果获国家科学技术奖，其中自然科学二等奖1项、科技进步二等奖1项。同时，该校校长包信和作为第一完成人获国家自然科学一等奖，该校党委书记舒歌群作为第一完成人获国家自然科学二等奖。

5日 2021中国黄山书会在合肥滨湖国际会展中心开幕。省委常委、市委书记虞爱华出席并讲话。中国出版协会理事长邬书林出席并致辞。省委宣传部常务副部长王宏，省委宣传部副部长陈韶光，市委常委、宣传部部长程雪涛，省直有关部门负责人出席。

同日 第八届全国道德模范座谈会和颁奖仪式在北京举行。合肥市陈陆当选第八届全国道德模范。

11日 首场安徽科技大市场科技成果转化交易会在安徽创新馆举行。省委常委、市委书记虞爱华出席并讲话，省科技厅副厅长姚群出席，市委常委袁飞出席并致辞，合肥都市圈八市科技、招商等部门负责人出席。

15日 合肥新桥国际机场改扩建工程开工仪式举行。省委书记郑栅洁宣布开工，省委副书记、省长王清宪讲话。省领导刘惠、汪一光、宋国权、邓向阳出席，省委常委、市委书记虞爱华致辞，副省长何树山主持。市委常委、常务副市长葛斌参加。

19日 2021世界制造业大会开幕式暨主旨论坛在合肥举行。中共中央政治局委员、国务院副总理刘鹤作书面致辞。省委书记郑栅洁致辞，省委副书记、省长王清宪主持。国务院发展研究中心党组书记马建堂，上海合作组织秘书长弗拉基米尔·诺罗夫，工业和信息化部党组成员、副部长辛国斌，上海市副市长张为，海尔集团董事局名誉主席张瑞敏分别致辞。全球中小企业联盟全球主席克里斯蒂安·武尔夫，韩国驻华大使张夏成，商务部党组成员、副部长兼国际贸易谈判副代表王受文，中国人民对外友好协会会长林松添发来视频致辞。中国工程院副院长钟志华，国务院国资委党委委员、秘书长彭华岗，省政协主席张昌尔，省委常委，省人大常委会、省政府、省政协负责同志出席。

23日 市政府与中国科学院空天信息创新研究院、合肥高新技术产业开发区与中科星图签署战略合作协议。省委常委、市委书记虞爱华，省委常委、副省长张红文与中科院院士、空天院院长吴一戎商谈并见证签约。

同日 九城市政协共商长三角G60科创走廊高质量发展第九次活动在合肥市举行。省委常委、市委书记虞爱华出席并致辞，省政协党组副书记、副主席邓向阳出席并讲话。省政协副秘书长、办公厅主任江刘伍出席，市长罗云峰介绍合肥经济社会发展情况，市政协主席韩冰主持，九城市政协领导作交流发言。

25—26日 第二届中国隐形独角兽500强大会在合肥举行。市长罗云峰出席并致辞。

26日 2021中国污染防治联

展在合肥滨湖国际会展中心举行。

12月

1日 市住房公积金管理中心发布，从12月1日起合肥灵活就业人员可以个人名义缴存住房公积金，享受贷款优惠政策。

3日 第四届中国国际旅游景区装备博览会在安徽国际会展中心开幕。市委常委、宣传部部长程雪涛出席并致辞。

6日 “2021庐州夜十大特色美食街区”颁奖典礼举行。合肥淮河路步行街、罍街、中皖金大地东西街、合肥簋街美食城、老报馆特色商业街区、宁国路龙虾特色街、黉街、庐江水西门、北城世纪金源购物中心、贡街等10个街区获“十大特色美食街区”奖。

8日 合肥演艺集团、庐剧艺术传承中心成立，省委常委、市委书记虞爱华揭牌并讲话。市委常委、宣传部部长程雪涛，国家级非物质文化遗产项目（庐剧）代表性传承人丁玉兰、黄冰出席。

同日 一列满载合肥产白色家电的合肥中欧班列上午10时许从合肥北站物流基地出发，经二连浩特口岸驶往俄罗斯沃尔西诺。这标志合肥中欧班列自2014年开行以来，累计开行2000列，再创新纪录。

9日 中国共产党合肥市第十二届委员会第二次全体会议召开。全会由市委常委会主持。省委常委、市委书记虞爱华，市委副书记、市长罗云峰，市人大常委会主任汪卫东，市政协主席韩冰，市委副书记、政法委书记马军，市委委员、市委候补委员出席会议。全会传达党的十九届六中全会精神、省委十一届二次全会精神，审议通过《中共合肥市委关于深入学习宣传贯彻党的十九届六中全会精神的决定》。虞爱华就《决定（讨论稿）》向全会作说明，并在全会结束时作讲话。

10日 首届全球科大人创新创业大赛决赛及颁奖典礼在合肥举行。省委常委、市委书记虞爱华，省政协党组副书记、副主席邓向阳，中国科学技术大学党委书记舒歌群出席并为获奖选手颁奖。中科大校长包信和致辞，省科技厅厅长罗平，市委常委、组织部部长葛建荣等出席。

13日 “合肥龙虾”号高铁列车首发仪式在上海虹桥站举行。此次“合肥龙虾”品牌元素与高铁列车深度融合，通过车身彩贴、品牌天幕、LED显示屏以及语音播报等方式，全方位、立体化、多样化开启“合肥龙虾”品牌传播。

14日 安徽科技大市场科技成果转化交易会在合肥举办。省委常委、副省长张红文出席并为合肥市知识产权服务业众创空间揭牌。省有关部门负责人，市领导袁飞、杨伟，合肥都市圈八市科技、招商等部门负责人参加。

15日 市长罗云峰为10名“合肥工匠”获得者颁奖，并勉励他们弘扬劳模精神，传承工匠精神，以匠心铸就合肥高质量发展。

15—17日 2021年中国青年创新创业交流营暨第八届“创青春”中国青年创新创业大赛（综合和社会企业专项）在合肥举行。

17日 2021中国（合肥）数字经济创新峰会举行。省委常委、市委书记虞爱华，省数据资源管理局局长朱诚出席并致辞。中国工程院院士杨善林，中国信息通信研究院政策经济研究所副所长孙克，省直有关部门负责人，市委常委袁飞出席。

18日 安徽医科大学新校区暨肥西县新片区建设项目开工动员会举行。省委常委、市委书记虞爱华出席并宣布开工。

21日 合肥高新技术产业开发区与航天宏图签署投资合作协议，航天宏图卫星全球运营中心正式落户合肥。省委常委、市委书记虞爱华，省委常委、副省长张红文与航天宏图董事长王宇翔商谈并见证签约。省政府副秘书长吴劲松，市领导罗云峰、袁飞、宋道军参加。

26日 合肥轨道交通4号线开通运营活动在天鹅湖站举行。省委常委、市委书记虞爱华，省住房和城乡建设厅厅长贺懋燮，省发展和改革委员会一级巡视员笪艺武，省交通运输厅副厅长江宗法，市委常委、常务副市长葛斌出席。

（徐仙春）

责任编辑：储茂仁

合肥概览

基本市情

【地理位置】 合肥位于北纬30°56′～32°33′、东经116°40′～117°58′。地处安徽中部、江淮之间、长江三角洲西翼，因东淝河与南淝河均发源于此而得名。是全国唯一环抱五湖四海之一——巢湖的省会城市，是全省政治、经济、文化、信息、交通、金融和商贸中心，也是全国性综合交通枢纽、长三角世界级城市群副中心、“一带一路”和长江经济带的重要节点城市。

【面积人口】 全市土地总面积1.14万平方千米，约占全省土地面积的8.2%，其中市辖区面积1339平方千米。截至2021年底，全市户籍人口792.67万人，比上年增加11.14万人。常住人口946.5万人，增加9.5万人；常住人口城镇化率为84.04%。

【行政区划】 合肥辖肥东、肥西、长丰、庐江4个县，1个县级巢湖市，以及瑶海、庐阳、蜀山、包河4个区。截至2021年底，全市有乡镇81个、街道（大社区）64个、城市社区549个、村及农村社区1171个。

【历史沿革】 合肥所在的巢湖流域是古人类重要发祥地之一，早在新石器时代，就有人类在此活动，有文字记载的历史约4000多年。有巢氏位列中华人文始祖之首。夏商西周时期，淮夷国族生活于此，与中原王朝既相互交往，又攻伐不断。春秋战国时期，为徐、楚、吴、越等诸侯国争夺之地，终归于楚。秦汉时期，正式建立合肥县，属九江郡，至今有2100多年；东汉刘秀升合肥为侯国；三国时属魏国淮南郡，为扬州刺史治所；东晋于合肥地区侨置豫州汝阴郡、南谯郡等；南北朝时期侨置郡县时设时撤。隋唐和两宋时属庐州，为庐州州治。元朝时期设庐州路。明清时属庐州府，为府治；清咸丰年间，合肥曾为安徽省临时省会。民国初，庐州府废，合肥县直属安徽省。抗日战争胜利后，国民政府安徽省省会由立煌县（今金寨县）迁至合肥。1949年1月21日合肥解放，2月1日根据中共江淮区党委的决定，将原合肥县划设为合肥市、肥东县和肥西县。1952年8月25日，安徽省人民政府正式成立，省会驻合肥。1964年9月，由肥东、肥西、寿县和定远四县各一部分新建长丰县，隶属合肥市；肥东县、肥西县隶属关系几经调整，1983年6月由巢湖地区、六安地区复属合肥市；2011年8月，安徽省实施部分行政区划调整，撤销原地级巢湖市，原居巢区改设县级巢湖市，由安徽省直辖、合肥市代管，庐江县划入合肥市。

自东汉末年以来，合肥数为州郡治所，一直是江淮地区重要的行政中心和军事重镇，素有“淮右襟喉、江南唇齿”“江淮首郡、吴楚要冲”之称，历来是重要商埠和兵家必争之地。西汉时，合肥是全国除长安外十八大商贸市场之一。三国时，合肥成为“恩化大行”“官民有畜”的江淮“巨镇”。隋唐时期，合肥社会繁荣，百姓殷富。宋元时期，合肥为江淮之间首屈一指的政治军事重镇。南宋筑斗梁城，城中“百货骈集，千樯鳞次”，金斗河（淝河流经城区的一段）两岸“悉列货肆，商贾喧阗”。直到鸦片战争前，合肥的经济社会发展水平和全国大部分地区相比，仍毫不逊色。

【自然环境和资源】 合肥境内有丘陵岗地、低山残丘、低洼平原三种地貌，以丘陵岗地为主，江淮分水岭自西向东横贯全境。全市海拔多在15～80米，平均海拔20～40米，海拔最高为境西的595米的牛王寨。主城区地势由西北向东南倾斜，岗冲起伏；西南部属大别山余脉，层峦叠嶂。

合肥地处中纬度地带，属亚热带季风性湿润气候，季风明显，四季分明，气候温和，雨量适中。年均气温15.7℃，年均降水量约1000毫米，年日照时间约2000小时，年均无霜期228天，平均相对湿度为77%。

合肥自然条件优越，水资源、土地资源、农产品资源、矿产资源和旅游资源丰富。可利用水资源充裕，天然水资源总量为39.76亿立方米。地表水系较为发达，以江淮分水岭为界，岭南为长江水系，主要有南淝河、派河、丰乐河、杭埠河、滁河、裕溪河、兆河、柘皋河、白石天河、西河等；岭北为淮河水系，主要有东淝河、沛河、池河等。境内巢湖东西长54.5千米，南北宽21千米，水域面积770平方千米，号称“八百里巢湖”，湖底海拔5米，湖水容量随水位高程的不同而不同，当水位高程达14米时，湖水容量为63.7亿立方米。

全市耕地面积5590.30平方千米，是全国重要的农副产品生产区，粮食作物以水稻、小麦为主，经济作物主要有棉花、瓜果、蔬菜等，畜禽养殖业发达，特色农产品丰富，2021年全市绿色有机地标农产品总数375个，被授予“中国淡水龙虾之都”“中国坚果炒货之都”称号。长丰草莓、大圩葡萄、三十岗西瓜、中埠番茄、燕之坊杂粮、白云春毫茶叶、巢湖银鱼和白虾、合肥龙虾、肥西老母鸡等优质农产品深受消费者喜爱。

合肥的矿产资源丰富，有白云石、花岗石、磷、铁、铅、锌、银、明矾石、石膏、灰岩、矿泉水等。其中，肥东县磷矿储量居全省第二位；庐江县素有“地下聚宝盆”之称，铅、锌、硫铁矿、明矾石储量居全省首位，铜矿居第二位，硫铁矿储量占全省二分之一，铁矿储量占全省三分之一。

合肥自然环境优美，名胜古迹众多，城中有园，园中有城，是国家首批命名的3个全国园林城市之一，也是全国文明城市、全国优秀旅游城市。2021年，完成人工造林2433.3公顷、森林抚育10993.3公顷、封山育林2300公顷、退化林修复4340公顷，完成新增改造提升绿地面积714.2万平方米；全市湿地保有量11.82万公顷，湿地率10.33%，湿地保护率达75%。

【地方文化】 合肥地处古人类最早的发源地之一的巢湖流域，历史文化悠久，人文底蕴丰厚。自古以来，在合肥大地上，中原文化、楚文化、吴越文化和巢湖文化交融辉映，形成有巢氏文化、三国文化、包公文化、淮军文化等；20世纪初以来，合肥作为一块富有光荣革命传统的红色土地，红色文化资源丰富，截至2021年底，有革命历史类纪念设施遗址138个，有爱国主义教育基地41个，有延乔路、克农路等传承红色精神、弘扬红色文化的道路60余条；改革开放以来，创新文化特色日益鲜明。

合肥人杰地灵、从古到今孕育了无数杰出人物，在历史上产生了重要的影响。楚汉相争时的“亚父”范增，三国名将周瑜和天文学家、数学家王蕃，“五代十国”时期吴国缔造者杨行密，北宋著名清官包拯，晚清重臣洋务派首领李鸿章，台湾光复后首任巡抚刘铭传，清朝直隶提督聂士成，抗法名将刘秉璋，北洋军阀皖系首领段祺瑞，北洋海军提督丁汝昌，淮军将领吴长庆，民国初期总理李经羲、龚心湛、贾德耀，辛亥革命时期上将倪映典、吴旸谷、范鸿仙，爱国将领冯玉祥，抗日名将卫立煌、孙立人、郭寄峤，“和平将军”张治中，中国共产党隐蔽战线卓越领导人李克农，国民党高级官员吴忠信，革命英烈柯武东、刘敏、徐百川，诺贝尔物理学奖获得者杨振宁，著名作家鲁彦周等。

【民族和宗教】 合肥市属少数民族散杂居地区，是安徽省民族工作重点市。至2021年，全市有55个少数民族成分，常住人口中少数民族人口6.93万人，占全市常住人口的0.74%。有1个民族乡，12个少数民族聚居村和2个少数民族聚居社区， 6所民族中小学校。合肥有佛教、道教、伊斯兰教、天主教、基督教五大宗教。市区较大宗教活动场所有明教寺、开福寺、清真寺、天主教堂、基督教堂等。

（方 志）

党的建设

【概况】 2021年，中国共产党合肥市委员会（以下简称“中共合肥市委”）坚持以习近平新时代中国特色社会主义思想为指导，深入贯彻党的十九大和十九届历次全会精神，深入贯彻习近平总书记考察安徽重要讲话指示精神，按照党中央决策部署及省委要求，全面落实新时代党的建设总要求，坚定扛起主责、坚决抓好主业，纵深推进全面从严治党，为全市经济社会高质量发展提供坚强保证。

【政治建设】 2021年，中共合肥市委坚持把政治建设摆在首位，衷心拥护“两个确立”、忠诚践行“两个维护”，不断提高政治判断力、政治领悟力、政治执行力。

深入开展党史学习教育，扎实开展“我为群众办实事”实践活动，持续解决办证难、安置难、停车难、上楼难等30余项群众急难愁盼问题，打造百万青少年学党史、送党史进工地等特色宣讲品牌，中央简报11次推介合肥市做法。隆重庆祝建党100周年，深入学习贯彻习近平总书记“七一”重要讲话精神，精心安排12个方面81项“展、演、播、宣”活动，营造出同庆百年华诞、共铸历史伟业的浓厚氛围，革命历史题材电影《瑶岗1949》成功上映，版画《三大改造》入选中宣部大型美术创作工程。持续掀起党的十九届六中全会精神学习宣传贯彻热潮，出台《市委关于深入学习宣传贯彻党的十九届六中全会精神的决定》，市委主要负责同志带头宣讲，市领导分赴县（市、区）、开发区宣讲，推动广大党员干部不断增长智慧、增进团结、增加信心、增强斗志。出台《加强新一届市委班子政治建设的意见》，聚力打造忠诚尽职、奋勇争先、能力过硬、清正廉洁的市委班子。开展“大改建”专项行动，中央巡视反馈的2项个性问题整改到位，188项自查问题完成或基本完成整改186项。省委巡视反馈的44项问题完成整改39项，基本完成4项。

【思想建设】 2021年，中共合肥市委深入学习贯彻习近平新时代中国特色社会主义思想，认真落实以“四个第一”为重点的学习对标制度，市委理论学习中心组专题学习研讨21次。广泛开展“举旗帜·送理论”基层宣讲1.4万余场，庐阳区“一线为民宣讲团”获评全国基层理论宣讲先进集体。中央和省级媒体刊登合肥宣传稿件7万篇、创历史新高，中央电视台《对话》栏目访谈市委主要负责同志，合肥美誉度持续走高。推动组建《合肥日报》传媒集团，成立合肥演艺集团、庐剧艺术传承中心，合肥庐剧团盼望多年的排练场地问题得到解决。实施文明创建工程三年行动计划，开展道德典型引领等“十大行动”，培树“时代楷模”邱军、全国道德模范陈陆等先进典型，11人获评入选“中国好人榜”，“中国好人”总数达189人、居省会城市第二位。严格落实意识形态工作责任制，完善意识形态风险“周研判、月调度、季会商、年通报”等机制，研究制定《党政机关及领导干部个人出版作品行为规范》，分类制定市直机关、市属学校、市属企业意识形态工作指导意见，牢牢掌握意识形态领域主导权和话语权。

【组织建设】 2021年，中共合肥市委坚持以正确用人导向引领干事创业导向，圆满完成9个县（市、区）、81个乡镇领导班子换届，县（市、区）党政领导班子新配备40岁左右干部26人，乡镇提拔重用“90后”干部142人。建立干部“五库四清单”，对133个市管班子进行综合研判并调整配备班子成员。引进26位专业人才挂任市直单位副职，选派19名干部到在肥高校院所跟班学习，选派45名退出领导岗位的干部到村任职，选派市开发区干部到县市开发区挂任职、县市干部到市投资促进局挂职，选派103名优秀年轻干部到沪苏浙、重点企业实践锻炼。探索建立容错纠错六项机制和减责免责清单，对12名党员干部予以澄清正名。坚持抓党建促乡村振兴，集中整顿软弱涣散村党组织20个，圆满完成1720个村（社区）“两委”换届，推进党建引领信用村建设，2个村入选中央组织部首批红色美丽村庄建设试点村，全市村级集体经济强村达531个、占比45.3%，较上年提高18.4个百分点。坚持党建引领基层治理，新建小区党组织118个，组建“红色业委会”，新成立或换届的业委会中党员成员比例均超50%。智慧平安小区覆盖率达90%，可防性案件发案数下降82%。深化模范机关创建活动，建成示范党支部30个，过硬党支部233个。开展公办高校和国有企业党建工作“找差距、抓落实、提质量”专项行动，加强“非公工委+行业党委”建设，成立市级快递行业党委和9个区级产业链综合党委，建立视频直播、自媒体和网络安全党建联盟。集中表彰“两优一先”（即优秀共产党员、优秀党务工作者和先进基层党组织）对象300名，颁发“光荣在党50年”纪念章4.1万枚，马毛姐获颁“七一勋章”，杨忠命获评“全国优秀党务工作者”称号，合肥燃气集团党委获评“全国先进党组织”称号。完善领导干部公开接访、阅批群众来信制度，全市信访总量较2019年下降45.2%，进京访量下降66%、历史性退出全省前3，首次实现全省进京访量前10位无合肥县区。出台支持重点产业链专项人才等政策，组建市人才集团，常态化开展“智汇合肥”系列活动，将在肥“两院”院士列入市级保健对象，新增就业参保大学生25.8万人，其中本科以上11万人，新引进高层次人才团队130个，在肥服务院士总数达138人。

【作风建设】 2021年，中共合肥市委狠抓中央八项规定精神及省、市有关规定落实，全市查处违反中央八项规定精神问题251起

347人，通报曝光93起114人。开展新一轮深化“三个以案”警示教育，从源头上防范问题发生，查处形式主义官僚主义问题61起84人。全面落实为基层减负举措和负面清单，统筹规范督查检查考核事项，进一步改进会风文风，原则上每月20日前不召开全市性会议，原则上全市不举行集中开工活动。深入开展工作效率大提升专项行动，5名违反效能建设规定的干部下沉一线协助维护交通秩序。

【纪律建设和反腐败斗争】 2021年，中共合肥市委积极落实管党治党责任，创新出台党风廉政建设“一票否决”若干规定，明确“五种情形”，作出“五个不得”“八个方面不受影响”规定。健全完善监督体系，加强对“一把手”和领导班子监督，常态化开展党内政治监督谈话，市、县两级开展政治监督谈话642人次。研究制定领导干部严管厚爱“八个不得”行为规范，完善政治生态分析研判机制，市委每半年专题研究纪检监察机关案件查办工作。创新分系统巡察整改工作机制，完成十一届市委任期内巡察全覆盖工作，启动十二届市委巡察工作。深入开展“中梗阻”专项整治，严肃查处工程小但利益大、科室小但权力大、干部小但胆子大、年纪小但欲望大等“四小四大”问题。开展问题线索清仓见底专项行动，全市纪检监察机关处置问题线索5220件，立案1796件，其中县处级47人，留置44人。深化民生领域腐败和作风问题专项治理，查处群众身边腐败和作风问题306起435人。高质量完成政法队伍教育整顿，运用“四种形态”处理违纪违法干警2425人，建立健全管人管事管权制度机制423项，工作得到中央督导组和省委肯定。

（薛海斌）

经济社会发展

【概况】 2021年，合肥市地区生产总值（GDP）11412.80亿元，同比增长9.2%，分别高于全国、全省1.1和0.9个百分点，总量全国排名上升一位。规模以上工业增加值同比增长19.6%，位居全省第1位、省会城市第2位、长三角主要城市第2位，分别高于全国、全省10和10.7个百分点。社会消费品零售总额突破5000亿元，同比增长13.2%，高于全国0.7个百分点。进出口总额达1041亿元，增长2.67倍。全年固定资产投资增长3.5%，其中工业投资增长9.6%。外商直接投资37.48亿美元，增长4.3%。2182个重点项目完成投资3765.4亿，增长13.4%。一般公共预算收入完成844.22亿元，同比增长10.7%，增速较全省平均高出1.9个百分点。新增减税降费超100亿元。人民币存、贷款余额分别为2.18万亿元、2.02万亿元。

【创新发展】 国家战略科技力量建设。2021年，大科学装置集中区规划编制完成，聚变堆园区建成交付，先进光源、量子精密测量实验设施纳入国家规划。大健康研究院、先进计算中心正式运行，离子医学中心进入临床试验。中欧电子材料国际创新中心等3个新型研发机构落地运行、总数达30个，累计孵化、引进科创型企业超800家。4项成果入选国家年度十大科技突破，系统推进科学中心建设获国务院通报表扬，全球创新集群百强排名上升6位。

创新生态优化升级。2021年，合肥市成立市委科技创新委员会，出台《合肥市科技创新条例》，设立“合肥科技创新日”，组建市科创集团和运行科学中心专项基金，推进“科大硅谷”建设。新增上市公司10家，其中科创板6家、总数达13家，居省会城市第2位、全国城市第6位。国家高新技术企业新增超1200户、总数超4500户。新获批国家大学科技园1家、国家级孵化器2家。全社会研发投入强度达3.52%、居省会城市第3位、全国城市第8位。人才新政磁场效应显现，常态化开展“智汇合肥高校行”活动，在合肥的高校毕业生留合肥率超50%，在合肥服务院士新增3人、总数达138人，新引进高层次人才团队130个。

推进创新成果“三就地”。2021年，合芜蚌国家科技成果转移转化示范区获批建设，中国（合肥）知识产权保护中心投入运行，安徽科技大市场开市运营，首届中国（安徽）科交会成功举办，全年登记科技成果超过3700项、技术合同交易总额突破700亿元，增长分别超25%、20%，就地转化科技成果3000项以上，新认定新技术新产品新模式207个。

【产业实力】 新兴产业增长。2021年，合肥市战略性新兴产业产值增长28%，对全市工业贡献率超7成，“大力培育发展战新产业”连续4年获国务院表彰激励。开工建设长鑫二期、晶合二期、新桥智能电动汽车产业园、比亚迪等百亿元级项目。智能语音国家制造业创新中心获批建设，中科星图、航天宏图、银河航天等头部企业签约落地。

传统制造转型。2021年，合肥市获批建设国际互联网数据专用通道，建成2个工业互联网综合性标识解析二级节点，讯飞图聆入选省“双跨”工业互联网云平台。新增4户制造业“单项冠军”，42户企业入选国家专精特新“小巨人”。新建第五代移动通信技术（5G）基站超5000座，完成174户企业智能制造技术诊断，获批52个省级智能工厂和数字化车间、6家省级绿色工厂，新增省“三首”产品（即首台套重大技术装备、首批次新材料、首版次软件）143项。设立“市长质量奖”，累计拥有中国质量奖提名奖8家（次），居省会城市前列。

现代服务业发展。2021年，合肥市获批建设长三角地区首个陆港型国家物流枢纽，宝湾（合肥）国际物流中心获批国家示范物流园，新增7个省级服务业集聚区（集聚示范区），阳光电源股份有限公司获批国家两业融合试点。网上零售额突破1000亿元，快递业务发件量突破10亿件，淮河路步行街入选首批国家级夜间文旅消费集聚区，罍街获评全国夜间经济示范街，云里安凹获评全国首批甲级旅游民宿，京东嘉远成为首个实现百亿单体商贸企业。

【交通和城乡建设】 交通枢纽建设。2021年，新桥机场S1线开工建设，沿江高铁合沪段可行性研究获批。推进明巢、德上等高速公路建设，沪陕复线、宣商高速合肥段开工。新桥机场改扩建开工。引江济淮工程累计完成投资526亿元。

推进城市建设。2021年，合肥市大建设完成投资715亿元，增长12.8%。畅通二环西南环、北环东段、南淝河路等建成通车。轨道交通4号线开通运营，9条线同步建设。打通半截路9条，新改建城区污水管网126千米，中心城区污水处理能力新增20万吨/日。新增公园游园34个、市民休闲健身场所35处。

城市管理精细化。2021年，合肥市实施生活垃圾分类管理条例，建成垃圾集中投放点4261座。完成征迁1213万平方米，拆除违建910万平方米，为过去15年之最。建成停车泊位近9万个、充电设施1.2万个，治理重点道路隐患、堵点乱点261处，既有住宅加装电梯484部，整治杨树5.2万株，容缺办理解决15.3万套房产办证难问题。实施1.16万套D级及疑似D级危房“解危”行动，启动整治508个供电自建自管小区、464个供水自建自管小区、273个消防设施无水小区。获批“双智”试点城市，建成智能交通三期。建成城市生命线二期，“清华方案·合肥模式”向全国推广。

实施乡村振兴。2021年，合肥市建成高标准农田6666.67公顷，粮食总产量达294万吨，稻渔综合种养面积突破6.67万公顷。休闲农业营业收入达15.32亿元，增长53%。50万元以上经济强村占比41%，同比提高14个百分点，“三变”改革（即资源变资产、资金变股金、农民变股东）村居达1191个，占总村数84.3%。建成省级美丽乡村中心村76个，新改建农村道路550千米。建立健全防止返贫动态监测和常态化帮扶机制，16个脱贫村经营性纯收入超过100万元。

【区域协调发展】 长三角一体化。2021年，合肥市落实“五个区块链接”，与上海杨浦区达成战略合作，庐阳区、蜀山区参与组建长三角主要城市中心城区高质量发展联盟，实现城区合作全覆盖。合肥上海产业园、包河经开区2个省际合作园区规划编制完成，加入长三角开发区联盟。合肥国际金融后台服务基地融入虹桥国际开放枢纽。66个重大项目纳入国家长三角一体化发展规划“十四五”实施方案。

都市圈同城化。2021年，合肥市完成合肥都市圈“十四五”规划编制，与淮南市共建新桥科创示范区合作区，联合申创国家临空经济示范区。组建新能源汽车等7个专项产业联盟，“一码（卡）通”在都市圈城市交通、旅游观光、文化体验等推广应用。与阜阳市签订新一轮合作共建协议。

县区实力提档升级。2021年，肥东县、肥西县、长丰县在全国百强县位次前移，巢湖市、庐江县跻身“全国投资潜力百强县”。包河区、蜀山区、庐阳区均实现经济总量过千亿、进入全国百强，蜀山经济开发区晋级国家级开发区，瑶海老工业基地调整改造获国家发展和改革委员会通报表扬。合肥经济技术开发区在国家级经开区中综合排名上升至第11位，合肥新站高新技术产业开发区成为世界级新型显示产业基地。

【改革开放】 改善营商环境。2021年，合肥市主要涉税服务事项95%以上实现网上办理，105项高频户政业务实现“全程不见面”“一次不用跑”，不动产登记办理时间压缩到3个工作日，试点开展“交房即交证”。劳动力市场监管、财产登记、纳税、政务服务、包容普惠创新等5项营商环境指标成为全国标杆。全年减税降费超100亿元，投入高质量发展政策资金122.5亿元。“信易贷”平台贷款规模超380亿元。

推进重点改革。2021年，合肥市推进改革任务116项，形成80多项制度性成果。在全国率先推进财政支出政策全周期预算绩效管理，完成市以下公共文化、应急救援等领域财政事权与支出责任划分改革。推进城市紧密型医联体城区全覆盖，国家谈判药“双通道”供应保障机制创新举措获全国推广。实施招投标“评定分离”，公共资源交易服务标准化示范获全国推广。城乡融合发展试验区环巢湖片区改革方案启动实施，启动“亩均论英雄”改革，“标准地”改革实现省级以上开发区全覆盖。

提升开放水平。安徽自由贸易试验区合肥片区复制推广全国213项制度创新成果，集聚企业超3万家、累计进出口总额超1000亿元。跨境电商交易额突破100亿元，增长50%以上。与“一带一路”沿线64个国家建立经贸往来，新增3条国际货运航线，合肥港直航上海外贸航线常态化运营，中欧班列开行668列、较上年增加100列，累计突破2000列。入选第三轮中欧区域政策合作中方案例地区名单。

【生态建设】 *巢湖综合治理*。2021年，合肥市出台把巢湖打造成合肥最好名片的意见，环湖“十大湿地”累计建成9个，环巢湖生态保护与修复完成投资285.6亿元。巢湖一级保护区绿色种植达8000公顷，20个国考断面全部达标、水质优良率达85%，南淝河全流域首次全面达标，巢湖水质稳定保持Ⅳ类。巢湖蓝藻发生次数减少42%、面积减少20%、藻密度下降32%，基本实现无蓝藻异味。

推进污染防治攻坚。建立环境专项监督长制。$PM_{2.5}$平均浓度下降10%，空气质量优良天数达85.8%。完成原红四方化肥厂等地块修复，推进废弃矿山生态修复。

绿色低碳发展。启动编制碳达峰实施方案，关停4家问题“两高”企业（即高污染和高耗能的产业），对244家高耗能企业实施用能管控，开展服务业企业节电行动，完成节能量交易7.4万吨标煤、增长41%。全年植树造林2466.67公顷、新增绿地714万平方米，修复恢复湿地4133.33公顷。

【民生福祉】 2021年，合肥市民生支出1063亿元，占一般公共预算支出的87%。

落实就业优先。城镇新增就业14.4万人，登记失业率2.81%。发放各类援企稳岗补贴4亿元，解决重点企业用工超3万人，开发公益性就业岗位1.3万个，开展各类职业技能培训15.84万人次。

提升公共服务可及性。建成中小学40所、幼儿园70所，新增学位8.6万个、2.6万个，改进一、六、八中学“新联招”模式，创新实施高考考点就近安排。推进校外培训机构治理，“三点半课堂”成为全国典型。实施名医名科名院工程，市公共卫生管理中心投入使用，完成566个城市社区卫生机构和村卫生室标准化建设，门诊慢性病病种扩大到63种。创新开展“过年留合肥·免费游合肥”等文化惠民活动，合肥演艺集团、庐剧艺术传承中心正式成立，城市阅读空间入选中央宣传部全民阅读优秀推介项目，2条线路入选国家“建党百年红色旅游百条精品线路”。建成491个全民健身场地，成功承办第十四届全运会围棋、象棋、国际象棋比赛。

提升社会保障水平。超额完成城镇职工基本养老、失业、工伤参保任务。统一全市城乡低保标准并提标，完成2813户特困老年人家庭居家适老化改造，建成15个城市居家社区养老服务综合体。出台房地产“新政八条”，筹集保障性租赁住房2.2万套，新建棚改安置房4.4万套。全面完成31项民生工程、20项为民办实事事项。“惠民菜篮子”活动销售“惠民菜”5358万斤，减轻群众负担4360万元，入选全国重要民生商品保供稳价典型经验做法。

疫情防控。实现连续22个月无新增本土病例，建立疫情防控网格化管理单位5.4万个，形成3天内全市全员核酸检测能力，有效处置1起输入性疫情，3岁及以上人群新冠疫苗全程接种率92.7%。

社会治理。完成村和社区“两委”换届。建成智慧平安小区2566个，反诈平台拦截预警电信网络诈骗22.5万余起。获评全省首批法治政府建设示范市。

（朱显宇）

责任编辑：史　志

中国共产党合肥市委员会

综　述

【概况】 2021年，中国共产党合肥市委员会（以下简称“市委”）坚持以习近平新时代中国特色社会主义思想为指导，深入学习贯彻党的十九大和十九届历次全会精神，深入学习贯彻习近平总书记考察安徽重要讲话指示精神，全面落实党中央及省委决策部署，统筹疫情防控和经济社会发展，做好“六稳”“六保”工作，勇当科技和产业创新“两个开路先锋”，纵深推进全面从严治党，在现代化美好安徽建设中打头阵、挑重担、当主力、作贡献。合肥市实现地区生产总值（GDP）11412.8亿元，增长9.2%，连续6年每年跨越一个千亿台阶，总量居全国大中城市第19位，比2020年前进一位，增速在全国万亿城市中排名第2、在前30强城市中排名第2、在省会城市中排名第3。全省经济首位度26.6%，创历史新高。一般公共预算收入增长10.7%，固定资产投资增长3.5%，社会消费品零售总额突破5000亿元、增长13.2%，进出口总额突破500亿美元、增长37.2%，城镇登记失业率2.81%，城乡居民人均可支配收入增长10.5%。制造业占GDP比重突破20%，规模以上工业增加值增长19.6%，增速创10年新高、居全国省会城市第2位、长三角城市第2位。工业企业利润增长41.8%，创10年新高，高于全国7.5个百分点、全省28.2个百分点。战略性新兴产业产值增长28.3%，占规模以上工业比重54.9%，对全市工业增长贡献率为71.6%。

【加强党的领导和党的建设】 2021年，市委坚持以党的政治建设为统领，全面推进党的各项建设，衷心拥护“两个确立”、忠诚践行“两个维护”，做到“总书记有号令、党中央有部署，安徽见行动、合肥见成效”。召开中国共产党合肥市第十二次代表大会，提出未来五年奋斗目标和具体措施，选举产生新一届市委领导班子。出台加强新一届市委班子政治建设的意见。完成9个县（市、区）四大班子换届和81个乡镇党委、1720个村（社区）“两委”换届。落实“国之大者”，两名专职常委分别专管科技创新和巢湖治理。全面加强党对经济工作领导，成立市委科技创新委员会，独立运作市国土空间规划委员会办公室，建立完善市委经济形势分析月调度、重点项目要素保障半月调度、规划建设周调度机制。落实意识形态工作责任制，完善意识形态风险“周研判、月调度、季会商、年通报”等机制，组织开展专项督查，举行网络安全攻防演练，掌握意识形态领域主导权和话语权。落实新时代党的组织路线，推动组织覆盖提速扩面、基层治理提质增效、党建引领提档升级。引进26位专业人才挂任市直单位副职，选派19名干部到在合肥高校院所跟班学习，选派45名退出领导岗位的干部到村服务，选派市开发区干部到县（市）开发区挂任职、县（市）干部到市投资促进局挂职，选派103名优秀年轻干部到沪苏浙、重点企业实践锻炼。落实中央八项规定精神，制定领导干部严管厚爱“八个不得”行为规范，出台力戒形式主义官僚主义“清单指引、事前研判、预警纠偏”3项机制。完成十一届市委任期内巡察全覆盖，中央巡视反馈的2项个性问题整改到位，188项自查问题完成或基本完成整改186项。开展问题线索清仓见底专项行动，全市纪检监察机关线索处置5220件，运用“四种形态”处理6116人次，查处违反中央八项规定精神问题251起347人次。

【庆祝中国共产党成立100周年】 2021年，市委坚持把学习贯彻习近平总书记“七一”重要讲话精神作为重大政治任务，安排12个方面81项“展、演、播、宣”活动。马毛姐、李宏塔荣获“七一勋章”。党史学习教育有声有色、入脑入心，

"我为群众办实事"走深走实、见行见效。创新开展"百团千人讲党史"等活动，渡江战役纪念馆、安徽创新馆成为党史学习教育重要场所，延乔路成为红色教育的"网红路"。持续掀起党的十九届六中全会精神学习宣传贯彻热潮，市委主要负责同志带头宣讲，市领导分赴县（市、区）、开发区宣讲，推动全市各级党组织和广大干部群众增长智慧、增进团结、增加信心、增强斗志。

【打造科创名城】 2021年，市委坚持创新这一国策，全面塑造创新驱动发展新优势。召开全市科技创新大会，宣示把创新摆在核心地位的坚定决心。服务保障"国之重器"，建成量子创新院1号科研楼、聚变堆园区、中国科学技术大学高新园区等重点工程，运行大健康研究院、先进计算中心，推进"科大硅谷"，先进光源、量子精密测量实验设施纳入国家规划，"系统推进综合性国家科学中心建设"获国务院通报表扬。重大创新成果涌现，"人造太阳"刷新世界纪录、"九章2.0"和"祖冲之2.0"发布问世、"量子"U盘存储光达1小时、凯勒几何核心猜想获得证明等4项成果，上榜年度国家十大科技重大突破，创历史新高。拉曼光谱测毒关键技术等11项成果获国家科学技术奖。出台科技创新条例，设立合肥科技创新日，组建市科创集团（人才集团）。中国（合肥）知识产权保护中心投入运行。与大学大院大所大企共建协同创新平台新增3个、总数达30个。推动科技成果"就地交易、就地转化、就地应用"，成功举办首届中国（安徽）科技成果转化交易会，依托安徽创新馆构建"政产学研用金"六位一体的科技大市场，做到"线下月月有活动、线上天天有交易"。全市技术合同交易总额867亿元、创历史新高，同比增长51.5%，完成科技成果登记4005项、同比增长36.2%，登记数量创历史新高。就地转化科技成果3492项。科技投入174亿元、占一般公共预算支出14.2%。落实重点产业人才政策，常态化开展"智汇合肥"系列活动，新增就业参保超40万人，其中大专以上学历25.9万人、本科以上学历11.8万人。在肥服务院士新增3人、总数达138人。

【打造产业名城】 2021年，市委坚持把做实做强做优实体经济作为主攻方向，加快传统产业转型升级、做强做大战新产业、超前布局未来产业，提升产业基础高级化和产业链现代化水平。战略性新兴产业集群发展、养老服务体系建设、信息基础设施建设和推进产业化数字化、深化商事制度改革、区域"双创"示范基地等5项工作获国务院督查激励。净增市场主体20.8万户、总数达134.7万户、增长18%。新增国家高新技术企业1250户、总数达4578户。新增国家级"专精特新"企业42户，总数达61户、居全国省会城市第6位。新增境内上市企业10户，总数达68户、居全国省会城市第7位、全国城市第14位，其中科创板新增6户，总数达13户、居全国省会城市第2位、全国城市第6位。智能语音入选国家先进制造业集群，获批国家制造业创新中心。联宝（合肥）电子科技有限公司营收超1200亿元，合肥京东方光电科技有限公司营收超600亿元，长鑫存储技术有限公司营收增长5倍，合肥晶合集成电路股份有限公司跻身全球晶圆代工前10，蔚来汽车产销近10万辆，维信诺、欧菲光、沛顿等点亮投产。开工建设长鑫二期、晶合二期、蔚来新桥产业园、比亚迪、大众安徽、中创新航、神州数码、晶科光伏等重大项目。布局空天信息等未来产业，中科星图、航天宏图、银河航天等头部企业落户。新建5G基站超5000座、累计超1.3万座，上线合肥数据要素流通平台，首批超百家数商签约入驻，获评数字经济发展新一线城市。罍街获评全国夜间经济示范街，淮河路步行街入选首批国家级夜间文旅消费集聚区，合肥京东嘉远贸易有限公司实现百亿单体商贸企业零突破，网上零售额突破1000亿元，快递业务发件量突破10亿件。合肥高新技术产业开发区在169家国家级高新区中综合排名升至第8位，合肥经济技术开发区在217家国家级经开区中综合排名跃居第10位，蜀山经济开发区晋升"国家级"。

【打造巢湖名城】 2021年，市委坚持绿水青山就是金山银山理念，系统实施碧水、安澜、生态修复、绿色发展、富民共享"五大工程"和点源、线源、面源、内源"四源同治"，整合市环湖办、巢湖风景区管理委员会职能并入安徽省巢湖管理局，实现一个部门统一行使巢湖流域综合管理职责。入选国家第一批山水林田湖草沙一体化保护和修复示范工程，环湖"十大湿地"累计建成9个，巢湖一级保护区绿色种植8000公顷，20个"国考"断面全部达标，南淝河全流域首次全面达标，巢湖水质稳定保持Ⅳ类，巢湖蓝藻首次出现时间比上年推迟56天，发生次数减少42%、面积减少20%、藻密度下降

2021年7月10日，省委常委、市委书记虞爱华督查巢湖蓝藻打捞工作
（张大岗／摄）

32%，历史性实现夏天无蓝藻异味。治理意杨飞絮，实现春天无漫天飞絮。植树造林2466.67公顷，新增绿地714万平方米，修复恢复湿地4133.33公顷，扬尘治理专项行动整改裸地斑块1143个，全市森林覆盖率28.4%，建成区绿地率稳定在40.3%左右。细颗粒物（$PM_{2.5}$）平均浓度下降11.1%，实现“八连降”，重污染天气实现清零，空气质量优良率86%，6项空气监测指标首次全面达到国家二级质量标准。建设环巢湖生态公厕、休憩桌椅、公共停车场等便民设施。建立环境专项监督长制，整改销号第二轮中央环保督察转办的信访件905件、销号率98.5%。单位GDP能耗仅相当于全国1/2、全省2/3左右。度电GDP25.7元，高于全国全省平均水平。

【打造活力之城】 2021年，市委坚持统筹城乡发展，大建设完成投资885亿元，增长10.3%。建设东部新中心、运河新城、新桥科创示范区、骆岗公园、大科学装置集中区等五大片区。启动老城“减法”行动，推进骆岗小镇、老合钢片区、老城片区、卫岗王卫片区等“一镇三片”城市更新。实施“1155”大交通建设计划（即到“十四五”末力争建成和在建铁路1000千米、高速公路1000千米、轨道交通500千米、城市快速路500千米），安九高铁开通运行，新桥机场改扩建、新合肥西站、合新高铁开工建设，大外环高速、畅通二环推进建设，西南环用9个多月实现高架桥主线通车，轨道交通4号线开通运营、S1线开工，实现“5线联运、9线同建”。治理城市拥堵点15处，打通半截路9条。新增停车泊位9万余个，释放共享泊位6万余个。动态整治城区积涝点19处、积水点141处、积水小区91个。完成征迁1213万平方米，新一轮“大拆违”拆除违建超900万平方米，为过去15年之最。处置批而未供土地666.67公顷、闲置土地1733.33公顷、低效用地266.67公顷，新增耕地2133.33公顷。推动巩固拓展脱贫攻坚成果同乡村振兴有效衔接，粮食产量294万吨、蔬菜产量223万吨，都市现代农业成为全国先进典型。新建改建国省干道 259千米、农村公路550千米，建成76个省、市级美丽乡村中心村。村级集体经济经营性收入50万元以上强村占比45.3%，较上年提高18.4个百分点。

【打造幸福之城】 2021年，市委坚持以人民为中心的发展思想，增进民生福祉，满足人民对美好生活的新期待。全年各项民生支出1063亿元，占一般公共预算支出的87%。破解安置难、办证难、赶考难、停车难、上楼难等30余项群众急难愁盼问题。首次拆分市区高考考区，让考生从“满城跑”变为“就近考”；改进一、六、八中学联招政策，让大多数学生能就近入学；推进出租车行业健康发展，启动个人巡游出租车“两权合一”办理；实施“共享停车位”，市区道路沿线免费停车时间由15分钟延长到30分钟，提升群众获得感、幸福感、安全感和认同感。新增城镇就业14.4万人。建成中小学幼儿园110所、新增学位11.2万个，落实“双减”政策，完成线下学科类校外培训机构“营转非”（即把营利属性改成非营利属性）。建设国家儿童区域医疗中心，建成市公共卫生管理中心、市二院老年护理院。牵头组织全省药品集采，45种药品降价惠民，国家谈判药“双通道”保障机制创新举措全国推广。提高低保、特困人员供养、孤儿救助、基础养老金、高龄补贴、残疾人补助等标准。出台涵盖学位制、二手住房限购等房地产政策八条，开展职住平衡试点。全年安置超8.8万户、面积超1000万平方米。实施1.16万套D级及疑似D级危房“解危”行动。启动整治508个供电自建自管小区、464个供水自建自管小区、273个消防设施无水小区。建成全民健身场地491个。三点半课后服务、惠民菜篮子工程成为全国典型。摸底精神障碍人员，明确由民政部门牵头统管，克服多年来该群体日常无部门管理问题。归并25条便民热线，建成新的12345热线统一管理平台，全年受理群众诉求155万件，同比上升10.7%，创新开设“为企服务”专席，受到群众和企业好评。

【全面深化改革开放】 2021年，市委坚持以深化改革破除瓶颈，以扩大开放增强活力。推进改革任务116项，形成80多项制度性成果。启动“亩均论英雄”改革，国有建设用地收储553.33公顷、收回90.33公顷。推行工业用地“弹性容积率”、招投标“评定分离”、开发区“标准地”等30余项创新举措。全年新增减税降费112.9亿元。中国（安徽）自由贸易试验区合肥片区复制推广全国213项制度创新成果。推进放管服改革，改善营商环境，一体化政务服务能力在全国领先。跨境电商交易额突破100亿元、增长50%以上，新开3条国际货运航线。合肥陆港型物流枢纽入选“十四五”国家首批建设名单。推进国际航空货运中心建设。中欧班列开行668列、较上年增加100列，累计突破2000列，近2年开行数是前5年总和的1.5倍。推进长三角一体化，获批2家G60科创走廊产融结合高质量发展示范园区，牵头组建长三角先进计算联盟、人工智能产业链联盟。合肥都市圈扩容升级，推进“通勤一小时”“产业一体化”“服务一卡通”。

【丰富人民群众精神文化生活】 2021年，市委坚持推动物质文明和精神文明协调发展，建设创新型文化强市。开展“举旗帜·送理论”基层宣讲1.4万余场，庐阳区“一线为民宣讲团”获评全国基层理论宣讲先进集体。组织开展“牢记嘱托的实践”“党旗在基层一线高高飘扬”等重大主题宣传。中央和省级媒体刊登合肥宣传稿件7万多篇、创历史新高。中央电视台《对话》栏目对话合肥、全网刷屏。调整重组合肥日报传媒集团，成立合肥演艺集团、庐剧艺术传承中心。创新开展“过年留合肥·免费游合肥”等文化惠民活动，举办“建设者之歌”系列慰问演出。实施文明创建工程三年行动计划，开展道德典型引领等“十大行动”。城市阅读空间建设做法获全国推广。深化“好人成名人”工程，涌现出“时代楷模”邱军、全国道德模范陈陆等一批先进典型。11人入选“中国好人榜”，总数达189人、居全国省会城市前列。推进移风易俗，全市931个行政村“一约四会”制度建设实现全覆盖。

【发展社会主义民主政治】 2021年，市委坚持党的领导、人民当家作主、依法治国有机统一，巩固和发展安定团结的政治局面。支持人大及其常委会发挥职能作用，市人大常委会制定和修改地方性法规5件，就2项重大事项作出决定，首批建立9个党建引领全过程人民民主基层实践点，获批全国首批、全省首个全国人大常委会基层立法联系点。发挥人民政协专门协商机构作用，市政协围绕“十四五”规划实施等开展协商建言和民主监督，组织实施的乡村振兴、新能源汽车产业发展等10项重点协商活动、13项重点民主监督活动成效明显。各民主党派完成换届工作，新的社会阶层人士统战工作试点取得新进展，做好民族团结进步宣传教育，开展宗教工作大督查。坚持法治合肥、法治政府、法治社会一体建设，获评首批全省法治政府建设示范市。坚持党管武装，统筹做好征兵、编兵、练兵、用兵工作。工会、共青团、妇联等群团组织作用得到发挥。

【推进平安合肥建设】 2021年，市委贯彻落实总体国家安全观，坚持统筹发展和安全，推动高质量发展和高水平安全良性互动。抓好常态化疫情防控，3岁及以上人群新冠疫苗全程接种率92.7%，累计追踪密接、次密接14227人，管理入境人员12865人。处置5月份输入性疫情和18批75份核酸检测阳性物品样本事件，没有出现本土确诊病例和疫情外溢。安全生产事故数、亡人数连续6年“双下降”，交通事故亡人数连续4年下降。城市生命线“合肥方案”获应急管理部肯定，并向全国推荐。入选国家智能社会治理实验基地。智慧平安小区覆盖率90%，可防性案件发案下降82%。政法队伍教育整顿、扫黑除恶专项斗争取得明显阶段性成效。推动党建与信访结合，领导干部带头公开接访、阅批群众来信，信访总量比2019年下降45.2%。

（刘　徽）

【加强新时代人大工作】 2021年4月，市委印发《中共合肥市委关于加强新时代人大工作和建设充分发挥人大在“五高地一示范”建设中作用的意见》。《意见》要求，坚持以习近平新时代中国特色社会主义思想统领人大工作，切实把握新时代人大工作的根本遵循，坚定人民代表大会制度自信，把人民代表大会制度的显著优势转化为治理效能。从完善贯彻落实党中央决策部署，健全党委领导人大工作制度，加强人大常委会及机关党建等方面提出加强党对人大工作全面领导的举措。《意见》提出，要发挥地方人大作为地方国家权力机关的职能作用，加强重要领域立法，提高地方立法质量和效率，保证宪法和法律法规实施。

【规范村庄撤并工作】 2021年6月，市委办公室、市政府办公室印发《关于严格规范村庄撤并工作的通知》。《通知》提出，要坚持从实际出发，坚持依法依规，坚持稳妥审慎；充分尊重农民意愿，充分尊重乡村生活形态和传统习惯，保持乡村功能和特色；严格规范村庄撤并工作，依法保护村集体和农民合法权益；稳妥开展村级建制调整，严格控制村庄搬迁撤并范围，严禁违背农民意愿强行撤并村庄；依法保护村集体和农民合法财产权益，规范开展城乡建设用地增减挂钩；加强问题排查和整改，对村庄撤并中的违法违规行为，依法依规严肃追究相关人员责任，对不作为、乱作为、侵害农民利益的严肃问责。

【力戒形式主义官僚主义】 2021年8月，市委办公室印发《关于建立力戒形式主义官僚主义三项机制的若干意见（试行）》，分别就建立力戒形式主义官僚主义清单指引、事前评估研判和预警纠偏三项机制作出规定。力戒形式主义官僚主义指引清单从贯彻落实党中央及省委、市委重大决策部署，履职尽责、服务经济社会发展，联系基层、服务群众，文件会议、督查检查考核，节庆庆典活动等5个方面对如何力戒形式主义和官僚主义进行规定，要求坚决做到力戒形式主义官僚主义不打折扣、不做选择、不搞变通，切实做到对标对表、知信行合一。

【做好全市村（社区）“两委”换届工作】 2021年10月，市委办公室、市政府办公室转发《市委组织部、市民政局关于高质量做好全市村（社区）“两委”换届工作的实施方案》，提出从加强党的领导、坚持选人用人标准、优化班子结构等几个方面准确把握换届工作总体要求，牢固树立高质量鲜明导向；要求以做好换届工作为契机，选优配强村（社区）“两委”班子特别是党组织书记，筑牢敢打必胜的战斗堡垒，为全面开启合肥现代化建设新征程提供坚强的组织保证。《方案》明确村（社区）“两委”换届选举工作的方法步骤，要求各地各单位落实领导责任，强化部门协作，加强督促指导，树正换届风气，防范化解风险，做好换届工作的组织领导。

（朱大伟）

重要决策

【强化知识产权保护】 2021年2月，市委办公室、市政府办公室印发《关于强化知识产权保护的实施意见》。《实施意见》从强化知识产权保护体系建设、构建知识产权保护格局、优化知识产权保护协作机制、健全知识产权保护沟通体系、加强知识产权保护基础条件建设等五个方面提出多条举措，完善知识产权严保护、大保护、快保护、同保护的体制机制，发挥知识产权对创新驱动发展的引领支撑作用，保障全市营造良好营商环境和创新环境。

【促进科技成果转化】 2021年2月，市委办公室、市政府办公室印发《合肥市推动科技成果转化三年攻坚行动方案》。《方案》提出，要坚持问题导向、需求导向和目标导向，解决科技成果转化应用过程中的难点、堵点和痛点，构建应用基础研究、技术熟化、产业孵化、企业对接、成果落地全链条转化机制，全面提升科技成果转化活力和效率，推动科技创新和经济社会发展深度融合。

【做实重点产业链链长制】 2021年2月，市委办公室、市政府办公室印发《合肥市重点产业链链长调度机制工作规则》。《规则》对全市重点产业链链长工作进行分工，由市委、市政府主要领导领衔担任重点产业链的链长。《规则》提出完善产业发展规划、优化产业政策措施、加快培育重点企业、协调推进重点项目、建设产业公共服务平台、建立常态化服务机制等主要任务，进一步明确分层调度、联系服务、信息报送等工作制度。

【加快农业农村现代化】 2021年3月，市委、市政府印发《关于全面推进乡村振兴加快农业农村现代化的实施意见》。《意见》提出，要加快推进农业现代化建设，提升粮食和重要农产品生产供给能力，构建都市现代农业新发展格局，推进合肥“种业之都”建设，坚决守住耕地红线，建设农业科技创新高地，实施乡村产业振兴计划，加快长三角绿色农产品生产加工供应基地建设，打造乡村绿色发展合肥样板。大力实施乡村建设行动，健全乡村建设规划体系，加快城乡公共基础设施一体化建设，推进城乡基本公共服务均等化；实施农村人居环境整治提升五年行动，全面促进农村消费，持续提升县域内城乡融合发展水平，健全乡村振兴投入保障机制。从完善农村基本经营制度，深化农村土地制度改革，发展壮大农村集体经济，深化农业经营机制改革等方面深化农村改革。加强党对“三农”工作的全面领导，强化“五级书记”抓乡村振兴的工作机制，分类全面推进乡村振兴，加强党的农村基层组织建设和乡村治理，加强新时代农村精神文明建设，完善乡村振兴考核落实机制。

【推动经济高质量发展】 2021年5月，市委办公室、市政府办公室印发《合肥市推动经济高质量发展若干政策》。《政策》明确，将采取支持研发机构建设，激励加大研发投入，促进科技成果转化等措施提升科技创新能力；持续扩大有效投资，在推动产业链强链补链和制造业转型升级、加快发展现代农业、完善现代流通体系等方面持续发力；从建立融资服务机制，增强融资担保能力，完善风险补偿制度等方面着手，加大融资支持力度；持续深化“双创”示范，促进领军企业加快发展。《政策》提出，要大力发展总部经济，激励企业扩大规模，不断培育壮大市场主体；要优化企业发展环境，提升园区服务水平，优化公共服务供给，支持首创产品应用企业开拓市场。

【完善社会救助制度】 2021年5月，市委办公室、市政府办公室印发《合肥市改革完善社会救助制度实施方案》。《方案》从健全分层分类救助体系、完善救助模式、夯实基本生活救助和健全专项救助、加强急难社会救助、促进社会力量参与、深化“放管服”改革等方面明确重点工作任务，细化各单位职责分工。《方案》提出，到2022年，实现精准救助、高效救助、温暖救助、智慧救助；以基本生活救助、专项社会救助、急难社会救助为主体，社会力量参与为补充的分层分类救助制度体系更加健全完善；政府主导、社会参与、制度健全、政策衔接、兜底有力的综合救助格局更加成熟定型。

【建设“和美小区”】 2021年7月，市委办公室、市政府办公室印发《合肥市坚持党建引领共建“和美小区”三年行动方案（2021—2023年）》。《方案》要求，要以习近平新时代中国特色社会主义思想为指导，围绕省委、市委关于加强新时代城市基层党建完善基层治理工作的总体要求，把住宅小区物业管理工作纳入城市基层治理工作范畴，推动形成党建引领、政府监管、业主主体、社会协同、市场运作、政策保障的住宅小区物业综合管理格局，共建共治共享和美宜居住宅小区。《方案》明确，要加强党建引领，构建住宅小区综合治理新格局；创新管理体制，形成住宅小区综合治理新动能；聚焦突出问题，找准住宅小区综合治理新抓手；规范业委会建设，探索住宅小区业主自治新模式；坚持市场导向，建立住宅小区物业服务新机制。

【构建现代环境治理体系】 2021年8月，市委办公室、市政府办公室印发《关于构建现代环境治理体系的若干工作举措》，提出15个方面具体措施，包括：严明环境治理领导责任，强化环境目标考核导向，完善环境法规规章制度，健全环境监管体制机制，落实环境治理财税金融支持，强化环境领域司法保障，健全生态环境问题整改机制，构建环境监测城市大脑，压实排污企业主体责任，推动生产服务绿色升级，促进生态环境产业发展，鼓励环境治理模式创新，推动社会参与环境监督，开展生态文明宣传教育，加强环境治理信用建设。

【深化医疗保障制度改革】 2021年9月，市委、市政府印发《贯彻落实深化医疗保障制度改革若干举措》。《举措》从完善医疗保障政策体系，巩固完善市级统筹管理，深化医保支付方式改革，改革完善医保基金监管体制，协同推进医药服务供给侧改革，优化医疗保障公共服务等方面做出具体规定。《举措》要求，各级党委和政府要把医疗保障制度改革作为重要工作任务，把党的领导贯彻到医疗保障改革发展全过程。采取群众喜闻乐见的方式，加强医保政策宣传和解读，提高医保政策知晓率，及时回应社会关切，合理引导社会预期，凝聚社会共识，调动各方支持配合医疗保障改革的积极性和主动性。

【建设“有事好商量”平台】 2021年10月，市委办公室印发《市、县（市）区政协开展“有事好商量”平台建设工作的实施意见》。《实施意见》要求，“有事好商量”平台建设工作，要坚持政治性、人民性、有序性、开放性、实效性、特色性，通过平台建设和有效工作，使全市政协组织成为坚持和加强党对各项工作领导的重要阵地、成为用党的创新理论团结教育引导各族各界代表人士的重要平台、成为在共同思想政治基础上化解矛盾和凝聚共识的重要渠道，努力把“有事好商量”平台打造成党委和政府“好帮手”、人民群众“连心桥”、委员履职“新平台”，广泛凝聚共识，增强基层议事协商能力。

【加强市委班子政治建设】 2021年11月，市委印发《关于加强新一届市委班子政治建设的意见》。《意见》提出，市委班子要带头践行“两个维护”，对党绝对忠诚，深刻理解“两个确立”的决定性意义，坚决做“两个确立”的忠实拥护者，不断提高政治判断力、政治领悟力、政治执行力；带头筑牢政治信仰，把坚定理想信念作为终身课题；带头参加党章党规党纪教育和形势政策教育学习，牢固树立正确的世界观、人生观、价值观，始终把理想信念的坚定性体现在做好本职工作的过程中，自觉坚持党的基本理论、基本路线、基本方略，传承弘扬党的百年奋斗历史经验，在推动合肥高质量发展上勇挑重担、奋勇向前；带头强化责任担当，增强慢进是退、不进更是退的危机感和紧迫感，拉高工作标杆，坚持真抓实干，坚持问题导向，做到目光所至看到问题、耳听范围想到问题、所作所为解决问题，事不避难、义不逃责，敢于挑重担、啃骨头，以上率下走在攻坚克难第一线。

【实施田长制】 2021年11月，市委、市政府印发《合肥市关于加强耕地保护实行田长制的实施方案》。《方案》对合肥市各级田长设置方式及工作规则做出详细规定，提出田长制的会议调度、督查考核、激励奖惩、信息报送等各项工作机制，并在国土空间规划管控、坚决遏制耕地“非农化”和防止耕地“非粮化”等多个方面明确主要工作任务。《方案》提出，要落实最严格的耕地保护制度，以加强耕地数量、质量、生态“三位一体”保护为重点，构建保护有力、集约高效、监管严格的耕地和永久基本农田保护格局，牢牢守住耕地红线，促进乡村振兴，实现重要农产品稳产保供，保障粮食安全。

【深化新时代教育督导体制机制改革】 2021年11月，市委办公室、市政府办公室印发《关于深化新时代教育督导体制机制改革的实施方案》。《方案》从健全管理体制机制、制定规划完善标准、统筹推进督政工作、创新开展学校督导、科学实施评估监测、及时组织专项督导、强化督导结果运用、建立专业督学队伍等方面明确工作任务。《方案》要求，深化教育督导体制机制改革，办好人民满意教育，打造“学在合肥”品牌。《方案》提出，到2022年，在全市范围内基本建成全面覆盖、运转高效、结果权威、问责有力的教育督导体制机制。

（朱大伟）

重要会议

【中国共产党合肥市第十二次代表大会】 2021年9月24—28日，中国共产党合肥市第十二次代表大会在市政务中心开幕。24日下午，中国共产党合肥市第十二次代表大会预备会议在市政务中心举行。会议通过大会主席团成员和秘书长名单、代表资格审查委员会成员名单、大会议程。随后举行中国共产党合肥市第十二次代表大会主席团第一次会议，通过市第十二次党代会主席团常务委员会委员名单（虞爱华、罗云峰、马军、华克思、韦弋、陈晓波、王文松、杨伟、方涛、葛建荣、程雪涛），通过市第十二次党代会副秘书长名单（华克思、韦弋、葛建荣）、市第十二次党代会代表资格审查委员会关于代表资格的审查报告、《中国共产党合肥市第十二次代表大会选举办法（草案）》，决定提交各代表团酝酿表决。省委常委、市委书记虞爱华主持会议并讲话。省委组织部副部长、省委第一换届指导组（换届风气督导组）组长汪一光出席会议并讲话。

25日上午，中国共产党合肥市第十二次代表大会在市政务中心开幕。虞爱华同志代表中国共产党合肥市第十一届委员会向大会作题为《弘扬伟大建党精神 勇当两个开路先锋 全面开启合肥现代化建设新征程》的报告。

26日下午，中国共产党合肥市第十二次代表大会主席团举行第二次会议。会议听取市第十二次党代会组织组负责人有关各代表团讨论和表决选举办法（草案）情况的汇报。会议表决通过大会选举办法。葛建荣同志作关于中共合肥市第十二届委员会委员、候补委员和纪律检查委员会委员候选人预备人选建议名单的说明和关于合肥市出席省十一次党代会代表候选人预备人选建议名单的说明。会议表决通过十二届市委委员、候补委员和十二届市纪委委员候选人预备人选名单以及市出席省十一次党代会代表候选人预备人选名单，并提交各代表团酝酿。虞爱华同志主持会议。

27日上午，中国共产党合肥市第十二次代表大会主席团举行第三次会议。市第十二次党代会组织组负责人汇报十二届市委委员、候补委员和市纪委委员候选人预备人选名单以及市出席省第十一次党代会代表候选人预备人选名单酝酿情况。会议表决通过十二届市委委员、市纪委委员以及市出席省第十一次党代会代表预选候选人名单，提交各代表团进行预选，表决通过市第十二次党代会总监票人、副总监票人、监票人名单。会议通过《关于全市党费收缴、使用和管理情况的报告》。会议表决通过《中国共产党合肥市第十二次代表大会关于中国共产党合肥市第十一届委员会报告的决议（草案）》和《中国共产党合肥市第十二次代表大会关于中国共产党合肥市纪律检查委员会工作报告的决议（草案）》。下午，举行中国共产党合肥市第十二次代表大会主席团第五次会议。总监票人报告十二届市委候补委员预选结果。会议表决通过十二届市委候补委员候选人名单。市第十二次党代会秘书组负责人汇报市委报告、市纪委工作报告的决议（草案）讨论情况，表决通过两个决议（草案）。虞爱华同志主持会议。

28日上午，中国共产党合肥市第十二次代表大会完成各项议程，在市政务中心闭幕。会议以举手表决的方式，通过关于十一届市委报告的决议、关于十一届市纪委工作报告的决议。随后举行中国共产党合肥市第十二次代表大会主席团第六次会议。总监票人报告十二届市委委员、市委候补委员、市纪委委员、市出席省第十一次党代会代表候选人得票情况。会议通过十二届市委委员、市委候补委员、市纪委委员、市出席省第十一次党代会代表当选人名单。会议提出并通过虞爱华同志担任市委十二届一次全会召集人，华克思同志担任市纪委十二届一次全会召集人。虞爱华同志主持会议。

28日下午，中国共产党合肥市第十二届委员会举行第一次全体会议。按照会议通过的选举办法，全会选举产生中共合肥市第十二届委员会常务委员会委员。第十二届市委常委为虞爱华、罗云峰、马军、华克思、陈晓波、方涛、路军、葛建荣、程雪涛、葛斌、单虎、袁飞。全会选举虞爱华为市委书记，罗云峰、马军为市委副书记。全会通过中共合肥市第十二届纪律检查委员会第一次全体会议选举结果：华克思为市纪委书记，左学和、单宇航、张勇为市纪委副书记。虞爱华同志主持会议。新当选的市委委员、候补委员出席会议。市纪委委员列席会议。

【市委全体会议】 中国共产党合肥市第十一届委员会第十三次全体会议。2021年5月25日，中国共产党合肥市第十一届委员会第十三次全体会议召开。全会审议通过《中国共产党合肥市第十一届委员会第十三次全体会议关于召开中国共产党合肥市第十二次代表大会的决议》，决定2021年9月召开中国共产党合肥市第十二次代表大会。省委常委、市委书记虞爱华作讲话。全会由市委常委会主持。

中国共产党合肥市第十一届委员会第十四次全体会议。9月10日，中国共产党合肥市第十一届委员会第十四次全体会议召开。全会讨论并确定合肥市出席省第十一次党代会代表候选人预备人选，提请市第十二次党代会选举；讨论并通过十一届市委的报告，讨论并批准十一届市纪委的工作报告，决定将这两个文件提请市第十二次党代会审查；批准孙良鸿、耿延强、葛锐同志辞去市委委员职务；审议通过《中国共产党合肥市第十一届委员会第十四次全体会议决议》，决定市第十二次党代会2021年9月25日召开。虞爱华作关于十一届市委的报告起草情况的说明，马军作关于市第十二次党代会筹备工作情况的报告，市委常委、市纪委书记华克思作关于十一届市纪委的工作报告起草情况的说明。全会由市委常委会主持。虞爱华作讲话。

中国共产党合肥市第十二届委员会第二次全体会议。12月9日，中国共产党合肥市第十二届委员会第二次全体会议召开。全会传达党的十九届六中全会精神、省委十一届二次全会精神，审议通过《中共合肥市委关于深入学习宣传贯彻党的十九届六中全会精神的决定》。虞爱华就《决定（讨论稿）》向全会作说明，并在全会结束时作讲话。全会由市委常委会主持。

【市委常委会会议】 2021年1月12日、2月7日、2月23日，省委常委、市委书记虞爱华分别主持召开市委常委会会议，传达学习习近平总书记近期重要讲话精神及省委有关会议精神，研究部署贯彻落实工作。

2月23日，市委常委会召开2020年度民主生活会暨中央巡视整改专题民主生活会，学习贯彻习近平总书记关于巡视工作的重要论述和考察安徽重要讲话指示精神，学习贯彻习近平总书记在党史学习教育动员大会上的重要讲话精神，深入查摆问题，深省思想根源，深谋整改措施，坚定不移把“两个维护”体现在行动上、落实到工作中。虞爱华主持会议并作总结讲话。凌云、罗云峰等出席。

2月25日，虞爱华主持召开市委常委会扩大会议暨经济形势分析调度会，分析研判全市经济形势，研究部署下一阶段重点工作。

3月5日，虞爱华主持召开市委常委会会议，传达学习习近平总书记重要讲话指示批示精神及省委有关会议精神，研究全市贯彻落实工作。

3月18日，虞爱华主持召开市委常委会会议，传达学习习近平总书记重要讲话指示批示精神，研究全市贯彻落实工作。

3月29日，虞爱华主持召开市委常委会扩大会议暨经济形势分析调度会，分析研判1—2月份全市经济形势，研究部署下一阶段重点工作。

3月30日，虞爱华主持召开市委常委会会议暨市委党建工作领导小组会议，学习习近平总书记关于党史的重要论述，听取并研究部署全市政法系统、国资系统、教育系统、卫健系统党的建设工作。

4月2日，虞爱华主持召开市委常委会会议，传达学习习近平总书记在福建考察时的重要讲话精神、3月30日中共中央政治局会议精神及省委有关会议精神，研究全市贯彻落实工作。会议审议《中共合肥市委关于加强新时代人大工作和建设充分发挥人大在“五高地一示范”建设中作用的意见》《中共合肥市委2021年政党协商计划》。

4月27日，虞爱华主持召开市委常委会会议，传达学习省党政代表团赴沪苏浙学习考察有关情况和省学习考察总结交流会议精神，研究全市贯彻落实工作；听取中央巡视反馈意见合肥市整改工作进展情况汇报，进一步部署推进整改工作。

5月11日，虞爱华主持召开市委常委会会议，传达学习习近平总书记近期重要讲话精神及省委有关会议精神，研究全市贯彻落实工作。

5月15日，虞爱华主持召开市委常委会会议暨市疫情防控工作领导小组会议，传达学习习近平总书记关于疫情防控的重要讲话指示精神，以及省委有关会议精神，分析研判当前全市疫情防控形势，研究部署下一阶段重点任务。

5月20日，虞爱华主持召开市委常委会会议，传达学习习近平总书记关于统筹疫情防控和经济社会发展重要论述以及近期重要讲话精神，传达省委有关会议精神，研究全市贯彻落实工作。

5月29日，虞爱华主持召开市委常委会扩大会议暨经济形势分析调度会。会上通报全市1—4月份经济运行总体情况。罗云峰出席并讲话。

6月3日，虞爱华主持召开市委常委会会议暨市委理论学习中心组学习会议，学习习近平总书记关于学习党史的重要论述和近期重要讲话指示精神，传达省委有关会议精神，研究全市贯彻落实工作。

6月23日，虞爱华主持召开市委常委会会议，学习习近平总书记近期重要讲话指示精神，传达党中央及省委有关会议精神，研究全市贯彻落实工作。

6月30日，虞爱华主持召开市委常委会扩大会议暨经济形势分析调度会。会议通报全市1—5月份经济运行总体情况，部分县区、市直单位和安徽元琛环保科技公司、巢湖云海镁业公司作发言。罗云峰出席并讲话。

7月2日，虞爱华主持召开市委常委会扩大会议，传达学习习近平总书记在庆祝中国共产党成立100周年大会和在“七一勋章”颁授仪式上的重要讲话，传达学习省委有关会议精神，研究全市贯彻落实工作。会后，与会人员参观“牢记初心使命矢志砥砺前行——中国共产党合肥历史大型图片展”。党史学习教育省委第一巡回指导组组长方晓利出席。

7月13日，虞爱华主持召开市委常委会会议，学习习近平总书记“七一”重要讲话精神，传达贯彻党中央及省委有关部署要求，研究全市贯彻落实工作。

7月30日，虞爱华主持召开市委常委会扩大会议，分析研究上半年全市经济形势，部署安排创优营商环境及当前重点工作。会上通报全市上半年经济运行总体情况，部分县区、市直单位和安利材料科技、恒大江海泵业等企业作发言。罗云峰出席并讲话。

8月11日，虞爱华主持召开市委常委会会议，学习习近平总书记近期重要讲话指示精神，传达学习省委十届十三次全会精神，研究全市贯彻落实工作。

8月18日，虞爱华主持召开市委常委会会议，传达学习习近平总书记近期重要讲话指示精神及省委有关会议精神，研究全市贯彻落实工作。会议讨论《合肥市科技创新条例（草案）》。

8月25日，虞爱华主持召开市委常委会会议，传达学习习近平总书记在中央政治局第三十二次集体学习时的重要讲话精神，研究全市贯彻落实工作，讨论研究召开市第十二次党代会有关事宜。会议审议并原则通过《合肥市委关于加强新时代关心下一代工作委员会建设的意见》。会议再次研究市违建别墅问题清查整治工作。会议听取市第十二次党代会筹备工作汇报，建议9月下旬召开会议。

8月27日，虞爱华主持召开市委常委会扩大会议，重点分析研究1—7月份全市经济形势，安排部署下一阶段重点工作。会上通报全市1—7月份经济运行总体情况。罗云峰出席会议并讲话。

9月7日，虞爱华主持召开市委常委会会议，传达学习习近平总书记近期重要讲话精神及省委有关会议精神，研究部署全市贯彻落实工作。会议听取《中国共产党合肥市第十一届委员会的报告（讨论稿）》《中国共产党合肥市第十一届纪律检查委员会的工作报告（讨论稿）》起草情况汇报，原则同意并要求作进一步修改完善后，提交市委全会审议。

9月30日，虞爱华主持召开市委常委会会议，学习贯彻习近平总书记关于统筹发展和安全的重要论述，研究部署国庆长假期间疫情防控、安全生产、社会稳定等工作。

10月10日，虞爱华主持召开市委常委会会议，传达学习习近平总书记近期重要讲话精神及省委有关会议精神，研究部署全市贯彻落实工作。会议讨论研究村（社区）“两委”换届工作，强调做到“三个实”。

10月25日，虞爱华主持召开市委常委会会议，传达学习习近平总书记在中央人大工作会议上的重要讲话精神，研究全市贯彻落实工作。会议审议并原则通过《中共合肥市人大常委会党组关于做好全市市县乡人民代表大会换届选举工作的意见》。会议听取省委“大改建”督查检查组专项检查我市反馈情况的汇报。

11月3日，虞爱华主持召开市委常委会扩大会议，传达学习省第十一次党代会精神及省委有关会议精神，安排部署全市贯彻落实工作。

11月18日，虞爱华主持召开市委常委会会议暨市委理论学习中心组学习会议，传达学习习近平总书记近期重要讲话精神，研究全市贯彻落实工作。会议听取全市巩固拓展脱贫攻坚成果工作情况汇报。会议研究关于贯彻落实省党代会报告有关合肥任务的分工方案及市党代会报告重要举措的分工方案、法治合肥建设规划（2021—2025年）及合肥市法治社会建设实施方案（2021—2025年）、扫黑除恶专项斗争工作。

11月21日，市委常委会扩大会议暨市委理论学习中心组学习会议召开，学习贯彻党的十九届六中全会精神，安排部署全市贯彻落实工作。虞爱华主持会议并讲话。

11月25日，虞爱华主持召开市委常委会会议暨市委党的建设工作领导小组会议，学习贯彻党的十九届六中全会精神和省、市党代会部署要求，专题研究全面从严治党工作。会议讨论研究关于加强新一届市委班子政治建设的意见、关于开展县（市、区）委（工委）书记抓基层党建工作常态化述职评议的实施办法等文件，听取各牵头单位关于《市委党的建设工作领导小组2021年工作要点》落实情况的汇报。

11月30日，虞爱华主持召开市委常委会扩大会议，重点分析研究1—10月份全市经济社会发展和党的建设，安排部署年内重点工作。会上通报全市1—10月份经济运行总体情况。罗云峰出席会议并讲话。

12月6日，虞爱华主持召开市委常委会会议，传达学习习近平总书记重要讲话精神及省委有关会议精神。会议研究决定，成立市委科技创新委员会，把创新放在核心地位，全面塑造创新驱动发展新优势，争当享誉全球的科创名城。

12月17日，虞爱华主持召开市委常委会会议暨市委理论学习中心组学习会议，传达学习中央经济工作会议精神及省委有关会议精神，研究全市贯彻落实工作。

12月21日，虞爱华主持召开市委常委会会议暨市委理论学习中心组学习会议，传达学习习近平总书记近期重要讲话精神及省委有关会议精神，研究全市贯彻落实工作。

12月28日，虞爱华主持召开市委常委会会议暨市委理论学习中心组学习会议，传达学习习近平总书记近期重要讲话精神，研究全市贯彻落实工作。会议组织集中观看《生命重于泰山》专题片，传达学习习近平总书记在中央政治局第三十五次集体学习时的重要讲话精神，讨论《合肥市法治政府建设实施方案》《关于在全市开展法治宣传教育的第八个五年规划》。

（倪　明）

市委综合事务

【概况】 2021年，中共合肥市委办公室（以下简称“市委办”）聚焦贯彻落实习近平总书记考察安徽重要讲话指示精神，对涉及合肥8项牵头、37项配合事项，跟踪督办、落地落实。聚焦学习贯彻十九届六中全会，协助市委推进落实系统化、措施具体化，细化9大项任务，明确责任分工、落实要求。聚焦解决中办督查组调研指出的23类问题，排查合肥相关问题19个，推进49条整改措施落实。聚焦省第十一次党代会报告重要举措涉及合肥的6个牵头、7个配合事项，市第十二次党代会报告涉及市委办公室4个牵头、21个配合事项落地见效。聚焦历次市委常委会扩大会议议定事项，发挥督查作用，推动211个事项、198个项目落细落实，其中150项工作取得阶段性成效，155个项目存在问题得到解决。服务市委打好整治形式主义为基层减负持久战，全年市本级发文、开会、开展督查检查考核分别占全年计划数91.02%、92.62%、100%。聚焦省委书记（涉肥）、市委书记批示交办296个事项督办，督查、跟踪到位。结合党史学习教育，把人民网网民给省委、市委书记留言办理作为“我为群众办实事”的重要途径，全年办理留言8918条，连续十二年获评“人民网留言办理工作先进单位”。

扛起巡视巡察整改落实重担，牵头组建整改工作专班，协调专人办公，全部188项整改任务中，完成（基本完成）186项。推进省委巡视反馈问题后续整改，实行季度督查、半年调度、全年报告，全部44项问题中，完成（基本完成）43项。抓好市委办公室牵头任务整改，中央巡视涉及的2个问题10项整改任务完成8项，基本完成2项；省委巡视涉及的6个问题完成整改。针对市委巡察市委办公室反馈的5个方面问题，制定106条整改措施，37个具体问题中，34项完成（基本完成），整改工作取得成效。

2021年12月10日，市委常委、常委秘书长单虎作学习贯彻党的十九届六中全会精神市委宣讲团宣讲报告 （市委办／供）

落实总体国家安全观，召开市委国安委第三次会议暨防范化解重大风险领导小组会议，牵头研究制定《中共合肥市委国家安全委员会2021年工作要点》《国家安全重大事项请示报告制度》，开展《党委（党组）国家安全责任制规定》落实情况专项督查，在全市开展境外调查咨询机构打探合肥市重点领域重点产业内部敏感信息专项排查治理，在市委党校开设国家安全专题辅导课程，开展“4·15”全民国家安全教育日宣传教育“六进”活动，强化全社会国家安全意识。推动全市专用通信建设。提升密码通信保障能力，推进安可替代工程建设，完成建设任务并通过项目验收。

协助市委抓好2021年度全市大调研工作，全年市县两级走访调研对象30398个，解决各类问题14155个。市委办班子成员牵头组建7个调研小组，实地走访、座谈交流、问卷调查走访对象204个。

【服务党代会召开】 2021年，市委办发挥牵头抓总作用，服务市委领导先后调度10余次，研究解决问题。组织召开专题座谈会5次，召集秘书组集体讨论修改20余次。市第十二次党代会会议期间发挥统筹协调作用，9个工作组及驻点工作小组全程无缝衔接，会议中心召开各类会议30余场次，与会人员约2500人次，18个代表团在驻地酒店召开会议108场次，分发816名参会和工作人员文件材料、防疫物品，完成8场会议40余种材料的现场摆放、41种会议材料的会前分发、25期大会简报的分发工作，实现“零纰漏、零失误、零差错”。会后，梳理省和市党代会《报告》中涉及市委办公室的有关任务，制定《关于贯彻落实省和市党代会〈报告〉有关市委办公室任务的分工方案》，细化目标、分解任务、强化措施。

【服务工作大局】 2021年，市委办根据《中共合肥市委办公室关于“走在前、当示范”提升六种能力的工作方案》，形成《任务清单》，细化60项具体措施，提升党办干部综合能力。市委常委、市委秘书长带队赴省委办公厅对接，主持召开重点处室负责人座谈交流会，开展对接学习活动。坚持参谋辅政职能定位，围绕城市建设、科技创新、产业发展、民生改善、乡村振兴等工作，做好文稿服务。对市属媒体新闻稿件、《安徽日报》及其他市外媒体有关新闻稿，进行审核把关，全年整理文稿近580余篇、文字量超百万，起草或审核把关新闻稿件近400篇。全年承办协办各类会议459次，全市性会议30次，牵头组织或参与服务保障各类活动770余场次，其中服务市委主要负责同志综合调研72次、出席重大项目开工投产10次、省部级以上领导来肥调研30批次、外地党政代表团来访10批次、组团外出考察调研授课协调事宜8次、重要客商接待服务153批次，完成一级接待任务服务保障工作。

规范审核文件，发挥市委法律顾问作用，统筹推进党的组织法规制度、领导法规制度、自身建设法规制度、监督保障法规制度建设。制定出台《关于建立力戒形式主义官僚主义三项机制的若干意见（试行）》《贯彻〈中国共产党党委（党组）理论学习中心组学习规则〉实施细则（修订）》等制度文件，市委党内法规制度体系得到完善。强化党委信息主渠道作用，全年处理信息30000条，编报《合肥信息》1233期，其中《每日上报》250期、《每日综合汇报》249期、《调查研究》169期、《涉稳动态专报》250期、《每日领导活动》303期、《信息业务专刊》12期；向中办报送信息1037条、向省委办报送信息1813条，其中重要紧急信息43条，89篇信息得到中央、省市领导批示。合肥信息采用得分全省第一，实现十三连冠。

召开全市档案系统研讨会，编印《“十四五”合肥市档案事业发展规划》，开展档案法律法规知识讲座和统计业务培训，315人参训。强化首问负责制，明确公文归口接收。全面落实意识形态（网络意识形态）、效能建设、保密、信访、普法、文明创建等职责。做好资产管理、办公用品发放、办公用房、公务接待、公务用车保障等工作，全年完成信创设备替代174件，16批次、113人参观考察的接待工作，市委车队出车1800余次，安全行车近8.2万千米。

（刘　徽）

组　织

【概况】 截至2021年底，中共合肥市委直接管理的党组织中，有9个地方党委，4个开发区党工委，66个党组（党委、党工委）和滨湖科学城临时党委。全市有基层党组织20519个，其中党委1511个、党总支1157个、党支部17851个；党员479247人，其中35岁以下123608人、占25.8%，女党员142466人、占29.7%，大专以上学历253135人、占52.8%。

全市有副市级以上领导干部56人；县处级干部2192人，其中县（市、区）350人、市直单位1112人、政法部门269人、市管企事业单位461人。全市公务员总数26016人（含参照公务员法管理人员1173人），其中，市直10746人，县（市、区）14890人。

全市人才总量220多万人。其中，“两院”院士138人，其中全职在合肥市31人、兼职37人、院士工作站在站院士70人，国家“万人计划”专家168人；省“特支计划”专家285人，省“115”产业创新团队56个；市“领军人才”229人、“庐州英才”178人、庐州产业创新团队340个。

【领导班子集中换届】 下好“先手棋”。2021年，中共合肥市委落实换届工作主体责任，市委主要负责同志履行第一责任人责任，多次主持召开会议，带头谋划人事安排、调度工作进展、把关重大问题。成立换届领导机构和工作专班，调研摸底，掌握情况，开展综合研判，提出换届人事安排方案。建立换届工作周报、换届选举日报、重大事项即报制度，全程指导。

把好“选任关”。执行换届政策，突出实干、基层、专业“三个导向”，提拔重用实绩突出干部420名，为县（市、区）选配27名金融规划类专业干部，县乡班子人选中具有基层经历的分别占到76.3%、100%，各项人事安排得到干部群众认可，81个乡镇党委书记、副书记人选均全票当选；98名县（市、区）委班子人选、市委及市纪委常委人选均全票或高票当选；省委提名的市出席省十一次党代会代表均全票当选。

打好“主动仗”。坚持教育在先、警示在先、预防在先，印发严肃换届纪律加强换届风气监督实施方案，全市各级组织学习1.9万人次，观看警示教育片2.6万人次，印发纪律提醒卡3.6万份，签订承诺书3.9万份。成立4个督查调研组、9个换届风气督导组，不定期巡回督查，整个换届过程风清气正，未发生违反“十严禁”换届纪律相关问题，得到中组部、中央纪委换届风气巡回督查组认可。

【干部队伍建设】 强化理论武装。2021年，市委组织部实施习近平新时代中国特色社会主义思想教育培训计划，开展党的十九届五中全会精神学习培训，举办全市领导干部专题研讨班，培训各级干部1800余名，网上专题培训2万多人。创新开展全市党史学习教育“大讲堂”暨百名年轻干部集中培训，对全市1975年以后出生的县处级干部进行全覆盖培训。把党史教育作为干部教育培训的必修课，组织全市1.8万余名干部参加党史知识测试，举办各类主体班38期，培训2860余人次。突出抓好党的十九届六中全会精神教育培训，推动广大党员干部衷心拥护“两个确立”、忠诚践行“两个维护”。

提升专业能力。实施干部专业化能力提升工程，举办长三角一体化、自由贸易试验区建设、科技金融、依法行政等专题研讨班20余期，培训干部1230人次。实施新时代基层干部主题培训行动计划，聚焦农村基层干部乡村振兴、城市基层干部党建引领基层治理等主题，举办各类基层干部培训班46期，培训干部6530人次。健全落实与长三角一体化发展相适应的干部交流机制，与沪苏浙互派挂职干部4人，选派103名优秀干部赴外锻炼，接收外地来肥挂职交流干部234名。创新建立与高校院所干部双向挂职交流机制，选派19名干部到高校院所跟班学习，从高校院所引进26位专业人才挂任市直单位副职，一批有潜力的年轻干部在实践中得到历练、脱颖而出。

加强培养选拔。完善常态化一线考察识别干部机制，创新开展干部大调研，全面了解市管班子运行情况和市管干部现实表现，按照党建、社会管理、经济、城建、法治5类，分别建立提拔重用、跟踪培养、重点关注、适时交流调整人选清单，形成“五库四清单”，为科学选人用人提供参考依据。实施“一把手”储备工程，按照“1职3备”分类确定培养对象，全年调配县（市、区）党政正职14人、市直单位“一把手”12人、市管企事业单位正职22人，分类储备“一把手”人选300名，实现备用结合、有序培养。实施年轻干部培养选拔工程，建立需求预测、配备预审、监测预警机制，硬性常态选配“80后”县处级干部60名、“90后”乡镇班子成员150名，储备科级优秀年轻干部人选2278名。加强选调生培养使用，新招录114名，新提任46名“90后”优秀选调生担任科级领导班子成员。制定出台《职级晋升提名条件暂行办法》《退出市管领导岗位干部管理暂行办法》等制度，明确选拔标准、鲜明选用导向、规范选任流程。

从严管理监督。制定中央巡视选人用人专项检查反馈意见合肥市整改方案，抓好61项整改任务落实。落实领导干部个人有关事项“两项法规”，编印《查核处理典型案例通报》，全年抽查个人有关事项报告962人次，给予诫勉处理3人次，批评教育或责令检查11人次。执行任前事项报告、干部任用方案预审制度，全年审核各类任用事项1908人次，未予同意或暂缓任用15人。开展“一报告两评议”工作，对141家单位2020年度干部选拔任用工作、578名新选拔任用干部开展民主评议，督促分值较低单位抓好原因分析和问题整改。抓好日常信访举报查核，全年受理各类信访举报58件，经查部分属实2件，给予组织处理1人、批评教育1人。实施干部人事档案专项审核，专项审核干部档案84115人次、重新审核市管干部档案1990人次。开展领导班子和领导干部综合考核，对42个“优秀”等次领导班子和517名领导干部进行嘉奖。

【公务员队伍建设】 改进公务员综合管理。2021年，市委组织部开展公务员管理工作大调研，加大公务员法及配套法规学习宣传力度，营造知法、懂法、学法、用法良好氛围。推进公务员分类改革，巩固职务与职级并行制度成果，择优晋升一至四级调研员278人、一级主任科员以下职级1296人。强化职级职数“周转池”使用效能，加大对科创金融、产业制造等领域支持力度，调剂使用职级职数23名。修订《市直单位科级公务员转任操作规程》，全年转任科级及以下公务员76人。畅通基层公务员上升通道，公开遴选工作机制，创新采用“量化计分”考察方式遴选公务员92人。

提升公务员考录质量。聚焦乡村振兴、长三角一体化、自贸区建设等重大发展战略，提高科技金融、外经外贸等人才招录比例，加大面向基层一线和应届高校毕业生招录力度，优化面试考官考核评价系统，首次从沪宁杭聘请公务员面试考官，2021年报考合肥市公务员人数超4万人，录取438名，研究生学历占23.2%、重点高校毕业生占29.8%，均增长7个百分点。

加强公务员考核奖惩。推行公务员平时考核，推进公务员绩效管理试点，瑶海区、市财政局分别被中央组织部确定为平时考核、绩效管理安徽省唯一联系点。开展公务员表彰奖励，对230名公务员记三等功、1874名公务员给予嘉奖，

2名个人、2个集体分别获评第七届安徽省“人民满意的公务员”“人民满意的公务员集体”。落实公务员基本工资正常增长机制，加大向基层一线和艰苦边远地区的倾斜力度，支持各地结合实际因地制宜提高乡镇工作补贴标准，落实带薪年休假等待遇保障。

【基层党组织和党员队伍建设】 *完成庆祝建党百年有关工作。* 2021年，市委组织部做好“七一勋章”人选推荐提名和全国、全省“两优一先”遴选推荐工作，马毛姐获颁“七一勋章”，杨忠命、合肥燃气集团党委分别获评“全国优秀党务工作者”“全国先进基层党组织”，27名优秀个人、14个先进集体受到省委表彰。组织召开市“两优一先”表彰大会，全市各级表彰优秀共产党员4733名、优秀党务工作者2366名、先进党组织1703个，颁发“光荣在党50年”纪念章4.1万枚，走访慰问党员2.4万人。组织600名新党员代表在渡江战役纪念馆进行入党宣誓被中央电视台新闻联播报道，拍摄短片《星光不忘赶路人、历史属于奋斗者》在新华网首屏置顶播出。开展党史学习教育和“党旗在基层一线高高飘扬”活动，推动基层党组织紧扣职责、广大党员立足岗位为群众办实事解难题。

组织村（社区）“两委”换届。 1720个村（社区）完成“两委”换届工作，选出“两委”成员12335人，村书记大专以上学历较上届提升26.7个百分点，“一肩挑”比例达99.7%，实现学历提升、“一肩挑”比例提升、妇女成员比例提升，年龄普遍下降、违纪违法案件和信访量大幅下降“三升三降”目标。市委组织部直接对1171名村书记、549名社区书记进行全覆盖任职培训，开展“开门一件事”活动，办成群众实事20000多件、解决历史遗留问题972个、推进涉村重点项目1920个。

推动组织覆盖提速扩面。 实施“两个覆盖”攻坚行动，开发“码上回家”小程序、开展“党员请出列”等活动，推动4594名党员职工转接组织关系，新组建非公企业（社会组织）党组织579个、群团组织4247个。开展“问题帮办、助企发展”活动，全市1887名党建指导员帮助企业解决实际问题3683个、争取政策奖补1万余个。加强“非公工委+行业党委”建设，组建市快递行业党委和10个区级产业链综合党委，建立视频直播、自媒体和网络安全党建联盟，新增市级“双强六好”“双比双争”党组织25个、示范点10个、“小个专”示范街（区）12个，30篇经验做法入选全省非公党建好故事、典型案例，7个党组织获批省级示范点。

2021年6月29日，庆祝建党100周年暨合肥市新党员代表入党宣誓活动在渡江战役纪念馆举行 （市委组织部/供）

推动基层治理提质增效。 健全农村三级网格治理体系，选派第八批390名干部驻村帮扶，遴选45名退出领导岗位干部到村任职，整顿软弱涣散村党组织20个，建成村组党群活动“微阵地”955个，肥东县瑶岗村、巢湖市三胜村入选中组部首批红色美丽村庄建设试点村。深化党建带群建、合力抓创建活动，完善“社区党委—网格党支部—楼院党小组”组织架构，常态化组织在职党员到社区报到、参与治理服务，市直单位实施“党建+”项目200多个，成立志愿服务队2450支，开展创建服务9660次。

推动党建引领提档升级。 推进党建引领信用村建设，庐江县评定A级及以上信用村204个，累计授信41.9亿元、用信11.6亿元，建立10项福利清单，建成185个信用超市，群众守信得实惠，致富渠道得到拓展，乡风文明得到促进。开展党建引领共建和美小区三年行动，新建小区党组织118个、党群服务中心（站）101个，培育“红色物业”示范点100个，新成立或换届的115个业委会中党员比例均超50%，加装电梯、高空抛物等一批群众关心的“关键小事”得以解决。实施“党建引领百企兴百村”

行动，落实村企联建项目113个，全市集体经营性收入50万元以上的村达531个、较上年增加213个，其中100万元以上村145个，实现数量增长、质量提升。

夯实党建基础。组织开展2020年度党委（党组）书记抓基层党建述职评议考核，评议结果排名靠后的9位书记或班子被评为“较好”等次，取消年度综合考核评优资格。出台抓基层党建工作常态化述职评议实施办法，结合经济形势调度会，实行月度述职评议，推动党建责任落在平时、抓在经常。加强建党百年发展党员工作，全年发展党员11550名，其中高知识群体党员211名。抓好组织生活制度落实，加强年度民主生活会暨中央巡视整改专题民主生活会的督查指导，结合党史学习教育，推动全市17500余个基层党支部召开专题组织生活会。深化“党课开讲啦”“学习身边榜样”等活动，宣传优秀党员先进事迹，14部党课作品被中组部采用展播。

【实施人才强市战略】 开展人才生态创优行动。2021年，市委组织部在全省率先调整市人才工作领导小组，市委书记、市长任“双组长”，完善党管人才工作机制。将现行66个人才政策文件中的136项条款优化集成为20项，形成综合性人才政策。建立市、县、用人单位三级高层次人才服务专员队伍，将在合肥“两院”院士列入市级保健对象，升级合肥国际人才城、国际人才网线上线下平台，为人才提供“五个一”精准服务。

开展人才引进倍增行动。培养引进科技领军人才和创新团队，新增省“特支计划”（即安徽省创新创业领军人才特殊支持计划）专家10人、省“115”产业创新团队（即安徽省“十一五”期间，在承载省“861”行动计划重要项目、具有明显竞争优势的各类企事业单位，建设100个左右“产业创新团队”，选聘100名左右“创新团队带头人”和500名左右“带头人助理”，集中开展“861”行动计划重点产业项目的科技攻关、新产品研发和科技成果转化工作）6个，新选拔“市领军人才”20人、“庐州英才”35人、“庐州产业创新团队”39个，在合肥服务“两院”院士总数达138人。建立海外引才新机制，成立海外引才专班，鼓励支持长鑫存储、晶合集成等龙头企业通过猎头引才、以才引才等方式引进海外高层次人才90人。组织“智汇合肥”线上云聘会、线下高校行活动，向国内外104所高校，发布职位5.9万个，在线参与活动300万人次，收到简历56.4万份，162名博士实地对接。全市新增就业参保大学生25.8万人，其中本科以上学历人才11.8万人，比上年增长23%，在肥高校毕业生留肥率超50%。

开展人才平台创新行动。举办首届长三角G60科创走廊九城市高层次人才联合培训班，与中国科学技术大学共同举办第五届“墨子论坛”、首届全球科大人创新创业大赛，集聚优秀人才。组建市人才发展集团，选址建设省内人才飞地“江淮英才港”，谋划开展“揭榜挂帅”活动，征集技术需求300多项、拟发榜金额5亿多元。依托企业引才聚才，全市认定重点产业高层次人才8000多人，向1.3万人兑现租房补贴8729万元，为238人提供购房补贴4500万元，四方英才从“抢过来”变为“抢着来”。截至年底，合肥拥有大学文化程度人口247万，每10个人中有2.6个大学生，比全国平均数多1人。

（朱璐璐）

宣 传

【概况】 2021年，合肥市宣传思想战线坚持以习近平新时代中国特色社会主义思想为指导，全面贯彻党的十九大和十九届历次全会精神，紧扣庆祝中国共产党成立100周年工作主线，围绕举旗帜、聚民心、育新人、兴文化、展形象的使命任务，谋划安排12个方面81项展演播宣活动。常态化制度化推进党史学习教育，中央简报11次推介合肥市“我为群众办实事”主题实践活动做法，居全国城市第一位。强化理论武装，全面落实以“四个第一”（即对习近平总书记重要讲话和指示批示精神，确保组织学习第一时间、谋划工作第一步骤、落实任务第一要求、督查考核第一内容）为重点的学习对标制度。围绕重大主题，加强新闻宣传，营造正能量产生大流量、好声音成为最强音的舆论态势。聚焦人民群众精神文化生活新期待，加大文化产品供给和文化设施建设力度，增强人民群众文化获得感幸福感。合肥市再次获评“全国十佳数字阅读城市”“合肥市城市阅读空间建设”入选中央宣传部全民阅读优秀推介项目。坚持以社会主义核心价值观为引领，抓好精神文明建设，包河区“四重四化”大思政教育格局经验做法被中宣部《宣传工作》刊发推广。加强对外宣传，塑造“科里科气”的城市气质，提高合肥知名度美誉度，中央媒体刊播合肥正面宣传稿件创历史新高。

深化文化改革，市属媒体实现“瘦身强体”。

【理论武装】 2021年，市委宣传部把学习宣传贯彻习近平新时代中国特色社会主义思想作为首要政治任务，坚持不懈用党的创新理论武装党员、教育人民，引导全市上下衷心拥护“两个确立”、忠诚践行“两个维护”。市委理论学习中心组组织专题学习研讨25次，对18家县（市、区）和市直单位理论学习中心组学习开展旁听，推动各级中心组学习提质增效。围绕学习贯彻党的十九届六中全会精神等，组建由现任副市级以上领导为成员的市委宣讲团，赴各地集中宣讲16场。开展“举旗帜·送理论”基层宣讲1.4万余场、受众逾百万人次。依托“理响合肥”全媒体矩阵，创新推出“早安”系列融媒体理论宣传产品，让习近平总书记思想天天见。办好“学习强国”合肥学习平台，累计编发各类稿件2万余条，其中被全国平台采用360余条。庐阳区委“一线为民”宣讲团被评为全国基层理论宣讲先进集体，包河区创新推动“学习强国进网咖”入选全国宣传思想文化工作案例。围绕传统文化和现代生活连接点等重大理论和现实问题，聚焦中央和省、市委重大决策部署，立项社科规划课题42项、省市领导圈定课题6项，形成一批研究成果。

【庆祝建党100周年宣传教育】 2021年，市委宣传部紧扣庆祝中国共产党成立100周年工作主线，把握“党的盛典、人民的节日”基调定位，营造同庆百年华诞、共铸历史伟业的氛围。开展“奋斗百年路 启航新征程”重大主题宣传，策划推出“党旗在基层一线高高飘扬”“我们的奋斗 建党100周年”等系列专题专栏和“中国梦 百年潮”“百年巨变 致敬合肥力量”等8个网络主题宣传项目，唱响中国共产党好的主旋律。加强主题文艺创作，版画《三大改造》入选中央宣传部庆祝建党100周年大型美术创作工程，庐剧《崔筱斋》等入选安徽省庆祝中国共产党成立100周年新创优秀剧目展演，革命历史题材电影《瑶岗1949》成功上映并在中央电视台电影频道播出。开展“永远跟党走”群众性主题宣传教育活动，成功举办合肥市庆祝中国共产党成立100周年主题文艺晚会，创新推出“致敬中国精神”主题艺术党课、“百年荣光 合肥来SHOW”短视频，策划开展近千场主题文艺活动，刊播公益广告5万多个。加强红色资源保护利用，策划开展“发扬红色传统 传承红色基因”百项活动献礼建党百年，全市爱国主义教育基地接待人数超120万人次，“百万雄师过大江”“科技创新·驱动江淮”2条线路入选文化旅游部“建党百年红色旅游百条精品线路”，渡江战役纪念馆和渡江战役总前委旧址联合获批第二批中华民族文化基因库红色基因试点。

【党史学习教育】 2021年，市委宣传部聚焦学党史、悟思想、办实事、开新局，开展党史学习教育，推动全社会学习党史知识、统一思想认识、凝聚发展共识。全面落实“六学”（即潜心自学、集体研学、领导领学、党员互学、典型带学、机关评学）要求，健全“三项机制”（即述学、考学、巡学机制），组建13个市委巡回指导组跟进开展三轮、300多次督导指导，推动党史学习教育深入基层。全市各级举办各类读书班培训班580余场次，组织党史知识竞赛900多场、68万人参赛，开展集体学习8.6万多次、主题党日活动3.6万多次，1万多名领导干部讲专题党课。策划开展“百团千人讲党史”活动，组建专家、劳模、青年、巾帼等宣讲团500余支，打造百万青少年学党史、送党史进工地等一批特色宣讲品牌。突出青少年群体，组织

2021年10月12日，合肥市学习宣传贯彻习近平总书记“七一”重要讲话精神暨“读党史·守初心·担使命”全民阅读主题演讲大赛决赛在合肥广电中心举行

（市委宣传部／供）

开展“青年大学习·一起学党史”网上团课、中小学生讲江淮英烈故事、“学党史 跟党走 少年志”等系列活动，其中，网上主题团课吸引600万人次参学。丰富学习载体和形式，开展“看电影学党史”千场电影下基层活动，创新推出“红色有声明信片”“党史教育随身听”。借助《觉醒年代》热播效应，策划打造“延乔路”红色网红打卡地，摄制《唱给你听》MV。推进“我为群众办实事”主题实践活动，破解群众急难愁盼问题，全市列出为民办实事清单16万余件、解决14万余件，其中，27项重点民生项目、512项微民生项目全部完成。

【新闻宣传】 2021年，市委宣传部坚持团结稳定鼓劲、正面宣传为主，围绕建党100周年、习近平总书记考察安徽一周年、党史学习教育等重大主题，党的十九届六中全会、省市党代会等重要会议，世界制造业大会、中国（安徽）科技创新成果转化交易会等重要展会，智能电动汽车产业园、畅通南二环等重大项目，拆除非机动车遮阳篷、电力供应保障等重大民生实事，推出“总书记发出号召 合肥正在行动”“牢记嘱托的实践”“新征程开局十四五”“合肥大小事”等专题专栏50多个、专版300多个，累计刊发稿件近万篇，融媒体传播量近10亿。围绕疫情防控、房产新政八条、分区高考、教育“双减”等经济社会热点问题，开展舆论引导，召开新闻发布会49场，引导社会舆论。推进市属媒体融合发展，出台《合肥市促进市属媒体融合发展扶持办法》，打造“合肥通”“合肥发布”客户端，推进ZAKER合肥融媒体中心项目、电视台融媒体中心建设和县级融媒体中心建设，增强主流舆论引导力传播力。

【文化事业】 2021年，市委宣传部加强文艺精品创作，中宣部全面小康重点跟踪项目《追风》正式出版，报告文学《安徽造》和系列散文《长丰行》等一批反映合肥改革发展火热实践的作品在《人民文学》刊载，散文《美丽的野狐禅》获第九届冰心散文奖单篇奖。加快公共文化设施建设，市美术馆正式开工，市博物馆立项，推进骆岗公园安徽音乐厅、滨湖图书馆等项目建设，城市阅读空间建成投用110个，城区“15分钟文化圈”基本形成。村级综合性文化服务中心建成1634个、覆盖率达98%，“一村一主题、一村一特色”的基层文化服务体系基本形成。深化文化科技卫生“三下乡”活动，举办“建设者之歌”系列慰问演出，开展文化进万家、“欢乐进万家”文艺下基层巡演、戏曲进校园等群众性品牌文化活动，丰富群众精神文化生活。春节期间，创新开展“过年留合肥·免费游合肥”文化惠民活动，吸引超120万人次参与。市文化市场综合执法支队包河大队、肥西县桃花镇综合文化站获评第九届全国服务农民服务基层文化建设先进集体。

【社会宣传】 2021年，市委宣传部制定《合肥市实施文明创建工程三年行动计划（2021—2023年）》，实施培根铸魂强基等“十大行动”，一体推进文明城市、文明村镇、文明单位、文明校园、文明家庭“五大创建”，争创全国文明典范城市。加强先进典型选树，深化“好人成名人”工程，打造“好人之都”，涌现出合肥首位“时代楷模”邱军、第八届全国道德模范陈陆等一批重大先进典型，11人入选“中国好人榜”、总数189人，数量居全省第一位、省会城市第二位。成立合肥市志愿服务工作协调小组，推深做实全市1800多个新时代文明实践中心（所、站），400多支志愿队伍、8.5万名志愿者常态化开展志愿服务活动。在全省率先试点“五彩假日”暑托班文明实践活动，帮助解决“暑期带娃”难题。推进移风易俗，全市931个行政村“一约四会”（即村规民约和红白理事会、道德评议会、村民议事会和禁毒禁赌会）制度建设全覆盖。加强和改进思想政治工作，成立合肥市大中小学思政课一体化区域联盟，创新打造“思政微课堂”，举办安徽省“思政进企业”暨合肥市“习语合风”读书会。

【对外宣传】 2021年，市委宣传部打造对外宣传品牌，拓展对外传播渠道，组织开展“洋眼看合肥”“五年看点”“智汇合肥高校行”、著名作家看合肥等城市外宣活动，组织中央媒体组团采访、集中推介68次，中央电视台《对话》畅谈万亿合肥新征程刷屏全网，《人民日报》、新华社、央视新闻联播等中央媒体刊播合肥正面宣传稿件一千余篇（条），省级以上媒体刊登合肥宣传稿件七万多篇。

【文化体制改革与产业发展】 2021年，市委宣传部聚力重点难点，推动文化改革发展提质增效。出台《市属文化企业四管统一暂行办法》，实现管人管事管资产管导向相统一。国有文艺院团改革取得突破，12月8日，合肥演艺集团和庐剧艺术传承中心正式挂牌成立，合肥庐剧团排练场地问题得到解决。推动市属媒体改革，调整组建合肥日报传媒集团，系统推进合肥广电改革，合并关停一批低效报网、频率频道，打造“科里科气”“合拍”等融媒体工作室品牌。完善文化产业统计制度，开展文化企业“升规入统”专项工作，编制文化产业统计概览。开展创意文化产业链企业认定，推进数字创意产业“双招双引”，合肥创意文化产业基地实现主营业务收入824亿元、税收18.95亿元，同比分别增长6.2%、11.9%，固定资产投资190亿元。深化文旅融合发展，推进“区域文创产业中心”和“一圈两廊百点”工程建设，建设环巢湖旅游休闲圈、南淝河和江淮运河旅游走廊，打造一批“网红打卡点”，淮河路步行街入选第一批国家级夜间文化和旅游消费集聚区名录，云里安凹入围首批全国甲级旅游民宿。10月22日至25日，成功举办第十五届合肥国际文化博览会，326家企业参展，签约项目13个、金额68.16亿元。

（王安波）

统　战

【概况】　2021年，市委统战部以学习宣传贯彻《中国共产党统一战线工作条例》为重点，以庆祝中国共产党成立100周年和开展党史学习教育为主线，加强政治引领、开展双招双引、注重风险防范、推进网络统战，全市统一战线呈现出团结、奋进、开拓、活泼的局面。合肥市工商联和台盟合肥支部获评全国“各民主党派、工商联、无党派人士为全面建成小康社会作贡献先进集体”。市台办获评“全国对台工作系统先进集体”。市委统战部获评全省统战系统先进集体和全省统战信息工作先进单位。瑶海区被命名为“全国民族团结进步示范区”。庐阳区委统战部获评全省统战系统先进集体。

2021年6月25日，合肥民营企业庆祝中国共产党成立100周年主题歌会在市政府大礼堂举行　（市委统战部／供）

【思想政治建设】　2021年，市委统战部坚持党对统一战线工作的集中统一领导，制定《市委统一战线工作领导小组成员单位工作职责》《市委统一战线工作领导小组关于加强和改进工作更好发挥作用的实施办法》。开展党史学习教育，全年开展30次党史理论学习，制定《市委统战部“我为群众（统战成员）办实事”活动方案》，明确12项活动任务。召开全市统一战线庆祝建党100周年座谈会，组织开展“学党史忆统战”“重温红色回忆　践行初心使命”等庆祝中国共产党成立100周年系列活动和党史学习教育活动。组建《条例》宣讲队伍，深入全市开展17场宣讲，参训7000人次。在《合肥统一战线》杂志开辟“学条例　书记谈”专栏，举办学《条例》有奖知识竞赛，制作10集《条例》微视频。组织民主党派、非公经济、民族宗教、港澳台侨、党外知识分子等各类主题培训班。把统战文化作为思想政治引领的重要载体，多层次多角度开展统战文化建设活动，召开统战文化建设座谈会，全年举办11期“同心论坛”，新增6家市级统一战线教育基地，开展“同心林”认养活动，营造“联谊八方、汇智聚力、和合共美、亲清向荣”统战文化氛围。

【助力“双招双引”】　2021年，市委统战部制定《关于开展线上线下海外人才招引工作的实施方案》，按照“择优推荐、双向选择”的方式，选拔21名懂经济政策、懂产业知识、懂项目运营的人才，成立海外人才招引专班，全年先后召开8场“合肥市海外侨务工作及‘双招双引’云上见面会”，分别与北美（美国和加拿大）、德国、日本、韩国、新加坡、俄罗斯、北欧、西欧等15个国家24个城市43名知名侨领进行云上交流座谈，向世界展示合肥、推介合肥。围绕“芯屏汽合、急终生智”产业发展和产业链需要，引导广大成员中懂经济、懂技术、懂产业、懂金融的专业人士开展“智力”招商，依托异地商会开展“回归”招商，通过“以侨招侨”“以台招台”开展“海外”招商，依托合肥“侨梦苑”“海峡两岸集成电路产业合作试验区”等平台开展“平台”招商。引进跨境华侨企业电商服务平台——宏坤供应链落户蜀山电商园。其中，海归创业项目累计投资3.4亿元。探索招才引智新措施，激发台办、侨办、工商联、侨联、欧美同学会长三角海创中心和校地统战创新联盟等在招才引智上的优势作用，紧盯重点产业链、创新链，举办海外联谊、交流洽谈、“高校行”等各类招才引智活动，宣传好合肥创业就业新政策，提高合肥对人才的吸引力和感召力。建立“招才清单”和定期回访制度，做到人才“引得来、用得好、留得住”。21个海归创业团队、34名海归人才落户合肥高新技术产业开发区，4个海归创业团队、9名海归人才落户合肥经济技术开发区，6个海归创业团队、12个海归人才落户庐阳区开发区。

【民主党派工作】 2021年，市委统战部制定并落实《中共合肥市委2021年政党协商计划》，全年组织开展协商、座谈、通报等12次，修订《合肥市委领导与党外人士联谊交友制度》。以“五化五好”为抓手，引导推动各民主党派开展中共党史学习教育，启动支持各民主党派市委会、无党派人士开展巢湖生态环境保护民主监督工作。召开合肥市对口联系暨特约人员工作会议，制定《合肥市特约人员聘任办法》，建立140人的特约人员数据库。推动民主党派落实领导班子民主生活会制度，支持民主党派加强内部监督，5个民主党派市委会设立内部监督机构。开展“统战工作开放日”活动，建成“合肥市民主党派之家”。助力合肥市三家企业成功签约“同心科创工程”项目。协助民主党派市级组织完成换届工作，7个民主党派市级组织的34名领导班子人选均全票当选。

【民族工作】 2021年，市委统战部制定《2021年全市民族团结进步宣传教育工作实施方案》，组织4名全国及全省民族团结进步模范深入基层开展民族团结进步先进事迹宣讲，举办“助力民族乡村优先发展、争当民族团结进步示范——2021年合肥市暨瑶海区民族团结进步宣传月展销活动”。推动少数民族和民族聚居地区加快发展，指导肥东县、肥西县和蜀山区结合县域实际，制定“十四五”时期民族乡村发展方案。下拨2021年度民族企业技术改造贷款贴息和少数民族补助资金135.5万元、市少数民族发展资金200万元。妥善处理涉疆务工、招生、境外非法采访等突发事件，完成514名考生的民族成份复核，帮助解决来肥务工少数民族子女入学难题10多起。

【宗教工作】 2021年，市委统战部加强党对宗教工作的集中统一领导。制定新形势下抵御境外利用宗教进行渗透工作的具体举措，开展全市宗教工作大督查，打击非法宗教活动，取缔或劝散基督教私设聚会点79个，依法打击基督教非法活动26起，依法取缔非法组织3个。建立健全宗教工作执法体系，全市成立市执法队1个，县级执法队12个，乡镇（街道）执法队143个，执法队员合计744人。推进宗教活动场所管理，创新设立“资金管理云平台”，将宗教活动场所纳入“雪亮工程”监管网络。落实省宗教界人才队伍千百培优计划，加强宗教界培育和宗教界代表人士队伍建设。开展“统战工作干部联系点”工作，联系点覆盖全市宗教活动场所127个。

【非公有制经济发展】 2021年，市委统战部推深做实新时代民营经济统战工作，制定《合肥市关于贯彻＜安徽省关于加强新时代民营经济统战工作的实施方案＞的实施意见》，建立民营经济统战工作联席会议制度。优化营商环境，支持服务小微企业发展，推动市工商联联合建行合肥分行、合肥兴泰融资担保集团开展商协会综合授信活动，首批10家商协会放款总额2480.3万元，参加全市“四送一服”专项行动月活动，走访企业118家。制定市工商联换届工作文件，推进工商联所属商会党建工作。建立统战工作联络员制度，77家直属商会全部设立统战工作联络员，推动统战工作向商会组织有效覆盖。完成市青商会换届工作。市商调委全年调处矛盾纠纷703件，调解成功352件，调解成功率50.07%。

【党外知识分子工作】 2021年，市委统战部深化党外知识分子统战工作，贯彻落实新时代党外知识分子思想政治工作和无党派代表人士队伍建设的意见，完善部领导班子

2021年9月20日，市委统战部、包公园，省委台办与在肥台胞台商代表座谈
（王　珏　张　磊/摄）

成员与无党派代表人士联谊交友制度，开展19所市属学校党外知识分子思想政治工作情况调研。制定《关于规范合肥市无党派人士政治面貌认定工作的实施意见(试行)》，认定省市两级无党派人士29名，推进无党派人士队伍规范化建设。指导合肥高新区成立欧美同学会，指导欧美同学会主办“创响中国”安徽省创新创业大赛暨第二届“创客中国”欧美同学会双创大赛推介会，合肥欧美同学会再次获得大赛优秀组织单位。制定印发《开展2021年度“双树双建”主题教育活动实施方案》，申报省“双树双建”活动年度标兵候选人5名、优秀组织奖候选集体1个。

【新的社会阶层人士工作】 2021年，市委统战部修订《合肥市新的社会阶层暨网络人士统战工作联席会议制度》，联席会议成员单位由14家增加到20家。“新瓜盟”“云@海”被省委统战部授予省级新的社会阶层人士统战工作实践创新基地，新增肥东、肥西、蜀山、包河等地9处市级基地，实现全市市级以上实践创新基地全覆盖。制定《合肥市网络人士自律公约》，开展“直播秋声·振兴乡村”大型线上公益行、“凡人小事献大爱·防控疫情共担当”——合肥市网络人士志愿采风推广等活动。开展合肥市第三届网络界人士“十大创星”人物评选。在省委统战部“长三角网络名人看安徽”活动中，合肥市推荐作品《中国声谷》获得摄影类一等奖，《唱支山歌给党听》获得视频类作品二等奖，合肥市委统战部获得优秀组织奖。

【港澳台及海外统战工作】 2021年，市委统战部加强合肥海联会规范化建设，制定合肥海联会会费收取和使用管理办法，完成合肥海联会的法人调整、社团登记年审、公众号申报等工作。以打造“零距离服务体系”为原则，设置海联会联络站，海联会社区服务“林溪”模式被《中国统一战线》杂志整版报道，新打造庐阳国际化社区海联会“雁栖”联络站，申报安徽“海联同心驿”。举办香港合肥同乡中秋云上见面会，筹备成立香港合肥同乡联谊会，强化在港统战工作平台建设，探索开展香港专业人士社团和内地港人工作，发展壮大爱国爱港、爱国爱澳基础力量。加强与海外侨团的联系联谊，做好海外侨胞“双稳”工作及“暖侨行动”，开展海外华文教育，支持侨梦苑举办海外创新创业大赛，依法维护海外侨胞合法权益。

【党外代表人士队伍建设工作】 2021年，市委统战部深化党外代表人士队伍建设，获批成立合肥市社会主义学院（合肥中华文化学院）办公室，分类、分层次先后举办全市部分基层统战干部、全市民主党派基层组织负责人、合肥海外联谊会理事及侨界代表、合肥市无党派知识分子代表人士及新的社会阶层代表人士培训班，突出抓好党外干部的政治培训和能力培训。协助完成各民主党派市级和基层组织换届工作，确保政治交接平稳有序。完成市政协换届人事安排工作，充实一批有激情、会干事、能代表的人才进入政协委员队伍中，新提名委员302名，占比58%；委员平均年龄48岁；大学学历委员占比56.4%，研究生学历委员占比42.4%，博士研究生委员占比6.9%。加大党外代表人士培养、选拔、使用、管理工作力度，落实党外干部履职报告制度，完善信息台账，综合掌握党外干部基本情况。

（余亚斌）

机构编制工作

【概况】 2021年，合肥市委机构编制委员会办公室（以下简称“市委编办”）巩固深化机构改革成果，推动党政机构职能体系完善。深化重点领域和关键环节的体制机制改革。围绕服务自由贸易试验区改革发展，聚焦系统集成创新和差异化探索，建立中国（安徽）自由贸易试验区合肥片区“特别清单”。把推进经济发达镇行政管理体制改革作为加速推进城乡融合发展、实现乡村振兴的重要途径和切入点，推进新一轮经济发达镇行政管理体制改革。在落实有关开发区优化整合要求基础上，加大规范管理和改革创新力度，推进规范开发区管理机构改革。统筹配置机构编制资源，在严控总量的同时，加大管理创新力度。统筹推进机构编制法规制度制定和执行。多项工作得到省委编办和市委肯定。

2021年5月20日，全市编办主任会议在市政务中心召开 （市委编办／供）

【党政机构职能体系建设】 2021年，市委编办完善党对重大工作领导的体制机制，加强市委统战、政法等机构建设，整合优化力量资源，推动党委职能部门加强对本系统本领域工作统筹协调。跟踪了解涉改部门机构改革落实情况，抓好“三定”规定落实和修订，重点对卫生健康、司法、文物保护管理等领域机构职能进行调整优化，促进部门协同高效履职。落实中央关于乡村振兴战略部署，完成扶贫机构调整和乡村振兴机构设置，巩固拓展脱贫攻坚成果同乡村振兴有效衔接。深化“全省一单”权责清单制度体系建设，公布权责清单2021年度版本，厘清部门间职责关系，促进政府部门更好依法行政和履职尽责。

【重点领域关键环节改革】 2021年，市委编办改革完善规划、土地管理决策议事机制，开展体制机制问题分析研究，提出机构编制调整优化方案，推动建立城市规划建设管理一体推进的工作机制。落实“把巢湖打造成合肥最好名片”要求，理顺巢湖综合治理体制机制，调整市巢湖风景名胜区管理委员会（市环湖办）与省巢湖管理局职责关系，建立湖里、岸上、资金、项目等由省巢湖管理局统一负责、统筹协调、一体化管理的工作体制。搭建服务在合肥科技创新协同平台，将合肥国际应用超导中心、中科合肥智慧农业协同创新研究院等纳入“二类事业单位”管理服务范围，赋能合肥科技创新。

【自贸试验区合肥片区特别清单】 2021年，市委编办坚持“赋权优服提效”一体推进，系统化建立包括行政权力事项、公共服务事项、中介服务便利化事项3类以及其他拓展事项“3+N”为主体构架的清单体系，赋予中国（安徽）自由贸易试验区更大改革自主权，发挥自贸区、开发区等多个国家战略及其优惠政策叠加优势。9月，市政府出台《合肥市人民政府关于印发〈中国（安徽）自由贸易试验区合肥片区特别清单〉的通知》，首单赋权发布事项314项，其中，权力事项227项、公共服务事项35项、中介服务便利化改革事项52项。

【经济发达镇管理体制改革】 2021年，市委编办按照“一镇一策”原则，批复肥东县长临河镇等8个经济发达镇改革实施方案。调研改革推进情况，重点梳理在机构统筹设置、赋权清单制定、综合执法平台搭建等方面需要省、市两级帮助协调解决的问题与困难。组织召开经济发达镇行政管理体制改革工作现场会，研究并指导改革配套政策制定，确保工作任务落实到位。贯彻落实中央关于加强基层治理体系和治理能力现代化建设有关要求，抓好街道体制改革落地落实。

【开发区管理机构改革】 2021年，市委编办按照开发区管理机构清理规范的要求，突出优化管理体制、规范机构设置、理顺职责关系，开发区管理机构精简30%。争取中央编办和省委编办支持，全市5家开发园区管理机构明确为厅级，占全省获批总数的1/3。精简优化开发区内设机构设置，聚焦开发区规划建设、招商引资、企业服务等职能定位，统筹内设机构设置，完成市属开发区“三定”规定制定并报省委编办备案，以机构的瘦身健体激发开发区发展活力。

【机构编制资源管理】 2021年，市委编办加强中小学教职工编制保障，下达中小学教职工补充计划1278名。着眼缓解城乡教育资源配置不均的矛盾，会同市教育局开展中小学机构编制管理专题调研，出台《关于优化全市中小学教师资源配置的意见》，提出建立城乡双结对交流机制等5条举措。推进编制周转池制度实践，将周转池编制专门用于引进医疗卫生专业技术人员和补充专任教师，形成“需求引领、动态供给”的周转管理模式，保障高层次人才引进需求。合肥学院、合肥幼儿师范高等专科学校通过周转池编制，引进教师129名，其中博士25名。聚焦建设具有全国影响力的高品质生活宜居地，强化事业单位履职保障，针对综治、医保基金监管、公积金管理及政务服务热线归并等新情况新问题，理顺职责任务关系，优化完善机构设置、职能配置和编制配备，设立市社会治安综合治理中心、市医疗保障基金安全监管事务中心，优化调整市投资审计中心、市绿化质量建管中心、市公积金管理中心等机构编制事项，提升公共服务供给能力和水平。

【机构编制法治建设】 2021年，市委编办将《中国共产党机构编制工作条例》列入领导干部学法用法内容，纳入党校教学课程，先后两次在市委党校主体班举办专题授课。制定出台《合肥市机构编制报告制度实施细则（试行）》和《合肥市市直机关事业单位人员调动管理办法》等法规制度，提高机构编制工作规范化水平。加强机构编制科学化规范化管理，完成第二次全国机构编制核查及编外用人专项统计调查工作。强化机构编制刚性约束，修订《实名制系统管理规范》，每月开展实名制数据库违规事项排查，对发现的机构编制违规违纪问题，通过发放机构编制管理问题提示单、约谈等方式，督促落实问题整改。强化与纪检监察、巡察、组织、人社、财政、审计等部门的沟通协调，加强情况通报、信息共享、线索移送等工作，推动机构编制管理事项考核及监督检查工作落实。

（凌圣军）

老干部工作

【概况】 2021年，全市各级老干部工作部门加强离退休干部政治建设、思想建设和党组织建设。举办全市离退休干部党史学习教育党课报告会、学习党的十九届六中全会精神专题报告会、学习习近平总书记“七一”重要讲话精神专题讲座。推荐、评选、申报全省离退休干部职工示范党支部、全省离退休干部正能量团队、正能量活动之星。全市有6个离退休干部党支部获评“安徽省离退休干部职工示范党支部”，有2个集体、5名个人获评全省离退休干部“正能量活动团队”“正能量活动之星”。打造“合肥市离退休干部党建共享基地”。落实离退休干部各项政治待遇，组织离退休干部代表参加市党代会、报告会、向烈士敬献花篮仪式等活动，组织地厅级退休干部参观考察合肥高新技术产业开发区和引江济淮工程项目，让离退休干部感受到党委政府的重视和关怀。市委老干部局举办全市老干部系统庆祝中国共产党成立100周年“永远跟党走”书画摄影展、文艺汇演、红色收藏展、专题调研座谈、征文等主题系列活动，引导广大老同志传承红色基因、永远跟党走。

各级老干部工作部门围绕年度重点课题深入开展调研，共撰写调研报告26篇，择优上报16篇参与全省优秀调研报告评选。市委老干部局被评为全省老干部调研、

2021年9月17日至29日，市委老干部局、市体育局、市老年人体育协会联合主办全市老干部系统第六届运动会 （市委老干部局／供）

宣传工作优秀单位。做好信访工作，维护老干部队伍和谐稳定。

【服务管理】 2021年，市委老干部局落实中央有关政策，为174名抗战时期参加革命工作的离休干部提高医疗待遇。为1.8万名离退休干部办理人身意外伤害保险。开展10次保健知识讲座和健康巡诊活动。看望慰问易地安置离休干部，登门走访或电话访问部分在合肥离退休干部，送上党委政府的关心和问候。市委及各地各单位党委（党组）采取召开老干部座谈会、走访慰问等形式，向老党员颁发“光荣在党50年”纪念章。市委老干部局登门为本局直接服务的463名老党员颁发纪念章。“七一”、春节前夕，省、市领导看望慰问离休干部和曾任市级领导职务的老同志，为离休干部发放慰问品，为离休干部无工作遗属发放慰问金。持续做好特困帮扶工作，市本级对51名离退休干部、20名离休干部无工作遗孀进行特困帮扶。举办全市老干部系统第六届运动会，1200多名运动员参赛。

【阵地建设】 2021年，合肥老年大学加强老年大学学员的思想政治引领，举办庆祝建党百年知识竞赛、党史学习教育专题宣讲报告、“100年100人 我为党旗添光彩”大型摄影展、第六届校园文化艺术节书画、摄影和手工艺展、全市老年教育系统第一届太极拳（剑）比赛等活动。丰富课程设置，举办网上直播教学培训班，提升教学管理质量和水平。合肥老年大学新校区和老干部活动分中心正式投入使用。

（朱雪峰）

精神文明建设

【概况】 2021年，合肥市精神文明建设工作以习近平新时代中国特色社会主义思想为指导，深入贯彻落实习近平总书记关于加强社会主义精神文明建设的重要论述精神，对标全国文明典范城市创建，培育和践行社会主义核心价值观，深化实施公民道德建设，着力提高市民文明素质和社会文明程度，推动文明城市创建高质量发展。合肥市累计当选全国道德模范6位、全国道德模范提名奖8位、中国好人190名、全国文明村镇18个、全国文明单位75家、全国文明家庭4户、全国文明校园6所、全国学雷锋志愿服务“四个100”先进典型25个、全国未成年人思想道德建设工作先进工作者1人。

【城乡文明创建】 2021年，合肥市锁定争创全国文明典范城市的新目标，制定《合肥市实施文明创建工程三年行动计划（2021—2023年）》，组建争创全国文明典范城市指挥部办公室。市文明办发挥统筹协调职能作用，与市委组织部联合印发《关于深入开展“党建带群建，合力抓创建”工作的通知》，构建全面动员的“大创建”格局。全市实施老旧小区改造项目232个，庐阳区丁家巷背街小巷治理经验入选中央文明办编印的《全国文明城市创建实地点位治理》一书。

以“爱合肥 文明行”为主题，在全市范围内开展文明交通专项提升、道路交通突出问题专项整治等行动，加强交通安全宣传、提升道路出行条件、整治交通违法行为、推动绿色出行便利化。2021年第三季度中国主要城市交通运行数据榜显示，合肥市交通健康指数同比上升3.09个百分点。入选智慧城市基础设施与智能网联汽车协同发展第二批试点城市、国家公交都市建设示范城市。

开展“文明健康”民意征集、“文明之约”微视频大赛等线上线下互动活动。开展“走街串巷行

2021年6月22日，合肥市开展“爱合肥 文明行”文明交通专项提升行动主题宣传活动 （市文明办／供）

走合肥 我为群众办实事”实践活动，通过“进社区、入楼道、访住户”方式，帮助解决群众反映强烈的“小事”“急事”，宣传文明城市创建成果，提高群众满意度。建立“一场一路一巷一小区”包保制度，对所有1028个样本点及周边实行全覆盖督查，发现并解决问题1.16万个，通过全国文明城市年度测评。

【思想道德建设】 2021年，合肥市1人当选第八届全国道德模范，6人当选第七届安徽省道德模范，5户家庭当选第一届安徽省文明家庭，12人（组）当选“中国好人”，12人（组）当选“安徽好人”；命名32位第七届合肥市道德模范、120（组）“合肥好人”和19户第三届合肥市文明家庭。围绕建党百年，策划“学百年党史 传榜样力量”等主题活动，展示全市思想道德建设成果。举办“以创意 助公益”公益广告大赛征集活动，设计制作一批公益广告景观小品，举办“我们的节日”春节、元宵、清明、端午等主题活动200多场，节日期间慰问各级道德模范、好人320多人（次）。以“颂党恩 传家风”为主题，在全市开展系列活动，组织媒体宣传好家教好家风。深化“好人成名人”道德实践工作，开展“道德模范进基层 榜样力量润人心”巡讲活动。发挥道德模范作用，开展“道德模范 文明行”主题活动，招募106位道德模范参与文明城市监督。以“文明单位文明行”为主题，引导各级文明单位开展文明交通、文明旅游等志愿服务活动。加大对重要时间节点文明旅游的正面引导和反面曝光，推动文明旅游工作取得实效。

【未成年人思想道德建设】 2021年，合肥市印发《合肥市未成年人思想道德建设工作三年计划（2021—2023年）》，组织开展未成年人思想道德建设工作年度测评。推选“新时代好少年”省级1名，市级30名，评选10名市“最美小创客”。出台《合肥市文明校园创建管理办法》，7所中小学校入选全国文明校园先进学校，数量排全省首位。新建7所学校少年宫，建成学校少年宫229所，试点建设17个乡村“复兴少年宫”，举办第二届合肥市学校少年宫现场交流活动。启动全市第四届未成年人心理健康教育宣传月活动，开展百场心理健康教育进社区、进学校公益活动，《阳光成长》直播栏目播出74期，举办线上线下2场社区专题讲座，惠及10余万家庭。制作“清明祭英烈”“童心向党”专题页面，开展“童心同乐过大年”未成年人思想道德展播活动，承办第二届长三角青少年风采展和百米长卷绘画活动，线上提交作品3000余个，74人获奖，作品数与获奖数均为全省第一。

【志愿服务】 2021年，合肥市印发《合肥市志愿服务工作协调小组及其办事机构工作规则》，坚持以项目化推进志愿服务精准化常态化便利化品牌化，举办市县两级项目大赛，组织交流展示活动，引导带动基层精准对接群众需求，开展“您的急难愁盼我来办”“五彩假日”托管班等文明实践志愿服务活动，策划发布项目1.2万余个，扶持优秀项目181个。以“永远跟党走 文明实践行”为主题，组织开展 “四个百”系列新时代文明实践活动（即百场党史知识宣传、百场爱国主义教育经典影片展播、百场党史英雄人物故事百姓宣讲、百佳“我为群众办实事”志愿服务项目展示）。坚持推进品牌化打造，成立全省首家新时代文明实践培训学院，打造瑶海区“小巷管家”、庐阳区“庐大姐帮您忙”、蜀山区“蜀山同心”、包河区“包大姐”、肥西县“百姓勤务员”等特色志愿服务品牌。2021年，全市12个优秀典型入选全省学雷锋志愿服务“月评十佳”，获评中国青年志愿者组织奖1个，入选2020年度全国学雷锋志愿服务“四个100”先进典型4个。

（牛良睿）

理论社科

【概况】 2021年，合肥市社会科学界联合会（中共合肥市委讲师团、合肥市社会科学院）（以下简称“市社科联”）结合党史学习教育，开展理论宣传宣讲和社科知识普及。抓好党委（党组）理论学习中心组学习，推深做实“举旗帜·送理论”专题宣讲，开展社科普及和学术研究，建好用好“学习强国”合肥学习平台，推动社科类社会组织、社科知识普及基地、理论宣讲示范基地建设。市委讲师团获评2021年度全省“学习强国”工作先进集体。在省委宣传部、省委讲师团组织的2021年度基层理论宣讲先进集体、先进个人和优秀理论宣讲报告、优秀理论宣讲微视频评选中，合肥市四个奖项全部获奖。

【党委（党组）理论学习中心组学习】 2021年，市社科联深入学习宣传贯彻习近平新时代中国特色社会主义思想，落实中央及省委关于党委（党组）理论学习中心组学习要求，修订合肥市《贯彻〈中国共产党党委（党组）理论学习中心组学习规则〉实施细则》。市委理论学习中心组开展学习25次，市委讲师团为市委理论学习中心组成员推荐各类学习书目200余种。完善党委（党组）理论学习中心组等各层级学习制度，落实中心组巡听旁听机制。

【基层理论宣讲】　2021年，市社科联组织全市围绕党史学习教育、习近平总书记“七一”重要讲话精神、党的十九届六中全会精神、省市党代会精神等专题，开展宣讲1.4万余场，受众达到124万余人。举办“举旗帜·送理论”合肥市“理响合肥”党史学习教育微宣讲比赛，挖掘并培养基层优秀宣讲人才。蜀山区五里墩街道“先锋宣讲团”、包河区“圆梦”百姓基层理论宣讲团获评全省基层理论宣讲先进集体；“先锋宣讲团”副团长陈相珍获评全省基层理论宣讲先进个人；《小井庄的改革路》获评全省优秀理论宣讲报告；《共产党人的一双手》获评全省优秀理论宣讲微视频。

【社科普及】　2021年，市社科联与省社科联合办“安徽人文讲坛”5场，受众2000余人次；开展党史学习教育“社科名家大巡讲”活动，优选社科专家，分批深入机关和企事业单位、社区、乡村等开展巡讲20余场。举办合肥市第十七届社会科学知识普及活动月活动。在省社科联主办的“辉煌百年路　启航新征程”全省社科联系统庆祝建党100周年主题演讲比赛中，市社科联推荐选手获得一等奖（总分第一名）。

【学术研究】　2021年，市社科联围绕合肥市经济社会发展，组织6个省市领导圈定课题和7个理论社科工作性课题研究，为市委市政府科学决策提供智力支持。在2021年度省“三项课题”（即基础学术、应用对策、社科普及）研究活动中，获得7个奖项，获评2020年度全省社科普及工作先进单位、2021年度“三项课题”研究活动先进单位。开展合肥历史文化丛书、合肥智库丛书、社会科学知识普及丛书编纂出版工作。推出“合肥历史文化丛书”《古诗词中的合肥》、“合肥智库丛书”《学界视野中的合肥2020》、“合肥社科知识普及丛书”《初心如虹》《不能忘却的技艺》。“合肥社科知识普及丛书”《千里突围》在2021年度全国优秀美术图书评比中获“金牛杯”铜奖。组织召开市社科界第十一届学术年会，确定56个选题，收集论文65篇。

【“学习强国”合肥学习平台】　2021年，市社科联开展“学习强国”学习平台推广运用和供稿工作。《安徽省合肥市包河区：从“指尖”到“身边”　创新推动“学习强国进网咖”》被编入中宣部《宣传思想文化工作案例选编（2021年）》。参加全国平台组织开展的县级融媒双月赛评选活动，合肥6部作品获得全国奖项。

【基地建设】　2021年，市社科联召开市社科类社会组织、社科普及基地党史学习教育动员会暨工作座谈会，指导各社科类社会组织、社科普及基地科学开展党史学习教育。合肥市渡江战役纪念馆、合肥经济技术开发区海恒社区管理委员会、合肥蜀山经济技术开发区工作委员会、巢湖市银屏镇人民政府等4家单位入选第五批安徽省理论宣讲示范基地。李鸿章故居陈列馆、合肥市东部新中心规划展示馆、庐阳区双岗街道小桥湾社区新时代文明实践站、巢湖市博物馆等4家单位入选第五批安徽省社会科学知识普及基地。蜀山区南七街道社科知识普及基地被评为2020年度全

2021年7月22日，“举旗帜·送理论”合肥市“理响合肥”党史学习教育微宣讲比赛现场。图为参赛选手正在进行宣讲　（黄　磊／摄）

省社科普及工作先进单位。

（黄　磊）

市直机关党建

【概况】 2021年，中共合肥市委市直机关工作委员会(以下简称“市直机关工委”）将党史学习教育与学习宣传贯彻党的十九届六中全会精神、习近平总书记“七一”重要讲话精神、省市党代会精神统筹结合，推进政治机关建设。通过凝聚“为什么创、创什么、怎么创”共识、拉高创建标杆、细化责任清单、强化工作实效，推动模范机关创建工作标准化、制度化、常态化，合肥模范机关创建被作为长三角地区机关党建共建共享一体化项目模范机关建设样本，市直机关工委获评市文明单位。建立调度督查考核机制，夯实基层基础，开展梯次创建，评选60个过硬党支部、15个示范党支部。将“党建+”列入年度机关党建常规任务清单，纳入日常调度，推动党建和业务深度融合。完善党建带群建制度机制，支持市直机关工青妇组织按章按规开展工作，将群团建设与机关党建同谋划、同部署、同推进、同考核。克服疫情影响，组织市直机关60多个单位，230余名运动健儿参加合肥市全民健身运动会。举办合肥市市直机关第六届运动会，82个代表队，5200余人次分别参加20个大项、60个小项的比赛。加强效能建设，对市直单位进行常态化明察暗访，全年开展常态暗访12轮、专项暗访7轮，开展全市效能建设优秀案例评选，擦亮工作品牌。

【推进政治机关建设】 2021年，市直机关工委发挥理论学习中心组、“三会一课”、机关大讲堂、“学习强国”平台、安徽干部教育在线等组学、领学、促学作用。通过专家授课导学、青年党员讲学、知识（演讲）竞赛评学、交流研讨晒学，丰富学习形式。先后组织所属3.8万多名党员和1800多个基层党组织，收看聆听习近平总书记在庆祝中国共产党成立100周年大会上的重要讲话。组织300名新党员参加庆祝建党100周年暨新党员入党宣誓活动，分批组织机关党员开展“聆听习近平总书记声音，学党史践初心强信心”主题党日活动，中央电视台《新闻联播》等媒体分别进行报道。发放“光荣在党50年”纪念章3000余枚。联合市委组织部、市委党史和地方志研究室确定合肥党史馆、渡江战役纪念馆等15个单位，作为首批全市机关主题党日活动基地。会同市委宣传部下发《关于加强和改进市直机关意识形态工作的指导意见》，推动意识形态和统战工作落实落地。

【基层党组织建设】 2021年，市直机关工委建立“月小结、季调研、半年回头看、年度总评价”的调度督查考核机制，综合运用线上“党建云”规范任务落实、线下“实地调研”检验工作成效。全年抽样调研140个（次）党组织，查找各类问题456个，均反馈各单位并督促整改。继续加强分类指导，与市委组织部联合下发《关于进一步规范市级行业（综合）党委年度调研评估工作的通知》，把非公和社会组织党建纳入常态化调度。结合月小结、季调研和年终总评，分别对所属的102个市直单位、省部属驻肥有关单位机关党建工作进行多轮检查指导。通过举办党建共建、过硬示范支部初评、知识竞赛、演讲比赛和主题党日等活动，发挥片区包联和党建联盟作用，全年组织片区活动30次，党建联盟活动131次。完善“党建+巡察”“党建+纪检”“党建+效能”相互结合工作机制，对巡察中发现的党建共性问题，加强日常调度、组织专项督导，对整改情况进行验收，并将结果反馈市委巡察办。先后配合市委巡察办督办十一届市委第九轮、第十轮巡察移交的24个单位84个党建方面具体问题；牵头组织省委巡视反馈相关问题整改，督促指导市直单位开展十一届市委巡察发现问题“大起底、改到位、建机制”专项行动。

【党建和业务融合】 2021年，市直机关工委下发《关于推动机关党建和业务深度融合发展的通知》，引导各单位党组织围绕职责定位，提升融合理念，强化融合措施，形成一批典型融合项目。组织评选市直机关“十佳”党建品牌、20个市直机关优秀党建品牌，发挥品牌示范效应，带动党建质量整体提升。联合市委组织部下发《关于深入推进“四联四定”工作有关事项的通知》，推动落实市直单位党组织联系村、联系社区、联系非公企业或社会组织党组织318个，党员干部联系贫困户1267个；帮助解决基层困难1298件，化解基层矛盾371件，提供帮扶资金542万元。将“四联四定”工作与“我为群众办实事”“党旗在基层一线高高飘扬”、参与城市基层治理、开展文明创建等活动结合起来，引导在职党员在工作一线充当“领头雁”，在“急难险重”任务面前当好“突击队”。

【落实全面从严治党监督责任】 2021年，市直机关工委结合新一轮深化“三个以案”警示教育，重点查纠形式主义、官僚主义问题，履行党纪政务处分案件审理审核职能，协助派驻纪检监察机构把好案件质量关，指导派驻纪检监察组自办案件审理工作。全面推进市直单位机关纪委建设，举办市直单位机关纪委书记专题业务培训。完善监督机制，结合市直单位党建领域工作特点，探索党建与纪检协同推进有效途径，将市直单位党建和作风效能方面突出问题，移送相关派驻纪检监察机构督促整改。

【效能建设】 保持严紧态势。2021年，市效能建设领导小组印发《关于进一步压实责任持续推进工作效率大提升专项行动的通知》《“持续开展工作效率大提升专项行动，进一步推动干部队伍强力转作风，激发新状态”实施方案》，明确效能建设责任主体、工作目标。印制《合肥市机关效能建设基本规范》宣传折页，坚持“每周一批、每月一轮”，对市直单位进行常态化明察暗访。全年核实处理各类问题24个，通报5家单位5个典型问题。依照市纪委《关于违反效能建设纪律行为相关人员的处理建议》，对“四种情形”典型问题强化责任追究，5人下沉到交警部门协助维护交通秩序3个月。加强对各县（市、区）、开发区效能建设工作的指导。开展工作培训3场、暗访实训2次，组织互查互访2轮，查实整改各类问题37个。13个县（市、区）、开发区自行组织暗访257轮，查实整改各类效能问题243个。

紧盯重点岗位。2021年，市效能办在市直单位具有行政审批权、执法权和公共服务职能的处室以及二级机构中开展“满意处长群众评”活动，确定49个市直部门70名处室（含二级机构）负责人参加“满意处长群众评”。在30家进驻市政务服务大厅（含部门办事大厅）的窗口服务单位和19家驻肥企业及行业窗口服务单位开展“社会评窗口”活动。在30家进驻市政务服务大厅（含部门办事大厅）的窗口服务单位开展“千项办件看效能”活动。市生态环境局自然生态保护处韩杰等11名处室负责人被评为“群众满意处长”；合肥热电集团、市城管局等18个单位窗口被评为“群众满意窗口”；专项督查的299件办件中，非常满意办件（满分）228件、满意办件71件。

增强服务意识。2021年，市直机关工委印发《关于在“我为群众办实事”实践活动中进一步优化服务提升效能的通知》，推动市直单位聚焦便民利企，优化政务服务。全年，市直各单位精简行政许可事项1101个；优化政务服务，减少审批环节1190个，创新服务新举措955个，升级智能服务、数字服务项目430个；强化作风建设，整改工作作风方面问题1483个；密切联系群众，走访企业16398个，帮助解决企业反映问题和合理诉求11193个，走访慰问群众17317人，结对帮扶群众3968人；拓展志愿服务，开展岗位学雷锋、志愿服务活动6808人次。开展“百员联百企”主题活动，全年收集企业各类诉求121个，通过市效能办转办、牵头部门自行办理等方式，解决答疑企业诉求115个。

（余　婧）

2021年3月11日，市效能建设工作领导小组第五次会议在市政务中心召开
（市直机关工委／供）

政策研究

【概况】 2021年，中共合肥市委政策研究室（以下简称“市委政研室”）围绕全面贯彻落实党的十九届六中全会精神，先后组织起草《中共合肥市委关于深入学习宣传贯彻党的十九届六中全会精神的通知》《中共合肥市委关于深入

学习宣传贯彻党的十九届六中全会精神的决定》及有关说明。

围绕高效服务保障市第十二次党代会，牵头组织起草《市委领导班子工作总结》《市委报告》以及《市委报告起草情况说明》《市委报告决议（草案）》《关于市委报告、市纪委工作报告讨论情况的汇报》等程序性文稿，编辑市党代会简报26期，牵头起草《关于贯彻落实市第十二次党代会〈报告〉重要举措分工方案》，起草《关于加强新一届市委班子政治建设的意见》。全程负责省第十一次党代会合肥市代表团简报编报工作，起草《关于贯彻落实省第十一次党代会〈报告〉有关合肥任务的分工方案》。

围绕服务保障市委重大决策部署、重要会议、重要活动，牵头起草《市委常委会2021年工作要点》《市委全面深化改革委员会2021年工作要点》《市委党的建设工作领导小组2021年工作要点》等文件。全年组织起草市委主要领导在市委理论学习中心组党史学习教育专题学习会议（4次）、全市全面从严治党当示范动员推进大会、市委农村工作会议、市委常委会扩大会议暨月度经济形势分析调度会（9次）、市委全面深化改革委员会会议（4次）、市委常委会会议暨市委党建工作领导小组会议（2次）、县（市）区委书记抓党的建设述职评议会、有关县（市、区）领导干部会议等会议讲话提纲。牵头起草或把关市委主要负责同志新闻稿以及合肥市“过万亿”、第七次人口普查结果亮点、房地产“新政八条”宣传通稿等材料10多篇。

【调查研究】 2021年，市委政研室围绕事关合肥未来发展的重大战略问题、制约经济社会高质量发展的重点问题、群众关心的热点问题，组织开展调查研究，总结经验做法，分析问题短板，提出对策建议。

聚焦推进高质量发展，围绕合肥与“标兵”城市经济发展情况比较、理顺合肥滨湖科学城体制机制、滨湖科学城与上海张江科学城共建、巢湖综合治理、重点产业项目建设、空天信息产业发展、新能源汽车产业发展、企业上市培育、大型商场高质量发展、提升全面预算绩效管理质量等专题，深入基层一线、市场主体开展重点调研，形成调研报告、专报20余篇。

聚焦解决群众急难愁盼，结合学党史办实事、大调研等活动，围绕信访维稳、违建治理、飞絮治理、“停车难”、生活垃圾分类、实施“惠民菜篮子”工程、创新招生考试服务举措、推进基础教育集团化办学、体育事业高质量发展、紧密型县域医共体建设、村医队伍建设、保障农民工工资、0～3岁婴幼儿托育等开展专题调研，形成调研报告、信息专报10余篇。

聚焦调研成果转化应用，制定《市委政研室调研成果转化实施细则》，推动成果运用，服务市委决策，提升以文辅政水平。组织开展2019—2020年度高质量调研成果评选工作，通过成果汇编、印发《决策参考》等形式，供各级各部门学习借鉴。《合肥市重点产业项目建设情况》《合肥市重点企业反映问题情况》等多篇调研专报，得到省、市委主要领导批示肯定。

【履行市委改革办工作职责】 市委全面深化改革委员会办公室设在市委政研室。2021年，市委改革办统筹考虑贯彻上级部署、落实市委要求，注重加强改革举措有机衔接、协同联动，谋划部署116项年度改革任务，具有合肥特色改革近50项，以制度性文件为成果形式的改革超过80项。编制年度工作要点及拟出台文件双台账，以清单化管理推进改革任务项目化、制度化。坚持把提高改革方案质量放在突出位置，强化问题导向、严格审核把关，推动改革举措对接发展所需、基层所盼、民心所向。调整市委深改委成员，先后筹备召开4次市委深改委会议，讨论研究21份改革方案文件，形成80多项制度性成果。坚持真督实察，谋划“政产学研用金”科技成果转化机制等10项改革任务制定年度重点督察计划，对县（市、区）改革推进情况开展全面督察调研。修订完善县（市、区）、市直单位改革工作考核评分细则，发挥好考核指挥棒作用。先后围绕湿地保护修复、紧密型城市医联体建设、餐厨垃圾处理项目特许经营、办好人民满意的教育、巢湖综合治理等方面，挖掘特色亮点，编报各类改革信息（专报）近40篇。其中，《安徽合肥建设城市生命线安全工程》《安徽合肥倾力缓解停车难提升群众幸福感》等2篇信息被中央改革办单条刊发，3篇被省委改革办采用，3篇获省、市委主要负责同志肯定性批示。

【履行市委财经办工作职责】 市委财经委员会办公室设在市委政研室。2021年，市委财经办认真落实市“123+10”调度机制，筹备召开好一月一次的市委常委会扩大会议（经济形势分析调度会），制定会议方案，累计安排51家单位作经验交流发言、38家单位作重点分析发言、2家单位作市委常委会扩大会议部署事项贯彻落实情况发言，起草市委主要负责同志讲话稿，梳理成效亮点，剖析问题症结，提出硬招实招120余条，推动全市经济运行稳中有进、进中向好。梳理2020年全市经济社会发展指标，形成涵盖科技、工业、农业等25个大类的多维度指标体系；建立重点财经部门经济运行情况定期分析机制，按月收集12个重点财经部门相关经济运行情况，按季召开市直部门座谈会，重点梳理突出问题，精准研判经济形势。每季度联合市发改委、市统计局召开“重点企业座谈会”，研究企业反映的突出问题，提出解决对策，形成《重点企业反映问题及对策建议》报告，受到市委主要领导批示肯定；先后围绕房地产、数字经济、滨湖科学城高质量发展等领域，联合有关部门开展专题调研，分析提出应对措施，并在市委常委扩大会议（经济形势分析调度会）上转化运用。

【履行市委党建办工作职责】 市委党的建设工作领导小组办公室设在市委政研室。2021年，市委党建办调整市委党建工作领导小组成员，编制领导小组年度工作要点，部署6类24项工作任务。召开全市全面从严治党当示范动员推进大会，一体部署党史学习教育、政法队伍教育整顿、县乡领导班子换届，对党的建设重点工作做出部署，在全面从严治党上当好全省示范。组织召开2次市委常委会会议暨市委党建工作领导小组会议，专题研究全面从严治党工作。围绕全市党史学习教育，起草市委主要负责同志在理论学习中心组学习会上的讲话提纲及专题党课讲稿。牵头完成省辖市领导班子党建考核材料，完成县（市、区）党建考核指标制定与考核赋分工作，做好县（市、区）委书记抓党建述职评议会议文稿服务和常态化述职评议典型发言推荐工作。组织起草县（市、区）政治监督谈话素材材料。围绕全面从严治党主体责任落实、国企党建、“党建+信访”、村（社区）“两委”换届、“开门一件事”等开展调研，形成调研报告或信息专报。编印《合肥市党建工作典型案例2021》，供各地各单位交流借鉴。

【载体建设】 2021年，市委政研室加强全市经济社会高质量发展亮点、成效宣传推介，组织编撰《中国合肥·2021》图书，突出系统集成、图文并茂、多维视角，展示合肥经济社会发展的新变化、新形象。按时编辑发行《合肥工作》12期，策划“立足新起点 开启新征程”“奋力把巢湖打造成为合肥最好名片”“用心为民办实事 务实为民解难题”“赓续光荣传统 汲取奋进力量”等重点专题，特别策划“市第十二次党代会精神”专刊，办刊质量得到提高。

（吴 莹）

网络安全和信息化

【概况】 2021年，市委网络安全和信息化委员会办公室（以下简称“市委网信办”）紧扣庆祝建党100周年主题主线，加强互联网宣传管理，强化网络生态治理，全年编报《舆情动态》260余期，报送敏感线索400余条，建成安徽省首个融媒体城市直播间，成立合肥市自媒体联盟，《延乔路刷屏背后的精神赓续》等2篇作品获中共中央网络安全和信息化办公室全网推送，获评2020年度全省网评工作先进单位、2020年安徽省争做中国好网民工程先进单位、网络公益工程优秀组织单位。

【互联网宣传管理】 2021年，市委网信办落实新闻报道、转发推送、宣传阐释、互动引导等工作要求，搭建“同庆百年华诞 共铸历史伟业”“奋进新征程 再创新辉煌”等专题专栏，集纳转载发布稿件780余篇，推动党的创新理论“飞入寻常百姓家”。开展“红色记忆 创新时代”五个百年宣传项目，综合传播量1.67亿，推动合肥网上美誉度、知名度提升。做好合肥国际文化博览会、2021世界制造业大会等重大活动网上宣传，搭建专题专栏22个，集纳转载稿件307篇，网络综合传播量超1.8亿。设置“政务榜”“媒体榜”“资讯榜”，获评省委网信办网络综合治理优秀项目；合肥市自媒体联盟开展“文明合肥 见微随拍”图片及短视频征集大赛、“三人行 E同心”乐学会等系列活动，发挥自媒体在网络舆论引导、网络资讯传播中的作用。

【网络综合治理】 2021年，市委网信办坚持“以舆情为指挥棒，着力解决群众急难愁盼问题”要求，强化网络生态治理，营造清朗网络空间。创新负面舆情处置机制，制定《网络舆情量化考核扣分办法》《合肥市负面账号数据库管理办法》等制度，建成互联网舆情监测指挥系统，定期召开网络舆情研判分析会，及时预警突发敏感舆情300余起，对“早餐车摊主用路边积水蒸包子”“庐阳区1岁儿童坠楼”等敏感舆情，协调属地及有关部门正面回应、妥善处置，网络舆情监测研判处置能力得到提升。畅通网民投诉举报渠道，建成互联网有害信息治理平台和负面账号数据库，组织开展“历史虚无主义”“文娱领域专项整治”等专项整治16次，删除各类有害信息4.3万条，处置网络账号3021个，关闭网站26家。完善“1+4+N”综合执法体系，规范互联网信息传播秩序，开展联合执法10余次，行政约谈19批次33人，对属地飞某科技等两家企业网络传播有害信息分别给予50万元和10万元的罚款，系全省网信部门首例行政处罚案件。

【网评与社会工作】 2021年，市委网信办推进互联网行业党建工作，摸排互联网企业413家，落实联系报告制度，展播互联网企业书记讲党课短视频，力瀚科技被评为省级“三强三好”党建工作示范点，高梵电商入选省级非公企业党建好故事，市互联网行业党委获评2021年安徽省互联网企业党建工作先进单位。组织庆祝建党百年专题学习、党建培训、专项引导等“七个一”系列活动，开展争做中国好网民、网络公益工程，举办“网络中国节”、第二届“文明上网我行动”“防范网络诈骗”“新起点 新征程”楹联网络征集等活动，策划制作的10集动漫被“国家反诈中心”公号推送，“合肥交警”快手账号被评为走好网上群众路线百个成绩突出账号，获中央网信办通报表扬。加强网络统战工作，开展网络名人行系列活动，46名网络界代表人士当选市、县区两级人大代表、政协委员。优化升级“皖中评”栏目，全年发稿445篇，阅读量逾1.3亿，转发量逾200万次，栏目获得市媒体融合发展扶持资金奖励。

【网络安全工作】 2021年，市委网信办开展网络安全测试，对100家政务网站及联网系统开展攻击测试，着力发现全市政府单位网络安全防护中的薄弱环节。选取154个重点单位网站（APP）及联网系统，开展网络安全攻防演练。覆盖党政机关、教育、医疗、金融等行业领域。投资1000多万元建成市委网信办网络安全态势感知平台。落实《网络安全法》《数据安全法》《个人信息保护法》等法律法规，对“合肥轨道”等14个App，“联享家”等9个智慧社区系统进行渗透测试，防范信息泄露事件发生。7月14日，中央网信办发文确定合肥市承办2022年国家网络安全宣传周。加强网络安全工作责任制考核，压紧压实全市各级党委（党组）主体责任。开展第一届合肥市网络安全应急保障技术队伍遴选工作，组建由20家网络安全公司组成的专业队伍，为合肥市网络安全提供技术保障。申报国家网络安全教育技术产业融合发展试验区。落实“链长制”各项任务，将网络与信息安全产业列为全市重点产业链，打造以合肥高新技术产业开发区为核心的“中国安全谷”。

2021年10月27日，合肥市自媒体联盟成立大会暨网络文明实践季启动仪式现场（市委网信办/供）

【信息化工作】 2021年，市委网信办统筹协调推进全市信息化工作。9月，合肥成功入选国家智能社会治理实验综合基地，入选国家IPv6技术创新和融合应用综合试点城市。推进数字乡村试点工作。常态化调度长丰国家数字乡村试点重点任务，《安徽省长丰县：打造数字草莓新模式》列入全国典型案例。肥西县上派镇、花岗镇及包河区大圩镇列入全省数字乡村试点。推动区块链备案工作，指导达朴汇联等14家企业完成备案申报，排在全国前列。举办“合纵链横 价值链成”高峰论坛活动，推进“区块链+”行业解决方案落地。在全省首先开展“深度伪造”等互联网新技术新应用安全评估工作。

（施法源）

保 密

【概况】 2021年，合肥市委保密办（市国家保密局）坚持围绕中心、稳中求进，提升党管保密、依法治密水平，筑牢思想防线、制度防线、技术防线，全市全年未发生重大失泄密案件。制发《合肥市“十四五”时期保密事业发展规划》，把保密工作列入市委党建考核和政府目标管理考核，推动机关单位主体责任有效落实。全市年度保密工作被省委保密办、省国家保密局评定为“优秀”。

【保密宣传教育】 2021年，市委保密办围绕庆祝中国共产党成立100周年，开展保密宣传教育，强化保密意识和保密常识。协调市委组织部、市委党校将保密课程纳入市委党校主体班教学计划，《传承红色基因，弘扬保密传统》微视频党课列入市委党校网课。结合“4·15”全民国家安全教育日，在合肥电视台新闻频道等平台播放保密公益宣传片，推进保密宣传进媒体、进公交、进地铁。6月，联合市国资委、市工商联，组织部分高科技企业高管进行保密警示教育轮训。组织开展“光辉历程 保密有我”保密知识竞赛和“党旗飘扬 保密护航”保密宣传教育作品征集活动，全市6.3万余人参与答题，报送宣传作品211件，其中8件被省国家保密局评为优秀作品。7月8日，组织全市140余名专兼职保密干部业务知识培训，邀请党史专家作《学史增信，走好新时代长征路》专题报告。12月，以保密工作协作组为单位，组织观看《机关单位工作人员泄密案件警示录》。编印《红色特工李克农》保密宣传教育资料1万册、《合肥保密工作》4期，制作保密提醒鼠标垫3000个，征订保密宣教资料3000余份。

【保密监督检查】 2021年，市委保密办常态化开展多种形式的保密监督检查。3月、8月，两次组织军事设施周边环境安全保密问题隐患整改“回头看”。4月下旬，联合有关部门组织开展核心要害单位保密检查。6月，组织开展贯彻落实有关文件精神和市委主要领导批示要求情况抽查和庆祝中国共产党成立100周年保密安全专项检查。9月，配合市邮政局开展机要通信保密专项检查。11月、12月，组织开展失泄密问题专项整顿。

2021年5月，市委保密办组织保密宣传进课堂活动　（毛文龙/摄）

【保密技术服务】 2021年，市委保密办加大保密技术投入力度，推进保密装备配备，提升保密基本控制能力和服务保障能力。加强技术监管，指导县（市、区）完成涉密专用机和检测器配备工作，实现市直及县(市、区)党政机关全覆盖。做好技术服务，配合市委办公室完成有关方案评审、电子政务内网测评、退役密码设备拆解销毁等工作。全年完成省委第十一届党代会合肥会场等各类会议活动保障16次，为产投集团、讯飞数码等10余家企业提供保密技术咨询服务，组织销毁纸质文件400余吨。

【保密依法行政】 2021年，市委保密办完善“互联网+政务服务”，实现“7×24小时”政务服务地图关联以及“一码通办”“智慧办”“即办件”等功能全覆盖。集中开展涉密人员情况统计，摸清涉密人员管理底数，完成2020年度定密统计报备工作。4月，组织保密行政执法人员资格认证专业法律知识培训和考试，新增10名专（兼）职保密干部取得保密行政执法资格。联合市教育、公安等部门，对市教育考试院及四县一市试卷保密室进行安全检查，并向检查合格的试卷保密室颁发《合格证》。全程参与高、中考应急指挥，派员24小时参加现场应急保障和试卷保密室值班。配合做好公务员招录、司法考试等各类考试保密管理14次。

（曹先锋）

档 案

【概况】 2021年，合肥市印发《“十四五”合肥市档案事业发展规划》，市档案系统满分通过市委2020年度党建发展考核，2个国家级档案工作服务基层社会治理试点通过国家验收，巢湖市建中村《档案服务基层治理 资源助推乡村振兴》一文被国家档案局评选为2021年度全国经济科技档案资源开发利用一类案例，市档案局被评为“2021年度《中国档案》宣传工作先进单位”。市档案馆提升管理和服务水平，实现档案工作目标任务，创建模范机关，被评为“第十五届合肥市文明单位”，获评国家“节约型机关”。

【档案宣传教育】 2021年，市档案局开展“国际档案日”系列宣传，制作档案宣传桁架，征订档案宣传手册和画册，编印法律法规手册，向利用者发放300余册。开展“学党史 展辉煌”短视频征集活动，收集短视频82部。编制合肥市档案系统“八五”法治宣传教育规划，推进档案依法治理。邀请安徽大学档案专业教授宣讲新修订档案法并制作宣讲视频。组织开展“档案话百年”主题征文活动，73篇征文上报国家档案局。向各类媒体推送档案宣传稿件22篇。

市档案馆在合肥广播电视台“档案今拾”电视专栏，播出《探寻合肥的红色足迹》《永远在路上》等系列主题节目，全年播出52期，同步制作30期短视频。该专栏获评2020年度安徽省优秀广播电视栏目，是全市唯一。在《合肥晚报》开辟“档案观止”专版，以“档案中的‘四史’故事”为主题，用红色档案讲述中国共产党领导合肥人民100年来进行革命斗争、国家建设、改革开放、社会发展等方面的故事。全年刊载27版。《渡江战役纪念馆为何建在合肥》一文，在2020年度安徽新闻奖评选中获（副刊作品）一等奖。推出《合肥市科技创新大事记》《合肥市科技创新档案文件选编》（初稿）。

【档案行政执法】 2021年，市档案局完善《合肥市档案局政府权力运行监管细则》，修订档案行政执法自由裁量权基准。制发《合肥市档案行政执法方案》，对“十四五”期间行政执法工作进行规划，深入县（市、区）、开发区乡镇（街道）和市直部门二级机构开展执法检查，强化对机关、国有企业和涉及民生领域的监督检查。探索市县联合执法模式，由县（市、区）执法骨干组成联合检查组，抽查市民政局系统6家单位、长丰县8家单位、合肥经济技术开发区4家单位，加强对检查过程中共性问题及个性问题的分析，梳理整改台账298条。组织档案工作现场观摩活动，庐阳区各单位、市卫生系统档案员73人参加，实现理论与实践相结合，培训效果良好。加强督促整改。督促3家省执法检查挂牌单位加快档案工作整改，市广播电视台通过专家组验收顺利摘牌。深化“放管服”改革。开展“互联网+政务服务”平台运行情况体检，对承诺时限、申请材料、口语化问法、对接国家平台等要素进行优化，提高办事体验。梳理政务服务地图精准性，对接长三角政务服务地图并进行推广。调整档案权责清单和公共服务清单，与中国（安徽）自贸试验区合肥片区管理单位签订委托执法协议并备案。

【档案队伍建设】 2021年，市档案局组织开展国有企业档案业务培训、全市档案行政执法人员培训、档案统计调查培训等档案业务培训班，493人参训，提高企业档案员的业务水平。深入基层做好培训服务。对市生态环境系统、

2021年5月8日，全市档案工作暨先进交流会在市政务中心举行。市委常委、市委秘书长韦弋出席会议并讲话 （市档案局/供）

工会系统、城管系统、气象系统、瑶海区、长丰县、庐江县等单位开展法律法规知识讲座和档案业务培训，参训人员870余人。做好档案专家评审工作。制发《合肥市档案专家评选办法》，明确申报条件、评审程序和时间节点，评选出19名市级档案专家和4名省级档案专家推荐人选。建立档案执法人员数据库，开展档案执法人员专项培训和通用法律知识培训，全市8名执法人员通过考试，取得执法资格，截至2021年底，全市档案行政执法人员47名。

【档案安全】 2021年，市档案局加强安全备份检查、消防应急演练，建立档案馆信息安全月报制度，加强电子档案异质异地备份工作，市档案馆档案综合管理系统达到信息系统安全等级保护三级，在汛期进行安全大排查，同步开展档案库房密集架、精密空调等设备的维修维护工作，消除安全隐患，确保档案实体和数据信息绝对安全。各县级档案馆依托市档案馆定期开展异地备份，全年备份数据9.6TB。开展档案管理系统源代码检查。

【监督指导】 *重点领域档案工作。*2021年，市档案局加强“两类”档案（即精准扶贫档案和疫情防控档案）归集工作。组织县（市、区）专兼职档案员1000余人参加省“两类”档案视频培训会，规范“两类”档案整理和报送。开展脱贫攻坚档案监督检查，建立22个专题数据库，报送目录375516条，移交档案275588卷（件）。市档案馆接收66家市直单位“两类档案”目录11000余条、档案2500余件进馆；征集特色档案、红色档案和全市重大活动档案等700余件进馆。开展县级综合档案馆业务建设评价。5个县（市、区）级档案馆被省档案局评价“好”等次。

*档案业务监督指导。*市档案局指导市财政局、市人社局等48家单位档案业务建设，确保收集齐全、整理规范。市档案馆接收66家市直单位档案3万余卷（件）、电子档案170GB和目录41000条，备份数据9.6TB，对馆藏存量档案开展整理清点鉴定校对，完成83万条目录校对和186.4万页数字化加工工作。市档案局完成110余家单位档案室安全风险隐患排查整治工作，全年未发生档案安全事故。指导国有企业移交退休人事档案6892卷进社区。指导百大集团、城建发展股份有限公司等5家企业开展档案整理工作，培训专兼职档案员近100人。

*基层档案业务监督指导。*加强村（社区）“两委”换届档案指导，确保村（社区）“两委”换届档案齐全完整。借鉴档案工作服务基层社会治理国家级试点经验，推进肥西县小井庄和长丰县邱集社区2个省级试点，包河区葛大店社区等13个市级试点。建立全市重点项目档案管理台账，将重点项目档案管理纳入档案考核，以互查互学方式推进重点项目档案管理工作。完成轨道交通4号线档案预验收和杜集吴圩互通立交工程建设项目档案验收。

*推进档案信息化建设。*加强电子档案移交工作，5家市直单位向市档案馆移交电子档案170GB。协助省档案局完成合肥京东方光电科技有限公司等2家企业电子发票电子化报销、入账、归档试点验收。加强档案信息资源共享平台建设，促进档案信息资源馆际、馆室共建互通，推进档案信息资源跨层级跨部门共享利用。加强档案统计工作。审核2020年度全国档案事业统计调查表填报数据，汇总上报478家单位，确保报送数据真实、准确。

【利用服务】 2021年，市档案馆全年接待档案利用者、咨询者3100余人次，调档近4000卷。推进“异地查档、跨馆出证”，加强与长三角地区档案馆的协调配合，破除壁垒，实现信息互联互通，全年办理跨馆查询业务150余件，通过民生档案异地查阅的“网上办”“指尖办”，实现“让数据多跑路，让群众少跑腿”。配合市委党史和地方志研究室做好中国共产党合肥历史馆庆祝建党百年大型图片展活动，提供电子档案40余件。配合市总工会建设劳模工匠馆，团市委筹建团、队史馆，安徽医科大学丰富馆藏，新华社拍摄渡江战役、淮海战役相关纪录片，合肥演艺股份有限公司创作曲艺节目《没有共产党就没有新中国》等需要，查阅相关档案资料并提供电子档案200余件。做好“我为群众办实事”和“互联网+政务服务”，全年受理平台业务450余件。市档案馆档案利用大厅窗口在“千项办件看效能”评议活动中被评为合肥市“群众满意窗口”。

【馆库建设】 2021年，市档案馆新馆主体结构正式封顶，完成外立面施工。同步推进数字档案馆建设，1月12日—13日，省档案局专家组认定“合肥市数字档案馆系统”300余项指标达到“全国示范数字档案馆”的要求，并向国家档案局申请测试。完成市级综合档案馆业务建设评价。10月11日—13日，省档案局对合肥市档案馆业务建设情况开展全面评价，市档案馆获得“好”等次。庐阳区档案馆投入使用，建成巢湖市、瑶海区档案新馆，肥东、庐江县新馆获得立项批复。

（彭红梅）

史志编研

【概况】 2021年，中共合肥市委党史和地方志研究室（以下简称“市委史志室”）坚持政治统领，党史姓党，守正创新，推进党史正本编撰和专题研究，全市党史工作位居全国前列。实行领导包保责任制，完成年鉴“一年一鉴、公开出版”任务，《合肥年鉴（2020）》获评全国特等奖，《合肥年鉴（2021）》获评全省一等奖，《肥东年鉴（2020）》获评全国一等奖。采取大型图片展、拍摄微视频、在重要媒体开辟专栏等方式，讲好合肥红色故事，获得各界好评。瞄准红色示范工程，推进史志场馆优化提升。履行意识形态把关职责，对全市党史地方志重要展览、重大革命题材作品、纪念场馆布展、重要书籍出版等开展史实和意识形态审查，掌握意识形态主动权。市委史志室成为市委党建工作领导小组成员单位，党史工作在市委综合考核所占分值由0.4增长为1分，被评为合肥市文明单位，获评“全省党史地方志系统先进集体”。

【服务全市党史学习教育】 2021年，市委史志室发挥全市党史学习教育服务保障作用，参与全市党史学习教育和庆祝建党100周年活动方案制定，先后7次赴肥东县、巢湖市、安巢经开区、肥西县、高新区以及市委党校、市直机关单位开展党史学习教育和习近平总书记“七一”重要讲话精神宣讲，走进学校、企业面对师生和企业员工开展党史宣讲活动。在市政务中心新华书店设立党史读书吧，为全市机关干部学习党史提供免费学习平台，与市委组织部、市直机关工委共同确定首批15个“市直机关主题党日活动基地”，与市委宣传部、团市委等16个市直单位共同开展百万青少年学党史等建党百年系列活动，向市委党校、市直机关、机场高铁等单位赠阅合肥党史书籍10000余册。与市委宣传部共同开展“百年安徽精神谱系”研究，与合肥警备区共同组织“皖美追寻”红色资源挖掘活动。

【史志编研】 2021年，市委史志室修编出版《中国共产党合肥历史（1926—1949）》《中国共产党合肥历史大事记（1919—1949）》《合肥红色文物故事》《红色合肥》；与市教育局首次合作编著《合肥党史故事（青少年版）》，发放至全市4至8年级中小学生。在全省率先举办党史《中国共产党合肥历史（1978—2012）》编写出版工作业务培训班，正式启动编写工作。加强对县（市）区党史工作指导督导，县（市）区党史工作总体位居全省前列。推进市县两级综合年鉴“一年一鉴、公开出版”全覆盖，实行领导包保、双周调度、月度通报制度，《合肥年鉴》编纂水平进入全国第一方阵。推进《合肥科技志》编纂工作。编印《合肥地情活页》《合肥大事记》各6期。编纂出版《第一书记脱贫攻坚手记》，为记载合肥市小康工程提供资料。

【史志宣教】 2021年，市委史志室举办“庆祝中国共产党成立100周年”合肥党史大型图片展，市委主要领导率四大班子成员观展并给予肯定。拍摄制作合肥百年光辉历程四集微视频《征程》，在学习强国、今日头条、抖音等平台同步推出，在线观众逾200万人次。在机关门户网站及时转载习近平总书记关于党史重要指示论

2021年6月28日，中共合肥市委党史和地方志研究室在市政务中心阳光大厅举办“牢记初心使命，矢志砥砺前行——中国共产党合肥历史大型图片展”。图为中共合肥市委党史和地方志研究室人员在图片展前留影　　（邹雪锋／摄）

述，发布工作信息300余篇，其中被中央电视台报道2次，16篇被人民网刊登转载，12篇被今日头条转载，29篇被中央党史和文献研究院网、中国国情网中国方志网登载，22篇被省委党史研究院网站登载。加强与新闻媒体合作，与《安徽画报》《合肥日报》《合肥晚报》合作开设“红耀安徽·合肥篇”“奋斗百年路 启航新征程——党史撷英”“红耀合肥”建党百年专栏，推出专版专栏43次。史志系统18项成果获全省党史地方志优秀科研成果奖，获奖数量、层级位居全省首位。

【场馆建设】 2021年，市委史志室推进中国共产党合肥历史馆建设，将党史重点工程打造成红色示范工程，截至年底，主体工程、内部布展、文物征集鉴定、人员招聘、物业和设备招标完成。围绕将合肥党史馆打造成习近平总书记关于党史重要指示论述的宣传阵地和干部群众接受党史教育的学习基地目标，推进提升工程建设，优化提升展陈内容、展陈方式。推进合肥市地方志馆布展工作，截至年底，方志馆展陈大纲编制完成。

【构建大党史格局】 2021年，市委史志室与合肥学院共建合肥党史研究基地，拓展合肥党史研究广度深度。建立合肥党史专家库，首批入选专家23人，涵盖省市县党史部门、党校、高校、教育等部门。推进合肥市中共党史学会建设，截至年底，拥有单位会员31家、个人会员224人。指导全省首家社区级新四军纪事微馆在庐阳区双岗街道高河埂社区揭牌。

（王晓燕）

党校（行政学院）教育

【概况】 2021年，中共合肥市委党校（合肥行政学院）（以下简称“市委党校”）学习宣传习近平新时代中国特色社会主义思想，贯彻落实党的十九大和十九届历次全会精神，全年开设主体班次和培训人数再创新高，充实和优化青干班、县干班、科干班等常规主体班的“四史”课程设置，确保“四史”课程比例不低于总课时的25%。围绕市委、市政府中心工作开展决策咨询研究，向市委、市政府提交21篇咨政报告。借助智慧党校，通过校园一卡通数据分析，了解学员住校情况，通过签到、走访，对学员的晚自习、住宿、外出等学习状况和纪律规定的执行情况开展例行督查，强化学风学纪建设。以评促建、以评促改，加强对各县（市、区）委党业务指导，对照《关于推进全省县级党校（行政学校）分类建设的指导意见》，结合“十四五”建设目标和县级党校实际，帮助县级党校明确分类建设方向。2021年8月，位于蜀山区运河新城核心区的市委党校新校区开工建设。

【教学培训】 2021年，市委党校开设县处级干部进修班和任职班、科级干部进修班、乡镇（街道）党政正职培训班、青年干部培训班等各类主体班次8批36个班次，培训学员2760余人。承办市委理论学习中心组学习会暨全市领导干部学习贯彻党的十九届五中全会精神集中培训班，培训学员220余人；承办中共党史学习教育“大讲堂”暨全市百名年轻干部集中培训班，培训学员300余人。以深入学习宣传贯彻党的十九届六中全会精神、党史学习教育为主题，发布新教学专题开发需求，推动“四史”教育专题开发和进课堂工作。重点开发反映中国共产党奋斗史的课程、展示党领导人民推进改革开放的课程、体现世界社会主义五百年发展史的课程，使之与习近平新时代中国特色社会主义思想的教学、马克思主义基本原理的教学有机贯通，增强党史课程体系完

2021年7月10日，党史学习教育“大讲堂”暨百名年轻干部集中培训班开班式在市委党校举行，省委常委、市委书记虞爱华作专题党课报告（市委党校/供）

整性、系统性。专题开设党史学习教育专题培训班、学习贯彻党的十九届六中全会精神专题研讨班、学习习近平总书记在庆祝中国共产党成立100周年大会上重要讲话精神专题研讨班，授课内容以党史为核心，紧密联系新中国史、改革开放史、社会主义发展史，做到重点突出、特色鲜明。

【科研资政】 2021年，市委党校发表论文45篇，完成校（院）内外43个课题立项。加强学术交流，组织开展“奋斗百年路 启航新征程”——全市党校系统庆祝建党100周年征文活动及理论研讨会。设置专项科研课题，研究总结百年大党的伟大历史和光荣传统，搭建科研合作平台，发挥党校（行政学院）系统的科研协作优势，围绕热点问题开展资政研究，深入调查研究，提交资政报告，获市级以上领导肯定性批示8篇。组织校（院）教研人员报名参加市政协15个课题的调研。强化对“五高地一示范”课题的研究，将优秀文章集结成册。

【学员管理】 2021年，市委党校在日常学员管理工作中，执行主体班请销假、考勤公示及党性修养量化考核等制度，严肃培训纪律。与学员签订《廉洁自律承诺书》《疫情防控承诺书》，发挥党性锻炼的熔炉效应，督促学员自觉加强思想淬炼、政治历练、党性锻炼。开展学员宿舍晚间学风督查20余次，课堂纪律督查不定期，智能门禁考勤系统常态化检查。围绕党史学习教育开展主题学员论坛、影视教育片观影研讨、写给党的“三行情书”等活动；课余组织登山比赛、摄影比赛等文体活动，在初任班一、二期分别组织2次以“青春逐梦心向党 砥砺奋进新征程”“青春梦 师恩情 携手共进新征程”为主题的大型文艺汇演。组织学员开展下乡调研、植树造林、民营企业考察等各类社会实践，鼓励学员弘扬理论联系实际的学风。

关注疫情防控形势，执行校（院）疫情防控值班制度，安排组织员轮流参加校（院）疫情防控值班，落实学员健康异常报告制度。将疫情防控相关规定纳入入学教育，强化学员自我防护意识。

【业务指导】 2021年，市委党校开展对各县（市、区）委党校2020年度办学质量评估，协调市委组织部共同印发对县（市、区）委党校2021年度办学质量考评结果通报并督促整改落实。结合年度工作实际，修订出台《2021年度县（市、区）委党校办学质量评估指标体系》。以建强基，抓好县级党校分类建设。按照“八有”要求，各校从师资、教学、科研等方面入手，制定“一校一策”提升方案，实现错位发展、特色发展。包河区委党校挂牌“社区治理研究院”，庐江县委党校挂牌“乡村治理研究院”，庐江、肥西两县乡镇党校全覆盖。将县（市、区）党校71名教师编入市委党校12个教研部门，通过开展“六个一”活动，抓好传帮带。制定《合肥市县级党校（行政学校）“教学名师”“学术名家”评选办法》，加强教师培养力度，实现共建共享。加大“智援”力度，选派教师754人（次）到9所县级党校授课，选派2名教学骨干分别挂职担任庐江、包河党校副校长。统筹指导各县级党校编制主体班次教育培训大纲。加强全市党校系统教学资源整合，完成729名专兼职教师，1071个教学专题，96个现场教学基地分类入库，实现市域内资源共享共用。

（钱益峰）

责任编辑：陶俊生　王晓燕

合肥市人民代表大会

综　述

【概况】　2021年，在中共合肥市委坚强领导下，合肥市人民代表大会常务委员会（以下简称“市人大常委会”）坚持以习近平新时代中国特色社会主义思想为指导，全面贯彻党的十九大和十九届历次全会精神，深学笃行习近平总书记关于坚持和完善人民代表大会制度的重要思想、习近平总书记考察安徽重要讲话指示精神，认真贯彻中央及省委、市委决策部署，坚持党的领导这一最高政治原则，紧紧依靠广大代表，开展党史学习教育，把“两个确立”转化为做到“两个维护”的自觉行动。把握服务中心大局这一重大使命，发挥人大职能作用，凝聚各方智慧力量，合力推动经济社会高质量发展。

【市人大常委会工作】　市人大常委会认真落实全国人大常委会、省人大常委会工作要求，配合做好执法检查、专题调研等工作；密切与省内外兄弟城市人大交流，主办第四届长三角G60科创走廊九城市人大工作交流会，在立法协同、监督协作、工作协力等方面形成共识，助推长三角一体化发展战略落实；做好市人大换届选举有关工作，指导县乡人大换届，选举产生新一届市县乡人大代表；加强对县乡人大的联系和指导，重视支持人大研究会工作，携手构筑人大工作新格局。

2021年10月15日，第四届长三角G60科创走廊九城市人大工作交流会在合肥举行　（高　博/摄）

自觉践行“人民代表大会制度是实现我国全过程人民民主的重要制度载体”，探索全过程人民民主基层实践。8月召开全市各县（市、区）人大常委会主任座谈会，围绕推进全过程人民民主深入研讨。10月协助市委召开坚持党建引领建立全过程人民民主基层实践点工作座谈会，市委主要负责同志作出批示，对基层实践点工作做出部署。会同市委组织部在全国率先建立党建引领全过程人民民主基层实践点，印发实施意见，确定9个乡镇（街道、社区）作为首批实践点，指导各实践点探索群众参与的制度、程序和路径。2021年底，推进全过程人民民主建设的创新做法，在全国人大常委会、省人大常委会座谈会上作交流。

（刘冠男）

重要会议

【市人民代表大会会议】　2021年，市人民代表大会会议召开2次，即第四次至第五次。

市十六届人大第四次会议。市十六届人民代表大会第四次会议于2021年1月18日至21日举行。

2021年1月18日，合肥市第十六届人民代表大会第四次会议在合肥大剧院召开 （张大岗/摄）

第一次全体会议于1月18日召开，市人大常委会主任汪卫东主持会议，市人民政府市长凌云作《政府工作报告》。会议审查了合肥市国民经济和社会发展第十四个五年规划和二〇三五年远景目标纲要（草案），审查合肥市2020年国民经济和社会发展计划执行情况与2021年计划草案的报告，审查了合肥市2020年预算执行情况和2021年预算草案的报告。第二次全体会议于1月20日召开，市人大常委会主任汪卫东作《合肥市人民代表大会常务委员会工作报告》，市中级人民法院院长王晓东作《合肥市中级人民法院工作报告》，市人民检察院检察长何宏海作《合肥市人民检察院工作报告》。会议表决通过了市十六届人大四次会议选举办法；表决通过了市十六届人大四次会议总监票人、副总监票人、监票人名单；表决通过了市十六届人大法制委员会主任委员人选表决办法。第三次全体会议于1月21日召开，省委常委、市委书记虞爱华作会议讲话。会议选举了2名合肥市出席安徽省第十三届人民代表大会代表；选举宋道军为市十六届人大常委会副主任，刘晓文为市十六届人大常委会秘书长，华克思为市监察委员会主任；表决通过方正杰为市十六届人大法制委员会主任委员。新当选的市十六届人大常委会副主任、秘书长，市监察委员会主任，市十六届人大法制委员会主任委员依法进行了宪法宣誓。会议表决通过了关于政府工作报告的决议，关于合肥市国民经济和社会发展第十四个五年规划和二〇三五年远景目标纲要的决议，关于合肥市2020年国民经济和社会发展计划执行情况与2021年计划的决议，关于合肥市2020年预算执行情况和2021年预算的决议，关于合肥市人民代表大会常务委员会工作报告的决议，关于合肥市中级人民法院工作报告的决议，关于合肥市人民检察院工作报告的决议。

市十六届人大第五次会议。市十六届人民代表大会第五次会议于2021年4月19日举行。第一次全体会议于19日上午召开，市人大常委会主任汪卫东主持会议，会议表决通过市十六届人大五次会议选举办法，表决通过总监票人、副总监票人、监票人名单。第二次全体会议于19日下午召开，市委组织部部长钱岩松主持会议，会议选举罗云峰为合肥市人民政府市长。

【市人大常委会会议】 2021年，市人大常委会会议召开9次，即第二十四次至三十二次。

市十六届人大常委会第二十四次会议。2021年1月13日，市十六届人大常委会第二十四次会议在市政务中心举行。市人大常委会主任汪卫东主持第一次全体会议，出席第二次全体会议并讲话。会议听取审议了关于国民经济和社会发展第十四个五年规划和2035年远景目标纲要草案编制情况的报告；听取审议了关于2020年市本级预算科目及重大项目调整方案草案的报告；听取审议了关于市第十六届人民代表大会第四次会议筹备工作情况的报告。会议经表决，原则通过了市人民代表大会常务委员会工作报告（稿），通过了关于批准2020年市本级预算科目及重大项目调整方案的决定，通过了市第十六届人民代表大会第四次会议各项建议名单，通过了关于个别代表的代表资格报告，通过了人事任免案。

市十六届人大常委会第二十五次会议。2021年1月17日，市十六届人大常委会第二十五次会议在市政务中心举行。市人大常委会主任汪卫东主持第一次全体会议，出席第二次全体会议。会议表决通过了关于接受汪学致辞去安徽省第十三届人民代表大会代表职务的决定，补选了合肥市出席安徽省第十三届人民代表大会代表。

市十六届人大常委会第二十六次会议。2021年3月9日，市十六届人大常委会第二十六次会议在市政务中心举行。市人大常委会主任汪卫东主持第一次全体会议，出席第二次全体会议并讲话。会前，召开了市人大常委会党组理论学习中心组学习（扩大）会暨常委会专题学习会，邀请有关专家就《中华人民共和国行政处罚法》《中华人民共和国环境保护法》进行了专题辅导。听取审议了市政府关于2020年法治政府建设情况的报告，会议表决通过了人事任免案，并组织了宪法宣誓。

市十六届人大常委会第二十七次会议。2021年4月13日下午，市十六届人大常委会第二十七次会议在市政务中心举行。市人大常委会主任汪卫东主持第一次全体会议，出席第二次全体会议并讲话。会议审议通过了《合肥市饮用水水源保护条例》，审议通过了修改《合肥市城市节约用水管理条例》的决定，听取审议了市政府关于2020年度环境状况和环境保护目标完成情况及巢湖综合治理进展情况的报告，会议通过了接受凌云辞职请求的决定；通过了召开市十六届人民代表大会第五次会议的决定、会议议程、各项建议名单，关于个别代表的代表资格报告。

市十六届人大常委会第二十八次会议。2021年6月28日至29日，市十六届人大常委会第二十八次会议在市政务中心举行。市人大常委会主任汪卫东主持第一次全体会议，出席第二次全体会议并讲话。会前，召开了市人大常委会党组理论学习中心组学习（扩大）会暨常委会专题学习会，邀请市科技局负责同志就科学技术进步法、省科学技术进步条例进行专题辅导。会议初次审议了《合肥市科技创新条例（草案）》；听取审议了关于合肥市都市现代农业发展情况的报告、关于合肥市城市社区卫生机构建设情况的报告、关于加强全民健身场地设施建设情况的报告，听取审议了专利“一法一条例”执法检查报告，听取审议了“一府两院”5名相关负责人履职情况报告，并开展了满意度测评；表决通过关于个别代表的代表资格报告和人事任免案，组织了宪法宣誓。

市十六届人大常委会第二十九次会议。2021年8月23日至24日，市十六届人大常委会第二十九次会议在市政务中心举行。市人大常委会主任汪卫东主持第一次全体会议，出席第二次全体会议并讲话。会前，召开了市人大常委会党组理论学习中心组学习（扩大）会暨常委会专题学习会，邀请市财政局负责同志就预算法和预算法实施条例进行专题辅导。会议审议并表决通过了《合肥市科技创新条例》，初次审议了《合肥市机动车和非道路移动机械排气污染防治条例（草案）》；听取审议了2021年上半年计划执行情况报告、预算执行情况报告和2020年度审计工作报告，听取审议了关于市区公共停车场规划建设管理情况的报告、关于侨务工作情况的报告、关于全市法院民事合同纠纷案件审判工作情况的报告，表决通过了关于批准合肥市2020年市级决算的决议、关于批准合肥市2021年市级预算调整方案的决议和有关人事任免案，组织了宪法宣誓。

市十六届人大常委会第三十次会议。2021年10月27日至28日，市十六届人大常委会第三十次会议在市政务中心举行。市人大常委会主任汪卫东主持第一次全体会议，出席第二次全体会议并讲话。会前，召开了市人大常委会党组理论学习中心组学习（扩大）会暨常委会专题学习会，邀请市生态环境局负责同志就固废法和省实施办法进行专题辅导。会议审议并表决通过了《合肥市机动车和非道路移动机械排放污染防治条例》，初次审议了《合肥市燃气管理条例（修订草案）》，听取审议了关于2020年度国有资产管理情况综合报告和自然资源资产管理情况专项报告、义务教育“一法一办法一规定”执法检查报告、消防“一法两条例”执法检查报告、全市检察机关适用认罪认罚从宽制度工作情况报告。听取审议了市十六届人大四次会议议案建议办理工作情况报告，并对2号议案和13号建议办理情况开展满意度测评；审议并表决通过了关于开展第八个五年法治宣传教育的决议、关于城区危险住房解危处置工作的决定和人事任免案，组织了宪法宣誓。

市十六届人大常委会第三十一次会议。2021年12月9日至10日，市十六届人大常委会第三十一次会议在市政务中心举行。市人大常委会主任汪卫东出席并主持第一次全体会议。会前，召开了市人大常委会党组理论学习中心组学习（扩大）会议暨常委会专题学习会议，就发展全过程人民民主进行专题辅导。会议听取审议了关于2020年度市级预算执行和其他财政收支审计查出问题整改情况的报告、关于检查固体废物污染环境防治“一法一办法”实施情况的报告。会议审议并表决通过了《合肥市燃气管理条例》，市人大常委会关于批准合肥市2021年市级政府性基金预算和一般公共预算调整方案的决议、关于设立“合肥科技创新日”的决定、关于召开合肥市第十七届人民代表大会第一次会议的决定。会议还举行联组会议，围绕全市固体废物污染环境防治“一法一办法”实施情况开展专题询问。

市十六届人大常委会第三十二次会议。2021年12月31日，市十六届人大常委会第三十二次会议在市政务中心举行。市人大常委会主任汪卫东主持第一次全体会议，出席第二次全体会议。会议听取关于补选合肥市出席安徽省第十三届人民代表大会代表议案的说明，补选了合肥市出席安徽省第十三届人民代表大会代表。

（刘冠男）

人大监督

【概况】 2021年，市人大常委会紧扣人民期盼，推动人大监督工作务实有效。全年听取审议报告15个，开展执法检查4项、专题询问1次，发出审议意见书7件，备案审查规范性文件58件。

【经济发展监督】 2021年，市人大常委会围绕经济运行情况，听取审议计划执行、预算执行、审计及审计查出问题整改、国有资产管理等报告，审查批准2020年决算，推动中央及省委、市委经济工作决策部署落地落实。围绕科技创新，开展专利“一法一条例”执法检查，开展科技成果转化情况调研，着重就加强专利服务体系建设、促进专利创造运用等提出意见。围绕产业发展，听取审议都市现代农业发展情况报告，开展中国（安徽）自由贸易试验合肥片区建设等调研。同时，听取审议侨务工作情况报告，促进有关方面引导更多侨务资源服务合肥市发展。

【污染防治监督】 2021年，市人大常委会突出巢湖综合治理，听取审议2020年度环境状况和环境保护目标完成及巢湖综合治理进展情况报告，开展巢湖流域农业面源污染防治工作调研，连续第17年开展“庐州环保世纪行”活动，助力生态名城建设。《人民日报》对市人大常委会打好人大职能“组合拳”推进巢湖综合治理作专题报道。突出减污降碳，开展固废污染防治“一法一办法”执法检查，进行专题询问，巩固深化污染防治攻坚战成果。

【民生保障监督】 2021年，市人大常委会聚焦“健康合肥”，听取审议城市社区卫生机构建设、全民健身场地设施建设等情况报告，就强化基层卫生力量、发展群众体育等提出意见。聚焦“学在合肥”，开展义务教育“一法一办法一规定”（即《中华人民共和国义务教育法》《安徽省实施〈中华人民共和国义务教育法〉办法》《合肥市市区义务教育阶段学校规划建设的规定》）执法检查，提出扩大资源供给、落实“双减”政策等意见。聚焦“幸福之城”，听取审议城区公共停车场规划建设管理情况报告，就优化布局、增加供给等提出意见；开展消防“一法两条例”（即《中华人民共和国消防法》《安徽省消防条例》《合肥市消防条例》）执法检查，推进消防安全隐患排查整治和保障体系建设。

【执法司法监督】 2021年，市人大常委会听取审议市中级人民法院关于全市法院民事合同纠纷案件审判情况报告，推动完善多元化解机制、强化诉讼服务规范化建设。听取审议市检察院关于全市检察机关适用认罪认罚从宽制度工作情况报告，提出深化刑事检察改革、强化协调配合等意见。认真受理来信来电来访252件次。

（刘冠男）

重大事项决定

【概况】 2021年，市人大常委会依法作出重大事项决定2项，分别是《关于城区危险住房解危处置工作的决定》和《关于设立“合肥科技创新日”的决定》。就开展“八五”法治宣传教育作出决议，持续提升公民法治素养。

【城区危险住房解危处置工作】 2021年10月28日，市人大常委会作出《关于城区危险住房解危处置工作的决定》，明确危险住房处置应遵循“以人为本、政府统筹、市场运作、分类处置”的原则，将危险住房处置工作纳入城市公共安全管理体系，规范处置方式，力争“十四五”期间完成城区经鉴定为整体拆除危险住房解危处置工作。

【设立“合肥科技创新日”】 2021年12月10日，市人大常委会作出《关于设立“合肥科技创新日”的决定》，将每年9月20日设立为“合肥科技创新日”，以一座城市的名义致敬创新创业精神，弘扬科学家精神，促进培养、吸引一批具有国际水平的战略科技人才、科技领军人才、创新团队，释放科技队伍蕴藏的创新潜能，激发全社会尤其是青少年的科学兴趣和创新思维，持续涵养“科里科气”的城市特质。

（刘冠男）

人事任免

【概况】 2021年，市人大常委会坚持党管干部原则与人大依法任免相统一，严格落实法律知识考试、供职报告、宪法宣誓等制度，听取“一府两院”有关工作人员履职情况报告，并开展满意度测评，强化被任命人员法律意识、责任意识、公仆意识。

【人事任免信息】 2021年1月13日，合肥市第十六届人民代表大会常务委员会第二十四次会议任命：陈刚为市人大常委会副秘书长，徐春雷为市人大常委会农业与农村工作委员会主任，盛青为市人大常委会城乡建设环境与资源保护工作委员会副主任。免去：何杰的市人大常委会农业与农村工作委员会主任职务。决定：接受孔向阳辞去市第十六届人民代表大会常务委员会副主任和法制委员会主任委员职务的请求，报市人民代表大会备案；接受刘观宝辞去市第十六届人民代表大会常务委员会秘书长职务的请求，报市人民代表大会备案；接受何杰辞去市第十六届人民代表大会常务委员会委员职务的请求，报市人民代表大会备案。

3月9日，合肥市第十六届人民代表大会常务委员会第二十六次会议决定任命：徐生彬为市民政局局长，吴昌文为市司法局局长，拱艳为市商务局局长。任命：陈标为市人大常委会预算工作委员会副主任，孙宏霞为市人大常委会社会建设工作委员会副主任，谢伟、周婷婷为市人民检察院检察员。决定免去：盛开的市民政局局长职务，刘晓文的市司法局局长职务，邢孝鸿的市商务局局长职务。免去：张宏强的市中级人民法院审判员职务，许蔚军的市人民检察院检察员职务，徐正立的合肥高新产业技术开发区人民检察院检察委员会委员职务。

4月13日，合肥市第十六届人民代表大会常务委员会第二十七次会议决定：接受凌云的辞职请求，报市人民代表大会备案。

6月29日，合肥市第十六届人民代表大会常务委员会第二十八次会议任命：吴作群为市人大常委会监察和司法工作委员会副主任，崔世平为市监察委员会委员，卢锋为市中级人民法院副院长、审判委员会委员、审判员，孟东升为市人民检察院副检察长、检察委员会委员、检察员。免去：蒋烽的市人大常委会法制工作委员会副主任职务，吴作群的市监察委员会副主任职务，闫丹慧的市监察委员会委员职务，孟东升的市中级人民法院副院长、审判委员会委员、审判员职务，李崇富、刘松柏、张勇的市中级人民法院审判员职务，卢锋的市人民检察院副检察长、检察委员会委员、检察员职务，陈岚的市人民检察院检察员职务。决定：接受蒋烽辞去市第十六届人民代表大会常务委员会委员和法制委员会委员职务的请求，报市人民代表大会备案；接受童友好辞去市第十六届人民代表大会常务委员会委员职务的请求，报市人民代表大会备案。

8月24日，合肥市第十六届人民代表大会常务委员会第二十九次会议决定任命：刘卫宝为市人民政府副市长、市公安局局长。任命：单宇航为市监察委员会副主任。决定免去：马军的市公安局局长职务。免去：沈昊、李叶润的市中级人民法院审判员职务。

10月28日，合肥市第十六届人民代表大会常务委员会第三十次会议任命：张勇为市监察委员会副主任，欧健为市中级人民法院立案庭庭长，王军为市中级人民法院立案二庭庭长、审判委员会委员，程亚娟为市中级人民法院未成年人案件审判庭庭长、审判委员会委员，王莉为市中级人民法院民事审判第一庭副庭长，王养俊为市中级人民法院民事审判第二庭副庭长，温占敏为市中级人民法院民事审判第四庭副庭长。免去：刘清的市监察委员会副主任职务，张海青的市中级人民法院立案庭庭长、审判委员会委员职务，欧健的市中级人民法院立案二庭庭长职务，张恒的市中级人民法院刑事审判第二庭庭长、审判委员会委员职务，王军的市中级人民法院立案庭副庭长职务，程亚娟的市中级人民法院民二庭副庭长职务。

（刘冠男）

代表工作

【密切代表同群众联系】 2021年，市人大常委会聚焦乡村振兴、基层社会治理等方面，组织全市各级代表走访群众3476人次，助推解决一批群众关注的突出问题。开展人大代表“我为群众办实事”实践活动，走访群众（企业）4936户，收集意见建议2016条，助推解决问题1430个。召开全市街道选民代表会议制度座谈会，总结推广基

2021年12月14日，市人大常委会主任汪卫东赴包河区方兴社区、巢湖市烔炀镇，专题调研党建引领全过程人民民主基层实践点建设工作，并为两地全过程人民民主基层实践点揭牌 （庄道龙/摄）

层创新成果。

【代表依法履职保障】 2021年，市人大常委会开展"最美人大代表"评选活动，选树61名"最美人大代表"，营造崇尚先进、争当先进浓厚氛围。指导86名市人大代表述职并接受评议。常态化组织代表列席常委会会议，邀请代表参加政情通报会、视察调研、"一府两院"有关活动，保障代表知情知政。支持合肥市全国人大代表、省人大代表依法履职。

（刘冠男）

人大议案建议

【概况】 2021年，市人大常委会完善"交、办、督"贯通机制，试行议案督办"双领衔制"，全年交办督办4件议案、335件建议，并全部办理完毕，推动解决群众反映突出的"停车难""上楼难""上好学难""治絮难"等问题。对"多层住宅加装电梯"议案、"淮河路步行街更新改造"建议办理情况，进行评估和满意度测评。

【关于加快推进既有多层住宅加装电梯的议案】 2021年1月18日至21日，市十六届人民代表大会第四次会议期间，由包河区代表团郑林贤代表领衔提出，内容摘要：既有多层住宅加装电梯可以提高老小区的居住体验，在实际执行中存在着低层住户安装意愿低、分摊资金协调难、后期维保难等问题，建议：制定既有多层住宅加装电梯环境影响评定办法或相关政策；多渠道筹措资金，明确费用分摊的指导原则；保障经费投入，妥善解决电梯加装后安全、维保事项。

【关于以淮河路步行街创建为契机高质量推进老城保护更新的建议】 2021年1月18日至21日，市十六届人民代表大会第四次会议期间，由庐阳区代表团提出，内容摘要：近年来，庐阳区聚焦老城区这一核心资源，精心实施老城保护更新战略，其中淮河路步行街创建国家级步行街是老城区保护更新工作的核心举措，得到省、市、区三级的高度重视。在实施中面临着区位优势与区域发展不平衡的矛盾、历史传统保护与城市快速发展的矛盾、传统商业体系与现代商业模式的矛盾，建议：进一步建立政策体系、盘活闲置资产、提供专项资金支持。

（刘冠男）

责任编辑：王晓燕

合肥市人民政府

综　述

2021年8月24日，市长罗云峰调研安徽创新馆　　（市政府办／供）

【概况】 2021年，合肥市人民政府坚持稳中求进工作总基调，统筹疫情防控和经济社会发展，做好"六稳""六保"工作，完成市十六届人大四次会议确定的目标任务。全市地区生产总值1.14万亿元，同比增长9.2%，一般公共预算收入、规模以上工业增加值、固定资产投资、社会消费品零售总额、进出口总额、城乡居民人均可支配收入同比分别增长10.7%、19.6%、3.5%、13.2%、37.2%、10.5%，城镇登记失业率2.81%。

【科技创新】 2021年，合肥市全力服务保障"国之重器"建设，量子创新院1号科研楼、聚变堆园区全面建成，大健康研究院、先进计算中心正式运行，先进光源、量子精密测量实验设施纳入国家规划。中国科学技术大学高新园区投入使用，"科大硅谷"有序推进。出台《科技创新条例》，设立合肥科技创新日，组建科创集团，举办首届中国（安徽）科技创新成果转化交易会，合芜蚌国家科技成果转移转化示范区获批建设，超导、加速器、大功率微波等技术加速产业化。国家高新技术企业净增1200户以上，技术合同交易额突破700亿元，全社会研发投入强度达3.5%。量子信息技术保持国际领先，"人造太阳"刷新世界纪录，年度国家十大科技重大突破合肥独占四席，拉曼光谱等11项成果获国家科学技术奖。

【产业升级】 2021年，合肥市推深做实"链长制"，新型显示综合实力全国领先，联宝（合肥）电子科技有限公司营业收入超1200亿元、两年新增500亿元，长鑫存储技术有限公司营业收入同比增长5倍，蔚来汽车公司产销近10万辆，合肥晶合集成电路股份有限公司跻身全球晶圆代工前10位，战略性新兴产业产值同比增长28%。智能语音入选国家首批先进制造业集群，获批国家制造业创新中心。国家专精特新企业新增42户。推进"双招双引"，欧菲光光学光电（合肥）产业基地生产线、合肥沛顿存储科技有限公司封测点亮投产，大众安徽、比亚迪等百亿项目加快建设，新桥智能汽车千亿产业园启动。合肥京东嘉远贸易有限公司实现百亿单体商贸企业零突破，罍街获评全国夜间经济示范街，淮河路步行街入选首批国家级夜间文旅消费集聚区，快递业务发件量超10亿件，社会消费品零售总额首次突破5000亿元。

【改革开放】 2021年，合肥市推进国资国企、招投标"评定分离"、工业用地"弹性容积率""亩

2021年4月29日，蔚来新桥智能电动汽车产业园区正式开工

（市政府办／供）

均论英雄”等改革，国有资本引领9个百亿级战略性新兴产业项目落地，城市生命线“合肥模式”、公共资源交易服务标准化在全国推广，缓解停车难做法、登记财产便利化成为全国典型。优化营商环境，全年新增减税降费超100亿元，净增市场主体超20万户。长三角一体化纵深推进，首个陆港型国家物流枢纽、北沿江高铁获批建设，牵头组建长三角先进计算联盟、人工智能产业链联盟。合肥都市圈同城化步伐加快，与淮南市共建新桥科创合作区，与阜阳市签订新一轮合作共建协议。中国（安徽）自由贸易试验区合肥片区率先试点长三角海关特殊货物检查作业一体化。跨境电商交易额突破百亿元，新开3条国际货运航线，中欧班列开行668列（新增100列）。

【城市建设】 2021年，合肥市大建设投资715亿元，创历史新高。推进东部新中心、运河新城、新桥科创示范区、骆岗公园、大科学装置集中区等“五大片区”建设，推进骆岗小镇、老合钢片区、老城片区、卫岗王卫片区等“一镇三片”城市更新。实施“1155”大交通建设，安九高铁开通运行、合肥至深圳高铁行程时间缩短至5个半小时，新桥机场改建扩建、新合肥西站、合新高铁开工建设，大外环高速建设启动，南二环改造全线通车、刷新“合肥速度”，轨道交通实现“5线联运、9线同建”。整治违章建筑，动态治理城市积涝点和积水小区，城市生活垃圾实现“全焚烧、零填埋”。完成逍遥津公园、撮造山巷、庐州坊等改造升级工程。

【乡村振兴】 2021年，合肥市建立健全防止返贫动态监测和常态化帮扶机制，近六成脱贫村成为经济强村。生产粮食294万吨、蔬菜223万吨，种业出口规模位居全国前列，都市现代农业成为全国先进典型。新建改建550千米农村公路，农村生活垃圾实现100%无害化处理，建成76个省、市级美丽乡村中心村，“云里安凹”成为全国甲级民宿品牌。

【生态建设】 2021年，合肥市入选国家第一批山水林田湖草沙一体化保护和修复示范工程，系统实施碧水、安澜、生态修复、绿色发展、富民共享“五大工程”，20个国考断面水质优良率85%，南淝河全流域首次全面达标，巢湖水质稳定Ⅳ类。细颗粒物（$PM_{2.5}$）平均浓度下降10%，重污染天气实现清零，空气质量首次达到国家二级标准，历史性实现春天无意杨飞絮、夏天无蓝藻异味。实现植树造林近2467公顷，新增绿地714万平方米，修复恢复湿地约4133公顷。

【民生福祉】 2021年，合肥市全面完成31项民生工程，安置难、办证难、上楼难等30多项群众“急难愁盼”事得到解决，城市阅读空间建设、三点半课后服务、惠民菜篮子工程成为全国典型。新增参保人员40.9万人、城镇就业14.4万人。纳入医保的门诊慢性病病种扩大到63种，低保、高龄补贴、基本养老等补助标准提高，实现在长三角地区进位。首次拆分市区高考考区，考生从“满城跑”变为“就近考”，改进一、六、八中学联招政策，82%以上学生按志愿就近入学。处置1起输入性疫情，连续22个月无本土确诊病例，3岁以上人群新冠疫苗全程接种率达92.7%。成立合肥演艺集团、庐剧艺术传承中心，为一线环卫工人、建筑工人、企业职工和农村群众慰问演出1000多场。建成491个全民健身场地。出台房地产“八条政策”，筹集2.2万套保障性租赁住房，新建4.4万套棚改安置房，容缺受理解决15.3万套房产办证难。改造老旧小区232个，新建既有住宅加装电梯484部，智慧平安小区覆盖率达90%。开展治理欠薪百日攻坚，为5000多名农民工讨回工资。有11人入选“中国好人榜”，总数位居省会城市前列。

（李　杰）

重要会议

【**市政府全体会议**】 2021年，合肥市人民政府召开3次全体会议，即第9次至第11次全体会议，其中，第9次全体会议与市政府第82次常务会议合并召开。

市政府第10次全体会议。8月31日，市政府第十次全体会议在市政务中心召开。会议强调，不能忽视困难和挑战，必须抢抓机遇和利好，年内要重点抓好九件事：要加强运行调度，强化主要经济指标的监测调度，坚定不移扩大有效投资，多措并举扩大消费规模，打造亲民、便捷、舒适的消费场景。要狠抓科技创新，加快落实科创攻坚力量体系建设，逐项夯实推进科技体制改革，全力构建更加完善的创新生态。要推动产业升级，抓新兴产业发展壮大，抓传统产业转型升级，抓特色产业招大引强，大力发展数字经济，高质量建设开发园区。要深化改革开放，深入调查研究，及时发现问题，坚持用改革的方法破难题、创新局，扎实推进长三角一体化发展，坚持用开放的格局广联通、聚资源。要完善城市功能，坚持人民城市为人民，建好重点片区的“重点工程”，夯实城市基础设施的“里子面子”，下好城市管理的“绣花功夫”。要推进绿色转型，深入研究“双碳”实施方案，抓实环保督察整改，抓好巢湖综合治理，改善大气环境质量。要全面振兴乡村，持续壮大县域经济，持续推进农业现代化和乡村建设行动，巩固脱贫攻坚成果。要锚定共同富裕，谋深谋实共同富裕行动方案，抓好就业、医疗、教育、养老、住房等民生领域重大事项，全力维护大局稳定。要提升工作方法，手法要“高”，步法要“快”，打法要“新”，工作要“合”，作风要“实”，确保高质量完成全年目标任务，确保“十四五”开局良好、起步稳健。

市政府第11次全体会议。12月27日，市政府第十一次全体会议在市政务中心召开，讨论即将提交市十七届人大一次会议审议的《政府工作报告》（讨论稿）以及《关于合肥市2021年国民经济和社会发展计划执行情况与2022年计划草案的报告》（讨论稿）《关于合肥市2021年预算执行情况和2022年预算草案的报告》（讨论稿），部署岁末年初工作。会议强调，要认真做好谋篇开局工作，深入贯彻落实党的十九届六中全会精神和中央、省委经济工作会议精神，与市第十二次党代会报告和市“十四五”规划相衔接，进一步谋深、谋实、谋细未来五年和2022年政府工作。要毫不懈怠抓好疫情防控，发挥医疗机构哨点作用，落细落实“外防输入、内防反弹”各项措施，进一步提升60岁以上人群疫苗接种率。要扎实做好市场保供稳价工作，切实保障元旦、春节期间居民“菜篮子”需求，抓好煤电油气等供需衔接，保障群众温暖过冬。要高度重视冬春农业生产，扎实推进农田水利建设，积极做好春耕备播工作。要切实关心群众生活，做好特殊困难群众的生产生活安排，高度关注农民工工资清欠工作，高度重视群众来信来访。要抓好项目和投资，提早谋划、提前动手推进重点项目建设，以高质量投资推动高质量发展。要用好自贸试验区平台，鼓励先行先试、敢闯敢试，推动商贸流通业高质量发展。要全面抓实安全稳定工作，突出抓好建筑施工、危险化学品、交通运输等重点行业领域安全生产工作，做好春运保障。要持续紧抓廉政建设，党员干部要带头崇廉拒腐，坚决杜绝“节日腐败”，政府要过“紧日子”，坚持节用裕民。

【**市政府常务会议**】 2021年，合肥市政府召开29次常务会议，即第81次常务会议至第109次常务会议。

市政府第81次常务会议。1月7日，市政府召开第81次常务会议，审议并原则通过《关于强化知识产权保护的实施意见》《合肥市国有（集体）资产租赁管理交易办法》，讨论“合肥科学家日”设立方案。

市政府第82次常务会议。1月11日，市政府召开第82次常务会议和市政府第9次全体会议，讨论并原则通过即将提请市第十六届人大四次会议审议的《合肥市国民经济和社会发展第十四个五年规划和二〇三五年远景目标纲要（送审稿）》，部署安排近期重点工作。

市政府第83次常务会议。1月27日，市政府召开第83次常务会议，传达学习中央农村工作会议及省委常委会扩大会议精神，研究部署全市农业农村工作，学习《安徽省政务数据资源管理办法》《安徽省重大行政决策程序规定》《安徽省建筑工程招标投标管理办法》，听取关于市级权责清单中依职权类权责事项统一规范工作情况汇报，审议并原则通过《关于做好巢湖流域一级保护区2021年度水稻绿色种植工作的通知》《2021年市政府为民办实事事项工作方案》。

市政府第84次常务会议。2月20日，市政府召开第84次常务会议，听取关于2020年法治政府建设相关情况汇报，审议并原则通过《合肥市高成长企业培育扶持若干政策》《合肥市新型研发机构管理办法（试行）》《合肥市进一步促进科技成果转化的若干政策》。

市政府第85次常务会议。3月1日，市政府召开第85次常务会议，听取碳达峰碳中和有关情况汇报、关于2021年市政府规章制定计划编制情况汇报，审议并原则通过《合肥市“城市大脑”建设方案》。

市政府第86次常务会议。3月19日，市政府召开第86次常务会议，听取关于应急管理工作有关情况汇报、关于2020年度合肥市招商引资工作考核情况汇报、关于第五届合肥市质量奖评选工作有关情况汇报，审议并原则通过《关于加快推进现代种业发展打造种业之都的实施意见》。

市政府第87次常务会议。3月26日，市政府召开第87次常务会议，审议并原则通过《关于修改〈合肥市城市节约用水管理条例〉的决定（草案）》《合肥市饮用水水源保护条例（修订草案）》《合肥市加快推进开发区“标准地”改革工作实施方案》《关于全面推进市直党政机关和事业单位经营性国有资产集中统一监管改革的实施方案》。

市政府第88次常务会议。4月29日，市政府召开第88次常务会议，听取2021年“合肥工匠”评选工作情况汇报、合肥市政府与清华大学共建研究生社会实践合肥基地相关情况汇报，审议并原则通过《合肥市老旧住宅电梯安全状况评估实施方案》《合肥市改革完善社会救助制度实施方案》。

市政府第89次常务会议。5月10日，市政府召开第89次常务会议，听取关于市政府规范性文件2020年度定期清理情况汇报、关于全市民生工程相关工作情况汇报，审议并原则通过《合肥市推进都市圈一体化建设2021年工作要点》《合肥高新技术产业开发区法定机构建设试点工作任务》。

市政府第90次常务会议。5月26日，市政府召开第90次常务会议，听取关于2020年度全市工业发展目标考核情况汇报、《合肥市政府质量奖管理办法》修订情况汇报，审议并原则通过《激发民营企业创业热情推进民营经济高质量发展的实施细则》《2021年度合肥市人民政府重大行政决策事项目录》《合肥市城乡医疗救助基金市级统筹管理办法》《合肥市创建安徽省卫生城市工作实施方案》。

市政府第91次常务会议。6月8日，市政府召开第91次常务会议，审议并原则通过《合肥市管行业必须管投资工作机制》《合肥市推动长三角一体化发展2021年工作要点》《合肥市本级财政专项资金监督管理实施细则》。

市政府第92次常务会议。6月21日，市政府召开第92次常务会议，听取关于调整全市困难群众社会救助标准情况汇报，审议并原则通过《合肥市2021年应对气候变化和大气污染防治重点工作任务》《合肥市人民政府2021年度依法行政和法治政府建设工作安排》。

市政府第93次常务会议。7月7日，合肥市政府召开第93次常务会议，听取审议多项议题。

市政府第94次常务会议。7月21日，市政府召开第94次常务会议，集体学习《中华人民共和国固体废物污染环境防治法》，审议并原则通过《合肥市生态环境领域财政事权和支出责任划分改革实施方案》。

市政府第95次常务会议。8月6日，市政府召开第95次常务会议，审议并原则通过《合肥市机动车和非道路移动机械排气污染防治条例（草案）》《合肥市工程建设项目招标投标评定分离管理办法（试行）》《2021年合肥市工业发展目标考核办法》。

市政府第96次常务会议。8月19日，市政府召开第96次常务会议，审议并原则通过《合肥市侨务工作情况的报告》《2021年上半年国民经济和社会发展计划执行情况及下半年工作意见的报告》《合肥市大项目招商引资政策导则》《合肥市招商引资考核办法》。

市政府第97次常务会议。8月25日，市政府召开第97次常务会议，审议并原则通过《合肥市区巡游出租汽车运价调整及定价机制改革方案》。

市政府第98次常务会议。9月1日，市政府召开第98次常务会议，深入学习习近平总书记关于统计工作重要讲话指示批示精神，研究贯彻落实工作，审议并原则通过《合肥居民服务一卡通暨城市一码通工作方案》。

市政府第99次常务会议。9月23日，合肥市政府召开第99次常务会议。会议听取审议多项议题，并原则通过《巢湖流域森林质量提升工程方案》《合肥市进一步归并优化政务服务便民热线工作方案》《合肥市持续推进建筑业高质量发展若干政策》。

市政府第100次常务会议。10月13日，市政府召开第100次常务会议，学习《中华人民共和国行政处罚法》，听取并审议《第十五届合肥国际文化博览会总体方案》《市本级预算调剂审批流程》《合肥市承接省政府委托用地审批权实施方案》《合肥市人民代表大会常务委员会关于城区危险住房解危处置工作的决定》《合肥市燃气管理条例（修订草案）》《合肥市优化营商环境若干规定（草案）》。

市政府第101次常务会议。10月18日，合肥市政府召开第101次常务会议，听取并审议《市十六届人大四次会议议案建议办理情况的报告》《合肥市基本医疗保险办法（草案）》《合肥市高质量推进基础教育集团化办学实施意见》《合肥市银龄讲课计划指导意见》。

市政府第102次常务会议。11月3日，市政府召开第102次常务会议，听取并审议《合肥市关于加强耕地保护实行田长制的实施方案》《合肥市城市道路红线专项规划》。

市政府第103次常务会议。11月17日，市政府召开第103次常务会议，听取并审议关于建立部分社会救助及补贴标准自然增长机制、关于扩大居家养老服务等补贴对象范围、关于提高合肥市城乡居民基本养老保险基础养老金标准等情况汇报以及《推进城市园林绿化高质量发展的实施意见》《2021中国（合肥）国际新能源汽车展总体方案》。

市政府第104次常务会议。11月24日，市政府召开第104次常务会议，听取并审议《合肥市民生工程综合管理考评办法（修订稿）》《合肥市自然资源领域财政事权和支出责任划分改革实施方案》《关于加快发展保障性租赁住房的实施意见》《合肥市外国专家“合肥友谊奖”考核办法》。

市政府第106次常务会议。12月16日，市政府召开第106次常务会议，听取关于合肥市第七届职工技术创新成果评选工作的情况汇报，听取并审议《合肥市基本医疗保险待遇保障实施细则》《合肥市预拌混凝土管理办法》《全面加强新时代学校劳动教育的实施意见》《合肥市贯彻落实“食安安徽”品牌建设实施方案》。

市政府第107次常务会议。12月24日，市政府召开第107次常务会议，集体学习《中华人民共和国土地管理法》，听取审议关于《合肥市城区危险住房处置暂行办法》的起草和关于调整部分惠残项目补贴标准的情况汇报。

市政府第108次常务会议。12月29日，市政府召开第108次常务会议，听取审议关于第一届合肥市市长质量奖评选工作有关情况和《关于进一步完善城乡社区协商体系的实施意见》《规范市区个体巡游出租汽车经营服务管理的实施意见》《开展亩均效益评价工作的实施意见（试行）》《合肥市国有土地上房屋征收与补偿办法》起草情况汇报。

市政府第109次常务会议。12月30日，市政府召开第109次常务会议，听取审议关于《建立健全养老服务综合监管制度促进养老服务高质量发展的实施意见》《合肥市制造业高质量发展“十四五”规划》《合肥市“十四五”科技创新发展规划》《合肥市“十四五”数字合肥发展规划》《合肥市“十四五”交通运输发展规划》等起草情况汇报。

（李　杰）

市政府综合事务

【概况】 2021年，合肥市政府办公室收集各类信息1.8万多篇，采编《政务要情》《报省办信息》《信息专报》《信息参考》4类期刊924期5000多篇。其中，被省政府办公厅采用267篇，被国务院办公厅采用39篇；获国务院领导批示25篇，获省政府领导批示10篇，获市政府领导批示11篇。市政府办公室在当年全省政务信息舆情工作综合考评中获居全省首位。

【建议和提案办理】 2021年，市政府办公室承办人大代表议案建议和政协提案886件，包括全国政协提案1件，省人大代表建议46件，省政协提案41件，市人大代表议案和建议313件，市政协提案485件，全部按时办复，办理质量提高。

【政务公开】 2021年，市政府政务公开办公室坚持实际、实用、实效的原则，提升政务公开标准化规范化水平，着力打造阳光政府，服务经济社会发展，发布主动公开信息37万余条，受理政府信息公开申请2672件。“合肥市人民政府发布”微信公众号订阅人数超过30万，影响力在全省政府系统新媒体中居前列。《中国法治蓝皮书》显示，合肥市政府透明度指数位居全国前列，2021年居全国第七位，比上年提高1位。

归集发布“十四五”规划信息。围绕展示合肥市“一张蓝图绘到底”的接续奋斗历程，开设合肥社会发展规划专题，分类归集中长期发展规划、专项规划和区域规划，集中展示发布，引导市民支持关心规划实施工作。累计发布市县两级国民经济和社会发展第十四个五年规划和2035年远景目标纲要及解读信息28条，公开水利、工业、林业和园林等“十四五”专项规划信息63条，归集发布历史规划信息252条。

发挥政务公开助力疫情防控。开设“统筹推进疫情防控和经济社会发展”专题，公开疫情防控举措和疫苗接种服务点、核酸检测点等服务信息，累计发布信息2400条。通过“合肥市人民政府发布”发布疫情防控通报8次、提示14次，阅读量均超过10万人次；推出“疫情服务”专栏，提供全面及时的疫情防控、出行服务，方便公众掌握权威信息。

以信息公开促进权力在阳光下运行。围绕打造“阳光政府”，公布2021年市级政府权责清单、行政权力中介服务清单和公共服务清单目录，推动各单位对照完成本级权责清单动态调整，集中公开全市各单位权责清单、权力事项廉政风险点、权力事项办事指南，以权责清单为依据，定期公开各项权力事项办理情况，发布权力事项办理结果信息37142条。

以人民为中心做好民生领域信息公开。突出公共服务、公共资源配置等与群众切身利益相关的事项信息公开，累计发布公共服务信息1167条，公共资源配置信息12597条，公共监管信息7311条。加强与财政部门协调配合，推动98个市直部门所属单位预算、决算及相关报表公开；按季度推进市县两级政府债务信息公开，累计发布相关信息96条。梳理惠农补贴政策清单，及时公布资金发放结果信息2877条。

创新直播活动提高政策解读质效。围绕优化营商环境，推进对企信息公开，开设“招商引资、招才引智”“惠企产业政策互动”等专题，与市营商环境办公室联合开展政策解读直播活动。通过“合肥市人民政府发布”全程直播省“四送一服”第一工作组暨合肥市“四送一服”集中月政策宣讲会，有8600家企业、近9万人线上参会。

加强政务新媒体建设。优化“合肥市人民政府发布”微信公众号服务功能，增设政策文件库、疫情服务、台风轨迹等服务功能。开通《市长热线一周最新回应》等专题。“合肥市人民政府发布”微信公众号全年发布信息983次、2489条，累计点击量1740万人次。

规范办理依申请公开。修订合肥市依申请公开有关工作制度，指导全市各单位依据新条例办理依申请公开，确保答复规范及时。

加快政务公开专区建设。组织县区赴芜湖、宿州等地学习先进经验，按照“标识清楚、方便实用、因地制宜、节约高效”的原则，围绕“三好三能”（即好看、好查、好用，能问、能答、能办），推动县区全面建设基层政务公开专区，着力打通政策落地“最后一公里”。

（李　杰）

营商环境建设

【概况】 2021年，合肥市在2020年度国家营商环境评价中，劳动力市场监管、财产登记、纳税、政务服务、包容普惠创新等5项指标成为全国标杆，被评为“2020年营商便利度提升最快的城市之一”，入选“中国18～35岁年轻人心目中的美好生活城市”，连续第3年成为“外籍人才眼中最具吸引力的中国城市”。

【政务环境营造】 2021年，合肥市聚焦企业生产经营过程中的堵点、痛点和难点，减环节、减时限、减材料、减跑动、减成本，政务服务事项平均承诺时限压缩至1.7个工作日，平均申报材料减少1.55份，市场主体办事便利度得到提升。企业开办实现“掌上办”“分段办”“零成本”。不动产登记实现线上和线下税费“一卡（一码）清”缴纳，办理时间由5个工作日压缩到3个工作日，办理材料由10件减少到3件以内；试点开展“交房即办证”新模式，实现不动产登记“全城通办”。工程建设项目从立项到竣工验收全流程平均办理时间压缩到53个工作日（承诺时限为70日）、工业项目全流程平均办理时间压缩到36个工作日（承诺时限为40日），比国家要求时限缩短1/3以上。实行“标准地”改革，简易低风险项目压缩到20个工作日以内。推行政务服务“免证办”，首批梳理政务服务事项950项，实行免提交实体证照办事。拓展“非接触式”办税，全市95%以上主要涉税事项实现网上办理，营商环境对市场主体的磁场效应显现，市场主体超过130万户。

【市场环境营造】 2021年，合肥市聚焦保障市场主体平等参与、降低制度性交易成本，推出有助于放宽市场准入、维护公平竞争的改革举措，市场主体活力释放。深化公共资源交易领域改革，招标投标推进“一站式”服务、“一网通”办理，全程网招率达99.46%。在全国率先创新推出“专家+智慧”新型评审模式，率先开放对接市场主体依法自建的交易系统，公共资源市场化配置效率实现提升。上线“合肥市投标保证金电子保函平

2021年7月1日，市长罗云峰主持召开政务服务工作调研座谈会
（市政务服务管理局/供）

台”，企业信用越好，开具越快，手续费越优惠，累计开立电子保函80857笔，担保金额170.05亿元。完善知识质押融资政策，设立2000万合肥市知识产权融资风险补偿基金，鼓励银行业金融机构推出知识产权质押融资产品。启动发行合肥市首单知识产权证券化产品，实现安徽省知识产权证券化产品“零”的突破。开展惠企政策直达服务，发布首批18项“免申即享”财政政策清单。出台《合肥市区高压中小微民营企业外部电力接入工程建设专项资金管理办法》，在省内率先实现1250千伏安及以下企业投资至用地红线，用水用气推行零跑办、零资料、零投资的“三零”模式，降低企业要素成本。

【法治环境营造】 2021年，合肥市推动地方立法与改革实践同步，加快营造稳定、公平、透明、可预期的营商环境。贯彻落实《优化营商环境条例》，制定出台《合肥市优化营商环境若干规定》《合肥市促进民营经济发展条例》等地方性法规规章，为法治化营商环境建设提供制度保障。构建以信用为基础的新型市场监管体系，全面推行“双随机、一公开”监管，统一全市随机抽查工作平台，将全市54万户企业和8367名监管人员全部纳入，分类建立随机抽查“两库”，做到进一次门，查多项事。搭建“信易贷”平台，推进信用数据和实体经济深度融合，平台注册企业突破13万户，授信总额突破500亿元。开展政务失信治理工作，建立防范和治理政务失信的长效机制。成立安徽省首家知识产权仲裁中心，中国（合肥）知识产权中心正式通过验收，打通知识产权创造、运用、保护、管理、服务全链条。聚焦法治政府建设，依法行政意识和能力提升，合肥市当年获评全国“2020法治政府建设优秀城市”“全省首批法治政府建设示范市”等。

【开放环境营造】 2021年，合肥市增强开放平台，获批建设中国（安徽）自由贸易试验区合肥片区、服务贸易试点市、跨境电商综合试验区和进口贸易示范区，成为同时拥有4个国家级开放品牌的4个省会城市之一。畅通开放通道，开通航空国际国内货运航线6条，中欧班列累计开行量突破2000列，开始试点进口“船边直提”、出口“抵港直装”。推动外资外贸增长，有49家境外500强在合肥投资，进出口总额同比增长超17%，总量居全国省会城市第8位。放大人才集聚效应，出台“人才政策20条”“人才创新创业8条”“重点产业人才7条”等人才政策，创新开展“智汇合肥高校行”系列活动，汇聚各类人才超200万人，专业技术人才95万人，在合肥服务两院院士达138人，每10万人中拥有大学文化程度2.6万人，高出全国平均1.1万人。

（肖明君）

政务服务

【概况】 2021年，合肥市政务服务管理局以企业和群众满意为标准，实施线上线下深度融合，推动政务服务从“可办”向“好办”“易办”转变，实现更多服务事项能“一网通办”“跨省通办”。

合肥市在2021年公布的国务院办公厅电子政务办公室委托中央党校（国家行政学院）电子政务研究中心开展的重点城市一体化政务服务能力调查评估中获第4名；在2020年中国营商环境评价中，政务服务指标成为该领域的全国标杆。10月，市政务服务管理局牵头起草制定的国家标准《政务服务满意度评价规范》（GB/T40762—2021）正式发布，成为安

2021年7月1日，市长罗云峰赴市政务服务管理局办事大厅调研政务服务工作（市政务服务管理局/供）

徽省第一个政务服务类国家标准。

【丰富平台功能】 2021年，市政务服务管理局建设无自有住房公积金提取、人才租房补贴续发等智慧办事项31个。试点上线“人才安居住房租赁补贴续发”“政策精准推送免申即享”“政策预评估智申智审”等专题，实现政策精准推送、系统自动比对，补贴资金即时到账等。完成政务服务大厅综合窗口电子证照应用功能开发，通过刷脸、刷码自动调取电子证照。上线老年人服务专区模块围绕老年人、视障听障残疾人等特殊群体高频事项，提供切换无障碍模式，即通过读屏、十字光标、对比配色等功能辅助完成线上事项办理，实现特殊群体委托办理事项2660项。推进跨部门、跨层级、跨地区联合办理，推进195个“一件事”上线，全流程优化整合和信息共享，实现9个精品“一件事”一次申请、联合办理、统一回复。

【服务模式创新】 2021年，市政务服务管理局梳理县、乡、村关联事项，开展办理流程再造，实行“村受理、乡初审、县核准”，网上办理“三级”联动，政务服务事项“跨层级通办”“一网通办”。各县（市、区）完成“三级联动”事项配置253个，完成办件量1236个。推行“就近办”，13个县（市、区）下沉各类事项1526个，覆盖148个乡镇（街道），延伸到1082个村（社居），办理各类办件155.85万件。

【政务服务标准化】 2021年，市政务服务管理局按照国家政务服务事项编制标准，根据事项名称、事项编码、事项类型、设定依据相同原则，编制市、县、乡、村4级政务服务事项标准化目录清单和实施清单。目录清单与实施清单除“实施主体”“办理地点”等不同外，其他实施要素数量和办事指南相同，全部事项均纳入全国一体化政务服务平台。在县、乡、村3级开展统一事项所有要素，有37个事项实现三级联动。

【综合窗口改革】 2021年，市政务服务管理局推行“前台综合受理、后台分类审批、综合窗口出件”的无差别综合窗口工作模式，窗口数由49个压缩到18个。梳理264项政务服务事项，实施场景化受理、引导式收件。开发智能收件模块，实现综合窗口统一无差别收件、后台限时办理、发件窗口统一出件，办理效能得到提升。

【“就近办”改革】 2021年，市政务服务管理局将人民群众迫切需求的个人类事项下放到乡镇、延伸到村居办理。13个县（市、区）下沉各类事项1532个，覆盖138个乡镇（街道），延伸到1045个村（社居），办理各类办件229.49万件。完善各级7×24小时政务服务大厅，集中进驻各类自助服务设备，市级7×24小时政务服务大厅全年办理各类办件15741件。

【“一件事”服务方式改革】 2021年，市政务服务管理局根据省政务服务管理局工作安排，开展“我要用电”“人才就业”“退休养老”等9个跨部门多事项集成套餐服务“一件事一次办”方式改革。开展事项梳理，确保办理过程中涉及的所有事项、所有环节，通过整合表单、精简材料、数据共享、应用电子证照，实现“一件事一次受理”。全年9个精品一件事在全市实现上线运行。

【推行“区域通办”】 2021年，合肥市深化长三角地区跨省通办服务，拓展与宁波、上海松江自助端“跨省通办”事项。签约长沙、珠江、湘潭、宁波、合肥等9城市长江经济带“跨省通办”，建成长江经济带跨省通办专区，与山东滨州市、山西长治市签订“跨省通办”协议，上线16个异地可办事项；

打通“省内通办”平台，与淮南市实现自助端、窗口端“跨市通办”。

【“政务服务地图”应用】 2021年，市政务服务管理局利用“皖事通”APP，推进集空间位置、服务事项为一体的“长三角政务服务地图”，该图具备智能搜索、智能推荐、智能导航、智能拓展功能，方便企业群众查询、搜索和办理政务服务。截至年底，“长三角政务服务地图”入驻政务服务事项13.75万项，场所2884个、自助设备1127台，累计地图访问量816万次、用户31万个、办件272万件。

【完善“好差评”体系】 2021年，市政务服务管理局将政务服务事项、评价对象、服务渠道全覆盖，做到每个办事企业和群众都能自愿自主真实参与评价，每个依申请政务服务事项均可评价，每个政务服务机构、平台和工作人员都接受评价，促进企业和群众积极参与、社会各界广泛评价、政府部门及时改进的良性互动，提升政务服务质量。截至年底，平台当年度收到评价1402万个，评价得分99.99，满意度99.99%。

【探索智慧办理、智能审批】 2021年，市政务服务管理局在实现网办、手机办事项基础上，选取办件量大、材料相对简单的事项，优化再造审批流程，将受理、审核等多个环节合并为系统自动核验审批环节，依托城市数据中台技术支撑，应用数据碰撞核对，试点无自有住房公积金提取、人才租房补贴续发等31个事项智慧智能审批，实现每周7天、每天24小时全时段“随时办”。

【合肥市12345热线办理】 2021年，合肥市12345热线受理群众诉求1550739件，同比增长10.7%，日均4249件。其中电话受理件1425167件，占91.9%，日均3905件；网络受理件125572件，占8.1%，日均344件。坚持领导干部接听热线电话制度，市领导16人次接听电话68个，43个成员单位336人次接听电话803个，政务服务管理局和热线办负责人14人次接听电话51个。

推进热线归并。9月28日，市政府办公室印发《合肥市进一步归并优化政务服务便民热线工作方案》。截至年底，合肥市完成国家及省、市方案要求的热线归并优化任务，对14条热线整体并入、取消号码，对11条热线实行双号并行，建成12345热线全市统一管理平台，将“多头接线”转变为“12345，一个号码找政府”，实现一个号码服务、一个平台办理的目标。

畅通诉求渠道。市政务服务管理局通过公开招标整体服务外包，租赁临时过渡场所，将话务座席增加至250个，加强热线接通能力保障建设，提升服务能力。截至年底，全市12345热线电话受理中心临时过渡场所实行试运行。根据《12345热线整合保障工作协调会会议纪要》精神，推进市为民服务中心12345热线办公用房建设工作。

完善办理机制。市政务服务管理局深化平台督办、重点督办、现场督办、专项督办、媒体督办等“五个督办”模式，促进“事要解决”。连续第三年开展重复投诉治理专项行动，梳理重复投诉99件，化解91件，化解率91.9%。成员单位反馈12345热线转办群众诉求事项540373件，同比增长19.7%，按期反馈率99.8%、诉求息诉率99.6%、群众满意率98.7%，收到群众感谢来电（信）568件。承办省交办件1351件，报结1282件，按期报结率100%；下发《合肥市人民政府督办通知》1454件，开展“回头看”156件次。

精准服务民生。市政务服务管理局通过对市12345热线沉积于实时数据清洗与分析，编撰周报、月报、专报、年报、特定诉求预警预测等，提供民意热点与趋势分析。编辑《直面民意　协同共治——基于居民迫切需求场景的物业管理水平提升策略研究》《市域链接　交流通畅——基于市民诉求场景的交通拥堵治理策略研究》《建管结合　蓄能当下　赋能未来——基于合肥市充电桩问题的对策分析》《垃圾分类，变废为宝——基于合肥市垃圾分类问题的对策分析》《提前预警，疏解年末薪资矛盾——基于合肥市农民工权益问题的对策分析》《应对极端天气，保障市民正常生产生活——基于合肥市“三供”问题的分析与建议》6期专报。坚持编报《12345民情热点》和《12345热线专报》，报送重大事项1434起，解决人民群众“急难愁盼”的事项，编发各类信息专报174期，市领导批示59件次。

（张世辉）

信　访

【概况】 2021年，合肥市信访系统运用解决、解释和解气“三解”工作法，坚持“十清”工作标准，推进源头化解、攻坚信访积案、防止信访上行。群众信访呈现“三降一升”（即进京到省来市走访下降、网上信访上升）态势，全市社会面大局平稳，未发生因信访问题引发的群众大规模聚集、群体性事件和个人极端事件。

【领导接访下访】 2021年，合肥市委，市政府主要负责同志领衔包案，推动包河区53度广场等6件市级重点信访事项化解处置工作。在庆祝建党100周年活动期间，市领导每天值班接访调度，各县（市）区、开发区和市直相关部门密切配合，落实源头化解责任，全力维护群众合法权益。市、县两级全年公开接待群众1982批5773人次，推动解决信访问题1473件。

【信访专班化解】 2021年，合肥市组建政法、信访、公安部门主抓，党委督查机构介入，有关部门联合参与的市县两级“3+1+X”信访维稳专班，在市公安局设立集中办公点，常态化运行。在房地产、涉法涉诉等重点领域分别建立信访突出问题化解处置工作机制，由市党政分管领导牵头，采取专班集中办公模式，全面排查重点矛盾和隐患并逐案攻坚。各级各类专班信息互通、良性互动，形成工作闭环。其中，市信访维稳专班定期开展会商研判，对重点信访事项、信访敏感情报信息统筹协调和调度、跟进处置和督办，共发布各类指令和预警信息519余条，会商研判18次，专题调度37次，妥善化解处置信访风险隐患110起；市解决涉法涉诉信访突出问题常态化工作专班建立和完善案件评查制度，探索涉法涉诉信访事项终结机制；市房地产领域信访突出问题处置工作专班梳理重点房地产问题项目28个，逐案推进，28个项目全年未发生进京到省访情。

【信访专项治理】 2021年，合肥市级层面成立由市委副书记、政法委书记任组长的集中治理重复信访、化解信访积案专项工作领导小组，对中央信联办、国家信访局第一批交办的1552件信访积案逐案分析，区分疑难复杂、中等难度、一般积案三个层次，分别由市、县党政负责同志、市信联办跟进督导，推动化解。截至年底，1552件信访积案均全部办结。

2021年12月17日，省委常委、市委书记虞爱华在市联合接访中心接待来访群众（单 培/摄）

【信访保障】 2021年，合肥市信访系统先后完成省、市“两会”“党代会”等重要时期和全国“两会”、庆祝中国共产党成立100周年活动期间等敏感节点信访保障工作。其中，合肥市信访局先后开展三轮信访矛盾纠纷隐患大起底大排查大治理专项行动，对各类信访重点人员、群体全部落实县级领导包案制度，成立化解工作专班，推动化解和稳定。全国“两会”期间，仅发生2人次到国家局登记，2人次社会面外围清理，刷新历史最好成绩。庆祝中国共产党成立100周年活动期间，全市群众进京访量首次退出全省“第一梯队”，访量全省排名前10位的县区无一在合肥市，获历史最好成绩。

【信访信息编发】 2021年，合肥市信访局编发《信访日报》241期、《信访信息专报》8期、《工作简报》24期，报送重要信访信息800余条，提交市领导接访事项200余件次，向上级和有关单位预报预警信息、苗头性、倾向性风险和不稳定隐患100余条，该局网站与微信公众号推送各类信息231篇。

（方 蕾）

【创新做好群众来信工作】 2021年12月，市委办公室、市政府办公室印发《关于创新群众工作方法进一步做好群众来信工作的实施办法（试行）》。《办法》以条目编列的方式对群众来信的概念和定义、群众来信的受理机构及群众来信的办理原则做出规定，进一步细化办理群众来信的工作流程和时限。《办法》提出，要坚持党政领导干部带头接访下访，带头坚持领衔包案化解；完善分级督办，重点督查是否依法行政、是否落实“三到位一处理”制度；坚持定期调度会商，定期梳理群众反映强烈、意见集中的热点、难点问题，综合分析研判，找准问题产生原因，针对性提出改进意见建议；坚持底线思维，坚持“互联网不是法外之地”。

（朱大伟）

市直机关事务管理

【概况】 2021年，合肥市机关事务管理局实现公务安全出行950万千米，保障会议3234场次、14.8万人次，保障餐饮148万人次，接待各级来宾约730批次、1.37万人次，保障市领导考察、调研等接待活动车辆约2500台次。

【办公用房管理】 2021年，市机关事务管理局推进办公用房管理平台建设项目，完成项目立项及初步设计批复。组织带领专业测绘单位完成33处办公场所、88家市直单位，约60万平方米的办公用房基础数据采集。根据市政府安排，统筹协调市为民服务用房项目、市综治信访中心项目建设。配合审计署驻南京特派办完成相关审计工作，对发现的问题及时制定整改措施。完成市财政局办公楼等13处不动产权属变更登记。保障市直各单位阶段性重点工作办公用房需求。配合市财政部门处置部分市级党政机关房屋资产历史遗留问题。联合市城乡建设局开展“老城减法”专项行动。汇总统计全市88家党政机关185处办公及技术业务用房信息，审核13个县（市、区）、开发区1048处办公及技术业务用房信息。

【公务用车管理】 2021年，市机关事务管理局以安全行车和服务保障为重点，完成车辆服务保障任务，未出现重大安全责任事故。完成市直事业单位车改车辆过户、标识化、平台化，过户车辆449台，安装车载终端952台，标识化车辆396台，开展市直属事业单位车辆管理信息平台培训。完成市直党政机关及公益一类事业单位73台新车购置，其中新能源汽车20台。将定点车辆维修企业纳入公务用车管理信息平台，实行公务车辆维修全程平台信息化管理。对不规范用车单位通过电话、短信、微信等方式给予提醒、督促，规范公车管理使用程序。创新公务出行多层次保障方式，推进并开通线上“分时租赁”功能，降低公务出行成本，市区短途短时出行成本同比下降超40%。

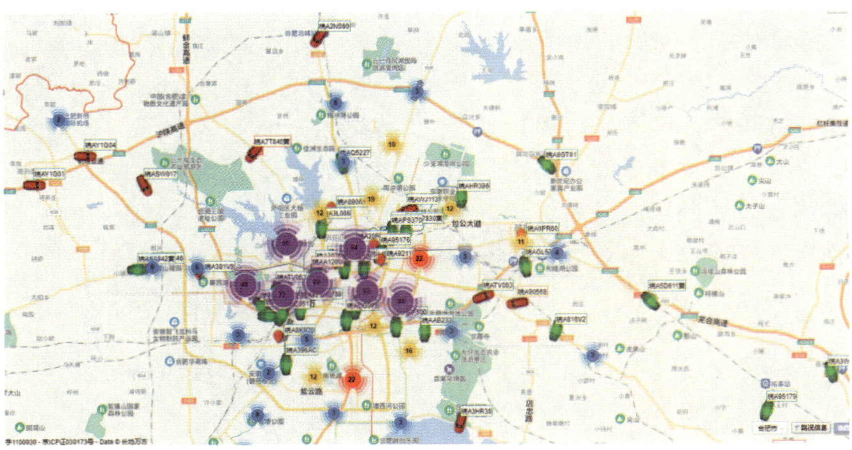

2021年，合肥市公务用车管理平台升级改造，实现全市党政机关及事业单位公务用车全生命周期监管 （市机关事务管理局/供）

【公共机构节能】 2021年，市机关事务管理局推进节约型机关、节水型示范单位建设，其中节约型机关创建省级初审通过556家，国家部委终审通过387家，在全省率先100%完成创建，提前1年完成工作任务，市机关事务管理局等单位获国家机关事务管理局等国家四部委颁发的节约型机关证书。做好能耗数据由省能耗统计平台到国家能耗统计平台的衔接转换，完成年度公共机构能耗数据统计。召开2021年全市公共机构节能工作暨培训会议。联合开展节能宣传周等主题活动，组织参加第八期公共机构节能管理远程培训。推进合肥四院、合肥四中生活垃圾示范点建设，加强市政务中心生活垃圾分类工作，引进日处理能力3吨的市政务综合楼厨余垃圾就地资源化处理设备。推广合同能源管理模式，指导县区推进合同能源管理项目。开展反食品浪费和禁塑工作，公共机构带头停止使用不可降解一次性塑料制品。

【公务活动保障】 2021年，市机关事务管理局完成中国共产党合肥市第十二次代表大会、中央电视台《对话》栏目组来合肥采访报道、世界制造业大会、世界显示产业大会等大型会议（会务）的各类公务活动组织保障。完成西藏山南区、杭州市萧山区、滨州市、南阳市，以及省内各城市党政代表团来合肥考察的接待服务工作。保障华为公司轮值董事长徐直军，腾讯公司高级副执行总裁汤道生、卢山，比亚迪公司董事长王传福等知名企业领导来合肥考察、签约任务。保障安徽省政法队伍教育整顿驻合肥市指导组、省“四送一服”工作组、省委巡察工作指导组，以及省委换届风气督查组等工作组在合肥指导、督查工作。组织县区机关事务管理部门参加接待工作年会，与国内接待同行开展学习交流，拓宽工作视野，提升接待水平。

【机关后勤】 2021年，市机关事务管理局开展疫情常态化防控，加强办公区安全防护，落实消毒、安康码、测温、戴口罩等要求，倡导健康绿色生活方式。推进政务综合楼、第二办公区、民主党派楼维修改造（二期）工程，改善办公环境。落实全市交通突出问题专项整治工作，开展助拆、强拆，全面禁止未拆除遮阳篷的电动自行车和无牌无证三、四轮低速电动车进入市政务中心范围内停放。加强大楼安全保卫及巡查，开展消防演练2次。配合处置集体上访，做好“门前清”。发放《市政务中心机关事务服务指南》，改进餐饮、会议、一卡通、停车、桁架宣传等业务办理工作，提升窗口服务和协调保障水平。更新维护会议设施设备。加强食品安全和生产安全管理，丰富菜品种类，全年食堂满意度超90%。加强对商务中心入驻单位的管理。按季度对物业、餐饮等企业进行考核，落实监管责任。

【厉行勤俭节约】 2021年，市机关事务管理局严格贯彻落实中央八项规定精神和关于落实“过紧日子”的要求，压缩“三类”支出，严控机关运行成本，“三公经费”压减预算735万元。开展全市机关运行成本调查统计工作。贯彻落实习近平总书记关于制止餐饮浪费行为的重要指示精神，每日就餐时间在餐厅内广播循环播放《关于“制止餐饮浪费行为，培养节约习惯”的倡议书》，开展反食品浪费、垃圾分类和禁塑工作，市政务综合楼厨余垃圾同比减少约26%，可回收物回收利用效率显著提升。

（张　磊）

驻京、驻沪事务

【驻京事务】 2021年，合肥市人民政府驻北京联络处突出招商引资和接待服务两条主线，重点做好疫情防控，开展对外联络、合肥外宣、信息辅政和机关建设工作。疫情期间通过电话、微信、视频会议等线上方式招商；疫情好转，开展拜访联络，拜访企业60余家，接待访客40余批200多人次，邀请15家企业赴合肥考察交流，参加各类招商活动20余次；全年新签约项目5个，总投资16.2亿元。在接待工作方面，全年服务保障各项活动200批次，约1300人次，出车520台次。在疫情防控方面，做好境外航班入京隔离后赴合肥人员联络工作，提出防疫要求、全程跟踪，与市防疫指挥部做好对接，全年联络跟踪入境人员125人。

【驻沪事务】 2021年，合肥市人民政府驻上海联络处被上海市合作交流委授予年度双服务先进集体。加入省防疫上海工作专班，组织入境赴皖人员接转运送工作，受到省有关领导肯定；提升服务保障能力，先后接待来沪领导，协助保障市直单位、县区来沪相关活动40余批次；对接G60科创走廊建设，强化产业协同发展，成功把科创走廊有关环保、生物医药、物流、金融等产业的合作示范项目分别落户蜀山、瑶海、肥东和肥西等区县；推动上海临港集团与合肥市的全面战略合作，促成临港集团与省港航集团合作，在洋山港南码头共建安徽省货运出海口，临港集团在包河区筹建淝河新中心意向战略投资，并将漕河泾开发区品牌及运营模式引进到包河经济开发区，设立园中园。全年获取招商信息78条，其中优质重点项目信息33条。全年向市委、市政府报送《上海信息》25期90余篇，通过市政务平台报送信息近300余条。

（李　杰）

责任编辑：田　文

中国人民政治协商会议合肥市委员会

综　述

【概况】　2021年，中国人民政治协商会议合肥市委员会（以下简称“市政协”）坚持以习近平新时代中国特色社会主义思想为指导，团结带领各参加单位和全体委员，学习党的十九大和十九届历次全会精神，贯彻习近平总书记考察安徽重要讲话指示精神，落实中央及省委、市委政协工作会议精神，坚持发扬民主和增进团结相互贯通、建言资政和凝聚共识双向发力，践行“三四二一”工作理念，紧扣中心大局履行职能，发挥专门协商机构作用，助力合肥实现“十四五”良好开局。

【政治建设】　2021年，市政协常委会坚持把政治建设摆在首位，坚持问题导向，探索新思路，做到党委有声音、政协有响应，党委有部署、政协有跟进。

强化理论武装。坚持在学懂弄通做实习近平新时代中国特色社会主义思想上下功夫，掀起学习宣传贯彻党的十九届五中、六中全会精神和习近平总书记考察安徽重要讲话指示精神的热潮，学习贯彻省第十一次党代会、市第十二次党代会精神，引导广大委员和机关干部衷心拥护“两个确立”、忠诚践行“两个维护”。全年组织党组理论中心组学习会议、党组扩大会议、主席读书会等集中学习活动40余次，创新建立“合肥政协书院”，设立“2+N”读书群，举办线上主题读书分享活动30余场次，依托各专委会发动全体委员积极参与“安徽政协书院”合肥市政协读书群活动，实现政协组织和委员学习全覆盖、强化思想理论武装与践行共同奋斗目标相统一。

坚持党的领导。发挥政协党组把方向、管大局、保落实重要作用，严格执行重大事项向市委请示报告制度，全年请示14次，汇报4次，确保在市委领导下主动负责、协调一致地开展工作。推进中央巡视、省委督查、市委巡察反馈问题整改落实到位，赴县（市、区）政协开展“两个薄弱”问题督查调

2021年9月29日，合肥市各界人士“奋斗百年路 启航新征程”迎国庆茶话会在市政务中心举行。省委常委、市委书记虞爱华出席并讲话

（市政协办／供）

2021年7月23日，市政协委员学习习近平总书记“七一”重要讲话精神交流会在市政务中心召开 （市政协办／供）

研，夯实基层政协工作基础保障。学习贯彻习近平总书记关于严肃换届纪律的重要指示精神，加强换届纪律教育，在市委领导下做好委员留任综合评价、委员协商推荐等工作，营造风清气正的政治生态。

开展党史学习教育。坚持以上率下，突出政协特色，注重统筹推进，将学习教育与政协履职相结合，实施党史学习教育“五个一”活动，围绕新民主主义革命、社会主义革命和建设、改革开放和社会主义现代化建设、新时代中国特色社会主义四个时期，分10个专题深入学习，政协党组、机关党组及机关党委分层次开展集中研讨；专题学习习近平总书记“七一”重要讲话精神，召开市政协委员学习“七一”重要讲话交流会，感悟光辉历程，汲取奋进力量，弘扬伟大建党精神，把学习教育成效转化为推动政协工作发展的动力。

加强党建引领。全面推进“一入五建”，将全体委员编入专委会，建立专委会功能型党支部、委员小组、委员党小组、党员委员联系党外委员制度和“双联双创”工作机制，实现党的组织对党员委员全覆盖、党的工作对全体委员全覆盖。开展新一轮深化“三个以案”警示教育，召开政协机关动员部署专题会议，坚持在深化学习教育、查摆检视问题、推动整改落实、健全制度机制上下真功、见实效。落实党风廉政建设责任制，支持派驻纪检监察组监督执纪问责，强化政协事业发展的政治保证。

（郭　伟）

重要会议

【市政协十四届四次会议】 2021年1月17日至20日，市政协召开十四届四次会议。大会有10项议程，听取和审议政协第十四届合肥市委员会常务委员会工作报告；听取和审议政协第十四届合肥市委员会常务委员会关于三次会议以来提案工作情况的报告；听取和讨论合肥市人民政府工作报告；讨论合肥市国民经济和社会发展第十四个五年规划和二〇三五年远景目标纲要草案、合肥市2020年国民经济和社会发展计划执行情况与2021年计划草案的报告、合肥市2020年预算执行情况和2021年预算草案的报告、合肥市中级人民法院工作报告、合肥市人民检察院工作报告；举行大会发言；通报市政协十四届三次会议以来优秀提案、提案承办优秀单位及优秀个人考核情况；通报2020年度市政协委员履职量化考核情况；开展选举事项；通过市政协十四届四次会议决议；市委主要领导同志讲话。

【市政协十四届常委会议】 2021年，市政协十四届常委会议召开6次，即第十六次至二十一次。

市政协十四届十六次常委会议。1月17日召开。市政协主席韩冰主持会议。会议通过胡守祝同志不再担任市政协副主席、毛万里同志不再担任市政协秘书长职务的事项，协商候选人名单（草案），审议市政协十四届四次会议选举办法（草案），总监票人、监票人名单（草案）。

市政协十四届十七次常委会议。1月20日召开。市政协主席韩冰主持会议。会议听取市政协十四届四次会议大会秘书处关于小组讨论情况综合汇报；通过候选人名单（草案）；通过市政协十四届四次会议选举办法（草案）；通过市政协十四届四次会议总监票人、监票人名单（草案）；通过市政协十四届四次会议决议（草案）；通过市政协十四届四次会议提案审查情况的报告。

市政协十四届十八次常委会议。3月30日召开。市政协主席韩冰主持会议并讲话。会议传达学习全国“两会”精神，通报《合肥市国民经济和社会发展第十四个五年规划和2035年远景目标纲要》

及市政府2021年重点工作安排；通报《政协合肥市委员会2021年工作要点》《2021年度政协民主协商计划》，举办2021年第2期“委员讲堂”暨党史学习教育讲座。

市政协十四届十九次常委会议。6月22日召开。市政协主席韩冰出席会议并讲话。会议审议通过有关人事事项，审议通过《中国人民政治协商会议合肥市委员会专门委员会通则》《关于加快“合肥市环境产业发展”的建议》，开展“加快合肥市环境产业发展”专题协商。

市政协十四届二十次常委会议。9月29日召开。市政协主席韩冰出席会议并讲话。会议书面通报1~7月全市经济社会发展情况，韩冰传达市第十二次党代会精神和市委主要领导参加有关代表团审议时讲话精神，提出市政协系统学习贯彻意见，开展“强化民主协商，创新小区治理”专题协商。

市政协十四届二十一次常委会议。11月17日召开。市政协主席韩冰出席会议并讲话。会议传达学习中共十九届六中全会精神、省第十一次党代会精神，审议通过《关于政协第十五届合肥市委员会人事安排工作的意见》等事项。

（郭　伟）

2021年6月11日，市政协主席韩冰带队就“加快新能源暨智能网联汽车产业发展 打造具有全国影响力的产业集群”开展调研并召开座谈会

（市政协办/供）

政治协商

【概况】 2021年，市政协常委会把握专门协商机构性质定位，紧扣全市发展大事、改革要事、治理难事、民生实事，全年开展1次全体会议协商，2次高层次面对面协商（即市委社情民意座谈会、市政府政协委员资政会），2次议政性常委会协商，1次市委书记领衔督办重点提案协商和若干次专题协商、对口协商、提案办理协商等，发挥政协职能优势，提升“1＋2＋2＋1＋X”协商议政格局，为全市高质量发展集智聚力。

【聚焦创新发展协商】 2021年9月2日，市政协常委会围绕“促进合肥市科技成果就地交易、就地转化、就地应用”开展对口协商，推动构建“政产学研用金”六位一体科技成果转化体系，发挥合肥科技创新策源地作用。11月5日，围绕“加快新能源汽车和智能网联汽车产业发展，打造具有全国影响力的产业集群”开展社情民意座谈会协商，提出5方面15条建议，省委常委、市委书记虞爱华肯定市政协题目定得准、情况摸得准、建言说得准，要求有关部门对所提建议能用尽用、用就用好。

【聚焦协调发展协商】 2021年8月18日，市政协常委会围绕“巩固拓展脱贫攻坚成果同乡村振兴有效衔接”开展市委书记领衔督办重点提案办理协商，报送的建议清单得到市委、市政府领导重视，多项对策建议转化为落实举措，“建立防止返贫动态监测机制”等建议被相关文件吸纳。8月24日，围绕“推进种子产业创新，打造合肥现代种业之都”开展政协委员资政会协商，提出5方面13条建议，罗云峰市长要求市政府相关部门认真办理。10月28日，围绕“加快把合肥建设成全国一流的创新型文旅强市”开展专题协商会议，梳理报送6方面14条建议清单。

【聚焦绿色发展协商】 2021年6月22日，市政协常委会围绕“加快合肥市环境产业发展”开展常委会议协商，多项建议被吸纳到制定中的《合肥市加快推进节能环保产业发展若干政策》文件，“成立合肥市生态环境保护协会”建议于当年7月份落实，吸引200多家环保企业加盟。7月16日，组织部分政协委员实地调研南淝河两岸景观规划建设情况，围绕南淝河综合治理、滨河景观设计、岸线贯通及配套设施建设等沟通交流，助力将南淝河打造成一条绿色生态之河、开放活力之河、人文休闲之河。

【聚焦开放发展协商】 2021年4月27日，市政协常委会围绕“民族乡村美丽乡村建设”开展视察活动，为加强民族乡村基层协商民主建设，激发群众自觉参与美丽乡村建设热情，保护好生态环境等方面献智献策。7月2日，围绕“加快中国（安徽）自由贸易试验区合肥片区建设”开展对口协商，针对合肥片区检验评估机制、系统集成创新等问题短板，提出做好成效评估和案例总结，营造激励创新和容错试错环境等5条建议。

【聚焦共享发展协商】 2021年6月初，市政协常委会围绕“贯彻习近平法治思想，打造法治化营商环境”开展调研并召开专题座谈，梳理报送7个方面26条具体建议报送市委、市政府决策参考，多项意见建议被《合肥市优化营商环境若干规定》吸纳其中。9月29日，围绕“强化民主协商、创新小区治理”开展常委会议协商，涉及政府系统的9条建议均被相关部门吸纳并得到落实。

（郭　伟）

民主监督

【概况】 2021年，市政协常委会探索和完善民主监督工作机制，坚持在参与中监督、在监督中支持、以服务促监督、以监督促发展，运用多种形式，加强民主监督工作，提高民主监督实效。

【专题监督】 2021年，市政协常委会围绕“加快推进生物医药产业发展”协商成果采纳落实情况开展重点提案办理“回头看”、回访调研。围绕“加快新一代电子信息产业发展”建议清单所提14条具体建议基本转化为部门措施。围绕“巢湖流域排洪蓄洪工程建设”开展监督性调研，形成监督调研报告，提出4条建议，以市政协办公室文件报市委、市政府及水务部门，罗云峰市长批示分管领导阅研。组织部分政协委员围绕“巢湖十年禁渔禁捕”工作开展监督性调研，并就巢湖水质水体状况、禁渔禁捕制度落实、渔民退捕补偿安置、禁渔监管体系建设等进行交流。“高标准筑牢巢湖流域综合性防洪体系”等建议转化为省直有关部门工作措施，助推“巢湖流域水生态修复与治理工程”纳入国家150项重大水利工程。就“公办幼儿园和普惠幼儿园建设”开展监督调研和提案督办，助推我市幼儿园公办率、普惠率由2017年的23.2%、54.1%分别提升到2021年的53%、88%以上。

【民生监督】 2021年，市政协常委会聚焦老百姓关注的热点难点问题，开展民主监督。围绕助残惠民政策开展微调研，了解合肥市残疾人帮扶政策落实情况，为残疾人群体提供便捷服务。组织委员开展“知识产权保护”微调研，形成专题调研报告，提出具体建议，相关19条建议被当年出台的《关于强化知识产权保护的实施意见》吸纳。围绕“全市政法队伍教育整顿工作”开展专题民主监督，就进一步做好教育整顿工作提出“提高政治站位、加强宣传力度、巩固整顿成果、形成长效机制”等4点意见。围绕“老旧小区改造”开展专项视察，就合肥市老旧小区改造特别是进一步完善加装电梯的安全性能、使用体验等提出许多具体意见和建议。围绕加强耕地保护和质量建设、乡村振兴等议题，邀请专家学者、党派团体、市直部门参与，吸纳各方意见，提出对策建议。落实市委“大调研”活动安排，开展“我为群众办实事”实践活动，聚焦城市路边停车管理、残疾儿童康复基本公共

2021年10月29日，市政协主席韩冰率部分住肥省政协委员赴长丰县视察乡村振兴工作
（市政协办/供）

服务工作等，深入基层一线开展“四不两直”调研，推进解决一批群众“急难愁盼”问题，让人民群众感到政协离自己很近、政协委员就在身边。

（郭 伟）

参政议政

【概况】 2021年，市政协常委会围绕市委、市政府中心工作，坚持深入基层、面向社会，倾听群众呼声、反映群众期盼、参与社会治理，积极建言献策，履行好参政议政职能。

【助力乡村振兴】 2021年，市政协常委会围绕“春耕生产、推动巩固脱贫攻坚成果同乡村振兴有效衔接”开展调研。就“巩固拓展脱贫攻坚成果、全面推进乡村振兴”开展调研并慰问困难党员。组织部分委员开展“推进苗木花卉产业发展，助力乡村振兴”界别视察活动。重视巢湖市烔炀镇凤凰村巩固拓展脱贫攻坚成果同乡村振兴有效衔接，选派优秀干部驻村帮扶，举行“情暖凤凰 梦想起航”爱心助学活动，支持市工商联赴凤凰村开展消费帮扶爱心采购活动等。谋划凤凰村乡村振兴工作，保持帮扶力度，探索乡村振兴新路径。

【开展“双联双创”活动】 2021年，市政协常委会搭建不同层次、不同领域的活动平台，指导各县（市、区）政协开展各具特色的探索创新，引导广大委员在“双联双创”的大舞台上当主力、唱主角。按照“党委政府‘好帮手’、人民群众‘连心

2021年8月24日，合肥市政协委员资政会在市政务中心召开

（市政协办/供）

桥’、委员履职‘新平台’”的定位，协助市委办公室出台《市、县（市）区政协关于“有事好商量”平台建设的实施意见》，授牌成立第二批15个“政协委员工作室”（全市“政协委员工作室”达30个），安排委员深入基层参与协商议事，助力社会治理，开展助农、助残、助学、助困，帮扶就业等活动；打造各县（市、区）21个“社区协商议事厅”示范点，坚持“民事、民议、民决”宗旨，推动解决老旧小区加装电梯、停车难、垃圾分类等一批群众关注的难事难题；开展“线上协商议事厅”活动，就景区旅游服务、电瓶车充电难、居家养老等开展9场协商直播，直播过程中涉及的部分问题得到解决，得到群众好评。《人民日报》对合肥市政协开展“双联双创”活动、助推社会治理方式创新的成功经验作专题报道，市政协“助农委员工作室”获评全国首届人民政协“杰出委员工作室（站）”（全国共20个，安徽省1个）。

【助推长三角一体化发展】 2021年，市政协常委会组织委员参加长三角“六市一区”政协主席第三次联席会议暨“长三角一体化与农业农村现代化”研讨会、九城市政协共商G60科创走廊更高质量发展第七、第八次活动。围绕“数字赋能G60科创走廊高质量发展”主题，主办第九次活动。联合上海市松江区政协共同开展“建设重大研发平台，打造科技创新策源地”专题调研，助推合肥与上海深化科创合作，助力合肥在全面融入长三角一体化发展中争先进位。发挥人民政协公共外交独特优势，拓展提升市政协委员企业家联谊会、合肥之友联谊会、长三角公共外交协会联系机制等平台，结合安徽自贸试验区合肥片区建设扩大对外交流，开展“双招双引”，助力合肥加快构建对外开放新格局。

（郭 伟）

团结联谊

【概况】 2021年，市政协常委会把握政协在统战工作中的职责任务，担负起实现大团结大联合的

政治责任。通过协商将党的主张转化为社会共识，增强建言资政实效，凝聚团结奋进力量。

【思想引领】 2021年，市政协常委会强化统一战线政治功能，组织各党派团体、各界别共同学习习近平新时代中国特色社会主义思想，共同落实党对政协工作的全面领导，共同组织“不忘初心跟党走、同心共筑中国梦”专场演出等庆祝建党100周年活动，编撰《合肥文史》庆祝建党100周年专辑。常态化组织开展党外委员“我看合肥新发展”专题视察，引导政协各参加单位、广大委员和社会各界人士坚定不移跟党走，携手奋进新征程。

【委员讲堂】 2021年，市政协常委会发挥协商民主这一实现党的领导重要方式的作用，把思想引领、凝聚共识融入履职活动之中，聚焦“种子产业创新”“合肥市经济社会发展实践与展望”“《民法典》实践与运用”等举办5期“委员讲堂”，帮助委员知情明政，让协商议政、民主监督、提案办理、调研视察的过程，成为宣传政策、释疑解惑、凝聚共识的过程，引导广大委员与党同心同德、同心同向、同心同行。

【宣传宣讲】 2021年，市政协常委会依托“双联双创”活动、“有事好商量”等平台载体，组织委员深入基层、深入群众，聚焦习近平总书记“七一”重要讲话精神、党的十九届六中全会精神和省、市党代会精神，开展多层次、全方位的宣传宣讲，把更多的人团结凝聚在党的周围。加强政协宣传工作，严格落实意识形态工作责任制，发挥政协融媒体中心优势，讲好履职故事，展示委员风采，作为全国3个地级市代表之一参加全国政协宣传思想工作座谈会，获评全国政协系统新媒体2020年度最佳融合创新奖。

（郭 伟）

政协提案

【概况】 2021年，市政协常委会收到提案700件（其中委员提案612件，集体提案88件），经审查、并案处理后立案542件，全部办复。提案所提建议，采纳或列入计划落实的521件，占96.1%；因条件所限待研究解决的19件，占3.5%；作为工作参考的2件，占0.4%。健全重点提案遴选督办机制，提请市委、市政府、市政协领导督办、批办、领办重点提案30件。构建广泛多层的提案办理协商格局，开展同类提案集中协商、疑难提案专题协商、热点提案当面协商、民生提案听证协商，组织委员参与提案办理过程，提高提案办理协商效果。注重提案办理的分类研究，通过召开提案办理情况通报会、考核评价提案办理工作、发挥评先评优激励引导作用、开展提案办理“回头看”，推动协商成果落到实处。

【关于加快合肥市十四五期间数字乡村建设的建议】

提案者：九三学社合肥市委

中办、国办明确将数字乡村作为乡村振兴的战略方向。2020年12月，省农业农村厅发布《关于扩大农业农村有效投资加快补上“三农”领域突出短板的实施意见》，其中就将数字乡村建设作为实施农业农村领域补短板投资十大工程之一。可见，数字乡村建设对未来合肥市实施乡村振兴战略具有重要意义，也是合肥市“十四五”规划中的工作重点。近年来，合肥市数字乡村建设取得较快发展，但与长三角发达地区仍有较大差距。“十四五”时期是合肥市数字乡村全面“布局”和重点“破局”发展的关键阶段，是承上启下的五年。为此建议：

一、加强数字农业发展顶层设计

根据农业农村部联合中央网络安全和信息化委员会办公室印发《数字农业农村发展规划（2019—2025年）》精神，结合合肥市实际，要把数字农业发展列入“十四五”数字合肥和“十四五”农业农村现代化发展规划中，明确合肥市农业农村数字化发展的重点任务。

二、扩大数字乡村建设试点示范

充分总结长丰县作为国家首批数字乡村试点地区成功经验，不断扩大数字乡村建设试点示范范围。通过试点示范，发展乡村数字经济，缩小城乡数字鸿沟。一是加强农村信息基础设施建设，推动4G网络、光纤宽带网络向自然村延伸，逐步开展5G网络建设；二是通过应用推广完善乡村产业体系。加速互联网、大数据、人工智能与农业的融合，开展益农信息社规范化建设，“互联网+”农产品出村进城工程试点、推进数字农业等工程建设；三是通过农业大数据平台建设开启智慧农业建设新局面。建设合肥农虾电商销售平台和食用农产品、农业生产资料信息追溯管理平台。整合农业农村各类应用平台，探索规划合肥数字农业综合平台，构建“一张图”“一张网”。加强农业物联网、农村电商等平台建设和集成示范，提升农村生产经营管理标准化、智能化、精准化水平，推动农业全面高质量发展；四是推进数字乡村建设。在推进长丰县国家首批数字乡村试点的基础上，扩大数字乡村试点示范；五是推进优势产业领域数字化应用。依托“智慧农业谷”科技优势，推进物联网、大数据、云数据、智能装备等信息技术与特色产业深度融合，加快提升长丰草莓、合肥龙虾等重点特色产业生产数字化水平。

三、激活市场参与建设积极性

积极探索政府购买服务、政府与社会资本合作（PPP 模式）、数字普惠金融等多种市场化的运营机制，创造公开、透明、公平的发展环境，降低参与成本，激发市场主体参与积极性，吸引更广泛的社会力量参与，引导更多农工商企业、金融资本和更多专业人才投入数字乡村建设中。扶持一批本土化农业电商平台和农业电商龙头企业做大做强。

四、推进农村劳动力数字化转型

要加快数字乡村人才培养，引进培育数字化农业技术服务公司。组建数字化农业专家服务团队，着力于农业数字化技术攻关、应用示范、教育培训。发挥党员在数字乡村建设和发展中的带头作用，加大对高素质农民、基层农技人员农业信息化培训力度，为乡村振兴和数字乡村发展提供人才支撑。农业、人社等部门统筹好各类培训资源，重点面向种养大户、家庭农场主、农民合作社和农业社会化服务组织骨干以及返乡下乡创新创业者，以提高生产经营能力和专业技能为目标，开展农业全产业链培训，加快推进农村劳动力数字化转型。

【关于促进合肥实施技术集群发展战略的建议】

提案者：陈江华

技术集群是指围绕区域主导产业链的发展前景和未来方向，由企业、政府、相关机构、研发院所、高校以及专业服务机构等多主体联合，不同的创新因子在相互流动中形成的协同、连锁效应，并与技术相关的社会要素形成互动，通过技术关联在一定区域内形成的集聚，以此形成的以集群为特征的集合。发达国家和地方经济发展的实践表明：技术集群是面对新技术变革的主导模式，技术集群的形成是产业集群持续存在的基础，是引领未来生产力布局，建构高质量发展的标配。技术集群的存在能够引领新兴技术前沿技术的创新，为经济高质量持续发展提供动力。产业集群在传统产业升级和新兴产业发展中局限性日益显现，没有技术集群支持的产业集群没有发展后劲和竞争力，越来越多研究也关注技术集群战略问题。

近年来，合肥坚持新发展理念，围绕产业链部署创新链，围绕创新链布局产业链，科技创新策源地提速建设，“科创+产业”深度融合，新型显示器件、集成电路、人工智能等国家战略性新兴产业集群日渐端倪。2019年合肥市规模以上工业中，高技术制造业增加值比上年增长20.7%，占规模以上工业的比重为29.5%；战略性新兴产业增加值增长15.2%。

但合肥市技术集群发展仍存在一些不足。

一、创新合力有待提高。合肥目前高新技术企业已超过3000多家，但是整体创新合力较弱，总体创新能力与国际先进水平相比仍存在着一定的差距，尚不具备与跨国大型企业抗衡的实力。合肥集成电路企业近300家，但自行研制的以中低端为主，产业规模和效应方面与深圳市相比，也存在着一定的差距。

二、集聚效果不够明显。合肥市产业和技术关联还不够强，尚未形成相互关联、相互依存的专业化分工协作的产业体系，致使内部缺乏凝聚力，集聚效应不够明显，技术集群的作用发挥不显著。如合肥成为新能源汽车暨智能网联汽车生产和研发的重要基地，但新能源汽车的“新四化”趋势，与通信、半导体、互联网等领域深度融合远远不够。

三、高端人才吸引不足。近年来，合肥市不断出台吸引高端人才的政策，2020年开始实施的《关于进一步吸引优秀人才支持重点产业发展的若干政策（试行）》，但是合肥市需要在人才培养等方面投入更大的关注，通过灵活的高端人才培养和激励机制来促进人才资源向高新技术集群集聚。

为促进合肥实施技术集群发展战略，建议如下：

1. 调研合肥市技术集群发展现状，技术集群与科技创新、主导产业、战略新兴产业互动关系。走出去，借鉴先发地区经验，下好先手棋，在未来竞争中取得主动。

2. 宣传合肥实施促进技术集群发展战略的意义，提高政府、企业、科研院所对技术集群的产业升级转型、新兴产业发展的作用的认识，主动作为。

3. 制定促进合肥技术集群发展战略规划，争取相关促进政策出台。继续加大支持、培育力度，促进产业集群上规模、上水平，努力打造特色明显、优势突出的合肥产业技术集群。

（提案者陈江华，系市政协委员，合肥学院经济管理学院院长）

【关于课后服务“三点半课堂”可持续发展的建议】

提案者：周典静

“三点半”放学带来诸多问题：过早放学导致学生缺乏监管，服务缺位导致学生补习泛滥，课后教育导致学生负担加重。

因为专业师资缺乏、课后服务责任重大、课后服务报酬难以落实等现实问题，虽然教师和学校都认为课后服务十分重要，且十分必要，但基于现实的工作负担和政策环境，学校普遍热情不高、不愿意承担课后服务工作。因此，课后服务主要依靠家长自行解决或社会机构承接。

2020年10月，合肥市出台《合肥市中小学生课后服务工作实施方案》，在工作原则、服务内容、组织实施、检查督导等方面都做出了相应要求和指导意见。这些举措，都在一定程度上缓解了课后服务的矛盾。但实际实施过程中，依然需要不少亟需解决的问题。为贯彻落实国家、省、市文件精神，拟整合学校、家庭、社会资源，采取“家长和学生自愿参加”的原则，特提出建议：

一、加强政府财政扶持，将提供课后服务的机构纳入扶持范围

2017年12月《教育部办公厅关于做好中小学生课后服务工作的指导意见》提出，通过“政府购买服务”“财政补贴”等方式对参与课后服务的学校和教师给予适当补助。文件在很大程度上解决了学校和教师在完成正常教学后，参与课后服务的报酬来源。但是，现实工作以下两个问题非常突出：

（一）教师负担重，课后服务有心无力，老师长期处于超负荷工作状态。

（二）专业教师缺乏。在现有教师条件下，开展课后服务，特别是音体美或其他个性化课程，面临无人能教的尴尬。

因此，文件并没有落到实处。社会培训机构具有专业教师，且周一至周五的工作基本都是不饱和的，正好可以补充中小学课后服务的师资问题。建议，政府有关部门完善相关补贴条例，将提供课后服务的社会培训机构纳入扶持范围，激发社会力量参与课后服务的热情。

二、完善课后服务收费制度，不能“一刀切”

合肥市课后服务实施方案坚持“公益性和普惠性”，要求任何单位和个人不得以营利为目的。这一原则，很好地控制了“乱收费”问题，也降低了家长的经济负担。但同时也产生了一系列新的问题。

学生得不到优质的课后服务。优质的教育服务是需要优秀的课程和优秀的专业教师，这对于学校和社会机构都是一笔不可忽视的成本负担，尤其是对于民办社会机构。当收入不能支撑成本支出时，优质服务也就无从说起。最终，学生只能得到一些低质量的免费或低收费课程，背离了“为民办实事”“提高课后服务质量”的初衷。

建议政府有关部门，充分考虑社会机构提供课后服务时的成本支出现实，合理制定课后服务价格，不能“一刀切”。社会机构只有合理盈利，才能持续地提供优质的服务，从而不断提高课后服务质量，真正让孩子得到成长。

三、完善社会机构准入机制，降低社会机构的运营成本

现在有很多优秀的社会机构愿意为中小学提供优质的课后服务，但是如何进入学校，以及学校如何选择社会机构，还存在着不少现实问题。

很多社会机构主动联系中小学，表示愿意按文件精神提供课后服务，但是因为准入机制的不健全，不少中小学的校长无所适从，既想获得优质的课后服务，又害怕承担违反政策的责任，只能忍痛割爱，拒绝社会机构的进入。

建议政府有关部门完善社会机构提供课后服务的准入机制，建立课后服务社会机构库，明确中小学可以自由选择在库的社会机构，采取各种政策吸引和鼓励社会机构入库。这样，不仅方便中小开展课后服务，也提高社会机构提供课后服务的积极性，更重要的是可以方便政府监管。

综上，希望政府、教育局和学校给予更多关注，让“三点半课堂”变得更加完整，真正促进孩子健康成长、满足家长接送便利、增强人民群众获得感和幸福感的民生工程。

（提案者周典静，系市政协常委，贝乐幼教集团董事长）

【关于聚力打造具有世界影响力的智能网联汽车之都的建议】

提案者：市工商业联合会

随着5G网络的普及推广和信息技术的进步，智能网联汽车被推到时代的风口，成为极具发展潜力的未来产业。目前，国内智能网联汽车产业高地之争竞争激烈，至少有20个智能网联汽车测试示范

区启动测试，许多城市都把智能网联汽车作为未来重点发展产业。可喜的是，合肥市已经开始落子布局、并且出手不凡。当前，我合肥智能网联汽车产业已基本形成产业闭环、产业链各要素已基本齐备，合肥市发展智能网联汽车产业天时、地利、人和条件已基本成熟，具备后发先至、后来居上的潜力。应确立打造具有世界影响力的智能网联汽车之都的长远目标，为此，提出以下建议：

一、确立“一都、一群、一区”的产业发展战略规划。鉴于智能网联汽车是人类梦想和智慧的结晶，是汽车制造技术和信息技术应用创新融合发展的产物，产业发展潜力巨大、推广应用前景广阔，建议确立更加宏伟的产业战略发展目标，引入国际国内有影响力的汽车研究院所，争取更多汽车龙头企业将研发中心落户合肥，使合肥成为国内智能网联汽车的“硅谷”，打造具有世界影响力的智能网联汽车之都；编制合肥市智能网联汽车集群建设方案，做强做优以包河区为主的产业化及示范基地，以高新区为主的车规级芯片和操作系统研发基地，培育世界级智能网联汽车产业集群，争创国内最具影响力的信息技术应用创新示范区。

二、转变支持产业发展的方式。从智能网联汽车发展现状看，传统车企专注于提高单车智能，对路端投入积极性不高；互联网企业对路端改造积极性高，而对运营兴趣不大；广大科技公司的新技术缺乏应用场景而造血功能不足。推动互联网公司、高科技企业、整车企业融合发展、协同发展势在必行。建议把支持智能网联汽车产业从政策引导型向应用引导型转变，把精力和财力放在智能网联技术应用示范推广上，变输血为造血；进行智能网联汽车商业模式创新，探索出一种让智能网联汽车各相关行业企业都获益商业模式；组建由政府、国内顶级研究公司、相关头部企业参与的投资公司，联手打造环巢湖智能网联汽车专线，为各项智能网联汽车技术提供更大规模的现实应用场景，同时也可用于观光旅游、举办智能网联汽车赛事，扩大在业界的影响力。

三、构建产业全方位、多层次的人才培养体系。建立智能网联汽车专业人才名录，加大招才引智力度，支持企业、高校、科研单位引进国内外智能网联汽车领域顶尖人才和团队，为我拥有和为我所用并重同等对待；支持智能网联汽车企业设立院士工作站、博士后科研工作站、博士后创新实践基地等平台。利用好中科大、合工大两个人才培养平台，通过校友渠道，加强智能网联人才引进和推荐工作。支持合肥工业大学汽车与交通学院创办智能网联汽车人才学院。

四、加大新基建的投入。目前，全市交通标识标志，虽在尺寸、规格、材质上有一致要求，但在摆放的高度、距离、位置上多有不统一，比如，限速标识设置，在限速区域的50米的位置，有的在入口处，有的在限速区域内，不利于人工智能深度学习和机器识别。当务之急是要建立规范统一的全市交通标识标志体系，为智能网联汽车在我市率先推广应用赢得先机，并力争把合肥交通标识体系变成国家体系。

【关于促进合肥市乡村产业发展的建议】

提案者：黄永强

党的十九届五中全会提出，优先发展农业农村，全面推进乡村振兴。习近平总书记在中央农村工作会议上强调，巩固和拓展脱贫攻坚成果，全面推进乡村振兴，加快农业农村现代化，是需要全党高度重视的一个关系大局的重大问题。

产业是乡村振兴的核心载体，促进乡村产业高质高效发展是全面推进乡村振兴战略落地见效的关键。近年来，市委、市政府始终坚持农业农村优先发展，不断健全促进现代农业发展的政策体系，加大财政投入力度，合肥市乡村产业发展取得显著成效。但乡村产业发展层次、产业规模、产业链条等方面还存在不足。通过工作实践和调研了解，当前合肥市乡村产业发展中存在的问题主要有：

一是人力资源匮乏。一方面，农村人口老龄化、空心化问题突出。以肥西县长庄村为例，绝大部分青壮劳动力外流，60岁以上人口占到21%，农村空挂户达10%以上，半工半种劳动力占60%。另一方面，乡村产业人才不足。据农业企业反映，具有较高素养的农业专业人才不愿意留在乡村工作，或者即使留在乡村也时间较短。

二是土地要素制约。合肥市境内地貌以丘陵岗地为主，大部分农村土地仍以家庭为单位进行生产经营，分散性、碎片化耕地占主要部分，同时受农业生产成本较高、抵御风险能力较弱等因素影响，不少农民不愿“种地”，土地撂荒现象突出。

三是有效投入不足。一方面，村级集体经济实力还要提升。2020年，合肥市1183个村的村级集体平均经营性收入34.6万元，超50万元的经济强村不到三分之一，作为省会城市还应再上台阶。另一方面，农业融资难。据农业企业反映，金融机构提供的合适的贷款品种少，服务和抵押方式单一，缺乏成熟的社会资本投入机制和融资模式。

*四是利益联结单一。*全市大部分乡村产业多采取订单式农业、流转承包农业，真正采取股份制或股份合作制，将农民利益与新型农业经营主体利益紧密连接在一起的，所占比例并不高。为此，建议：

*一是推进农业现代产业园建设。*坚持要素集聚、产业融合、绿色发展，围绕环巢湖等重点地区，引领建成一批产业特色鲜明、一二三产深度融合的现代农业产业园。高标准农田建设等农业项目优先向产业园倾斜，鼓励工商资本主动、提前与高标准农田等项目对接，避免工商资本承接后进行二次投入。高标准农田建设时，可参照长丰“红桥模式”，将整治后的土地折股量化，以村集体或合作社进行集中流转。产业园要合理布局、规模化种养、标准化生产、品牌化销售、产业化经营，大力实施减药减肥行动，鼓励运用物联网+区块链+5G技术，建立不可更改的全程追溯体系，向市场提供绿色、安全、放心的优质农产品。

*二是拓展利益联结机制。*在充分尊重农民意愿的基础上，鼓励以土地承包权、宅基地使用权等作价入股+劳动收入+二次分红等多种利益联结方式增加农民收入。以村集体涉农资金形成资产+原有资产资源入股或参股，增加村集体财产性收入，同时引导村集体积极参与到合作社等经营主体的经营中来，增加村集体的经营性收入，支持村集体提取一定比例的经济收益。完善涉农企业支持政策，发展农业信贷、保险产品等，降低融资成本、提高抗风险能力，保障企业有利润。

*三是加快构建高效便捷的农产品流通体系。*整合邮政、商贸、农业、交通、供销等资源，合理规划、推动建设一批现代化农产品冷链仓储物流设施，建立县、乡、村消费品和农资寄递网络体系，降低农产品流通成本。积极搭建农产品产销对接平台，扩大农批、农超、农企、农校等对接范围，畅通农产品销售渠道。

（提案者黄永强，系市政协委员，市财政局局长、党组书记）

（郭　伟）

责任编辑：赵永军

中国共产党合肥市纪律检查委员会

合肥市监察委员会

综　述

【概况】　2021年，合肥市各级纪检监察机关忠实履行正风肃纪反腐职责使命，着力打好政治监督护航、问题线索清仓、专项整治攻坚、理念能力提升“四场硬仗”。自觉担负起“两个维护”重大政治责任，以强有力的政治监督保障“十四五”顺利开局。坚持不敢腐、不能腐、不想腐一体推进，深化反腐败斗争。推动落实中央八项规定精神，纠治“四风”顽瘴痼疾。开展“我为群众办实事”实践活动，整治群众身边腐败和作风问题。落实政治巡察要求，发挥巡察综合监督作用。做实做细监督基本职责、第一职责，拓展监督执纪执法成效。坚持调理念提能力转作风，加强规范化、法治化、正规化建设。发挥监督保障执行、促进完善发展作用，纪检监察工作高质量发展取得新成效。

【纪检监察体制改革】　2021年，合肥市纪委监委深化纪检监察体制改革。加强派驻机构履职考核管理，制定派驻机构与驻在单位加强会商的操作指引，深化市属企事业单位派驻监察专员试点工作。健全完善“室组地”联动机制和“监察室+协作区”工作模式，推动村级纪检委员队伍建设，全市34个“协作区”开展监督检查431次，领办协办重点案件189件，基层监督力量和能力得到加强。

【调查研究】　2021年，市纪委监委坚持“四边”工作法，注重在调查研究中深化学习，把调研成果转化为工作实践，推动纪检监察工作高质量发展。围绕“推动监督体系与国家治理体系有效对接”和贯彻执行《加强和改进党内同级监督若干规定（试行）》情况等主题，分类分层开展调研，形成调研报告上报省纪委，为决策提供参考。围绕村（社区）纪检委员作用发挥等重点改革事项落实，开展调研督查，推动各项任务落实。围绕市委大调研工作安排，紧扣全面从严治党要求，成立11个调研组，帮

2021年10月15日，市纪委监委召开全市纪检监察和巡察工作推进会
（市纪委监委/供）

助基层解决169个急难愁盼问题。

【宣传教育与预防】 2021年，市纪委监委在国家级报、网、刊发布新闻稿件29篇。在省纪委新媒体平台发稿510篇，在《合肥日报》发稿75篇。“清风合肥”微信公众号发布稿件750余篇，总阅读量超过130万+。微信公众号“清博指数”居全省16个省辖市纪检监察微信公众号第一位。编辑出版《庐阳风纪》6期，文字量达38余万字。专题策划党史馆长讲党史故事报道、微视频。开展党史学习教育宣讲23场次，受众3280余人次。成功举办第六届“包公杯”全国反腐倡廉优秀曲艺作品展演活动。依托包公园，邀请知名专家学者打造四组“包公清廉文化教育精品课”，开展20余场讲座。42部作品成功入选第二届“安徽廉洁文化精品工程”。举办第三届“清风合肥”活动，征集作品176部，质量好于往届。制发《关于突出运用重大典型案件深化警示教育的工作意见》，明确十项重点警示教育任务清单。编印《违纪违法党员干部典型案件警示录》《全市政法系统违纪违法党员干部典型案件》教育读本。分层分类开展纪法专题宣讲，4500名党员受到教育。全力做好“警示教育视频、文字资料库”两库建设工作，拍摄人防系统专题警示教育片。

【自身建设】 2021年，市纪委监委带头加强党的政治建设。完善市纪委常委会集体议事决策机制，推进“五型”模范机关建设，完成市县乡三级纪委换届，年龄、专业结构得到优化。落实重大事项请示报告制度，书面向省纪委监委请示报告55次，向市委报告46次。推进市、县两级监委向本级人大常委会报告专项工作。深化能力建设。开展全员轮训和季度业务测试，举办培训班76期、培训6193人次。组织收听收看直播课程22期、培训7978人次。建立健全个人日志、部门周报、季度考评和重点工作督办机制，强化对日常工作的过程管控。加强信息化实战运用，在全省纪检监察系统大比武中蝉联团体一等奖。开展依规依纪依法安全文明办案专项治理。制定实施加强新时代纪检监察干部监督工作24项举措，出台安全文明办案“六条禁令”和留置场所“五个严禁”，建成使用智能音视频巡查系统，落实关心关怀纪检监察干部10条措施，把严管与厚爱落到实处。

（刘　杰）

重要会议

【市纪委全体会议】 市纪委十一届六次全会。中国共产党合肥市第十一届纪律检查委员会第六次全体会议，于2021年2月8日在市政务中心召开。出席会议的市纪委委员38人，列席278人。省委常委、市委书记虞爱华出席全会并讲话。市委常委，市人大常委会、市政府、市政协领导班子成员出席会议。全会听取市委常委、市纪委书记、市监委主任华克思所作题为《推动新时代纪检监察工作高质量发展，为合肥“十四五”开好局提供坚强保障》的工作报告。全会审议通过《工作报告》和《中国共产党合肥市第十一届纪律检查委员会第六次全体会议决议》。

市纪委十一届七次全会。中国共产党合肥市第十一届纪律检查委员会第七次全体会议，于2021

2021年2月8日，中国共产党合肥市第十一届纪律检查委员会第六次全体会议在市政务中心召开
（市纪委监委/供）

年9月9日召开。市纪委委员，市监委委员；市委巡察办主要负责同志，市委巡察组组长；各县（市）区纪委监委主要负责同志；市纪委监委各派驻（出）纪检监察机构主要负责同志70人出席全会。市委常委、市纪委书记、市监委主任华克思主持会议并讲话。全会听取市纪委常务副书记、市监委副主任刘清关于《十一届市纪委在市第十二次党代会上的工作报告（讨论稿）》起草情况说明，审议通过《中国共产党合肥市第十一届纪律检查委员会第七次全体会议决议》。

市纪委十二届一次全会。中国共产党合肥市第十二届纪律检查委员会第一次全体会议，于2021年9月28日召开。会议选举华克思、左学和、单宇航、张勇、吴光艳（女）、李皖生、马从军、崔世平、杨柯当选为第十二届市纪委常委，华克思当选为市纪委书记，左学和、单宇航、张勇当选为市纪委副书记。

【专题会议】 县（市、区）纪委书记、监委主任述职会。2021年1月25日，市纪委监委召开述职会议，听取各县（市、区）纪委书记、监委主任履职情况报告，征求对市委常委会、市纪委常委会及市纪委监委主要负责同志个人的意见建议。市委常委、市纪委书记、市监委主任华克思主持会议并作点评。

十一届市委第十轮巡察暨巡察“回头看”工作动员部署会。2021年3月17日，十一届市委第十轮巡察暨巡察“回头看”工作动员部署会召开，会议深入学习贯彻习近平总书记关于巡视巡察工作重要论述，传达学习省委常委、市委书记虞爱华在市委书记专题会议上的讲话精神，宣布十一届市委第十轮巡察暨巡察“回头看”组长授权任职及任务分工的决定，宣读2020年度参加市委巡察工作优秀干部名单，并颁发荣誉证书。时任市委常委、市纪委书记、市委巡察工作领导小组组长华克思出席会议并讲话。

市管企业纪委书记（监察专员）述职会议。2021年3月31日，合肥市纪委监委组织召开市管企业纪委书记（监察专员）2020年度述职会议。合肥市建设投资控股（集团）有限公司、合肥市产业投资控股（集团）有限公司、合肥引江济淮投资有限公司等20家单位纪委书记（监察专员）围绕2020年度履职情况、廉洁从业情况、存在问题以及下一步工作打算等，逐一进行述职。

全市纪检监察宣传教育工作会议。2021年5月8日，全市纪检监察系统宣传教育工作会议召开。会议总结2020年全市纪检监察宣传工作成效，全面部署2021年重点工作。会上，肥东县、肥西县、蜀山区、包河区作经验交流。

全市党史学习教育纪法专题宣讲大会。2021年6月18日，全市党史学习教育纪法专题宣讲大会在市政务中心召开。市委常委、市纪委书记、市监委主任华克思开展宣讲，市委常委、组织部长葛建荣主持会议。宣讲围绕党的政治、组织、廉洁、群众、工作、生活等六大纪律，紧密结合近年来查处的典型案件，列举党员干部15类违纪违法问题，分别从表现形式、认识误区、明纪释法、典型案例等方面进行深刻剖析，进一步教育引导党员领导干部受警醒、明底线、存戒惧，推动全面从严治党各项规定落地落实。

十一届市委第九、第十轮巡察整改情况专项检查动员会。2021年7月7日，十一届市委第九、第十轮巡察整改情况专项检查动员会召开。市委常委、市纪委书记、市监委主任、市委巡察工作领导小组组长华克思出席会议并讲话，市

2021年6月18日，全市党史学习教育纪法专题宣讲大会在市政务中心召开
（市纪委监委／供）

委巡察办主任戴建军主持会议并宣布检查组组长及任务分工。市委第九、第十轮巡察的40家单位主要负责同志参加会议。会议决定对市委第九轮及第十轮巡察暨巡察“回头看”的40家单位党组织巡察整改情况开展专项检查。

全市纪检监察工作推进会。2021年9月18日，全市纪检监察工作推进会召开，传达学习省辖市纪委书记座谈会会议精神，各县（市）区纪委监委、各开发区纪检监察工委主要负责同志作交流发言，市委常委、市纪委书记、市监委主任华克思讲话。

全市纪检监察和巡察工作推进会。2021年10月15日，市纪委监委召开全市纪检监察和巡察工作推进会。会议传达学习省辖市纪委书记座谈会、合肥市十二次党代会会议精神，各县（市）区纪委监委、各开发区纪检监察工委主要负责同志分别作工作交流发言。会议通报省委“大改建”督查检查组对我市专项检查反馈问题。市纪委监委分管负责同志围绕日常监督执纪、审查调查和信访、安全文明办案等工作提出具体要求。市委常委、市纪委书记、市监委主任华克思主持会议并讲话。

十二届市委第一轮巡察暨全市涉粮问题专项巡察动员部署会。2021年11月15日，市委巡察工作领导小组召开十二届市委第一轮巡察暨全市涉粮问题专项巡察动员部署会，对全市涉粮问题专项巡察和接受巡察指导督导工作做出部署安排。市委常委、市纪委书记、市委巡察工作领导小组组长华克思出席会议并作动员讲话，市委常委、市委组织部部长、市委巡察工作领导小组副组长葛建荣主持会议。

党的十九届六中全会精神专题学习会暨理论学习中心组学习会。2021年12月2日，市纪委监委召开理论学习中心组学习会议，深入学习贯彻党的十九届六中全会精神，结合纪检监察工作实际，开展集中学习研讨。省纪委常委，市委常委、市纪委书记、市监委主任华克思主持会议并讲话。

（刘　杰）

监　督

【“两个责任”落实】 2021年，市纪委监委聚焦坚持党的全面领导、加强党的政治建设、贯彻以人民为中心的发展思想、践行对党忠诚、严肃党内政治生活、落实意识形态工作责任制、遵守党规党纪等情况，开展经常性监督检查，发现问题线索337个。监督压实巡视反馈问题整改责任，中央巡视反馈问题整改完成率99%、转办信访件办结率97.6%，省委巡视指出的295件长期未结线索全部办结。贯彻关于加强对“一把手”和领导班子监督的意见，协助市委提出9项落实举措，常态化开展党内政治监督谈话，制定实行党风廉政建设“一票否决”的若干规定。开展上级纪委书记同下级党委书记谈话工作，针对管党治党不力等问题，分别约谈2个县区党委书记和4家市直单位领导班子成员。

【监督检查和审查调查】 2021年，市纪委监委推深做实日常监督，综合运用走访、督查、谈心谈话、参加民主生活会等方式抓实近距离常态化监督，出台党委（党组）运用监督执纪第一种形态的实施细则，推动抓早抓小。实事求是、精准恰当运用“四种形态”，批评教育帮助和处理6116人次，其中，运用第一种形态谈话函询、提醒批评4244人次，占总人次的69.4%；运用第二种形态给予轻处分、组织调整1134人次，占18.5%；运用第三种形态给予重处分、职务调整317人次，占5.2%；运用第四种形态处理严重违纪违法、触犯刑律的421人次，占6.9%。规范用好问责利器，全年对82人实施问责。制定14项监督举措，落实“十严禁”要求，出台“十不准”规定，把严明换届纪律、严肃换届风气的要求落实到人选考察推荐、会风会纪监督、换届选举过程等各环节之中，保障市县乡和村（居）“两委”换届工作顺利完成。严肃审慎回复党风廉政意见，市纪委监委回复党风廉政意见1183人次，提出暂缓和不宜使用意见18人次。开展问题线索清仓见底专项行动。当年，全市纪检监察机关处置问题线索5220件，同比增长29.4%；立案1796件，同比增长17.2%，其中，县处级47人，同比增长113.6%；给予党纪政务处分1811人，同比增长21.6%，其中县处级24人，科级及以上“一把手”19人；留置44人，移送检察机关35人；6人向纪检监察机关主动投案，45人主动交代问题。

（刘　杰）

执纪问责

【作风建设】　2021年，市纪委监委制定实施清单指引、事前研判和预警纠偏三项机制，从源头上防范政策制定、招商引资、开会发文、检查考核等方面可能出现的形式主义官僚主义问题。开展新一轮深化“三个以案”警示教育，督促医保等重点领域精准施治。全市查处形式主义官僚主义问题61起84人，给予党纪政务处分44人。整治享乐主义奢靡之风，开展违规收送名贵特产和礼品礼金、违规吃喝等专项整治，查处违规滥发津补贴问题，全市查处享乐主义奢靡之风问题190起263人，给予党纪政务处分116人。常态长效推进作风建设，督促落实廉洁从政“八个不得”行为规范，推动领导干部依法用权、廉洁用权。巩固厉行节约力保重点支出“577”工作成果，常态化开展监督检查，督促各级勤俭办事、过紧日子。全年通报曝光违反中央八项规定精神问题93起114人，警示震慑效应进一步强化。

【制度建设】　2021年，市纪委监委围绕一体推进不敢腐、不能腐、不想腐体制机制建设，协助市委制定一体推进“三不”体制机制建设实施意见，推动全面从严治党任务一体推进、管党治党责任一体履行、反腐败斗争方法一体运用。围绕从源头防范形式主义官僚主义，建立清单指引、事前研判和预警纠偏三项机制。围绕用好用足第一种形态，制定党委（党组）运用监督执纪第一种形态实施细则，细化明确运用第一种形态处理的11项内容，对党组织的2种处理方式，以及对党员干部、公职人员的7种处理方式。

【重要案件】　2021年，市纪委监委深入查办重点领域案件。开展粮食购销领域腐败问题专项整治，建好“四本台账”，抓住问题梳理和线索办理“两个关键”，自查整改问题270个，梳理排查问题线索288件，新立案15件，突破肥西县瑞丰粮油公司原董事长戴照奎等一批重点案件，受到中央纪委和省纪委肯定。开展政法队伍教育整顿监督执纪问责工作，立案130件，给予党纪政务处分127人，重点查办市公安局水上分局原局长王旭等严重违纪违法案件，24名政法干警主动向纪检监察机关交代问题。深化人防系统腐败问题专项治理，严肃查处市人防办原二级调研员黄俊峰等坐山吃山、以权谋私案件，督促纠治管党治党不力、项目审批不规范、专项资金管理不到位等突出问题。深挖彻查征迁安置领域腐败案件，严肃查处龙岗开发区建设管理办公室原副主任计承领等内外勾结、小官大贪问题，纠偏核减违规安置面积24.55万平方米。

（刘　杰）

2021年6月25日，市纪委监委开展党史学习教育主题党课

（市纪委监委／供）

巡视巡察

【概况】　2021年，市纪委监委完成十一届市委巡察全覆盖任务，对18家单位进行巡察“回头看”，市、县两级巡察累计发现问题44042个，移交问题线索1979件，促进完善制度13692项，挽回经济损失9.01亿元。启动十二届市委巡察工作，对全市涉粮主管监管部门和33个企事业单位及其所属139

个基层粮库开展专项巡察，发现问题211个，移交问题线索33件。开展“大起底、改到位、建机制”专项行动，新发现需要深化整改问题46个，梳理发现整改不到位、不彻底问题995个，逐一督促再深化、再整改。对65家单位党组织整改落实情况开展专项检查，强化过程管控，形成工作闭环。十一届市委巡察发现问题到期整改完成率97.45%，县（市）区巡察发现问题到期整改完成率99.45%。

2021年11月15日，市委巡察工作领导小组召开十二届市委第一轮巡察暨全市涉粮问题专项巡察动员部署会，对全市涉粮问题专项巡察和接受巡察指导督导工作做出部署安排 （市纪委监委／供）

【完善巡察工作流程】 2021年，市纪委监委落实党中央和省市委关于加强上下联动、推进巡视巡察与其他监督贯通融合的部署要求，扎牢织密上下联动监督网，健全协作配合机制，推动监督更聚焦、更精准。针对党委、巡察工作领导小组、巡察办、巡察组、被巡察党组织、相关部门6类责任主体梳理60条工作责任清单，提交市委常委会研究，出台《关于加强市县巡察上下联动的六项措施》。研究制定市委巡察机构与市财政局、市统计局、市审计局以及市纪委监委宣传部等单位部门的协作工作机制。结合“大改建”专项行动、中央巡视指导督导反馈意见整改等工作，通过召开巡察办主任座谈会、现场督导等方式，传达中央及省市委关于加强巡察上下联动等工作要求，推动9个县（市）区委巡察办主任全部兼任同级纪委常委。落实上级指导督导要求，“废改立”制度21项，巡察工作规范化、制度化水平得到提升。

（刘 杰）

责任编辑：贾南田

军 事

合肥警备区

【概况】 2021年，合肥警备区党委坚持以习近平新时代中国特色社会主义思想特别是习近平强军思想为指导，坚决贯彻习近平总书记、中央军委决策部署，带领官兵奋力“争上游、站排头、立潮头”，完成各项任务，取得新进展新成效新突破。

聚焦举旗铸魂，加强思想政治建设。贯彻落实军委党建会议精神、全军思想政治教育工作会议精神，加强党的领导和思想政治建设。抓好理论武装。跟进学习近平总书记重要讲话，编印学习专刊16期，每半个月组织一次党委理论学习中心组学习，突出近平总书记“七一”重要讲话精神、党的十九届六中全会精神学习，新装LED大屏滚动播放“习语金句”，引导官兵衷心拥护“两个确立”、忠诚践行“两个维护”，确保绝对忠诚、绝对纯洁、绝对可靠。抓好党史教育。把党史学习教育作为重大政治任务贯穿全年，结合“皖美追寻”录制精品党课，邀请市委党校专家、抗战老兵讲党课，在烈士陵园开展“缅怀革命先烈、重温入党誓词”活动，开展向新时代卫国戍边英雄群体学习活动和“学党史、悟思想、办实事、开新局”读书活动，组织观看《守岛人》等红色电影，引导官兵在学思践悟中明理增信、崇德力行。抓好组织建设。以贯彻落实8部新的党建法规为重点，编印党务知识手册，修订《警备区党委常委会议事规则》，每月制订组织生活计划促推基本制度落实。做好“光荣在党50年”纪念章发放，组织“七一”专项走访慰问，开展“两优一先”争创活动。抓好政治安全。紧盯网络舆情和意识形态领域新动向，会同地方网信、公安、网安等部门，健全用好军地网络信息安全防范协作机制，常态抓好郭徐房张流毒清理、禁止“翻墙”上网教育防范、社团清理整治“回头看”等，严防发生政治性问题。

聚焦三个过硬，夯实基础根基。贯彻军委基层建设会议精神，抓基层、打基础。抓指导重帮带。落实党委常委挂钩帮带制度，开展“帮基层、办实事、提质效”活动，每周安排至少1名班子成员或机关处长到基层一线调研、督导、解难，推动解决基层官兵关心的现实问题。抓规范促提升。开展“学法规、用法规、守法规”活动，召开基层规范化建设观摩推进会，采取领导带队、专班分片方式对全市乡镇武装部和民兵营连规范化建设进行量化考评。抓人才强队伍。按政策办理军衔转换、待遇级别调

2021年12月，合肥警备区组织基层武装部规范化建设观摩会现场

（合肥警备区／供）

升、文职招录定级等工作，组织领导干部个人事项报告查核认定。在军级以上媒体刊稿84篇，其中国防报头版头条3篇、整版专刊1篇。抓安全保稳定。开展“百日安全活动”和“弘扬优良传统、整顿作风纪律”学习教育。落实各项常态化疫情防控措施，按照“应接尽接”要求接种新冠病毒疫苗，确保“零输入、零感染”。

聚焦从严从紧，纯正政治生态。坚持严的主基调不动摇，把全面从严治党向纵深推进。突出筑牢思想防线。常态开展党纪党规学习，落实党委、纪委书记讲纪律党课要求，组织全员观看党内重要法规系列讲座片、基层法纪教育专题片。突出日常监督检查。紧盯违规喝酒、违规用车、违规交往等事项，警备区纪委常态化开展明察暗访。紧盯训练监察，组织年度训练计划会审，加强对首长机关训练、民兵训练监督，点名道姓指出问题。

【国防动员】 2021年，合肥警备区聚焦应急应战，建强后备力量。紧跟国防动员体制改革进程，把握特点、主动探索，建强基础支撑。紧扣整组新要求。联合地方编制全市高新技术企业“潜力池”，市、县两级走访重点单位，首次成建制拉动点验市民兵应急营。适应征兵新形势。制作4期“学长喊你来参军”短视频，网上浏览量“百万+”人次、转发点赞3万余条；在“三联合、五融合”征集基础上，推进“两站两服务”和“一站式服务平台”建设，会同市国资委出台《合肥市企业征兵实施办法》，在全省首次实现从企业征集12名员工入伍。全年，征集大学毕业生占比53.9%，征集数量和征集比例再居全省第一位。走开动员新路子。采取行业部门对口采集潜力指标、市政府办公室牵头各部门进行数据汇总、警备区进行数据审核把关的方式，完成国民经济、人民防空、交通运输等8大类数据核查。

【双拥共建】 2021年，合肥警备区聚焦鱼水情深，铸牢军民团结。发挥军地桥梁纽带作用，主动协调各方，凝聚强军兴军合力。落实党管武装。协调市委专题学习习近平总书记在中央政治局第三十二次集体学习时的重要讲话精神，专题研究十四五民兵建设规划，先后组织8名县（区）人武部第一书记宣布任职。落实拥军优属。推进第四批19名随军家属工作对口调动，会同市教育局、退役军人事务局优化军人子女教育优待程序，落实329名军人子女教育优待。实施退役军人“就业起航”行动，会同退役军人事务局、人社局召开退役军人专场招聘会16场。建立军地互办实事双清单，会同市司法局组织开展法律进军营活动，协调处理9起涉军维权案件，敲锣打鼓为全区400余名立功军人家庭上门送喜报。落实参建共建。针对驻地森林火灾风险高、夏季汛情易发等特点，组织民兵分队进行针对性训练。按照“四个不摘”要求，推进脱贫攻坚成果固化与乡村振兴有效衔接，师、团两级定期到帮扶点调研，对接制定乡村振兴举措，投入30余万元用于提升乡村造血功能，连续9年开展“八一助学圆梦”活动。

【民兵分队骨干统训】 2021年3月底，合肥警备区针对全市森林火险等级居高不下的实际，依托巢湖市民兵训练基地，组织全市36名森林灭火分队骨干集训，在庐阳区大杨镇开展森林火灾扑救军地联合演练。7月中旬，结合防汛形势，依托警备区教导队组织市应急营80人和防汛骨干27人集训，在肥西县柏堰湖水库开展防汛抗洪综合演练。

【防汛勘察】 2021年4—5月份，

2021年7月中旬，合肥警备区组织市应急营80人和防汛骨干27人集训（合肥警备区／供）

合肥警备区会同地方防汛抗旱指挥部，联合开展防汛勘察，摸清辖区大中型水库、中小河流和水利设施风险隐患，提前制定防范预案。针对派河、丰乐河、白石天河等5处河湖堤防薄弱部位，会同市防汛抗旱指挥部办公室、协调辖区6个驻军单位，共同制定《落实重点险工险段抢险兵力分配方案》，预置抢险兵力1000人，做好汛期应急抢险准备。协调市防指、水务局、气象局等单位，共同修订《应对洪涝灾害和台风方案》，明确指挥权责、划定任务区域、明确兵力部署。6月底，会同市防指、协调驻军部队，召开全市防汛抢险军地联席会议，协调对接防汛任务、指挥协同、保障需求等问题，确保遇有突发情况，军地能够快速联动、高效处置。

【民兵应急营拉动点验】 2021年6月18日上午，合肥市2021年民兵应急营宣布命令大会暨拉动点验在合肥警备区举行。合肥警备区司令员王洪元、副司令员龚辉，市应急管理局、市退役军人事务局分管领导，以及警备区机关处以上领导和应急营200余名民兵参加大会。会上宣读民兵应急营民兵干部骨干任职命令，组织人员互点，全体民兵进行宣誓。

【“八一”助学圆梦活动】 2021年8月27日，合肥警备区在巢湖市夏阁镇元通村开展2021年度“八一助学圆梦”活动，资助30名优秀困难学子，累计资助金额12万元。合肥警备区连续9年开展“八一助学圆梦活动”，累计帮助200多名品学兼优的贫困学生圆梦校园、完成学业。

【应急通信保障联合演练】 2021年9月28日，合肥警备区着眼抢险救灾过程中通信保障问题研究，围绕提升各通信运营商与军地应急联动、应急通信队伍的现场处置和快速响应能力，联合安徽省通信管理局在警备区教导队组织通信保障联合演练。合肥警备区组织长丰县民兵通信分队参演，完成安徽省应急通信保障演练任务，民兵应急通信保障能力得到提高。

【退役军人专场招聘会】 2021年10月22日，2021年合肥市暨蜀山区退役军人秋季专场招聘会在合肥警备区举行，旨在搭建用人单位和退役军人择业供需平台，拓宽退役军人就业渠道，助力退役军人就业再启航。招聘会上，合肥警备区通过设立咨询台、发放宣传资料等方式，向退役军人及其家属提供就业创业政策讲解、就业指导、职位介绍等服务。

【军事设施保护法贯彻落实】 结合新修订的《中华人民共和国军事设施保护法》贯彻实施，2021年12月9日—10日，合肥警备区组织部分省、市人大代表及军地相关单位领导，采取听取汇报、问题查询、研讨交流、现地查看等方式，先后赴5处实地调研军事设施保护情况，现地研究并协调解决相关问题。

【基层武装规范化建设】 2021年12月6日，合肥市在肥西县三河镇武装部组织基层武装部规范化建设观摩推进会。观摩团听取三河镇武装部关于基层武装部规范化建设工作汇报，观摩三河镇武装部办公室、资料室、战备物资器材库等建设情况。

【国防教育】 2021年，合肥警备区坚持把习近平强军思想纳入党委理论学习中心组理论学习、纳入党校教学课程、纳入干部岗位任职培训、纳入中小学校教育基本课表。结合第21个全民国防教育日，与市人防办开展“9·18”防空警报试鸣宣传周活动，组织国防教育宣传进校园、进社区，在各街道、社区设立国防教育宣传站，播放国防教育公益广告、红色影片，向广大人民群众宣传兵役法、国防教育法等法规，营造全社会关心国防、支持国防的浓厚氛围。

【兵员征集】 2021年合肥市征兵工作，大学生征集比率达到97.3%，大学毕业生比例达53.9%。其中包河区大学毕业生比例达70%。此外，合肥市完成征集直招士官、女兵、定向培养士官，征集总量和征优比例均为全省最高，未发生责任退兵和廉洁征兵问题。

（徐 鹏）

武警合肥支队

【概况】 2021年，中国人民武装警察部队安徽省总队合肥支队（以下简称“合肥支队”）坚持“基础扎实、特色鲜明、全面过硬”基本思路，坚定“建窗口、办学校、当代表”发展定位，以建好“五类窗口”、构设“四类平台”、力争“四出一作”为突破，实现整体跃升。

政治引领。坚持用好“党委带机关、大队带中队、中队带班排”

三级理论联学模式，和学、讲、研、考、用理论武装体系，党委班子成员理论成果在中央级媒体刊发，军事研究文章获评总队优秀成果奖，为部队上党课数余次。组建“红肩章”小分队，规范“看读听讲做”5步法，贯通开展“战旗红”强军故事会“精品故事赛”“军营朗读者”等活动，推动习近平强军思想入心入脑。贯彻思想政治教育法规文件，推进主题教育，注重抓好“五课”，探索共享式、交叉式、精准式方法路径，有益教育破冰提质。聚焦时代特色打造强军文化，建立军营电视台，全线推进所有中队荣誉墙、“书香军营”、营区政治环境的建设和升级，承办总队“体感游戏”试点。

主责主业。着眼省会维稳执勤特殊背景，以破解“任务决定论”“体量决定论”为突破口，趁势抢抓“四勤”试点契机，聚力勤训并重强能力、建创并举强阵地、分类抓建强效益、规范机制强秩序，建立运行“2个办法、1个措施、1个意见”，自下而上开展群众性练兵活动，鲜明立起练兵备战指挥棒，完成专项勤务、处置执勤险情数余起，完成武警部队试点任务。

集训筹备。召开专题会议部署研究，组织“迎集训、正秩序、保安全、创品牌”誓师大会，按照“一组六班”组织架构，领导跟进、专班进驻，各司其职、全线推进。着眼规范、创新、可复制，形成以勤务运行机制、警戒防范模式、技防管控手段、编携配装规范、执勤场所布局、综合保障样式、军地协调模式为一体的执勤安保规范化成果，助力开创执勤安保“安徽模式”。坚持传承与创新结合、武警特质与安徽特色融合、勤务特点与个性模式契合，探索构建“五位一体”具有执勤属性、体现执勤特点、满足执勤需要的执勤文化，有关做法被武警部队写入《执勤工作实施手册》。

基层基础。在日常滚动帮带基础上，组织集中帮建、当兵蹲连，每次带着任务下、带着思考蹲、带着成果回。定期组织“三日活动”，按照“一次一主题、一次一规范、一次一辅导”，扳正惯错、规范提质。聚焦基层“急难愁盼”问题，党委年初拟制办实事清单，挂图推进、季度讲评，推动实事办到心坎、落到实处。坚持大事大抓、借锤重敲，开展涉网涉密集中教育整治，党委机关带大队干部下沉中队，逐人逐项过、逐库逐室过、逐机逐卡过，以“四个不漏”的全覆盖，排查整治各类问题。落实安全工作协调督导机制，开展内部关系教育整治，先行铺开手机进班，推广“1+1”公勤人员联管模式，扼守安全底线。

服务保障。定期组织“一组五队”拉动演练，组织后勤专业兵集训，建立应急保障绿色通道，开展覆盖巡诊，为基层配发药品、修缮营房等。聚力打好后勤领域“五场会战”，推进重点行业整治，推进单位营房搬迁、营房改造工作。应对疫情变异反弹影响，确保实现“零输入、零感染”。

2021年5月26日，武警合肥支队官兵在给小学生普及国防知识

（武警合肥支队/供）

【临时勤务】 2021年，合肥支队完成押解押运勤务数余起，押解、押运总里程长达数千千米。

【城市武装巡逻】 2021年，合肥支队采取乘车、徒步相结合方式，协助合肥市公安局担负安徽省行政中心、高铁南站、中心城区、淮海路步行街和市政务中心重点路段、重点目标武装巡逻任务。

【安保勤务】 2021年1月26—2月1日，合肥支队完成安徽省十三届人大四次会议、省政协十二届四次会议代表驻地、会场外围警戒和机动备勤任务。

（梁敏响 华 震）

人民防空

【概况】 2021年，合肥市人民防空办公室（市民防局）（以下简称“市人防办”）推动人防工程、疏散基地和指挥通信建设，开展训练演练，锤炼防空备战能力，开展人防宣传教育，强化群众国防观念和人防意识，深化巡视巡察问题整改和人防系统专项治理。在2021年度全省人防重点工作目标任务考评中，被评为“全省先进等次市级人防办”“全省疏散基地建设先进单位”“全省防空警报器建设先进单位”“ 全省人防车位标识工作先进单位”和“全省人防宣传教育先进单位”，被《中国人民防空》杂志社评为“2021年度人民防空通讯报道先进单位”，1人被评为“2021年度人民防空通讯报道先进个人”，人防政务窗口被评为合肥市“群众满意窗口”。

【“我为群众办实事”实践活动】 2021年，市人防办开展“进千户、访千企”大走访大调研活动和“四送一服”专项行动，先后赴肥东、巢湖、庐江、庐阳、瑶海等地，对口走访联系包保企业和重点项目，为企业送政策解难题；开展助力乡村振兴行动，组织媒体记者赴对口帮扶村庐江县柯坦镇分水村开展“庐江茶产业文化节”专题报道，宣传分水村茶产业和特色旅游项目；利用无人机设备优势，赴分水村进行航拍，为分水村更好地进行“十四五”规划提供技术支撑；开展消费帮扶活动，购买对口帮扶村特色农产品；优化营商环境，精简合并6个审批事项，减少4 个审批事项办理环节，创新推行容缺受理、放宽人防市场准入、实行告知承诺制度等6项服务新举措。

【人防工程建设】 2021年，市人防办制定出台《关于轨道交通工程兼顾人民防空建设的意见》，规范轨道交通兼顾人防的办理流程、标准要求，明确地下轨道交通兼顾人防工程管理责任。召开全市人防车位管理服务工作推进会，启动人防工程标识标牌设置工作，统一人防工程标识标牌设置标准要求。举办人防工程标识标牌设置工作现场观摩会，就安装设置标准要求进行讲解和答疑。在全省率先完成1322处人防工程标识标牌设置工作，完成数量位列全省第一，获得省人防办通报表彰和市领导批示肯定。召开全市人防工程（含早期人防工事）安全生产隐患大起底大排查大整改工作部署会。完成合肥七中人防平战转换示范工程建设，建成全省首个人防工程平战转换示范点。全省人防工程建设管理工作推进会在肥召开，现场观摩合肥高新技术产业开发区文化服务中心人防工程标识标牌落实情况、合肥轨道交通兼顾人防建设情况和合肥七中平战转换项目建设情况。完成轨道交通4号线人防工程专项验收。

【人防疏散基地（地域）建设】 2021年，市人防办召开全市人防疏散基地（地域）建设观摩推进会，推行肥西县官亭人防疏散基地“共建共管”模式。基本建成市级少荃湖疏散基地核心区，推进庐江县独山和肥东县欢乐森林公园疏散基地建设。

【人防指挥通信建设】 2021年，市人防办推动市人防二代机动指挥平台升级和巢湖市二代机动指挥系统升级改造。推进人防警报器建设，建成区、开发区人防警报器分控中心，完成人防警报器采购安装。建成全市人防战备数据系统和全省首套重要经济目标防护系统。

【人防军事斗争准备】 2021年，

2021年5月13日，市人防办联合六安、安庆人防办开展联学联训活动
（徐世佑／摄）

合肥市人防指挥部在全省率先开展县（区）级人防军事斗争准备检验评估工作。7月，在长丰县开展人防军事斗争准备检验评估工作试点，组织各县（市、区）、开发区人防办进行观摩。年底，结合年度全市人防民防重点（专项）工作目标任务考评，对各县（市、区）组织人防军事斗争准备检验评估。

3月底，组织业务骨干、出动3台装备车赴皖南，参加长三角人防一体化指挥通信联合训练演练。4月12—4月16日，在巢湖中庙组织全市人防系统准军事化训练；7月13—7月15日，在长丰县组织下半年全市人防系统准军事化训练。5月13—14日，联合六安、安庆市人防办机动至大别山腹地，开展为期两天的联训联学暨党史学习教育实践活动，三市人防办机关及人防通信专业队参加训练活动。9月18日，组织开展全市“9・18”防空警报试鸣统一发放仪式，各县（市、区）、开发区同步组织防空警报试鸣暨疏散演练活动。10月18—20日，市人防信保中心及四县一市人防办，在巢湖中庙开展指挥通信综合训练，培训新装备操作使用。10月30日，参加“皖盾滁州-2021A”人员疏散行动演练。

【人防法规宣传教育】 2021年，市人防办围绕重要节点、聚焦训练演练，以人防“五进”为抓手，扩大人防宣传教育广度和深度，人防示范点建设（含质量提升）达标37个，河南人防、苏州人防等先后来合肥市考察基层人防建设。采购人防应急包22850个，通过各区、开发区人防办全部发放到基层社区。开展“3・1”国际民防日、“5・12”防灾减灾日和“9・18”防空警报试鸣日等重要节点宣传活动。5月11日，省、市、县三级人防部门与应急部门联动，在肥西县古埂公园，启动2021年安徽省暨合肥市“5・12”全国防灾减灾日主题宣传周活动，通过装备展示、现场演示、救援演练、资料发放、视频科普和互动交流等形式，宣传防空防灾知识。联合市委党校开展人防进党校活动，向党校赠阅《党政机关人防知识读本》，组织党校学员参观人防科普馆和人防工程。9月18日，在瑶海区和平广场举办“合肥人防‘十三五’以来建设发展成果展”，展示合肥人防建设发展成就。

开展多元化宣传，强化宣传实效。在《中国国防报》《中国人民防空》《安徽人防》等省级以上媒体刊载信息10余篇，《合肥晚报》推出“人防专版”3期，合肥电视台财经频道推出“合肥人防”专题节目10期，办政务网站发布信息400余篇，“合肥人防”微信公众号推送信息450余篇。

对标“长三角”，先行对物流项目按照工业项目政策开展审批。对利用老工业厂房改造或文化展示等项目，按照“一事一议”原则依法处理。对低风险工业项目，取消人防报建手续。落实下放自贸区人防审批权，推进开发区标准地人防审批告知承诺制，落实“零收费”政策。落实“难办证”问题专项治理。取消人防质监申报，开展重大项目建设服务绿色通道，实行容缺受理，提前服务。组织人防执法培训，加强人防执法队伍建设，开展“双随机、一公开”监管，全面落实行政执法“三项制度”，建立人防信用体系。

（丁　婕）

退役军人事务

【概况】 2021年，合肥市退役军人事务局以庆祝建党100周年和建军94周年纪念活动为契机，开展“老兵永远跟党走”和“我的退役故事”系列活动，评选发布“合肥市最美退役军人”10名；抓住

7月30日，“红心永向党，奋进新时代”——合肥市2021年度“最美退役军人”发布仪式现场

（市退役军人事务局／供）

村（社区）“两委”换届时机，在全省率先部署，推动退役军人参与基层换届选举，截至年底，全市有“兵书记”“兵委员”的村（居）1139个，占比67.2%，其中558个村（居）有“兵书记”，占比32.98%；打造退役军人“红耀江淮”志愿服务品牌，建立退役军人志愿服务队1192支7044人。

强化思想政治引领，发布宣传年度“最美退役军人”10名，组织评选推荐“安徽省模范退役军人、退役军人模范单位及个人”。开展“法律政策落实年”活动，制定并落实9个方面251项政策清单。开展《退役军人保障法》学习宣传“六进”活动，树立法治工作导向。建立“2+X”风险研判机制，从源头减少信访量，全年组织召开风险研判工作会议25次。围绕“保大庆、护稳定”，开展“大调研大接访大调处大督办”的“四大”专项行动，督办重点信访事项79件。建立村级“周探望”、乡级“月走访”、县级“季联络”、市级“年督办”的常态化督导关爱帮扶机制，做好退役军人沟通联系、帮扶解困等工作。全年全市进京访同比下降45.33%，到省访同比下降18.21%，来市访同比下降5%，退役军人事务部转办重复信访化解率100%，部门组建后新发生的信访问题化解率100%。

【**移交安置**】 2021年，市退役军人事务局推进“阳光安置”，探索“直通车”式安置模式，建立岗位归集制度和专项岗位“岗位池”。全市接收退役士兵2600多人，绝大部分安置在事业单位和国有企业，少数选择灵活就业；接收转业军官130多名，安置随调配偶5名、驻肥部队随军配偶16名；开发扶持就业专项岗位7029个；接收安置军队师级以下离退休干部、退休士官和伤病残士兵140多人，人数占全省一半以上，超出全市年度计划的33.6%。其中接收2019年12月31日前退休滞留部队人员70多人，伤病残人员40多人。

【**就业创业**】 2021年，市退役军人事务局修订《合肥市退役军人培训实施办法》，印发《合肥市退役军人职业技能承训机构评选认定、培训组织和考核管理暂行办法》，为退役军人技能培训奠定基础。超额完成市政府退役士兵技能培训民生工程任务，全年培训1766人。打造职业技能培训暨落实就业模式，38名退役军人实现毕业即就业。组织线上、线下招聘活动71场次，2302家单位提供岗位4.6万个，2600多名退役军人达成就业意向。开发扶持就业专项岗位7029个。为市重点企业京东方招聘29名退役军人作为班组长培养。举办第二届合肥市退役军人创业创新大赛，选送6个项目参加省级复赛全部获奖，其中2个项目获全省现代农业、传统产业及生活服务业两赛道一等奖。建立退役军人创业（孵化）基地35家。

【**优抚褒扬**】 2021年，市退役军人事务局落实优抚补助资金按月兑现，为43057名重点优抚对象发放各类抚恤补助款2.89亿元；为2725户优抚对象发放纾困解难优待金2185.23万元；“两节”期间慰问优抚对象近11万人次，发放慰问金6018.2万元；在省立医院开展全市享受抚恤优待的优抚对象医疗补助“一站式”结算服务，投入优抚对象医疗保障补助经费2811.76万元；引入社会力量，为困难退役军人和其他优抚对象开展心理疏导、生活照料、健康监测、送医陪护等“爱心送入光荣门”活动，为优抚对象购买家政服务6785次、养老服务60人次、心理咨询7247人次，组织社工和志愿者4364人次；投入资金1500余万元提升烈士纪念设施修缮管护水平。

【**军休工作**】 2021年，市退役军人事务局落实军休干部“两个待遇”，出台《合肥市军休干部医疗保障实施细则》，全年报销军休人员医疗费2456.33万元；为军

2021年10月28日，“建行杯”合肥市第二届退役军人创业创新大赛现场
（市退役军人事务局/供）

休干部健康体检1216人，发放保健药箱1315个；加装军休老旧小区电梯12部，在建6部；投入资金91.4万元，改善军休机构办公和休闲场所环境，完善军休干部学习、健身、保健、娱乐等设施；利用军休干部自身优势，面向社会开展党史宣讲；组织50名军休干部参加退役军人事务部“红心永向党 奋进新时代”退役军人先进事迹巡回报告会；开展军休系统建党100周年庆祝系列活动，分别选送45幅、26幅优秀书法绘画摄影作品参加全省和长三角沪宁杭庐军休系统庆祝建党100周年书画摄影展。

【拥军优属】 2021年，市退役军人事务局以全省双拥模范城（县）创建工作为契机，建立军地共建对子242对，落实军地互办实事双清单27项。全市投入部队慰问经费1300余万元，为18名荣立二等功、245名荣立三等功合肥籍现役军人送去奖励金156万元、慰问金2.8万元。发放随军未就业家属补助经费360万元，324名军人子女实现教育优待政策应享尽享。开展“情系边海防官兵”拥军优属活动，帮助解决边海防官兵家庭实际困难16件。成立6支188人的拥军支前工作队伍，部署开展拥军支前工作。落实援藏援疆工作任务，投入对口支援西藏措美县建设资金42.7万元，为阿里地区边防官兵邮寄总价值10万元慰问品。提升军供站自主快速供应和综合保障能力，完成123批10720人次保障任务，首次实现年度保障批次过百，保障人数过万。营造双拥氛围，在市区主要公交线路40辆公交车厢、公交站牌、高铁、地铁（车厢内）站等设置双拥主题墙画、道旗、宣传标语，滚动播放双拥短视频。成立“双拥志愿服务队”，设12个大队，吸纳队员925名。

【服务保障体系建设】 2021年，市退役军人事务局完成294个全国示范型退役军人服务中心（站）创建任务；成功创建1家国家级红色服务站；截至年底，全市退役军人和其他优抚对象全要素建档立卡任务完成率93.7%。完成151个乡镇、1684个村（社区）服务站政务外网接入工作，接入率100%，实现退役军人系统四级网络互联互通。完成军供站、蜀山烈士陵园、军休所信息化建设和军休服务综合楼项目建设前期各项工作。

（曹玲娟）

责任编辑：崔建军

民主党派与工商联

中国国民党革命委员会合肥市委员会

【概况】 2021年，中国国民党革命委员会合肥市委员会（以下简称“民革市委”）为中国国民党革命委员会合肥市第十二届委员会，有市委委员24人。下设五个专门委员会，分别为：三农专委会、经济专委会、社会和法制专委会、祖国统一专委会、科教文卫体专委会。下设4个总支、1个基层委、30个基层支部。全年发展新党员43人。截至年底，有党员905人，其中具有中级及以上职称的571人，平均年龄54.4岁。党员主要分布在教育、文化、科技、医药卫生等界别，新的社会阶层，如社会法制领域近年来也是民革重点发展对象。党员中省人大代表1人，省政协委员2人（其中常委1人），市人大代表4人（其中常委1人），市政协委员28人（其中副主席1人，常委5人），县（区）人大代表9人（其中副主任1人，常委1人），县（区）政协委员72人（其中副主席2人，常委15人）。

【思想建设】 2021年，民革市委强化理论武装，建立常态化学习机制，自觉把思想和行动统一到党中央决策部署上来，增强“四个意识”，坚定“四个自信”，做到“两个维护”。

深化主题教育。以“不忘合作初心，继续携手前进”主题教育活动为抓手，结合民革“作风建设年”活动，坚持以上率下、以点带面，确保主题教育持续取得实效。开展“观故居，走多党合作之路”活动，组织党员参观张治中、冯玉祥、卫立煌等民革前辈故居，并协助上海、亳州等地民革组织在合肥开展观故居活动。

推进党史学习。以学习中共党史为重点，在伟大的建党精神中汲取奋进力量。举办“百年奋斗路，肝胆相照情”庆祝中国共产党成立100周年网络知识竞赛，吸引2万余人次参与；开展庆祝中国共产党成立100周年、纪念辛亥革命110周年征文活动，收稿51篇；组织60名党员参加中共合肥市委统战部学习贯彻习近平总书记“七一”重要讲话精神报告会；向基层组织发放200册指定学习材料，号召广大党员学好用好“四史”。

筑牢思想阵地。发挥微信公众号、网站的宣传阵地作用，截至年底，“民革合肥市委会”微信公众号发布稿件185篇，在《团结报》《江淮时报》等主流媒体刊登稿件27篇。

【组织建设】 2021年，民革市级组织换届。上半年，各总支（基层委）完成换届。5个总支（基层委）主委均为新当选。8月，召开民革合肥市第十一届十七次常委（扩大）会议，讨论通过《民革合肥市委会2021年换届实施方案（草案）》《民革合肥市第十一次代表大会代表名额及代表产生办法（草案）》；9月，召开民革合肥市第十一届委员会述职和民主评议暨民主推荐会议，领导班子和班子成员分别述职。10月25日至26日，民革合肥市第十二次代表大会成功召开，会议审议通过民革合肥市第十一届委员会工作报告，选举产生民革合肥市第十二届委员会，实现政治交接，领导班子的年龄梯次、知识层面、专业结构、民革特色得到优化和提高。

全年发展新党员43名，其中民革特色党员占比达50%以上。加强党员队伍培养，推荐14名党员参加民革安徽省委、中共合肥市委统战部举办的各类培训，提升党员干部能力素质。用好民革党员之家，合肥民革党员之家获评民革中央“第二批优秀民革党员之家”。配合市、县（区）人大、政协换届，民革市委多方协商、推荐政治素质好、具有履职热情和代表性的党员担任各级人大代表、政协委员。

开展示范支部创建活动，提升基层组织建设的标准化和规范化水平。当年，1个支部获评全国“民革示范支部”，2个支部获评安徽省“民革示范支部”。

【作风建设】 2021年，民革市委制定《2021年民革合肥市委会作风建设年工作方案》，把坚持正确政治方向作为首要前提，建设作风优良的中国特色社会主义参政党地方组织。

筑牢思想防线。贯彻落实中共中央八项规定及其实施细则精神，坚决纠正“四风”。学习贯彻落实《各民主党派中央关于纪律处分工作座谈会纪要》《民革中央关于加强内部监督工作的意见》《中国国民党革命委员会纪律处分办法（试行）》，筑牢拒腐防变的思想防线和纪律防线。

健全工作机制。坚持把政治标准放在首位，贯彻执行民主集中制，健全工作机制，规范工作程序，建立健全领导班子述职和民主评议制度，构建科学合理、高效的述职和民主评议体系，提高领导班子及其成员解决自身问题的能力，提升领导班子建设水平和履职能力。

推进作风建设。加强统筹协调，抓好整改，确保作风转变落到实处，形成作风建设常态化机制。召开廉政工作会议，专项部署廉政工作。加强警示教育，掌握党员的思想动态，加强日常管理和内部监督，引领党员干部增强纪律意识和红线意识。提高机关干部的解决实际问题的能力和办文、办会、办事水平。

【参政议政】 开展调查研究。2021年，民革市委主要领导带队，先后深入肥东、庐江、蜀山等地走访调研，聚焦全面推进乡村振兴、中小微企业发展、基层社会治理等问题，走访27个调研对象，收集问题22条。各专委会、总支（基层委）和支部围绕全市经济社会发展大局，申报调研课题40条，提交调研报告16篇。民革市委组织《以文化为魂，让旅游更精彩——关于合肥市乡村文旅产业发展的调查与建议》《关于推进“双减”工作的意见建议》2篇调研报告，报送市委统战部。在市委统战部民主党派暨工商联专题调研工作评选中，民革市委报送的《加强业主委员会管理的思考与建议》《加快美丽乡村建设，助推乡村振兴》2篇调研报告分别获二等奖、三等奖。

做好“两会”建言。在安徽省人大十三届四次会议上，党员中的省人大代表提交建议7件，列为议案1件。在安徽省政协十二届四次全会上，党员中的省政协委员提交个人提案3件，其中民革市委主委谢海涛提交的《合肥市提高文化软实力，推进文化强市》一案，被列为大会重点提案，受到省委常委、市委书记虞爱华阅批督办。在市人大十六届四次会议上，党员中的市人大代表提交建议10件。在市政协十四届四次全会上，3名党员代表民革市委分别作《因地制宜解变局之“变” 释放活力谋合肥之“新”》《关于加快“中国安全谷”建设的建议》《对标对表长三角，加快推进合肥知识产权强市建设》口头发言，党员中的市政协委员提交个人提案54件，其中2件列为重点提案。

参与政党协商。民革市委主要领导在各类协商会、座谈会、情况通报会上，就推进安徽自贸区建设、社会治理能力提升、创新性文旅强市建设、跨境电子商务综合试验区建设等主题提出意见建议，就党委、政府的一些重要决策进行协商。在省政协专题协商会上，提交发言材料2篇。在省政协常委会上，提交发言材料1篇。在市政协委员资政会上，提交发言材料2篇。在合肥市社情民意座谈会上，提交发言材料1篇。在市政协对口协商会上，提交发言材料1篇并被列为口头发言。在市政协专题协商会上，提交发言材料1篇并被列为口头发言。在市政协常委会上，提交书面发言材料3篇。

提高信息质量。根据“一党员一季度一建言”要求，鼓励党员履职尽责，建言献策，并将建言情况纳入年度考核。执行社情民意信息“一季度一通报”制度，将报送、采用情况及时反馈给党员。2021年，全市民革党员提交社情民意反映信息1025篇，民革市委筛选上报百余篇，其中1篇被全国政协采用，2篇被民革中央采用，1篇被安徽省政协采用，14篇被民革安徽省委会采用，8篇被合肥市政协采用。

【社会服务】 开展服务乡村振兴专题调研。2021年，民革市委深入对口联系的庐江县就巩固拓展脱贫攻坚成果、做好与乡村振兴有效衔接开展专题调研。深入基层调研走访，找准乡村振兴民主监督工作的关键点和切入点，坚持问题导向、目标导向、效果导向，向中共合肥市委提出6条意见建议，协助党委政府开启新时代乡村振兴新篇章。

开展“博爱·牵手”活动。号召基层组织和广大党员投身疫情防控一线，树立民革党员好榜样。动员基层组织和广大党员走进社区、乡村和企业，开展政策宣讲、捐资助学、义务诊疗、帮扶送暖等活动，全年基层组织和广大党

2021年11月，民革市委赴庐江县开展乡村振兴专题调研

（民革合肥市委/供）

员开展各类公益活动20余次，捐款捐物近2万元。调动基层组织、党员和所联系人士积极性，探索创新帮扶模式，关爱困难党员，关心贫困群体，帮助解决实际困难，传递民革组织的关怀和温暖。

推进法律服务工作。依托党员中的社会和法制领域的专家学者及优秀人士，扩大民革法律服务工作影响力。15名律师志愿者参与安徽中山法律援助维权中心工作。全年“中山法律专家工作站”开展“送法进社区”活动4次，68名法律界党员开展法律咨询和普法活动180余次，参与调解案件200余起，法律援助案件近300件。

打造社会服务工作平台。将社会服务工作与弘扬中山精神相结合、与自身建设相结合、与参政议政相结合。推动党员法律专家开展法律服务，为促进社会法治建设贡献力量。依托合肥市民革企业家联谊会，促进党员企业共同发展，奉献社会。

【促进祖国和平统一工作】 2021年，民革市委贯彻落实民革中央对台工作要求，坚决捍卫一个中国原则和“九二”共识，坚决反对“台独”和外来干涉。密切与市台办等单位交流联系，加强合作，开展对台工作。加强与合肥市台湾同胞投资企业协会、刘铭传经济文化交流促进会工作联系。

深化对台交流交往。加强与台湾的民间交流，厚植同胞感情。与在合肥台胞、台商加强沟通交流，组织联谊、参观、学习等活动，深入在合肥台资企业开展调研走访，为在合肥台商投资、工作、学习提供服务。结合祖国统一工作实际，开展涉台课题研究，撰写调研报告。各基层组织通过与涉台部门开展联谊活动，走访台资企业、慰问抗战老兵等形式，联系在肥台胞，巩固情谊。

（张晓倩）

中国民主同盟合肥市委员会

【概况】 2021年，中国民主同盟合肥市委员会（以下简称“民盟市委”），下辖1个基层委员会，7个总支部，18个基层支部。截至年底，全市有盟员1256人，平均年龄54.58岁，其中在职盟员897人，占71.42%；主体界别928人，占73.89%；中级职称以上1018人，占81.05%。盟员中省人大代表1人，省政协委员1人（常委1人），市人大代表3人（常委2人），市政协委员24人（常委5人）。

2021年民盟市委被民盟中央、民盟省委评为“纪念中国民主同盟成立八十周年先进集体”。

【思想建设】 2021年，民盟市委教育引导盟员坚持中国共产党的领导，筑牢多党合作思想基础，坚决拥护“两个确立”，始终做到“两个维护”。结合庆祝中国共产党成立100周年、中国民主同盟成立80周年，开展中共党史学习教育，先后开展红色经典诵读会、主题征文、书画摄影展、座谈会、拍摄盟史视频《合肥和平解放》和盟员风采视频等活动，寓思想政治教育于活动之中。制定《关于加强思想政治建设和宣传工作的意见》，开通合肥民盟微信公众号，在“一网一号一刊”（即合肥民盟网站、盟员工作群、《合肥盟讯》）的基础上，拓展丰富宣传平台，宣传重大会议精神，发布统一战线理论、盟史、盟章等资料和盟员先进事迹，发挥宣传阵地的思想引领作用，坚持用新理念新思想引领广大盟员，自觉践行社会主义核心价值观。民盟市委获评民盟中央“民盟思想政治建设和宣传工作先进集体”。

【组织建设】 2021年，民盟市委发展新盟员31人，净增率1.37%，其中女性18人，中级以上职称19

人，主体界别21人，平均年龄36.32岁。新盟员呈现出学历层次高、职称高、年轻化的特点。

深化基层组织建设。完成蜀山区总支、庐阳区总支换届，成立民盟合肥一六八中学支部，完成文艺支部、八中支部、包河区总支实验学校支部领导班子调整工作。修订《民盟合肥市委先进支部及优秀盟员评选办法》，开展先进评选活动，6个先进支部和10名优秀盟员获表彰。成立瑶海区“盟员之家”。在民盟省委庆祝中国民主同盟成立80周年大会上，民盟市委、民盟合肥市直机关综合支部、民盟合肥蜀山总支、民盟合肥包河总支获评“先进集体”，18位盟员被评为“优秀盟员”，2名民盟市委机关干部被评为“优秀盟务工作者”。

完成民盟市委换届工作。10月19日至20日，中国民主同盟合肥市第十二次代表大会召开，完成市委会新老班子政治交接。

强化作风建设。开展领导班子民主生活会，开展批评与自我批评。成立民盟合肥市监督委员会并制定工作办法。改进会风，巩固精文减会成果，提高作风建设水平。

【参政议政】 2021年，民盟市委坚持把参政议政作为第一要务，发动全体盟员，围绕中心，服务大局，建言献策，尽责履职。在民盟省委2021年参政议政工作会议上，民盟市委获评“参政议政工作模范集体”，1人被评为模范个人，3人被评为先进个人，3人被评为优秀个人。在民盟市委2021年参政议政先进评选中，市直机关综合支部等6个基层盟组织被评为先进集体，10人被评为先进个人，巢湖基层委被评为优秀组织奖。

开展专题调研。围绕乡村振兴、城市公共空间、现代种业之都、新能源汽车、托育体系建设、“双减”政策课后延时服务、文化产业升级等成立专题调研组，形成7篇重点调研报告，参政议政工作保持民盟全省先进行列。6月，在市民主党派工商联2020年度专题调研工作通报会上，《关于打造合肥市集成电路千亿产业集群的调研报告》获得一等奖，《关于加强合肥市农村养老服务体系建设的调研报告》获得二等奖，民盟市委获“组织奖”。5篇调研报告作为市社情民意座谈会和市政协委员资政会发言材料。

履职建言“两会”。在市十六届人大四次会议和市政协十四届四次会议上，盟员人大代表、政协委员上报议案、提案54件，其中集体提案7件。民盟市委报送的《多措并举 让农村老人拥有幸福晚年》被选为大会口头发言，并被评为优秀重点提案，3份个人提案被评为优秀提案。在2021年度政协委员履职考核中，7位盟员被评为优秀。在十四届市政协委员评选中，2名盟员获评“杰出政协委员”，2名盟员获评“优秀政协委员”。

反映社情民意。全年收集社情民意202篇，向民盟省委、市政协修改报送92篇，其中被民盟中央采用3篇，被市政协采用6篇，获副省长邓向阳批示1篇，4篇社情民意被《中国政协》《人民政协报》《团结报》刊载。1名盟员被市政协评为“优秀信息撰稿人”。协助制作“政协论坛”节目——《三点半课堂》，为完善合肥市课后延时服务建言献策。

开展论坛征文。组织盟员参加民盟中央、民盟省委、市委统战部举办的各类论坛和征文活动。在民盟省委教育、文化、经济论坛上，获二等奖5篇、三等奖5篇，民盟市委获文化论坛优秀组织奖。在民盟省委“我与民盟”庆祝民盟成立80周年征文中，获一等奖3篇、二等奖4篇、三等奖4篇。承办民盟省委2021年度教育论坛，获得民盟省委和兄弟市委会的认可。

2021年11月11日，民盟合肥市委“农村教育烛光行动”走进陶楼中心学校

（民盟合肥市委/供）

【社会服务】 助推乡村振兴。2021年，民盟市委成立专题调研组，重点围绕都市近郊型乡村振兴工作，在长丰下塘、义井和庄墓等乡镇开展调研，并形成调研报告为市委市政府决策提供支持。在民盟中央脱贫攻坚总结表彰大会上，2名盟员被评为“脱贫攻坚先进个人”，1名盟员被评为“脱贫攻坚民主监督先进个人”。在民盟省委脱贫攻坚总结表彰大会上，巢湖基层委、市直机关综合支部获评“脱贫攻坚先进集体”，9名盟员被评为“脱贫攻坚先进个人”；民盟市委、机关支部获评“脱贫攻坚民主监督工作先进集体”，8名盟员被评为“脱贫攻坚民主监督工作先进个人”。

开展教育助学活动。9月，民盟市委赴庐江县新民初级中学开展捐资助学活动，邀请盟内教育专家为作《如何实现教师专业化的目标》专题讲座。民盟合肥学院总支、瑶海综合一支部、四十中支部、十中支部等基层组织开展慰问助学活动。

创立“美美与共”社会服务站。民盟市委“美美与共”社会服务站在瑶海区全椒路社区率先挂牌，探索社会服务新形式，先后开展心理健康讲座、义诊、反诈宣传进社区、居民社情民意座谈会等系列活动。

开展特色社会服务。包河总支打造“童萌教育服务站”“同舟教育服务站”“四六空间教育专家工作站”等品牌，面向教师、家长、儿童，坚持常态化提供义务辅导讲座，得到广大师生和家长的好评。巢湖基层委、蜀山总支等基层组织开展一系列进校园、进社区活动，体现各级盟组织和广大盟员高度的社会责任感，扩大民盟的影响力。

（吴　雷）

中国民主建国会合肥市委员会

【概况】 2021年，中国民主建国会合肥市委员会（以下简称“民建市委”）下辖5个基层委员会，3个总支部，10个直属支部，1个老年委员会，6个专门工作委员会。全年发展会员56人，平均年龄38.07岁，其中，经济界人士51人，企业法人10人，新阶层人士20人，专家学者3人。截至年底，会员总数为1227人，平均年龄50.9岁。经济界人士1002人，占比81.7%；中级以上职称442人，占比36%；大专以上学历1141人，占比93%；女会员423人，占比34.5%。

会员中，担任全国人大代表1人，省政协委员3人（其中常委1人），市级人大代表13人（其中副主任1人），市级政协委员37人（其中常委7人），县（区）人大代表27人（其中副主任1人，常委4人），县区政协委员105人（其中副主席4人，常委17人）。

会员中，厅级领导2人，县处级17人。有41人担任各级党风党纪监督员、特约行政执法监督员、机关效能建设监督员、同心智库专家团、律师团等各类社会特约职务。

在民建中央脱贫攻坚表彰大会上，民建市委获评民建中央参与脱贫攻坚先进集体。在民建安徽省委的评比表彰中，民建市委获评2021年度全省先进市委，获全省参政议政工作先进集体一等奖、反映社情民意工作先进集体一等奖、新闻宣传先进单位一等奖、全省理论研究工作组织奖。市级评比中，获市各民主党派工商联专题调研组织奖，市政协集体提案优秀单位表彰。

【思想建设】 政治理论学习。2021年，民建市委健全常委班子政治理论学习机制，促进“关键少数”理论学习常态化、规范化。开展中共党史学习教育，召开动员部署大会，印发《民建合肥市委开展中共党史学习教育实施方案》，学习宣传贯彻习近平总书记在党史学习教育动员大会和在庆祝建党100周年大会上的重要讲话精神。

宣传和理论研究。健全新闻宣传先进个人表彰制度和外宣奖励制度，强化正面激励。突出宣传策划，全年在《合肥民建》和市委网站编发各类稿件400余篇，在《民讯》、团结网、《江淮时报》、凤凰网等媒体发稿150余篇，在全省市级组织中发稿量排名第一。动员会员参加民建中央、省委，省市统战系统的理论研究征文活动，形成一批高质量的理论研究成果，1篇获民建中央理论征文三等奖，1篇获优秀奖，3篇获民建省委表彰。

【组织建设】 领导班子建设。2021年，民建市委落实民建中央“履职能力建设年”部署，制定工作计划，听取基层组织和会员意见，召开专题民主生活会，列出问题清单，推进整改落实。落实班子成员联系基层支部、工委会和会员机制，全年班子成员参加各类组织活动近百次。班子成员领衔重点调研课题，提交参政议政成果19篇，发展新会员9人。

完成市级组织换届。在第十四次代表大会上，选举产生新一届市委领导班子和监督委员会成员，选举出市委委员30人。

加强基层组织建设。召开组宣工作会议、基层组织建设经验交流会，促进基层组织比学赶超；以“十佳支部”考评为抓手，规范组织活动；支持基层组织跨地区开展学习交流共建，提升支部建设水平。与民建省直工委共建民建省直企业家二支部，搭建省市会员交流的平台。新成立合肥职业技术学院支部，发挥高校会员优势，优化基层组织架构。在巢湖基层委、瑶海区基层委打造“会员之家”，提升会员活动规范化建设水平。

【参政议政】 开展课题调研。2021年，民建市委完善课题立项制度，完善基层组织、工委会和机关的平台建设，发挥人大代表、政协委员、专家学者、骨干会员的主力作用，聚焦科技创新、乡村振兴、南淝河改造提升、主城开发区高质量发展等课题开展调研，立项并结项13个课题，形成《水润合肥 让城市迸发青春活力》《创新驱动发展环境下长三角民营企业科技支撑体系比较研究》等26篇调研成果。

反映社情民意。健全社情民意信息反馈机制，通报基层组织社情民意信息工作采用情况。邀请专家学者深入基层组织开展培训。对涉及专业领域的稿件，定向约稿把关质量。全年社情民意信息1篇被民建中央采用，2篇被省政协采用，38篇被民建省委采用，采用量稳居全省市级组织第一位。

注重转化运用。《关于提高巢湖流域防洪能力的建设》转化为民建省委提案，被列为省政协主席年度重点督办提案；《民建市委赴深圳调研的学习与启示》报告，得到市委副书记、市长罗云峰的肯定，并批示相关市直部门研究落实；《进一步放宽安徽自贸试验区内企业名称登记限制》被省政协采用，并专报相关副省长；《构建特色人才政策体系 做强安徽人才生态产业链》等6篇调研成果被转化为省政协专题协商会材料；《建筑智能化人脸识别技术应用过程中的个人隐私保护》等4篇被转化为市政协十五届一次大会、市委社情民意座谈会和市政协委员资政会发言材料。4篇提案被表彰为市政协十四届四次会议优秀提案。

【社会服务】 助力乡村振兴。2021年，民建市委投身美丽乡村建设，号召企业家会员、骨干会员捐款、捐建项目，消费扶贫，全市会员捐款360余万元，开工建设南鲁文体广场等项目。对口帮扶市统一战线“同心示范工程”示范点八斗镇陆还村，为南鲁村捐赠KN95口罩2万只，春节慰问陆还村、南鲁村高龄老人、困难群众和驻村扶贫干部。

打造品牌项目。打造四个主城区民建同心社区服务站，全年四个服务站开展特色活动45次，收集社情民意10余条。做好“让企业家会员走出去”品牌，开展“百名企业家会员肥东行”系列活动。

做好“两个服务”。全年市委班子走访会员单位及会员企业30余家，摸排企业困难和问题，向党委政府及相关部门反映情况、提出建议，维护会员权益。多次邀请专家学者、市直单位领导为企业家会员作宏观经济展望、政策分析、法律知识等专题讲座，助力企业高质量发展。创建企联会微信小程序，搭建企业交流合作新平台。

（崔维维）

2021年3月19日，民建合肥市参政议政工委会2021年工作会议召开（王建/摄）

中国民主促进会合肥市委员会

【概况】 中国民主促进会合肥市委员会（以下简称“民进市委”）下辖1个基层委员会，7个总支部委员会，49个支部委员会。2021年发展新会员39名。截至年底，会员总数865人，平均年龄54.2岁。会员中大学本科以上学历者占76.53%，中高级职称者占86.71%。会员界别为：高等教育、基础教育、科学技术、医药卫生、文化艺术、出版传媒、经济、新的社会阶层人士、人大和政协机关、政府机关、司法机关、社会团体和党派机关等。有省人大常委会委员1名，省政协委员2名（其中常委1名）；市人大代表4名（其中常委1名），市政协委员19名（其中副主席1名，常委7名）；各县（市、区）人大代表、政协委员44名（其中区人大常委会副主任1名、委员2名，政协常委8名）。全会有34人次会员应邀担任各级各类社会特约职务。

2021年，民进市委为中国民主促进会合肥市第八届委员会，有市委委员30人。

【思想建设】 2021年，民进市委制定《民进合肥市委理论学习中心组学习规则》，推进中心组学习制度化、规范化。倡导学习之风，引导全体会员在思想上和行动上自觉地与中国共产党同心、同向、同行。

开展主题教育活动。开展“多党合作·民进记忆”——庆祝中国共产党成立100周年主题征文活动，评选出一等奖1篇、二等奖2篇、三等奖3篇、优秀奖10篇。开展“民进青年对党说”主题视频录制的活动，表达对中国共产党成立100周年的生日祝福。组织机关干部开展中共党史系列学习活动。组织会员参加省委会建党百年经验启示征文活动，报送3篇征文。

建设宣传阵地。贯彻落实《中国民主促进会宣传思想工作条例》，优化网站宣传版面，突出主题，新设板块专题宣传党史学习教育活动。向民进中央、省委会，省市政协和省市委统战部报送各类新闻稿件、理论文章200余篇，在中央和省市级媒体上刊发稿件100余篇。

推动理论研究。召开2021年度合肥民进参政党理论研究会工作会议。响应民进中央理论研究课题招标工作，所申报课题《民进加强思想引导工作研究》中标，通过会中央结题评审。参加民进安徽省理论研究与宣传工作会议并作为先进单位代表发言。民进合肥市委获2019—2020年度民进安徽省理论研究先进单位和宣传工作先进单位两项表彰，1名会员获评“民进安徽省理论研究工作先进个人”，1名会员获评“民进安徽省宣传工作先进个人”。

【组织建设】 *换届工作*。2021年，民进市委完成1个基层委和6个总支的换届工作。新一届基层班子成员文化程度、年龄结构得到改善，政治素质和工作能力实现提升。遵循人事酝酿、民主推荐、多方协商、组织考察、会议选举等各程序要求，召开民进合肥市第八次代表大会，选举产生民进合肥市第八届委员会，完成政治交接。

人才队伍建设。落实会员发展规划，并协助省委会进行民进发展会员工作总体情况调研。全年发展新会员39名，其中研究生学历7人。做好年轻会员干部初步人选等各类统计和信息采集工作；做好十五届市政协委员推荐、考察工作；做好民进安徽省委青年工作委员会委员建议人选推荐工作，1名会员任民进安徽省青工委副秘书长。举办市委委员、基层组织负责人培训班，推荐7名会员参加市委统战部贯彻《中国共产党统一战线工作条例》培训班，推荐2名会员参加市委党校2021年秋季学期党外干部培训班，推荐6名会员参加2021年全省民主党派基层组织负责人培训班。新推荐2名会员担任合肥市税务局党风廉政特邀监督员。开展2019—2020年度先进基层组织和优秀会员评比，表彰做出突出贡献的先进基层组织6个，优秀会员84名。

【参政议政】 2021年，民进市委召开议政调研工作会议，紧扣年度调研课题，组织开展重点调研，全年完成高质量调研报告《关于给予生育两个或三个子女家庭经济补助的建议》《关于加快科技创新攻坚力量体系建设的建议》《创新引领现代种业之都建设》等27篇。在各民主党派工商联专题调研评比中，《打造创新策源地，构建发展新格局》获专题调研成果三等奖。

协商建言。多次参加省市政党协商、政府协商和政协协商，围绕重点专题，协商建言。向省民进上报3个2021年民进中央及省政协重点协商课题成果。在各类协商会上，《打造“幸福商业圈”，提振社区消费幸福力》被选为省政协“全面拓展消费需求”专题协商会书面发言，《关于深化林长制创新，为安徽经济健康发展提供优质生态保护的建议》被选为省政协深化新一轮林长制改革月度专题协商会书面发言。《健全完善居民议事堂，打造“社区管理公益智库”》被选为市政协“民族乡村协商民主建设”对口协商会口头发言，《创新小区治理模式　筑牢和谐社会根基》《关于进一步规范小区物业管理，提升城市基层治理水平的建议》等5篇被选为市政协“强化民主协商，创新小区治理”议政性常委会书面发言，《从宁波老外滩街区建设看合肥文化街区的创变思路》被选为市政协“加快把合肥建

设成全国一流的创新型文旅强市”专题协商会书面发言，《多措并举，大力推动种子产业区域化发展》等4篇被选为2021年合肥市政协委员资政会书面发言。

两会履职。在省政协十二届四次会议上，提交集体提案1篇。在市政协十四届四次会议上，《合肥高质量发展呼唤江淮工匠》《让教育点亮孩子的成长明灯》被选用为大会口头发言。有53件提案被立案，其中集体提案12件，个人提案41件。《关于巩固脱贫成果，加速合肥市农业农村现代化建设的建议》被中共合肥市委主要负责同志重点督办，《关于构建高效能网格化治理体系，提升市域社会治理现代化水平的建议》等2件集体提案被市领导重点督办。《关于构建高效能网格化治理体系，提升市域社会治理现代化水平的建议》《关于巩固拓展脱贫攻坚成果同乡村振兴有效衔接的建议》被评为优秀提案。市委会获评合肥市政协十四届四次会议集体提案优秀单位，8名会员被评为优秀市政协委员。在县区人大、政协大会上，提交大会发言和提案议案48件，6名会员被评为县区优秀政协委员。

信息工作。围绕“反映社情民意信息”主题年工作重点，召开社情民意信息专题培训，提升社情民意信息工作的理论水平和实践能力。全年修改上报社情民意信息147篇，被采用42篇。2名会员被评为“2021年民进全国反映社情民意信息工作先进个人”，1个基层组织被评为“民进安徽省反映社情民意信息工作先进集体”，2名会员被评为“民进安徽省反映社情民意信息工作先进个人”。

【社会服务】 *民主监督*。2021年，民进市委贯彻落实省委、省政府关于“推动安徽乡村振兴继续走在全国前列”的部署要求，成立专题调研组赴肥西县山南镇长庄村和铭传乡启明村，开展推进合肥市全面脱贫与乡村振兴的有效衔接、打造乡村全面振兴的“合肥样板”民主监督调研，并在市乡村振兴工作情况通报协商会上建言献策。开展“不忘初心牢记使命、做好表率走在前列”大调研暨民主监督活动。推荐会员及基层组织参加民进全国脱贫攻坚民主监督评选，1名会员获“民进全国脱贫攻坚民主监督工作先进个人”。

服务社会。依托“12345”市长热线，开展“进社区，共建和谐”活动，组织从事教育、医卫和法律工作的会员，为市民提供政策咨询、法律援助、健康体检、免费义诊等服务；连续第14年开展“送医送药”品牌活动，组织会内12名医生专家前往长丰县吴山镇百花社区进行义诊，接待群众130余人次，并为两位五保户老人发放药品和慰问金。各基层组织开展公益活动20余项。民进市委获评“民进全国社会服务暨脱贫攻坚工作先进集体”和“民进安徽省社会服务暨脱贫攻坚工作先进集体”，1名会员获评“民进全国社会服务暨脱贫攻坚工作先进个人”，3个基层组织获评“安徽民进社会服务暨脱贫攻坚工作先进集体”，8名会员获评“安徽民进社会服务暨脱贫攻坚工作先进个人”。

（高　雅）

2021年11月2日，民进合肥市委赴肥西县山南镇开展乡村振兴调研

（民进合肥市委／供）

中国农工民主党合肥市委员会

【概况】 中国农工民主党合肥市委员会（以下简称“农工党市委”）成立于1959年6月14日，是以医药卫生、人口资源和生态环境领域高中级知识分子为主，由一部分社会主义劳动者、社会主义事业建设者和拥护社会主义的爱国者组成的，具有政治联盟特点的中国特色社会主义参政党。2021年，农工党市委为第十二届委员会，有主委

1名，副主委4名，常委16名，委员41名。

截至年底，全市农工党党员942名，男430人，女512人，平均年龄54.7岁。其中医药卫生、人口资源、生态环境界别的550人，占比58.4%；中高级职称809人，占比85.9%。大学以上学历660人，占比70.1%。其中，博士研究生10人，硕士研究生115人，大学学历535人。

党员中省人大代表3人、省政协委员4人（其中常委1人）、市人大代表5人（其中常委1人）、市政协委员23人（其中副主席2人，常委5人；农工党界别18人、工商联界别1人、医卫界别2人、教育界别1人、文化艺术界1人）、区县级及巢湖湖市人大代表16人（副主任1人、常委4人）、区县级及巢湖市政协委员62人（其中常委9人）。

【思想政治建设】 2021年，农工党市委学习贯彻中共中央、省市委决策部署，学习习近平新时代中国特色社会主义思想，学习党的十九届五中、六中全会精神，及时跟进学习习近平总书记最新重要讲话精神，学习中共合肥市第十二次党代会精神、中共安徽省第十一次党代会精神。组织学习《中国共产党统一战线工作条例》和中共中央“三个文件”等重要文件精神，开展“不忘合作初心，继续携手前进”主题教育活动，教育和引导广大农工党员始终牢记“国之大者”，坚决拥护“两个确立”，坚定践行“两个维护”，始终在思想上、政治上、行动上同以习近平同志为核心的党中央保持高度一致。开展中共党史学习教育。结合庆祝中国共产党成立100周年活动，开展参政党建设理论、人民政协理论、新型政党制度理论研究，选报优秀理论研究文章，获得农工党中央理论研究优秀奖。发挥市委会“一刊两网”的作用，传达上级组织精神，反映市委会、基层组织的工作情况，宣传农工党员先进事迹和参政议政成果。农工党市委网站编发稿件164篇，内刊《合肥农工》编发稿件184篇，市委会微信公众号编发192期，在省级以上主要媒体发表宣传报道24篇。

【组织建设】 2021年，农工党市委贯彻落实中共中央关于参政党的“三个文件”精神，加强自身建设。

*完成市级组织换届。*市委会机构成员和班子成员均全票当选。新一届班子成员中，新提名一名副主委。新一届41名委员中，新提名的有14人，占34%；医疗卫生界20人，占48%；年龄结构上，70后的15人，80后9人。

*做好组织发展。*全年发展新党员28名，其中医药卫生、人口资源和生态环境主界别的党员有18人，占比64.3%，中高级职称17人，占比60.7%。

*推进代表人士队伍建设。*有2名农工党员分别担任区法院副院长、区检察院副检察长。2名农工党员分别担任蜀山区政府副区长、肥西县政府副县长。政治安排上，担任区级人大代表、政协委员的农工党党员人数得到增加，区（县）政协委员筑梦青春建功，主动担当作为62人，较上届区（县）政协委员增加27人、区（县）人大代表增加10人。

*强化基层组织建设。*开展基层组织换届。农工党合肥市委现下设5个基层委员会，含2个总支、30个支部。本次换届调整19个基层组织的班子成员。换届完成后，各基层组织委员会成员111人，平均年龄为46.7岁，其中主委中80后4人、70后10人、60后9人。女性委员58人，占比52.3%；本科及以上学历98人，占比88.3%；中高级以上职称95人，占比85.6%。成立四个城区基层委。

【参政议政】 2021年，农工党市委参加市委、市政府、市政协组织召开的民主协商会、座谈会和通报会，就合肥市贯彻落实中央、省委决策部署、重要人事安排、经济社会发展重要规划、中共合肥市党代会报告和政府工作报告等重大议题，建言献策。围绕省、市政协重点民主协商课题，开展调研，组织参加各类会议协商。聚焦“加快新能源汽车暨智能网联汽车产业发展，打造具有全国影响力的产业集群”“推进种子产业创新，打造合肥现代种业之都”等课题，分别向市委社情民意座谈会、市政府市政协委员资政会提交4篇会议发言材料。聚焦“加快合肥市环境产业发展”调研，提交发言材料，在市政协常委会专题协商会上作口头发言。围绕“促进科技成果就地交易、就地转化、就地产业化”议题，座谈调研，在市政协对口协商会上提出针对性建议。

在市政协十四届四次会议期间，组织农工党界别政协委员提交35件提案，其中集体提案10件，内容涵盖社区基层治理、疫情防控体系建设、生态环境保护、进一步推动长三角一体化等热点难点领域。集体提案“关于推进市政建设领域建筑信息模型技术应用的建议”、个人提案“关于加快智慧小区建设，提升智能化治理水平的

2021年6月2日，农工党合肥市委会组织农工党员医生专家在蜀山区小庙镇马岗村开展义诊活动（汪雨琦／摄）

建议”“关于推进共享错时停车模式，提高停车资源高效利用的建议”3件提案经考核为市政协优秀提案。2名市政协委员经考核为市政协优秀等次。

做好社情民意信息工作。2021年，上报各类社情民意150多篇，其中中央统战部《零讯》采用1篇，农工党中央采用17篇，全国政协采用7篇，省政协、省委统战部采用10篇，农工党省委采用76篇，市政协采用8篇，多篇信息建议得到省市领导的批示。

开展专题调研。围绕“加快科技创新攻坚力量体系建设”“中医药制剂智慧平台建设”“乡村田园综合体建设”“加快新能源+储能产业发展”等课题，开展专题调研，形成10余篇调研报告。在年度全市各民主党派、工商联专题调研优秀成果评选中，提交的《关于健全合肥市公共卫生应急管理体系的调查与思考》获得一等奖，《关于合肥市生物医药产业发展中几个具体问题的调查与思考》获得二等奖。农工党合肥市委再次获得“专题调研优秀组织奖”。

启动专项民主监督。总结脱贫攻坚民主监督工作经验，宣传合肥市农工党员助力脱贫攻坚事迹，探索符合党派实际的专项民主监督机制。围绕巩固脱贫攻坚成果及实施乡村振兴战略开展调研，带队赴巢湖市尖山湖逸趣园考察，提交调研报告，在加大配套设施建设、发展休闲农业生态农业、进一步激活农村资源要素等方面提出建议。启动谋划对口巢湖市开展巢湖生态环境保护专项民主监督，发挥农工党界别的人才专业优势，开展协商会商，推动政策落实。

【社会服务】 2021年，农工党市委参与常态化疫情防控工作。组织开展“撑起希望的明天——《民法典》助残解读讲座”“残疾儿童免费体检”“关爱老人健康义诊”“心系大别山爱心捐赠”“驰援河南参加志愿活动或捐款捐物”等各类社会服务活动，增进民生福祉。开展环境健康宣传周活动，组织农工党医护人员赴蜀山区小庙镇马岗村义诊，免费发放药品，服务群众120余人次，受到群众欢迎。市委会获评农工党中央“农工党脱贫攻坚民主监督工作先进集体”“农工党脱贫攻坚工作先进集体”，戴夫主委获评“2021年农工党中央脱贫攻坚先进个人”。

（王　娟）

中国致公党合肥市委员会

【概况】 2021年，中国致公党合肥市委员会（以下简称“致公党市委会”）下设2个基层委员会、4个总支部委员会，2个直属支部委员会；全市各级组织23个。2021年，致公党市委会为中国致公党合肥市第六届委员会，有市委委员13人。致公党市委会下设4个专门委员会，分别为：参政议政专委会、社会服务专委会、对外联络专委会、青年专委会。

2021年发展党员13名。截至年底，全市党员341人，其中，本科以上学历286人，占党员总数83.87%；有侨海关系299人，占党员总数87.68%；高级职称131人，占党员总数38.42%。党员中担任致公党中央委员1人，致公党安徽省委委员2人（省委常委、省委副主委1人）。各级人大代表、政协委员80人次，占党员总数23.46%，其中市级人大代表5人（含市人大常委1人）、区人大代表6人（其中常委4人）；全国政协委员1人、省级政协委员2人、市级政协委员13人（含市政协常委3人）、区级政协委员53人（含区政协副主席3人、区政协常委11

人）。党员中担任厅局级领导职务1人、县处级职务9人。

致公党市委会获评“致公党中央脱贫攻坚先进集体”，致公党安徽省委会“同心示范工程先进集体”，1名党员获评“致公党中央脱贫攻坚先进个人”。7名党员获评“同心示范工程先进个人”。

【思想建设】 政治理论学习。2021年，致公党市委会组织召开主委会、全委（扩大）会19次，举办合肥致公小课堂专题学习报告会，学习贯彻习近平新时代中国特色社会主义思想，学习贯彻党的十九届六中全会精神、习近平总书记在庆祝中国共产党成立100周年大会上的重要讲话精神、习近平总书记关于加强和改进统一战线工作的重要思想及《中国共产党统一战线工作条例》等，用马克思主义中国化最新理论成果武装头脑、指导实践。传达学习中共安徽省第十一次党代会、中共合肥市第十二次党代会精神，传达学习全国和省市“两会”精神、致公党中央和致公党省委重要会议精神等。组织党员参加省民主党派“同心讲堂”、省委会“致公讲堂”、全市统一战线“同心论坛”，筑牢团结奋斗的共同思想政治基础。

宣传和理论研究。坚持正确政治导向，全年编发手机报50期，市委会网站发稿130篇。其中，在省级以上媒体发稿58篇，1篇稿件刊登于《光明日报》，7篇刊登于《团结报》，4篇刊登于《团结网》，《安徽致公》微信公众号推送信息28篇，6篇稿件发表在《安徽致公》杂志上，4篇稿件刊登于《江淮时报》。市委会于6月正式开通官方微信公众号。聚焦庆祝中国共产党成立100周年，发动市属组织和市委会机关开展理论学习研究，参与致公党中央和市委统战部理论文章征集。围绕“统一战线工作”组织开展主题征文竞赛，组织党员学习贯彻党的十九届六中全会和省第十一次党代会精神并撰写理论文章。参与市委统战部“微心愿”征集活动。

【组织建设】 2021年，致公党市委会以换届工作为重点，将换届工作贯穿于代表人士队伍建设、基层组织建设等各个方面，规范工作程序、加大培训力度、加强工作指导，组织建设取得新成绩。

加强领导班子建设。致力于提高领导班子“五种能力”。讲政治，重担当；讲奉献，重团结；讲规矩，重制度。坚持以身作则，带头践行和谐致公理念，贯彻民主集中制。领导班子成员多次开展谈心谈话活动。

完成市属组织换届工作。2021年上半年完成7个市属组织的换届工作。选出61名市属组织委员，换届后，市属组织委员平均年龄43.9岁，比上届平均年龄年轻10岁。市属组织班子的文化程度、年龄结构得到改善。市属组织换届工作得到市有关方面肯定。

完成市委会换届工作。2021年8月，市委会正式启动市委会换届工作，于10月27日选举产生致公党合肥市第六届委员会。换届后，致公党合肥市第六届委员会规模为13人（含区划调整单列职数3人），其中，主委1人，副主委5人（其中区划调整单列职数2人）。委员平均年龄48岁，其中女性5人，占比38%，具有中级以上职称9人，占比69%，研究生以上学历10人，占比77%，从组成结构上看，教育、医卫、党派群团、政府各占一定比例，班子结构和年龄梯次得到优化。

加强党员队伍建设。全年新发展党员13人，其中具有中级以上职称的6人，占46.2%；研究生以上学历9人，占69.2%（其中博士研究生学历1人，占7.7%）；有海外关系的13人，占100%；涉及医卫、教育、科技、政府等多个领域，具有较强的代表性。

推进党内监督和廉政建设。市委会监督委员会成员全程列席监督市委会、市属组织及下属支部全部换届会议，参与人数达30人次。主动接受纪检组的检查。

【参政议政】 议政建言参加民主协商。2021年，致公党市委会领导班子成员多次参加市委、市政府及市委统战部召开的专题协商座谈会、党外人士座谈会、情况通报协商会、征求意见协商会，就市“十四五”规划、市党代会报告、市政府工作报告、党风廉政建设和反腐败工作、巩固脱贫攻坚成果与乡村振兴有效衔接等提出意见建议，得到市委、市政府肯定，相关建议被采纳。

围绕中心建言献策。全年向全国和省市“两会”提交大会发言、提案、议案和建议53件。其中，全国政协提案1件；省政协口头发言4件，书面发言12件，省政协提案8件。市人大议案2件，市政协口头发言1件，市政协提案25件。

开展课题调研。全年开展11项重点课题调研，完成22篇高质量调研报告。《以“文化合肥”推进合肥国家中心城市建设》《安徽省跨境电商业务发展问题与建议》《建设“数字农业”为长三角一体化发展做出新贡献》《“十四五”期间优化营商环境的建议》《促进小农户和现代农业发展有机衔接的安徽样板》《关于推进安徽省乡村人才振兴的调研与建议》《发展新业态模式打造新型消费强省》《扩大中等收入群体增强居民消费能力》《提升跨境电商发展水平助推安徽自贸试验区建设》《健全适合乡村特点的人才培养机制》等10篇得到省领导批示。6月，市委会获“全市民主党派工商联专题调研优秀组织奖”。

反映社情民意。2021年向致公党中央、省委会报送社情民意信息163篇次。其中，被致公党中央采用5篇，省委会采用33篇，省政协采用1篇，全国政协采用1篇。《加强淮河流域文化资源调查研究打造淮河文化品牌的建议》被省政协《社情民意》第113期采用并得到省领导批示。信息报送量、采用量均位居省属组织首位。

【对外联络】 推进服务海归工作。2021年，致公党市委会承办“2021江淮海归高峰对接会”，发挥留学归国人员优势，吸引优秀海归人才来皖创新创业，分享安徽发展的战略机遇。30余名高层次归国留学人员参加对接会，6个项目和7个基金在会上达成合作意向，对接会取得成效。

开展“侨”“海”调研。组织开展“海归创新创业”有关方面调研，围绕现有的政策扶植措施、创新创业环境等问题，联合部分海归企业家开展座谈交流、参观考察等活动，撰写《在肥归国留学人员创新创业情况调研报告》。参加市委统战部主持召开的海外统战暨侨务工作会议，就如何促进侨务工作走深走实建言献策。

进行对外联络交流。接待中共淮南市委统战部、致公党淮南市委会一行调研“海归驿站”瑶海站，并召开座谈会，围绕如何进一步发掘侨务资源，打造致公侨海特色展开讨论和交流。

2021年6月22日，由致公党市委会联系协调的合肥市南门小学金寨同心校区揭牌

（致公党合肥市委会／供）

【社会服务】 2021年6月22日，“合肥市南门小学金寨同心校区”“合肥市南门小学教学实践基地”正式揭牌，同心小学正式成为南门小学分校区。庐阳区委、区政府及南门小学向同心小学捐赠价值近50万元的护眼灯具、多媒体教学设备、学习用具等。12月10日，由致公党市委会牵线，合肥市南门小学与安徽省广善公益服务中心共同为天堂寨同心小学筹资捐赠539个温暖包。4月7—8日，致公党市委会联系协调合肥学院、合肥幼儿专科高等学校，与天堂寨同心小学、天堂寨中心幼儿园签订合作共建协议，分别在同心小学、中心幼儿园设立教学指导点，组织合肥学院、合肥幼教集团优秀师资驻点开展支教帮扶。通过开展人才培训、委托培养、课程进修、咨询服务、信息交流等常态化合作共建活动，形成从幼儿园到职校、高校的教育帮扶体系。

（许　珂）

九三学社合肥市委员会

【概况】 2021年，九三学社合肥市委员会（以下简称“市九三学社”）落实“人才强社”战略，发展新社员31人，其中，博士7人、硕士研究生10人、高级职称14人，女社员13人，平均年龄38.5岁。市九三学社下设瑶海、庐阳、蜀山、包河、巢湖5个基层委员会（31个支社）、1个机关直属小组。社员总数739人，平均年龄50.8岁，其中，高级职称395人，占社员总数的53.5%，女社员269人，占社员总数的36.4%。社员中担任九三学社安徽省委委员3人（常委1人），副处及以上职务社员30人，省人大代表2人，省政协委员2人（常委1人），市人大代表4人（常委1人），市政协委员32人（常委8人），县区人大代表8人（副主任1人，常委2人），县区政协委员52人（政协副主席3人，常委10人）。

市九三学社获社中央“2018—2020年参政议政先进集体”表彰；获社安徽省委“2020年度新闻宣传工作先进集体”“2020年度参政议政工作先进集体”“2020年度反映社情民意信息工作先进集体一等奖”表彰；获市委统战部“2020年度合肥市民主党派工商联专题调研工作组织奖”；被市政协评为“2020年度优秀信息工作单位”。

【思想建设】 2021年，市九三学社召开全委会议7次、主委会议15次以及机关办公会议3次，专题学习会议8次。学习全国“两会”、党的十九届六中全会精神，习近平总书记在庆祝中国共产党成立100周年大会上的重要讲话精神，社中央、社安徽省委，中共安徽省委、合肥市委有关会议精神。专题学习社中央《九三学社纪律处分办法（试行）》、社安徽省委《关于转发〈各民主党派中央关于纪律处分工作座谈会纪要〉的通知》等文件。省、市纪委以及驻市委统战部纪检监察组工作会议精神等。开展庆祝中国共产党成立100周年系列活动。报送的《赞九三》在九三学社中央“新征程 同心行——九三学社庆祝建党100周年线上文艺展演”评比中获优秀作品三等奖。参加社安徽省委“庆祝中国共产党成立100周年暨九三学社创建76周年书画展”、主题征文、摄影比赛等活动，上报6幅书画作品、22篇主题征文。上报市委统战部主题论文2篇、“不忘合作初心跟党走 继续携手前进开新局”微心愿43篇，32篇被采用。加强廉政建设和反腐败工作。

【组织建设】 2021年上半年，市九三学社各基层委和机关直属小组完成换届工作。10月24日-25日，九三学社合肥市第九次代表大会召开，选举产生九三学社合肥市第九届委员会，何庆瑞任主委。在九届二次全委会议上成立市九三学社监督委员会。

加强社员学习培训。举办“2021年度基层组织负责人及新社员培训班”，参加省委统战部举办的“全省基层组织负责人培训班”、市委统战部举办的“市民主党派基层组织负责人培训班”，参加社中央青年骨干线上系列培训班。

鼓励社员双岗建功。主委何庆瑞获社中央“九三学社全国机关工作先进个人”，社员刘泽、许令顺获社中央“2018—2020年参政议政先进个人”，社员王浩波、戚晓雪获社中央“庆祝中国共产党成立100周年优秀征文”三等奖。在社安徽省委表彰中，许令顺等8人获“参政议政工作先进个人”，刘泽等5人获“2020年度反映社情民意工作先进个人”，郭缨等3人获评“2020年度‘百名专家乡村学堂讲科普’优秀专家”，蔡琼在社安徽省委“庆祝中国共产党成立100周年演讲比赛”中获三等奖。阚春秀新闻作品获“2019—2020年度九三学社全国优秀新闻作品网络类一等奖”、社安徽省委“2020年度优秀新闻作品奖二等奖”。在本职工作中，何普泉、李道聪获2020年度安徽省科学技术进步奖二等奖，方保龙、蒋光月、梁娟获2020年度安徽省科学技术进步奖三等奖；仇多宏获中国钢结构协会科学技术奖一等奖；杨英泽获评华东地区白玉兰口腔优秀病例展评“开拓之星”称号；徐辉获评“2020安徽年度经济人物”；刘泽获“2020—2021年度神农中华农业科技奖科学研究类成果二等奖”。

【参政议政】 2021年，市九三学社提交议案、提案100多件。在全国政协十三届四次会议上，《关于强化高标准农田建设的提案》被九三学社中央作为集体提案，《关于尽快推动权威数字地图普及应用的提案》被九三学社中央作为界别提案。在省政协十二届四次会议上，《“四力”齐发 打赢种业翻身仗》作为口头发言，《激发国企创新潜力 做强安徽省科技创新体系》等3篇作为书面发言，4篇作为社安徽省委集体提案。在市政协十四届四次会议上提出提案46篇。

在对十四届三次会议以来优秀提案表彰中，市九三学社集体提案《关于加快合肥市十四五期间数字乡村建设的建议》，被作为省委常委、市委书记虞爱华领衔督办重点提案；在市委书记领衔督办市政协“巩固拓展脱贫攻坚成果同乡村振兴有效衔接”重点提案办理协商会上，何庆瑞主委作《关于加快合肥市十四五期间数字乡村建设的建议》口头发言，4篇获“优秀提案”表彰。

专题协商质量提升。全年提交材料51件。其中口头发言10篇，书面发言26篇。加强调查研究。召开“加快新能源暨智能网联汽车产业发展”等课题研讨会。在社安徽省委对2020年度参政议政课题成果表彰中，《关于强化高标准农田建设的提案》《关于尽快推动权威数字地图普及应用的提案》获特等奖，《关于深化农村集体产权制度改革激发乡村活力的提案》等

2021年10月29日，九三学社合肥市委组织市委委员赴庐江县冶父山镇开展乡村振兴调研 （九三学社合肥市委／供）

4篇荣获一等奖，《关于在全省推动区域医用物资SPD管理模式的提案》等9篇获二等奖，11篇获三等奖。

建言反映社情民意。全年度收到并上报信息243篇，社安徽省委采用119篇。其中，全国政协转送1篇，九三学社中央采用6篇，省委统战部和省委办公厅采用1篇，省政协采用5篇。市政协采用19篇。

【民主监督】 2021年，市九三学社组织市委委员赴庐江县冶父山镇开展乡村振兴调研，并召开座谈会，监督助力乡村振兴。何庆瑞主委、范恒碧副主委先后参加“全市乡村振兴工作情况通报协商座谈会”、社安徽省委“脱贫攻坚民主监督总结暨助力乡村振兴专题培训班”“长江（安徽段）生态环境保护民主监督工作座谈会”，并召开全委会议学习会议精神。社员王克陆、刘泽获社中央“九三学社脱贫攻坚民主监督先进个人”表彰。

20多名社员应邀担任各级司法机关和政府部门的特邀（特约）人员、效能监督员，认真履行民主监督职责。

【宣传工作】 2021年，市九三学社网站登稿248篇，微信公众号登稿67篇，被团结网采用22篇、凤凰网安徽采用12篇、社中央采用31篇、社安徽省委采用40篇、市政协采用39篇、市委统战部采用16篇、人民数字安徽采用1篇，江淮时报采用1篇。参加社中央、社安徽省委、中共市委统战部举办的庆祝中国共产党成立100周年主题系列活动。加强与兄弟市九三学社的交流联谊。

【社会服务】 科普走进校园。2021年，市九三学社组织讲科普专家参加社安徽省委举办的2021年度“百名专家乡村学堂讲科普”研讨班。邀请社员中来自科技、医学、生物化学、心理等方面的9位专家分赴巢湖市银屏中学、庐江县泥河镇初级中学等10所中小学举办讲科普活动11场次，受众逾2600人。

“两站”服务社区。包河区基层委教育专家工作站联合明珠社区开展家长成长动力小组系列活动8次、教育专家工作站活动21次。包河区基层委医疗专家工作站举办题为《如何引导孩子学会情绪管理》公益讲座、开展健康义诊服务活动等5次活动。包河区基层委青年社区社会服务工作站举行《民法典》进社区、“送检测进社区”“聆听交流 迎接阳光”心理辅导讲座等6次活动。

投身公益事业。瑶海基层委开展预防新冠肺炎科普和艾滋病综合防治知识专题讲座，开展“社会服务进社区”法治宣传讲座。庐阳区基层委开展庐阳微讲堂6场，“我为群众办实事”义诊活动2场，举办养老助残活动2次，开展无偿献血活动。蜀山区基层委赴金寨县果子园乡开展义诊和捐赠活动，走进天情特殊儿童康复中心、合肥市儿童福利院开展献爱心活动。包河区基层委举办高考志愿填报公益讲座，普法宣传活动，开展“星星点灯 为爱启航”公益助学暨教师节感恩活动。巢湖市基层委开展“学党史、践初心、送健康”专家义诊活动，开展防范非法集资宣传活动。

（欧金玲）

合肥市工商业联合会（市总商会）

【概况】 2021年，合肥市工商业联合会（市总商会）（以下简称“市工商联”）获评“全国各民主党派、工商联、无党派人士为全面建成小康社会作贡献先进集体”“合肥市文明单位”。截至年底，市工商联有会员25474个，其中企业会员20106个，团体会员398个，个人会员4970人；县（市、区）、开发区工商联13个，乡镇、街道商会104个。市工商联所属商会118家，其中合肥异地商会38家，行业协会30家，其他类型商会5家，团体会员34家，异地合肥商会11家，由市工商联作为业务主管单位的73家。

【思想建设】 2021年，市工商联坚持把习近平新时代中国特色社会主义思想学习作为党员干部的首要必修课，全年完成党组理论学习中心组集中学习18次，专题学习研讨12次。

*开展党史学习教育。*举办党史学习教育专题报告会，组织参观李克农故居和渡江战役纪念馆，开展“缅怀先烈 致敬英雄”网上祭祀活动和党史知识竞赛主题党日活动，开展专题学习8次，专家专题讲座4次。在会员企业、商会组织开展“四史”宣传教育，引领民营企业家学党史、感党恩、跟党走。

*举办庆祝中国共产党成立100周年主题活动。*以“民企心向党”“了不起的民营企业”为主题开展宣传，收集整理40余家民营企业的发展历程，展示合肥民企在推动经济社会发展中的积极作为和良好风貌。联合新华网开展“解读万亿合肥的‘民企答卷’”专题访谈，邀请10余位具有代表性的企业家畅谈建党百年真情感言以及对非公企业党建、十四五规划等的意见建议。举办“奋斗新征程 唱响新时代”合肥市民营企业庆祝中国共产党成立100周年主题歌会等主题文化活动，邀请民营企业、商协会组队参加合唱活动，讴歌建党百年伟大成就。

【参政议政】 2021年，市工商联发挥民营企业调查点作用，动态维护好310个民营企业调查点，全年完成调研问卷6次，填报数量达1765，平均填报率95%。4篇调研报告在省联调研成果评比中获奖，1篇调研报告在市高质量调研成果评比中获奖，2篇调研报告在全市民主党派、工商联专题调研评比中获奖。开展大调研工作，访调研对象127个，其中，市场主体85户，重点人才26个，社会组织16家，收集问题42个。在市政协十四届四次会议上提交团体提案10件，1件团体提案得到市政府主要领导阅批，周伊凡委员以《关于聚力打造具有世界影响力的智能网联汽车之都的建议》为题在市政协全会大会上作口头发言。

【“亲”“清”政商关系】 2021年，市工商联邀请市政府主要负责同志作经济形势报告，为民营企业发展指明发展方向、理清发展思路、提振发展信心。邀请5家市直部门业务负责人参加政策宣讲，从个人所得税优惠政策、新近出台产业政策和奖补政策、最新人才政策、绿色生产法规、普惠金融政策等8个方面分别进行解读，200余家企业参与活动。开展“四送一服”工作，整理出合肥市最新出台的惠企政策内容、清单。会领导带队上门走访联系包保企业，聆听企业心声，为企业送去惠企政策，及时反馈、解决企业提出困难。

【经贸合作交流】 2021年，市工商联牵头负责“长三角企业家联盟走进安徽”在合肥考察活动，约200名来自长三角企业家联盟及长三角人工智能产业链联盟企业家参加在肥考察活动，得到副省长王翠凤的肯定。邀请、接待16批次来肥客商，并在对来肥投资企业项目论证基础上赴常熟、北京、阜阳等地招商4次。禹猫智能、百卓网络等拟在肥投资企业分别赴合肥高新技术产业开发区、庐江县和安徽巢湖经济开发区进行实地考察，百卓网络与高新区初步达成投资意向。

【百强排序】 2021年，市工商联推荐305家符合条件企业参评全国“百强排序”，参评企业数位居

2021年1月8日，长三角企业家联盟走进安徽活动项目推介会在合肥举行

（市工商联／供）

全省第一。有82家企业入围，111次上榜，其中，营收百强企业39家、制造业综合百强企业29家、服务业百强企业43家。合肥入围企业数量连续四年位居榜首。联宝（合肥）电子科技、阳光电源、文一集团分别居营收百强、制造业综合百强、服务业百强榜单第一。

【法律维权】 2021年，市工商联推进商事调解工作，全市聘请专职调解员15人，兼职调解员265人，接受会员企业法律咨询355人次，受理调解案件5580件，调解成功2179件，占全省商会调解案件成功总数的20%。市总商会人民调解委员会调处矛盾纠纷633件，调处成功311件，调解成功率达50%。完善矛盾纠纷多元化解机制，畅通市场主体债权债务清理渠道，与铁路法院联合成立预重整工作室。组织3次集中法律学习宣传，参加学习人数120人；依托民营经济法律服务团开展法律宣传20余次，人数近1000人；利用网络宣传破产法和防范非法集资知识，浏览人数达300人；开展法律咨询服务，全年接待咨询人数达2000人次；组织6名律师走进尚街投资公司和光太集团开展疑难会诊工作。

【人才招聘】 2021年，市工商联联合市政协、市人社局和合肥学院共同举办“职在民企、筑梦未来”百家民企进校园专项招聘会，吸引133家企业参加，提供岗位数511个，涉及智能制造、新型材料、生物医药、家用电器、教育文化等产业，招聘总人数2434人，为大学毕业生解决“就业难”，为民营企业解决“招工难”的问题。

【绿色发展】 2021年，市工商联与市生态环境局签订《关于共同推进民营企业绿色发展打好污染防治攻坚战合作协议》，重点围绕支持民营企业提高绿色发展水平、营造公平竞争市场环境、提升环境服务保障水平、完善政策措施等方面，推动形成支持服务民营企业绿色发展长效机制。有13家单位完成签约，实现协议签订全市覆盖。

【组织建设】 2021年，市工商联新发展直属会员135家，指导合肥市南阳商会等3家商会成立，吸纳合肥市园林绿化协会为直属商会，市工艺饰品商会等2家商会完成注销登记手续，指导合肥市桐城商会等4家商协会完成换届工作，合肥市青岛商会、合肥市漳州商会筹备成立中，完成58家直属商会年检初审工作，对市宣城商会等15家商会会长候选人进行综合评价，合肥泉州商会等5家商会2021年被全国工商联确认为“四好”商会。

【商会党建】 2021年，市工商联着力提高“两个覆盖”（即党的组织覆盖和工作覆盖）。成立扬州商会党支部等10个实体型党支部，定远商会党支部等2个功能型党支部，整体接转安庆商会党支部等4个党支部。截至年底，有直属商会党支部16个，党员73人。研究制定所属商会党建工作清单，指导所属商会开展党史学习教育，规范商会组织建设，提高商会党建工作水平，加强战斗堡垒、先锋模范作用，引导商会按照听党话跟党走方向加强政治建设。

（黄冬文）

责任编辑：赵永军

群众团体

合肥市总工会

【概况】 2021年，合肥市总工会牵头编制《合肥市“十四五”工会事业发展规划》，于7月27日正式印发。强化职工思想政治引领。推进党史学习教育，组织劳模工匠“党史教育进工地”宣讲120余场；弘扬劳模精神劳动精神工匠精神，推荐评选全国五一劳动奖状1个、奖章3人、工人先锋号2个，省五一劳动奖状4个、奖章15人、工人先锋号9个，“安徽工匠”22人，评选市五一劳动奖状76个、奖章256人、工人先锋号70个，选树10名“合肥工匠”；举办各级各类职工文体活动245场，“网聚职工正能量 争做中国好网民”主题活动获全国奖项25个、省级奖项65个。

发挥工人阶级主力军作用。制定《合肥市产业工人队伍建设改革全面试点工作实施方案》，在20家单位开展试点工作；举办各级各类示范性劳动和技能竞赛220余场，引领80余万职工参加岗位练兵、技能比武、劳动和技能竞赛活动，承办长三角G60科创走廊城市职工网络安全攻防技能大赛和第七届全国职工职业技能大赛暨安徽省工业机器人大赛；开展第七届职工技术创新成果和职工“五小”活动创新成果评选，收到申报项目2496项，评选优秀创新成果287项；新建劳模和蓝领创新工作室35家。

强化工会维权实效。围绕劳动领域政治安全，构建和谐劳动关系；探索新就业形态劳动者网上入会试点，21783名职工“扫码入会”，被中华全国总工会和中央网络安全和信息化委员会办公室评为新就业形态劳动者网上入会及会员管理模式创新优秀案例；救助困难职工900人，受市政府表彰。

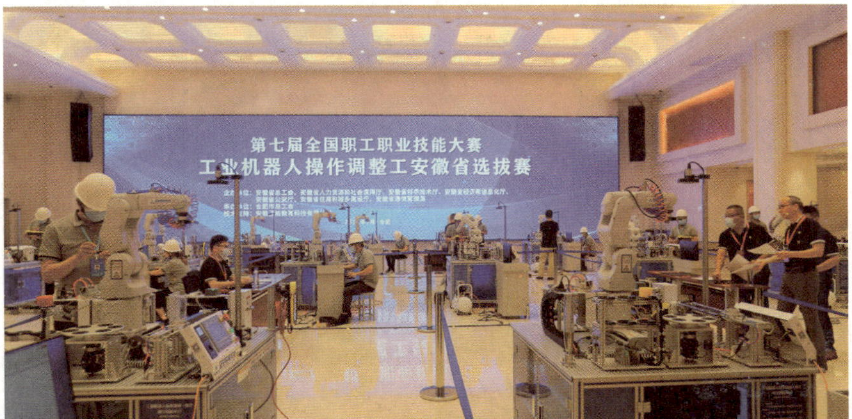

2021年9月17日，第七届全国职工职业技能大赛工业机器人操作调整工安徽省选拔赛现场 （市总工会/供）

提升服务职工质量。工会“四送”服务惠及职工14.79万人；建成合肥工会幸福驿站117家，为1.2万名环卫工人送免费早餐，为2800名农民工免费体检，组织2300名一线职工参加疗休养；开展“绿色出行”公交普惠关爱行动，160多万人次受惠。

加强工会自身建设。全市新增基层工会组织1511个、工会会员143489人（其中农民工会员47561人）；全市国有及其控股企业、事业单位职代会和厂务公开建制率达95%以上，100人以上已建工会的非公有制企业建制率达85%以上；命名市模范职工之家52个、模范职工小家47个；“合肥工会”微信公众号关注用户突破62万，位列市政务微信榜单前三。当年，市总工会先后获评“全国市级工会财务会计工作先进单位”“全国推动厂务公开民主管理工作先进单位”“全国总工会城市困难职工解困脱困工作中作出重要贡献的集体”“安徽省工会系统先进集体”“安徽省五一劳动奖状”等。

【党史学习教育进工地】 2021

年，市总工会坚持广覆盖、深推进的原则，重点关注农民工群体，自4月起，成立由55名劳模组成的宣讲团，深入全市各重点项目工地，为一线职工宣讲党史知识、红色故事、劳模体会，赠送书籍8000余册，服务职工1万余人。中央、省党史学习教育简报先后刊发工作信息，《工人日报》头版以《百年党史进工地 红色教育入人心》予以宣传报道。

【技能大赛】 2021年10月10—11日，国家网络安全宣传周期间，市总工会承办2021年长三角G60科创走廊城市暨安徽省职工网络安全技能大赛，本次大赛以“建功十四五 奋进新征程”为主题，长三角地区33个城市（区）代表队，99位选手参赛，合肥市代表队获得个人和团体双一等奖。

【劳动领域政治安全】 2021年，市总工会制定《合肥市总工会做好全市维护劳动领域政治安全工作实施方案》，成立领导小组和“1+2+4”工作专班，落实“五个坚决”要求，紧扣“五个不发生”目标，建立9项工作机制。开展“人社+法院+工会”劳动争议诉裁调对接工作，调解案件107件，为职工挽回经济损失443万元。开展各类法制宣传教育活动173场。“春季要约”签订集体合同1.25万份，覆盖企业2.6万家，覆盖职工136万人。以法律维权、抓好服务和提升素质为抓手，排查化解矛盾，维护职工队伍团结统一，维护企业和社会大局和谐稳定。

【工会幸福驿站】 2021年，合肥工会幸福驿站建设工作写入政府工作报告，并被纳入市政府为民办实事事项。市总工会开展选址建设工作，在户外劳动者相对集中的城区以共建、联建形式建设临街靠路、标识醒目的服务站点，全年新建幸福驿站63家，累计建成117家。在落实专兼职人员管理的同时招募志愿者参与驿站日常运行维护，做好驿站日常管理工作；创新服务内容，在有效缓解环卫工、外卖小哥等户外劳动者“如厕难、饮水难、吃饭难、休息难”等问题的同时，开展党史宣讲、爱心捐赠等活动，拓展工会幸福驿站服务内涵，提升驿站服务质量。

（谷康霞）

中国共产主义青年团合肥市委员会

【概况】 2021年，中国共产主义青年团合肥市委员会（以下简称“团市委”）保持和增强政治性、先进性、群众性，提升组织力、引领力、服务力和大局贡献度，在团省委开展的市级团委2021年度工作评估中被确定为优秀等次，在全省共青团位居前列。

截至年底，合肥市有团组织20217个；其中，团领导机关10个，基层团委621个，基层团工委78个，团总支783个，团支部14306个。团员29.13万人；其中，学生团员14.19万人，国有企业团员1.37万人，非公企业和社会组织团员0.91万人，机关事业单位团员1.22万人，农村团员7.26万人，城市社区团员4.18万人。团干部2.06万人；其中，专职团干部65人，兼职团干部20976人。

【青少年思想引领】 2021年，团市委以党史学习教育为统揽，深化青少年思想引领。

让党史学习教育活起来。线上，创新“互联网+”青少年党史学习教育模式，推出73期党史微团课，开设“党史青年学”“党史青年说”专栏，引导青少年将情感共鸣转化为理性思考和信仰认同。打造“青马学员说”，组织青马学员开展典型事迹分享会，录制40期党史故事音视频，以青年之声传播党的理论。线下，组建市、县两级青年宣讲团和红领巾巡讲团，开展进农村、进企业、进机关、进

2021年4月30日，合肥市“学党史 强信念 跟党走”主题团日活动在市政务中心大会堂举行

（团市委／供）

校园、进社区、进楼宇、进工地等主题宣讲活动750余场，覆盖青少年近30万人次。组织全市300余万青少年开展“学党史、强信念、跟党走”系列活动。活动情况被《安徽党史学习教育简报》第20期选用并受到省委领导肯定性批示，登上《中国青年报》头版。

守好青年“红色根脉”。组织580万人次参学“青年大学习”网上主题团课，开展“青春向党·奋斗强国”主题团日活动，通过“沉浸式”的仪式教育引导学生在学思践悟中加深对党史的理解。举办合肥市青年马克思主义者培养工程开班式暨集中理论学习，在往年高校班、企业班和农村班的基础上，新增社会组织班和少先队工作者班，提升“青马工程”的科学性、时代性、实效性。利用典型引领示范带动，开展合肥市“争做新时代向上向善好青年”主题活动，选树第十届“合肥青年五四奖章”集体和个人27个，表彰合肥市级“两红两优”集体和个人600个。获得全国青年文明号、全国“两红两优”等荣誉4项，全国乡村振兴青年先锋2名，中国青年创业奖1名，中国青年志愿者优秀个人1名，省青年五四奖章、省“两红两优”等荣誉34项，1名机关同志获评安徽省“人民满意的公务员”。加强“网上共青团”建设，打造“清明祭英烈”“我和国旗合个影”“请党放心，强国有我”等网络主题活动，提升网络活动传播力和影响力，官方抖音号常年位列全国地市级团组织抖音综合影响力排行榜前列，粉丝量突破200万。

培养共产主义接班人。通过开展“习爷爷教导记心间”主题书法活动、“红领巾心向党”书信文化活动、《童心记嘱托》主题视频拍摄等，示范引领全市少先队集体旗帜鲜明跟党走。开展“红领巾心向党”学习教育，线上录制红领巾云电台、微视频，线下打造少先队活动课，60余万名少先队员参与。500余万人次参与38期“红领巾爱学习”网上主题队课。组织全市近20万名少先队员前往烈士陵园、延乔路等红色地标开展寻访活动，专题网页后台留言超过1.8万条，让少先队员在学习和实践感悟中加深对习近平总书记“七一”重要讲话精神的理解。

【服务大局】 服务创新创业。2021年，团市委开展市级“青年文明号”“青年岗位能手”等“青”字号品牌工作，引导青年立足岗位创新创业创优。成功为28位青年创业者发放“梦创天使计划”资助和贴息贷款263万元，加大对合肥市战略性新兴产业和主导产业领域的优质项目的扶持力度。合肥国际文化博览会期间组展“青年创客空间”展区，推出文创产品“小侠们”，宣传推广合肥12条重点产业链。2021年中国青年创新创业交流营活动成功在合肥举办。推动成立长三角G60科创走廊青年创新发展联盟，助力长三角一体化高质量发展。举办合肥市第七届大学生辩论赛，让青年学生在辩论中感受‘养人之城’的魅力，让青年学生了解合肥、倾情合肥、汇聚合肥，引导青年人才留在合肥、扎根合肥、共建合肥。

助力乡村振兴。实施乡村振兴青春建功行动，围绕培育本土人才兴乡、服务在外人才返乡、动员社会人才下乡，为合肥市乡村振兴战略实施提供青年人才支撑。开展2021年大学生暑期“三下乡”社会实践活动，6000余名青年学子扎根基层。动员中国青年企业家协会员、社会公益组织发挥各自优势，参与助力乡村振兴。组织市青年联合会开展“希望小屋”建设活动，捐赠价值10万余元的图书、乐器和学习设备，为乡村振兴注入青春力量。

彰显志愿精神。组织青年志愿者走进新时代文明实践站（所），常态化开展“三下乡”“暑期小课堂”等志愿服务，连续7年实施服务春运“暖冬行动”。组织7600余名青年志愿者参与疫情防控、服务中高考、保障大型赛会、文明创建等志愿服务活动850余场。承接2021世界显示产业大会、2021世界制造业大会等大型赛会志愿服务工作，向公众展现合肥青年风采，展示合肥美好形象。举办合肥市青年志愿服务项目大赛，引导广大志愿服务组织和青年志愿者在合肥推进社会治理创新中做出贡献。牵头起草的安徽省首个志愿服务省级地方标准《大型赛会志愿服务管理规范》正式实施，为全省赛会志愿服务制度化、专业化建设提供参考样本。

【青年发展】 优化发展环境。2021年，团市委召开市青年工作联席会议第二次全体会议，推动《合肥市落实〈安徽省中长期青年发展规划（2018—2025年）〉实施方案》落地实施，压实青年工作举措，形成“党委领导、政府主责、共青团协调、各方齐抓共管”的青年工作局面。开展“共青团与人大代表、政协委员面对面”活动，集中了解并反映青年诉求。

推进项目服务。助力青年婚恋交友，举办公益云交友新春专场活动、“红心相印，百年不渝”合肥市第八届青年党员集体婚礼。

以“情感暖人、情感聚人”举措为人才“扎根”合肥提供服务，举办2021合肥青春主播创造营活动，培养直播人才近千名。举办“喜迎国庆、民族团结一家亲”结对共建仪式，打造皖疆学子和谐融洽一家亲的关系。开展“爱心照亮求学路”助学活动，全市各级团组织资助困难大学新生729名，发放资助款285万余元。启动第一批次6所乡村小学希望工程“梦想实验室”试点工作，帮助农村小学青少年从“有学上”到“上好学”。开展“爱心公益·圆梦微心愿”活动，解决青少年小困难、小需求、小梦想。

聚力青少年成长护航。深化合肥共青团“助力快乐成长”系列活动，以阳光心态、安全自护、困难救助等内容为重点，开展进校园进社区宣教活动1112场。推出线上合肥市青少年快乐成长服务平台，制作防范校园欺凌主题剧本杀《天黑黑》、社会观护主题微电影《少年，你好》。打造12355青少年服务台，开通12355青少年快乐成长服务平台网站，实现线上线下服务相结合，全年为300余名青少年及其家长提供帮助和服务。开展涉案未成年人社会调查、心理评估、合适成年人以及帮扶矫正等工作，累计开展涉案未成年人心理评估54次，社会调查249次，合适成年人73次，为287名涉案未成年人提供观护服务。举办法治进社区、“童声读未保”、青少年禁毒宣传月等各类青少年法治活动187场。

【组织建设】 *提升团的基层组织活力*。2021年，团市委依托“智慧团建”系统，建立覆盖617个团委、21289个团支部、31万名团员的信息数据库。扩大新兴领域组织覆盖，成立快递、电商行业团工委，覆盖合肥市235家快递和电商企业、近万名团员青年，组织实施服务快递行业青年“暖蜂行动”。成立美团（合肥）团委，开展“环保骑手”志愿服务项目，参与文明城市宣传。加强青少年阵地建设，全市青年之家云平台注册142家。聚焦基层社会治理和乡村振兴，下拨合肥市乡镇街道共青团工作“以奖代补”专项资金60万元，扶持20个基层团组织工作项目，开展基层社会治理相关活动524场，辐射青年34236名。

推动改革试点。庐阳区、长丰县、肥西县被列为全国县域共青团基层组织改革试点地区，安徽省12个社区（均在合肥）被纳入全国首批社区青春行动实施范围。构建“左右协调、上下协同”的工作机制，建立“市级委员会+市级专委会+县域团代表联络站+团代表专项小组”的工作体系，打通条块壁垒，发挥专委会成员的领域、地域优势，为团的基层建设提供智力、人才、阵地等资源支持。在专委会成员直接参与下，累计开展理论宣讲会、事迹分享会、主题团队日、社会实践等各类活动100多场次。

少先队建设。巩固拓展少先队组织体系，活跃提升少先队组织生活，强化队员组织意识，在重要时间节点围绕“红领巾心向党”党史学习、“请党放心 强国有我”等开展主题中队会，覆盖全市1.77万个中队。健全少先队荣誉激励体系，开展“红领巾奖章”争章，规范“三优”评选，推报10名少先队员、10名少先队辅导员和9个少先队集体获省级表彰。指导市少年宫成立少工委，推动全市新建街道（乡镇）少工委、社区少工委34个，开展少先队校外实践教育基地创建，探索建立“家校社”融合的实践教育平台。

（李 锐）

合肥市妇女联合会

【概况】 2021年，合肥市妇女联合会（以下简称“市妇联”）在全省率先编制《合肥市“十四五”妇联事业发展规划》，在女性集中的行业和新领域、新业态、新阶层、新群体中建立妇女组织10977家。围绕党史学习教育，以“四百”（即“百人百讲”学党史、“百人万针”绣党旗、“百人百图”颂党恩、“百岗百事”践诺言）为主线，开展主题活动130余场。实施“基层妇联领头雁培训计划”，各级妇联举办培训42期3000余人次，“红莓姐姐·乡村女性成长计划”等项目为“妇联引路、执委带头、妇女创业、产业联合”的基层妇联工作增添新活力。10月12—13日，在安徽创新馆，举办长三角女企业家科技创新成果展示暨对接交流会。院士、专家、学者进行主旨演讲，300多位优秀女企业家交流。促成25家单位和企业达成合作意向，签约总投资36亿元。

探索融入基层社会治理路径。出台《妇联组织参与基层社会治理服务“一老一小一小区”工作意见》，将“五型”（即区域型+网格型+产业型+功能型+指尖型）妇女小组向全市住宅小区延伸，成立“妇联主席+妇联执委+巾帼志愿者”的妇联服务队，通过“五亮”“六个一”行动（即亮标识、亮组织、亮身份、亮职责、亮活动；加一个微信、敲一次门、牵一次

手、叙一次家常、办一件事、暖一颗心），实现组织建到小区、自治落到小区、力量聚到小区、资源沉到小区、服务送到小区。包河区万年埠街道成立合肥市首个楼栋妇联，“一米阳光”党群服务工作品牌在全市推广。村“两委”换届女性比例得到提高，全市村“两委”女性占39.7%，村女党组织书记占13.5%、女主任占13.5%；社区“两委”女性占59.2%，社区女党组织书记占40.26%，女主任占40.62%。

改进工作方式。打造全时在线妇联，聚合新媒体优势，形成“声、屏、报、网、端、微”全媒体矩阵。开发深受妇女群众和家庭喜爱的网络产品和服务项目，制作宣传视频73个、海报104张，省暨合肥市第八届家庭运动会线下打卡合肥地标吸引88万人次参与，“亮灯三千　花开满城”“妇联人讲党史”等网络产品被广泛点赞、转播。合肥网安大V“小霜警官”获评全国第二届“百个巾帼好网民”。“合肥女性”头条号阅读量突破千万，142篇文章（信息）被中央政法委、《中国妇女报》、女性之声、学习强国等国家级媒体和平台刊登。围绕家庭教育，推进家庭教育立法进程，开展“家庭教育及儿童心理健康百场公益巡讲”600余场次，700余万人次收听收看。围绕民生福祉，设立200万元“两癌”困境妇女专项救助资金、20万元筛查资金，全年筛查1855人，救助对象337人。获评“全国妇联系统先进集体”“全国巾帼建功先进集体”。省委常委、市委书记虞爱华先后两次对妇联工作作出批示。全国妇联党组书记、副主席黄晓薇对合肥妇联工作给予肯定。

12月23日，“永远跟党走　家风代代传”2021年合肥市最美家庭揭晓暨好家风时代报告会直播活动，在合肥广电中心演播厅举行　　（市妇联／供）

【服务发展】　*探索服务女性“双创”新模式*。2021年，市妇联引导妇女顺应数字化、网络化、智能化等新趋势，为妇女提供创业培训、创业指导、项目孵化、融资对接等服务。实施巾帼“领航、起航、护航”三大行动，举办“创心·创新·创她世界”合肥女性创业者发展交流会，开展百位女企业家进校园暨人才双选活动，推选优秀女性参加长三角G60九城家政技能风采展示，促进妇女创新政策、创新资源、创新环境优化。市妇联作为全国唯一妇联组织在全国科技创新巾帼行动启动会上交流发言。

建立服务女性发展新机制。发挥省妇女创业发展项目资金撬动作用，做优徽姑娘、皖嫂等项目工作品牌，培育“妇”字号新型经营主体。与市商务局联合联动，促进家政服务行业规范化、职业化和标准化建设。开展“家政大篷车”“农家女培训”“春风送岗位”等200多期（次），901名女性获巾帼贷5.98亿元，将科技、培训、资金送到乡村、送到田间、送到农家。以百名优秀妇联执委引领千名妇女“领头雁”，带动万名新型职业女农民，提高农村妇女适应生产力发展和市场竞争的能力。

助力基层治理展现新作为。支持女性社会组织、巾帼志愿服务队伍发挥作用，“包大姐”“操心大妈”“潜川姐妹”等志愿服务队，助力疫情防控、扶危济困、环境整治、移风易俗，赢得社会赞誉。全市8万余名巾帼志愿者、422支巾帼志愿服务队，全年联系妇女儿童开展志愿服务活动10万人（次）以上。与8家单位联合开展“守护巢湖万家行动”。

【家庭建设】　2021年，市妇联推出各具特色的家庭典型，传播家庭文明正能量。寻创全国最美家庭3户，省最美家庭9户、省最美婆媳9名，市最美家庭100户。“永远跟党走家风代代传”最美家庭揭晓暨好家风时代报告会吸引135万多名网友观看点赞。做实做强家长学校，壮大家教指导服务队伍，培育家教社会组织，丰富家教指导实践活动，开通全省首个家庭教育服务热线，建立全省首个家庭教育社区工作站，编印“庐州家长课堂”系列丛书第二辑《幼小衔接》。做好家庭服务心文章。连续4年举办“大湖之约 幸福起航”公益交友活动，“为爱皖留”云上相遇、“科创人才专场”等20余场次，服务在合肥青年5000余人，为合肥增添温情和活力。开展青少年眼健康、妇幼健康社区行、“把爱带回家”等活动700余场次，99公益日募集善款224万元，关爱困境妇女儿童、家庭1500多户，资金130余万元。

【维权服务】 2021年，市妇联健全两纲监测评估指标体系，制定下一轮妇女儿童发展纲要，推动妇女儿童与经济社会协调发展。制定《合肥市两纲示范工程专项资金管理办法》，45万元重点打造儿童之家示范点。深化“建设法治中国·巾帼在行动”，举办“拒绝家暴、轻松识诈”双反行动，推出“三月丽人帮”“巾帼微普法、《反家暴》宣传条漫、海报、视频等宣传产品44个，在城乡2000多辆公交、5个地铁站、商超、广场大屏循环播放。联动相关部门建立推动保护妇女儿童权益工作合作机制。与检察机关创新“一站式”取证工作流程，与司法局联合组建县乡村三级婚调网络和队伍，与民政部门建立新婚学校和离婚冷静期干预制度，合肥市中级人民法院发出全市首份《家庭教育责任告知书》，形成维护妇女儿童权益工作闭环。联动县区加强妇女儿童权益重难点领域舆情监测、研判和应对，开展维权和心理服务“七进基层”活动25场，实施婚姻家庭纠纷集中排查化解专项行动，形成风险联查、问题联治、工作联动、平安联创的工作合力。妇女议事会建设三年拨付奖补资金88万元打造52个市级妇女议事会，引导妇女有序参与基层民主自治。

（王晓梅）

合肥市科学技术协会

【概况】 2021年，合肥市科学技术协会（以下简称“市科协”）深化改革，履行“四服务”职责，推动开放型、枢纽型、平台型组织建设。

强化政策和制度设计。制定《合肥市全民科学素质行动规划纲要实施方案（2021—2025年）》，推动《合肥市科学技术普及条例》立法，印发《合肥市科协事业发展“十四五”规划》。动员企业、高校、科研院所等创新载体面向公众开放科普展馆、实验室、研究室等，合力推动全民科学素质提升。

推动社区科普资源共享。总结承接中国科协社区科普馆资源共享项目经验，在全市遴选瑶海区清河社区、蜀山区蜀麓苑社区、高新区天乐社区、包河区金斗社区、新站区光明社区5家社区科普馆，实施展品流转项目，定制“应急安全、健康生活、预防近视、太空探索、炫酷科技”5个主题展品，每季度轮流交换，同步开展科普志愿服务活动，全年开展120余场，使居民在家门口能享受科普服务，成为服务基层治理、解决社区科普资源不足、管理困难等有益探索。

推动示范创建。指导肥东县、蜀山区成功获批第一批全国科普示范县，推动肥西县、长丰县申报创建全国科普示范县（市、区），瑶海区申报创建全省科普示范县（市、区），以示范创建带动科普工作全面提质增效。中国科协对合肥市科普示范县区创建工作给予肯定。

巩固科普活动品牌。绘制发布合肥科普地图，汇集全市120处科普场馆信息，线上线下同步公开发布。围绕综合性国家科学中心建设和“芯屏汽合、集终生智”产业，制作《科学中心看合肥》科普短视频5期，普及产业科技知识。与中国科学技术大学地空学院联合打造“九章”论坛系列科普讲座。组织开展“全国科普日活动”项目1143项，7个单位、11项活动获中国科协表扬。开展“青少年科技

2021年4月17，合肥市第十三届青少年机器人竞赛现场 （市科协/供）

创新大赛”“青少年机器人大赛”“农民科学素质网络竞赛”“智爱妈妈行动”“农村少儿爱科学”等品牌活动，共同构建全域科普新格局。组织全市科协系统、市属学会、科普信息员、科技志愿服务团队等服务常态化疫情防控，开展疫情防控应急科普1687场、传播防疫信息120万次。举办“微观探秘——病毒细菌微生物”中国科协抗疫主题展全国巡展，举办“新冠疫苗的那些事儿”等讲座，做好市科技馆疫情防控，全年展品累计消杀2万多次。

【组织体系改革】 构建委员常态化履职机制。2021年，市科协落实“委员履职管理办法”，推进委员履职工作。“发挥委员主体作用、夯实科协基层基础，推动科协工作依法按章规范化开展”被省科协简报转发全省科协系统。在网站开设“委员履职”专栏，刊载110余篇履职信息。通报表扬16履职优秀委员。

推进企业科协建设。新增科大讯飞、国轩高科等50家企事业科协；经验做法在中国科协企业科协工作会议作交流发言。指导企业科协开展活动，华升泵阀科协开展科技工作者座谈会，国仪量子科协组织科技志愿服务活动，波林新材料科协服务职称申报评审等。

提升基层组织力。指导肥东县科协完成改选换届。基层“三长”（即医院院长、学校校长、农技站站长）进入乡镇（街道）科协实现全覆盖，指导县（市、区）科协提炼基层建设典型材料、加强交流展示，表扬9名履职优秀基层“三长”。

【主题科普活动】 2021年，市科协利用科普阵地、场馆、网络等开展碳达峰碳中和科普活动，举办“碳达峰、碳中和——低碳36计”等讲座，“赢在未来——迈向碳中和”入选中国科技馆优质展览全国巡展。开展“垃圾分类新时尚—5G萌娃科普行”等活动，线上线下受众近20万人次，与市文明办等联合开展垃圾分类主题科普宣传。实施助力“双减”（即减轻义务教育阶段学生作业负担和校外培训负担）科普工作方案，建设5个科技辅导员工作室，采取“1+1+1”模式（即一个工作室、一名科技工作者、一名企业家），开展课外科学活动；谋划科技馆新馆科普教室和课程体系建设，服务青少年校外科学实践活动等。一手抓“引进来”，科普资源进校园开展课后服务，一手抓“走出去”，组织学生走进科普基地、企业、院所等参加科学实践活动。

【服务科技工作者】 2021年，市科协开展全国科技工作者日活动。组织全市科协系统围绕“五个一”，即：一项举荐表扬、一场科学家精神宣讲、一次科技工作者座谈会、一次走访慰问、一件为群众办实事，开展530全国科技工作者日系列活动170余场，获评省科协全国科技工作者优秀组织单位。开展“最美科技工作者”学习宣传200余人次，授予离子医学中心首席医学物理专家卢晓明等20名同志“最美科技工作者”及提名；推荐博威太赫兹公司武帅等4人获得安徽省创新争先奖章、奖状；组织《合肥日报》、合肥电视台集中采访宣传；指导13个县（市、区）科协开展优秀科技工作者举荐表扬。

【助力创新发展】 离岸基地工作再上新台阶。2021年，市科协建成引才引智空间载体5个，海外服务站、离岸孵化器11个。开展项目人才对接，举办“第七届中欧生命科学论坛”“归•创庐州中澳海外高层次人才项目路演对接会”等4场活动。依托中欧生命科学联盟等海外平台宣传推介合肥科技产业发展情况，发布合肥高端人才需求。全年引进海外人才65名（其中千人计划3名），引进海外科创项目59个，中法国际药学院（筹）和生物医药科研成果落户肥东长临河国际医药港。

推进“科创安徽”试点工作。推荐蜀山区获批安徽省“科创安徽”试点区。举办“企业创新方法培训”3期，邀请高校、省科创中心专家走访调研园区企业，服务企业科技创新。组成专家辅导团协助企业健全研发中心、申报高企、知识产权保护等，辅导指导16家企业，开展57项产学研对接等活动。

组建科普联盟服务产业发展。联合27家科普场馆、企业、高校、院所，成立合肥市科普产业联盟，推动联合协作、行业标准制定、人才培养等，助推合肥科普产业提质升级。承办第二届全国科技馆展览展品大赛暨全国科技馆科普企业专题培训等，获得展品组一等奖。融入长三角一体化。发起成立杭州、南京、合肥为成员的“长三角城市科普联盟”，建机制、聚资源、强合作，共同提升三地科普工作水平，全市4支队伍、3名个人获长三角城市科普工作表扬。参加第18届长三角科技论坛，联合上海市松江区等九城市科协共同发布《长三角G60科创走廊九城市科协推进“科创中国”品牌建设松江宣言》。举办长三角中西医结合论坛。组织企业、科技工作者参加“长三角科技志愿服务联盟联会”交流展示。

【科普场馆体系建设】 2021年，市科协推进市科技馆新馆（自然博物馆）建设，主体结构实现封顶，工程与展陈建设齐头并进，800余件展品展项雏形初现。市科技馆老馆全年公众参观流量46万人次，老馆改造天文馆项目立项。推进县区科技馆、社区科普馆建设，长丰县、肥东县科技馆建成；指导肥西县科技馆立项、合肥现代科技馆改造；全市建成社区科普馆81个，科普教育基地113个。合肥市科技馆、清华大学合肥公共安全研究院、合肥气象科普馆、中国科学院等离子体物理研究所、安徽青松食品有限公司粮油食品科普基地等12家在合肥科普教育基地被认定为首批“全国科普教育基地”。

【服务党和政府科学决策】 组建科技专家库。2021年，市科协商请高校、科研院所、企事业单位科技人员组建专家库，为人才举荐、遴选评审、咨询论证、科学决策等提供参考，入库专家70余名。

加强联系服务。做好政协科协界别委员联系服务。组织学会专家、委员、科技工作者围绕党委、政府中心工作开展调查研究、课题论证，形成“智能家电产业发展”等调研报告。落实全市人才工作领导小组成员单位工作职责，服务高层人才。

【赛事改革】 2021年，市科协推进青少年科技赛事改革，出台《合肥市青少年科技创新类竞赛评审制度深化改革方案》，坚持自己选题、自己设计研究、自己制作撰写原则，构筑“选手分级选拔、首轮异地匿名评审、二轮现场问辩、全程引入公证”的组织方式和评审程序。出台“十不准”“十必须”“十严禁”，严明纪律规矩，强化赛事监管，弘扬求真务实的科学精神，倡导良好学风，营造良好社会公信力。

【《生物学杂志》】 2021年，市科协立足《生物学杂志》编委主体，调整充实编委会成员，发挥编委会作用，组织吸纳高质量稿源，做好联系服务和保障工作，全年发稿157篇，复合影响因子0.908，影响因子学科排序54/93。再次入编《中文核心期刊要目总览》2020年版生物科学类核心期刊、中国科学引文数据库（CSCD）2021－2022来源期刊。获评2019—2020年度安徽省优秀期刊。举办“病毒学学术沙龙”，线上线下参会6000余人次。

【学会建设】 2021年，市科协组织学会100余名专家开展“科技专家服务基层志愿行”“科技专家大讲堂”等活动，全年举办28场，直接受众3000余人次。举办国际肠造口治疗师学术交流、十二省科技创新学术交流等交流研讨活动，促进科技工作者学术交流。成立市消防安全协会、市无人机科技教育学会；市科学技术普及志愿者协会、天文学会完成前期筹备。加强学会治理清理，注销化学会、地理学会。与安徽省航海学会共建学会工作站。指导学会年检初审。优化学会理事会结构，体育科学学会、科学家企业家协会等完成换届。护理学会、图书馆学会获评社会组织登记评估最高等级“5A”级。

（王家琦）

合肥市文学艺术界联合会

【概况】 2021年，合肥市文学艺术界联合会（以下简称“市文联”）有肥东县、肥西县、长丰县、庐江县、巢湖市、瑶海区、庐阳区、蜀山区、包河区等9个县（市、区）文联组织，有肥东县陈集镇、八斗镇、长临河镇，长丰县吴山镇、杨庙镇，庐江县矾山镇，巢湖市烔炀镇等7个乡镇文联组织。9月，合肥美术馆项目动工建设。加强对亚明艺术馆、合肥-久留米友好美术馆、合肥市书画院、合肥市文研所、合肥新闻图片社等文艺阵地的指导和管理，整合利用社会资源，充实特聘书画家队伍，全年谋划举办各类公益性展览、创作学术活动60余场（次），直接受益观众近15万人次。

【文艺实践】 2021年，市文联围绕庆祝中国共产党成立100周年、科技创新等重大主题，策划组织“艺心向党 文艺为民——合肥市文联庆祝中国共产党成立100周年主题美术书法摄影民间文艺作品展”“从大别山到瑶岗 写·景——优秀美术家红色足迹写生创作学术邀请展”“合肥第一党支部的故事”——大型主题创作、“风韵·风骨——长三角地区中国画名家提名展”、《光芒》——红色合肥1921—2021主题文学创作征集、“百艺峥嵘——合肥市民间工艺品大师精品展”“颂歌献给党”——庆祝中国共产党成立100周年歌曲创作征集、“党的女儿·最美巾帼”主题摄影展、翰墨致敬意——合肥市书画名家作品赠送最美劳动者、

2021年7月5—6日，“艺心向党 文艺为民——庆祝中国共产党成立100周年主题美术书法摄影民间文艺作品展”在政务中心举办 （市文联/供）

《合肥·创新高地》套色木刻组画创作等10项重点文艺创作和展览展演活动，营造“党的盛典、人民的节日”的浓厚氛围，厚植“文艺心向党”的政治自觉和使命担当。服务文艺“两新”，举办“讴歌新时代·同心跟党走——合肥市文艺‘两新’美术作品邀请展”，呈现新时代合肥发展进步和人民精彩生活。深化党史学习教育，举办“让人民生活幸福——合肥市‘我为群众办实事’主题美术书法摄影作品展”征集活动，厚植民生情怀，凝聚奋进力量。

【文艺创作】 2021年，市文联制定出台《合肥市优秀文艺工作者“双百”培养计划》，开展“深扎”实践，创造条件，集中组织全市文艺工作者深入红色纪念馆、乡村振兴第一线、科技创新最前沿采风，创作一批优秀文艺作品，近30件作品在国家级赛事展览上获奖入展。《美丽的野狐禅》获第九届冰心散文奖单篇奖，报告文学《安徽造》和小说《追风》先后在《人民文学》刊发，版画作品《三大改造》入选由中国文联主办的“不忘初心继续前进——庆祝中国共产党成立100周年”大型美术创作工程，中国画《刘少奇在皖北》、套色版画《小平同志上黄山》《凤阳县小岗村大包干》被中国共产党历史展览馆收藏，2幅作品入选“伟业——庆祝中国共产党成立100周年书法大展”，4幅作品入选2021“中国书法·年展”，2件作品入选第28届全国摄影艺术展览，4件作品入选中国第18届国际摄影艺术展览，全年在《人民日报》刊发图片72幅（其中头版3幅，不含记者发稿），《望春花》入选第九批“中国梦”主题新创作歌曲，3部曲艺作品入选中国曲艺家协会庆祝中国共产党成立100周年优秀曲艺作品。

【志愿服务】 2021年，市文联开展“我们的中国梦——文化进万家”“到人民中去”、文化科技卫生“三下乡”等文艺惠民和文艺志愿服务活动80余场（次）。元旦、春节期间，组织“百名书法家义务为民写春联”“送万福进万家”“送文化年货”30余场，现场撰写春联、福字1万余幅（个），活动遍及社区、山村、学校、企业、生产一线和春运一线；常态开展“志愿文明实践，播种文艺梦想”，坚持群众“点单”、按需“派单”，每月组织文艺骨干赴大圩镇金葡萄社区对文艺爱好者进行艺术培训；拓展延伸党史学习教育，赴渡江战役纪念馆广场开展“学党史、传精神、跟党走”——合肥文艺志愿者在行动主题实践活动；打造品牌公益文化活动，升级改版“大湖之约——艺术名家大讲堂”，推进活动进县区、进学校。

【文艺交流】 2021年，市文联承办合肥市·久留米市缔结友好城市40周年系列庆典活动，促进中日友好交流，推动友城关系发展。承办“光辉历程 红色经典——第六届全国架上连环画”收官展且成功举办研讨会，这是安徽省“十四五”开局以来首次举办的国家级文艺展览；承办“不忘初心继往开来——第四届全国新钢笔画学术展”。对接长三角，举办“长三角重点城市作家看合肥”，邀请上海、南京、杭州、苏州、无锡和合肥等六城市重点散文作家40余人前来走合肥、看合肥、写合肥。先后赴南昌开展两地书画院合作交流，共同举办“致敬百年·共绘华彩”主题书画展；赴北京81美术馆举办“‘写·景’——优秀美术家红色足迹写生创作学术邀请展”巡展；与长沙市文联在合肥联合主办“庆祝中国共产党成立100周年——长沙·合肥书法篆刻交流展”，接待深圳、芜湖等兄弟城市文联来访交流。

（王　春）

合肥市归国华侨联合会

【概况】 2021年，合肥市归国华侨联合会（以下简称“市侨联”）组织参加2021世界制造业大会“百家侨企”项目对接暨“海聚英才·巢

2021年5月27日，全市侨联系统海外侨团（人才工作联络站）及海外高校校友会建设工作推进会召开（市侨联／供）

湖侨创峰会”，签约项目6个，涉及新材料、节能环保、集成电路、智能制造等高科技领域，引资11.76亿元，项目注册率、开工率、资金到位率100%，被省侨联表彰为优秀组织奖。

【推进侨文化阵地建设】 2021年，市侨联打造合肥特色的侨文化名片。张治中故居、卫立煌故居、刘铭传纪念馆等3家挂牌首批“安徽省华侨国际文化交流基地”。依托交流基地开展文化宣传、联络联谊活动，接待海内外侨商侨领参观交流，包公园交流基地推送专题片在安徽侨之声“基地云游”栏目展播，增强海内外侨胞对包公文化、廉政文化的了解。

【参加世界华人学生作文大赛】 2021年，市侨联组织参加第二十一届“世界华人学生作文大赛”，该活动由中国侨联、全国台联、《人民日报（海外版）》等主办，合肥市6个县（市、区）侨联、19所高中学生参加比赛，全市收到征文8719篇，选送其中730篇优秀作品上报，获一等奖13篇、二等奖45篇、三等奖60篇，68名教师获评优秀指导教师。市侨联获得此次大赛优秀组织单位奖。

（吴　俊）

合肥市残疾人联合会

【概况】 2021年，合肥市残疾人联合会（以下简称“市残联”）实施“十四五”残疾人事业发展规划，推进基层残疾人组织规范化建设，提升认领事项网办深度23个，建成残疾人之家161个、残疾人工作站1512个，实现镇（村）全覆盖。实施年度持证残疾人基本服务状况调查，信息采集175080人。完善残疾人证管理规定，升级残疾人证新证办理、证件换领、迁移、挂失补办、注销和残疾类别（等级）变更等六项业务，全年新办5787人、到期换证10660人、变更1408人、迁移321人。获评“全国残疾人工作先进单位”“2021年度民生工程实施表现突出单位”“安徽省孤独症儿童康复专业人员技能大赛一、二等奖”。

【康复服务】 2021年，市残联实施入户调查、康复评估以及辅具适配等精准康复服务行动，完成残疾人基本康复服务25430人，残疾人基本康复服务率达99.79%。会同市教育局等六个部门联合印发《合肥市残疾儿童康复救助定点机构康复服务协议管理实施细则》，确定定点机构康复服务的适应范围、服务原则、申报准入条件和监督管理实施机制。落实基本公共服务标准化国家试点，专项建设孤独症、听力、肢体（脑瘫）和智力残疾儿童康复服务领域中的标准制定、实施与运用。为13222名困难精神残疾人提供药费补助，为5085名残疾儿童提供康复训练救助，为361名残疾儿童装配矫形器，为374名残疾儿童适配辅具，为805名困难白内障患者提供手术补贴。

【就业创业】 2021年，市残联实施残疾人就业创业行动，扶持阳光大棚47个、盲人按摩店184家、辅助性就业机构43家。搭建就业服务平台，举办残疾人专场招聘会8场，职业技能培训23期，带动3501名残疾人实现稳定就业或灵活就业。筹措资金帮扶资助残疾（家庭）学生11623人。政府购买残疾人托养服务4172人。

【权益保障】 2021年，市残联推进助残服务提升，办理“12345政府直通车”130件、理事长信箱76件，办结率达100%。组织开展残疾人参加商业保险试点工作，办理意外伤害保险5.7万人。落实《合肥市残疾人机动轮椅车置换补贴实施方案》，置换残疾人机动轮椅车1184辆、货币补贴64人。

【文化活动】 2021年，市残联举

2021 年 5 月 16 日，合肥市开展第三十一次全国助残日主题活动

（市残联／供）

办“永远跟党走——2021年合肥市残疾人线上读书演讲”“奋斗百年路·启航新征程”主题征文和“2021年残疾人艺术汇演”等活动，丰富残疾人精神文化生活。与市级主流媒体合作，刊播《手语新闻》52期、《共有这片蓝天》52期、《温馨残联》专版24期，评选年度残疾人事业好新闻作品18件。参加第十届全国残疾人艺术汇演（东部片区），合肥市选送的《渡江第一船》获舞蹈类二等奖、《我的祖国》获器乐类二等奖。

（吴晓岚）

合肥市贸易促进委员会（市博览局）

【**概况**】 2021年，合肥市贸易促进委员会（市博览局）（以下简称“市贸促会”）克服疫情影响四次复展，全年举办展会活动201场，面积181万平方米，较上年度分别增长约100%、80%，其中世界制造业大会、世界显示大会、中国（安徽）科技创新成果转化交易会等国际性、全国性展会超过20场。推动会展与战略性新兴产业融合发展，举办中国图灵大会、量子产业大会、中国隐形独角兽500强大会等高端会议。

围绕省十大新兴产业和市12条产业链，全年举办近100场重点产业链会展活动。发挥市会展行业协会作用，加强会展行业宣传、校企合作及会展培训平台搭建。加快滨湖会展中心二期建设，将二期建设与一期优化相结合，提升会展承载力。

【**区域协同**】 2021年，合肥市国际商会成功加入长三角国际商会联盟、中部地区国际商协会联盟，市贸促会利用联盟优势，在信息沟通、搭建互动交流平台、开展国际经贸合作、代言工商等方面开展横向协作，助推长三角区域一体化发展，助力合肥市开放型经济发展。

【**服务会员企业**】 2021年，市贸促会以RCEP落地为契机，邀请全市150家外向型企业参加“企业国际化经营合规风险排查”活动，提升企业国际化经营水平和海外市场抗风险能力。组织市代表团参加第二届中国－中东欧国家博览会暨国际消费品博览会、太原中部博览会、中国国际进口博览会、中国国际消费品博览会、中国国际服务贸易交易会等国家重点展会近10场，集中展示合肥市科教成果，开展双招双引。

以自贸区机制创新为引领，省市共建，在蜀山区创新设立“中国（安徽）自由贸易试验区合肥片区涉外商事法律综合服务中心”，构建集认证、调解、仲裁、诉讼为一体的涉外商事法律全链条创新服务体系，助力培育自贸试验区发展新生态。

【**对外联络**】 2021年，市贸促会与香港贸易发展局上海代表处建立长期稳定合作关系，开展现代服务业项目合作。与大韩贸易投资振兴公社上海代表处、安徽韩国商会开展对接交流，促进双向合作。与日本瑞穗银行合肥分行围绕RCEP新机遇、招引优质日企来肥投资等内容探讨合作。走访中国国际商会、上海虹桥海外贸易中心，拜会部分驻沪境外商协会并建立交流渠道，谋划开展“上海虹桥海外贸易中心国际商协会走进合肥”活动，为双方开展互利共赢经贸合作创造机会。

（费　莹）

合肥市红十字会

【**概况**】 2021年，合肥市红十字会加强党建引领、推进深化改革，修订完善《合肥市红十字会效能建设考评细则》，提高科学管理水平和工作效能。全市累计建立红十字会基层组织322个。

实施市政府“为民办实事”中“公共场所增设心脏急救设备（AED）”项目，新增AED设备1254套，培训红十字救护员3800余名，建设AED电子地图，实现共建共享服务群众。项目实施三年成功施救3人。

贯彻落实中国健康行动，根据《合肥市中小学校应急救护培训工作实施方案》，完成两期90名学校救护师资培训，实现全市736所公办学校AED配备全覆盖。

近距离服务群众，探索红十字工作进社区，新建成社区红十字博爱家园4个，全市累计建成15个，开展红十字志愿服务和特色活动，惠民利民便民取得成效。

合肥市红十字会获评安徽省红十字系统2020年抗击新冠肺炎疫情先进集体、安徽省红十字系统2020年防汛救灾先进集体。

【“三救”工作】 提高救灾水平。2021年，合肥市红十字会指导基层开展防灾减灾宣传和灾害救援演练，提高灾害应急处置水平。维护整修备灾救灾库，采购救援装备。市红十字会物资储备库获评三级红十字物资储备库。

开展人道救助。开展“博爱送温暖”活动筹集款物总价值61.73万元，受益群众2970余人。“博爱庐州”项目救助4名白血病患儿，救助金14万元。帮助65名白血病患儿、2名先心病患儿、1名运动神经元病患者申请总会基金救助215万。

推进救护培训。全市新培养救护师资159名，培训救护员4650余人，普及群众2.2万余名。举办合肥市第二届红十字应急救护大赛，获第四届安徽省红十字应急救护技能大赛一等奖。

【“三献”工作】 宣传动员。2021年，合肥市红十字会承办2021春分遗体器官角膜捐献者缅怀诵读会，线上线下70余万人共同缅怀捐献者。全年实现造血干细胞捐献13例。合肥市第七次获评全国无偿献血先进城市，全年无偿献血11.32万人次，献血量16.52万单位。截至年底，全市累计登记遗体器官角膜捐献志愿者31642名，占全省登记数44%。

服务“三献”。当年全市8750余名无偿献血者、造血干细胞捐献者享受无偿献血者奖励措施。全市实现器官捐献28例、遗体捐献49例、角膜捐献50例，均占全省三成以上，累计近40名捐献者获评中国好人、安徽好人、合肥好人等。

【弘扬人道精神】 开展志愿服务。2021年，合肥市六部门联合成立市红十字志愿服务工作委员会，在中国红十字志愿者网完成市、县、区21支红十字志愿服务队的注册，增强规范化和制度化。全市红十字志愿者总人数1891人，全年开展志愿服务191场次，总时长1.1万小时，服务群众2.8万名。

弘扬人道精神。围绕世界红十字日与红新月日、世界无偿献血者日、世界急救日等开展主题宣传，普及红十字知识和应急救护技能，宣传弘扬红十字精神及人道精神，在红十字运动研究中心发表论文3篇，获安徽省红十字会征文大赛一等奖。

（张　妍）

2021年6月，市红十字会举办全市第二届红十字应急救护大赛（张妍/摄）

合肥中华职业教育社

【概况】 2021年，合肥中华职业教育社（以下简称“市职教社”）团体社员2个，个人社员83名。截至年底，市职教社有个人社员237名，团体社员47个。

第二届安徽省中华职业教育创新创业大赛于10月中旬在六安技师学院举办，市职教社社员单位合肥理工学校获4个一等奖和2个二等奖；合肥职业技术学院获1个一等奖、1个二等奖和1个三等奖，合肥商贸科技学校获1个三等奖。

【调研建言】 2021年，市职教社发挥职业教育在合肥市乡村振兴中的推进作用，成立调研组开展专题调研。调研组对合肥市及所属市、县职业教育发展和服务乡村振兴战略推进情况进行实地调研，先后深入长丰、庐江、巢湖、肥东、肥西的7所中职学校进行实地考察，听取教育、财政、农业农村等部门以及相关职业学校的专题汇报。邀请市教育、财政、农业农村、乡村振兴等部门及安徽农业大学、安徽省乡村振兴研究院、合肥职业技术学院、合肥工业学校等院校负责人，就职业教育在乡村振兴中的作用等有关问题召开专题调研座谈会，征求各方面意见，形成《关于推进合肥市职业教育在乡村振兴中的作用的调研报告》，四县一市职教社结合本地实际提交5份子报告。市职教社将6份报告汇编成册报送市领导和有关部门，调研报告受到市领导重视，市政府罗云峰市长、市统战部陈晓波部长作出批示。

【组织建设】 2021年，市职教社新成立6个社员小组，分别是安徽建工技师学院、合肥市经贸旅游学校、合肥工业学校、合肥滨湖职业技术学院、合肥明星幼教集团、科讯嘉联信息技术有限公司。召开第二批社员小组负责人会议，并向第二批“社员之家”挂牌单位授牌。截至年底，市职教社有12个社员小组。

【社员小组活动】 2021年，安徽建工技师学院组织组员赴合肥经贸旅游学校交流，共同开展“基于工作过程课程教学思想实施方案”研讨。合肥滨湖职业技术学院与明星幼教集团围绕社员小组的建设问题进行交流讨论。合肥工业学校组织组员在社区开展志愿服务活动彰显社员风采。合肥理工学校在“七一”前夕组织快闪活动，万名师生齐唱《唱支山歌给党听》向建党百年献礼。安徽青松食品有限公司组织社员赴革命老区参观红军军部旧址和烈士纪念馆，听英雄故事，学革命精神。科讯嘉联信息技术有限公司多次赴合肥职业技术学院交流商谈校企合作新模式。明星幼教集团组织社员学习《中华职业教育社章程》并交流心得体会。马郢乡村旅游合作社邀请合肥学院、长丰县轨道交通学校等社员单位参观马郢乡村建设情况，探讨职业教育服务乡村振兴合作模式。

（苏嘉麟）

合肥市计划生育协会

【概况】 合肥市计划生育协会（以下简称“市计生协”）成立于1988年5月，截至2021年底，有基层协会组织1955个，会员31.2万人，工作人员3591人，志愿者1.66万人，12个县（市、区）、开发区均建立协会组织。2021年，蜀山区三里庵街道竹荫里社区“暖心家园”获评“中国计生协暖心家园示范点”；肥西县计生协常务副会长获中国计生协评选的全国100名“暖心之星”工作者。在省计生协“六代会”上，肥西县作先进典型发言，全市6个乡镇、街道（社区）和15人被表彰。

【计生协改革】 2021年，市计生协纳入中国计生协第三批改革试点单位，坚持党领导下的群团组织定位，向组织部门申请落实参公管理，向编制部门争取落实计生协内设机构设置，把计划生育协会改革落到实处。对全市所有县（市、区）进行专题调研，与各级党委、政府、卫健委进行沟通。印发肥西县、肥东县、长丰县、蜀山区计生协改革方案。

【组织建设】 2021年，市计生协推选省计生协第六次会员代表大会代表，按照程序，选举15名会员代表参会，合肥市计生协会会长当选省计生协第六届副会长，10名会员代表当选理事，2名会员代表当选常务理事。

10月21日，中国计生协党组成员、专职副会长调研合肥市计生协工作和村级公共卫生委员会建设情况，给予肯定。11月17日，省政协党组副书记、副主席、新任省计生协会会长来肥调研计生协工作，肯定肥西县计生特殊家庭帮扶工作和村级公共卫生委员会建设。

【村级公共卫生委员会建设】 2021年，市计生协推进村级公共卫生委员会建设。在首批12个村居试点的基础上，肥东县、庐江县、巢湖市分别确定2～3个村居开展试点工作。4月份，肥西县、瑶海区作为试点地区，在所有346个村居推开。各试点单位做到“亮标识、定制度、有计划、有活动”。各试点村居围绕公共卫生委员会职能，坚持以“生命力在于活动、凝聚力在于服务”的理念，以活动开展带动公共卫生服务能力提升，开展活动近2000场次。9月8日，安徽省借鉴合肥市村居卫生委员会建设经验，在全省范围内推开村居公共卫生委员会建设；10月9日，全市范围内推进村居公共卫生委员会建设。12月5日，市计生协以《合肥市村级公共卫生委员会建设探索》为题，参加第三届长三角卫生健康治理最佳实践案例评选，获得优秀奖。

【宣传教育】 2021年，为庆祝中国共产党成立100周年和中国计生协成立41周年，全市各级计生协围绕“永远跟党走·奋进新征程——庆祝建党100周年”为主题，开展群众性宣传教育活动。通过宣传全面三孩政策、家庭健康知识、生殖健康等科普知识，引导广大群众树立科学、文明、进步的婚育观念和健康家庭的生活理念。开展“抗疫有我·幸福同行”捐赠关爱活动，营造全社会关注家庭健康、关爱大病困难家庭的氛围。全年开展各类活动3000余场次，在各级新闻媒体发表稿件达192件。

【疫情防控】 2021年，市计生协投身新冠疫情防控和疫苗接种志愿服务工作。各级计生协参与属地疫情防控政策宣传服务工作，深入企业宣传来返疫情防控政策，指导企业做好疫情防控措施落实。深入群众宣传新冠疫情自我防护知识，提升群众自我保护意识。志愿服务新冠疫苗接种工作，参与宣传倡导、人员登记、秩序维护等。向基层医疗卫生机构配发60台制氧机和2台无创呼吸机，提升基层医疗卫生条件。庐阳区杏花村街道发挥计生协的组织力量，开展进社区、进居民、进企业、进学校、进厂矿、进机关“六进”宣传，发放“全民”接种的宣传折页1000余份。

【计生特殊家庭帮扶行动】 2021年，市计生协实施“生育关怀·幸福家庭”系列帮扶活动，筹集人口健康基金687万元，开展计划生育特殊家庭紧急慰藉、大病住院救助、慢性病救助、心理援助、健康义诊、购买第三方家政服务等项目。为4939户计划生育特殊家庭购买意外伤害和护理保险，给予计生特殊家庭每年最高9000元护理补贴的保障；为全市新发生的149户失独家庭提供每户3000元慰问金；为519名计生特殊家庭慢性病患者提供36.7万元的慢性病补助；为82个计生特殊家庭和318个计生家庭提供101.7万元大病补助；为1625户计生家庭和“三留守”人员（即留守儿童、留守妇女、留守老人）发放120.29万元慰问金；为336名新入学的大学生提供84.5万元助学成才资金；救助5名唇腭裂儿童，让他们再次微笑起来。推进计生家庭意外伤害保险项目，为15.83万户计生家庭提供计生家庭意外伤害保险，有8147户家庭获得1339万元保险赔付。

发挥中国计生协和省计生协“暖心家园”项目点示范带动作用，先后建成蜀山区三里庵街道竹荫里社区（国家级）、庐阳区亳州路街道畅园社区（国家级）暖心家园。暖心家园作为计划生育特殊家庭联谊交流和其他宣传服务活动的主要阵地，先后开展集体庆生、健康讲座、心理咨询、技能培训、文体娱乐、集体联谊等系列活动，为计生特殊家庭提供精神慰藉。立足计生特殊家庭需求，组织志愿者为有困难的失独家庭提供家政服务、就医陪护、助购搬物、助洗助浴、修理修缮等志愿服务，解决计生特殊家庭实际困难。通过开展“暖心行动”，丰富计生特殊家庭生活，使“暖心家园”成为计生特殊家庭的温馨之家，让计生特殊家庭感受到党和政府的温暖，形成全社会关心关爱计生特殊家庭的良好氛围。推动计划生育特殊家庭“帮扶联系人、家庭医生签约、就医绿色通道”三个“全覆盖”。肥西县引入社工组织优化计生特殊家庭社会关怀项目，计生特扶对象满意率98.7%以上，得到中国计生协和省计生协的肯定。

【家庭健康促进行动】 2021年，市计生协引导广大群众重视家庭健康，全面提升群众健康素养，营造良好的健康生活氛围，促进家庭健康行动。7月，长丰县被中国计生协确定为“家庭健康促进行动综合试点项目”，以“促进家庭健康 共享幸福生活”为主题，在全县开展家庭健康促进行动。合肥经济技术开发区锦绣社区计生协，成功申报中国计生协“青少年性与生殖健康项目——青春健康沟通之道家长培训项目”，开展的教授级别专家心理和生理讲座直播3场，线上线下参与人数近6万人次，腾讯会议线上专家生理和心理答疑讲座3场，近600人参与腾讯会议活动。完成8期6个主题400位家长参与式培训。7月21日，市计生协与省计生协、省妇女儿童保健中心、省人口健康基金会在庐阳区三十岗乡联合开展“美丽底蕴行动”启动仪式，现场聆听关于妇女盆底康复功能相关知识的宣讲、调查和答疑解惑活动。

（吕广发）

责任编辑：赵永军

法　治

人大立法

【概况】　2021年，合肥市人民代表大会常务委员会（以下简称“市人大常委会”）紧扣发展需求，发挥立法引领作用，推动地方立法工作。制定和修改地方性法规5件，开展立法调研8件。7月，市人大常委会获批成为全国人大常委会法工委基层立法联系点，这是全国省会城市首个“国字号”基层立法联系点。2021年，市人大常委会加强基层立法联系点建设，就《科学技术进步法》等8部法律，向全国人大常委会提供167条修改意见，成为合肥市群众参与国家立法的“直通车”。

【保障科技创新立法】　2021年，市人大常委会落实市委2021年全面深化改革“一号工程”，制定《合肥市科技创新条例》，以法规形式把市委、市政府关于科技创新政策措施和实践经验固化下来，围绕创新平台、成果转化、产业创新等方面作出制度安排，为打造科创名城提供强有力法治保障。围绕科学技术普及等开展立法调研。

【保障生态环境立法】　2021年，市人大常委会为保护改善大气环境、持续打赢蓝天保卫战，制定《合肥市机动车和非道路移动机械排放污染防治条例》，坚持源头防控、系统治理，统筹加强“油、路、车”排放污染防治，以法治提升百姓蓝天幸福感。修改《合肥市饮用水水源保护条例》，强化从供水到用水的监督管理，助力群众喝上“放心水”。

【保障城市治理立法】　2021年，市人大常委会适应燃气使用安全管理、应急处置需要，修改《合肥市燃气管理条例》，对燃气规划建设、使用管理等进行规范。修改《合肥市城市节约用水管理条例》，加强城市节约用水、合理利用水资源，调整累进加价标准，鼓励再生水利用。围绕非机动车管理、道路交通安全、市政设施管理、志愿服务、拥军优属、消防、城市公园建设管理等开展立法调研，为制定相关法规奠定基础。

（刘冠男）

2021年11月30日，市人大常委会召开新闻发布会。会上，《合肥市科技创新条例》正式发布，2022年1月1日起施行　（高　博/摄）

政法委与综治

【概况】　2021年，合肥市政法部门锚定“全省当标兵、全国创一流”的工作目标，完成庆祝中国共产党成立100周年、党的十九届六中全会等重大活动、重要节点安保维稳任务，庆祝中国共产党成立100周年期间全市进京访量首次退

2021 年 3 月 8 日，市委政法工作会议在市政务中心召开 （曹 宇／摄）

出全省“第一梯队”。推进群众安全感、政法机关执法工作满意度“双提升”工作，两项指标分列全省第5位、第9位。全市法院新受理案件数、审执结案件数，同比分别上升26.22%、22.37%，法官年人均结案量增加109.8件，收案、结案、人均结案数均居全省首位；检察机关办案量同比上升43.33%，12项核心业务指标居全省前列；公安机关立刑事案件同比上升3.4%，刑侦综合绩效取得全国第3的历史最好成绩；司法行政机关行政复议、应诉案件办理量同比上升41.4%、52.7%，全省依法行政考核中连续12年位居第1。全市政法机关涌现出“平安中国先进集体”“全国扫黑除恶专项斗争先进集体”“全国法院先进集体”“全国普法工作先进单位”“全国政法机关平安英雄”“全国公安系统二级英雄模范”“全国检察机关优秀公诉人”等一批先进集体和先进个人。

【服务发展大局】 2021年，合肥市政法部门签署长三角金融司法合作协议、反走私执法一体化协作配合框架协议、知识产权司法保护协作备忘录和G60科创走廊优化营商环境法治保障倡议书，申报设立安徽自贸区法庭、仲裁中心、知识产权纠纷人民调解委员会，建立环巢湖公益诉讼检察一体化协作机制。围绕护航经济发展，整顿高风险企业820余家，侦破经济犯罪案件1536件，审理金融案件19627件；清理长期未结涉企案件27件、涉民企刑事诉讼“挂案”34件，健全破产处置工作府院协调联动机制，审结破产及强制清算案件54件；审结知识产权案件3300余件，在全省率先成立知识产权检察办公室。围绕保障疫情防控常态化，核查密接者和次密接者信息1.5万余条、中高风险地区来合肥（返合肥）人员信息46万余条，妥处涉疫警情、谣言1503起（条），确保“四类”人员绝对安全。开展习近平法治思想宣传，制定法治合肥建设规划、法治政府和法治社会建设实施方案及全市“八五”普法规划，开展系列法治宣传活动，新创建2个国家级、30个省级、27个市级民主法治示范村（社区），培养农村“法律明白人”22304名，开展全国第二批法治政府建设示范市创建工作。

【风险防范】 2021年，合肥市政法部门健全重大决策社会稳定风险评估制度，开展信息化建设试点，推动评估重大事项831件。推进房地产领域信访突出问题、涉众金融案件、信访积案攻坚化解，处置到位问题房地产项目8个，化解涉众金融陈案57件，国家信访局第一批交办的1551件积案全部化解办结，全市进京社会面清理、国家信访局登记上访数比2019年分别下降58.33%、66.98%。

【平安合肥建设】 2021年，合肥市政法部门推进全国市域社会治理现代化试点市创建任务落实，63项重点任务完成57项。健全矛盾纠纷多元化解机制，开展“四员一律”进社区活动，深化“无案村（社区）”创建，成功调解纠纷8.5万余件。推进社会治安综合治理，启动“雪亮工程”二期建设，推动建成智慧平安小区3260个；常态化开展扫黑除恶斗争，新立涉黑涉恶案件14件；组织打击黄赌专项行动，侦办跨境赌博案件265件，黄赌警情同比下降52.8%；保持电信网络诈骗严打高压态势，推动电诈警情同比下降5.4%。加强公共安全隐患防治，拆除非机动车遮阳棚65万余个，综合治理交通乱点堵点46处、安全隐患326处、“马路市场”82个，开展缉枪治爆专项行动，严打非法经营成品油违法犯罪，未发生死亡3人以上较大交通事故，危爆物品“零流失、零被盗、零炸响”。推进基层社会治理工作，落实市级和9个县（市、区）综治中心机构编制，推进综治信息化平台二期项目建设。加强平安校园、平安医院等建设，促进校园安防100%达标、大型医院安防系统全面升级。

2021年9月7日，法治政府建设实地督察工作推进会暨第二批全国法治政府建设示范创建动员部署会召开　　（市司法局／供）

【政法改革】 2021年，合肥市政法部门完善制约监督体系，健全党委政法委执法监督机制，开展未收押专项清理；检察机关监督刑事立案49件、撤案111件，提请民事、行政检察抗诉19件，提起公益诉讼51件；法院健全“四类案件”识别监管机制，网上公开裁判文书10.7万余份；司法行政机关开展社区矫正减假暂案件专项排查，组织群众公议行政案件1184件。深化诉讼制度改革，推进认罪认罚从宽制度落实，刑事案件适用比例升至89.12%；推进繁简分流试点，民事案件平均审理时间降至42天。提升办案效能，推行司法辅助事务外包，建立执行联动机制、人民陪执员制度，审执结案件同比上升22.37%；检察机关完善提前介入侦查机制，“案-件比”优于全国、全省平均值。优化政法公共服务，完善“线上+线下+24小时”诉讼服务体系，网上立案37863件、跨域立案741件；研发使用公安便民服务自助终端，创设“办不成”反映窗口；简化法律援助程序，完善公证、鉴定、仲裁与法律援助衔接机制，受理法律援助案件12792件，办理司法救助案件560件。

（沈　达）

法治政府建设

【概况】 2021年，合肥市发挥法治护航发展、保障改革、滋润民心功能，打造一流法治政府。合肥市人民政府在省依法行政考核中连续第12年居第一位；合肥市、长丰县、合肥高新技术产业开发区获评首批全省法治政府建设示范市（县、区）；全市4家单位和3名个人获全国“七五”普法先进表彰。

【法治政府建设示范创建】 2021年，市政府完成中央全面依法治国委员会办公室来合肥下沉督察工作，受到中央督察组肯定。法治政府建设示范创建工作写入市党代会报告和政府工作报告。健全县级法治建设议事协调机构办事机构并配齐专人。推动党政主要负责人履行推进法治建设第一责任人职责落实，党政主要负责人集中述法规范开展，市政府常务会会前学法4次，11批次177名非人大任命的市管干部参加任前法律知识测试，全市70余名县处级领导干部参加法治政府建设专题研讨班，培训行政执法人员6000余人次。

【优化政务服务】 2021年，合肥市出台《合肥市科技创新条例》《合肥市优化营商环境若干规定》，为创优法治化营商环境夯实制度保障。设立中国（安徽）自由贸易试验区合肥片区仲裁中心和知识产权纠纷人民调解委员会，出台《关于支持中国（安徽）自由贸易试验区合肥片区培育发展市场主体的若干举措》，在自贸试验区内选择18个行业试点推进“一业一证”改革，助力自贸试验区发展。在全省率先推行企业开办“分段办”，构建“材料最少、流程最优”审批新模式。开展政务失信专项治理，全市政务失信治理对象清单实现清零。深化长三角地区跨省通办服务，建成长江经济带跨省通办专区，上线16个事项异地可办。推进“就近办”，13个县（市、区）下沉事项1532个，延伸到村（居）1045个，办件2294867件。开展不动产登记“全城通办”“跨省通办”“不见面办理”，“登记财产”指标位居全国前列。完善“好差评”机制，主动评价好评率达到99.99%，差评回复率100%。将全市25条热线归并到12345政务服务便民热线。优化公共法律服务，筹建完成网上赋强公证系统“赋强通”平台，解决办理公证“难、慢、繁”问题。出台《商品住房公开销售摇号资格、选房排序现场监督公证规则（试行）》，推动房地产企业参与公证摇号。推出自贸试验区内仲

2021年3月21日，蜀山分局户政中心“办不成事”反映窗口（李　燕/摄）

裁特色服务。组织实施“法治为民办实事”项目52个。

【加强政府法治建设】　2021年，合肥市出台《法治合肥建设规划（2021—2025年）》《关于在全市开展法治宣传教育的第八个五年规划》《合肥市法治社会建设实施方案（2021—2025年）》《合肥市法治政府建设实施方案（2021—2025年）》，完善“十四五”时期合肥法治建设顶层制度设计。做好“小切口”立法调研、立法协商、立法争议协调，制定修订饮用水水源保护条例、家禽交易管理办法等法规规章9部，废止规章2部。推行法规规章立法草案公开征求意见及反馈制度，实行立法项目草案专家咨询论证制度，对《合肥市科学技术奖励办法》开展立法后评估。落实规范性文件“三统一”制度和备案审查制度。全年审查市直部门规范性文件85件，备案审查县（市、区）政府、开发区管委会规范性文件45件。完成定期清理和专项清理，确保法制统一、政令畅通。向省政府、市人大报备市政府规章和规范性文件及时率、规范率均达100%。

【规范行政权力运行】　2021年，合肥市对全市第一批593项证明事项实行告知承诺制，完成线上线下流程再造及模板公示，办件量50余万件。市直43个单位完成保留证明事项动态调整与公示，27个单位实现“零证明”，做到“清单之外无证明”。在税务、市场监管、文化、交通运输、生态环境、城市管理等领域推行轻微违法免罚清单。落实行政执法“三项制度”，公示执法信息1.3万余条，音像记录设备应配尽配，全市法制审核人员666人，公职律师、法律顾问参与法制审核20余万件。建立案卷评查专家库，采取随机查、重点查、交叉查、跟踪查等方式全面体检执法案卷。网上移送“两法衔接”案件231件，对执法行为实行可视化管理、智能化操作、全流程跟踪；制定重点领域“两法衔接”案件移送罪名目录和证据移送标准，印发工作指引和文书格式，规范衔接工作。深化权力运行信息公开，及时公布各类清单目录，公开权力事项办理结果信息37142条，累计公开行政处罚决定书超3万份、行政复议决定书6000余份。升级全国首创的行政处罚案件群众公议制度，推行现场公议模拟演示，公议活动实现程序化、规范化，全年公议案件1269件，公议满意率100%。

【行政复议和信访工作】　2021年，合肥市发挥行政复议监督功能，市政府全年办理行政复议案件509件，准期结案率100%，直接纠错率20%。深化府院协作，健全工作机制，全市行政机关负责人出庭应诉率达100%，扭转“告官不见官”“出庭不出声”局面。推进行政复议体制改革。全市人民调解委员会成功调解纠纷8.51万件，调解成功率96.7%。组织“四员一律”（即审判员、检察员、民警、人民调解员、律师）进社区，创新开展“三所一庭”调解，发挥基层人民调解委员会主力军作用。推进行专调解、“警民联调”、访调和诉调对接、律师化解等工作，提高矛盾纠纷基层化解的整体效果和合力。发挥信访专班专业特长，推动历史遗留问题依法妥善解决。

（夏　韵）

公　安

【概况】　2021年，合肥市公安局（以下简称“市公安局”）聚焦建党100周年安保维稳主线，统筹推进党史学习教育、政法队伍教育整顿等工作，全市公安工作和队伍建设呈现“四升四降四无两突出”态势，“四升”即八类刑事案件破案数、刑事拘留、提请逮捕、移送起诉数分别上升2.8%、22.1%、70.7%、15.5%；“四降”即涉稳事件数、八类案件发案数、可防性案件发案数、交通事故亡人数同比分别下降29%、1%、25.4%、0.9%；“四无”即合肥没有发生影响政治安全的重大敏感案事件、没有发生重大恶性案件、没有发生暴力恐怖事件、没有发生重大交通事故；“两突出”即突出政治建警、突出从严治警，完成政法队伍教育整顿；全市公安机关守住疫情“零感染”，监所连续17年安全无事故；完成世界制造业大会等263场大型活动安保任务；市公安局获评“全国扫黑除恶专项斗争先进集体”，被授予“2021年度全省市级公安机关绩效考核优秀奖”，在全省公安机关绩效考核中实现“四连冠”。

【打击刑事犯罪】 2021年，市公安局打防电诈发起3次全国集群战役，其中，巢湖市局研判发现利用虚拟货币洗钱犯罪团伙，涉及全国9个省（市、区），抓获400余人，受到公安部通报表扬；快速侦破肥西“5·13”、肥东“5·16”故意杀人案，现行命案破案率100%，在全国31个省会城市、直辖市中排名第一；打防电诈、扫黑除恶、打击涉枪犯罪绩效位列全省第一。

*防范打击电信诈骗。*构建打防电诈新格局。全警反诈、全民防宣初步形成。开展百场反电诈宣传活动、“影响身边100人”活动，国家反诈中心APP注册数达283.68万，居全省第一。接电诈警情同比下降6.5%。出台《电信网络诈骗预警劝阻三级联动机制》《预警劝阻工作手册》《电信网络诈骗精准劝阻考核办法》；建成“守望者”反诈平台，通过预警，劝阻成功26万余条；成功拦截电诈预警30.1万起，成功拦截率为99.9%，避免群众损失8.14余亿元。落实“涉案线索快速落查”工作机制，破电诈现行案件同比上升60.30%；打处同比上升18.56%。

*常态化推进扫黑除恶。*推进专业队伍建设、线索处置、重案攻坚等11个重点项目建设；制定多份机制性文件，组织涉黑涉恶线索（案件）倒查复核、评查，开展“四大领域”黑恶犯罪线索摸排清查专项行动、打击整治“沙霸”“矿霸”专项行动、“四清四打一整治”专项行动；开展扫黑除恶重点地区专项整治，整改中央扫黑除恶特派督导反馈问题。市公安局扫黑除恶工作在全省绩效考核中位居第一名。

*攻坚命案积案。*开展“揭榜挂帅”专项行动，制定下发《“小案快破、盗案多破”工作机制》，开展打击入户盗窃、文物犯罪、民族资产解冻类违法犯罪专项行动。全市三类侵财案件破案数同比上升6.06%。

*侦办拐卖案件。*开展“团圆”行动，梳理、摸排来历不明儿童信息，进行反拐、“团圆”行动宣传。全年DNA系统盲比比中父母信息171条，儿童信息165条；找回失散61年、40年的人员各1人；打掉2个从事非法代孕、伪造变造买卖婴儿出生医学证明、拐卖儿童的犯罪团伙，解救婴儿3名，冻结涉案资金86.5万余元，依法起诉犯罪嫌疑人24名。

*推进刑事技术发展。*痕迹、影像、文检3个实验室建成全国公安机关重点实验室，刑科所整体入选全国重点鉴定机构；3项科研成果获公安部基层技术革新奖、全国司法鉴定理论与实践优秀论文、国家计算机软件著作权。公安部认定足迹串并案件31起，认定声纹战果112起，其中3起声纹破获电诈案件入选公安部优秀案例。在全省率先建成市级食药环快检实验室，开展面制品、性保健品、减肥产品、鸭血制品等专项抽检行动，为基层检测样品835份，发现线索96条，成案16起。

*打击经济犯罪。*分类分级妥善处置涉众型经济犯罪，立非法集资案件43起，采取强制措施200余人，涉案金额3亿余元。开展证券犯罪专项打击，“3·29”案件采取强制措施26人，冻结资金7000余万元，为全省首起操纵证券市场犯罪案件；开展串通投标犯罪专项打击，净化全市招投标市场秩序；开展“猎狐21”专项行动，从迪拜、菲律宾、柬埔寨、泰国、缅甸等国家和地区，缉捕11名境外逃犯，成绩位列全国第一方阵。市公安局接报案中心接待群众17012人次，接警5063起，移交受理经济案件1255起，立案903起，立案率81.05%，群众满意率95.87%。《接报案中心运行规范》被公安部评选为全国地方公安机关优秀执法制度；《安徽合肥新模式破解经济犯罪受立案难题》被公安部做经验推广；推进四县一市分中心建设。

*打击毒品犯罪。*侦破部目标案件4起、省目标案件8起，抓获毒品犯罪嫌疑人499人，缴获毒品8156.4余克。建立禁毒-反洗钱合作机制，侦办两起“自洗钱”案件，其中费某一案为全国首例判决生效的“自洗钱”案件。开展“寄递渠道禁毒百日攻坚行动”，全市破获涉及寄递渠道的走私、贩毒案件13起，抓获嫌犯123人。肥西经济开发区重点整治工作通过国家禁毒委验收。

2021年7月，特警武装巡逻　　（宋　军/摄）

【治安行政管理】　2021年，市公安局构建社会治安防控协同联动机制，打造“问题联治、工作联动、平安联创”的社会治理格局，推广“枫桥式公安派出所”经验加强公安基层基础工作，治安支队作为全省唯一公安机关，获评平安中国建设先进集体。

基层基础工作。推进警务机制改革，探索推行“一室两队”（即综合指挥室、社区警务队、案件办理队）、“一室三队”勤务模式，滨湖派出所“一室三队”改革取得成效，受到公安部调研组肯定。推进“枫桥式公安派出所”创建，庐阳分局安庆路派出所、蜀山分局三里庵派出所被省厅评选为2021年度安徽省“枫桥式公安派出所”，包河分局中山路派出所等6个派出所被评为市级枫桥式公安派出所。推进警民联调工作机制，全市115个警民联调室受理纠纷54478起，口头调解1571起，书面调解52859起，调解成功率99.9%，司法确认3903起。推进全市群防群治队伍建设，发动保安、物业从业人员、网格员、信息员、江淮义警等群防群治力量13.3万人，推进完成率66.26%。推进派出所消防监督。

共建共治。深化平安校园创建，全市2405所中小学幼儿园专职保安总体达标率98.83%、护学岗达标率100%、封闭式管理达标率98.17%、一键式报警达标率99.87%，南七派出所建立“四联机制”推进平安校园建设的做法在全省、全市推广。加强危爆物品监管，建立治安管控应用平台和治安要素检查APP，全市涉危单位全部入库，确保合肥市危险物品单位管理底数清楚、台账规范。要求旅馆业落实未成年人入住“五必须”制度，肥东县局6月8日对未落实“五必须”的宾馆开出全国首张罚单，被公安部治安管理局点名表扬。推进智慧平安小区建设，全市累计建成智慧平安小区2547个，覆盖率达75.5%，提前4个月完成2021年市政府智慧平安小区覆盖率60%的工作目标；全年可防性案件同比下降23%，其中入室盗窃同比下降20.7%，2051个小区实现可防性案件零发案，利用智慧平安小区抓获网上逃犯等违法犯罪人员180人，破获各类案件251起。

综合整治。开展黄赌打击整治，全市黄赌警情同比下降13.8%。侦办跨境赌博专案6起，采取刑事强制措施132人，打掉“技术链”团伙7个，查扣冻资金2075万余元。全年开展9次“筑安”系列统一行动，累计出动警力12.1万人次，破获刑事案件1485起，查处治安案件2635起，抓获各类违法犯罪人员13683人，摧毁各类团伙339个，采取刑事强制措施3372人，行政拘留5351人。开展涉枪涉爆专项行动，全年侦破枪爆刑事案件8起，采取强制措施48人，其中部际联席会议挂牌1起、省联席会议挂牌3起，收缴各类枪支57支、子弹4000余发，成功破获“2021·1·5”非法买卖枪支案、“4·12”非法制造买卖枪支弹药案等重大案件。利用公章刻制系统开展买卖公章等违法犯罪打击整治，累计清缴对公账户代办公司15个，抓获非法买卖对公账户嫌疑人1887名，冻结违法对公账户1.8万个。治安支队在公安部第45期治安大讲堂作经验交流。

便民利企服务。创新户政便民服务，开展16周岁（不含）以下居民首次申领身份证“全省通办”，获新华社、人民公安报等十余家媒体报道。推进105项高频户政业务“掌上办”，实现群众足不出户、在线咨询、网上申请、快递送达的办理新模式，从“最多跑一次”变成“一次不用跑”。全年受理全程网办业务12388笔。加强养犬管理工作，除重点区域开展视频巡查外，建立“随手拍”举报平台，发动群众积极参与养犬治理，全年有效涉犬警情6498起，同比下降2.2%；登记发放电子犬牌9.7万枚，犬只登记办证率达98%，处罚不文明养犬行为8015人次，收容流浪犬1.6万只。

【道路交通安全管理】 2021年，市交警支队落实公安交管“放管服”改革举措，网上办理车驾管业务215.3万笔、审批通行证4.1万张、快处交通事故8.5万起。网上开展满分和审验教育9.2万人次，110.3万人次参加“学法减分”学习、考试及减分；全市334家社会化网点实现车驾管业务“就近办”“便捷办”；开设“企业专项服务绿色通道”，为企业便捷办理机动车业务3091笔。11月23日起，试点推广全国适用的机动车电子驾驶证，当日申领驾驶人达15万人。

全市道路交通实现事故预防压降效果、排堵保畅能力水平、队伍综合素质和执法形象、全省绩效考评位次“四大提升”工作目标。全年发生亡人交通事故，同比减少4起27人；发生一次死亡2人事故，同比减少10起；未发生一次死亡3人以上较大事故。

合肥市在“高德地图”上的全国拥堵城市排名由2020年的第29名下降至2021年的第31名。行政复议撤销率同比下降3个百分点，涉警投诉总量同比下降5.4%，其中12389举报投诉和涉警负面舆情同比分别下降47.6%和40.3%。常态化严查重处严重交通违法行为，“两客一危一货一面”等重点车辆交通违法查处量同比上升11.2%。深度调查亡人事故及敏感、复杂案件，发现隐患，实施靶向治理。省、市、县三级挂牌督办交通安全隐患同比增加10.6%，治理326处。“户籍化”管理农村地区电动二、三轮车和面包车23万辆，建成公路平交路口“一灯一带”80处，安装信号灯35处、爆闪灯696处、减速带100处，整顿“马路市场”82条。

健全规范支队、大队两级指挥中心，推深做实网格化勤务机制，400名铁骑全部配备4G执法记录仪，实现铁骑警力精准定位和视频回传，接处警及“1、3、5”快反能力水平全面提升，全市接处交通类警情同比提速19秒；设立支队民意收集中心，完善民意归口办理、研判会商、督办考核闭环运行机制，提升民意办理质效，源头压降交管民意总量，收集办理民意2.4万件，同比下降5.4%；协同综合治理堵点8处、乱点38处，望江西路（枫林路-永和路段）建成全省首条潮汐车道，五里墩立交桥与长江西路西上桥口、南一环与金屯立交桥东西两端上桥口、蜀山高速道口等拥堵点通行效能得到提升。“望江东路与万岗路片区治乱点、除隐患案例”入选全省公安交管部门“我为群众办实事”十大精品案例。协调市文旅局通过农村地区应急广播，强化农村地区交通安全宣传。

开展“七进”宣传1500场次，在中央电视台新闻频道、《安徽日报》等主流媒体发稿2000余篇（条）。开展酒驾查处视频直播11场，观看人次超过1600万，集中曝光“酒醉驾人员”3583人次。拍摄制作《老交在路上》《老交在现场》交通违法行为现场查纠短视频85期，累计播放量超10亿次。“双微”及抖音、快手等公众号粉丝超过1500万，稳居全国公安新媒体第一方阵。

【网络安全保卫】 2021年，市公安局网安部门以“净网2021”专项行动为主线，针对网络违法犯罪黑灰产开展全链条打击。全年破获网安部门主侦类刑事案件752起，侦办的5起案件被公安部评为重大典型案件，破获的全省首例利用AI人工智能技术伪造他人人脸动态视频实施违法犯罪案在2021年国家网络安全周线上专题宣传，被中央电视台焦点访谈节目报道。推进电子数据勘验取证分析实验室建设，市局网安支队实验室被公安部评定为一级电子数据勘验取证分析实验室，全局12个分、县（市）局实验室被评为公安部三级电子数据勘验取证分析实验室。加强全局电子数据取证队伍培养和比武练兵，在涉网案件侦办中发挥突出作用，组队参加“美亚杯”第七届中国电子数据取证大赛，摘得2个一等奖和1个二等奖。合肥市网络与信息安全信息通报中心编发网络与信息安全信息通报225期，发现361家单位网站存在613个高危安全漏洞。强化网络安全行政执法力度，开展网络安全行政检查4651次，研发“灵犀”网络安全执法检查工具，获全国公安基层技术革新三等奖。牵头举办合肥市“护网2021”网络攻防演习，开展实战攻防对抗。

【轨道交通安全管理】 2021年，合肥轨道交通公安分局开展制度“废改立”，推动队伍规范化建设。创建警辅联训机制，推行“分局、派出所、站点”层级训练方案，完成科目类训练500多场次，专题练兵200余次。组建鸡鸣山站派出所，优化警力配置和勤务模式。采集轨道基础信息，开展各类隐患和矛盾纠纷排查，完善轨道“1、3、5”快反机制，加强警企协调，增加巡车、巡站保安力量，常态开展联巡和演练，提高应急处置能力，强化轨道安保力度。规范接处警、及时查处案件、研究制定为民寻物机制，提升服务群众能力。全年救助走失未成年人、老人29人次，为群众寻回失物800余件，收到感谢信、锦旗81件。查处各类行政案件23起，其中行政处罚13人。

【城市水域安全管理】 2021年，合肥水上公安分局做好稻香楼及天鹅湖、翡翠湖水域封控区水上安保执勤任务，开展“大排查、大整治、大防控”专项行动，出动警力1300余人次，出动船艇600余艘次。开展防溺水宣讲行动，联合市教体局、应急管理局等部门到40所中小学校开展防溺水宣讲活动70余场次，出动队员240余人次，车辆70余辆次，受众群体约11000余人。开展应急救援行动，完成救援任务30余次，安全转移受灾群众12人，出动人员340余人次，车辆110余次，船艇120余次。开展“昆仑2021”“守护平安”“强基固本补短板”等专项行动，打击非法捕捞受立案和打击处理数均比上年同期下降，全年立非法捕捞刑事案件6起，采取刑事强制措施13人，移送起诉14人，判决20人，联合渔政开展常态化巡逻158次，出动警力820人次，出动车辆234次，出动船艇35次，劝离垂钓人员317人。合肥市公安机关“长江禁渔”工作成效获公安部肯定并在全国推广。

【出入境管理与服务】 2021年，合肥出入境管理部门按照“外防输入、内防反弹”总体部署，推行从“国门”到“家门”的闭环管理，梳理入境来皖人员信息170万余人次，未发生漏管失控。建立“三级分类受理”“三级审批研判”等工作方法，全省首创“办证预警系统”并在全市34个受理窗口推广使用，做好非紧急、非必要不出境倡导工作，受理各类出国（境）申请 32064人次，发现违规申领证件139人，行政处罚22人，行政拘留3人，形成出入境证件签发工作“合肥样板”并在全国推广。建立全省第一个“外国人工作、居留许可单一窗口”，业务办理从“两次受理、两次发证”到“一次受理、一并发证”，办理时限由30个工作日压缩至7个工作日，办理环节压缩50%以上；8月1日开通外国人签证证件申请“双向速递”服务，至年底有 36名外籍人员通过“双向速递”服务成功办理签证证件；开展上门结对、提供“靶向”服务、建全服务机制等，助力优化营商环境，为企业高校提供上门服务 12次，联合分、县（市）局累计走访企业200余家，集中办理签证证件100余人次。合肥出入境管理部门党支部被评为市直单位“示范党支部”。

（宋雅风）

检　察

【概况】 2021年，合肥市人民检察机关贯彻《中共中央关于加强新时代检察机关法律监督工作的意见》，聚焦“全省当标兵、全国创一流”目标，办理各类案件同比上升13.7%。其中，“醉江山”网络诈骗案、“大志集团”集资诈骗案等重大敏感案件得到处理，4件案例入选最高人民检察院、省人民检察院典型案例。26个集体和个人受到省级以上表彰，市人民检察院获评全国首批“节约型机关”、全国检察机关扫黑除恶专项斗争优秀集体。

【服务社会治理】 助力平安建设。2021年，市人民检察院推进扫黑除恶常态化，出台常态化把关、提前介入、督办指导等制度，把关调度70余次，批捕37人、起诉17件175人。针对办案中发现的市场主体经营活动监管漏洞，主动作为向广州天河、合肥包河两地市场监管局和金融监管局制发检察建议3份，助推办案成果转化为社会治理效能。

助力防范化解金融风险。开展非法集资陈案攻坚，起诉涉众型经济犯罪449人；加大“反洗钱”工作力度，会同中国人民银行、海关、合肥市监察委员会、法院、公安等部门，建立同步审查、线索移送、通报会商、优先快办等协作机

2021年7月29日，合肥市检察院参加《长三角地区检察机关反走私执法一体化协作配合协议》签约仪式
（市检察院／供）

制，成功办理全省首例、全国首批“自洗钱”案件。

助力大庆安保维稳工作。坚持“一案一策一专班”，强化诉源治理，综合运用领导带案下访、公开听证等举措，集中化解重复访87件。

【服务发展】 聚焦推进“国家战略”。2021年，市人民检察院成立工作专班，服务中国（安徽）自由贸易试验区合肥片区发展；与上海、杭州等七地检察机关签署《长三角地区检察机关反走私执法一体化协作配合框架协议》，融入法治长三角一体化发展。

聚焦建设“科创名城”。强化知识产权检察保护，组建知产检察办公室，推进检企“双向”沟通常态化。加大侵犯知识产权犯罪惩治力度，起诉272人；召开新闻发布会发布典型案例5件。

聚焦服务“产业名城”。落实服务民营经济、新兴产业“双十举措”，建立服务民企“绿色通道”，开通96309服务热线，落实民营企业家直接约见检察长制度，组织约见检察长15人，接访企业家19人。执行“少捕慎诉慎押”刑事司法政策，依法不捕89人不诉134人，分别占比63.12%、15.75%；清理涉民企刑事诉讼“挂案”34件，制发检察建议探索开展企业合规管理，助力营造法治化营商环境。

聚焦打造“生态名城”。保障“十年禁渔”，严惩非法捕捞，巢湖市人民检察院诉魏某某等33人非法捕捞刑附民公益诉讼案入选最高人民法院生态环境保护典型案例。围绕生态环境保护，建立环巢湖公益诉讼检察一体化协作机制，依托“河湖（林）长+检察长”机制推进联合检测、联合督查，共护“一湖碧水、两岸青山”。强化生态检察，无人机取证科技赋能，大战外来入侵物种“一枝黄花”，保护水源地生态平衡与生物多样性；落实“恢复性司法”，综合运用“消除污染、补植复绿、增殖放流”等方式，督促责任人赔偿生态损害384万余元用于生态修复。

【法律监督】 刑事检察监督。2021年，市人民检察院依法履行指控证明犯罪主导责任，批捕逮捕人数同比上升36.84%；受理移送起诉件和起诉人，同比分别上升18.59%和18.21%，提起公诉7735件12190人。强化刑事诉讼监督，受理监督立案116件，监督立案49件65人，立案监督率42.24%。书面监督纠正侦查活动、审判活动违法，且相关单位复函采纳的312件次，同比上升46.48%。强化刑事执行检察，开展监狱巡回检察，对减刑以“政治引领”从严治检。执行重大事项请示报告制度，向安徽省人民检察院党组、市委、市委政法委报告重大事项65件次。落实“三个规定”，开展“督促检查、彩铃提醒、一案双查”，推动填报488件，同比上升108%。落实意识形态工作责任制，坚持“四同七纳入”，在市委意识形态专项督查考核中合肥市院位列“第一方阵”。推进认罪认罚，压实责任坚持应用尽用，促进适用比例提升至87.45%。采取随案移送《量刑评议表》，促进法院采纳率达96.16%，服判率达96.44%。出台意见细化操作指引，落实协商过程同步录音录像，防范权力滥用；对接侦查、审判机关，建立认罪认罚案件集中移送审查起诉、集中提起公诉、集中开庭审理“三集中”工作机制，促进依法从简从快办理。

民事检察监督。贯彻实施民法典，立足促进审判公正，受理民事诉讼监督案件440件，提出抗诉19件、提出再审检察建议59件，法院采纳再审检察建议启动再审的61件，法院再审改变原裁判结果的55件。共同破解执行难，与市中级人民法院会签强化执行监督实施意见，对执行活动违法情形提出检察建议161件。加强审判监督力度，监督审判程序中审判人员违法行为86件，同比上升40.98%。受理民事支持起诉案件55件，同比上升41.03%，支持有关主体提起民事诉讼55件，同比上升44.74%，支持农民工起诉51件。紧盯民间借贷、“套路贷”等多发频发领域，办理虚假诉讼监督案件76件，涉及金额近6000余万元；制发检察建议58件，移送虚假诉讼案件违纪违法线索3件3人。办理最高检交办的全国人大代表反映曹某某等人涉嫌虚假诉讼罪案线索，曹某某等5人均以虚假诉讼罪被追究刑事责任，2起民事虚假诉讼得到纠正，追赃挽损达5000余万元。

行政检察监督。加强对生效判决、裁定、调解书监督，受理行政裁判监督案件 90件，同比上升25.00%。对行政审判和执行活动违法情形提出检察建议2件，法院采纳再审检察建议启动再审的5件。加强行政执行监督，办结行政执行监督案件39件，提出检察建议22件，全部被采纳。对审判程序中违法行为监督案件11件，同比上升120%；提出检察建议9件，检察建议被采纳率100%。关注工伤确认、征收拆迁等民生领域，参与诉源治理，个案办理坚持“当事人全面接触、案件事实全面核查、调解工作全面开展”，统筹运用公开听证、检察建议、居中促和、司法救助等措施，实质性化解行政争议36件，促进“案结事了政和”。

*公益诉讼监督。*落实市人大常委会出台的《关于支持检察机关公益诉讼工作的决定》，收集公益诉讼案件线索524件，立案办理公益诉讼案件376件，同比上升38.75%。坚持把诉前实现维护公益目的作为最佳司法状态，受理诉前程序案件280 件，行政机关诉前回复整改率达99.48%。对发出公告和检察建议后公益受损未能解决的，依法提起公益诉讼51件。拓展办案范围，军地协作推动英烈纪念设施整修，对接退役军人事务局共建英烈保护常态化协作机制。

【司法为民】 守护“舌尖上、脚底下、钱袋子”安全。2021年，市人民检察院落实食品药品安全“四个最严”要求，办理李某某等生产、销售假药案入选最高人民检察院典型案例；落实最高检“四号检察建议”，督促相关部门排查窨井盖14.6万个，更换维修7700余个。针对电诈犯罪高发多发态势，参与“断卡”行动，办理许某帮助信息网络犯罪活动不起诉案入选最高检、教育部联合发布的典型案例。

*落实群众信访、律师阅卷、司法救助。*抓好“群众信访件件有回复”，接收群众来信5547件，做到“应回尽回”；落实院领导包案办理首次申诉信访486件，成功化解284件；推进律师互联网阅卷率先实现“全覆盖”，成功办理715件，以“数据多跑路”实现“律师阅卷不用跑”；推进“检察+”多元化救助，融合“一次性救助+延续性善后”，对接司法、民政、教育、人社等开展救助，实际救助158人191万元。

*保护未成年人安全健康成长。*抓好最高检“一号检察建议”监督落实，会同共青团合肥市委共建合肥市未成年人司法社会服务中心，向涉罪未成年人、未成年被害人等提供专业服务，获评“全国未成年人检察工作社会支持体系示范建设单位”；推进法治进校园，推动两级院93名检察官入校担任法治副校长，开展法治宣讲100余场次，覆盖16万余名中小学生；落实特殊保护制度，对未成年人犯罪原因、成长环境开展社会调查402人，为教育挽救开准“药方”，建立帮教“一人一档”，靶向开展“护苗行动”。

【检察改革】 2021年，市人民检察院部署开展为期三年的争创“全国一流检察院”活动。推动“案-件比”优化。完善提前介入侦查机制，规范“两退三延”审批程序，促进延期率、退查率同比分别下降90.02%、71.2%，实现“案-件比”优化至1 ∶ 1.14，均优于全国平均值1.15、全省平均值1.18，压减约2166个非必要办案环节。推动公开听证。坚持“应听尽听”，邀请专家学者、代表委员，参与开展检察听证196件次，同比上升110.8%。蜀山区院办理全省首例网络公开听证，通过中国检察听证网、快手平台实时直播，吸引全国668家检察院、19万名网友观看。

（吕荣光）

法　院

【概况】 2021年，合肥市两级法院受理各类案件307340件，审执结291377件，同比分别增长27.44%、22.37%；员额法官人均结案509.40件，增加109.80件。其中，市中级人民法院受理各类案件33426件，审执结31414件，同比分别上升14.5%、9.61%；员额法官人均结案293.59件，增加42.09件。“阻挠住宅加装电梯案”被最高人民法院评为2021年人民法院十大案件之首，入选中央电视台五集系列纪录片《民法典进行时》开篇案例；涉老年人居住权保护案件入选最高人民法院老年人权益保

2021年10月14日，市中院参加第十八届长三角法学论坛暨首届长三角G60科创走廊营商环境法治论坛活动　（张　敏/摄）

护十大案例。市中院被最高法院授予“人民法院基层党组织组织力提升工程优秀组织奖”，全市法院81个集体和170名个人获得省级以上表彰。

【服务经济社会发展】　2021年，市两级法院找准服务经济社会发展的结合点和着力点，审结民商事案件161002件。

优化营商环境。市中级人民法院牵头推进“保护中小投资者”“执行合同”“办理破产”三个指标建设，在减时增效、优化司法程序上破堵点、解难题。强化审慎善意文明司法理念，妥善处理涉企合同纠纷，优先通过调解方式定分止争。依法审慎采取强制措施，运用“活封”措施降低对企业生产经营的不利影响。集中清理破产积案，提升破产案件办理效率；健全破产案件府院联动机制，运用重整手段挽救外经集团等陷入经营困境企业，全市审结破产及强制清算案件54件，破产案件审理周期缩短1/5以上。

服务保障重大战略。依法护航重大战略部署落实落地，化解长鑫存储、中电博微等重点案件。依法妥善审理大志集团、好车贷、“醉江山”等非法吸收公众存款、集资诈骗、电信网络诈骗案件182件，防范化解重大金融风险。打击涉“套路贷”虚假诉讼，加强产权和企业家权益司法保护，发布《金融商事审判白皮书》，签署《长三角区域金融司法合作协议》。审结各类环境资源案件82件。审理农村土地流转、林权转让、股份合作等案件537件。申报设立中国（安徽）自由贸易试验区法庭，服务保障合肥自贸区建设。

护航创新驱动发展。强化司法对合肥科创名城建设的保障职能，融入长三角G60科创走廊九城市法院司法协作机制建设，与上海知识产权法院签署知识产权司法保护协作备忘录。完善知识产权“三合一”审判机制，审结科大讯飞、联合利华、雅戈尔等知识产权案件3334件。建立智库专家制度，组建知识产权快审和诉前调解团队，提升知识产权案件审判效率。加强知识产权司法保护和行政执法的有效衔接，加大侵权惩罚赔偿力度，提高知识产权侵权违法成本，营造支持创新的氛围。

【平安合肥建设】　常态化开展扫黑除恶。2021年，市两级法院巩固扫黑除恶专项斗争成果，常态化机制化推进扫黑除恶斗争，全市法院一审审结各类涉黑涉恶案件15件118人，二审审结8件105人，黑恶财产执行到位金额2.35余亿元。完善涉黑恶案件庭审保障和依法惩处机制，制定涉黑恶案件财产执行、案件处理等规范性文件3个。

维护社会和谐稳定。从严惩处故意杀人、故意伤害、强奸、绑架、抢劫等严重暴力犯罪，依法打击盗窃、“黄赌毒”等多发性犯罪，审结各类刑事案件7514件，判处罪犯11820人。完善刑事诉讼与监察程序衔接机制，审结贪污贿赂、渎职等职务犯罪案件35件。

监督支持依法行政。坚持监督与保护并重，促进行政争议实质性化解，审结行政案件3674件。参与行政纠纷诉源治理，联合市自然资源和规划局等部门到司法调解中心“面对面”化解社区居民的房屋拆迁补偿类纠纷。推进“告官能见官”“出庭又出声”，行政机关负责人出庭应诉率达100%。深化司法与行政良性互动，针对案件审理中发现的行业领域突出问题，向监管部门发出司法建议19份。

【执行工作】　2021年，全市法院受理各类执行案件98932件，执结95628件，执行到位金额96.75亿元。

完善执行联动机制。落实市人大常委会《关于加强人民法院执行联动工作的决定》，市政府与市中院建立执行联动工作联席会议制度，执行联动工作纳入依法治市、平安建设和优化营商环境考核，57家企事业单位深度参与执行联动，建成具有合肥特色的不动产查询系统、被执行人布控系统、全市公共数据资源共享系统，形成全市查人查物的执行合力。

加大执行攻坚力度。围绕涉民生、涉黑恶财产、涉民营企业等重点案件，每月开展集中执行活动，保障胜诉权益。完善信用惩戒制度，失信被执行人信息直接嵌入各单位业务审批管理系统，实施联合惩戒。纳入失信被执行人名单41007人次，限制高消费67407人次，移送追究拒执罪17件。市中院在最高法院长三角智慧法院与执行工作一体化会议上作交流发言。

提升执行智能化水平。以执行指挥中心为“中枢”，依托执行指挥管理平台和“智慧执行APP”，打造“互联网+专网”全覆盖的信息化执行模式。创新网络司法拍卖，举办“6·18”“11·11”网络司法拍卖节，全市法院拍卖成交金额11.42亿元。

【司法为民】　加强民生司法保障。2021年，全市法院审结教育、就业、医疗、住房、养老、消费等涉民生案件31169件。保护未成年人合法权益，全市两级法院均设立少年法庭，实现未成年人审判工作的上下归口管理。在全市法院诉讼服务中心设立“涉老窗口”，设置专人为老年人提供诉讼指引，避免出现“数字鸿沟”。开展民法典宣讲活动，通过法律“六进”、以案释法、微动漫等形式创新普法宣传，让法治精神深入人心。

提升诉讼服务品质。深化“最多跑一次”改革，升级诉讼服务中心，实现一站通办、一网通办、一号通办 、一次通办，解决百姓诉累。加快建设“云上法庭”，完善“线上+线下+24小时”诉讼服务体系，网上立案28402件，跨域立案437件，肥东法院启用“24小时自助法院”。推行司法辅助事务外包，提升审判效率。深化一站式多元解纷机制建设，全市56家行业调解组织、1125名特邀调解员、178个特邀调解组织进驻法院。深化“互联网+多元调解”，深化道路交通事故纠纷“网上数据一体化处理”平台和“线上警民联调司法确认”平台应用。推进繁简分流改革试点，深化“分调裁审”，建立健全类案批量处理机制，缩短案件审理周期。减刑假释案件跨部门大数据办案平台入选最高法院《人民法院司法改革案例选编》。

参与基层社会治理。与市委政法委联合印发《合肥市建立健全矛盾纠纷多元化解机制工作检查考评实施细则》，在全市开展“法官进网格”活动，590余名法官深入网络，助力“无案村（社区）”创建，全市设立56个法官工作室，开展巡回审理483次，诉前调解和指导人民调解37152次，提供法律咨询21438人次，协助地方化解信访疑难案件156件。蜀山法院创建“法官团说事”、肥西法院创建“法润乡村”、高新法院创建“益企下午茶”等特色活动，共同推进社会综合治理。

强化审判监督管理。落实党领导下的司法责任制，完善审判权力和责任清单，压实院庭长审判监督管理职责，完善“四类案件”识别监管机制，确保监督制约审判执行全流程覆盖。坚持院庭长办案常态化，全市法院院庭长带头审理重大疑难案件116347件，占比39.93%。完善统一法律适用标准机制，健全“类案检索初步过滤、专业法官会议研究咨询、审判委员会讨论决定”的法律适用分歧解决机制，促进裁判尺度统一。构建开放动态透明的阳光司法机制，推动裁判文书上网应上尽上，全市法院庭审直播65186场次，公开文书106528件，公开信息25972件。

（陈保合）

2021年11月18日，合肥法院开展“执行案款集中发放日”活动

（马晶璐/摄）

司法行政

【概况】 2021年，合肥市司法行政系统开展政法队伍教育整顿、党史学习教育，推动党建工作和业务发展互促共进。合肥市获评全省首批法治政府建设示范市，市司法局被表彰为2016—2020年全国普法工作先进单位，被司法部表彰为全国司法行政机关国家统一法律职业资格考试工作表现突出单位，在省厅综合考核中被评为优秀，四送一服、创优营商环境、社会信用体系建设、行政复议等多项工作受省厅、市级表彰。

【法治合肥建设】 *增强依法治市统筹能力*。2021年，市委、市政府印发《法治合肥建设规划（2021—2025年）》《合肥市法治社会建设实施方案（2021—2025年）》《合肥法治政府建设实施方案（2021—2025年）》《关于在全市开展法治宣传教育的第八个五年规划》，压实各级各部门法治建设责任。

落实依法行政重大部署。市司法局完成全国第二批法治政府建设示范创建申报阶段工作。完成配合中央全面依法治国委员会办公室来合肥法治政府建设下沉督察工作并受到中央督察组肯定。召开

依法行政工作领导小组会议推动重点任务落地实施。

强化关键少数法治思维。对18位“一把手”2020年履行法治建设第一责任人职责集中评议，市政府常务会议学法4次，对拟提拔11批次177名非人大任命市管干部开展任前法律知识测试。

提升行政立法工作质效。做好“小切口”立法调研、协商、争议协调，完成《合肥市优化营商环境若干规定》等11部法规规章立法工作。围绕长江保护法、行政处罚法实施开展规章清理。

规范行政执法行为。落实“三项制度”，公示信息1.3万余条。“两法衔接”移送案件231件，制定城管、农业农村等领域移送目录和标准。群众公议行政处罚案件1269件、公议满意率100%。完成证明事项告知承诺593项流程再造、承诺书样板编制及公示。在税务、市场监管、文旅、交通等领域推行首违轻微违法免于处罚清单。执法监督平台录入行政职权9275条、行政处罚案件1984件，居全省首位。

落实合法性审查制度。对273件市委、市政府文件进行合法性审查，办理市领导交办重要涉法事务383件。复审市政府常务会、国资领导小组会、土地管理委员会议题376个及招商引资政策。

推进复议应诉改革。推进复议体制改革，创新推进复议队伍建设、复议员制度落实。提升行政机关负责人出庭应诉率，自6月出庭率保持100%。办理复议509件、应诉223件，同比分别增长21.8%、38.5%。

【维护社会安全稳定】 完成庆祝中国共产党成立100周年安保维稳任务。2021年，市司法局制定庆祝中国共产党成立100周年安保方案，开展“三大三保零发生”行动，排查纠纷2.6万人次。成立中国（安徽）自由贸易试验区合肥片区知识产权纠纷调委会，完善婚姻家庭调委会机制，出台加强调解员队伍建设方案等。全市成功调解纠纷8.51万余件。

监狱戒毒场所实现安全稳定。市义城监狱以“犁庭行动”“百日安全大会战”“安全六保”等为抓手，落实监管措施，实现连续22年无罪犯脱逃。市戒毒所开展“平安戒毒所”建设，实现连续20年“六无”（即无毒品流入、无戒毒人员脱逃、无戒毒人员非正常死亡、无所内案件、无安全生产事故、无重大疫情）。

加强社区矫正监管。开展“减假暂”专项排查，排查案卷15171件、排查假释和暂予监外执行1264件。开展查访1298人次、核查11258人次。成功处置5件历史遗留收监未执行案件，5160名在册社区矫正对象实现安全稳定。

规范刑释人员教育帮扶。开展安置帮教管控工作攻坚，协调公安机关查找失联人员454人次。出台《关于进一步加强全市安置帮教管理工作的通知》，对9473名在册安置帮教对象摸底清查。出台《关于进一步加强全市远程帮教会见工作的通知》，建成会见室23个、成功探视7203次，同比分别增长156%、427%。

【公共法律服务】 为民服务机制建设。2021年，市司法局组织实施“法治为民办实事”市级项目11个、县级项目41个。围绕“大拆违”出台服务保障六条法治措施，完善调解员和律师进社区、鉴定和公证优化服务程序等为民服务机制。深化司法所建设提档升级三年行动，立户列编司法所130个，实现镇街全覆盖。加密网全省首批通过测评，推进“智慧法治”建设，智慧社矫市级系统接入市政务云平台，争取户籍、参保、不动产等15类信息，累计查询25万余次。

提升法律服务普惠性、可及性。配合房产“新政八条”，出台监督公证规则，提供公证摇号，实施“不动产登记便民服务”、公证减证便民活动，律师为900多家企业进行“法律体检”。落实

2021年12月3日，全省首个民法典主题园开园 （市司法局/供）

“四员一律”进社区（村），匹配1707名调解员，全市696名律师走进1527个社区开展法律服务。指导庐阳区设立“三所一庭”联调中心，与市发改委、中级人民法院共建“赋强通”公证系统、会同合肥铁路运输法院、市工商联设立“合肥市司法预重整工作站”。简化优化援助程序，全年办理援助案件1.2万余件。深化安徽法网应用，开设店铺507家、上架服务产品2435件、网上办理10978件。

提升法治宣传针对性、实效性。印发重点普法目录，完成“七五”普法终期验收第三方评估。开展民法典宣传月活动，举办民法典法治竞答，全省首家“民法典”主题园开园，在《合肥日报》开辟“民法典与生活同行”专栏，制作《寻找郑诚》民法典主题微电影并获全省法治作品征集大赛一等奖，举办“宪法宣传周”“江淮普法合肥行”和法治漫画故事微视频作品征集活动。新增2个国家级和一批省、市级民主法治示范村（社区），培养“法律明白人”2.2万多名。《法治日报》两次头版头条报道合肥法治建设成效。

（夏　韵）

【制定“八五”普法规划】 2021年12月，市委、市政府转发《市委宣传部、市司法局关于在全市开展法治宣传教育的第八个五年规划（2021—2025年）》。《规划》提出，要突出学习宣传习近平法治思想，突出宣传宪法、民法典，深入宣传与推动高质量发展、社会治理现代化等密切相关的法律法规规章和党内法规；强化国家工作人员和青少年的法治教育，实施思政课“种子”教师培育工程；实施公民法治素养提升行动，在立法、执法、司法和法律服务过程中开展实时普法；推动社会力量、运用新技术开展普法，加强社会主义法治文化建设，加强基层、行业和各专项治理。

（朱大伟）

仲　裁

【概况】 2021年，合肥仲裁委员会（以下简称“市仲裁委”）受理案件2275件，涉案标的54.97亿元，办结案件1808件，同比分别上涨66.42%、46.43%、54.79%，调解和解率同比上涨7.18%。案件平均办结时间同比缩短17天。仲裁受案领域扩大，出现网络直播、金融委托理财等类型案件。合肥仲裁委员会中国（安徽）自由贸易试验区合肥片区仲裁中心挂牌成立，成功上线网络电子书面审理系统，正式启用新修订的《合肥仲裁委员会仲裁规则》，仲裁区域交流合作实现深化。7月，市仲裁委成为安徽省仲裁协会会长单位，合肥仲裁委“积极融入区域发展，致力提升仲裁公信力”入选“安徽省2020年度公共法律服务十大事件”。

【仲裁服务】 2021年，市仲裁委启用施行最新修订的《合肥仲裁委员会仲裁规则》，新规则在引入国际商事仲裁先进制度基础上，以当事人需求为导向，重点完善涉外领域、新兴领域的仲裁制度，引入涉外纠纷临时措施，创设紧急仲裁庭制度，确立开放式仲裁员名册，建立国际化、专业化、现代化的仲裁服务机制。加强案件程序的监督管理，制定《合肥仲裁委员会仲裁工作业务指南》，细化案件流程，分模块、分步骤提效规范；完善《委托工作管理办法》，缩短委托鉴定类案件的鉴定周期。优化仲裁员队伍尤其是引入具备多语种能力的综合性人才，满足涉外领域多元化纠纷处理的人才配备。实行集体讨论审批制度，防控虚假仲裁，确保案件的公正。

【信息化建设】 2021年，市仲裁委加大信息化投入与建设升级“互联网+仲裁”服务。为配合疫情防控，加快“智慧庭审”建设与应用，启动互联网仲裁服务，推出微信和电脑端的远程立案，设置律师服务、仲裁业务信息管理、移动仲裁服务、送达管理、鉴定机构管理以及仲裁员查询等子功能模块，实行假日庭审“不打烊”、自贸区“专员驻点”服务机制，提高庭审效率。开启网络电子书面审理系统，出台《网络仲裁电子书面审理仲裁规则》，成功为金融机构解决多起借款纠纷，平均结案时效不超过30天，推动本地区互联网金融纠纷解决。

（张万杏）

责任编辑：王晓燕

改革开放

综　述

【概况】 2021年，合肥市委全面深化改革委员会（以下简称“市委深改委”）召开4次市委深改委会议，审议通过21件改革方案文件，完成116项年度改革任务，形成80多项制度性成果。总结和提炼改革经验做法，城市生命线安全工程、缓解停车难做法先后被中央改革办向全国宣传推介。城市生命线安全工程“合肥模式”入选“中国改革2021年度地方全面深化改革典型案例”，十大湿地、紧密型城市医联体建设等4篇信息被省委改革办采用。

【市委深改委会议】 十一届市委全面深化改革委员会第八次会议。2021年4月27日，市委全面深化改革委员会召开第八次会议，会议传达学习中央全面深化改革委员会第十七次、十八次会议及省委全面深化改革委员会第十一次会议精神，审议并原则通过《市委全面深化改革委员会2021年工作要点》《合肥演艺集团有限公司组建方案》《合肥市市属文化企业四管统一暂行办法》《合肥市实施文明创建工程三年行动计划（2021—2023年）》《全面推进市直党政机关和事业单位经营性国有资产集中统一监管改革的实施方案》，研究《合肥市2020年全面深化改革工作总结报告》。省委常委、市委书记、市委全面深化改革委员会主任虞爱华主持会议并讲话。

十一届市委全面深化改革委员会第九次会议。8月4日，市委全面深化改革委员会召开第九次会议，传达学习中央全面深化改革委员会第十九次、第二十次会议及省委全面深化改革委员会第十二次会议精神，通报全市改革任务1—6月份台账，讨论并原则通过《构建现代环境治理体系的若干工作举措》《合肥市工程建设项目招标投标管理办法》《合肥市贯彻落实国企改革三年行动方案工作举措》《合肥市贯彻落实深化医疗保障制度改革若干举措》《建立力戒形式主义官僚主义三项机制的若干意见》，听取中国（安徽）自由贸易试验区合肥片区建设情况汇报。虞爱华主持会议并讲话。

十二届市委全面深化改革委员会第一次会议。11月10日，十二届市委全面深化改革委员会召开第一次会议，会议传达学习中央全面深化改革委员会第二十一次会议及省委全面深化改革委员会第十三次会议精神，讨论研究合肥市深化新时代教育督导体制机制改革的实施方案、合肥市工业互联网创新发展行动计划、中国（安徽）自由贸易试验区合肥片区开展“一业一证”试点改革方案、合肥市公益广告促进和管理实施细则等文件。虞爱华主持会议并讲话。

十二届市委全面深化改革委员会第二次会议。12月30日，虞爱华主持召开十二届市委全面深化改革委员会第二次会议。会议传达学习中央及省委全面深化改革委员会有关会议精神，讨论研究安徽省城乡融合发展试验区合肥市环巢湖片区改革实施方案、合肥市进一步减轻义务教育阶段学生作业负担和校外培训负担的工作举措、全面加强新时代学校劳动教育的实施方案、合肥市深化新时代教育评价改革工作举措等文件。

（倪　明）

【改革督察】 2021年，市委深改委围绕重点领域和关键环节，从已经布置开展的改革任务中选取完善“政产学研用金”科技成果转化机制、全面推进中国（安徽）自由贸易试验区合肥片区建设、推动种业高质量发展、探索“一业一证”改革、加快媒体深度融合发展、实施名医名科名院建设工程、健全党建引领下的村民自治机制、加强垃圾分类制度建设、推动人才链与产业链有机衔接及探索建立村（居）纪检委员充分发挥监督作用有效途径等10项改革任务，作为年度重点督察项目。采用“四不两直”、现场点调、一对一访谈等方式，抓住制度建设主线，查找制度运转的短板弱项，摸清影响改革推进落实的问题和障碍，加强跟踪督办，确保各项改革任务落地见效。

（魏　玮）

牵动性改革

【概况】 2021年，市委深改委围绕习近平总书记在中央深改委第十八次会议上提出的“五个围绕”，突出“助推实现科技高水平自立自强”“畅通经济循环”“激活内需潜力”“实行高水平对外开放”“推动绿色转型”五个方面、36项具有牵引作用的改革任务，以重点突破引领全面发力。

【助推实现科技高水平自立自强】 2021年，市委深改委全力服务保障“国之重器”，系统推进综合性国家科学中心建设获国务院通报表扬。深化科技体制机制改革，成立市委科技创新委员会，安排一名专职常委专管科技创新，出台《科技创新条例》，设立合肥科技创新日，组建市科创集团（人才集团），全社会研发投入强度超3.5%，居全国城市第8位。制定出台《科技成果转化三年攻坚行动方案》以及《新型研发机构管理办法》、高成长企业培育扶持若干政策、进一步促进科技成果转化若干政策等“1+3”政策，研究制定《进一步加强科技成果转化“20条”》，全市技术合同交易总额突破700亿元，交易额居全省第一位。举办首届中国（安徽）科技创新成果转化交易会，构建“线下月月有活动、线上天天有交易”工作机制。

【畅通经济循环】 2021年，市委深改委修订完善推动高质量发展若干政策，推深做实“链长制”“群长制”，完善产业链“两图四表”（即全景图、分布图，总体情况表、重点企业汇总表、重点项目汇总表、创新平台汇总表），推进“双招双引”（即招商引资、招才引智），智能语音入选国家先进制造业集群，获批国家制造业创新中心。赛迪顾问发布的先进制造业百强市（2021）中，合肥居全国城市第11位。健全完善招才工作新机制，常态化开展“智汇合肥”系列活动，在合肥高校毕业生留合肥率超过50%，在合肥服务院士新增3人、总数达138人，其中本地院士40人，新引进高层次人才团队130个。

【激活内需潜力】 2021年，市委深改委推动城市全面更新，开展老城片区“减法”行动，加快建设东部新中心等五大片区。完善市委经济形势分析月调度机制，建立重点项目要素保障机制，启动“亩均论英雄”改革，推行工业用地“弹性容积率”，合肥高新技术产业开发区实现扩区，蜀山经济开发区晋升为国家级。在高新区开展首批职住平衡试点，推出4个项目、861套房源。

【实行高水平对外开放】 2021年，市委深改委实施扬长补短对标追赶行动，与上海杨浦区达成战略合作，深化与杭州市战略合作，牵头组建长三角先进计算联盟。加快推进合肥都市圈同城化，组建新能源汽车等7个产业联盟，与淮南市共建新桥科创合作区，与阜阳市签订新一轮合作共建协议。建好用好开放平台，（安徽）自由贸易试验区合肥片区复制推广全国213项制度创新成果，率先试点长三角海关特殊货物检查作业一体化等，合肥陆港型物流枢纽进入“十四五”国家首批建设名单，跨境电商交易额首破百亿元，中欧班列全年开行668列，较上年增加100列。世界制造业大会、世界显示产业大会等重大展会成功举办。

【推动绿色转型】 2021年，中共合肥市委安排一名专职常委专管巢湖综合治理，成立巢湖综合治理指挥部，整合省巢湖管理局、市环湖办、巢湖风景名胜区管委会等职能，变“九龙治水”为巢管局一个部门统一负责。全面推进巢湖综合治理“五大工程”“四源同治”，创新设立生态效益补偿专项资金，入选国家首批山水林田湖草沙一体化保护和修复示范工程，环湖“十大湿地”建成9个，环巢湖一级保护区8000公顷耕地全面推行绿色种植模式。巢湖水质稳定Ⅳ类，全市20个国考断面全部达标。

（魏　玮）

重点领域改革

【概况】 2021年，市委深改委强化全局观念和系统思维，围绕“十四五”开好局、起好步，紧扣经济社会高质量发展需要和群众“急难愁盼”，统筹推进经济、统筹城乡、行政、文化、社会、民主、生态文明及党的建设等8大领域改革，发挥改革整体效应。

【经济体制改革】 2021年，市委深改委开展新一轮国有企业市场化经营机制和现代企业制度改革，放大国资引领战略性新兴产业发展效应。推进营商环境迭代优化专项行动，包容普惠创新、获得电力首获全国营商环境评价标杆、优秀等次，首创“信易贷”平台，入驻企业13.48万户、累计授信规模504亿元，全年新增市场主体31.3万户、净增20.8万户，实有市场主体总量达134.7万户、增长18.25%。

【统筹城乡发展体制改革】 2021年，市委深改委健全城乡融合发展体制机制和政策体系，实施乡村振兴战略，发展都市农业、有机农业、互联网农业、现代种业和乡村旅游，出台《加快推进现代种业发展打造种业之都的实施意见》，坚持“五种并进”打造种业之都。建成省级美丽乡村中心村76个，全市50万元以上经济强村占比36.3%。城市生命线安全工程“合肥模式”获全国推广。

【行政体制改革】 2021年，市委深改委深化城市规划建设管理体制改革，独立运作市规划委员会办公室。创新推进工程建设项目招标投标“评定分离”改革，完成合肥市三十五中等12个重点项目，交易金额78.8亿元。实施“一业一证”改革，在中国（安徽）自由贸易试验区合肥片区选择18个行业试点推进。制定8个经济发达镇行政管理体制改革试点方案，增强基层发展内生动力。

【文化体制改革】 2021年，市委深改委分类制定加强市直机关、市属学校、市属企业意识形态工作指导意见，完善意识形态风险“周研判、月调度、季会商、年通报”等机制。组建合肥日报传媒集团，成立合肥演艺集团、庐剧艺术传承中心，推动国有文化企业改革向纵深发展。实施“一圈两廊百点”工程（即环巢湖旅游休闲圈，南淝河旅游走廊、江淮运河旅游走廊，打造100个网红打卡点），开展“过年留合肥 免费游合肥”“四季游合肥”等文化惠民活动，淮河路步行街、合柴1972、圩美磨滩等成为网红打卡点。构建“图书馆+书店”运行模式，建成开放阅读空间110个，累计接待群众2800多万人次，阅读指数位列全国城市第8位。

【社会体制改革】 2021年，市委深改委改进合肥市第一、六、八中学“新联招”模式，拆分合肥市区高考考区让考生“就近考”。出台房地产“新政八条”，筹集保障性租赁住房2.2万套，容缺受理解决15.3万套房产办证难问题。实施“惠民菜篮子工程”，入选2021年全国民生商品保供稳价典型经验做法。实施开放扩容、共享停车泊位行动，新建公共停车泊位8千个、配建停车泊位8万个。建成12345热线全市统一管理平台。推动出租车产权经营权“两权合一”，惠及6000多名车主。

【民主法制领域改革】 2021年，市委深改委支持推动市人大常委会首批建立9个党建引领全过程人民民主基层实践点，向全国人大常委会提供167条立法修改意见，成为群众参与国家立法的“直通车”。健全基层协商民主机制，组织实施乡村振兴、新能源汽车产业发展等重点协商活动，形成“社区协商议事厅”“线上协商议事厅”“政协委员工作室”等一批“有事好商量”平台。

【生态文明体制改革】 2021年，市委深改委制定《加强东部新中心规划范围内出让用地土壤污染防治工作方案》，探索“治理修复+开发建设”土壤污染治理新模式。出台生活垃圾分类管理条例实施细则，提升生活垃圾分类实效。深化“林长制”“河（湖）长制”改

2021年，合肥市推进国有类停车资源对外开放。图为蜀山区民生大厦共享停车场
（市委政研室/供）

革，建立环境专项监督长制，新增绿地710万平方米，全市$PM_{2.5}$平均浓度下降10%，空气质量优良率85.8%，同比提高0.8个百分点，空气质量首次达到国家二级标准，实现春天无意杨飞絮、夏天无蓝藻异味。

【党的建设制度和纪检监察体制改革】 2021年，市委深改委推动干部双向挂职，从在合肥高校院所引进26名副教授以上人才挂任市直单位副职，从市直部门选派19名业务骨干入驻高校院所跟班学习，选派45名退出领导岗位干部到村任职，选派市开发区干部到县市开发区挂任职、县市干部到市投资促进局挂职，选派103名优秀年轻干部到沪苏浙、重点企业实践锻炼。制定领导干部严管厚爱“八个不得”行为规范，创新建立力戒形式主义官僚主义清单指引、事前研判和预警纠偏3项机制。健全“党建+信访”工作体系，制定《进一步做好群众信访工作实施办法》，实施化解信访积案行动，信访总量退出全省前3，首次实现进京访量前10位无合肥市县区。

（魏　玮）

招商引资

【概况】 2021年，合肥市新签约重点项目1406个，签约项目数创历史新高。其中，100亿元以上项目8个，50～100亿元项目8个。大众安徽新能源汽车生产基地及研发中心、蔚来新桥智能电动汽车制造基地、比亚迪新能源乘用车及零部件汽车产业园等10个50亿元以上项目实现当年签约、当年开工。外商直接投资37.45亿美元，同比增长4.3%；亿元以上在建项目实际到位资金1701.4亿元，新建省外亿元以上项目526个，均排名全省第一。

新签约1406个项目中，重点产业链项目858个，占比为61%；引进格拉默中国总部、斑马华东运营总部等总部类项目138个；母公司分别为上市公司投资项目112个、世界500强投资项目29个、中国500强投资项目57个、行业十强投资项目88个、高新技术企业投资项目502个，中科星图、航天宏图等一批空天信息产业重大项目签约落地。县域招商量质齐升，16个50亿元以上项目中，纳思达打印机、晶科太阳能、中创新航等11个项目落户在县域。

【招商机制】 2021年，合肥市投促系统累计接待重要来访客商和外出招商超5000次。市委市政府主要领导拜访接待客商300多批次。组织相关县（市、区）、开发区赴长三角、珠三角、京津冀等重点区域，针对目标企业开展密集性招商活动，推动重点项目加快签约落地。修订完善《招商引资大项目认定导则》《合肥市招商引资考核办法》，为项目引进提供政策支持。市国资平台支持9个百亿元以上重大项目落地建设，市产业投资促进基金一期、长丰投促基金完成28个战略性新兴产业项目投资，实际投资金额达10.74亿元；先后审议或参与协调招商引资大项目33个。

【展会招商】 2021年，合肥市利用世界制造业大会、世界显示大会、汽车蓝皮书峰会、腾讯数字生态大会合肥峰会、安徽科技大市场科技成果转化交易会等重大行业论坛峰会展会作用，展示合肥优良营商环境，推动一批项目签约落地。其中，在2021世界制造业大会上，合肥市签约项目92个，总投资1213.18亿元，占大会签约项目投资总额的32.4%；在2021世界显示产业大会上，合肥市签约项目20个，总投资162亿元，占大会签约项目投资总额的60.7%。6月10日，在合肥举行的第十三届中国汽车蓝皮书峰会，汇聚汽车产业链领军企业、科研院所和投资机构1000余名嘉宾，

2021年11月26日，中国隐形独角兽500强企业落户合肥项目签约仪式现场

（市投资促进局/供）

规模创历届之最。

【县干和商会招商】 2021年，合肥市推进县干招商，市第五批50个县干招商小组累计新签约项目152个，外出拜访客商875批次。推动腾讯（合肥）智慧产业总部基地项目、盒马鲜生安徽区域总部项目、安永会计师事务所合肥分所项目等一批优质项目落地。用好商（协）会招商，会同市委统战部、市台办举办连线台企商会视频座谈会，举办长三角企业家联盟走进安徽、新沪商企业家等企业家座谈会，参加安徽省与沪苏浙台商台企经贸合作推介会、上海合肥商会成立大会，挖掘各类资源。全年全市新引进徽商回归企业投资项目109 个，到位资金139.4亿元。实施委托招商，与29家招商顾问开展合作委托招商，收集招商项目线索97条，引进签约项目15个，联创电子、元气森林等一批技术含量高的大项目签约落地。

【能力建设】 2021年，合肥市常态化举办“投资促进大讲堂”，开展“双招双引”业务培训，围绕重点发展产业、要素保障、政策支持、资本融资等内容，举办19期投资大讲堂活动，培训全市招商干部1000多人次，提升招商干部整体业务素质。选派招商干部赴先发地区、头部企业、创新平台挂职交流，各县（市、区）、开发区选派干部到市投资促进局跟班学习，助力县域招商引资工作。完善内部产业研究及工作考核机制，通过全过程参与产业分析研究、项目信息收集研判、跟踪洽谈推进，提升招商干部产业感知力、政策应用力和项目推进力。

（高　敏）

对外交往

【概况】 2021年，受新冠肺炎疫情仍在全球蔓延影响，合肥市因公出国（境）未重启，线下外事活动开展频次较低，采取线上线下相结合的方式，统筹运用国际友城、外国驻沪总领馆、国际组织、跨国公司等国际资源开展对外交往活动。对外交往呈现逐步复苏态势。

【友好交往】 2021年，合肥市开展“云外事”系列活动，利用“云洽谈”“云签约”等形式，建立起疫情防控常态化下友城交往的新机制。2—5月，应邀先后四次参加德国友好合作关系城市罗斯托克市举办的以“绿色交通”为主题的系列视频研讨会，在5月的研讨会上作主题演讲。5月，合肥市与新西兰北帕默斯顿市举办友好关系暨教育合作前瞻会议，两市中小学进行友好学校云签约；11月，两市签署缔结友好关系城市协议书。全年四次与日本友城久留米市联合举办的中学生在线交流活动。11月，与久留米市举行两市结好40周年庆典活动，两市市长线上签署结好40周年友好合作协议书，两市市民共同参与青少年书画展、大学生线上交流、中国传统技艺展示等交流活动，巩固中日民间友谊。与俄罗斯萨马拉市、法国阿维尼翁市、乌克兰皮里亚金市举办多场视频会议，在经贸、文旅等不同领域深化对外合作。线上参加德国奥斯纳布吕克市世界水日展览活动及美国哥伦布园艺展览活动，向国际社会展示更多“合肥案例”。全年开展各类线上友好交流活动17次。疫情期间，推进国际防疫合作，向友城金边市援助2万盒连花清瘟胶囊，援助物资于7月13日启运，8月上旬运抵金边。8月11日，金边市举办抗疫物资交接仪式，中国驻柬埔寨大使王文天出席仪式并代为接受金边市市长坤盛致合肥市的感谢信。做好“留学合肥”政府奖学金相关工作，全年资助“留学合肥”政府奖学金生111人次，拨付奖学金216.5万元。

【外宾来访】 2021年，合肥市政府外事办公室（以下简称“市外

2021年11月18日，合肥与久留米结好40周年庆典上，市长罗云峰赠送纪念礼物 （市外办／供）

办”）做好各类外事接待与礼宾保障工作，推进“后疫情”时期对外交往提质增效。省委常委、市委书记虞爱华先后会见大众安徽CEO葛皖镝博士、大众中国执行副总裁英格尔等重要外宾，市委副书记、市长罗云峰先后与小林制药（中国）董事长松下拓也、大陆马牌亚太区总裁霍尤斯等进行工作会商。韩国、加拿大、以色列、德国等国驻沪总领馆官员，日本贸易振兴机构、韩国大韩贸易投资振兴公社、德国工商大会、上海合作组织等国际组织负责人先后造访合肥市，商谈合作事宜。全年市领导参加外事会见15次、线上会议3次。市外办参与接待各类外事团组31批217人次，包括各类企业来访15批104人次，使领馆官员及商会组织来访12批65人次，媒体及友好人士等其他团组来访4批48人次。

【涉外服务】 2021年，合肥市落实“六稳”“六保”政策，为来（返）合肥外籍人员提供邀请和签证支持。全年办理128家企业2570人次邀请函申请，入境2124人。协助8家学校59名外籍教师办理邀请函，其中24人入境；协助11家企业或学校103名外籍人员家属办理邀请函，其中93人入境。加大APEC商旅卡宣介力度，在蜀山经济开发区召开合肥市首场自贸区专场APEC商旅卡推介会，全年为12家企业申办35张APEC商务旅行卡。11月，举办2021年全市外事干部网上培训会，各县（市、区）、开发区、市直机关和部分企事业单位外事部门负责人及专办员80余人参加培训。

【外事管理】 2021年5月10日起，合肥市正式启动在合肥外籍人士新冠病毒疫苗预约接种工作，设立包河区滨湖医院、庐阳区市第一人民医院等13家外籍人士疫苗接种点，全年在肥外籍人士接种疫苗人数达2500人。推进领事保护，于2月底至3月初在线上开展主题为“非必要，非紧急，不出国”领事保护知识竞答活动，吸引近4千名市民参与。赴蜀山区美虹社区、巢湖市中庙街道等地开展“领事保护进基层”活动。会同市商务局召开对外劳务合作企业项目座谈会，开展境外项目和人员情况梳理，推动公民和机构境外安全保护联席会议机制作用发挥。与市公安局、相关县（市、区）对接，成功处置10起境外人员意外死亡事、因病死亡事。完成“长三角一体化与高质量发展”外媒采访团等外媒在肥活动管理。

（吴　凡）

对外贸易

【概况】 2021年，合肥市商务局多措并举稳定外贸基本盘，推进贸易创新和高质量发展，对外贸易取得多项新突破，实现“十四五”外贸开新局。全市进出口总额连续跨越400亿美元、500亿美元台阶达到514.6亿美元，同比增长37.2%，高于全国、全省7.2、1.1个百分点，增幅高于去年同期20.8个百分点，总量占全省比重48%。总额位居全国省会城市第8位。

【产贸融合】 2021年，合肥市立足战略性新兴产业集群发展优势，参与产业链“延链补链强链”，加强产贸对接，在消费类电子、平板显示、集成电路、光伏等领域打造一批具有国际竞争力的外贸产业集群。抓住全球需求扩大及产能转移机遇，推动相关产品出口实现增长，全年出口额超150亿美元，重大项目建设拉动关键设备进口超40亿美元。

【外贸主体培育】 2021年，合肥市实施外贸主体壮大培育工程，做强外贸龙头企业，培优中坚企业，帮扶中小企业。组织企业参加中国进出口商品交易会、中国国际进

2021年7月13日，合肥市举办与埃塞俄比亚经贸交流座谈会

（市商务局／供）

口博览会等国际展会，支持企业拓市场、保订单。组织全市400余家企业参加16场线上线下培训、对接等活动，宣讲政策法规、介绍促进政策，帮助企业提升业务能力，开拓国际市场。70家进出口过亿美元企业进出口额占到全市的76.6%，联宝电子成为安徽首家进出口百亿美元企业。

【新业态新模式】 2021年，市商务局推进中国（合肥）跨境电子商务综合试验区建设，全市实现跨境电商交易额20.3亿美元，同比增长53.6%。12月，安徽省跨境电商创新服务中心被安徽省商务厅认定为省级跨境电商产业园区，合肥经济技术开发区综合保税区跨境电商产业园在省级跨境电商园区考核中获评唯一的“优秀”等次。开展“跨境电商+中欧班列”新模式，定期开行跨境电商B2B出口专列；创新跨境电商零售出口包机业务；创新设立全省首个跨境电商零售进口退货中心仓；先后支持合肥经开综保区、合肥综保区开展跨境电商特殊区域出口（1210模式）业务，助力“合肥智造”走出国门。

【载体建设】 2021年，合肥水运港集装箱吞吐量40.01万个标箱，同比增长7.8%；合肥中欧班列全年发运668列，同比增长17.6%；合肥航空港新开通定期货运航线4条。合肥经济技术开发区综合保税区实现进出口102.82亿美元，同比增长17.8%；合肥综合保税区实现进出口38.5亿美元，同比增长208.1%；合肥空港保税物流中心（B型）实现进出口总额1.33亿美元，同比增长76.4%。12月，开工建设空港肉类进境指定监管场地。

（张潇菓）

对外经济合作

【概况】 2021年，合肥市商务局抓住“一带一路”建设机遇，夯实基础工作，加大培训力度，推进对外合作，提高合肥地区企业“走出去”质量。全市对外承包工程新签合同额33.3亿美元，同比增长49%，占全省的75%；完成营业额16.2亿美元，占全省的68%；外派劳务5077人，占全省78%。截至年底，全市累计在外人数8832人，占全省65%。新批境外投资项目75家，总投资额12.1亿美元，同比增长68%，实际投资额4.18亿美元，同比增长13%。

【融入“一带一路”建设】 2021年，合肥市投资“一带一路”国家项目34个，总投资8.9亿美元。截至年底，累计有78家境内企业在“一带一路”33个国家投资153个项目，总投资24.3亿美元，实际投资5.2亿美元。“一带一路”国家和地区来合肥市投资设立外资企业16家，累计投资总额0.45亿美元，主要涉及技术推广服务、工程管理服务和贸易代理等行业。

【政策体系建设】 2021年，合肥市通过加强对外投资合作政策性引导，提高企业“走出去”参与国际化经营，优化对外投资合作布局。组织全市重点外经企业参加“东南亚国家投资趋势及法规更新”、对外投资合作政策业务培训等线上及线下培训，帮助企业做好合规风险排查，稳步“走出去”。

【对外承包工程】 2021年，合肥市新签合同额过5000万美元的项目14个，累计新签合同额28.7亿美元，占全市总数的86%。中铁四局集团有限公司在几内亚马瑞巴亚港至西芒杜矿区铁路项目新签合同额达9.9亿美元，占全市的29.7%，是合肥市2021年新签最大的对外承包工程项目。

（黄桂兰）

2021年1月，柬埔寨东瑞集团园区一期厂房建设完成　（市商务局/供）

中国（安徽）自由贸易试验区合肥片区

【概况】 2020年9月24日，中国（安徽）自由贸易试验区合肥片区正式揭牌，实施范围64.95平方千米（含合肥经济技术开发区综合保税区1.4平方千米），涵盖合肥经济技术开发区、合肥高新技术产业开发区、蜀山区三个区块。片区重点发展高端制造、集成电路、人工智能、新型显示、量子信息、科技金融、跨境电商、节能环保、服务贸易、生命健康等产业，发挥自贸试验区开放的窗口引领作用，全方位推进各项建设任务，打造具有全球影响力的综合性国家科学中心和产业创新中心引领区。截至2021年底，合肥片区实有企业35462家，新设立企业12023家；实现进出口额1304亿元；实际使用外资12.7亿美元。

【试点任务】 2021年，省总体方案涉及合肥片区的109项试点任务落实70项、落地率64%，超额完成省定第一年50%目标任务。中国（安徽）自由贸易试验区合肥片区管理委员会（以下简称“自贸区管委会”）以省总体方案明确的七大主要任务为纲领，制定建设实施方案，印发9个专项推进行动计划、三年行动计划和2021年工作要点，明确任务标准、责任单位和完成时限。

【制度创新】 2021年，全省首批复制推广的44项改革试点经验，有24项为合肥片区创新探索。其中“长三角海关特殊货物检查作业一体化改革”等5项成果于4月入选中国（安徽）自由贸易试验区首批十个标志性建设成果，“长三角G60环境科技跨区域产业链集成创新机制”入选长三角自由贸易试验区联动发展制度创新案例。自贸区管委会利用自贸试验区制度创新工具，促进投资贸易便利化、助力产业发展和推动科技成果转化等三种制度创新，破解制约企业发展的痛点难点堵点，推动经开、高新、蜀山三个区块错位发展，形成一批能解决问题、让企业受益的制度创新成果。实行“长三角海关特殊货物检查作业一体化改革”，对企业进口原材料等实行“上海口岸外形查验、合肥属地拆封查验”模式，平均每票货物节省通关时间5天、节约仓储费用4万元，帮助9家企业400余种特殊货物实现快速通关。建设“多元创新培育海内外跨境电商集散基地”，创新“跨境电商+中欧班列+定制包机”出口模式，境内境外双基地联动，开通定制出口专列和包机，实现“双向通联、内外互应”，助力“皖货出海”、皖货皖运从本土化率不足10%提升到60%。率先开展产业化经费股权投资改革，变“政策补贴”为“股权投资”，推动科技成果转化，按照市场化程序办理股权退出，撬动更多社会资本参与科创发展。中国科学院合肥创新研究院对85家科创企业使用产业化经费，带动社会资本投资近16亿元。

【赋权承接】 2021年，自贸区管委会承接中国（安徽）自由贸易试验区特别清单212项（含赋权形式子项237项），实现直接办理或线下代办。按照“在创新中承接、在承接时创新”原则，成立工作专班，合肥经开区、高新区、蜀山区块所在管委会（或区政府）具体负责依法承接实施，自贸区合肥片区管委会负责统筹协调和保障工作，市级职能部门负责组织推进并确定操作方法，在全面承接的前提下，依法、高效推动承接工作。

【复制推广】 2021年，全国278项制度创新成果（含国务院分六批集中复制推广的143项改革试点经验、国务院自由贸易试验区工作部际联席会议办公室分四批复制推广的61个“最佳实践案例”、国家

2021年1月22日，合肥市启动长三角海关特殊货物检查作业一体化改革试点。将原布控在口岸实施的查验作业改为口岸和目的地分段、分类检查作业

（庐州海关／供）

各部门分两批自行复制推广的74项改革试点经验），除因仅在特定区域推广而合肥片区不涉及该项业务的事项和一部分正在推进中的事项外，有213项在合肥复制落地。

（陈晓科）

区域合作

【概况】 2021年，合肥市发挥省会城市辐射作用，引领带动合肥都市圈做强做优，合肥都市圈实现生产总值27305.5亿元，同比增长8.6%，占全省63.6%；实现一般公共预算收入2109.9亿元、社会消费品零售总额12981.1亿元，分别占全省60.3%和60.5%。

2021年，合肥市深化与皖北等地结对合作，共建阜阳合肥现代产业园区（以下简称“阜合园”）、寿县蜀山现代产业园区（以下简称“寿蜀园”）、临泉庐阳产业园区（以下简称“临庐园”）、合肥高新区霍邱现代产业园（以下简称“高霍园”）等合作园区。与阜阳市、寿县、霍邱县签订新一轮南北共建协议，推动南北结对合作再上新台阶，获评2020年度南北合作共建园区目标考核市级园区援建方第1名，庐阳区、蜀山区分获县级园区援建方第1名和优秀等次。

【合肥都市圈建设】 2006年，安徽省提出建设“省会经济圈”的战略决策。2015年，省委“十三五”规划建议正式提出建设合肥都市圈。2016年，《长江三角洲城市发展规划》将合肥都市圈纳入其中。经多次扩容，至2021年，合肥都市圈包括合肥、蚌埠、淮南、六安、滁州、芜湖、马鞍山、桐城等8市。

规划统筹。2021年，合肥市政府编制合肥都市圈“十四五”发展规划，深化合肥都市圈轨道交通规划研究，开展合滁产业协同发展研究。贯彻落实《合淮产业走廊发展规划》《合六经济走廊发展规划》《合肥都市圈一体化发展行动计划（2019—2021年）》，制定《合肥市推进都市圈一体化建设2021年工作要点》，会同淮南市、六安市联合印发实施合淮产业走廊、合六经济走廊2021年重点项目及合作事项计划。

基础设施互联互通。省交通运输厅组织召开合肥、六安、淮南三市交通互联互通项目对接会，合肥市交通运输局调研推进合淮交通一体化工作。合新高铁、巢马城际铁路加快建设，合肥新桥机场S1线、合新六城际铁路、六安至庐江铁路等项目列入《长江三角洲地区多层次轨道交通规划》。德上高速合枞段、岳武高速东延无岳段、明巢高速合肥段、合六叶高速改扩建、合六南通道等项目加快建设，宣商高速无为至巢湖段用地预审和合周高速寿县至颍上段施工图设计先后获批。合肥新桥机场二期改扩建工程开工，肥东县白龙通用机场加快建设。续建引江济淮航运工程，推进兆西河通江一级航道工程前期工作。

产业科创协同协作。合肥市政府推进新能源汽车暨智能网联汽车等都市圈首批7个专项产业联盟组建工作，引导产业错位布局、分工协作。签订《淮南—合肥共建新桥科技创新示范区合作区框架协议》，探索合作共建市际毗邻区。合力（六安）高端铸件及深加工研发制造基地项目开工，安徽合力股份蚌埠智能制造基地项目签约落户蚌埠市。与寿县、霍邱、定远、和县、桐城等9个县（市）合作共建供应合肥蔬菜基地项目34个、面积148.73公顷，供肥蔬菜数量1.65万吨，市财政奖补资金480万元。合芜蚌国家科技成果转移转化示范区获批，六安市被纳入建设范围。首场安徽科技大市场科技成果转化交易会举行，合肥都市圈城市代表与发布项目负责人进行现场对接。

公共服务共建共享。合肥市卫生健康委员会举办“2021年合肥都市圈护理质量控制培训暨护理安全管理创新案例大赛”，邀请省市相关专家开展培训，圈内八市200余名护理专业人员参加。合肥、滁州、六安联合主办“休闲皖中游”宣传推广，推出“五大休闲”主体精品旅游线路。赴西安、太原、温州、宁波等开展都市圈城市旅游联合推介，马鞍山、滁州文化旅游推介会在合肥举办。赴都市圈城市开展企业劳务用工对接活动，2021年举办各类“招工引匠”对接活动9场，服务企业275户次、服务劳动者2650多人次。召开合肥都市圈公共服务数字一体化发展交流座谈会，共商都市圈“一码通域”工程。

【与皖北结对合作】 *园区共建*。阜合园于2011年12月经省政府批复设立。合肥市每年支持园区资金2亿元、2022年起增加到3亿元。2021年阜合园实现经营收入155亿元，财政收入5.5亿元；完成工业总产值80亿元，招商引资实际到位资金51亿元；新签约项目46个，新开工项目24个，投产项目20个，新增“四上”企业11家。

寿蜀园于2012年7月经省政府批复设立，蜀山区每年支持园区资金3000万元。2021年寿蜀园实现经营收入55.03亿元，财政收入1.447亿元；新增规模以上工业企业18家，完成规上工业总产值31.1亿元、同比增长53.2%，战略性新兴产业产值16.61亿元、同比增长20.91%；高新技术产业增加值3.35亿元、同比增长56.54%。

临庐园于2014年7月经省政府批复设立，庐阳区每年支持园区资金5000万元。2021年临庐园实现经营收入15.5亿元，财政收入3.44亿元；完成工业总产值8.3亿元，招商引资实际到位资金12.81亿元，签约入园企业6家，协调5家金融机构为园区30多家企业落实贷款资金1.82亿元。

高霍园于2016年7月经省政府批复设立，高新区每年支持园区资金3000万元。2021年高霍园实现经营收入20.03亿元，同比增长36.97%；财政收入3567万元，同比增长16.45%，规模以上工业总产值18.3亿元，同比增长226.78%；协助企业融资5149万元。

园区设施建设。合肥、淮南两市签订合肥新桥机场轨道交通S1线合作共建框架协议，共同推进轨道交通S1线建设，完成项目初步设计和概算编制。合肥燃气集团保障寿县新桥国际产业园区建成区燃气管网全覆盖，全年建设中压燃气管网12.1千米，完成年度计划的242%，经营区域管网总长达到141.51千米。

产业合作。合肥市组织企业加入淮南市牵头组建的化工新材料专项产业联盟；江淮汽车在阜合园成立子公司，推进江汽年产10万台中重卡基地建设。持续与阜阳颍上县、寿县、霍邱县实施供应合肥蔬菜基地合作共建项目21个，合肥市财政资金支持385万元，建设露地蔬菜132.87公顷、设施钢架大棚蔬菜137.17公顷，年供蔬菜1.7万吨。

科技创新协作。协同推进科技成果转化，合肥市组织高校、科研院所、科技型企业与阜阳市开展产学研合作，联合申报省科技重大专项80项，11个项目得到立项支持，获得省财政资金资助1960万元。霍邱县大艾药业、齐胜再生资源公司分别与安徽大学、合肥工业大学合作申报2021年省科技重大专项。

教育交流。结合国家产教融合示范城市建设，合肥市与13所阜阳中职学校开展结对帮扶。持续开展与阜阳临泉、颍上教育干部交流挂职。组织合肥市教育专家、名师赴寿县开展7期骨干教师培训，累计培训骨干教师398名。推进五十中东校新桥分校建设等校际帮扶活动。

文化旅游合作。合肥市文旅部门与寿县联合编制寿县合肥旅游精品线路卡片，组织旅游饭店、旅游景区、旅游集散中心配送发放。帮助霍邱编制淮河风景道旅游策划方案和旅游精品线路，合力打造淮河风情游。组织寿县、霍邱参加合肥赴温州、宁波文旅推介会，邀请两县文旅人才参加每月举办的合肥市“文旅大讲堂”线上学习培训活动。

人才劳务互动。合肥市选派优秀干部赴“一市两县”（即阜阳市、寿县、霍邱县）挂职，并接纳“一市两县”干部来合肥挂职，先后派出、接收34人次。组织合肥市企业赴淮南、六安、寿县和霍邱等周边地市开展劳务需求现场对接活动，举办各类“招工引匠”对接活动8场，服务企业150多户次，服务劳动者2600多人次。

医疗合作。协调安徽省儿童医院、安徽医科大学第一附属医院等医疗机构接收寿县人民医院、中医院21名医疗骨干跟班学习。蜀山区卫生健康委员会组织辖区省级医院等医疗机构赴寿县开展送医送药下乡暨国家扶贫义诊活动，并与寿县卫健委、受援单位签订帮扶协议。

（刘　磊　高　婵）

【援藏工作】合肥市承担对口支援西藏地区山南市措美县任务。2021年，先后选派援藏干部16名，分别为派驻3年期党政干部6人，派驻3年期教师4名，派驻短期援藏专业技术人才6名。

坚持以民生保障为重点，彰显精准脱贫成效。市委市政府从人才、规划、资金、管理等多方面援助措美县经济社会发展，帮助哲古镇规划并实施人居环境综合治理，坚持生态、生活高度融合，突出治脏治乱、加强基础设施建设、引导建设旅游公共服务，并首次在山南市引进EPC（即设计、施工、运营一体化）建设模式，组织实施总概算近1亿元的投资项目。合肥市援藏项目成为山南市乃至西藏地区人居环境综合整治的标杆，力度和成效受到山南市和安徽省的肯定，并成为皖藏各级领导眼中的标杆项目。

坚持以“造血”能力为导向，加快培育优势产业。着力打造高原农牧生活体验、草原雪山旅游、牛羊肉奶制品、藏族手工艺品等特色产业，形成特色产业体系。依托哲古牧人节旅游文化品牌，发挥措美地域特色，导入全域旅游概念。以“旅游+农牧生产”“旅游+雪山草原”和“旅游+藏族文化”串联措美旅游风景线，推动旅游与农牧产业深度融合。

坚持以智力援藏为龙头，补齐

人才短板。2021年为措美县各类人才举办培训班6批次，并对接安徽省城乡规划设计院、安徽农科院等单位的专家长期为措美县规划、产业发展等提供智力支持。组织包河滨投、文投、印象滨湖和庐江旅投等文旅单位与措美县对接，帮助措美县培养旅游管理和服务人员，共享营销推广渠道，努力帮助措美县形成产业投资、建设、运营的自有体系。实行送医下乡措施，组织援藏医技人才下乡进村、放牧点开展体检义诊38批次，组织先天性心脏病、包虫病等专项排查1340余人次。克服困难在措美县开展第一台胆囊微创手术，第一台剖腹产手术。组织力量全程指导，调配资源保障措美县本地医生成功开展第一台外科手术，实施全科医师智慧医疗助理项目。

坚持以文化教育为根本，铸牢中华民族共同体意识。开展教育扶智工作，对接科大讯飞实施措美县教育信息化提升项目，措美中小学基础设施和教学器材水平全面与内地接轨。安排专项资金30万元，组织40名措美中小学骨干教师赴肥东县安师大附属实验学校跟班学习，制定《跟岗学习活动方案》，通过师徒引领，同伴互助，组内教研，汇报展示等多种方式，促使跟岗教师进一步掌握新课程理念和课堂教学改革精神，熟悉所任课程的培训目标、课程标准、教学方法，掌握授课计划，提高课堂教学的基本能力。拨付专项资金支持帮助措美县中学建立校史馆，以身边事宣传促进西藏教育事业发展的光辉历程。

坚持以民族团结为使命，深化交往交流交融。两年来，合肥措美两地互访18批300多人次，依托合肥市委党校等培训机构举办农牧民党员发展能手等培训班7批次200多人。合肥市委组织部拨付专项党费用于开展措美县基层组织建设、干部教育培训、人才对口支援等方面交流项目。措美县党政代表团、人大代表团、政协委员代表团等各类型代表团多次赴合肥参观考察交流，了解合肥经济社会发展情况，让藏族干部群众感受祖国的繁荣强大，增进两地人民感情，加强汉藏民族团结。措美县文化交流团一行30人赴合肥市开展基层文化交流活动。交流期间，措美县文化交流团在合肥大剧院和庐江县、长丰县、巢湖市、包河区四个县（市）区共开展6场以“皖藏一家亲、舞动高原情”为主题的皖藏基层文化交流巡回演出。在乡镇街道村居开展广场文化交流5场。

【援疆工作】安徽省一直对口支援新疆和田地区的皮山县，16个地市分批次轮流承担对口支援新疆的任务。合肥市先后于2010年4月至2013年12月、2017年1月至2019年12月分别承担过安徽省第一批、第三批对口支援新疆的任务。2021年，合肥市先后选派援疆教师25名，其中派驻3年期教师3人，短期援疆教师22名。

以消费帮扶为牵引，推动富民兴疆再上新台阶。市商务局对口帮助新疆特色农产品进入合肥市各类商贸物流企业销售，市直机关工委、市发改委牵头组织开展市直单位对口支援新疆西藏农产品消费扶贫行动，共在肥帮助销售皮山县1000多万元的特色农产品。

以结对共建为抓手，推进乡村振兴走出新征程。2021年肥东县撮镇镇、肥西县山南镇、巢湖市烔炀镇、庐阳区三十岗乡等乡、镇政府与新疆皮山县乔达乡的亚依勒干村、结依乃克村、巴什布拉克村、古勒巴格村等4个村集体签订对口帮扶结对共建协议，树立结对帮扶工作关系，建立对口帮扶长效机制，助力对口帮扶乡镇社会稳定与经济发展。庐阳三十岗乡主动捐赠一批课桌椅，帮助古勒巴格村改善教育基础设施。

（吴玉莹）

2021年7月10日，合肥市援建西藏山南市措美县哲古镇安全饮水项目通水
（市发改委/供）

长三角一体化

【概况】 2021年6月，《长三角一体化发展规划"十四五"实施方案》印发，国家层面制定的长三角重大政策、事项和重大项目实施清单出台。合肥市70个重大项目纳入国家《长三角"十四五"实施方案》，总投资3276.42亿元；涉及合肥重大交通、公共服务领域项目纳入国家专项规划；合肥滨湖金融后台基地建设纳入虹桥国际开放枢纽建设方案，合肥市经济社会发展在国家层面得到政策、要素资源和资金的倾斜支持。合肥市紧扣"一体化"与"高质量"两个关键词，制定印发《合肥市推动长三角一体化发展2021年工作要点》，有41个事项68个重大项目，推动合作事项从"纸面上"落实到"行动上"。

【体制机制建设】 2021年，合肥市制定出台《推动长三角G60科创走廊建设工作方案》，蜀山经济技术开发区、庐阳IE果园先后获批G60科创走廊产融结合高质量发展示范园区，肥西生物医药产业园、蜀山环境产业创新联盟获评G60科创走廊优秀园区和联盟。与上海市杨浦区政府达成战略合作，加入长三角民营经济发展联盟。蜀山区、庐阳区与上海市黄浦区等8个长三角中心城区共同成立长三角主要城市中心城区高质量发展联盟。长丰县与江苏溧阳市开展全面战略合作。

【产业创新协同发展】 2021年，合肥市实施合肥、上海张江综合性国家科学中心"两心"共创，合肥国家实验室全国首批挂牌并设立上海研究基地，中国科学技术大学同步辐射实验室与上海光源在加速器技术、同步辐射应用及大科学装置共享等方面密切交流合作。合肥928台套仪器设备对外开放共享，5家企业实施面向长三角高校、科研院所的重大科技联合攻关项目。发挥多层次资本市场对创新发展的撬动作用，全市有13家企业成功登陆科创板。18家企业入选G60科创走廊第三批工业互联网平台和专业服务商推荐目录，15家企业申报加入G60头部企业库。合肥上海产业园先后落地宝明光电、格拉默中国总部等重点企业。牵头成立长三角先进计算联盟，合肥先进计算中心一期建成并服务长三角270余家用户，获批安徽数字经济创新发展试验区并争创国家数字经济创新发展试验区。

【基础设施联通】 2021年6月，国家发展改革委员会印发《长江三角洲地区多层次轨道交通规划》，截至年底，合肥市建成铁路884.6千米，铁路网密度772.9千米/万平方千米。其中快速客运铁路524.3千米，里程和密度均居长三角主要城市第1位。2021年，合肥市优化高速公路网布局，围绕区域大通道加密扩容，推进明巢、德上、岳武、合六叶等高速项目建设。新桥机场新建货运站、机坪改扩建工程竣工，航站区扩建工程开工建设。庐江通用机场竣工。

【生态环境治理】 2021年，合肥市制定并实施《"把巢湖打造成合肥最好名片"的意见》，开展蓝藻应急监测和日常巡查，与上年同期相比，巢湖蓝藻水华首次发生时间推迟56天，发生次数减少78.3%，累计面积减少84.4%。执行合六大别山生态补偿协议，将补偿资金4000万拨付到位。推进滁河等跨界河流水污染防治，每月与六安市在罗管闸出境断面开展水体联合巡查、联合监测。

【招商与合作】 2021年，中国（安徽）自由贸易试验区合肥片区与浙江自贸试验区杭州片区签署战略合

2021年4月16日，"长三角一体化与高质量发展"外媒记者团在蔚来实地观摩换电过程并试乘
（市发改委/供）

作协议。合肥市正式获批长三角首个陆港型国家物流枢纽。引入华东地区第一家京东超级体验店、省内首家盒马鲜生店等首店新模式，提升消费能级。编制合肥国际金融后台服务基地建设工作方案初稿，发起成立长三角金融业发展联盟，完成新组建基金合海创投基金（科技成果转化基金）和长三角数字经济基金。

【公共服务共享】 2021年，合肥市对标沪苏浙率先实施“标准地”改革，制定出台《工业项目“标准地”出让实施细则》。与长三角41个城市实现“一网通办”，65个事项异地通办、49个服务入驻移动端应用。长三角公积金跨省提取正式上线，41个城市实现医保“一卡通”，安徽省儿童医院和复旦大学附属儿科医院共建复旦大学附属儿科医院安徽医院打造国家儿童区域医疗中心。合肥市政府与上海音乐学院签署战略合作协议，包河区与上海市徐汇区16所学校结对共建，庐江县与安徽师范大学教育发展集团开展合作办学，上海师范大学附属合肥实验学校落地长丰县。罍街“罍+村”上海首店落户陆家嘴正大广场，渡江战役纪念馆联合中共一大会址纪念馆等成立长三角红色博物馆联盟。

（翟晓文）

庐州海关

【概况】 中华人民共和国庐州海关（以下简称“庐州海关”）于2018年12月14日经海关总署批复成立，由合肥海关原现场业务处、原合肥出入境检验检疫局组建。2019年12月11日，庐州海关正式开关，辖区为合肥市全境（不含新桥机场），包括合肥综合保税区、合肥经济技术开发区综合保税区两个海关特殊监管区域，并承担合肥国际邮件互换局、合肥港国际集装箱码头、中国（合肥）跨境电子商务综合试验区、合肥火车货运北站中欧班列的监管任务等，全方位支持合肥市打造“五高地一示范”。据海关统计，2021年，合肥市外贸进出口规模达3324.8亿元人民币，占安徽省外贸总值的48%，居全国省会城市第8位，同比增长28%。其中，出口2028.2亿元、增长28.4%，进口1295.6亿元、增长27.3%。

【一体化改革】 2021年，庐州海关针对高新技术企业进口设备和产品特点，对普通环境下拆箱查检会影响性能品质的进口真空包装、防光包装、恒温储存等高新技术货物，优化通关作业流程、强化口岸与属地海关协同配合等措施，将原布控在口岸实施的查检作业改为实施跨直属海关的口岸和目的地分段、分类检查作业，帮助企业便利通关。与原有作业模式相比，平均每票货物通关时间压缩3～5天，避免口岸开拆对货物的损害风险，为企业设备安装和产线运营提供保障。全年累计通关试点报关单97票，货值4.23亿元。

【服务综合保税区】 2021年，庐州海关推进委托加工，支持区内企业利用剩余产能承接区外订单；开展融资租赁，缓解区内企业资金周转压力。实行“四自一简”（即综合保税区内企业可自主备案、合理自定核销周期、自主核报、自主补缴税款，海关简化业务核准手续。）直接赋予区内符合条件的企业AEO高级认证，获得海关监管最优待遇。落地一般纳税人试点，让区内企业享受营改增红利等。应用智能化新设备和数字化新技术，升级改造合肥经开综保区卡口和场站运抵系统，实现无感通关，抬杆时间由原来的15秒缩短为5秒以内，提升卡

2021年7月19日，出口仓海外仓模式正式开通，标志着安徽省首票跨境电商B2B出口海外仓（9810）业务成功落地。庐州海关关员正在业务现场开展查验工作

（庐州海关／供）

口通行速度。自动确认运抵，非查验的货物无须进场站等待。全年为外贸企业减少费用600余万元。

【服务跨境电商】 2021年，合肥市成为全省唯一实现“网购保税进口”（监管方式1210）“特殊区域出口”（监管方式1210）“直购进口”（监管方式9610）“一般出口”（监管方式9610）“跨境电商B2B直接出口”（监管方式9710）“跨境电商出口海外仓”（监管方式9810）六种海关监管模式全覆盖、试点最全的城市。

（江　啸）

2021年12月8日，合肥中欧班列开行2000列　（黄洋洋／摄）

中欧班列

【概况】 2021年，合肥中欧班列发运668列，同比增长17.6%。携手宁波港、上海港，铁海联运班列发运突破4.4万标箱，同比增长49.7%。

【班列开行】 2021年，合肥中欧班列实行国际五定班列，即定点、定线、定车次、定时、定价，在途时间稳定可控，保障班列全年、全天候安全稳定运行。开行规模从原先三年累计不到200列发展到一年突破600列，开行线路从原先的2条发展到73条，开行频次从原先的每月1～2列发展到每周12～15列，本土化率从原先合肥5%、安徽10%分别提升到30%、60%，实现从“量的积累”向“质的飞跃”转变。7年来，累计发运突破2000列，海铁联运发送超14万个标箱，实现进出口贸易额超600亿人民币。

【线路链接】 2021年，合肥市加强对欧盟市场、中亚、西亚、西伯利亚地区的覆盖，实现二连浩特、阿拉山口等五大口岸的全线贯通，构建多线路、多口岸、强联动、高覆盖的国际物流大通道。截至年底，点对点直达俄德法等15个国家，汉堡、赫尔辛基等61个国际节点城市，基本实现对欧洲的全覆盖。当年新增捷克布拉格、西班牙马德里、老挝万象等5个国家、26个国际站点。

【定制服务】 2021年，合肥市创新“坐商变行商”营销模式，坚持“立足合肥、服务安徽、辐射长三角”的总体定位，先后开辟合肥中欧班列“+阜阳”“+芜湖”“+宣城”“+黄山”等城际定向班列，服务范围覆盖全省16个地市。优化“门到门”的全流程、保姆式、定制化服务，全年开行“江淮号”“奇瑞号”“美的号”“美菱号”“康宁号”等企业定制专列94列，运输货物本土化率达66.79%左右，服务本土企业走出去。

（邢利华）

责任编辑：徐仙春

生态建设与环境保护

综　述

【概况】　2021年，合肥市生态环境局（以下简称“市环境局”）编制碳减排计划、碳排放核查报告和温室气体清单，制定应对气候变化中长期路线图，推进电力行业碳排放配额清缴。发放长三角区域首张排污许可电子证照，制作公开电子证照2095个，实现排污许可“一网通办、全程网办”。完成全省首个环评与排污许可“两证合一”决定书，试点自贸区延续排污许可告知承诺制审批，延续许可证事项一日办结。落实环评正面清单，全市环评审批917件，审批时限压减超50%；办理排污许可核发、变更、延续事项735件，排污登记1786家，审批时限压减超66%。推动“三线一单”成果落地应用，建立98个生态环境单元分区管控体系，获评全国“三线一单”工作表现突出集体。严把“两高”项目准入关口，依法否决8个不予审批项目，复核环境影响报告书（表）104份，抽查环境影响登记表100份，守住绿水青山的第一道防线。

【生态环境质量】　2021年，合肥市空气质量持续向好，细颗粒物（$PM_{2.5}$）平均浓度32微克/立方米，同比下降11.1%，实现“八连降”；空气质量优良率86%，高于全省平均水平，创历史新高；重度污染天数连续两年清零，六项监测指标有考核记录以来首次全面达到国家二级标准。水环境质量得到改善。20个国考断面全部达标，其中9个断面优于考核标准，优良率达85%；市级饮用水源水质达标率100%。土壤环境质量安全稳定，完成4个重污染地块修复，安全利用受污染耕地面积1041.6公顷。

【巢湖综合治理】　2021年，巢湖东、西半湖和全湖水质均值均保持Ⅳ类；湖区蓝藻水华次数同比减少21次，首次监测到蓝藻水华时间同比推迟约2个月，累计面积同比下降20%，全湖平均藻密度同比下降32.2%。市环境局建立蓝藻防控三级网格化管理体系，出动蓝藻打捞人员8.1万人次，打捞船只1.07万船次，打捞藻浆326.25万吨，压滤藻泥2.68万吨，基本实现无蓝藻异味。奖补1500万元专项资金，环湖建成藻水分离站5座、打捞平台44座、深井处理装置3座，其他各类打捞船只150艘、推流器等控藻设施300余个、阻藻围隔（围堰）97千米，藻水处理能力30万吨/日。推进巢湖流域42个乡镇政府驻地污水处理厂整治，进水浓度和管网覆盖率均得到提升。

【环境保护宣传】　2021年，市环境局举办2021年安徽省暨合肥市纪念六五环境日和“江淮环保世纪行”活动，召开新闻（发布）通气会6次，开办《美丽中国，我是行动者——合肥环保进行时》232期、《大湖名城　生态合肥》电视访谈节目5期，获评全省“美丽中国　我是行动者”主题实践活动工作表现突出集体。创建第四批“合肥市生态环境教育基地”10个，长丰县成为合肥市第二个省级生态文明建设示范县。开展生态环境保护宣传教育“五进”活动，线上参与16800人次，线下活动开展156次，参与42400人次。推进环保设施100%开放，线上参与1159人次，线下活动开展181次，参与5389人次，生态环保理念深入人心。

【环保产业发展】　2021年，市环境局发挥节能环保产业链链长作用，开展“双招双引”，推动中国环境谷、合肥高新国际环保科技园等园区升级，全市节能环保产业产值685亿元，同比增长20.1%。成立合肥市生态环境保护协会，第一批吸纳会员186家。组织2021年中国污染防治联展，举办4场合肥专题推介，全市90余家企业集中展示污染防治新技术、新产品、新装备。出台《合肥市“十四五”节能环保产业发展规划》，召开长三角G60科创走廊城市生态环境局

11月26日，2021中国污染防治联展在合肥开幕　（刁云天/摄）

长座谈会，签订《G60科创走廊城市节能环保产业战略合作协议》。促进人才链与产业链有机衔接，举办“智汇合肥高校行”云聘会——节能环保产业综合专场推介会，节能环保产业链入库企业257家。制定《合肥市鼓励企事业单位提标改造污染治理设施奖补办法（试行）》，鼓励企业加大环保投入力度，实现清洁生产。

（魏　健）

污染防治

【概况】 2021年，合肥市推进污染防治攻坚战，强化大气污染防治“五控”并举，促进空气质量稳定；推进土壤污染防治，加快红四方、马合钢地块土壤污染治理；推进固体废弃物减量和资源化利用，加强环境风险管理。

【蓝天保卫战】 2021年，市环境局开展异味污染防治专项行动，利用激光雷达走航监测，排查污染源，发现环境问题企业360家。实施扬尘治理专项行动，运用卫星遥感等科技手段，每日通报调度预警，跟踪式整改1143个裸地斑块，检查建筑工地7000余家次，落实“六个百分之百”（即施工工地周边100%围挡，出入车辆100%冲洗，拆迁工地100%湿法作业，渣土车辆100%密闭运输，施工现场地面100%硬化，物料堆放100%覆盖）。出台《合肥市机动车和非道路移动机械排气污染防治条例》，路检点遥测柴油车72316台次，抽测非道路移动机械7177台，核发环保标牌17242个。

【碧水保卫战】 2021年，市环境局设置地表水考核、控制和生态补偿断面139个，实现巢湖入湖一级支流及重点二、三级支流水质监测全覆盖。建立水质三级预警机制，分别发布一、二、三级预警4个、10个和20个。开展小板桥河、店埠河、二十埠河流域等水环境专项行动，排查交办各类问题1000余个，全市主要河湖断面水质稳定达标。整治滁河等流域水环境，保证出境断面水质优良。常态化推进问题排口整治，完成十五里河流域入河排污口排查。实施饮用水源地环境问题“清零行动”，清查整治“董大水库”一、二级保护区问题167个、县级以上饮用水源地问题63个。完成53个行政村生活污水治理、39个建制村环境整治任务，农村生活污水处理设施专业运维率达92%。

【净土保卫战】 2021年，市环境局完成祁门路原红四方地块（石台路地铁站风亭建设范围）、明光电镀厂新厂区地块治理修复，完工原安徽晋煤金龙源化工地块、红四方化肥厂原址地块主体修复工程，推进马合钢、氯碱化工地块修复。将174家单位纳入土壤污染重点监管名录，排查140家企业地块隐患。开展危险废物收集贮存转运试点，新增危废利用处置能力13.76万吨/年。规范处理涉疫医疗污水，安全处置涉疫医废224吨。启动地下水环境状况调查，推进涉镉等重金属行业企业排查整治，完成全市18座尾矿库污染防治成效评估。构建全省首个市级核安全工作协调机制，建立辐射应急专家库，率先全省建成市级重点放射源在线监测平台，获得2021年安徽省辐射应急监测技术大比武团体一等奖。

【噪声污染防治】 2021年，市环保局结合2020年底新发布的市区声功能区（修订）方案，编制《合肥市声环境监测点位调整技术论证报告》；肥西县启动县域声功能区划定工作；在321家施工工地安装噪声在线监测仪，实现在线联网，全年对违反噪声防治规定的46家施工单位进行处罚，处罚金额33.9万元；全市投入20万元更新或新增禁鸣、限行、限速标识牌，新增3套机动车违法鸣笛抓拍系统，投入1.6亿元新建各类噪声隔声屏5810米；组织高中考期间禁噪值班和巡查，实行考场驻点行动，高中考期间一律停止办理各类夜间施工审批手续；全市噪声税缴纳企业

103家，缴纳金额53.865万元；全市12369环保投诉热线收到噪声类投诉5168件，同比增加4.2%，主要集中在施工噪声和社会生活噪声。

区域环境噪声状况：2021年度，全市区域环境噪声网格测点位369个，网格规格1000m×1000m，网格总面积为369平方千米，全市区域环境噪声平均值为58.9dB(A)，比去年上升1dB(A)。城市道路交通噪声质量状况：2021年度，全市道路交通干线噪声监测80个路段，路段总长度为591.7千米，平均路宽为34.9米，平均车流量为2117辆/小时，全市道路交通干线噪声值范围为51.2～75.6dB(A)，平均值67dB(A)，比去年下降2dB(A)。

（魏　健）

【农业面源污染防治】 2021年，合肥市农业农村局以环巢湖农业面源污染治理为抓手，推进化肥农药“两减量”、秸秆和畜禽粪污“两利用”、废弃农膜和农药包装物“两回收”。建立化肥减量增效示范区（片）136个、布设测土配方施肥点位30740个。农作物秸秆综合利用率达93.2%，产业化利用量占利用总量比例达46.3%。规模养殖场粪污综合利用率达96%，设施配套率达100%。实现乡镇和巢湖一级保护区村级回收体系建设全覆盖，农药（农膜）包装废弃物回收率达80%以上。

【外来生物入侵防治】 2021年，合肥市农业农村局加强“加拿大一枝黄花”防除工作。全市各地进行拉网式排查，全面掌握分布动态、分布区域和发生面积，绘制“加拿大一枝黄花”发生分布图。经摸排，“加拿大一枝黄花””发生面积累计达5931.4公顷。加大“加拿大一枝黄花”的危害性和加强防除工作重要性宣传，推广辨认方法和防除技术，引导群众主动防除。设立防除工作热线电话，方便群众提供分布线索，推动第一时间铲除。各县（市、区）落实专项资金，组织人力物力，投入防除工作。庐阳区追加100万元专项防除经费，包河区建立50万元以奖代补专项资金，保障铲除工作实施。全市在集中连片区，调集防除机械3200余台次集中铲除。在零星发生区域，以人工拔除为主，集中晒干送节能公司焚烧发电。

（吴延华）

环境监管

【概况】 2021年，市环境局增强信息化建设。建成生态环境数字化业务系统驾驶舱，构建“生态云”大数据平台，接入2.5亿条海量环境数据，可视化呈现114项核心业务，所有监测数据、监控画面“一屏集成”“一图显示”。推进98个微型水质自动站建设，投运4座董大水库浮船式水质自动站，建成巢湖蓝藻及入湖河流视频监控系统，完成29个国家自动监测站周边视频监控安装。建设“天地空”一体化大气污染管控平台，织密细颗粒物与臭氧协同控制监测网络，试点污染防治设施双电量监控、柴油货车门禁系统和餐饮油烟在线监测。累计建成固定式遥感监测点位22套、黑烟车电子抓拍监测点20套，安装重型柴油车OBD远程在线监控4100套。配置五县（市）监测站实验设备78台（套），提高县级监测装备水平。

【监管执法】 2021年，市环境局办理行政处罚案件497件，处罚金额3597万元，均居全省首位；《环境保护法》配套办法适用案件654件，五类案件数量位列全国第三、全省第一。常态化开展执法大练兵，连续两年蝉联安徽省污染源自动监控执法技能专项比武冠军，市生态环境保护综合行政执法支队获评安徽省“工人先锋号”。

2021年1月，巢湖管理局工作人员开展水环境质量监测　（王善林/摄）

优化执法方式，将592家企业纳入执法正面清单，“双随机”检查1842家次，非现场方式检查4169家次。落实重点环境信访领导包案制度，实行带案下访，12369环保热线受理举报10652件，信访查处率100%。完善有奖举报制度，受理“冒黑烟”投诉453起，核发举报奖励245笔。防范环境风险，摸排涉危化品企业203家，完成危化品安全隐患排查问题整改48个，组织突发环境应急演练26次。成功磋商生态环境损害赔偿案件4个，《被处罚后不整改 依法再予重罚》入选2021年度全省生态环境系统“以案释法”典型案例。

（魏　健）

巢湖治理

【概况】 2021年，安徽省巢湖管理局（以下简称“巢湖管理局”）推进巢湖综合治理各项工作，巢湖及主要入湖河流水质实现改善，蓝藻发生总体趋势向好：与上年同期相比，巢湖蓝藻水华首次发生时间推迟56天，发生次数减少78.3%，累计面积减少84.4%，藻密度下降58.9%。

【禁捕退捕】 2021年，巢湖管理局加大执法巡查力度，应用视频监控系统、热成像夜视仪、雷达、无人机等高科技装备，开展净湖、蛰伏、天眼等打击非法捕捞专项行动，斩断非法捕捞渔获物产销链条，巩固巢湖禁捕退捕成果。全年累计出动车（船、艇）2345次，渔政执法人员6812人次，查处渔业案件22起，移送渔业案件4起，清理网具2679条，清理“三无”船舶68艘，劝离垂钓人员3500余人，湖区非法捕捞现象基本杜绝，违规垂钓情况得到遏制。

【防汛抗旱】 2021年，巢湖管理局外排湖河洪水66.2亿立方米，全流域无水旱灾害发生。加强防汛抢险救灾能力建设，编写《防汛抢险技术与案例汇编》。安澜工程建设取得实效，按期完成水毁修复项目任务。闸站标准化建设取得阶段性成效，各闸站管理水平得到提高。推进裕溪河对江排洪泵站前期工作，编制上报项目可研报告送审稿。

【省级巢湖湖（河）长制工作】 2021年，巢湖管理局在流域内开展巡查暗访和水质监测，开展河湖巡查78次，对发现问题发出督办函；关注国考断面水质自动站数据，对超标河流及时发出水质预警函、告知函等14份。推进跨界河流联防联控，重点在杭埠河及兆河流域开展联防联控，召开6次杭埠河等流域水质达标工作联合调度会议。挂牌督办肖小河流域突出水环境问题，督促肥西县落实问题整改。完成2020年度省级巢湖湖（河）长制考核，印发考核结果。

【一级保护区监管】 2021年，巢湖管理局推进《巢湖流域水环境一级保护区治理与保护规划》审批工作，完成规划报批稿。加强一级保护区建设项目监管工作，年初启动巢湖流域水环境一级保护区清村庄、清餐饮、清新建、清水产、清泵站的“五清”专项整治行动，管理维护巢湖一级保护区界桩。

【亚行项目实施】 2021年，巢湖管理局加强安徽巢湖流域水环境综合治理亚行项目管理，全部完成亚洲开发银行2.5亿美元贷款任务，实现一期项目收官。谋划亚行贷款二期项目，开展亚行贷款二期项目申报德国复兴银行联合融资等前期工作。

【环保突出问题整改】 2021年，巢湖管理局成立联合督查组，对已完成整改销号问题“回头看”，发现问题立行立改；成立省巢湖管理局巢湖突出生态环境问题整改专班，坚持溯源治理，开展“五清”专项整治行动，推进整改工作。建立长效机制，出台监管办法，建立一级保护区监管名录。推进水质监管，织牢蓝藻防控。全年累计印发督查通83期，水质月报120期，开展督查督导50多批次，按序时进度完成中央及省环保督察反馈验收销号14个。

【组建巢湖综合治理指挥部】 2021年，巢湖管理局加强巢湖综合治理顶层设计，成立巢湖综合治理指挥部，打破“九龙治水”局面，指挥部办公室与巢湖管理局合署办公，统一负责湖里、岸上、资金、项目，统筹调度推进巢湖综合治理攻坚战各项工作。迁址到合肥市区办公，落实办公用房相关规定。

【依法行政】 2021年，巢湖管理局加强依法行政工作，起草《一级保护区重点监管单位名录》《一级保护区生态环境监管方案》，制定《2021年省巢湖管理局重大行政决策目录》等行政执法工作制度。开展行政处罚卷宗评查2次，出具政府合同合法性审查意见书5件。加强法治宣传教育，组织30名行政执法人员参加轮训和行政执法资格考试。

（刘 芳）

林业和园林

2021年3月25日，安徽省深化新一轮林长制改革暨长江、淮河、江淮运河、新安江生态廊道建设全面启动仪式在合肥举行（中安在线/供）

【概况】 2021年，合肥市完成人工造林2433.3公顷、森林抚育1.1万公顷、封山育林2300公顷、退化林修复4340公顷，完成新增改造提升绿地面积714.2万平方米；全市湿地保有量11.82万公顷，湿地率10.33%，湿地保护率达75%。

【林长制改革】 2021年，合肥市林业和园林局（以下简称“市林园局”）贯彻落实中办、国办《关于全面推行林长制的意见》以及省委省政府《关于深化新一轮林长制改革的实施意见》精神，制定印发《合肥市深化新一轮林长制改革实施方案》，即“5+2”行动方案，部署推进“五大森林”行动和美丽湿地、城市园林提质专项行动。加快示范区先行区探索创新，建立健全环巢湖十大湿地生态效益补偿机制和公益林生态补偿机制，每年8500万元用于十大湿地生态补偿。建立总林长令发布制度，下发市县级总林长令17条，以令促行，部署开展森林防火、森林督查、松材线虫病专项工作。探索基层林长履责形式，设立古树名木责任林长825人，推进城区大树保护，对芜湖路669棵法国梧桐实施林长包保管护，建立“一树一档”“一树一策”。率先印发《合肥市林长履责考评办法》，将林长、林长会议成员单位履责情况纳入考核评估内容，推进乡镇级林长述职评议和村级林长履责公示，市县林长开展巡林近700次。组织学习宣传贯彻《安徽省林长制条例》，全市开展学习培训669次。推进新一轮192个林长制重点项目建设，编制五年建设任务清单。推进工作清单化，建立健全年度任务清单、林长工作提示单、巡林记录单、督查整改清单等。建立森林警长制，落实市、县、乡三级森林警长258名。开展最美生态护林员评选活动，2人被评为“省级最美生态护林员”。印发《合肥市“十四五”林业和园林发展规划》，推进实施“六大提质行动”。

【林业增绿增效】 2021年，全市创建省级森林城镇5个、省级森林村庄54个。市林园局编制《江淮运河生态廊道建设实施方案》，打造江淮运河生态廊道建设示范段。完成江淮运河两侧15千米内造林840公顷，森林质量提升6546.6公顷，超额完成省林园局下达任务。完成农村绿色长廊900千米。印发《巢湖流域森林质量提升工程实施方案》和《巢湖流域森林质量提升工程奖补政策实施细则》，打造“退耕还林升级版示范市”和“薄壳山核桃产业发展示范市”。完成退耕还林更新改造900公顷。开展以“全民植树四十载 美丽合肥谱新篇”为主题的全民义务植树40周年系列活动。全市直接参加义务植树11.14万人次，植树407.47万株，面积4053.3公顷。

【城区园林绿化】 2021年，市林园局印发实施《关于推进城市园林绿化高质量发展的实施意见》。全市完成新增改造提升绿地面积714.2万平方米；十大公园建成7个，小公园游园建成40个；完成绿道建设109.4千米；完成扬州世园会、徐州园博会合肥展园建设。完成杨树整治5.2万株，城区杨絮基本消除。编制《合肥市城市绿地系统规划（2020—2035年）》，完成合肥市绿地资源信息管理系统建设。开展“花园家庭”创建活动，推行“市民园长”，鼓励共享共建。

【湿地保护修复】 2021年，市林园局完成合肥巢湖湖滨、派河口等9个湿地修复任务；十八联圩湿地修复工程一期、二期完成，推进三期工程。完成投资58亿元，种植乔木32.6万株，灌木334.5万平方米、水生植被617.1万平方米，累计恢复修复湿地4133.3公顷，日均净化水量120万立方米，防洪蓄水2.5亿立方米以上，吸引300余种鸟类驻足栖息。开展环湖湿地生物多样性调查监测和研究，建立本底资源数据库。完成肥西

2021 年，十八联圩湿地 （市林园局／供）

三河、庐阳董铺、巢湖半岛、肥东管湾等湿地科普宣教馆建设，开展湿地知识“进校园”系列科普活动，完成10所学校4000余名学生自然教育科普活动。开展湿地侵占排查，对756个疑似侵占湿地点位进行全面排查整改。

【林业产业发展】 2021年，全市林业招商34亿元，较去年增长13.7%；林业总产值达173亿元。市林园局印发《合肥市推动经济高质量发展若干政策实施细则（林业部分）》，重点对新增林业产业基地落实奖补。累计奖补1103.9万元。中部花木城（丰乐）自贸园获国家林草局许可《林木种子生产经营许可证》，引进16家中外林园企业，安徽万顺花卉以18.65亿元的投资额落户肥西。67家企业获批省级林业产业化龙头企业。巢湖赢村获批国家林下经济示范基地；洽洽集团入选“新华社民族品牌工程”首家坚果炒货企业。第19届中国（合肥）苗木花卉交易大会首次实现线上线下融合办展，新华·中国（合肥）苗木价格指数中心平台建设同步启动。合肥苗木花卉交易信息服务中心获省编办批复，启动苗交会新场馆建设。合肥市在第十届中国花卉博览会上斩获林产品展示“金奖”2个，安徽佳烨获中国（西安）国际林业博览会暨林业产业峰会参展“金奖”。全市“劝耕贷”政策性贷款总额达到7255万元，2021年获批中央财政贴息补贴77.8万元。

【森林资源管护】 2021年，市林园局森林督查全市问题图斑457个，查处率94.31%，推进查处整改工作。完成2021年森林督查疑似问题图斑自查上报并通过质检。督促加快“绿盾2019”问题点位整改，牵头组织开展市级验收，截至年底，累计验收通过37处。严格林地占用审核，获批各类使用林地项目98宗，永久使用林地面积363.57公顷，保障合肥园博园、蔚来、比亚迪新能源汽车等重点项目建设。建成合肥市古树名木信息查询小程序，加强古树名木保护管理。完成4个国有林场林火监控系统建设。投入43万元提升国有林场和森林公园扑火装具，联合市文明办、市民政局、市教育局、市工商联发布《致全市人民的森林防火倡议书》，增强火灾防控能力。超额完成“一病一虫”防控任务。开展毗邻地区松材线虫病联防联控，引入第三方监理对承包防治项目实施全过程监管。全市清理病死松树2.65万株、枯死松树14.84万株；在国家森林公园、环巢湖周边等重点区域实施健康松树打孔注药7.22万株。全市开展美国白蛾预防性防治9.2万公顷次。

【筹办园博会】 2021年，市林园局以“生态优先·百姓园博”为主题，突出“生态、科技、人文”特色，围绕“强基础、补短板、惠民生、留记忆、增亮点”做文章，彰显老机场建新园博这一最大特色，打造“永远有变化、永远不落幕”的园博盛会。4月26日，住房和城乡建设部在合肥市召开专家审查会，研究审议并原则同意第十四届中国（合肥）国际园林博览会总体方案、展园规划设计方案、展览展示方案和宣传方案等4个方案。11月4日，住房和城乡建设部召开第十四届中国（合肥）国际园林博览会组委会第一次会议，审议通过上述4个方案和招展工作方案。骆岗公园智慧中心完工，推进园博园景观绿化一期（生态片区）、地下停车场（北1、北2、北4、东2）、航站楼加固和立面改造等3个项目。

【古树名木普查】 2021年，合肥市登记在册古树名木累计2654株，其中名木12株，一级古树10株，二级古树41株，三级古树2591株。涉及57个树种，其中，以麻栎、柿树、黄连木、朴树、银杏、桂花、三角槭、圆柏、枫香等树种居多。

（卢梦云）

责任编辑：王尚先

工 业

综 述

【概况】 2021年，合肥市实施工业立市、制造强市战略，规模以上工业实现增加值同比增长19.6%，居全省第1位、全国省会城市第2位、长三角主要城市第2位、地区生产总值（GDP）相近城市第1位；工业增加值占GDP比重21.7%，较2020年提升1.1个百分点，对GDP增长贡献达35.1%；完成工业投资同比增长9.6%，其中技改投资同比增长17.4%；工业投资占全社会固定资产投资比重24.6%，同比提升1.3个百分点，拉动固定资产投资增长2.2个百分点，增长贡献达64.3%。在赛迪顾问发布的2021先进制造业百强市排名中位列第11位。

【企业培育】 2021年，合肥市实施规模以上工业企业培育行动，当年底规上工业企业较2020年新增292户，净增131户。健全专精特新梯度培育体系，新增25户省级专精特新冠军企业、42户国家级专精特新“小巨人”企业；累计培育省级专精特新冠军企业41户，占全省20.4%；国家级专精特新“小巨人”企业61户，居全国第15位；新增4户国家制造业单项冠军企业，累计11户，占全省50%。全市拥有亿元以上工业企业859户，同比增加 93户；拥有10亿元以上工业企业129户，同比增加25户；拥有百亿元工业企业13户；联宝电子营业收入超1200亿元，成为全省首家进出口额破百亿美元企业。

【产业发展】 2021年，合肥市围绕“243”先进制造业集群培育工程，实施延链补链强链行动，增强产业链竞争力和供应链韧性。新一代信息技术支撑国家重大生产力布局，合肥京东方光电科技有限公司三条线满产满销，合肥维信诺科技有限公司AMOLED6代线实现批量出货，举办2021世界显示产业大会。汽车产业向新能源暨智能网联方向升级，获批成为国家新能源汽车换电模式应用试点、智慧城市基础设施与智能网联汽车协同发展试点，蔚来交付量连续第二年实现翻番，全市新能源汽车产量当年达14.5万辆。智能语音集群进入“国家队”，入选国家先进制造业集群，获批组建国家智能语音创新中心。中国声谷创新发展上升为国家战略。医药产业贡献抗疫力量，智飞龙科马重组疫苗3月获批紧急使用，累计供应国内外超2.8亿剂。光伏产业助推绿色发展，光伏电池组件、逆变器出货量分别达22瓦特、50瓦特，光伏并网总容量达2.6瓦特，居全国省会城市首位。

2021年5月，智飞龙科马公司新冠疫苗生产线 （市经信局/供）

【项目建设】 2021年，合肥市按月调度监测项目建设情况，新开工建设项目953个，同比增加160个，其中亿元项目299个，同比增加44个。长鑫二期、晶合二期、比亚迪、中航锂电等重大项目落地建设，沛顿封测、欧菲光光学光电产业园等项目建成投产。完成工业技改投资增长17.4%，同比加快11.9个百分点，快于工业投资增速7.8个百分点，占工业投资的54.6%，同比提高3.6个百分点，分别拉动工业投资、固定资产投资增长8.9和2.1个百分点。在新桥智能电动汽车产业园、比亚迪、大众安徽等项目带动下，新能源汽车产业投资增长48.3%，新能源产业投资增长44.4%，高端装备制造产业投资增长39%。在长鑫存储、晶合二期、维信诺等大项目拉动下，全市高新技术产业当年投资同比增长10.2%，高于全市工业投资增速0.6个百分点，占工业投资的比重达76.1%，同比提高0.4个百分点，拉动工业投资增长7.7个百分点。

【工业互联网】 2021年，合肥市新基建加速布局，出台5G专项规划和专项政策，建立“1112”工作机制，建设5G基站累计超过1.3万个，5G网络覆盖市县两级城区和重点乡镇，全年在全国重点场所网络质量测评中居全国第8位。建成全省首条国际互联网数据专用通道、2个综合性工业互联网标识解析二级节点，完成IPv6骨干网、城域网、接入网等升级改造工作。引导企业运用5G、工业PON、边缘计算等技术进行内网改造升级，9家企业获批成为省级“网效之星”和内网改造示范企业。工业互联网深度赋能，图聆工业云入选省级“双跨”平台，合力FICS等4家平台入选国家级特色专业型平台。全市累计培育各类重点平台30余家，连接工业设备超200万台（套）。集聚科大智能、巨一科技、中科类脑、中用科技等一批拥有核心技术、具备软硬一体化能力的优质解决方案服务商，科大智能、巨一科技获评国家级工业互联网APP应用解决方案，巨一科技入选国家级工业互联网网络化改造解决方案试点示范，当年有3家工业互联网企业成功上市。征集合肥市“工赋”场景730余个，遴选发布“十佳工业赋能”示范项目，推进线上供需对接服务。

【规划政策】 2021年，合肥市编制“十四五”制造业高质量发展规划和生物医药、光伏等10个专项规划；印发市级亩均效益评价实施意见，启动亩均论英雄改革工作。市经济和信息化局联合市自然资源和规划局开展工业产业区块控制线划定工作，出台技术要点，保障工业用地规模；修订先进制造业政策及实施细则，出台激发存量企业活力政策，兑现超7亿元，惠及项目1000余个。争取国家高质量发展、中小企业发展专项等资金超2亿元，惠及企业51家。争取制造强省、民营经济、工业互联网、声谷政策等省级资金超8亿元。

（蔡宏磊）

主导产业

【概况】 2021年，合肥市拥有平板显示及电子信息产业、汽车及零部件产业、光伏及新能源产业、家电产业、装备制造业、食品及农副产品加工业6大主导产业。六大主导产业实现增加值比上年增长19.8%，占规模以上工业的66.6%。

【平板显示及电子信息产业】 2021年，合肥市平板显示产业实现规上工业增加值增长32.4%，占工业比重25.8%。

平板显示产业。拥有京东方、维信诺、康宁等龙头企业，坚持“龙头+配套”发展模式，集聚企业超

2021年6月17日，世界显示产业大会上展示的裸眼3D （郭如琦/摄）

合肥晶合集成电路有限公司生产车间　（市经信局／供）

120户，从业人员超3.5万人，实现从上游背光模组、材料及电子元件、驱动及控制到中游面板、下游终端的全产业链布局；形成TFT-LCD、AMOLED、硅基OLED微显示三大核心布局，布局Mini/Micro LED、量子点显示、激光显示等新一代显示技术；全年生产液晶显示屏2.57亿片，约占全球出货量的10%，大尺寸屏出货量居全球第1位。

集成电路产业。集聚企业超300家，从业人员逾2万人；设计端汇聚联发科、捷达微、君正、杰发科等200余家企业，在存储、显示驱动、电源管理、MCU、5G、毫米波芯片、汽车电子等领域均有布局；制造端拥有长鑫存储、晶合集成两大12英寸晶圆厂和富芯微5英寸硅基功率半导体晶圆厂，长鑫一期产能占全球DRAM总产能3%，二期项目加快建设；封测端集聚通富微、新汇成等近30家企业，沛顿科技当年开工、当年投产。设备材料方面聚集芯碁微装、江丰电子、丰创光罩、露笑科技等约70家企业，至纯、美科、华海清科等企业相继在肥布局。

【汽车及零部件产业】 2021年，合肥市汽车及零部件产业实现增加值同比增长13.9%，占工业比重7.5%；实现汽车产量63.7万辆，同比增长8.7%。获批成为国家新能源汽车换电模式应用试点、智慧城市基础设施与智能网联汽车协同发展试点城市。

产业链条。全市拥有汽车及零部件产业规上企业近200家，其中整车生产企业5家，形成涵盖整车、关键零部件、应用、配套的完整产业链。

产业培育。拥有国轩高科、中航锂电、巨一科技、华霆动力、锐能科技等一批产业链龙头企业，覆盖电池、电机、电控、自动化、材料等核心领域。

创新能力。拥有汽车技术与装备国家地方联合工程研究中心等省级以上创新平台40余家，江淮汽车蜂窝电池技术有效解决三元锂电池安全控制难题，成功开发智能刹车系统（eBooster）技术，打破德国企业技术垄断，国轩高科研制三元电池单体能量密度突破302瓦时／千克，单体能量密度达200瓦时／千克的磷酸铁锂电池进入批量生产阶段。

重大项目建设。相继推动蔚来中国总部、新桥智能电动汽车产业园、大众安徽新能源汽车、长安汽车二期、比亚迪产业基地、中航锂电生产基地、国轩年产5万吨动力电池正极材料及年产3GWh锂离子圆柱电池（一期）、国家智能网联电动汽车质量监督检测中心等50多个总投资超650亿元的重大项目建设。

智能网联。成立智能网联汽车产业发展领导小组，发布智能网联汽车道路测试管理实施细则，开通省内首条塘西河4.4千米智能网联汽车公开道路测试线，向13家企业颁发37张公开道路测试牌照，大众汽车集团国内首个自动驾驶出行服务项目落户合肥经济技术开发区海恒社区；包河区中关村协同创新智汇园先后引进星云互联、仓擎智能、域驰科技、大唐高鸿等68家科创型企业，其中智能网联汽车企业16家，初步构建产业生态。

【光伏及新能源产业】 2021年，合肥市光伏及新能源产业增加值增长7.9%，占工业比重4.5%。

产业生态。形成以光伏电池片、光伏组件、光伏逆变器等主要产品制造为龙头，光伏玻璃、汇流箱等配套设备、边框支架、光伏发电系统集成、智能运维等产业链配套为支撑的产业格局；产业链企业90余户，规上企业50余户，从业人员超过1.3万人。

产业规模。瞄准先进技术和海内外市场，在先进逆变设备、高转化率晶硅电池等方向突破核心技术，积累成本优势，加大产能产量，“十三五”以来，主要产品出货量增长近3倍。

龙头引领作用。产业从逆变器企业阳光电源起步，吸引晶澳、通威等龙头企业相继落户，产业“链主”“群主”效应明显，其中阳光电源逆变设备累计装机量突破150GW，居全球同行业第一位。

创新驱动能力建设。拥有国家级企业技术中心、博士后科研工作站等省级以上创新平台20余个，2家企业、2个项目被认定为国家智能光伏试点示范，有7家企业入选国家工信部光伏、锂离子电池制造行业规范条件目录。重点企业拥有各类专利2030余项，主持或参与制定地方及以上标准16项，行业话语权加大。

哈工大机器人（合肥）国际创新研究院－制造基地　　（市经信局／供）

【家电产业】 2021年，合肥市家电产业增加值同比增长14.6%，占工业比重8.9%。合肥是全国最大的家电生产基地，近年来三次获评“中国家电产业基地”。集聚海尔、美的、格力、惠而浦等17个知名品牌，形成集家电研发、生产、销售、物流及相关配套服务的完整产业体系。当年家电“四大件”（即电视机、电冰箱、洗衣机、空调）实现产量5982.5万台，同比增长6.9%，占全省64.2%、全国10.3%，其中洗衣机、冰箱分别占全国产量1/4、1/5。产业配套完善，核心的压缩机、电机产能各3000万台左右，当地平均配套率约70%，核心配套率约75%。创新能力增强，拥有省级以上企业技术中心26家、工业设计中心9家，品牌企业技术中心全覆盖，有7户企业参加6项国家标准制定，有5户企业入选2021年安徽省发明专利百强。产品升级初见成效，高端智能家电占比超3成，有26户企业推出智能家电家居产品或系统，累计有228款产品、系统通过智能家电（居）国家标准认证，总数居全国城市第1位。

【装备制造业】 2021年，合肥市装备制造业规上工业增加值同比增长18.4%，占工业比重12.2%。在现代工程机械、工业机器人、轨道交通装备、航空航天装备、高档数控机床、高端医疗装备、智能成套装备等细分领域均有布局；全市拥有装备产业规上企业约600家，集聚形成国内最大的叉车研发与生产基地之一，叉车与挖掘机产量位居全国前列。合力叉车主要经济指标连续第30年位居中国工业车辆行业前列，跻身世界工业车辆七强；合锻智能液压机国内市场占有率约30%；美亚光电、泰禾光电等30余家企业占据国内色选机市场80%以上份额。拥有中国科学院合肥智能机械研究所等省级以上创新平台24家，合锻智能、通用机械研究院两项成果获2021年度中国机械工业科学技术奖；美亚光电获2021年度国家科技进步二等奖。当年新增高真空金属化膜涂覆设备、纳米晶宽带生产线设备等首台套重大装备82项，占全省37%。合力叉车混合动力、锂电叉车、LNG/LPG等新能源叉车批量上市，智能AGV车辆及车队管理系统全面推向市场；美亚光电推出大米全景品质分析仪2.0、人工智能茶叶分拣机器人、口内扫描仪、封口漏油检测机等创新产品；欣奕华推出全球最大的G10.5代玻璃搬运机器人及相关系列洁净搬运机器人等一批标志性创新产品。

【食品及农副产品加工业】 2021年，合肥市食品及农副产品加工业增加值增长6.2%，占工业比重7.8%；拥有规模以上工业企业160余户，其中营业收入亿元以上企业56户，形成乳业、坚果炒货、粮食加工、蔬菜水果加工、饲料加工、畜禽加工等门类的产业体系。推进国家级消费品工业“三品”战略示范城市建设，开展消费品工业“增品种、提品质、创品牌”工作，青松食品等15户企业获评省级“三品”示范企业，洽洽食品等5户企业登陆中央电视频道近30次，纽斯康等2户企业入选国家工业和信息化部食品工业“三品”(即增品种、提品质、创品牌）专项行动典型成果名单。

（蔡宏磊）

转型升级与结构调整

【概况】 2021年，合肥市实施智能制造“万千百”工程，推广工业机器人3000余台。培育1户国家级、7户省级技术创新示范企业。新增省级新产品251个，占全省39.2%。新增“三首”产品（即

表 1

2021 年全市国家级绿色工厂名录一览表

序号	企业名称	序号	企业名称
1	阳光电源股份有限公司	10	联宝（合肥）电子科技有限公司
2	合肥京东方光电科技有限公司	11	通威太阳能（合肥）有限公司
3	安徽安利材料科技股份有限公司	12	劲旅环境科技有限公司
4	合肥美菱股份有限公司	13	合肥伊利乳业有限责任公司
5	合肥鑫晟光电科技有限公司	14	合肥京东方显示技术有限公司
6	TCL 家用电器（合肥）有限公司	15	合肥中南光电有限公司
7	合肥国轩高科动力能源有限公司	16	洽洽食品股份有限公司
8	合肥晶澳太阳能科技有限公司	17	安徽江淮汽车集团股份有限公司
9	安徽合力股份有限公司		

首台套重大技术装备、首批次新材料、首版次软件）174项，占全省44.4%。创建2家国家级工业设计中心、3家省级制造业创新中心。11个产品入选安徽工业精品，海尔洗衣机和通用机械2户企业入选国家质量标杆。实施工业节能降碳行动，创建国家级绿色工厂3家、省级绿色工厂6家，新增省级节水型企业6户。发展服务型制造业，新增4户国家级、34户省级服务型制造示范企业（平台）。

【高端化引领】 2021年，合肥市坚持“科创+产业”和弦共振，依托综合性国家科学中心建设，围绕产业链部署创新链，以企业技术中心建设为支撑，加强企业研发能力。全市当年新认定的48家市级工业设计中心的设计投入占企业研发投入比重超五成，承担工业设计项目数1000余项，设计产品授权专利1100余件；有3户企业获第八届安徽省工业设计大赛金奖；有32户企业获优秀奖，占全省总数的38%。促进工业转型升级，联合协会、企业开展质量品牌提升行动，加强全过程、全方位的质量管理，推动企业质量管理水平和核心竞争力提升，累计创建荣事达、通威、海尔洗衣机等5家国家级质量标杆。

【智能化改造】 2021年，合肥市实行政策引领为先，修订市级先进制造业政策，给数字化、网络化、智能化改造项目20%投资额补助，为39个项目兑现资金近千万元。鼓励企业应用工业互联网提升智能化水平，为“十佳工业赋能”示范项目智能软硬件投资补助三千余万元。连续第7年开展技术改造对标诊断，累计为400余家企业量身定制智能化转型实施路线图。以示范推广为要务，推进智能制造“万千百”工程，为174家企业提供智能制造技术诊断及顶层设计服务，认定市级智能工厂15家、数字化车间144个，新增省级智能工厂5家、数字化车间47个。以新型网络建设为基础，相继出台5G专项规划、政策及工作要点、通信迁改补偿办法，实现城区、县域5G信号连续覆盖；建成国际互联网数据专用通道。推动工业互联建设，编制工业互联网白皮书、创新发展实施方案，成立经合智能制造工业互联网创新中心，打造“工赋合肥”工业互联网公共服务平台。全市累计培育各类国家、省级工业互联网平台30余家，试点示范项目40余个，有1.3万家企业“上云用数赋智”，有372家企业通过国家两化融合管理体系贯标评定。

【绿色化转型】 2021年，合肥市组织6家服务机构为26户企业提供节能诊断服务，催生54个节能技改项目，全部实施可产生年节能量6574吨标准煤。开展节能服务进企业活动，为6户能耗增长过快的企业免费提供节能诊断服务，提出节能改造建议20余条。制定市级落后产能退出工作方案，依法依规推动落后产能退出。加大绿色示范培育力度，全市当年成功获评3家国家级、6家省级绿色工厂，获评24款绿色设计产品、2户绿色供应链管理企业、1户工业产品绿色设计示范企业。鼓励企业申报各级推广目录，全市当年有1项技术、19款产品入选国家节能环保相关推荐目录；有53项技术、50款装备产品入选省工业领域节能环保“五个一百”推介目录；有9项技术、27款产品入选市级推荐目录。

【服务化融合】 2021年，合肥市新增2户国家级服务型制造示范

表 2

2021 年全市国家级服务型制造示范企业、平台、项目名录一览表

序号	企业名称	名称	级别
1	惠而浦（中国）股份有限公司	基于 WIFI 无线通信技术的智能家电信息交互系统	首批国家级示范项目
2	合肥华升泵阀股份有限公司	化工重载机泵集群生命周期管理项目	首批国家级示范项目
3	合肥通用机械研究院	高端流体机械设备与压力容器服务型制造示范平台	首批国家级示范平台
4	阳光电源股份有限公司	总集成总承包服务	首批国家级示范企业
5	合肥荣事达电子电器集团有限公司	荣事达智能家居全价值链双创服务平台	第二批国家级示范平台
6	安徽容知日新科技股份有限公司	全生命周期管理和信息增值服务	第二批国家级示范企业
7	安徽青松食品有限公司	即食食品全生命周期双向追溯建设项目	第二批国家级示范项目
8	劲旅环境科技有限公司	“制造＋服务＋互联网”城乡环卫一体化生活垃圾治理项目	第二批国家级示范项目
9	合肥泰禾光电科技股份有限公司	智能检测分选装备全生命周期管理项目	第二批国家级示范项目
10	瑞纳智能设备股份有限公司	全生命周期管理	第三批国家级示范企业
11	安徽舜禹水务股份有限公司	全生命周期管理	第三批国家级示范企业
12	中工经信投资发展有限公司	中国（合肥）工业设计城	第三批国家级示范平台
13	安徽中青检验检测有限公司	食品安全检验检测服务平台	第三批国家级示范平台

企业，2个国家级服务型制造示范项目，有国家级服务型制造示范企业项目、平台13个；新增30户省级服务型制造示范企业，4个省级服务型制造示范平台。全市首次开展市级服务型制造示范遴选工作，遴选24个企业为示范企业，16个平台为示范平台，促进企业从销售“产品”向“产品+服务”转变，推动先进制造业和现代服务业深度融合。

【结构优化】 2021年，合肥市战略性新兴产业完成产值同比增长28.3%，对全市工业增长贡献达71.6%；实现高技术制造业增加值占全市工业比重，由2015年末的16.9%提升到2021年末的31.9%；拥有家电、智能语音、新型显示、新能源汽车等4个国家新型工业化产业示范基地，新型显示器件、集成电路、人工智能等3个产业入选首批国家战略性新兴产业集群，智能语音入选首批国家先进制造业集群。京东方大尺寸面板出货量居全球第1位，视涯科技成为全球最大的硅基OLED微显示企业；拥有国内唯一的DRAM供应商长鑫存储、国内最大COF卷带生产企业奕斯伟，晶合公司手机面板驱动芯片代工市占率占全球第1位；科大讯飞语音技术全球领先，华米科技智能穿戴产品出货量居全球第1位；造车新势力领军企业蔚来汽车中国总部落户合肥；阳光电源成为全球首家突破“亿”千瓦的逆变器企业；国盾量子科创板上市，代表全球量子信息领先水平。

（蔡宏磊）

减轻企业负担

【概况】 2021年，合肥市为企业减免税收、降低社会保险费、降低用能成本、减免房租等163.78

亿元，其中1—11月所属期全市新增减税降费112.93亿，社保费和非税收入减免9.7亿元，免收招标文件费用约1亿元，发放稳岗类资金4.64亿元，降低电费11.23亿元，降低气费3470万元，免收政府采购投标保证金2亿元，减少担保费用2200万元，民营企业纾困发展基金1.71亿元，减少运输成本1400万元，清退民营企业账款80.96万元，向住房租赁企业审核拨付中央与地方财政奖补资金19.85亿元，退返民营企业工会会费4024万元。

【优化服务】 2021年，合肥市建成“云上开标大厅”，依托电子交易系统，实现同步远程解密电子投标文件，市场主体实时观看开标过程，全程视频实时互动，开标时长从1～2小时缩短至10～15分钟。投标企业“零跑腿”参与投标，近98%的投标企业首选“云上开标”。印发《关于免收政府采购项目投标响应保证金的通知》，自4月8日起，政府采购项目原则上不再收取投标（响应）保证金。印发《关于取消招标文件费用的通知》，自5月15日起发布招标公告项目，不再收取招标文件（含资格预审文件）费用。全面清理涉企收费，市级涉企收费清单由55项收费减少至51项。

【援企稳岗行动】 2021年，市人力资源和社会保障局开展失业保险援企稳岗“护航行动”和失业保险技能提升补贴“展翅行动”，为稳就业保驾护航。实施普惠性失业保险稳岗返还政策，向7.22万户参保单位发放失业保险稳岗返还资金2.37亿元，惠及参保单位职工184.77万人。为6.47万人次企业职工发放失业保险技能提升补贴，补贴资金9968.50万元。

扩大失业保险稳岗返还范围，实施“免报直发”。将社会团体、基金会、社会服务机构、律师事务所、会计师事务所、以单位形式参保的个体经济组织等6类单位首次纳入稳岗返还范畴。对大型企业以外的符合享受范围的参保单位实施“免报直发”，通过优化经办流程加强部门协同，强化数据比对，推行稳岗返还“免报直发”模式，以“免报直发”的新模式，直接将失业保险稳岗返还资金1.33亿元拨付到7.14万户参保单位的基本银行账户上，惠及参保单位职工109.87万人，实现“免申报零跑腿”。

（蔡宏磊　许　浒）

世界制造业大会

【概况】 2021年11月19日至22日，由国家工业和信息化部、科技部、商务部、国务院国资委、中国工程院、全国工商联、全国对外友协、中国中小企业协会、全球中小企业联盟、安徽省人民政府联合主办，安徽省商务厅、安徽省经济和信息化厅、安徽省外办（港澳办）、合肥市人民政府等联合承办的2021世界制造业大会在合肥市滨湖国际会展中心举办。大会展览总面积达4.3万平方米，400多家企业、800多名客商参展参会，量子计算、高端新能源汽车、第六代柔性显示等一大批尖端产品集中亮相。

在19日上午的开幕式暨主旨论坛上，省委书记郑栅洁宣读中共中央政治局委员、国务院副总理刘鹤书面致辞，并致辞。全球中小企业联盟全球主席克里斯蒂安·武尔夫，国务院发展研究中心党组书记马建堂，国家工业和信息化部党组成员、副部长辛国斌，上海合作组织秘书长弗拉基米尔·诺罗夫，韩国驻华大使张夏成，上海市人民政府副市长张为，海尔集团创始人、董事局名誉主席张瑞敏发表致辞或视频致辞。此次大会以“创新驱动，数字赋能，携手全球制造业高质量发展”为主题，展示制造业新模式新业态新技术新产品，

2021年11月19日，观众在世界制造业大会展厅观展　　（苏　玲／摄）

分为综合展区和专业展区。其中，综合展厅包括序厅、长三角一体化展区、主宾国展区、进口商品展区等；专业展区包括新一代信息技术产业等十大新兴产业展区和现代服务业展区等。参展的企业，既有十大新兴产业龙头企业，也有行业细分领域的“隐形冠军”企业；并以线上线下相结合方式举办开幕式、主旨论坛以及“六百”项目对接活动、专题活动、平行论坛、展览展示等23场活动。

【大会成果】 2021年11月19日至22日，2021世界制造业大会发布《2021全球制造业创新指数白皮书》《中国新能源汽车产业高质量发展报告2021》《安徽省工业互联网十大创新应用案例》《安徽省扎实推进长三角一体化发展创新案例》《国际商协会合肥共识》《徽商发展报告2021》等成果报告，为推动全国乃至全球制造业高质量发展贡献智慧力量。大会促成合作项目703个，投资总额5821.8亿元，其中制造业项目656个、投资总额5334.9亿元，分别占总量的93.3%、91.6%；在大会期间集中签约项目399个，投资总额3743.2亿元。合肥市向省执委会报送推介项目162个，总投资3946亿元，签约项目92个，占全省的23.1%；涉及总投资约1213.18亿元，占全省的32.4%。大会还举办长三角一体化发展论坛、智能制造创新论坛、工业互联网创新应用论坛、自贸试验区建设发展论坛、新兴产业知识产权发展与保护论坛、徽商论坛、智能家电及新材料应用论坛、新能源汽车产业发展论坛、中国—欧美制造业合作论坛、现代化都市圈与先进制造业论坛等10场平行论坛活动。

会前，《人民日报》专访省委主要负责同志，省直媒体集中推出《安徽，战法变了》《“硬核”安徽！》等稿件，韩国《中央日报》刊发跨页宣传专版，组织大型融媒体集中采访。会中，邀请210名记者参与现场报道，11月20日《人民日报》刊发大会开幕消息，新华社13条相关稿件被境内外百余家媒体转载，中央广播电视总台多平台参与报道，采用英、法、俄、日、韩等多语种开展国际传播，央视《新闻联播》当晚播发大会开幕稿件。各新闻单位推出97个整版报道，国家网信办全网推送7篇稿件，为13家单位政务公众号增加每日稿件推送次数。国内主要新闻单位，百度、新浪、凤凰、网易、今日头条、抖音、快手、B站等商业网站和平台参与宣传，并在脸书、推特、优兔等海外社交媒体同步推送稿件，放大大会影响。

（王　雅　蔡宏磊）

责任编辑：田　文

民营经济

综 述

【概况】 2021年7月，安徽省发展民营经济领导小组发布2020年度全省发展民营经济考核结果，合肥市再次获省发展民营经济考核第1名，作为优化民营经济发展环境、激发民营经济活力和创造力、促进民营经济健康发展成效显著市受到省政府办公厅通报表扬。截至年底，合肥市民营经济总数130.87万户，同比增长18.45%，其中，私营企业达53.99万户，个体工商户达76.88万户，较上年的46.2万户、63.3万户分别增长16.7%、20.8%，占全部市场主体的97.17%。民营经济注册资本总额3.3万亿元，同比增长7%。其中，个体工商户76.88万户，占比57.08%；私营企业53.99万户，占比40.09%。民营经济实现增加值6155.5亿元，同比增长10.6%，占全市地区生产总值53.9%，较上年提高0.6%；民营企业实现税收829.6亿元，占全市税收的67.1%；全市民营企业拥有国家高新技术企业4262户，占全市4528户的九成以上。全市入围安徽省民营企业百强排序企业数连续第四年居榜首，三榜入围企业从2017年的38家跃升至2021年的82家，联宝（合肥）电子、阳光电源、文一集团分别位居营收百强、制造业综合百强、服务业百强榜单第一名。

【扶持政策】 2021年，合肥市印发《合肥市激发民营企业创业热情推进民营经济高质量发展实施细则》，围绕鼓励创业创新、集聚生产要素、加大政策扶持、提振发展信心、创新工作机制等5个方面，提出16条落实举措，支持民营经济持续高质量发展。修订出台《合肥市推动经济高质量发展若干政策》，全年拨付122.5亿元产业政策资金，惠及企业等各类市场主体1.7万户（人）次、兑现人才政策4.3万人次。开展优质小微企业推介工作，有500余家企业与银行建立融资合作，其中317家实现贷款投放。首次开展民营经济量化考核，修订《合肥市民营经济考核评价办法》，组织开展全市民营经济考核评价工作，完善民营经济考核评价体系。

实施“人才强市”战略，完善人才政策体系，聚焦“芯屏汽合”“急终生智”等重点产业出台“重点产业人才7条”，建立重点产业企业库，支持人才向科技型民营企业集聚。截至年底，全市认定重点产业企业高层次人才6000多人，认定重点产业2300多家。搭建政策兑现信息化服务平台，上线重点产业企业人才安居平台，当年在重点产业企业中，有2126人获购房资格，1.3万名本科以上学历人才领取租房补贴9568万元，247名高层次人才领取购房补贴4620万元。

多措并举助企纾困。先后出台《合肥市加大稳企增效力度实现良好开局若干政策》《合肥市人民政府关于实施“保主体、增主体、强主体”行动的意见》《合肥市疫情防控期间物流运输行业疏困政策》《合肥市加大援企稳岗力度支持批零住餐旅游企业稳定发展若干政策》等，保企业、稳就业、惠民生，聚力帮助企业渡过难关。

【金融支持】 2021年，合肥市帮扶地方中小微民营企业解决融资难和融资贵问题。

优化金融服务。发挥兴泰控股、科技银行等市属金融类金融企业的服务功能，践行普惠金融政策，拓展政策性担保业务，优化“政银担”“税融通”等产品运作，为地方中小微民营企业解决融资难和融资贵问题。兴泰控股全年在租赁、担保、股权、科贷等10个板块新增投放类金融业务76187笔，投放金额390.5亿元，截至年底，累计在投笔数18099笔，投放余额300.28亿元。设立合肥市首支重点产业知识产权运营基金和双创创业投资基金，成功发行全省首单知识产权资产证券化产品。出台“一高两低”惠企政策，为“专精特新”企业提供高效率、低利率、低门槛金融服务，年末全行“专精特新”贷款余额18.45亿元，较年初增加9.27亿元，增幅达101%。全行普惠小微贷款48.16亿元，较年初增加12.37亿元，增速34.56%，高于各项贷款平均增速23.14个百分点。

发挥国有基金杠杆撬动作用。打造国有“基金丛林”，投资处于“芯屏汽合”“急终生智”上下游产业链的一大批民营企业和产业项目，覆盖产业链发展的全生命周期。强化基金管理运营，发挥杠杆撬动作用，激发社会投资活力，推动民营经济发展。截至年底，产业、创业投资引导基金合计规模71.73亿元，参股的34支子基金注册规模891亿元，到位423.4亿元。引导基金投资各类项目548个，累计投资额414.9亿元，参与投资的51个项目成功上市或被并购上市，招引91家企业落户合肥。天使投资基金总规模6.24亿元，直接投资民营企业项目152个，投资金额8.23亿元。在国有基金的扶持培育下，通富微电、芯碁微、装、恒烁半导体、联睿微电子、科威尔、通源环境等一批民营企业扎根合肥，成长壮大，成为合肥市战新产业集群化发展的中坚力量。

开展资本市场培训。贯彻落实全省万家企业资本市场业务培训专项行动方案，开展各类资本市场业务培训活动，全力提升企业家、干部利用资本市场发展的意识和能力。出台合肥市贯彻落实万企培训行动实施方案，围绕资本市场重点改革举措以及合肥市资本市场发展的短板，开展专项培训。创新开展校地合作，市县两级与中科大国际金融研究院联合举办多期拟上市企业董事长高级研修班；疫情期间打造线上培训平台，与省股权托管交易中心开展线上资本市场业务培训，在线观看直播峰值达2万人。全市累计开展专项业务培训130余场，累计培训企业3115户，5月成功举办全市拟上市企业IPO线上培训活动，全市近120家重点拟上市企业负责人参加培训，营造重视、关注资本市场的氛围，为中小企业打通成长壮大的多元化市场通道。

【推进“双招双引”】 2021年，合肥市加强招商引资工作。

坚持招大引强。开展精准招商，推动全国知名民营企业在合肥布局，全市当年新签约重点民企项目近800个，协议总投资约3000亿元。抓住长三角一体化发展国家战略重大机遇，加强与长三角区域内政府间合作平台、行业协会、产业联盟、企业的联系对接，把握区域内产业链供应链协同发展大势，招引亚明汽车、神州数码、腾讯、比亚迪、字节跳动、斑马网络、哈啰出行、报喜鸟等一批国内龙头民营企业在合肥投资兴业，提升合肥城市发展层级。

强化产业招引。对在合肥运营多年、发展壮大的行业龙头民营企业，利用合肥齐全的上下游配套和成熟产业生态链条，牵动吸引企业将其总部搬迁至合肥，或在肥投资新项目，打造产业生态闭环。围绕12条重点产业链，当年招引民企重点项目近500个，其中集成电路产业、生物医药产业、高端装备及新材料产业占比一半以上。

聚焦招才引智。打造“智汇合肥”招才品牌，组织开展云聘会、高校行等系列活动。助力供需对接，开发智汇合肥云平台摸排人才需求，首届“智汇合肥·云聘会”吸引104所国内外高校300万人次在线参与，10所本地高校院所162名博士研究生实地对接产业企业。开展“智汇合肥·高校行”活动，春秋两季组织300多家重点产业企业、国有企事业单位到全国38所知名高校招才引智，发布职位5.9万个，收到简历56.4万份。全市当年新增缴纳社保本科及以上人数11.8万人。

2021年9月16日，斑马智行华东运营总部项目签约仪式在合肥经开区举行
（合肥经开区管委办/供）

【企业培育】 2021年，合肥市引导“专精特新”企业发展。

加大产业政策支持。推动经济高质量发展政策对冠军和“小巨人”企业的支持方式精准化，由一次性事后奖补，调整为连续三年的持续性资金支持。将“专精特新”中小企业培育情况纳入市政府目标管理绩效考核和工业发展目标考核。全市有310家“专精特新”企业获市财政各类奖补资金5401.3万元。各县（市、区）、开发区出台扶持“专精特新”中小企业发展政策举措。

完善梯度培育机制。规范市“专精特新”中小企业培育工作的申报流程和管理规则，加强对申报企业的培训指导，先后在合肥高新区、经开区等地开展8次专精特新企业培训会，线上线下计1.4万余家次企业参训。健全中小企业成长梯度培育体系，按照“市专精特新中小企业——省专精特新中小企业——省专精特新冠军企业——‘小巨人’企业”成长路径，为企业提供资金扶持、投融资、人才培训和政策咨询等多层次全方位服务，截至年底，全市累计培育“小巨人”企业61户，位居省会城市第六位，培育省专精特新冠军企业41户、省“专精特新”中小企业573户，6批次评定1037家市“专精特新”中小企业，初步建立良性梯度培育格局。

做好企业融资服务。定期向在合肥金融及担保机构推介优质工业小微企业。向在肥金融机构推荐294家“专精特新”企业，降低企业融资成本，向122家“专精特新”企业发放3126.25万元贷款贴息，推荐科拜耳新材料等41个企业项目入库安徽省中小企业（专精特新）发展基金母基金直接股权投资项目库，股权融资需求18.8亿元。累计推动力威油泵等52家企业在省专精特新板成功挂牌，组织两批次75家“专精特新”中小企业参加北京证券交易所政策解读专项培训会。

【创新创业】 截至2021年底，合肥市拥有国家级示范基地3家，拥有省级示范基地52家，分别占全省21.4%、26.3%；拥有市级示范基地121家。全市示范基地入驻企业1.4万余户，从业人员近20万人，其中大学本科以上学历5.3万人，占总人数27.4%，各类高层次人才1680人。全市示范基地当年新入驻小微企业2024户，同比增长16.5%。全市示范基地累计毕业企业5285户，其中当年新毕业企业830户。连续第6年组织开展“创客中国”安徽赛合肥赛区中小企业创新创业大赛，有40个项目在“创客中国”安徽赛中获奖，占全省59%。

【平台建设】 2021年，合肥市完善小微企业“1+13+X”公共服务平台网络。截至年底，该平台实现与12个县（市、区）窗口平台和8家行业技术专业化平台的互联互通。以政策库、企业库、企业需求对接库、项目库为基础，构建在线学习平台、“专精特新”培育系统、活动管理系统、项目申报管理系统、企业问卷调查系统、政策精准匹配系统，形成完整的企业服务体系信息化框架。全市入库企业2万余家，编辑发布政策8000余条，围绕企业微信、微信公众号、抖音号、头条号构建“媒体矩阵”，宣传推广企业政策和企业服务，累计发布信息3700多条，短视频200余条，当年访问量超200万人次。

【清欠工作】 截至2021年底，合肥市梳理拖欠中小企业账款总额1.97亿元并妥善解决，实现拖欠账款台账当年基本清零。全市全年收到企业通过各种渠道反映的拖欠账款问题线索16件，均按照问题线索办理流程办结，实现问题线索动态清零。健全完善防范和化解拖欠中小企业账款工作长效机制，按季度调度全市工作推进情况。

【风采宣传】 2021年，合肥市牵头组织开展“民营经济春潮涌”专题宣传活动，组织中央驻皖等10余家媒体机构，赴安徽芯瑞达科技股份有限公司、安徽老乡鸡餐饮有限公司等数10家优秀民营企业开展集中采访宣传活动，累计发布宣传稿件70余篇，为合肥市民营企业加快发展树立典型标杆。

【完善统计体系】 2021年，合肥市对民营经济统计数据进行统一归口管理，完善民营经济统计体系。按照时效性、科学性、有效性并重的原则，定期收集整理规上民营工业产值和利润、民间投资等常规数据，对全市民营经济发展趋势跟踪监测。建立民营经济数据共享机制，主动配合提供统计数据，及时为其他部门提供民营经济相关指标数据。

（黄冬文　蔡宏磊）

“专精特新”企业选介

【概况】 2021年，合肥市健全企业梯度培育机制，建立市专精

表 1

2021 年合肥市专精特新“小巨人”企业名单一览表

序号	企业名称	序号	企业名称	序号	企业名称
1	合肥金星机电科技发展有限公司	22	安徽皖仪科技股份有限公司	43	中原内配集团安徽有限责任公司
2	合肥科拜耳新材料有限公司	23	安徽中科大国祯信息科技有限责任公司	44	安徽中科光电色选机械有限公司
3	安徽芯瑞达科技股份有限公司	24	合肥同智机电控制技术有限公司	45	合肥恒信动力科技股份有限公司
4	合肥康尔信电力系统有限公司	25	安徽一天电气技术股份有限公司	46	安徽凯旋智能停车设备有限公司
5	合肥星波通信技术有限公司	26	合肥工大高科信息科技股份有限公司	47	安徽舜禹水务股份有限公司
6	合肥海特微波科技有限公司	27	合肥中科类脑智能技术有限公司	48	瑞纳智能设备股份有限公司
7	安徽博一流体传动股份有限公司	28	会通新材料股份有限公司	49	固力发电气有限公司
8	合肥恒大江海泵业股份有限公司	29	合肥波林新材料股份有限公司	50	合肥荣事达太阳能有限公司
9	安徽华米信息科技有限公司	30	安徽万瑞冷电科技有限公司	51	合肥市丽红塑胶材料有限公司
10	合肥芯碁微电子装备股份有限公司	31	合肥博雷电气有限公司	52	合肥旭阳铝颜料有限公司
11	科大国盾量子技术股份有限公司	32	安徽江淮松芝空调有限公司	53	安徽伟光电缆股份有限公司
12	劲旅环境科技股份有限公司	33	合肥杰事杰新材料股份有限公司	54	安徽大地熊新材料股份有限公司
13	安徽合凯电气科技股份有限公司	34	合肥东方节能科技股份有限公司	55	合肥安信瑞德精密制造有限公司
14	合肥华升泵阀股份有限公司	35	龙迅半导体（合肥）股份有限公司	56	合肥力威汽车油泵有限公司
15	安徽华信电动科技股份有限公司	36	中科美菱低温科技股份有限公司	57	万申科技股份有限公司
16	合肥荣事达电子电器集团有限公司	37	合肥中车轨道交通车辆有限公司	58	安徽巨一科技股份有限公司
17	合肥燕庄食用油有限责任公司	38	安徽元琛环保科技股份有限公司	59	安徽锐能科技有限公司
18	安徽捷迅光电技术有限公司	39	合肥井松智能科技股份有限公司	60	合肥紫金钢管股份有限公司
19	安徽省恒泰动力科技有限公司	40	合肥搬易通科技发展有限公司	61	安徽电气集团股份有限公司
20	科大智能物联技术有限公司	41	安徽尚德科技有限公司		
21	合肥维天运通信息科技股份有限公司	42	合肥中南光电有限公司		

特新企业数据库，确定“市级专精特新中小企业——省级专精特新中小企业——省级专精特新冠军企业——国家小巨人企业”培育路径，为企业提供资金扶持、投融资、人才培训、政策咨询和对标诊断等多层次全方位服务，聚力打造更多小而美、中而优的中小企业。全市累计培育市级专精特新中小企业1037户；省级专精特新中小企业占全省17.8%；省级专精特新冠军企业占全省20.4%；国家级专精特新“小巨人”企业61户，居省会城市第6位、全国第15位。

【安徽容知日新科技股份有限公司】 安徽容知日新科技股份有限公司成立于2007年6月，是合肥市工业互联网和设备智能运维领域龙头企业，实现从硬件设备、上位软件、智能算法到诊断服务的全链条布局，主要产品是工业设备状态监测与故障诊断系统，广泛应用于风电、石化、冶金、水泥、煤炭等十多个行业，并远销美国、英国、德国、巴西等30多个国家和地区，先后获评国家级智能制造试点示范企业、服务型制造示范企业、制造业与互联网融合发展试点示范企业等，具有自主研发专利与软著超百项，2021年7月在上海证券交易所科创板上市。

【科大国盾量子技术股份有限公司】 科大国盾量子技术股份有限公司成立于2009年5月，是中国第一家从事量子信息技术产业化的创新型企业，主要从事量子保密通信产品研发及产业化，前瞻布局量子计算、量子测量等仪器检测业务。该公司建有省级工程技术中心和企业技术中心，拥有国内外量子技术相关专利240余项，专利数和产品市场占有率居世界前列。该公司自主研发的系列化产品涵盖量子通信网络设备、终端设备、核心器件、科学仪器，以及系统性的管控和应用软件等，提供电信基础设施、政企专网、公共云、私有云、大数据等信息服务平台融合量子技术的信息安全解决方案，为国防、政务、金融、能源等行业领域信息业务提供量子安全保障，先后获军队科技进步一等奖、中国专利优秀奖、省科技进步一等奖，并获评专精特新“小巨人”企业等。

2021年10月，容知日新设备远程运维中心　（市经信局／供）

【合肥工大高科信息科技股份有限公司】 合肥工大高科信息科技股份有限公司成立于2001年，是工业铁路、智能化矿山领域信号控制与安全调度完整解决方案提供商，以具有自主知识产权的铁路信号安全完整性技术与防失爆设计技术为核心，为工业铁路提供独具特色的信号联锁、调度集中、物流智能化管理、矿井无人驾驶、矿井机车车辆运输智能调度指挥、移动目标精确定位与管控一体化、无线通信（5G/WiFi6）等解决方案。该公司产品广泛应用于冶金、矿山、石化、港口、电力等国民经济支柱行业，为提升工业铁路的运输安全、高效生产能力发挥重要作用，业绩覆盖国内31个省、市、自治区并进入国际市场。该公司于2021年成为上交所科创板上市企业，并获评国家级专精特新“小巨人”企业。

【安徽万瑞冷电科技有限公司】 安徽万瑞冷电科技有限公司成立于2003年，位于合肥市高新区，是专业从事低温与真空技术和产品研究开发的细分领域领军企业。该公司产品有低温泵、气体纯化、低温系统等，广泛应用于半导体、集成电路、光纤、空调、科研等行业或领域。该公司先后承担国家科技部02专项、重大科学仪器专项等课题，获省部级以上科学技术奖6项、国家授权专利80余项，2021年获评国家级专精特新“小巨人”企业。

【合肥中科类脑智能技术有限公司】 合肥中科类脑智能技术有限公司成立于2017年，是类脑国家实验室产业转化出口，聚焦能源互联网和工业互联网领域，利用类脑智能技术深度赋能，落地整体解决方案和智能化产品。主导产品类脑智能巡检系统，利用类脑多模态、小样本学习技术，为电力系统提供智能化改造方案，相关产品应用在安徽、江苏、江西、新疆等十个省的70多个变电站。该公司产品曾获国际智能语音及人工智能产品创新大赛一等奖、二等奖、“类脑小卫”获国家电网第五届青创赛金奖、“智能计算一体机”获世界制造业大会创新产品金奖、2020“创响中国”安徽省创新创业大赛一等奖等。

2021年9月，高新区华米科技大楼外景 （市经信局／供）

【安徽巨一科技股份有限公司】 安徽巨一科技股份有限公司成立于2005年，是国内领先的智能装备和新能源汽车电机电控解决方案专家，为汽车尤其是新能源汽车提供动力总成及动力电池的智能制造解决方案，同时为新能源汽车提供电机电控产品的研发、生产与全生命周期服务。该公司先后开发出自主品牌60JPH车身焊装线、全铝车身智能连接生产线、混合动力变速器装测线，产品技术达到国际先进水平，部分产品填补国内空白。该公司搭建国内领先的技术开发和试验验证平台，拥有2个国家中心，6个省级中心。牵头承担国家重点研发计划、科技支撑计划等国家及省部级项目40余项，曾多次获安徽省科学技术一等奖；拥有发明专利174项、实用新型专利110项、外观设计专利13项，2021年11月在上交所科创板上市。

【安徽华米信息科技有限公司】 安徽华米信息科技有限公司成立于2013年，是一家基于云的健康服务提供商，拥有全球领先的智能可穿戴技术。华米科技也是中国首家登陆美国资本市场的智能硬件创新公司，于2018年2月在美国纽约证券交易所（NYSE）上市。华米科技拥有AMAZFIT和ZEPP两个自主品牌，产品包括ZEPP数字健康管理平台，智能手环、智能手表、运动耳机等可穿戴终端，以及和运动、健康相关的跑步机、体重秤、体脂秤等。2021年，华米科技出货量和营收双双再创历史新高，总出货量3610万台，营收超62亿元。截至年底，该公司旗下智能设备全球累计出货量超2亿台，产品和服务进入全球90多个国家和地区，自主品牌的智能手表出货量位列全球第五。华米科技先后被认定为国家级高新技术企业、国家首批先进制造业和现代服务业融合发展试点企业、国家知识产权优势企业、工信部“专精特新”小巨人企业，拥有国家企业技术中心、国家工业设计中心、国家级博士后科研工作站、安徽省产业创新中心、安徽省工程研究中心、合肥市技术创新中心等多个创新平台，并承担省部级项目10余项。

（蔡宏磊）

责任编辑：田　文

信息产业与信息化

综　述

【概况】　2021年，合肥市在国务院办公厅电子政务办公室开展的中国32个重点城市网上政务服务能力调查评估中，获评“网上政务服务能力特别高”，入选全国数字经济城市发展百强榜，获评中国数字经济发展新一线城市、2021年世界智慧城市大奖中国区“城市大奖”。出台《合肥市“十四五”数字合肥发展规划》，印发《合肥市“城市大脑”建设方案》，明确数字合肥发展目标，统筹完善数字合肥顶层设计。合肥“城市大脑”“智”理城市运行难题和合肥市长三角“一网通办”工作分别受到新华社、中央电视台新闻联播报道。

【信息基础建设】　2021年，合肥先进计算中心一期项目“巢湖明月”完成主体工程建设并正式运行，合肥量子通信基础项目（一期）完成前期工作，全国首个投资金额超1亿元的量子城域网项目实现开工建设。合肥市在全省率先实现行政村窄带物联网全覆盖及城区4G全覆盖，5G基站部署超1.3万个。完成全市公共视频监控整合，接入多家单位与停车场等数据资源，视频数据实现多方面综合应用。城市物联感知体系覆盖领域拓展，城市生命线“合肥模式”在全省得到推广复制。

【信息化项目管理】　2021年，合肥市结合实际制定信息化项目管理规范标准，出台并修订《合肥市信息化项目管理办法》《合肥市信息化项目评审管理规范》《合肥市数据资源局委托第三方咨询服务机构考核管理规定（试行）》等10余个标准规范，规范信息化项目管理，信息化项目制度规范体系获评“2019中国政府信息化管理创新奖”。清理整合建好的信息系统，提高信息系统利用效率，市级在用政务系统由689个减至427个。

（方晴晴）

数字经济发展

【概况】　2021年4月，安徽合肥数字经济创新发展试验区获安徽省政府正式批复同意。当年，合肥市获评安徽省取得数字经济成效明显地区。全市累计认定超过1000家大数据企业。加快转化量

12月17日，2021中国（合肥）数字经济创新峰会现场

（市数据资源局/供）

子科技领域、电路领域等科技产业成果，填补国内空白。给予部分数字经济企业政策、资本、市场业务和土地等要素支持，发展关键核心技术。推进农业数字化提升，打造智慧农业硅谷，促进数字经济取得进展。立足企业需求和行业现状，打造“双月论坛”政企交流平台；举办2021中国（合肥）数字经济创新峰会、大数据产业发展论坛、产业互联网发展趋势论坛、大数据应用场景供需对接会等一系列行业交流活动。

【数字经济产业创新试验区建设】 2021年，合肥市聚焦数字经济发展，明确阶段目标和时间节点，发挥统筹协调作用，强化财政金融支持手段，引导各类金融机构和社会资本提供融资支持，加强数字经济领域用地、用能等要素保障。增强数字经济产业发展主体力量，引进一批数字经济创新企业，推动数字经济重大项目、应用场景落地。推动蜀山区、包河区、庐阳区和高新区等市级创新试验区对照《合肥市数字经济产业创新试验区评估办法》，围绕数字产业项目招引、数据赋能产业发展等，推动数字经济与各创新试验区优势产业融合发展。

【数字赋能“双招双引”】 2021年，合肥市加强与阿里、腾讯、华为等龙头企业对接，推动战略合作落实。腾讯（合肥）智慧产业总部、安恒信息人工智能安全总部基地、中科睿芯科技集团合肥研发基地、哈啰出行安徽运营中心、斑马智行华东运营总部、趣链科技安徽公司等数字经济重大项目实现签约落地。修订《合肥市大数据企业认定管理办法》，通过优化认定标准，认定774家大数据企业，完成高质量发展支持智慧城市创新应用奖补政策兑现。

（方晴晴）

【工业互联网平台体系建设】 2021年，合肥市印发工业互联网创新发展实施方案，制定百个工业互联网重点平台培育计划，构建多层次平台体系。培育30余个工业互联网重点平台，涵盖双跨型、行业型、专业型以及区域型等，合力FICS等4个平台入选国家级特色专业型工业互联网平台，科大讯飞图聆工业云入选省级“双跨”平台；平台连接设备数量达221万台套，APP数量达2980个。推广“工业互联网平台+园区”的新融合发展模式，加快新一代信息技术在园区各环节、各领域的渗透应用，推动集群内企业融通发展，提升园区运营效率和区域协作水平。合肥经济技术开发区依托海恒创投打造基于数字产业大脑的融合创新智慧园区，获批成为国家工信部工业互联网园区融合应用新模式试点示范区。

【工业互联网创新应用】 2021年，合肥市推动工业互联网创新应用工作。工业赋能取得成效，遴选发布“十佳工业赋能”场景示范项目，推动46家企业实施网络化、数字化、智能化转型，带动企业升级改造投入3.7亿元。新模式新业态涌现，联宝电子等5家企业获批成为国家工信部两化融合管理体系贯标示范企业，有6个项目获批成为省级新模式应用示范项目，有4家企业获批成为省级网络化改造升级示范企业。5G行业应用向纵深拓展，全市形成近百个应用案例，涵盖智能制造、工业互联网、智慧医疗、智慧教育、智慧文旅等领域，其中智能制造和工业互联网领域应用占比超40%。在国家工业和信息化部主办的第四届“绽放杯”5G应用征集大赛中，合力的智安5G安全保障方案获应用安全专题赛二等奖，5G绿色数字一体化车间项目获先进制造专题赛三等奖。长虹美菱的‘四位一体’5G+工业互联网融合创新应用项目获MEC边缘计算专题赛优秀奖。国家工信部当年分别联合国家卫健委、教育部开展5G+医疗健康、5G+智慧教育应用试点项目评选，合肥市分别有11个和2个项目入选，分别占全省入选数量的45.8%和50%。

【工业互联网生态体系】 2021年，合肥市集聚科大智能、巨一科技、中科类脑、中用科技、奥瑞数控等一批拥有核心技术、具备软硬一体化能力的优质解决方案服务商。科大智能、巨一科技获评国家级工业互联网APP应用解决方案，巨一科技入选国家级工业互联网网络化改造解决方案试点示范。容知日新“设备预测性维护系统EPM”、金星智控“极板故障智能巡检APP”等3个项目在全国工业APP和信息消费大赛中获奖。三禾一“高端装备预测性维护和远程智能运维”等11个解决方案获评省级工业互联网领域优秀解决方案。依托“工赋合肥”公共服务平台，汇聚天融信、三禾一、用友、新华三等130余家服务商资源，征集“工赋”场景需求900余个并组织开展在线供需对接活动。成立合肥市工业互联网协会，有包括启迪新基建、容知日新、科大智能等企业在内的117家成员单位加入，为搭建集产、学、研、用于一体的工业互联网合作平台提供基础。

（蔡宏磊）

智慧城市建设

【概况】 2021年，合肥市推进“皖事通·合肥分站”建设，上线应用324项，打造服务群众统一出口，并结合“安康码”与其他公共设施，实现“安康码”扫码开门、扫码购药、扫码乘车、扫码考勤等一码多用。截至年底，合肥市大数据平台、新一代政务云、数据整合支撑能力平台等基础性平台打通国家、省、市、县四级数据交换通道，实现市、县两级近200个业务系统数据互通，汇聚各类数据335亿条。全市累计开发数据服务接口近2000个、被调用超过5000万次，实现政务服务“一网、一门、一次”改革，实现市、县、乡、村四级政务服务事项全部上线，“最多跑一次”事项占比99.99%，“全程网办”占比95.34%，实现长三角41个城市、65个事项异地通办。

【“数字政府”建设】 2021年，合肥市优化完善“云、网、安全”等基础设施，统筹推进市级共性应用平台建设，夯实数字共性基础支撑。建设规模达2.2万核CPU、40TB内存、1800TB存储的“新一代政务云”，整合辖区内各县（区）级政务云，推进市直部门、县（市、区）52个重点应用上云。优化电子政务外网，实现市县乡村四级覆盖。统筹推进政府投资的公共视频监控接入视频云平台，为视频跨部门综合应用和共享开放服务提供支撑。完善数据资源汇聚应用，升级扩容合肥市大数据平台，对外提供共享服务289亿条次。推进数据治理，深化数据应用，完成1.28万个数据项、21.67亿基础数据及相关数据库表的深度治理。在全省率先建成数据中台。

【数字化社会治理】 2021年，合肥市聚焦政务办公、城市治理、城市安全、市场监管等重点领域，推进“数字政府”行业领域建设应用。完成信创OA系统与合肥市统一政务信息处理平台适配，开展政务协同平台谋划。跨部门决策和资源协调指挥效率提升，建设城市智能运营和辅助决策平台，实现全域态势感、全局运行监测。协同城市治理，建设数字化城市管理系统，覆盖1065平方千米，实现城管工作全流程闭环运行；建成“交通超脑”，实现海量交通数据整合汇聚，促进交通通畅。构建城市生命线工程安全运行监测系统，每日采集分析数据500多亿条；推进公共区域视频监控建设，建设公安一类监控6.2万路，完善视频资源联网整合，推动整合211家单位的社会视频，支撑社会治安综合治理，夯实城市安全。实现全市水环境管理监测数字化，建设水环境大数据平台，助力生态环保。

【数据惠民】 2021年，合肥市基本形成无差别、全覆盖、高质量的惠民服务体系，做实政府一个平台“推服务”，群众一个平台“找政府”。优化平台建设，探索开发31个智慧智能审批应用，完成211类个性化表单定制，实施“一窗受理”式无差别服务，提托“安康码”自动带出基础信息与电子证照，精简办事环节，提升企业和群众用户体验和办事便捷度。做优做实“一源五端”服务，拓展优化政务服务渠道，“全程网办”事项占比达99%以上，先后推进高频服务事项接入“皖事通”合肥分站337个，累积提供服务访问1.3亿次。深化“异地通办”，线上专区与线下窗口结合，推进132个“跨省通办”事项办理，建设长江经济带跨省通办线上专区，实现9个城市16个高频事项异地网上办理。建成居民健康卡平台，优化“智慧医疗”服务。打造高效智慧教育体系，深化“互联网+教育”大平台建设应用。推动社区治安治理创新，建设智慧平安小区3189个。

【市场监管】 2021年，合肥市依托大数据能力为中小企业提供金融贷款提供审核支撑服务，缓解中小微企业融资难题，市数据资源局与市建设银行合作创新开发金融服务产品“合肥智慧快贷”，为5860户中小企业授信31.68亿元，贷款25.38亿元。搭建市场主体网格化协同监管平台，实现对全市主城区519个监管网格的全覆盖监管，平台纳入全市监管主体137.97万户。建成工商登记全程电子化系统，实现企业开办6个部门一体化办理，一日办结设立32.4万市场主体，变更31.1万市场主体。建设合肥市网络交易监测服务平台，实现对重点网站、网店的实时监测，及时预警、动态管理。

【“安康码”推广】 2021年，合肥市申领“安康码”1240.7万人，亮码52382万次，核验94440.9万次。建设安康码市级综合服务平台，实现市县乡三级政务服务“一码通办”，实现9393项政务服务“一码通办”。“安康码+”覆盖就医、出行、身份认证、上学工作、疫苗接种等多个应用场景，便利市民生活。

（方晴晴）

无线电管理

【概况】 2021年，安徽省无线电管理委员会办公室合肥管理处（以下简称“合肥无线电管理处”）拥有各类无线电监测固定站、小型站、民航站17个，移动监测车4辆，压制车1辆，升空平台监测系统1套，搬移站1套，考试无线电监测与压制系统2套，新增1套无线电传感器系统（含90个传感器）。征收频率占用费106万元，其中追缴15家单位欠缴频占费8.14万元。

【无线电安全保障】 2021年，合肥无线电管理处在省第十一次党代会无线电安全保障期间，组织技术人员提前一周对会场和代表团驻地的电磁环境进行监测，安排一辆监测车对会场电磁环境进行保护性监测，实行24小时值班制度，保障会议调度、电视转播等核心业务用频安全。“七一”期间，加强频谱保护性监测，对广播电视、公众移动通信、民航、铁路频率以及公安、应急管理等重要部门用频进行保护性监测，安排人员24小时值班值守。完成防汛抢险无线电安全保障、高考、中考、法律职业资格等各类考试无线电安全保障任务27次。

【频率台站管理】 2021年，合肥无线电管理处为京东电器、徽商银行等单位办理频率许可等7项事务，为安徽经管学院、中电三十八所等66家单位办理台（站）新增、续用、注销等76项各类行政审批事务，核发换发电台执照78家。新增设台单位7家，新设台站数量247个，办理60个业余电台执照。清理台站数据库，开展合肥市频率台（站）使用规范化管理专项行动，清理“僵尸”设台单位30余家，收回无线电频点75个，注销台站540个。办理5G基站和链路传输微波台站设台手续，截至年底，合肥地区“两表一单”登记建成5G基站7319个。

【依法行政】 2021年，合肥无线电管理处开展各类检查12次，检查各类无线电台（站）26台，发现违法行为1起，依法没收无线电设备1台（套）。实施无线电管理“双随机一公开”抽查工作，组织执法人员对3家单位的频率使用、台站设置、销售备案进行专项检查。配合打击无线电违法行为，依据职权分工，对查处“黑广播”过程中发现的涉嫌违法犯罪案件做好线索移送，协助市公安局刑警支队对抓获的犯罪嫌疑人案件提供相关证据链，做好“黑广播”检测验证。

【电波秩序维护】 2021年，合肥无线电管理处实施无线电监测超过2万个小时，完成民航、广播专用无线电频率等专项监测任务；排查各类无线电干扰28起，其中民航干扰22起，移动通信干扰4起，卫星干扰2起，保障电波秩序和无线电台(站)的正常运行;消除机场气象雷达干扰事件，完成对机场周边15个“智慧工地”系统使用的无线传输设备的整改工作。在新桥机场校飞突遇紧急干扰的情况下，与省无线电管理站及其他四个管理处组成监测排查工作组，成功定位可疑干扰源，保证合肥机场正常运营。配合做好意识形态领域安全保障工作，全年取缔黑广播26个，使“黑广播”基本清零，合肥无线电管理处负责人朱代龙同志被评为全国打击治理“黑广播”“伪基站”违法犯罪行为成绩突出个人。

【服务地方重点工作】 2021年，合肥无线电管理处为蔚来汽车开展厂区电磁环境测试，出具测试报告，提出用频建议，解决建设难题。为合肥轨道交通定期开展监测，消除干扰隐患，保障正常运营；为安徽叉车集团、邮储银行、京东电器等企业指配频率。

（汪全君）

通信业

【概况】 2021年，合肥市建设5G基站5035个，累计建设5G基站超1.36万个。在9月举办的第一届移动网络高质量发展论坛上，中国信通院发布2021年全国重点场所网络质量评测成绩，合肥市综合排名位列全国21个重点城市第8名。建成全省首条国际互联网数据专用通道，并推进条顿工业技术公司和中科院创新院建设2个工业互联网综合性标识解析二级节点工作。

【合肥电信】 2021年，中国电信合肥分公司加速构建分公司云改数转发展新格局，助力地方政府的数字化、信息化建设，聚焦科技创新、云网融合、数字化转型等重点任务，围绕自主研发、IT上云、大数据注智、AI 赋能、反诈攻坚、5G 大战、安全保障等方面，践行责任担当。在专业化的研发创新上，提升二次开发和自主运营能力；参与城市大脑、智慧社区、数字乡村等揭榜挂帅项目。实现规模收入同比增长9.01%，完成收入预算目标，收入份额较上年底提升0.03PP。

经营服务。移动新增份额36.01%，较上年底提升0.56PP。宽带用户到达份额49.95%，较上年底提升0.40PP。产业数字化收入同比增长24.8%；其中IDC收入同比增长115%，行业云和物联网收入同比分别增长49%、23%。当年用户感知和指标综合评价在全省排名第二，其中公众客户满意度，连续第三期位列同行业第一；政企客户满意度高于年度目标值。

网络建设。公司云网基础建设实现得到夯实，其中5G网络新建达到重点乡镇以上连续覆盖，分流比年底超26%，抢占全省4G达峰“第一阵营”。校园、地铁、机场等重点场景实现深度覆盖，2B需求100%满足。集团多轮次感知测评均居同行业领先且位居全国重点城市前列。光网实现国际互联网出口建成，国际访问时延和丢包率降低。新增端口利用率达36%。XGPON年内新增千兆光口超1万个。100%部署MS-OTN精品专网，重点行业客户实施迁移。云资源本地新增完成规划达95%，自有云平台能力实现翻两番，专属云层面桌面云、网吧云、医保云等密集部署。CT云拉通集团实现业务控制平台，业务一点下发。云网运营IDC标准化班组规模初现，园区驻场服务规范化，“一点交付”体系建立，装维队伍实现转型。深化共建共享，完成五费压降目标。

（刘　芳）

【合肥联通】　2021年，中国联合网络通信有限公司合肥市分公司明确“大联接、大计算、大数据、大应用、大安全”五大主责主业，在网络建设、信息安全、5G赋能、乡村振兴、疫情防控等方面彰显“国家首席、政府首选、人民首信”的联通风采，获评 “安徽省巾帼文明岗”“第十五届合肥市文明单位”“安徽省巾帼文明岗”“合肥市放心消费示范公共服务企业”“合肥市放心消费示范单位”等。

优化网络布局。加快移动网分场景全覆盖。在高铁建设上，对合肥境内的合宁高铁、京福高铁、合武高铁、商合杭高铁、合安高铁沿线进行信号增强覆盖，新增190座基站，完成合肥境内高铁线的无线信号全覆盖；在口碑场景中，对合肥各大政企、商超景区等重点口碑场景进行无线网建设，新增覆盖重点口碑场景84处，新增建设基站100余座；在地铁建设上，对合肥原有的1、2、3、5号地铁线的5G网络进行提升覆盖，新增5G基站109处；完成对地铁4号线的4/5G信号全覆盖，新增建设基站60座。建设300余座基站，保障用户在地铁内的无线网络感知；在大网覆盖上，该公司全网（除高铁和口碑场景外）新增建设4G基站逾470座，新增4G室分530处，覆盖楼宇数达1.5万栋，覆盖楼宇数同比增长44.59%；在5G建设上，新增建设5G基站750座，5G室分覆盖楼宇数达767栋，同比增长379.38%。

网络信息安全。履行平安合肥建设领导小组成员责任，通过建立模型完善数据监控手段，强化日常监管，以信息化的技术优势加强对异常用户的行为检测；通过固定脚本编写等信息技术手段为断卡、涉诈工作提供判断日常依据；通过完善涉案通信电话快速封堵等工作机制，堵塞核查漏洞；通过外部张贴宣传、官微官博宣传、视频滚动播放、反诈APP推广、承诺书签订等形式，配合公安机关推进防范治理工作，累计向公安机关提供22条GOIP（自动拨号设备）线索，协助公安机关查获涉诈窝点9个；抓获作案嫌疑人22人，缴获GOIP、多卡宝设备16台，查获涉案手机卡200余张；快速响应关停122个号码，阻断省外号码102869个，封堵网站1627107个，保护性暂停411个。

赋能5G数字信息化。推进5G应用的广泛落地，在工业互联网、数字政府、智慧医疗、智慧教育、数字乡村等领域取得突破。与长虹美菱联合打造“网络+平台+应用+安全”四位一体5G全链接工厂项目，获安徽省“5G+工业互联网”典型应用案例和绽放杯MEC赛道工业互联网专题赛一等奖。依托AI、大数据等技术，在蜀山经开国家级开发区与蜀山区南岗镇完成新型智慧城管系统建设，实现城市管理的精细化和智慧化。在智慧政务领域，为瑶海区城市大脑平台提供基于政务云的数据中心基础环境服务及社会治理平台私有云服务。

支持乡村振兴。以云、大、物等应用为抓手，以数字化助力乡村全面振兴。在肥东、庐江、长丰等地开展“数字乡村”平台建设，主要为村委、村民提供高效沟通、村务公开、信息发布、政务办理、视频监控等服务，解决村级综治安防难、发放通知难、信息收集难、政务办理难等问题，让村民事务办理少跑腿，数据多跑路。

每月给贫困群众减免30余万元通信费用，全年累计给贫困用户累计减免400余万元通信费用，为困难群众提供免费宽带5000余条，有1.46万户困难群众享受扶贫优惠。在助老助残方面，开发老年人孝心卡、银龄卡、无忧卡等专属优惠套餐，发放助老语音流量礼包，给残障人士提供畅视和畅听王卡，办理时设置专用绿色通道。

疫情防控。以大数据做支撑，用全方位信息化服务为疫情防控提供支撑，从10月起，安排专人专班配合市政府防疫流调工作，进行用户数据核查、短信发送等工作，累计发送9.07万条短信；以网络服务、物联感知、智慧应用为抓手，面向常态监测预警、疫情预防控制、诊疗救治各阶段提供全场景、体系化抗疫服务，将科技抗疫服务能力融入各区、县常态化防疫工作环节，因地制“疫”，承担科技抗疫服务项目超过50个。

（王　丽）

【合肥移动】 2021年，中国移动通信集团安徽有限公司合肥分公司（以下简称“合肥移动”）实现收入53.54亿元；服务5G用户超314万户、宽带用户196万户，累计服务移动通信客户约648万户；手机客户满意度领先值1.98、家宽客户满意度领先值2.33，客户满意度行业领先。合肥市当年在中国移动集团评比中获评全国“5G十大标杆城市”，合肥移动有3个下属单位获评安徽省“工人先锋号”。

业务发展。合肥移动推进5G网络布局建设，开通5G站点1603个，其中700M站点开通980个，实现县城及以上连续覆盖并全面达到精品网标准，5G平均下载速率超900Mbps，发展5G用户158万户。强化4G信号弱覆盖补点，新建FDD 1800M站点180个，建设4G基站累计超过1.3万个。加快全光网络建设，推进“光纤到户”工程，家庭光纤宽带全面覆盖城镇小区，新增宽带覆盖27.2万户，累计到达568万户，千兆宽带实现县城及以上全接入能力，有线宽带用户净增27.9万户，企业宽带新增2.8万条，300M及以上高速宽带占比超31.6%。

信息化应用。合肥移动开展5G“领先行动”，推动5G融入千行百业、服务社会大众。在智慧制造方面，与省内龙头企业安凯客车联合打造5G+工业制造标杆项目。在智慧交通方面，为合肥高铁南站提供5G专网、5G安保机器人、5G无人驾驶清扫车等，打造5G智慧火车站项目。在服务民生方面，为合肥12345热线电话受理中心应用全省首个5G云高清视频热线电话项目。成功打造24个省级示范项目和4个专网标杆项目。

落实疫情防控“三个保障”。合肥移动保障疫情指挥机构、疾控中心、交通枢纽、定点医院等全市77个重点防疫场所的通信畅通和信息安全。确保“新冠疫苗接种预约系统”上线及平稳运行，助力支撑合肥市全员核酸检测应急系统扩容，运用云视讯产品助力230家企事业单位召开防疫会议150余场，累计发送疫情提醒公益短信约800万条。做好一线服务人员防护，累计发放口罩等防疫物资40.5万件；引导员工接种疫苗，员工疫苗接种率达95%。

网信事业。合肥移动在信安管控方面，落实“断卡”“打猫”“排雷”等专项行动，配合警方打掉涉诈团伙4个，抓获犯罪嫌疑人5名，涉案号码月均值同比下降60%。累计完成应急通信保障任务80余次，出动保障人员1200余人次，完成建党100周年庆祝活动、世界制造业大会、安徽省第十一次党代会等重大应急通信保障任务。

助力乡村振兴。合肥移动实施“数智乡村振兴计划”，推动农村及偏远地区网络建设，累计投入4469万元，建设乡村基站421个，解决网络覆盖问题150个，实现30户以上自然村4G信号全覆盖，新增农村宽带用户近10万户；并依托家庭安防视频云平台，加大农村基层设施投入，累计打造农村信息化项目“数字乡村”42个，助力平安乡村安防监控体系建设。

（方柳建）

责任编辑：田　文

农业农村

综　述

【概况】 2021年，合肥市围绕“全省当排头、融入长三角、全国创一流”目标定位，推进巩固拓展脱贫攻坚成果与乡村振兴有效衔接，推进都市现代农业发展迈入全国前列。种业出口规模位居全国前列，两系杂交水稻育种水平全国领先，市农业农村局获评2021年度全国粮食生产先进集体。“合肥龙虾号”高铁列车在上海首发开启品牌传播新征程。农村改厕“一站两体系”（即农村改厕管护服务站，厕所维修体系、粪污清掏体系）建后管护机制成为全省样板。全市农业农村工作考核成绩连续两年位居全省农业农村系统第一名，实施乡村振兴战略，推进城乡融合发展。

*粮食和重要农产品供给能力提升。*构建“狠抓责任落实、主抓优粮优种、强抓绿色生产、力抓品牌打造”粮食生产新机制，全市粮食种植面积52.71万公顷、产量294.13万吨，实现“双增”。推进“菜篮子”市长负责制，全市蔬菜种植面积9.19万公顷、产量238.37万吨。虾稻产业“3115”发展战略（即到2021年，实现全市虾稻综合种养面积100万亩以上，龙虾、稻米一产产值100亿元以上，一二三产总产值500亿元以上）完成，“一水两用、一田双收、亩均万元”的虾稻综合种养模式6.74万公顷。完成2021年度1.2万公顷高标准农田建设。

*推进都市现代农业迈入全国前列。*打造粮食、蔬菜、种业、生猪、龙虾、草莓、茶叶、水产、乳品、家禽、坚果、苗木花卉等12大农业产业链，全市规模以上农产品加工产值700亿元，同比增长10.3%。休闲农业营业收入40亿元，接待游客4000万人次。全市农产品累计进出口203亿元，同比增长14.1%。

2021年10月，合肥市标准化虾稻养殖基地　　（市农业农村局/供）

*农村人居环境面貌焕发新姿。*以项目建设、村庄提升、“三大革命”（即农村垃圾、污水、厕所革命）为抓手，改善农村人居环境。市级主抓建设乡村振兴项目12个，首批3个项目建成运营。2020年度开工建设的76个省市级中心村全部建成。年度改厕完成14963户，无害化卫生厕所普及率达94.8%，“一站两体系”建后管护机制成为全省样板，实施892个较大自然村人居环境整治提升。农村生活垃圾治理实现全域市场化，乡镇政府驻地及中心村生活污水治理率提高到80%以上。

*农业科技装备蓄势赋能。*坚持创新引领，聚力实施“五种并进”（即保种、护种、育种、引种、用种），着力顶层设计、政策支撑、保护利用、产业布局、创新能力建设，加快推进现代种业发展，农作物种子销售收入突破40亿元。支持全球水稻创新中心和全球南瓜科研育种中心建设。50个农业行业首席专家工作室打造农业科技“政产学研用金”合肥模式（即政府主导创环境、企业主体强创新、学科人才激活力、科技研发出成果、成果转化增效益、金融配套强保障），累计建设15个农业科技示范基地，遴选推介农业技术48项。

*绿色发展理念深入人心。*以

环巢湖农业面源污染治理为抓手，推进化肥农药“两减量”、秸秆和畜禽粪污“两利用”、废弃农膜和农药包装物“两回收”。建立化肥减量增效、水稻绿色防控示范区141个，示范带动面积8万公顷。农作物秸秆综合利用率达93.2%，全市1052家规模养殖场粪污处理设施装备改造升级。健全农药包装（废旧农膜）废弃物回收处理乡镇全覆盖体系，建成镇村回收网店725个，全年回收废弃农药瓶（袋）8551.07万个、废旧地膜390.35吨。

农村改革激发内生动力。深化农村集体产权制度改革，全市实施“三变”（即资源变资产、资金变股金、农民变股东）改革村居1193个，占总数的84.8%。村集体经营性收入50万元以上的村531个，占比45.3%；其中收入100万元以上的村145个。农村居民人均可支配收入26856元，比全省、全国水平分别多出8488元、7925元，同比增长10.6%。

【农产品质量安全】 2021年，合肥市以“四个最严”（即建立最严谨的标准、实施最严格的监管、实行最严厉的处罚、坚持最严肃的问责）为总要求，创新农产品安全监管机制，抓实抓细农产品质量，筑牢全市农产品质量安全防线。

安全监管力量保障。完成农业综合执法机构改革，市县两级均成立农产品质量安全行政监管机构，市农产品检验中心、四县一市检测站全部通过“双认证”（即农产品质量安全检测机构考核、检验检测机构资质认定），全市85个涉农乡镇均成立农产品质量安全监管站，配备检测实验室和快检设备。推行农产品质量安全网格化监管，采用“定区域、定人员、定任务、定考核”模式，将236名监管人员全部纳入网格，优选配备1126名农产品质量安全监管村级协管员，日常监管工作常态化，重点监管对象实现全覆盖。

农业生产规范化建设。加强农产品生产者质量安全知识和技能培训，开展现代农业相关标准制修订与实施，全市累计制定修订农业地方标准225项，其中省级以上标准45项。市级以上标准化生产示范基地（区）发展到420个。

绿色食品产业发展。全市绿色有机地标农产品总数375个，其中绿色食品218个，有机农产品145个，实施农业农村部农产品地理标志登记12个。新培育“庐江大米”“肥东大米”和“肥西官亭粉丝”成为全国名特优新农产品，全市有名特优新农产品12个。

安全风险监测评估。开展农产品质量安全隐患排查和风险防控行动，完成部级例行抽检任务551批次、监督抽查18批次，省级例行抽检任务276批次、监督抽查55批次、专项监测45批次。市级开展例行抽检共完成任务数9843批次，总体合格率99.73%。开展农产品质量安全风险评估，抽检草莓、葡萄、韭菜、芹菜、豇豆、食用菌、水生蔬菜等样品1171个。

生产经营安全管理。实施“治违禁控药残促提升”三年行动，采取“四个一”（即一个问题品种、一张整治清单、一套攻坚方案、一批管控措施）模式，实施集中系统治理。全年出动监管执法人员4669人次，检查生产经营企业5212家次，立案查处农产品质量安全违法案件9起。做好畜禽产地检疫和屠宰检疫，全市24家定点屠宰企业均落实非洲猪瘟场内自检和驻场官方兽医制度，全年完成生猪屠宰检疫193172头，检疫生猪产品1790.3吨。

科普宣传引导。组织食品安全庐州行、放心农资下乡进村宣传、农业科技下乡、绿色食品标准进企入户示范行动等活动，全年出动宣传人员850人次，发放宣传材料6.2万份，举办现场咨询45场次，接待群众咨询1.1万余人次。连续7年组织开展“农产品质量安全检测中心开放日活动”，普及农产品安全生产、科学消费知识，集中展示农产品质量安全工作进展及成效。

安全追溯体系建设。组织开展合格证试行情况飞行检查，严防不合格农产品进入市场。全年开具食用农产品合格证12.31万张，附带合格证上市的农产品5.81万吨。全市2556家企业在国家农产品质量安全追溯平台注册，2964家企业在安徽省农产品质量安全追溯平台注册，生产追溯二维码23.65万个。

【农业科技创新】 2021年，合肥市实施农业科技创新驱动战略，加快农业科技创新步伐，加强成果转化和推广，农业科技成为现代都市农业核心竞争力重要“引擎”。

建平台，吸引农业高等人才。累计建立50个首席专家工作室，吸引中国科学院合肥物质科学研究院、中国科学技术大学、合肥工业大学、安徽农业大学、安徽省农业科学院、涉农企业和农业技术推广系统等单位737名专家学者，直接服务于合肥农业。建立粮油、生猪、水产、家禽、蔬菜、草莓、南瓜、葡萄、稻虾等研发和示范推广基地258个，研发、推广、应用新产品、新技术、新模式、新装备1031个，应用面积27.87万公顷，培养技术骨干1089人，培训农民23622人，辐射带动农民80017人，服务指导生产经营组织或大户6591个。

创机制，为农民提供技术服务。强化“专家-农技人员-示范合作社（企业）”服务模式，做好农业技术推广集成应用，全年建设15个农业科技示范基地，遴选推介50项优质安全、节本增效、生态环保的农业主推技术。推行1+5+2技术包村联户服务（即1个技术人员包联一村、培育5个科技示范户、帮扶2个贫困户），遴选1000名基层农技人员，对接5000个左右农业科技示范主体开展包村联户服务，辐射带动周边10万农户。

强培训，培养高素质农民队伍。开展乡村振兴人才队伍培训，对全市农业行业首席专家团队、创业创新企业家、基层农技人员、农业管理干部、“双培双带”（即把党员培养成致富带头人，把致富带头人中的先进分子培养成党员，党员带领群众共同发展，党组织带领致富带头人不断进步）代表、农村新型经营主体带头人等6类骨干人才进行培训，累计培训3000余人。培训新型职业农民1672人。全市累计培训农村各类人才20多万人次。

树标杆，推进合肥“智慧农业谷”建设。市政府与中科院合肥物质院共建合肥智慧农业谷，打造“一院一园一基地”（即智慧农业协同创新研究院、农业科技产业转化园、环湖智慧农业实验示范基地），完成农业大数据中心、农业传感器中心、农业机器人中心、农业传感器试验平台建设，在岗科研人员153人。

2021年，肥东桥头集现代农业产业园核心区初步建成。图为设施大棚蔬菜生产区（市农业农村局／供）

【高标准农田建设】 2021年，合肥市将高标准农田建设和农田水利“最后一公里”治理工作作为确保国家粮食安全、夯实脱贫攻坚产业基础、实施乡村振兴战略、推进环巢湖流域生态保护和高质量发展的重要举措，补齐农田基础设施短板，提升粮食综合生产能力。

建立总揽联动机制。市、县成立高标准农田建设工作领导小组，建立“政府领导、部门牵头、分工协作、上下联动”的全市“一盘棋”农田建设工作新机制。

统筹结合。结合“两区”划定（即依据国家主体功能区规划、土地利用总体规划和优势农产品区域布局规划，以永久基本农田为基础，划定用于确保国家粮食安全和保障的区域）成果，重点选择粮油主产区和特色产业发展区，优先保证良田粮用，2021年实施的1.2万公顷高标准农田，全部选址布局在永久基本农田保护区、粮食生产功能区、重要农产品生产保护区和产粮大县。

提高亩均建设投入。全市2020年度高标准农田建设项目计划投资总额为2.43亿元，亩均投资2400元。

强化管理。建立健全规划设计、专家评审、监督调度、竣工验收、质量管理、建后管护等方面相关办法细则，创新第三方巡查质量检测等制度。项目区建成后耕地质量等级平均提升1级，亩均粮食产能提升约100千克、增收200～300元，旱涝保收、高产稳产能力得到提高。

肥东县建设示范区400余公顷，带动合作社、家庭农场、农户等联合体一体化经营，助力乡村振兴。庐江县建设示范区733.33公顷，突出打造全面发展的现代农业科技示范区。肥西县建设13.33公顷物联网智能化农田灌溉系统核心示范区，实现农田种植灌溉手段节能高效。

（吴延华）

种植业

【概况】 2021年，合肥市贯彻落实中央和省关于稳定粮食生产的决策部署，实施国家“藏粮于地、藏粮于技”战略，稳面积、提单产、增总产。全市粮食种植面积52.71万公顷，比上年增加3786.67公顷；粮食产量294.13万吨，比上年增加5.18万吨。

将粮食生产纳入经济社会发展考核范畴，抓责任落实，实行“党政同责”。分季节分作物分解细化全年粮食生产任务，下达到县乡村，确保“以村保乡、以乡保县、以县保市”。

组织实施环巢湖“绿色香稻”富民工程，发展香型稻米种植，推行优良品种、测土施肥、育秧机插、绿色防控、订单收购“五统一”模式，建设优质粮标准化生产示范区141个，总面积8万公顷。建设优质专用小麦整建制乡镇2个、万亩示范区5个、千亩示范片25个，实行专种、专收、专储、专加工。全市小麦、水稻优质率均达65%以上。推进江淮分水岭地区种植结构调整，发展订单高粱5333.33公顷。推进绿肥+优质稻、油稻连作、稻虾共育等稻田综合种养、农经轮作等绿色种植模式，油稻连作5.33万公顷，稻虾养殖7.33万公顷。

推广应用专用配方肥料、缓（控）释肥料、有机无机复混肥料和高效低残留农药、生物农药，落实测土配方采样点30740个。全年施用有机肥39.4万吨，施用面积7.37万公顷，推广水稻侧深施肥2.67万公顷、水肥一体化2.78万公顷。巢湖一级保护区打造“绿肥+优质稻”8000公顷，安装太阳能杀虫灯1646个、诱捕器38432个，施用有机肥3743.6吨，减少化学肥料54.5吨，巢湖一级保护区全年化肥农药使用实现“零增长”。

2021年8月，科技部批准第三批“一带一路”联合实验室。图为位于长丰县江淮园艺吴山科技示范园的中国—哥斯达黎加果蔬生物育种及智能化技术“一带一路”联合实验室（市农业农村局/供）

【蔬菜稳产保供】 2021年，合肥市蔬菜种植面积9.19万公顷；蔬菜产量238.37万吨，常年在地蔬菜面积约2.33万公顷，蔬菜产能充足，规模稳中有升。

推进周边11个县（市）建立供应合肥蔬菜基地，年供安全优质蔬菜产品2万吨，实现区域互补、共赢发展。

支持设施蔬菜基地建设，新建规模化连栋大棚50余万平方米，兑现奖补资金近2000万元。首次将蔬菜等种业育苗基地建设纳入高质量发展奖补政策，提高蔬菜生产保供能力。

庐江县开展蔬菜目标价格保险试点，提高农业抵御风险能力。

【农业生产环境】 2021年，合肥市坚持转方式与保产量、保收益、保生态统筹，推进现代生态循环农业建设，构建政府、主体、市场“三方共建”格局。

推进新型农作制度创新。推广种养结合、水旱轮作、合理复种等新型农作制度，现代生态循环农业技术模式突破40项。

推进畜禽养殖污染治理。划定禁养区0.33万平方千米、限养区0.32万平方千米、适养区0.37万平方千米，关闭或拆迁畜禽养殖场近3万平方米。健全病死畜禽无害化处理基础设施，构建无害化处理体系和监管长效机制。

推进农业废弃物循环利用。构建以企业为单元的生态小循环、以示范园区为单元的生态中循环、以县域为单元的生态大循环“三级循环”模式。全年畜禽粪污资源化利用量超过200万吨，设施配套1000余家，粪污综合利用率95%，规模场（含大型养殖场）设施配套率达100%。完善秸秆禁烧“政策激励+网格管理+综合利用”的常态化管理新模式，建成3个省级秸秆标准化收储中心，农作物秸秆综合利用率93.2%，产业化利用量占利用总量比例46.3%。探索建立以“市场运作、财政奖补、属地管理、专业化处置”为主要模式的工作机制，农药包装废弃物回收处理镇村回收网点702个，回收废弃农药瓶（袋）8000.67万个，兜底回收不可利用的废旧地膜347.01吨。

推进质量安全水平提高。累计创建标准化生产示范基地421个，认证“三品”（即无公害农产品、绿色产品、有机产品）品种802个、国家地理标志登记农产品12个。集中力量创建农产品知名品牌，注册农产品商标近1.5万个，拥有农业类中国驰名商标25个，省著名商标210个。

【农机化发展】 2021年，合肥市优化农机装备结构，农机总动力505.8万千瓦，短板环节机械增长持续给力，智能化农机实现增长。

机械化作业水平得到提高。主要农作物综合机械化水平达83.84%，庐江县、肥西县、长丰县获评国家级“主要农作物生产全程机械化示范县”，完成秋冬季机械化土地深翻面积6.66万公顷。

发展农机社会化服务。全市各类农机作业服务组织发展到1200个，建成全程农事服务中心35个。

农机安全形势平稳。全市无较大以上农机安全生产事故发生，无农机安全生产严重违法违规案件，合肥市获评国家级“平安农机”示范市。

推进农机购置补贴。全市结算农机购置补贴资金2850万元，补贴农机具1500台（套），受益购机户850户。

（吴延华）

养殖业

【概况】 2021年，合肥市围绕供给侧结构性改革，保障“菜篮子”供应，统筹推进畜禽养殖业提档升级健康发展。肉蛋奶总产量约62万吨，畜禽养殖业总产值128亿元。畜禽种业发展进入快车道，监管水平和重大动物疫病防控能力得到提升。

渔业经济总产值（含水产养殖、水产品加工及渔网业等）189.86亿元，居全省首位。水产苗种产业健康发展，虾稻产业得到发展，渔业资源保护得到加强，成功举办第20届中国·合肥龙虾节。

【畜禽养殖】 2021年，合肥市生猪出栏超过150万头，年末存栏90万头，两项指标均超省政府年度目标要求，生猪产能呈现恢复态势，猪肉均价保持稳定。肉蛋奶总产量约62万吨，其中肉类总产量约32万吨、禽蛋产量约22万吨、生牛奶产量约8万吨。

提升产业化发展水平。发展生态健康养殖，新创建部级畜禽标准化养殖示范场1家、省级畜禽标准化养殖示范场3家，规模养殖场粪污综合利用率96%，设施配套率达100%。

发展畜禽种业。组织开展第三次畜禽遗传资源普查，畜禽祖代场总数11个，巢湖麻鸭基础群、核心群饲养状况良好。安徽省安泰种猪育种有限公司成为国家生猪核心育种场。

提升监管水平。坚持“产出来”与“管出来”两手抓，产地畜产品抽检合格率达100%，全市未发生一起重大畜产品质量安全事件。提升重大动物疫病防控能力。逐级落实重大动物疫病防控责任，实现“无死角、无空白、无隐患”。高致病性禽流感免疫抗体合格率保持高水平，非洲猪瘟等重大动物疫病和布病、炭疽等人畜共患病得到防控，未发生一起重大动物疫情。

【水产养殖】 2021年，合肥市水产品产量22.9万吨，同比增长1.5%。水产养殖业实现产值94.7亿元，同比增长6.2%，居全省第一位。

全市市级以上水产良种场14家、省级3家、国家级1家。年产各类水产苗种50.9亿尾，常规鱼类苗种基本满足本地市场需求。推进中华鳖（巢湖品系）水产新品种选育。

新创建1个国家级稻渔健康养殖和生态养殖示范区，稻渔综合种养成为稳定全市水产品产量重要的“压舱石”；全年实施池塘改造总面积200公顷，建成池塘流水养殖槽84条、9600平方米，工厂化养殖车间7600平方米。“名特优”水产品产量12万吨，同比增长12.7%；“名特优”水产品占比52.9%。

【渔业资源保护】 2021年，合肥市围绕巢湖及通湖河流、黄陂湖等重点水源保护地和渔业资源保护区，开展渔业增殖放流，保护全市水域生态环境。全市组织增殖放流活动4次，投放各类鱼苗779万尾；压减捕捞产量，捕捞总产量压减到7252吨。开展水生野生动物保护。开展水生野生动物保护月宣传活动，吸引社会公众参与水生生物资源保护事业。开展珍稀水生动物保护，救治国家二级水生野生保护动物大鲵1头。

【虾稻产业】 2021年，合肥市虾稻综合种养面积6.74万公顷，规模虾稻生产基地2000余家、超万亩乡镇22个，小龙虾总产量9.8万吨，销往长三角地区占比由20%增长到45%。创建6个国家级虾稻综合示范区，形成长丰造甲、庐江泥河等十大虾稻产业集群乡镇，长丰县进入全国小龙虾产业30强行列。“清水龙虾、生态稻米”市场认可度得到提升，优质虾稻米获金奖6次、银奖19次，位居全国首位。肥西县万丰生态稻虾养殖专业合作社虾稻米连续三届蝉联全国渔米金奖。

【合肥龙虾节】 合肥市按照“政府搭台、市场运作、群众参与”的办节思路，连续举办20届中国·合肥龙虾节。加快推进融入长三角一体化步伐，连续举办2届“合肥龙虾进上海”专题推介会。合肥龙虾节先后获评中国节庆50强、国家级示范渔业文化节庆、中国国际广告节品牌塑造奖等。

2021年第20届中国·合肥龙虾节自6月份开启，先后举办垂钓大赛、开幕式暨龙虾嘉年华以及系列线上子活动，龙虾节官网活动主专题浏览量超过162.5万次，系列报道总阅读量超200万人次。在龙虾节的带动下，“中国龙虾之都”和“合肥龙虾”的品牌影响力和示范带动力得到提升，合肥市虾稻产业形成集苗种繁育、生态养殖、加工出口、餐饮消费、节庆文化于一体、一二三产深度融合发展的现代农业发展模式。

【禁捕退捕】 2021年是长江流域全面禁捕退捕的开局之年，合肥市按照“一年起好步、管得住，三年强基础、顶得住，十年练内功、稳得住”的总体思路，压实责任，狠抓落实，确保禁渔令在合肥落地生根。

抓好渔民安置保障。举办退捕渔民就业帮扶政策宣讲和专场招聘会38场次，职业介绍1.1万人次，开展职业培训1269人次，做到应培尽培。全市转产安置总数4607人，转产就业率100%，退捕渔民“零就业”家庭保持动态清零。落实退捕渔民养老保险政策，参保退捕渔民5442人，参保率100%。

打击非法捕捞。建立健全农业农村、公安、市场监管等部门禁捕水域涉渔案件查处协作机制，组织开展“蛰伏”行动、“中国渔政亮剑2021”专项执法行动等6项专项行动，累计出动车（船、艇）3402次、执法人员9564人次，查处渔业案件58起，移送渔业案件12起，其中追究刑事责任8起。

（吴延华）

农业产业化

【概况】 2021年，合肥市以乡村产业振兴为引领，推进实施农产品加工业“五个一批”工程｛即发展一批农产品加工强县（市、区），建设一批农产品加工强园，打造一批农产品加工领军企业，引进一批知名大型农产品加工企业，培育一批有影响力的农产品品牌｝，提升质量品牌，引导产业集聚，拓展农业功能，创新产业业态。全市规模以上农产品加工企业加工产值增速10.3%，高于全省平均水平10个百分点，占比11.2%，位列全省第三。全市粮油、畜禽、乳品、水产品、饲料、蔬菜水果等6个产业实现规模化集群式发展。

全市市级以上产业化龙头企业增至687家，其中国家级10家、省级95家；市级以上示范产业化联合体123家，其中省级45家。形成以市级为基础、省级为骨干、国家级为引领的三级农业产业化龙头企业梯度发展格局。

【“三产”融合】 2021年，合肥市加速“三产”融合，实施“三链”（即延伸产业链、提升价值链、打造供应链）同构，打造粮食、蔬菜、草莓、龙虾等12条农业产业链。深化农产品加工业“五个一批”工程，长丰县、合肥高新技术产业开发区、巢湖市环湖农产品加工集中区、合肥伊利乳业有限责任公司、益海嘉里（庐江）米面油综合加工一期项目，被纳入省农产品加工业“五个一批”重点调度名单。安徽老乡鸡餐饮有限公司被认定为国家级农业产业化重点龙头企业。

【农业“双招双引”】 2021年，合肥市农业招商引资、招财引智“双招双引”释放活力。推介一批农产品精深加工、现代种业、现

2020年1月6日，合肥市举办休闲农业精品旅游线路推介暨优质农产品线上线下展销会
（市农业农村局／供）

代农业物流等重点合作项目，实现农业产业链延长升级、优势产业集群发展壮大。逐月对全市农业招商引资开展调度，梳理增补重点项目。全市招商引资项目117个，投资总额288.53亿元，其中农产品加工项目55个，投资额155.08亿元，占总投资额的53.7%。

【休闲农业和乡村旅游】 2021年，合肥市规范提升休闲农业和乡村旅游发展，全年休闲农业接待4000万人次，营业收入45亿元。安徽芦溪龙地庄园、合肥青峰岭共享农场等2家园区被认定为省级休闲农业和乡村旅游示范园区。

【农业产业化政策】 2021年，合肥市落实支持返乡下乡人员创新创业政策，吸引农民工、大中专毕业生、退役军人、科技人员等到乡村创新创业。落实推动经济高质量发展若干政策，发放市级财政奖补资金1021.85万元，支持农业产业化龙头企业贷款贴息，争取省级产业化发展项目资金874万元，助力企业做大做强。

（吴延华）

水　务

【概况】 合肥市是全国重点防洪城市之一。截至2021年底，全市汇水面积50平方千米以上的河流82条，常年水面面积10平方千米以上的自然湖泊4个，大、中、小型水库704座，万亩以上灌区61处，万亩以上圩口25个。江淮分水岭以南为长江流域，面积8824平方千米；以北为淮河流域，面积2606平方千米。长江流域主要有巢湖、黄陂湖、南淝河、店埠河、丰乐河、派河、滁河等河湖。其中巢湖流域面积为13544.7平方千米，正常水面780平方千米。淮河流域主要有瓦埠湖、高塘湖、东淝河、庄墓河、池河等河湖。

2021年，市水务局坚持问题导向，加快补齐水利工程短板，立足“防抗并举”，做好水旱灾害防御， 从市水务局和省巢湖管理局遴选21名专家，组建合肥市水务局2021年水旱灾害防御技术专家库，为各地防汛抢险工作提供技术支撑。坚持综合施策，纵深推进河湖长制，突出规划引领，落实最严格水资源管理，提升行业监管能力，规范项目建设管理；坚持依法治水、科学治水，夯实农业农村水利基础，开展水旱灾害风险普查，合肥市经验做法受到国务院第一次全国自然灾害综合风险普查领导小组办公室通报表扬。农田水利骨干工程基本齐备，形成具有一定规模的蓄水、提水、引水、防洪、除涝、供水等水利基础设施工程网络。

【水利工程建设】 2021年，合肥市印发《合肥市水利发展“十四五”规划》，编制完成巢湖流域水生态修复与治理工程——十八联圩生态湿地蓄洪区项目、巢湖流域防洪综合治理工程可行性研究报告。

建设重点水利工程，开工建设龙河口引水工程、巢湖市长江供水工程等重要水资源配置工程，推进杭埠河、滁河等主要支流治理，实施“三达标一美丽”水利项目，开工建设巢湖环湖防洪治理工程补充项目和肥东县青龙河治理工程、肥东县小马厂河上段治理工程等2条中小河流治理项目，完成2座中型水库、26座小型水库、2座中型水闸、2个中型灌区节水改造项目建设任务。

水利基建项目全年未发生一起一般及以上质量或安全事故。应竣工验收项目8个，全部完成竣工验收。省级水利建设基建项目投资目标完成率123.5%，完成水利建设总投资超过年度目标，单项工程投资完成率符合国家要求。工程建设管理水平得到提升，重大水利工程质量监督抽查实现全覆

大房郢水库俯瞰　　（市水务局／供）

盖，自全省水利建设质量考核工作开展以来，合肥市连续8年获A级等次。

除险加固30座小型水库，其中20座完工。完成185座水库安全鉴定，完成40座水库降等报废。庐江县通过水利部“小型水库管理体制改革示范县”验收考核。董铺水库、大房郢水库、滁河干渠南淝河泄洪闸通过省水利厅“水利工程标准化”验收考核，董铺·大房郢水库管理处通过省水利厅“省一级水管单位”验收考核。完成水利行业管理的国有水工程管理与保护范围划定工作。

【防汛抗旱】 2021年汛期，合肥市发生5场明显降雨过程，南淝河、西河、县河先后发生超警戒水位洪水过程，董铺、大房郢等16座大中型水库先后发生超汛限水位洪水过程。

根据降雨及水情变化，市水务局调度巢湖闸、裕溪闸、新桥闸、凤凰颈站等通江闸站对江抢排，汛期外排巢湖水量30.43亿立方米，对江抢排水量47.75亿立方米；全年累计外排巢湖水量48.66亿立方米，外排入江水量70.82亿立方米。

针对西河发生的超警戒水位洪水，提前调度兆河闸、凤凰颈站加快西河洪水外排，成功将西河水位降至警戒线以下。其中，调度凤凰颈站6次开机，累计开机71天，开机7156台时，外排内河洪水10.03亿立方米。

统筹做好城市供水，从淠史杭灌区向董铺、大房郢水库累计补水5.4亿立方米，完成城市供水6.3亿立方米。

全市555座小水库水雨情自动测报系统上线运行，小型水库雨水情自动测报系统入选2021年合肥市智慧城市十佳案例。

【“三达标一美丽”建设】 2021年，合肥市启动10个圩口达标建设、31项灌区达标建设、27项水库达标建设和4条美丽河流试点建设项目前期工作，均完成初步设计。至年末，有10个圩口（巢湖市1个、庐江县3个、肥西县4个、包河区2个）、31项灌区（巢湖市5项、庐江县4项、肥西县7项、长丰县10项、肥东县5项）、27项水库（巢湖市1项、庐江县2项、肥西县5项、长丰县12项、肥东县1项、蜀山区1项、庐阳区1项、市直4项）、4条河流（庐江县1条、肥西县1条、长丰县1条、肥东县1条）完成初步设计批复。

除巢湖市落沈圩、下汤灌区外，70项“三达标一美丽”项目均开工建设。全年计划投资15.32亿元，完成投资18.64亿元，投资计划完成率121.68%。

【农村供水】 2021年，合肥市在16个“三达标一美丽”项目中安排市级水利扶贫资金2.5亿元，完成全部项目实施和资金支付。各县（市）推进城乡供水一体化建设，完成15处农村供水保障工程，保障46.36万农村居民饮水，总投资1.33亿元，所需资金由市、县两级按照1∶1比例配套解决。农村集中供水工程全部实施收费，水费收缴率达95%以上，达到目标要求。

按时完成年度中央财政补助农村饮水工程维修养护资金项目。全市投入维修养护资金1494.1万元，其中中央财政补助896.9万元，市级配套补助254万元，县级配套补助343.2万元。每个县（市）均安排维修养护配套补助资金，符合要求，覆盖服务人口181.78万人。至2021年10月，56处维修养护项目全部完工。1—12月，全市农村饮水水质检测合格率为100%。贯彻落实《合肥市加强农村饮水安全工程长效管理机制建设实施方案》，农村自来水普及率由2020年末的97.2%提升至98.3%。

完成肥西县西大圩灌区、中派电灌区、托山灌区、长丰县罗集等4处一般中型灌区续建配套与节水改造任务，完成肥东县岱山灌区、长丰县庄墓灌区、庐江县城南站灌区等3处重点中型灌区竣工验收；推进庐江县城南站灌区标准化、规范化试点创建工作。推进农业水价综合改革，完成20处量水工程

牛屯河新桥闸 （市水务局／供）

建设和量水设施安装，完成庐江县郭河农业水价综合改革试点竣工验收。深化小型水利工程体制改革，市县两级投入管护资金5200余万元，完成小（一）型水库74座、小（二）型水库581座、小型泵站1628座、小型水闸384座、中小灌区50处3.61万公顷、末级渠系2.58万公顷的管护任务。

【水土保持】 2021年，合肥市印发《2021年全市水土保持工作要点》，下达水土流失治理面积16平方千米、重点预防保护面积20平方千米水土保持生态建设任务，以具体项目为抓手，着力改善城乡生态环境，打造清水廊道，减少入河水土，涵养水源，实际完成水土流失治理面积38.12平方千米、重点预防保护面积24.79平方千米，农村生产条件和人居环境得到改善。

落实配套资金，抓好工程质量，累计完成投资1127.4万元，完成2021年度巢湖市黄麓镇花塘河生态清洁小流域治理任务，治理水土流失面积24平方千米。谋划2022年小流域水土保持综合治理项目，安排符合条件的县（市、区）做好项目储备，其中蜀山区苦驴河小流域治理项目完成审批工作。

【水资源管理】 2021年，合肥市总用水量为31.03亿立方米，其中工业用水总量4.6亿立方米。全市万元GDP用水量为27.2立方米，较2020年30.8立方米下降11.7%；万元工业增加值用水量为18.6立方米，较2020年22.2立方米下降16.2%。

合肥市“十三五”期末实行最严格水资源管理制度，考核成绩为优秀，受到省政府通报表扬。2021年，合肥市推进水权制度改革，确定安徽巢湖经济开发区作为试点地区，完成全省首单地热水水权交易。淠史杭灌区（庐江县片）获评全国第二批灌区水效领跑者，成为全省首个灌区水效领跑者。完成《合肥市行业用水定额》编制，基本覆盖合肥市现有国民经济行业分类的61个大类、165个中类的356个产品。

推动非常规水利用。全市新增10处以上使用再生水取水设施或工程，再生水利用率达24%。经多方争取，安徽省下达合肥市“十四五”用水总量控制指标为34.47亿立方米，比“十三五”末增长2.02亿立方米，占全省“十四五”新增用水总量的六成。完成杭埠河、巢湖、滁河、池河、瓦埠湖等9条跨县河湖水量分配工作，实现跨县河湖水量分配工作全覆盖。

完成14个省级以上开发区实施水资源论证区域评估工作，推进省级以下开发区水资源论证区域评估工作，完成合肥循环经济示范园水资源论证区域评估。根据取水户水量变化情况，调整5家国家级、13家省级、11家市级重点监控用水单位名录，完善全市330个用水户一户一档资料、取用水记录和统计台账。将市级监控计量设施的维护经费纳入财政预算，对年用水量地表水5万立方米、地下水3万立方米以上的取水户安装取水计量在线监测设备，实现大中型灌区渠首计量全覆盖。

规范取水许可审批，26户新办取水许可全部采用电子证照。运用信息化手段，明确专人定期对取用水户用水量开展监控，依法查处22件违法违规取水行为，对近100户超计划超定额取水实行累进加价制度。按季度对水资源费征收情况进行通报，全年足额征收水资源费约2300万元（不含市供水集团上缴国家、省部分）。

推进节水载体建设，巩固节水型社会建设成果。完成8家省级节水型企业、4家省级节水型高校、1家省级节水教育基地申报工作，实现市县两级公共机构节水型单位创建全覆盖。全市新增62家节水型小区，节水型小区创建比例提升至18%。完成省级节水载体建设16个、市级节水载体建设166个、县级节水载体建设132个。

【河(湖)长制】 2021年1—12月，合肥市20个国考断面水质均值均达到年度考核要求，其中7个国考断面优于考核标准。全市创建8条省级幸福河湖，其中塘西河以全省得分第一的位次创建为水利部与安徽省共建幸福河流，合肥市河长制办公室获评全国河长制湖长制先进集体。

发布《合肥市第2号总河长令——合肥市实施幸福河湖示范建设行动方案》，部署幸福河湖示范建设工作。市级河湖长全年巡河湖69次，各县（市、区）、开发区三级河长巡河13万余次。市、县、乡、村四级河湖长巡河达标率分别为100%、100%、99.71%、100%，位于全省前列。启动南淝河（肥东片区）、小板桥河、二十埠河、董铺•大房郢水库、滁河流域河湖长制专项进驻式督查，围绕河道排口、截流设施、排水管网、大排水户、河湖“四乱”、河湖长履职等方面问题进行排查，累计出动1600余人次，取样检测972次，交办问题1240个，扭转滁河年度均值不达标的局面，实现南淝河流域干支流水质全面达标。

印发《合肥市完善小微水体河湖长制工作实施方案》，将全市有汇水、输水、排水、蓄水功能且持续存在的堰塘、水池、支沟等小微水体纳入河湖长制管理体系，迈出小微水体有人管的第一步。印发《关于合肥市全面推行跨界河湖联合河湖长制的指导意见》，推行跨界联合河湖长制，分别与马鞍山、六安、滁州、芜湖、淮南等市建立联防联控机制，市域范围内各县级行政区全部建立联合河湖长制。印发《合肥市河湖长制工作分办交办督办销号制度》，发挥河长办组织、协调、分办、督办职责，实现河湖长制发现问题交办、分办、督办、销号闭环工作机制。创新制定《合肥市河长制暗访巡查排名办法》，推进“四乱四水一牌一整改一水质”（即乱占、乱采、乱堆、乱建，水多、水少、水脏、水浑，河长公示牌、问题整改率、水质达标率）第三方暗访巡查，每月对16条市管河湖进行拉网式排查并区分县区和河流两个层面赋分，形成专报、通报，报市（县）级总河长、河长，同步在《合肥晚报》公布排名16批次，累计交办问题1203处。市级河湖长批示30余次。加强河湖长制公众参与度，提升市民河湖“主人公”感觉，联合市妇联、市城乡建设局、市生态环境局开展“寻找合肥市最美女护河人”活动，引发社会关注，评选出10名优秀女护河人。启动“一河（湖）一策”修编工作。完成巢湖、南淝河、裕溪河、十五里河、滁河干渠、双桥河、塘西河、兆河等8条河湖健康评价工作。

【依法行政】 2021年，合肥市立案查处水事违法案件29件，罚款66万余元，强制拆除1处非法泵站，责令补缴水资源费4.2万元，责令封闭地下井55口。推动解决一批多年悬而未决“老大难”问题，丰乐河仓拐渡口、三河老大桥、三河老船厂、环巢湖矮围等13处历史遗留问题，盛桥河80家住房占用河道问题均得到彻底解决，退还河湖岸线。

开展制止非法取水专项行动。对全市122家预拌混凝土企业进行检查，发现非法取水46起，责令限期封堵水井23口，责令补办手续22起，并对22起非法打井、非法取水行为进行立案查处。

组织开展店埠河、派河、滁河、二十埠河等水环境问题专项治理行动，发现河湖“四乱”等132起，并进行处理。

开展肥西丰乐河打击非法采沙专项行动，出动执法巡查艇1艘，执法人员30余人，巡查河道岸线40千米，打击“沙霸”及其背后“保护伞”。

发现并责令整改水土保持“未批先建”问题199处，并按要求完成整改。

（陈　伟　张顺志）

责任编辑：储茂仁

商贸服务业

综 述

【概况】 2021年，合肥市面对疫情挑战和经济下行压力，坚持促消费，以高质量消费品供给满足日益升级的国内市场需求、着力畅通国内大循环，激发内需潜力。全市社会消费品零售总额突破5000亿元，达到5111.68亿元、同比增长13.2%，增速高于全国0.7个百分点，总量位居全国城市第15位、省会城市第8位、长三角第5位。新增限额以上企业660家，实现全市百亿元单体商贸企业和全省百亿街区双突破。

【消费市场建设】 2021年，合肥市商务局优化消费供给，完善商贸流通体系，促进消费回补和潜力释放。举办"皖美消费 乐享合肥"2021消费促进月和红色消费季、"2021年合肥夜间消费季"等一系列主题促消费活动，发放4000万元消费券拉动超20亿元消费。消费对经济发展的基础性作用增强。长丰县京东嘉远、包河区中石化合肥分公司均实现百亿单体商贸企业"零突破"，零售额分别达到111.2亿元、100.5亿元；庐阳区淮河路步行街实现全省百亿街区"零突破"，营业额达到114.5亿元。全市品牌连锁便利店新增122家，总量达785家，全市4个社区开展一刻钟便民生活圈建设试点，新建10家标准化家政服务站，依托家政服务平台发放9000多个家政服务证。

2021年11月，淮河路步行街改造提升后人潮涌动 （合肥日报／供）

【商贸体系提档升级】 2021年，合肥市庐阳区淮河路步行街基本完成国家第二批改造提升试点工作，国庆期间实现主街开业；包河区罍街被评为"全国夜间经济示范街"；贡街、庐州坊、水西门实现三街同开，唯品滨湖奥莱、绿地大融城和旭辉Cmall实现三大商业综合体同开，成为全新网红打卡地。庐阳区宜家家居、银泰二期等一批重大商业项目加快建设，推进月星环球港、山姆会员店、开市客等项目洽谈签约。

新业态新模式发展。蜀山区引进华东地区第一家京东超级体验店、省内首家盒马鲜生店，瑶海区引进合肥首家永辉民生仓储店，高新区引进元气森林华东区域总部项目。短视频带货、社群营销、直播带货等新模式成为新的消费增长点，新增省级电商示范企业6家、总量达24家，新增省级电商园区2家、总量达5家。庐江县获批国家电子商务进农村综合示范县，肥东县农村电商工作获省政府督查激励。

服务贸易示范带动。服务贸易试点任务落地率超过60%，高新区国际人才城1项"最佳实践案例"向全国复制推广，全年离岸服务外包执行额达到11.2亿美元；合肥

市位列全国服务外包示范城市综合评价第6名，跻身第一方阵。

会展业再上台阶。市商务局建立健全全市会展联席会议制度，统筹规范全市会展工作，全年举办展会活动201场，面积181万平方米。世界制造业大会、世界显示大会、中国（安徽）科技创新成果转化交易会等国际性、全国性展会超过20场。推进合肥滨湖国际会展中心二期、合肥滨湖国际科学交流中心建设，提高展馆承载能力。围绕建设中国会展名城，形成全市会展业发展专题报告，启动未来五年远景规划。

（王　雅）

电子商务

【概况】 2021年，合肥市实现网上零售额1169.92亿元，同比增长20.25%，其中实物商品网上零售额933.57亿元，同比增长14.62%。

【电商主体培育】 2021年，市商务局对接引进龙头电商企业，加强对本土重点电商企业支持，扩大网上零售规模主体数量。加快电商专业园区建设，引导有条件园区（基地）转型发展，推动示范创建，截至2021年底，全市拥有合肥（蜀山）国际电子商务产业园、安徽青年电商产业园、中国（肥东）互联网生态产业园等3个国家电商示范基地，安徽白马电子商务产业园、创富工坊“互联网+园”等6个省级电商示范园区，建成安徽短视频直播基地、合肥网红直播城、千园电商直播基地等电商直播基地10多家，专业直播间400余间。

全市限上网络零售企业突破300家，比上年增加34家，实现网上零售额437.45亿元，同比增长37.7%，占限上社消零比重为19.2%。

【促销活动】 2021年，市商务局顺应“后疫情”时代消费理念、消费方式、消费习惯的转变趋势，构建消费新生态体系，激发电商促销作用，促进市场回暖和消费回升，满足人民不断提升的消费需求，鼓励实力强、信誉好的电商企业和商家参与全国“双品网购节”“安徽426科技创新产品线上交易节”等线上促消费活动，组织县（市、区）、开发区商务部门开展“皖美消费”系列线上线下促消费活动，支持企业参与国内外电商平台促销活动，联合市电子商务协会保障2021年双十一电商企业促销工作。

【直播业态发展】 2021年，市商务局发展电商直播新经济、新业态，组织近3000人参加安徽省电商直播大赛，举办首届电商直播职业技能大赛，全市电商直播企业、MCN机构、直播基地135人报名参赛。支持县（市、区）商务部门联合直播机构举办各类电商直播论坛和比赛，营造直播电商发展氛围，扩大合肥在直播电商领域的知名度和影响力。

（王　雅）

会展业

【概况】 2021年，合肥市展会活动举办场次和面积，同比分别增长约100%、80%。合肥市连续五年位居“中国最具竞争力会展城市”前20强。

【品牌展会】 2021年，合肥市举办世界制造业大会、世界显示大会、中国（安徽）科交会、全国奶业大会等国际性、全国性展会超过20场，搭建对外开放交流平台，提升全市会展影响力，促进开放型经济发展。组织代表团参加太原中部博览会、中国国际进口博览会、中国国际消费品博览会、中国国际服务贸易交易会等国家重点展会近10场，展示合肥市科教成果，开展双招双引。

围绕安徽省十大新兴产业和合肥市12条产业链，举办中国（合肥）装备制造业博览会、海峡两岸半导体产业（合肥）高峰论坛、量子产业大会、世界声博会、安徽国际汽车展览会等近100场重点产业链会展活动。推动“展览+会议+招商+产业+文旅+消费”融合发展。中国炒货展扎根合肥，2021年展会现场交易额5.6亿，间接拉动经济效益50亿元；安徽“十一”车展位列全国十大车展，6天销售新车1.12万辆，销售额20.19亿元。与上海东浩兰生、南京润展等开展会展项目合作，发挥省市会展行业协会作用，对标对表长三角、加强省市会展行业宣传、校企合作及会展培训平台搭建等，全市全年举办20场长三角主题展会。

【招展引会】 2021年，市商务局举办“全国知名会展主办方合肥行”活动，邀请近10家国家级会展主体来肥商谈合作；赴北京拜访中国食品工业协会、中国城贸联、全国组展商协会等，招引全国性高品质会议；多轮跟进广东鸿威、中国电子商会、欧盟中国联合创新中心等，推动引进会展“合伙人”和知名会展项目；与国家会议中心等联合发布《中国会展碳达峰碳中和行动宣言》，推进会展业绿色会展。跟进上海合作组织相关论坛、国际智能网联汽车大会（德国罗伯沃茨）、中欧知识产权峰会、中国汽车工程学会年会等重大项目。

（王　雅）

服务外包

【概况】 2021年，合肥市推进服务外包示范城市建设，以科技和产业创新推动服务外包高质量发展。全市有服务外包企业727家，从业人员27.8万人；服务外包接包合同执行金额48.86亿美元，同比增长24.42%；其中离岸执行金额首次突破10亿美元，达到11.2亿美元，同比增长30.23%。获评2020年度中国服务外包示范城市综合评价全国第6名，中西部和东北地区第1名，首次领跑中西部和东北地区15个服务外包示范城市。

【服务外包业态】 重点领域集聚发展。2021年，合肥市信息技术外包（ITO）、业务流程外包（BPO）和知识流程外包（KPO）在总执行额中占比分别为34.7%、30.6%和34.7%。呈均衡发展态势。形成新一代信息技术服务、工程技术服务、软件研发服务、人力资源服务、呼叫中心等领域为主导的服务外包产业集群。以技术服务、医药研发服务为代表的技术含量高、附加值高的知识流程外包（KPO）在离岸服务外包业务中占比达到73%。

外包企业技术服务能力提升。全市服务外包执行金额超千万美元企业72家，累计通过CMM/CMMI认证企业61家，通过ISO2000国际认证的企业50家。华益药业成为安徽首家通过欧洲认证的CDMO（药物定制研发生产服务）医药企业；科大国创成为高可信软件研发及推广创新者。

【服务外包业务】 2021年，合肥市承接96个国家和地区的离岸服务外包业务，其中超千万美元的国家和地区16个，新加坡、香港、美国为前3的发包来源国或地区。与“一带一路”沿线35个国家（地区）保持服务外包业务往来，承接服务外包执行额5.93亿美元，同比增长33.9%。与RCEP12个成员国有服务外包业务往来，承接服务外包执行额5.22亿美元，占离岸服务外包执行额的46.6%。

（王　雅）

粮油流通

【概况】 2021年，合肥市贯彻新形势下的粮食安全战略，聚焦粮食储备核心职能，编制《合肥市“十四五”粮食流通发展规划》，明确未来五年全市粮食流通工作发展思路、主要目标和重点任务。建立粮食专家库制度，出台《合肥市粮食监督检查专家库管理办法》，要求全市粮食执法监督检查、专项检查和重大案件执法检查等，原则上从专家库抽选专家从事执法检查中相关技术工作，提高专业性和实效性。出台《合肥辖区县级国家政策性粮食联合监管实施细则（试行）》，成立由县粮食主管部门、中国农业发展银行、中国储备粮管理集团有限公司直属库组成的驻县联合监管办公室，具体负责县域内所有委托收储国家政策性粮食企业的监管工作，解决基层监管力量不足问题。

【粮食收购】 2021年，合肥市贯彻新《粮食流通管理条例》，在夏粮收购前完成209家收购企业收购资格备案工作。各县（市）均出台《超标粮食收储处置细则》，严防超标粮流入口粮市场。引导各类市场主体参与市场化收购，2021

2021年11月8日，市发改委赴肥东县调研指导秋粮收购工作

（市发改委/供）

年夏粮市场化收购比例达100%。启动合肥市中晚稻最低收购价执行预案，确保不发生大面积“卖粮难”。结合“亮剑2021”专项执法行动，加大对粮食收购各重点环节的监督检查力度，维护良好收购秩序。全年全社会累计收购小麦29万吨，稻谷96万吨。

【粮食储备】 2021年，合肥市修订完善《合肥市市级储备粮承储资格认定办法》《合肥市市级成品粮油储备管理细则》，简化市级储备粮承储资格认定流程，规范成品粮储备管理。落实新增2万吨市级储备原粮，市级储备粮总规模达14万吨。印发《合肥市市级储备（原）粮布局调整方案（2021—2023年）》，通过三年调整，推动市储原粮相对集中管理；并对全市成品粮储备布局开展优化调整，借鉴外地经验，重新公开遴选市级成品粮储备承储企业，扩大承储企业类型，将承储企业由5个增加到15个，提高成品粮储备效能。

【仓储设施】 2021年，合肥市新建仓容14万吨，其中完成8万吨建设，6万吨主体工程完工。推进绿色低碳、节粮减损新技术应用，巢湖粮油储运公司仓顶防水隔热“一布六涂”新材料应用首批项目完工。肥西县山南粮油收储有限公司烘干中心“煤改电”项目投入使用。

【粮食产业】 2021年，合肥市粮油加工业产值411亿元，位列全省前列。根据《合肥市培育新动能促进产业转型升级推动经济高质量发展若干政策》，兑现“放心粮油”“主食厨房”工程和“优质粮食工程”等粮食产业化项目奖补资金261.47万元。落实“中国好粮油”“安徽好粮油”行动计划，2021年入选“安徽好粮油”产品6个，入选全国第十批放心粮油示范企业7家。合肥捷讯光电公司获评中国驰名商标。下达各“中国好粮油”示范县区域品牌宣传资金70万元，各县开展“明星带货”“区域品牌产品专场销售会”等活动，扩大“好粮油”产品品牌影响力。

（李祖祺）

供销合作

【概况】 合肥市供销合作社联合社（以下简称“市供销社”）属政府直属参公管理事业单位，是市政府领导下的全市供销合作社的联合组织。2021年，市供销社实现销售总额558.76亿元，同比增长77.82%；利润总额7.06亿元，同比增长71.01%，所有者权益达26.77亿元，同比增长22.87%；资产总额40.81亿元，同比增长12.2%；上缴各种税费6510.32万元，同比增长21.65%，居全省第一方阵，市供销社在全省供销社系统综合业绩考核中获市级优胜单位一等奖。

2021年，市供销社成功申报全国供销合作总社示范农民专业合作社7家，新建12个村级社、2个镇级社，按照“六有”（即有证照、有场所、有标识、有人员、有收入、有为农服务项目）标准改造升级10个薄弱基层社，吸纳农民和各类新型农业经营主体入社，社员数达4.3万人。

【为农服务】 2021年，市供销社建成9个乡镇为农服务综合体，为区域农业生产提供社会化全程服务。全市供销社系统销售农资113.11亿元、农产品296.09亿元，实现农产品市场交易额127.46亿元，全托管土地面积1.22万公顷，农业生产社会化服务规模达102.69万亩次，农产品电子商务销售额达5.55亿元，实现农业生产服务收入1.53亿元。

【金融惠农】 2021年，市供销

2021年3月28日，安徽国际茶博会首届安徽开茶节活动启动

（江国恩/摄）

社开展支农金融服务，以“惠农贷”金融产品为抓手，为全市涉农企业及农民提供信贷服务，全年发放贷款820万元。“惠农贷”项目累计发放贷款6135万元，惠及种植、养殖、加工和服务等各类农业经营主体108户。

【特色农产业发展】 2021年，市供销社引领茶叶、草莓、苗木、蚕桑等特色农产业发展，打造“白云春毫”茶叶、长丰草莓、金桥粉丝、金牛蚕桑、曙光中药材等地方特色农产品品牌。参展2021第十四届安徽国际茶产业博览会，展会期间实现销售85万元，意向合同订单25个，金额380万元，意向考察采购合作商92家。获评“首届安徽美丽茶村”“首届安徽美丽茶镇（乡）”“最佳组织单位”等。

【再生资源回收】 2021年，市供销社加强合肥市城乡再生资源回收行业的经营秩序和经营环境管理，全年检查公司、网点1603户，下发整改通知单423份，累计整合、取缔和打击无照经营、占道经营、污染环境的违法违规行为242起；完成全市残疾人报废三轮车年回收处置工作，回收处置报废三轮车1293辆。全系统再生资源年销售额92.63亿元。

【农药废弃包装物回收处置】 2021年，市供销社推进全市农药废弃包装物回收处置工作，减少和控制农业面源污染，助推绿色乡村建设。建成镇村两级回收站（点）725个，回收废弃农药瓶（袋）8551.07万个，兜底回收不可利用的废旧地膜390.35吨，助力农村人居环境改善。

（刁永丽）

烟草专卖

【概况】 合肥市烟草专卖局、安徽省烟草公司合肥市公司（以下简称“市烟草专卖局”），2000年由原“合肥市烟草专卖局（厂、分公司）”实行工商分设，成立合肥市烟草专卖局、中国烟草总公司安徽省公司合肥分公司；2006年成为中国烟草总公司安徽省公司的全资子公司“安徽省烟草公司合肥市公司”。

市烟草专卖局实行“统一领导、垂直管理、专卖专营”的管理体制，接受安徽省烟草专卖局和合肥市委、市政府双重领导，以安徽省烟草专卖局领导为主，实行企业化运作，主要承担全市境内的卷烟批发销售和烟草市场专卖管理等职能，下辖9个直属单位，服务对象包括卷烟工业企业、全市3.5万卷烟零售商户和广大卷烟消费者。2021年销售卷烟28.63万箱，税利36.35亿元。

【市场监管】 2021年，市烟草专卖局成立烟警情报研判中心、物流寄递合肥区域分中心，完善政法烟草联席会议机制，推进涉烟刑事案件办理，推动卷烟打假工作纳入地方综合治理。开展常态化烟草市场专项行动，部署开展“云网2021”专项行动、端午节期间市场专项整治行动、夏季夜间市场专项整治、中秋国庆烟草市场专项整治行动。全年查获5万元以上案件218起，其中国标网络案件8起，省标网络案件12起；查获涉案卷烟4532万支，查获假私烟1350万支；拘留67人，逮捕26人，判刑19人。

修订出台《合肥市烟草制品零售点合理布局规划》。联合市文明办，按照“一限、二劝、三清”思路，解决中小学、幼儿园周边零售户“烟”问题。推进行政许可“5+5”新模式，压缩审批办证时限，推进网上办证，提升群众满意度，全市“5+5”达标率99.98%，网上办证率99.59%，双随机执行到位率100%。

（千 操）

2021年3月15日，合肥市蜀山区烟草专卖局执法人员在普法现场为消费者讲解真假烟鉴别技巧 （汪月香/摄）

2021年，中石油合肥分公司在所属79座加油站全面推广阿米巴经营模式
（汪芳芳／供）

燃油销售

【概况】 中国石油天然气股份有限公司安徽合肥销售分公司（以下简称“中石油合肥分公司”）托管安徽合肥中油顺达利石油有限公司、巢湖中油金丝柳石油有限责任公司两家控股公司，有并表加油站91座，其中在营运加油站83座。2021年，中石油合肥分公司实现销售总量近48万吨，市场占有率30%。

中国石化销售股份有限公司安徽合肥石油分公司（以下简称“中石化合肥分公司”）在合肥市区及市辖四县一市有加油（气）站169座、易捷便利店169座，所辖肥西油库、巢湖油库年吞吐量350万吨，担负合肥、巢湖、六安等地成品油供应任务。销售成品油109万吨。

【油品营销】 2021年，中石油合肥分公司利用线上线下开展促销宣传，直批业务通过强化客户服务、创新营销方式等措施拓展增量。定期开展摸排，打破区域限制，强化搅拌站、物流等机构客户开发；创新线上营销方式，满足不同类型客户需求，拓宽销售渠道。APP购油客户注册率100%，2021年第四季度实现线上销售。非油业务坚持以店销为主，以组合促销为抓手，持续提高店销水平。

2021年，中石化合肥分公司以市场为导向，以客户为中心，打造“感恩有礼，一路相伴”等营销品牌。优化加油机布局，通过增加加油机、更换大流量加油枪等方式，提高对各加油岛前车位利用率，减少加油站排队现象。优化设备，加快对老旧加油机的更换速度，优化加油环境，结合市政府的城市亮化工作，对加油站进行亮化改造，增加光带、裙边亮化、品牌柱亮化等。在农忙季节，合理调度资源，油品优先供应到市辖四县，在加油站开辟绿色通道，保障农机随到随加，设立惠农加油站，农机加油给予优惠，增派小油罐车直接送油到田间地头，确保农业用油。完成加油站服务功能，在繁华大道加油站打造中石化安徽石油首座换电站。瞄准综合服务商战略目标，挖掘网络和客户优势，增强线上线下互动，利用线上平台推广和下单，线下自提或配送等模式，满足客户多元化需要。

（彭怡平　丁贞荣）

盐　业

【概况】 2021年，合肥市盐业有限公司（以下简称“市盐业公司”）销售各类盐品59309吨，其中小包装盐品销售33898吨，中高端小包装食盐销售9334吨。截至年底，食盐储备2200吨。

【市场管理】 市盐业公司结合“5·15”全国防治碘缺乏病宣传日、2021年全面营养周暨“5·20”中国学生营养日主题宣传活动及“舌尖上的安全”质量宣传活动，5月和11月，分别配合市经济和信息化局、市场监管局等部门，对全市开展食盐市场联合检查工作。通过检查，市场总体状况良好。7—11月，全面开展餐饮检核工作。组织500余次检核，走访近4000户餐饮单位。

10月25日至11月14日期间，因国家“双控双减”政策影响，小包装食盐价格上调，加之商务部文件引发囤货流言，导致合肥市场出现一波销售热潮。市盐业公司统筹协调，保障食盐市场供应。

（吕菊勤）

责任编辑：王晓燕

交通邮政

综　述

【概况】 2021年，合肥市公路客货运周转量同比增长9.16%；水路客货运周转量同比增长22.72%；港口吞吐量同比增长18.56%；交通固定资产投资同比增长12.22%。

【交通规划】 2021年，合肥市出台《“十四五”交通运输发展规划》。首次整合规划高速公路、国省干线与城市道路矢量数据，构建合肥市域交通一张数据底图。建立《合肥市交通强国试点项目库》，围绕智慧交通、站城联动、枢纽经济、交通运输领域体制机制4大类18个细分方向，遴选摸排60个示范项目，初步构建“2+1”体系，交通强国试点迈出第一步。

【基础设施建设】 2021年，合肥市交通运输局（以下简称“市交通局”）实施“1155” 大交通建设计划（即到“十四五”末力争建成和在建铁路1000千米、高速公路1000千米、轨道交通500千米、城市快速路500千米），完成交通固定资产投资136.13亿元，再创新高。

高速公路建设。完成投资11.95亿元，推进明巢、德上、无岳、合六叶扩容等高速项目建设，北外环高速和淮南北路互通项目开工建设，推进7个高速项目及10个互通项目前期工作。

国省干线建设。完成投资47亿元，新建（3个）、续建（14个）项目达17个202.92千米，开展项目前期工作7个74.24千米。完成国省道养护项目20个（含国省道灾毁恢复项目18个104千米），市国省道路面总体养护质量处于全省领先水平。

农村公路建设。完成投资32.46亿元，实施农村公路建设项目1301.98千米，其中：完成新改建农村公路656千米，年度计划完成率131%。实施农村公路养护工程、安全生命防护工程项目1224.472千米。推进“四好农村路”建设，合肥市获评全国首批“四好农村路”建设市域突出单位、巢湖市获评“四好农村路”全国示范县，5个乡镇获评市级示范乡镇，3条农村公路获评省级品质示范路，“四好农村路”示范创建走在全国前列。

水运项目建设。完成投资1.03亿元，合肥派河国际综合物流园港区项目一期工程完工，推进兆西河通江一级航道和凤凰颈船闸前期工作、巢城港二期工程及危化品码头迁建工作。

工程品质提升。59个交通工程项目完成交（竣）工验收，合格率达100%。德州至上饶国家高速公路合肥至枞阳段、明光至巢湖高速公路合肥段入选交通运输部首批“平安百年品质工程”示范创建项目。肥东县青天路被评为省级“十大最美农村路”，全市3条农村公路被命名为“2021年度安徽省农村公路品质示范路”。

【运输保障】 客运保障。2021年，受疫情影响，合肥市完成公路客运量2626万人次、旅客周转量27.42亿人千米，同比分别下降21.71%、4.01%。公交和轨道交通分别完成客运量3.76亿人次、2.71亿人次，

2021年3月，航拍的肥东永店路　（肥东县委史志室／供）

同比分别增长16.1%、38.8%。优化公交线网布局，新开通线路14条、优化调整51条，完成年度为民办实事项目。全市所有乡镇和建制村实现公交线路全覆盖，城乡公交一体化建设成果得到巩固。轨道4号线开通运营，运营总里程达156千米，轨道交通5线联运实现“田”字形虚拟环线，线网辐射范围扩大。

货运保障。推动多式联运示范工程建设，支持国际内陆港公司完成第四批国家级多式联运示范工程申报。推进网络货运平台建设，带动行业转型升级，促进货物运输“降本增效”。全市完成公路货运量3.93亿吨、货运周转量397.3亿吨千米，同比分别增长0.31%、9.26%；完成港口吞吐量4281.9万吨、集装箱吞吐量39.95万标箱，同比分别增长18.56%、7.79%。邮政行业全年业务总量125.03亿元，同比增长29.54%；快递业务量12亿件，同比增长35.57%。

【行业治理与服务】 加强行业监管。2021年，市交通局查处行业各类违法违规行为，开展非法驾培、非法营运、出租车以及电动三轮车违法违规行为等专项整治，维护交通运输市场秩序。完成共享单车运营企业招标，全市共享单车存量控制在30万辆以内。推进治超联合执法常态化制度化，全市严重超限超载现象得到遏制。

强化行业服务。开展轨道交通运营安全专项检查和企业服务质量考核，提升行业服务水平。开通合肥直达上海外贸航线，实现抵港直装、到港直提，合肥市获批建设长三角首个陆港型国家物流枢纽。推进ETC智慧停车城市建设试点工作，市区13处停车场实现ETC智慧停车。推进交通运输服务监督电话12328与市长热线12345并号运行。全年受理12328交通运输服务监督电话13万余件，办理12345政府服务直通车转办单5000余件，办件量、办结率均位居省、市前列。

行业污染治理。开展船舶和港口污染防治攻坚、突出生态环境问题“大起底”“回头看”等专项行动，船舶生活垃圾、生活污水、含油污水转运、处置率均达到99%以上。芜合高速公路巢湖沥青拌合站拆迁复绿、庐江神皖发电厂、欣达码头等突出生态环境问题完成整改。中央、省环保督察转办38个信访件整改实现市级验收销号。

超限治理能力建设。县（市）全面完成专职路警联合治超队伍组建，市联网治超管理系统二期项目通过竣工验收，推动4家重点源头单位称重和监控数据接入省治超平台并联网运行。全年查处超限车辆7071台次、源头单位59户、非法改装车辆150台次，吊销从业资格证81本、车辆道路运输证153本。

【平安交通】 2021年，市交通局派出安全检查组4302个，累计检查单位5760个，排查一般隐患3458处、重大隐患1处，全部整改完毕。全年立案3647件，其中非法营运类立案1700件，道路行业类立案1649件，水上交通类立案273件，公路路政类立案24件，工程质监类立案1件；收缴处罚款金额1759.74万元，其中非法营运类1426.7万元，道路行业类198.65万元，水上交通类110.6万元，公路路政类13.79万元，工程质监类10万元。全年查处超限超载车辆7017台（其中车货总重超75吨或超100%以上车辆377台）、非法改装车辆150台，卸载124115.01吨，吊销153本车辆道路运输证和81本驾驶员从业资格证。

（戴玉麟 丁 枫）

公路建设与管理

【概况】 2021年，合肥市普通国省干线公路36条，总里程1811.94千米（其中一级公路817.819千米），包括G206、G312、G329、G330、G346等5条国道，累计528.656 千米；省道31条，计1283.284千米。实施国省干线公路养护项目20个，累计完成计划总投资2.45亿元；其中，路面修复与预防养护16个，养护里程65千米，灾害防治工程2个，防治里程2.9千米，桥梁预防性养护项目2个（57座）。推进“四好农村路”建设，合肥市被交通运输部评为“四好农村路”建设市域突出单位、巢湖市获评“四好农村路”全国示范县，义双路、方程路（双程路、肖小河路）、夹山至冶父山路等3条农村公路获评省级品质示范路。市域高速公路通车总里程482千米，有12个路段、31个出入口、10个服务区和8个枢纽。

【国省干线建设】 2021年，合肥市实施普通国省干线公路建设项目17个，新改建里程202.92千米，完成投资额47亿元。其中，续建项目14个176.67千米，分别是G206吴山至滁河干渠段、G329合相路（塘林至双枣段、护城至大张段、小普至定远界段）、G329西大路（庙岗段、柘皋段）、G329柘皋至夏阁段、S101（原

2021年安徽合肥S319军二路项目施工现场　（阮　旬/摄）

S260）新合蚌路（新站区段）、S329（原S366）合六南通道、S451（原S319）军二路（泉水至皇姑段）、S311乌曹路二期、S232汤池大道等；新开工项目3个26.25千米，分别是S330（原S351）盛同路（盛桥至白山段）、肥东县S227岱河路至魏武段、G206连接线一期工程（原三国城路）。代建开工引江济淮工程（安徽段）引江济巢段S319白湖大桥、姥山大桥、S316沐集大桥建设工程，路线总长度8.5千米，三座大桥桥梁总长达4.66千米；完成交工验收一级公路项目4个64.9千米，分别是S316庐城至桐城段、G346巢庐路盛桥至庐城段、S260新合蚌路肥东段、S451（原S319）军二路（泉水至皇姑段）。

【国省干线公路养护】　2021年，市交通局组织实施普通干线公路灾毁恢复项目18个133.03千米，全部完成交工验收，累计完成计划约2.53亿元。启动世界银行贷款养护创新示范项目S601环巢湖公路养护市场化125千米，概算投资约1.8亿元。组织开展合肥市普通干线公路跨越航道桥梁船舶碰撞隐患治理排查专项行动、全国第一次自然灾害综合风险公路承灾体普查、庐江万山G346上安线公铁立交桥应急抢修、中重型货车靠右通行（G206合安段）交通管控先行试点等工作；开展普通国省干线桥梁定期检查208座2.3万千米，一、二类桥梁比例达90.4%；完成城市生命线（公路桥梁）二期工程建设。新建并升级20个自动化交通量调查站点。

全市小修保养累计完成修补坑槽3.5万平方米，完成路面灌缝、修整路肩、清理边沟约、补栽修复公里碑、百米桩、道口桩、修复防撞护栏、施划标线等工作。

【农村公路建设与管护】　农村公路建设。2021年，市交通局实施农村道路畅通工程、农村公路新改建、农村公路提质改造工程（民生工程）、农村公路灾后恢复重建、交通扶贫等5类项目967个1301.98千米（含危桥加固改造6座），总投资32.46亿元。截至年底，全市12县（市、区）、开发区所辖81个乡镇全部通达二级及二级以上公路，1145个建制村通双车道823个、占比71.88%，14393个较大自然村（20户以上）通硬化路14348个、占比99.69%。形成以县道为骨架、以乡道为支线、以村道为脉络，与高速公路、国省干线公路、城市道路等相衔接，基本适应社会和经济发展的农村公路网。

农村公路管理。实行县、乡、村三级农村公路“路长制”，落实县级主体责任，构建县级总路长负总责，乡村两级路长为辖区内第一责任人的三级路长制组织体系；建立县级总路长总调度、总考核，乡村两级路长协调，县、乡两级路长办公室抓日常事务，乡村道路专管员核查上报的运行机制；设立路长制专项资金和乡村道路专管员经费，建立激励考核制度。截至年底，全市建立5个县级、81个乡级的农村公路路长办公室，组建108个县级路长、349个乡级路长、1153个村级路长、605名乡村道路专管员的管理队伍，实现农村公路管理有规可依，有人管事。

农村公路养护。实施农村公路养护工程、安全生命防护工程等2类项目1224.47千米，总投资3.17亿元。开展农村公路日常养护绩效评价工作，推广县乡村道日常养护市场化，鼓励将零星、简易的日常养护交由沿线群众或家庭承包，建立适合属地实际情况的养护组织模式。截至年底，全市建立养护工程、县道日常养护市场化模式，全市农村公路在册里程列养率100%，优、良、中等率达100%，基本实现农村公路养护市场化、规范化、常态化。

科技成果应用。组织开展农村公路路面自动化检测600千米，推行搭建“四好农村路”综合管理平台等，在农村公路路网基础数据基础上，结合“一路一档，一路一人”的“四好农村公路”建设定位，以片区为单位划分管理网格，录入各级路长、专管员“所属片区、养

表 1

2021 年合肥市普通国省干线公路里程到达数明细表

单位：千米

序号	行政等级	路线编号	起点	终点	技术等级										路面类型						备注
					合计		一级		二级		三级		四级		合计		沥青砼		水泥		
					里程数	其中重复里程	里程数	其中重复里程	里程数	其中重复里程	里程数	其中重复里程	里程数	其中重复里程	里程数	其中重复里程	里程数	其中重复里程	里程数	其中重复里程	
总计			2157.983	263.043	1000.36	182.541	659.955	64.958	391.845	15.544	22.823		2074.983	263.043	1839.942	252.152	235.041	10.891			
1	国道	G206	1039.476	1148.248	108.772		108.772								108.772		108.772				
2		G312	446.49	596.796	150.306	8.355	58.323	8.355	91.983						150.306	8.355	150.306	8.355			
3		G329	715.483	819.446	103.963	29.432	23.773	1.361	80.19	28.071					103.963	29.432	102.07	29.432	1.893		
4		G330	855.337	948.996	93.659		93.659								93.659		93.659				
5		G346	440.639	550.382	109.743		108.981		0.762						109.743		109.743				
		合计			566.443	37.787	393.508	9.716	172.935	28.071					566.443	37.787	564.55	37.787	1.893		
1		S101	0	36.032	36.032		10.62		4.91		20.502				36.032		30.94		5.092		
2		S102	0	75.691	75.691		64.189		11.502						75.691		75.27		0.421		
3		S103	0	111.285	111.285	23.174	25.111	23.174	34.911		38.512		12.751		111.285	23.174	92.446	23.174	18.839		
4		S104	0	62.246	62.246	7.332	57.414	2.5	4.832	4.832					62.246	7.332	62.246	7.332			
5		S105	0	65.982	65.982	53.78	65.982	53.78							65.982	53.78	65.982	53.78			
6		S211	94.506	134.461	39.955				39.955						39.955				39.955		
7		S215	79.411	162.296	82.885				31.813		47.703		0.369		79.885		32.942		46.943		159.296—162.296，共 3 千米，为规划路段
8		S218	0	19.242	19.242		5.513		13.729						19.242		19.242				
9		S220	0	6.304	6.304						6.304				6.304				6.304		
10		S227	0	82.318	82.318	15.076	24.463	13.667	34.454	1.409	23.401				82.318	15.076	80.425	13.183	1.893	1.893	
11		S230	180.897	216.718	35.821	5.963	24.675	5.542	11.146	0.421					35.821	5.963	35.4	5.542	0.421	0.421	
			278.786	316.832	38.046	1.794	20.253	1.794	17.793						38.046	1.794	35.852	1.794	2.194		
12		S231	0	64.894	64.894	13.356	34.152	2.232	29.295	11.124			1.447		64.894	13.356	63.447	13.356	1.447		

续表 1

序号	行政等级	路线编号	起点	终点	技术等级										路面类型						备注
					合计		一级		二级		三级		四级		合计		沥青砼		水泥		
					里程数	其中重复里程	里程数	其中重复里程	里程数	其中重复里程	里程数	其中重复里程	里程数	其中重复里程	里程数	其中重复里程	里程数	其中重复里程	里程数	其中重复里程	
13		S232	0	114.17	114.17	15.953	26.737	15.037	35.228	0.916	51.514		0.691		114.17	15.953	109.457	15.953	4.713		
14		S233	27.121	65.621	38.5	10.429	3.79	3.79	31.429	6.639	3.281				38.5	10.429	38.5	10.429			
15		S236	10.402	63.321	52.919	2.05	2.05	2.05	17.113		33.756				52.919	2.05	41.343	2.05	11.576		
16		S241	0	19.048	19.048	1.217	11.017	1.217	8.031						19.048	1.217	11.017	1.217	8.031		
17		S321	189.89	192.758	2.868		2.868								2.868		2.868				
18		S322	96.227	129.473	33.246	0.561	0.561	0.561	32.685						33.246	0.561	33.246	0.561			
19		S323	0	44.526	44.526	6.388	6.388	6.388	4.734		33.404				44.526	6.388	32.166	6.388	12.36		
20		S324	49.025	149.706	100.681	6.072	9.867		11.878	5.914	33.374	0.158	4.562		59.681	6.072	15.831		43.85	6.072	102.742—143.742，共 41 千米，为规划路段
21		S326	46.829	96.306	49.477	4.031	12.403	1.834	24.831		12.243	2.197			49.477	4.031	43.24	1.526	6.237	2.505	
22		S327	0	64.648	64.648	2.69	27.408	2.69	2.089		31.151				60.648	2.69	51.269	2.69	9.379		6.685—10.685，共 4 千米，为规划路段
23		S328	59.181	72.96	13.779						13.779				13.779		13.779				
24		S329	0	35	35																0—35，共 35 千米为规划路段
25		S330	144.378	199.034	54.656	19.115	1.667	1.667	11.645	4.259	41.344	13.189			54.656	19.115	41.163	19.115	13.493		
26		S436	0	23.641	23.641	8.096	22.145	8.096	1.496						23.641	8.096	23.641	8.096			
27		S440	0	26.866	26.866				26.866						26.866		26.866				
28		S449	0	4.412	4.412				1.409				3.003		4.412		4.412				
29		S450	0	12.419	12.419				12.419						12.419		12.419				
30		S451	24.025	46.99	22.965		20.924		0.464		1.577				22.965		22.965				
31		S601	0	157.018	157.018	28.179	126.655	26.806	30.363	1.373					157.018	28.179	157.018	28.179			
		合计			1591.54	225.256	606.852	172.825	487.02	36.887	391.845	15.544	22.823		1508.54	225.256	1275.392	214.365	233.148	10.891	83 千米为规划路段

表 2

2021 年合肥市农村公路里程到达数明细表

单位：千米

县市区名称	行政等级	合计	技术等级					路面类型			
			一级	二级	三级	四级	等外	沥青砼	水泥	沥青碎石	未铺装
合肥市	总计	18794.554	58.734	941.663	2527.113	15267.044	0.000	4347.300	14447.254	0.000	0.000
	县道	2363.277	55.966	689.619	1295.078	322.614	0.000	2052.035	311.242	0.000	0.000
	乡道	4437.853	0.000	134.570	901.905	3401.378	0.000	1159.385	3278.468	0.000	0.000
	村道	11993.424	2.768	117.474	330.130	11543.052	0.000	1135.880	10857.544	0.000	0.000
肥东县	合计	3819.730	15.940	217.320	499.480	3086.990	0.000	884.510	2935.220	0.000	0.000
	县道	651.320	15.940	179.050	253.250	203.080	0.000	500.710	150.610	0.000	0.000
	乡道	938.220	0.000	16.060	131.000	791.160	0.000	175.770	762.450	0.000	0.000
	村道	2230.190	0.000	22.210	115.230	2092.750	0.000	208.030	2022.160	0.000	0.000
肥西县	合计	3143.017	0.000	62.574	531.609	2548.834	0.000	652.966	2490.051	0.000	0.000
	县道	374.418	0.000	28.066	323.737	22.615		286.382	88.036	0.000	0.000
	乡道	784.035	0.000	20.825	160.689	602.521		253.731	530.304	0.000	0.000
	村道	1984.564	0.000	13.683	47.183	1923.698		112.853	1871.711	0.000	0.000
长丰县	合计	3803.490	28.920	295.380	485.900	2993.290	0.000	858.730	2944.760	0.000	0.000
	县道	470.180	28.920	249.740	170.320	21.200	0.000	455.680	14.500	0.000	0.000
	乡道	1367.580	0.000	35.190	260.770	1071.620	0.000	260.870	1106.710	0.000	0.000
	村道	1965.730	0.000	10.450	54.810	1900.470	0.000	142.180	1823.550	0.000	0.000
庐江县	合计	4494.987	13.874	181.319	416.904	3882.890		844.464	3650.523	0.000	0.000
	县道	397.429	11.106	68.603	271.671	46.049	0.000	382.343	15.086	0.000	0.000
	乡道	628.438	0.000	56.535	97.136	474.767	0.000	158.914	469.524	0.000	0.000
	村道	3469.120	2.768	56.181	48.097	3362.074	0.000	303.207	3165.913	0.000	0.000
巢湖市	合计	2441.150	0.000	86.000	401.090	1954.060	0.000	515.790	1925.360	0.000	0.000
	县道	365.500	0.000	70.880	269.010	25.610	0.000	345.190	20.310	0.000	0.000
	乡道	512.300	0.000	2.800	116.990	392.510	0.000	119.790	392.510	0.000	0.000
	村道	1563.350	0.000	12.320	15.090	1535.940	0.000	50.810	1512.540	0.000	0.000
瑶海区（含新站区）	合计	0.000	0.000	0.000	0.000	0.000	0.000	0.000	0.000	0.000	0.000
	县道	0.000	0.000	0.000	0.000	0.000	0.000	0.000	0.000	0.000	0.000
	乡道	0.000	0.000	0.000	0.000	0.000	0.000	0.000	0.000	0.000	0.000
	村道	0.000	0.000	0.000	0.000	0.000	0.000	0.000	0.000	0.000	0.000
庐阳区	合计	207.740	0.000	37.730	6.500	163.510	0.000	98.940	108.800	0.000	0.000
	县道	37.730	0.000	37.730	0.000	0.000	0.000	37.730	0.000	0.000	0.000
	乡道	56.140	0.000	0.000	6.500	49.640	0.000	56.140	0.000	0.000	0.000
	村道	113.870	0.000	0.000	0.000	113.870	0.000	5.070	108.800	0.000	0.000

续表 2

县市区名称	行政等级	合计	技术等级					路面类型			
			一级	二级	三级	四级	等外	沥青砼	水泥	沥青碎石	未铺装
蜀山区	合计	348.550	0.000	14.050	66.550	267.950	0.000	190.570	157.980	0.000	0.000
	县道	14.050	0.000	14.050	0.000	0.000	0.000	3.990	10.060	0.000	0.000
	乡道	66.550	0.000	0.000	66.550	0.000	0.000	62.490	4.060	0.000	0.000
	村道	267.950	0.000	0.000	0.000	267.950	0.000	124.090	143.860	0.000	0.000
包河区	合计	116.410	0.000	0.000	0.000	116.410	0.000	71.700	44.710	0.000	0.000
	县道	0.000	0.000	0.000	0.000	0.000	0.000	0.000	0.000	0.000	0.000
	乡道	0.000	0.000	0.000	0.000	0.000	0.000	0.000	0.000	0.000	0.000
	村道	116.410	0.000	0.000	0.000	116.410	0.000	71.700	44.710	0.000	0.000
高新区	合计	106.680	0.000	7.790	36.310	62.580	0.000	40.760	65.920	0.000	0.000
	县道	13.150	0.000	2.000	7.090	4.060	0.000	0.510	12.640	0.000	0.000
	乡道	17.530	0.000	3.160	11.060	3.310	0.000	15.420	2.110	0.000	0.000
	村道	76.000	0.000	2.630	18.160	55.210	0.000	24.830	51.170	0.000	0.000
经开区	合计	255.680	0.000	39.500	64.260	151.920	0.000	166.710	88.970	0.000	0.000
	县道	39.500	0.000	39.500	0.000	0.000	0.000	39.500	0.000	0.000	0.000
	乡道	44.900	0.000	0.000	32.700	12.200	0.000	34.100	10.800	0.000	0.000
	村道	171.280	0.000	0.000	31.560	139.720	0.000	93.110	78.170	0.000	0.000
安巢经开区	合计	57.120	0.000	0.000	18.510	38.610	0.000	22.160	34.960	0.000	0.000
	县道	0.000	0.000	0.000	0.000	0.000	0.000	0.000	0.000	0.000	0.000
	乡道	22.160	0.000	0.000	18.510	3.650	0.000	22.160	0.000	0.000	0.000
	村道	34.960	0.000	0.000	0.000	34.960	0.000	0.000	34.960	0.000	0.000

护路段、养护职责”等信息，结合GIS实现对道路、片区和专管员的动态管理与综合展示，托平台信息传递，将乡村道路专管员日常巡查过程中发现的问题及自动化检测数据，通过多渠道养护任务的流转、派发及病害处置程序，建立事前、事中、事后各个环节的电子档案。截至年底，基本实现从农村公路病害发现到养护完成的信息留存和闭环管理，建立农村公路日常养护智能化、常态化管理模式，解决农村道路管养过程中的问题，为后续修复性养护、预防性养护等年度计划制定提供真实、可靠的数据支撑，辅助交通决策。

【高速公路建设】 2021年，合肥市在建高速总里程193.65千米。续建工程：G3W德州至上饶高速公路合肥—枞阳段（合肥境内42.4千米）、G42S上海至武汉高速公路无为—岳西段（合肥市境内62.5千米）、S09明光—巢湖高速公路合肥段50.25千米，进行规模化施工。G40合六叶高速公路合肥至大顾店段改扩建工程，合肥市域内38.5千米，将全线由4车道扩容为8车道高速公路，进行规模化施工。

新建工程：滁州至合肥至周口高速（合肥市境内85.9千米）；S30铜陵至商城高速公路无为塔桥—巢湖汰集段（合肥市境内7.6千米）。

前期工作项目：S30铜陵至商城高速公路京台高速—六安界段（合肥市境内9.9千米）、S92滁合高速合肥支线（合肥市境内14千米）、S11巢黄高速合肥至无为段（合肥市境内长30.6千米）、S19淮桐高速曹庵枢纽—六安界段（合肥市境内长60千米）、S18宁合高速（合肥市境内长34.6千米）、S48合叶高速（合肥市境内长53千米）、S90芜合高速肥东支线（合肥市境内长14.8千米）。

（谯　雯）

公路运输与管理

【概况】 2021年，合肥市（含四县一市）完成客运量2626万人、旅客周转量274192万人千米，同比分别下降21.7%和4%。

城市公共交通。市区公交客运量37593.87万人次，同比增长13.88%；轨道客运量27076.40万人次，同比增长38.80%。

公路货运。市交通局推动多式联运示范工程建设，支持国际内陆港公司完成第四批国家级多式联运示范工程申报。推进网络货运平台建设，带动行业转型升级，促进货物运输“降本增效”。全市公路货运量3.93亿吨、货运周转量397.3亿吨千米，同比分别增长0.31%、9.26%。

【出租汽车管理】 2021年，合肥市市区巡游出租汽车(以下简称“巡游车”）公司7家，巡游车9402台，其中公司化经营车辆2642台，服务管理车辆6760台。有网约车平台公司45家，网约车车辆29531台，出租汽车（巡游车、网约车）从业驾驶员约6万余人。推进巡游车行业改革，完善《合肥市出租汽车管理办法》各项配套管理措施。开展“两权合一”的相关工作，维护行业稳定。开展网约车三项许可工作，许可网约车平台3家、网约车5228台次，组织巡游车、网约车驾驶员证考试15989人次；更新巡游出租汽车502台次，办理转户389台次；处理12345、12328等各类投诉举报9328起。完成全市16家巡游出租汽车企业和33家网约车平台2020年度出租汽车行业服务质量信誉考核工作。组织出租汽车驾驶员从业资格考试，7813名驾驶员通过考核取得网约车或巡游车从业证件。

【机动车维修（检测）管理】 2021年，合肥市区（不含四县一市）有维修企业1104家，其中一类维修企业111家、二类维修企业263家、三类维修企业730家，从业人员3万余人。受理12345、12328各类投诉、咨询320件。备案22家一类维修企业、75家二类维修企业、三类业户721家。开展2020年度机动车维修企业质量信誉考核工作，完成522家机动车维修企业（含四县一市）的考核工作（不含2020年后新备案企业）。推进建立机动车排放检验与维护（I/M）制度，制定完成《M站企业端与M站监管系统对接接口规范》，先后两次举办M站尾气治理技术培训班。截至年底，37家M站企业完成尾气治理检测设备的安装调试与数字化监管平台的登记注册，为全市I/M制度实行闭环管理打下基础。

【驾驶员培训管理】 2021年，全市（含四县一市）有驾校121家，教练车4747台，教学主（分）训练场地154处，训练场地总面积154.07公顷，备案教练员1486人。年培训能力24万人。制定《合肥市驾培行业质量信誉考核分类分级实施推进措施及合肥市“信用+驾培训练场地、教练车辆、教练员”场景应用工作方案（试行）》。全年组织55场次3567名客运从业人员资格考试，经考试合格3405人，合格率为95.45%；驾培机构组织390批次货运从业人员资格考核5355人，合格5308人，合格率为99.12%。

【行业监管】 2021年，市交通局开展11批次1731人次“两类人员”安全考核、合格908人，10批次1035人次危货从业人员资格考试。道路货运方面：在节假日和重要时间节点开展安全生产专项检查，先后检查货运企业143家，排查整改295项安全隐患，警示约谈货运行业严重违法失信市场主体51家，约谈122人次企业负责人；处理投诉举报148起，违章抄告173起。驾培方面：对全市在经营的49家驾培机构进行全面摸排，检查发现问题165起，完成整改163起，完成1000余名教练员信息备案。维修行业方面：开展维修行业安全生产专项整治行动工作，结合维修行业质量信誉考核工作，检查175家维修企业，排查整改隐患168起，排查市区维修经营业户431家，督促各维修企业做好维修备案工作。

（王　阳）

内河航运与管理

【概况】 2021年，合肥市港口货物吞吐量4281.95万吨，同比增长18.56%；完成集装箱吞吐量40万标箱，同比增长7.9%。水运固定资产投资35.41亿元，其中，引江济淮航运工程完成投资30.49亿元，裕溪一线船闸扩容改造工程投资1亿元，合肥外贸综合码头工程投资2.08亿元，合肥港巢城港区二期工程投资4706万元，中国物流一期、二期码头工程投资分别为253万元、431万元，水运固定资产总投资同比下降约4%。

截至年底，全市航道总里程704千米，其中通航里程478千米，四级以上高等级航道里程220千米；规划港口岸线总长35.97千米，实际利用岸线12.048千米。

辖区有码头28座、泊位112个（其中千吨级泊位74个），年综合通过能力5700万吨、60万标箱；拥有港口经营企业（人）31家，其中港口危险品企业5家。

辖区有水运服务企业7家、危险品船舶运输企业6家、客运企业4家、普货运输企业50家，营运船舶1997艘（内河1961艘、沿海36艘），船舶总运力364万净载重吨。

【港口航道建设】 2021年，中国物流合肥有限公司店埠河冷板项目配套码头工程、安徽中港港口集团有限公司综合物流码头扩建工程通过竣工验收正式投入运营；巢城港区二期工程码头水工部分主体完工；合肥派河国际物流园港区（合肥外贸综合码头工程）项目一期工程8个泊位和陆域道路、堆场部分通过交工验收。2021年8月13日，省重点水运工程合裕线航道改造工程通过安徽省交通运输厅组织的竣工验收。

【内河航运】 2021年，合肥市内河航运旅客运输量40万人，同比增长17.65%；旅客周转量258万人千米，同比增长29.65%；货运量9469万吨，同比增长27.41%，货物周转量3720529万吨千米，同比增长22.72%。集装箱吞吐量40万标箱，同比增长7.9%；港口货物吞吐量4281.95万吨，同比增长18.56%。

合肥港国际集装箱码头全景 （市交通运输局／供）

【港口航道管理】 2021年，市交通局推进安全生产专项整治三年行动及攻坚年行动，开展港口企业原油成品油储罐安全风险评估和隐患专项治理，推进港口危险货物安全管理“三基”建设。督促江淮运河在建船闸待闸锚地，同步建设船舶岸电供应设施，配合组织实施巢湖闸闸上航道扫床清障疏浚，同步更新改造闸上1号示位标；加强航道通航尺度保护，做好涉航工程航道通航条件影响评价审核工作，办理市级审核意见2件，涉航工程有关问题复函7件。

【船舶船员检验管理】 2021年，市交通局在常态化疫情防控背景下，开展船员考试组织、培训监管工作，在全省率先完成基本安全、三类船员统考题库安装工作并实现自主组卷，全年组织内河船员考试36期1148人次。创新优化船员证书办理流程，实行船员证书办理“一次办结制”和不停航办理。截至年底，合肥港登记内河船舶2267艘，船舶总吨位1875391总吨，3299653载重吨。注册船员13114人，其中二类适任船员2811人，三类适任船员1213人。严格船检工作，完成船舶检验发证2256艘次；指派船检人员参加5期的外出驻点检验工作。根据有关要求开展实时视频船检，全年进行视频检验发证29艘次。

【水上交通安全】 2021年，市交通局印发《合肥市水上交通运输领域“大检查、除隐患、迎七一”专项行动方案》，对辖区港口、水路运输企业实现全覆盖检查，排查隐患34处，全部完成整改。制定工作方案和专项整治标准，督促乡镇政府及客渡运经营人落实主体责任，将从事非法载客的渔船、乡镇自用船纳入整治范围，配合属地政府打击非法渡运行为。

做好国务院安委办安全生产大督查迎检工作。自2021年7月8日起，国务院安委会第十一检查组对合肥市水上交通安全进行专项检查，市成立三个督查组指导督促所属各单位工作落实到位。期间检查航运企业69家，检查出涉及企业对船舶的管控措施不明确、安全生产隐患排查整改没闭环、安全教育培训没有针对性等方面60多个问题，均整改完毕。

水上交通应急处置工作。市交通局全年发布预警信息66例，处置突发事件67起。其中，实施船舶应急救助17例，救助人员45人次，救助船舶15艘。通过部海事局协同管理平台上报9起小事故，2起一般事故。

（戴玉麟 丁 枫）

铁路建设与运营

【合肥火车站旅客运输】 2021年，合肥站旅客发送3852万人、同比增长18.3%，恢复至2019年的79.8%；运输收入45.35亿元、同比增长19.3%，恢复至2019年的81.6%。

【合肥货运中心货运产品发展】 2021年，合肥货运中心与合肥市政府、合肥国际内陆港发展有限公司以及相关企业对接，加强中欧班列运输组织，先后开行"康宁号""江淮号""奇瑞号""美的号""美菱号"等多个去向、不同品类的定制专列，产品包括冰箱、冰柜、轿车、液晶显示屏、光伏逆变器等，开行线路累计增至33条、直达10个国家35个节点城市。通过优化中欧班列开行、扩大铁海联运覆盖范围等措施，提高合肥中欧班列开行质量，确保合肥至宁波港海铁联运"一周十列"增运方案兑现。截至年底，合肥货运中心实现开行中欧中亚班列377列，同比增加3.2万标箱。

【运输结构调整】 2021年，合肥货运中心融入长三角多式联运示范区建设，承接"公转铁""水转铁"等运输结构调整任务，推进国际箱、标准箱和特种箱集装箱运输，联手宁波港、芦潮港、北仑港，打造铁海联运货运品牌。全年铁海联运集装箱发送突破3.5万TEU，敞顶特种箱发送量达1万TEU，全年集装箱发送17.6万TEU，同比增加3.1万TEU；"公转铁"项目运量420万吨，同比增加115万吨。

【合肥工务段运营】 2021年，合肥工务段完成20个高普铁标准化站场创建。完成淮南线、合九线、合武绕行线严重锈蚀折断的立螺栓改锚64986根，整治道床翻浆8963孔。完成安九高铁新线介入、轨道精调与接管，安庆联络线、双岭联络线、引江济淮工程引起的改建工程、实施既有线铜城闸站、双墩集站站改，实现安九高铁、双雷线、合九联络线等新线按期开通。在各级综合检测车、轨检车及日常检查中优良率99.99%，累计发生晃车仪Ⅲ级95处，环比减少26处，年末各线平均TQI值4.29，同比下降0.08；桥隧建筑物合格率94.46%，环比提高2.1%。

（江 深 张暮雨）

表3

2021年合肥站主要指标完成情况一览表

项目	计量单位	预期值	实际完成	完成率(%)	上年完成	比上年增减(±%)
运输收入	亿元	47.6	45.35	95.3%	38	19.3%
旅客发送	万人	4400	3852	87.5%	3256	18.3%

航空运输与管理

【概况】 2021年，合肥机场集团公司累计旅客吞吐量938.7万人次，同比增长1.4%，货邮吞吐量9.5万吨，同比增长6.7%，运输航班85011架次，同比增长2.4%。其中，合肥机场旅客吞吐量879.5万人次，同比增长2.3%，货邮吞吐量9.4万吨，同比增长7.1%，运输航班77108架次，同比增长3.7%。

合肥机场加快航空货运发展，推进合肥国际航空货运集散中心建设。保持深圳全货机航班稳定运行，增开合肥－伦敦、洛杉矶、仁川国际定期全货机航线。进口危化品冷危库通过行业验收。引进顺丰、中通星联转运中心入驻二期货站。拓展"空空中转"业务，合肥机场"空空中转"货邮吞吐量6622.96吨，同比增长559%。

【机场建设】 2021年，合肥机场配合轨道S1线、"合新六"城际铁路的设计勘探工作。合肥机场机坪改扩建项目竣工投产。合肥机场二期国内货运站建成投入使用，一期货站改造项目通过海关审核验收，具备年吞吐量20万吨保障能力。推动基地航空公司建设，与西部航空公司、奥凯航空公司、春秋航空公司对接，西部航空公司在合肥设立基地工作取得进展。与知名物流企业普洛斯公司签订战略合作协议。合肥空港进境肉类

合肥新桥国际机场　　（市交通运输局／供）

指定监管场地改造工程正式施工。加强与合肥市沟通协调，推进参股组建合肥航空货运投资运营公司。

【东航安徽分公司】 2021年，东方航空公司安徽分公司执管A320（空客320）飞机 19架，在合肥、重庆、长春、厦门四地分别投放11架、3架、4架和1架运力，平均飞机在册日利用率6.17小时。载运率68.97%，客座率70.52%，安全飞行4.28万小时/1.96万架次。累计完成运输飞行时间4.28万小时，总周转量2.76亿吨千米，旅客运输量207.40万人次，货邮运输量1.46万吨。东航在合肥机场航班旅客吞吐量203.81万人次，货邮吞吐量1.31万吨。

【航线】 2021年，东航安徽分公司执飞航线49条（其中合肥出港的航线共34条），均为国内航线（受疫情影响，地区国际航线暂停）。主要有：合肥—北京、合肥—广州、合肥—上海、合肥—西安、合肥—昆明、合肥—成都、合肥—青岛、合肥—厦门、合肥—西宁、合肥—银川、合肥—榆林、合肥—兰州、合肥—大连、合肥—沈阳、合肥—哈尔滨、合肥—长春、合肥—桂林、合肥—重庆、合肥—三亚、合肥—海口、合肥—乌鲁木齐、合肥—呼和浩特、合肥—鄂尔多斯、合肥—南宁、合肥—威海、合肥—烟台、合肥—和田、合肥—汕头、合肥—柳州、合肥—博鳌、合肥—太原、合肥—湛江、合肥—遵义、合肥—舟山、上海—重庆、长春—芜湖、芜湖—昆明、长春—呼和浩特、呼和浩特—昆明、长春—烟台、烟台—宁波、昆明—阜阳、阜阳—浦东、昆明—浦东、浦东—郑州、重庆—昆明、重庆—北京、重庆—黄山、黄山—温州。

【安全生产】 2021年，东航安徽分公司守住飞行、空防、航空地面、地面行车、食品消防、网络信息等各领域安全底线，实现安全飞行37周年和2021安全年，分公司续写"连续10年以上无征候"记录。

【疫情防控】 2021年，面对疫情常态化的局面，东航安徽分公司落实民航局防疫指南和属地防疫政策要求，围绕疫情防控"三条战线"落实各项常态化防控措施，全年完成驾驶舱消毒3430架次、客舱消毒1200架次、深度和终末消毒7架次，员工去除禁忌症的新冠疫苗接种率达100%。

【合肥空港经济示范区建设】 2021年，合肥空港经济示范区建成道路20.1千米、供水管网45千米、雨污水管道87千米、电排及管廊29.1千米、燃气管道40千米。按海绵城市理念建设的分水岭路、雄安路以及国际小镇"两纵三横"骨干路网建成。长岗污水厂尾水提标及中水厂项目通水试运行。启动蔚来项目110千伏变电站及外线工程、长鑫项目220千伏变电站扩容增容。启动中水利用示范项目（一期），宝教寺湖生态修复工程基本完工，凤凰湖公园初具雏形。在建安置点3个72.27万平方米，长岗小区建成交付，高刘安置点二期进入收尾，长岗南片区安置点开展前期工作。国际小镇一期5个地块启动建设，建设1、2、5号地块，6号地块完成全球设计招标。二期4个地块土地成功摘牌，开展前期工作。新桥国际医院主体结构封顶，硕金大街开工，海悦酒店建成营业。引进合肥六中、清华附中国际学校、安医一附院等优质教育医疗资源。

（管大龙　唐经纬）

城市公共交通

【概况】 2021年，合肥市推进公交优先发展战略，加大政策和资金扶持力度。截至年底，合肥市区有公交企业3家，分别为合肥公交集团、高新公交公司、经开公交公司，有公交车辆5565台（折合7104标台），运营线路294条，运营线路总长5009.5千米，线网总长2075.3千米。全年公交运营里程达2.29亿千米，累计完成客运量3.76亿人次，日均客运量102.99万人次。有公交保养场12个，首末站253个，停靠站5865

个，停保场总面积约62.8万平方米，首末站总面积67.421万平方米，公交车进场率100%，中心城区公交站点500米半径覆盖面积覆盖率100%。

2021年12月31日，安徽省首座多层立体公交停保场肥东停保场正式启用（李克武/摄）

【公交线路拓展及线网优化】 2021年，立足乘客出行需求和城市发展规划，市公交集团增辟公交线路，优化线网结构，建立多元化公交体系。全年新开公交线路16条，线路总长增加279.1千米，线网总长增加57.3千米。其中，新开微循环线4条，市民短途乘坐需求得到满足，城市末端公交覆盖率扩大；城乡线路2条，加强肥西高刘、小庙等片区与市区的公共交通联络，公交可达性提高；特色线路5条，对接学生客流、方便区域内上班族出行；直达快线5条，缩短通勤时间，提升公交运营效率；优化调整线路58条次，撤销和停运低效线路6条，均衡公交客流，提高公交服务水平和整体效率。组建商务中心，发展通勤公交、旅游专线等定制业务，启动“休闲皖中”公交专线乐游惠民活动，打造“党建专线”、地铁接驳专线“e小渡”等品牌，全年开通定制公交线路25条，满足市民乘客多样化个性化乘车需求。

【公交基础设施建设】 2021年，省内首座多层立体停保场——肥东停保场竣工并于12月31日正式启用，实现安徽省立体公交停车场“零”的突破，为推进城乡公交一体化、加强肥东县域与合肥市主城区交通衔接、服务当地群众出行提供基础设施保障。第一批补电桩、第二批肥东停保场充电站和第三批充电站工程531个桩建成投用，缓解充电难问题，进推动绿色公交发展。唯美创想城站、小庙站、循环经济园站、宝湾国际站、翡翠路站等5座首末站建设完成，新增站点面积3.75万平方米，站点总规模达到57万平方米。

【智慧公交建设】 2021年，市公交系统推进“互联网+公交”行动，升级完善智能公交系统，新建公交经营数据分析库，优化大数据决策分析系统并推广使用，服务公交运力运量组织及调整；建成集接待中心、客户服务中心（李祥斌服务热线）、商务中心、网监中心和应急保障中心五位一体的智慧指挥中心；新增两类无偿献血卡，可刷第三代社保卡乘车，电子支付比例达93.2%，同比提高2.4%；在行业率先展开大数据交易，实现数据资源变现，智慧公交及合作互联网平台的用户总量达354万。

【服务品质提升】 2021年，市公交集团树立“以乘客为中心”的服务理念，开展“双星工程”，提高服务水平。截至年底，星级驾驶员、星级线路挂星率分别达96.0%、52.0%；乘客满意度平均得分95.05分，同比提升1.69分，集团公司获评第十五届合肥市文明单位、“2020年度效能建设考评优秀单位”。品牌线路及品牌班组建设取得成效。B3路驾驶员夏力获评“全国交通建设工匠”“敬业奉献”中国好人；109路“敬老爱老线”获颁“全国敬老文明号”；16路巾帼线获颁“安徽省巾帼文明岗”“合肥市工人先锋号”；查道勇“蓝领创新工作室”获评合肥市“蓝领创新工作室”；公交火车站“青年文明号”志愿服务点被授予第七批合肥市学雷锋活动示范点。春节期间开通16条“免费游合肥”线路，助力“留肥过年”；应急改装5辆移动疫苗接种车，交付瑶海区、包河区疾控中心使用，方便群众就近接种，集团公司被授予全市疫情防控工作先进集体。

【轨道交通4号线开通运营】 2021年12月26日，合肥市轨道交通4号线工程开通初期运营。轨道交通4号线是合肥市轨道交通第二轮规划建设的线路，线路西侧起于青龙岗站，北端止于综保区站，是一条西至东北方向L型“骨干线”，设31座车站，全部为地下线。全线设1座龙川路110千伏主变电所、2座35千伏二级电源开闭所（分别引自3号线祁门路主变电所及3号线文忠路主变电所），在线路西端设科学城车辆段1座，控制中心设在1号线珠江路车辆段，与1、2、3、5号线共用，线路全长41.37千米。截至2021年底，合肥市开通运营轨道交通1、2、3、4及5号线南段5条线路，运营里程153.6千米，运营车站122座。

【合肥轨道服务质量提升】 2021年，合肥轨道秉承“五心”服务理念，为乘客提供优质服务，城市轨道交通服务质量评价结果优良。合肥轨道线网全年安全运送乘客2.71亿人次，其中12月31日，线网最高日客运量突破新高，达142.91万人次；全年日均客运量为74.18万人次，其中1号线日均21.78万人次，2号线日均27.47万人次，3号线日均21.41万人次，4号线日均11.74万人次，5号线南段日均3.33万人次。全年线网累计开行列车474917列次，列车运行图兑现率100%，列车正点率99.99%，公共交通客运分摊率占比提升到41.87%。列车服务可靠度达1175.22万车公里/件，同比增长266%，有效乘客投诉率降至0.15次/百万人次；合肥轨道APP注册用户突破460万，二维码过闸乘客比例持续走高，月最高52.53%。

【共享单车运营商公开招标】 2021年，市交通局会同城管、公安交警部门于3月份，对共享单车和共享助力车运营商进行公开招标。通过此方式，实现总量控制的目的，将全市30万辆共享单车经营权（共享单车22.5万辆，共享助力车7.5万辆）按综合得分排名分配给三家中标企业，并与三家企业签订《合肥市共享单车和共享助力车服务管理协议书》，对单车的投放与回收、停放秩序管理、线下运维人员和场地的配备等以合同的形式进行约定。

（石泽霖　丁志超）

邮　政

【概况】 2021年，合肥市邮政行业业务总量125.03亿元，同比增长29.54%，业务收入108.93亿元，同比增长19.86%；快递业务量12亿件，连跨4个亿级台阶，同比增长35.57%，占全省比重38.39%，列全国第22位、省会城市第7位，全国排名跃升3位，收投总量超21亿件，日均服务市民近600万人次，快递业务收入87.73亿元，同比增长19.74%。合肥快递服务公众满意度位居全国第10名，连续第三年进入全国前10，为10亿件量级以上城市第3名。

【快递“进村、进厂、出海”工程】 2021年，合肥市邮政管理局（以下简称“市邮政局”）联合市委组织部在全市村级党群为民服务中心搭载快递服务，7处乡镇交邮快综合运输服务站建成投用，12条公交带运邮快件线路试行开通，全市4个品牌的快递服务行政村覆盖率96.73%。深化“快递服务制造业示范点”建设。京东“合肥—伦敦”（往返）定期货运航线正式开通，顺丰空港侧航空快件处理中心投入使用，合肥国际邮件互换局兼交换站完成场地、功能升级。

【开展快递员“暖蜂”行动】 2021年，市邮政局创新成立全省首个邮政快递业“暖蜂”政协委员工作室、“快递司机之家”。成功举办第七届职业技能大赛，合肥选手蝉联全省竞赛快递员组冠军。快递工程师高级职称实现“零突

2021年6月21日，合肥市邮政行业职业技能大赛开赛

（市邮政管理局/供）

破”。行业内4人获国家级荣誉称号，4人获省级表彰，3集体获评市级“青年文明号”。

【行业综合治理】 2021年，市邮政局创新实施合肥市邮政业安全管理“三项工程”——企业安全管理“一把手”工程、安全管理本网联动工程、企业安全管理水平提升工程。完成建党100周年等重大活动期间寄递安保工作。创新建设4个“扫黄打非”邮政护苗工作站，2个“扫黄打非”校园联络点。合肥寄递渠道涉烟监管区域分中心揭牌成立。

【优化行业发展环境】 2021年，市邮政局搭建全市邮政快递设施建设的“211”规划法规体系，《合肥市邮政业“十四五”发展规划》正式印发，《合肥市邮政快递设施专项规划（2020—2035年）》完成编制，《合肥市邮政快递基础设施配置与建设管理规范》地方标准获市政府批准立项。

【基础设施建设】 2021年，市邮政局推进京东二期、顺丰二期、中通二期、安徽韵达合肥分拣中心等项目，顺丰科创产业园、顺丰华中智慧供应链科技基地、极兔巢湖智慧供应链产业园等新项目相继签约。庐江县快递共配中心、邮政公司36个校园快递综合服务中心建成投用。全市主要品牌省级分拨中心全部实现智能化分拣。菜鸟驿站在全市8所高校引入12辆无人快递服务车，50%左右社区末端服务站点配置自助取件设备。全市投放智能快件箱6200余组，覆盖90%以上社区。

【创新绿色发展】 2021年，市邮政局在省内率先实现全市30个邮政委代办营业网点全面转为自办。打造“邮政+”综合便民服务平台，拓展“互联网+政务”等政务便民服务领域，4个法院试点推广文书综合送达业务。开展重金属和特定物质超标包装袋与过度包装2项专项治理，实现国家邮政局生态环保“2582”工程，全市处理场地循环中转袋100%全覆盖，45毫米以下“瘦身胶带”使用比例达到97.7%，电商快件不再二次包装率达到95%，1631个邮政快递网点设置包装废弃物回收装置，投入使用3.5万个可循环包装箱等新型绿色包材，推广应用新能源汽车763辆，一联电子面单使用率超前实现100%。

（孙晨晨）

责任编辑：王尚先

自然资源和规划

综　述

【概况】 2021年，合肥市自然资源和规划系统依托“互联网+政务服务”，利用安徽省政务服务网、合肥市建设项目审批管理系统等平台，推行“网上办、掌上办、预约办”并提供证照免费邮寄服务，有98项政务服务事项实现可提供不见面审批、全程网办服务，全程网办率98%，个人事项和行政许可事项100%实现全程网办。政务服务窗口受理各类审批业务4064件，发放各类审批证照文书3861件，配合办理并联审批267件。办理建筑工程（单体）规划许可申请事项3742个，核发《建设工程规划许可证》3742份，市区内发证总面积约3778.18万平方米。

【改革发展】 2021年，合肥市自然资源和规划局（以下简称“市自规局”）提升不动产登记效能，开展“四减一办”提升行动，推行“网上办理，不见面办理，24小时不打烊”。率先在全省试点“交房即发证”。对全市涉及的审批事项进行梳理，计141项，涉及19个部门、6类市政公用服务设施及相关中介服务机构，按照“减放并转调”原则，取消22个事项，合并5个事项，调整审批时序25个事项，确定保留90个事项（其中涉及政府投资房屋建筑类建设项目70个事项、政府投资线性工程类项目67个事项、一般社会投资项目66个事项、工业项目58个事项）。按照《安徽省人民政府办公厅关于加强工作协同提高建设用地审查报批效能的通知》等文件规定，对用地组卷、审批等流程进行系统梳理，打造省市县一体化审批平台，系统成功试运行，审批时限由原先承诺的20个工作日缩减至10个工作日，告别30多年的人工审核模式。研究出台《合肥市村级留用地管理实施办法（试行）》，在符合土地利用总体规划、城乡规划和用途管制政策的前提下，留用地可以用于工业、商业（含民宿）、文旅等经营性用途，但严禁用于房地产开发。

【法治建设】 2021年，市自规局以制度化、规范化为目标，推进法治政府建设。落实党政主要负责人法治建设第一责任人责任，带头履行法治建设组织、推动和实践。公开普法责任清单13项，组织开展“6·25”、微视频便民普法、农村乱占耕地建房“八不准”等系列普法宣传活动。邀请相关专家学者进行《民法典》、新《土地管理法》等专题学法辅导。加强制度建设，出台应对疫情相关用地保障、土地出让合同履行等政策措施，建立规范性文件制定“三统一”和动态清理制度，出台规范性文件2件，清理49件，废止4件。完成对市土地管理委员会会议纪要合法性审查10次，发挥法律顾问作用，出具土地规划业务法律意见书6份。全面推进行政执法三项制度，实行执法全

2021年3月，合肥市自然资源和规划局开展“送法下乡”法治宣传活动
（市自规局/供）

过程留痕可回溯。规范行政处罚裁量权适用，组织开展行政处罚案件审查会9次，召开听证会7次。推进复议应诉工作，化解行政争议，出台《加强和改进行政复议应诉工作的通知》，办理行政复议案件12件，被复议案件43件，行政诉讼案件92件，仲裁案件1件，民事诉讼案件2件。

【自然资源调查监测与确权登记】 2021年，市自规局推进“三调”（即第三次全国国土调查）工作，形成的“三调”成果，8个县（市、区）一次性通过国家核查，全部达到错误率低于1%的规定要求。完成2018年度变更调查图斑的外业调查及举证工作。评估2016年至2019年度合肥市地理国情监测工作。

2021年，全市累计颁发不动产权证书证明98.54万本，受理登记业务77万件，涉及抵押金额5892.90亿元。开展房地产领域历史遗留“难办证”问题专项治理，治理总数15.11万套。

【自然资源开发利用】 2021年，市自规局深化利用集体建设用地建设租赁住房试点，盘活用地17.56公顷，建设房屋3937套，总建筑面积33.77万平方米。印发实施《合肥市自然资源和规划局关于发挥自然资源支撑保障作用促进全市经济高质量发展的实施意见》；加快居住用地供应节奏，及时降低热点区域居住用地最高限价，全年成交经营性用地128宗，面积884.47公顷，成交总价853.70亿元；实施“限地价、限房价”政策，土地拍卖执行“举牌应价+摇号”方式，调控区域内没有再出现新“地王”，实现“稳地价、稳房价、稳预期”；加强利用集体建设用地建设租赁住房试点工作，完成全年建设2000套目标任务；深化土地节约集约利用，蜀山区获得中央66.6公顷新增用地指标奖励；完成《合肥市2019年度建设用地节约集约利用整体评价》。提请合肥市人民政府办公室印发《关于做好新冠肺炎疫情防控期间相关用地保障服务工作的通知》，做好服务保障，缓解企业困难，降低疫情影响。

（陈　亮）

城乡规划

【概况】 2021年，市自规局推进国土空间总体规划编制，完成合肥市国土空间总体规划初步成果，完成全市国土空间开发保护现状评估、国土空间规划“现状一张图”及“法定规划拼合一张图”，完成23个专题专项研究，初步完成城区划定、城市体检评估，完成合肥市生态保护红线评估和自然保护地整合优化成果上报，初步完成城镇开发边界试划。推进全市各级国土空间总体规划体系建立，各县（市）完成国土空间规划初步成果，各区、开发区完成分区规划大纲以及部分行业规划大纲。发挥村庄规划引领，完成规划区以外全部1166个行政村的分类。8个行政村纳入省级村庄规划试点。《合肥市总体城市设计》形成初步成果。《南淝河两岸景观空间总体规划》通过专家评审，并形成初步成果。提高控规编制质量，组织完成9个批次、74个地块控规的编制与报批，总用地面积2733公顷，落实和新增幼儿园、中小学44所，党群服务中心11个。会同相关部门做好市博物馆、安徽大学江淮学院新校区、市野生动物园、民航安徽空管合肥区域管制中心等重大项目选址工作。完成第一批16处历史建筑确定和挂牌工作。

【国土空间用途管制】 2021年，市自规局上报项目447个，面积2926.66公顷。获批项目353个，880公顷，保障引江济淮、商合杭高铁、合安高铁等重大项目。完成新桥国际机场航站区、飞行区及工作区扩建工程、轨道S1线（合肥市段）等永久基本农田占用和补划方案。全市供地3680公顷，其中出让经营性土地602.24公顷（包括居住用地516.66公顷），总价573.51亿元。开展存量土地清理，清理批而未供土地666.86公顷，闲置土地1680公顷，分别超目标62%和339%完成省厅清理任务，获得配置指标1180公顷。开展“早

巢湖市黄麓镇建中行政村昶方中心村美丽乡村规划图　（市自规局／供）

改水”工作，新增水田368.8公顷。

【生态修复与耕地保护】 2021年，市自规局落实2019年矿山地质环境治理与修复计划，完成2019年度全市矿山生态治理任务。印发《合肥市绿色矿山建设工作方案》。承担派河副河长职责，派河水质均值为Ⅳ类，达到考核目标要求。加强汛期巡查、巡中排查、汛后核查，连续16年未因地质灾害造成人员伤亡。

严守耕地保护红线，建立完善四级耕地保护目标责任制，完成耕地保护目标任务和基本农田保护任务。推进永久基本农田核实整改及永久基本农田储备区划定工作。完成土地整治项目812个，新增耕地3260公顷。

（陈　亮）

自然资源监管

【概况】 2021年，市自规局推进“多测合一”工作。建成“数字合肥”地理空间框架并建立动态更新机制。推进测绘行政审批和公共服务事项改革，行政事项全部纳入窗口办理并实现全网办不见面，申请材料和承诺时限得到缩减。开展全覆盖排查整治“问题地图”、测绘地理信息质量“双随机”监督检查回头看专项行动。

【自然资源执法】 2021年，市自规局开展违建别墅问题清查整治，37宗违建别墅通过省级验收。推进农村乱占耕地建房清理整治，初步摸排完成下发的53526个问题线索，开展整治督查。推进例行督察和卫片执法反馈问题整改，土地例行督察“挂账”问题（限期整改类）整改到位5个、1.28公顷；剩余1个纳入违建别墅清理统一整改。2019年耕地保护督察整改问题（限期整改类）通过南京局、省厅验收227个、325.09公顷。

【地质勘查与灾害防治】 2021年，市自规局将“人民至上、生命至上”的理念贯彻落实到地质灾害防御工作的各项工作举措中。筑牢群策群防基层防御“堡垒”，守好乡（镇）、村组监测预警的第一道防线；筑牢属地管理、分级负责的阵地“堡垒”，守好县、乡、村一体责任包保第二道防线；筑牢市县联动的指挥部“堡垒”，守好市级统一督导、指挥调度、科学研判的第三道防线；筑牢灾险情核查救援的善后“堡垒”，守好应急处置的第四道防线。全市地质灾害成功实现连续18年“0”人员伤亡目标，获得“合肥市防汛救灾突出贡献先进集体”表彰。

【矿业权管理】 2021年，市自规局推动矿权管理数字化、动态监测制度化，建立健全采矿权数据库。实行非煤矿山半年监测制度，建立生产矿山动态监测数据库，随时掌握每个生产矿山的生产动态，重点监管有可能发生越界的矿山企业，杜绝越界开采行为。完成2019年长江经济带生态环境警示片披露的巢湖国家级风景名胜区内需要退出的5家采矿权的关闭工作。出台《合肥市自然保护地内矿业权分类退出实施方案》，对全市自然保护地内的已有矿业权进行清理，依法分类有序处置。开展露天矿山综合整治。全市列入综合整治计划的矿山21个，完成整治的16个，计划关闭退出的矿山5个（巢湖市）。

【矿产资源保护监督】 2021年，市自规局完成全市14个开发区压覆矿产资源区域评估工作、市级发证矿山储量动态监测工作、矿产资源开发领域突出问题专项整治。推进《合肥市矿产资源总体规划（2021—2025年）》编制工作，完成全市2021年绿色矿山建设任务，全市有7家矿山完成达标任务。

（陈　亮）

土地储备

【概况】 2021年，合肥市土地储备中心贯彻党中央国务院“房住不炒”定位及“稳地价、稳房价、稳预期”的决策部署，落实市政府调控房地产市场的决策部署，坚持创新驱动引领，以大项目为重点，加大国有建设用地收储力度，完善土地要素市场化配置，保障土地供应，服务创新发展新格局，改善人民生活品质。以“整体规划、成片开发”为基本指导思想，采用统一规划、统一安置、统一配套的模式进行片区统一收购，加大区域性综合开发力度。投入资金30亿元，重点推进东部新中心、淝河片区、运河新城等片区建设。

【土地收储】 2021年，市土地储备中心收储土地556.50公顷，收购成本133.12亿元。完善工作流程，修订和印发《国有建设用地使用权收购合同》示范文本、《关于印发处理土地收购工作中有关问题的指导意见的通知》等业务指导性文件。加大国有建设用地收购力度。

将盘活存量土地作为工作重点，加大宣传力度，提升服务水平。全年完成国有存量建设用地收购26宗157.72公顷。跟踪落实骆岗机场、马合钢等项目后续收储工作，为安徽公安职业学院、安徽职业技术学院等院校搬迁做好服务，推进佳通轮胎、应流集团、正大集团等大中型企业土地收储。加强调查研究，推动老工业园区转型升级。针对各园区不同情况，因地制宜采取不同收购方式，促进土地资源集约高效利用。

【土地供应】 2021年，市土地储备中心应对土地政策调整，统筹做好计划调度、项目督导、资金安排等工作，完成三个批次土地供应。供应经营性用地88宗560.32公顷，成交价698.26亿元。强化储备土地对合肥经济建设的要素保障。配合完成安置房、人才公寓以及租赁住房项目供地。配建保障性租赁住房及配套用地面积71.65公顷；划拨安置房用地33.50公顷；供应科研教育用地46.73公顷，为合肥恒创智能科技有限公司、安医大临床医学院等一批高科技创新项目提供要素保障。以土地储备为平台，完善基础设施配套，改善人居环境。供应加油站、物流仓储、交通场站等用地6宗23.96公顷，储备土地用于道路、绿地等300.13公顷。

【项目改造】 2021年，市土地储备中心计划启动6个改造项目，实际启动7个项目。具体项目为：瑶海区电机厂周边改造项目、新站区岱河路南侧（大众路以东）综合改造项目、包河区常青街道姚公社区方岗、柏树郢城中村改造项目、包河区矿机一分厂老旧小区改造项目、蜀山区习友路北片区旧城改造项目一期与二期、庐阳区老五里改造项目。完成搬迁房屋面积17.77万平方米，新开工建设安置房5.89万平方米。

【污染防治】 2021年，市土地储备中心完成红四方地块土壤污染治理修复工程。完成石台路地铁站风亭建设范围地块《效果评估报告》专家评审，并移出《安徽省建设用地土壤污染风险管控和修复名录》。完成红四方地块达标重金属污染土壤阻隔回填施工，完成各类12个批次的土壤监测采样，7个批次的地下水采样检测，监测结果均满足规定的目标值。与部、省、市生态环境部门沟通，为整个地块的评估验收、移出污染地块目录做好准备。加强土壤污染防治，实施源头管控，实现“绿色收储”，拟收储的工业存量用地环境调查评估全覆盖。全年有20宗、95.34公顷土地在申请收储前完成土壤污染状况调查并报市直相关部门备案。

【片区收购】 *保障东部新中心开发建设。*2021年，市土地储备中心参与并完成片区综合开发方案编制和土地熟化成本测算工作，配合做好东部新中心概念规划与合肥市国土空间总体规划编制工作的衔接。根据东部新中心建设发展需要，编制年度收储、供应和资金计划，保障重大项目落地和片区有序开发建设。参与老合钢区域综合改造、公益性项目建设用地的征迁工作，当年新建合肥一中东校区、和平小学新校等2个项目。编制完成马合钢四个区块修复技术方案、评审及备案工作，参与推进东部新中心土壤修复，完成马合钢三个区块两个标段、氯碱化工两个区块一个标段的修复工程招标。

*加速淝河片区改造项目进度。*通过主动服务，督促项目进度，淝河片区综合改造项目完成淝河中心片域、李城城中村、大店城中村和老家束城中村改造项目的签报，涉及土地面积128.48公顷，改造总成本约19.3亿元。全年，淝河片区共完成征迁29.18万平方米，开工建设安置房27万平方米，划拨教育用地15.42公顷，划拨道路用地1.80公顷，上市经营性用地21.05公顷，成交金额48.11亿元。

*保障运河新城建设。*会同蜀山区政府完成运河新城核心区经营性用地成本测算，收购价格报市政府审批同意。加快运河新城土地收购与供应，收购经营性用地32.51公顷土地，收购成本6.68亿元；供应储备土地7宗31.52公顷，土地出让收入21.07亿元。

【工业园区转型】 2021年，市土地储备中心加强与各工业园区的对接，根据园区规划和企业不同情况，因地制宜谋划收购方案，促进土地资源集约高效利用。庐阳区大杨产业园、合肥经济技术开发区民营园按片区改造模式实施土地收购，突破老工业园区土地收购的瓶颈，老工业园区收购资金平衡的难题得到破解。合肥经济技术开发区民营园按照“资金整体平衡”“谈妥一家、收购一家、成熟一宗、上市一宗”的原则，收购应流机电、东方节能等5宗31.11公顷土地，收购成本16.88亿元。大杨产业园按照“统一商谈、逐步搬迁、净地收购”的模式，完成46.69公顷土地的成本测算，收购并出让土地一宗4.69公顷，实现土地出让收入9.61亿元。

（王　华）

责任编辑：王尚先

城乡建设与管理

综　述

【概况】　2021年，合肥市接续推进大建设工作，提升城乡人居环境品质，强化城市运行安全保障。大建设全年投资715亿元，同比增长12.8%，创历史新高。完成房屋征迁1097万平方米，连续6年突破千万，安置群众6.9万户，安置房屋816万平方米。

2021年，合肥市畅通二环北环东段、南环主线等快速路建成通车，新增里程16.8千米，其中南二环主线贯通仅用时9个多月。轨道交通4号线如期开通，9条在建线路齐头并进。完成逍遥津公园、撮造山巷、淮河路国家级步行街更新改造，实施园博小镇、东部新中心片区、卫岗王卫片区、老城片区等更新改造。推进三大专项行动，打通东至路、南屏路、广德路等9条“断头路”；完成拥堵点治理15处；新增机动车停车泊位9万余个（其中公共停车泊位8640个），充电设施8000余个。加大农村住房安全保障力度，累计排查81万余户农村住房安全隐患，C、D级农村危房全部处置到位，印发《关于加强合肥市农村房屋建设质量管理相关工作的通知》，构建农房建设质量管理长效机制。

【市政和公用事业】　2021年，合肥市建成城市生命线二期项目，供热、燃气、桥梁、供水、排水等专项完成验收并投入运行，更新地下管线信息5700多千米，启动高风险区域燃气监测预警项目，城市生命线安全工程“合肥模式”成为城市安全管理的样板，获国务院安全生产委员会办公室、住房和城乡建设部全国推广。提升公用事业保障能力，全市供水能力达305万吨/日，天然气储气量超2160万立方米，供热能力超2215吨/小时，推进四水厂迁建、六水厂升级改造、环巢湖高压管线巢庐段、新能热电联产项目，开工建设龙河口引水工程。守护群众身边的安全，整治病害窨井3661座，完成蒙城路、清溪路等22处占道电杆迁改，实施86个老旧小区二次供水设施改造，开展全市燃气风险隐患排查整治，保障冬季天然气供应。

2021年12月27日，打通断头路东至路，实现连通　（市城乡建设局/供）

【城市排水】　2021年，合肥市南淝河国考断面水质达Ⅳ类，干支流全面达标。

新增城市污水处理能力28万吨/日，分别为经开区污水处理厂四期（10万吨/日）、西部新城污水处理厂（5万吨/日）、肥东污水处理厂（5万吨/日）、巢湖市岗岭污水处理厂三期（8万吨/日）。截至2021年底，合肥市建成污水处理厂26座，总规模320万吨/日（含2座工业污水处理厂，总规模5万吨/日）。

合肥市主城区污水集中收集率79.25%，污水集中处理率95.4%。

新建改建排水管网697.9千米，其中污水293.71千米，雨水404.19千米。

建成投运污泥干化协同焚烧DOO项目（300吨/日），全市污泥处置能力得到提高。

【城市防洪】 2021年，合肥市新建、改建雨水管涵348.23千米，完成范拐、月光、徐涵排涝泵站和南淝河防洪完善二期项目建设，推进南淝河城区段堤防除险加固和立交泵提标改造项目，防洪排涝能力得到提升。加强统筹调度，城市防洪调度范围由原来879.61平方千米扩展至2761平方千米，涵盖整个中心城区，肥西上派等10个乡镇被纳入调度范围。动态消除城市内涝风险，完成19处积涝点、141处积水点、91个积水小区整治。

（耿　星）

轨道交通

【概况】 2021年，合肥市轨道交通集团有限公司（以下简称“市轨道集团”）完成形象进度投资163.6亿元，4号线实现开通初期运营，在建线路进度加快，1、2、3、5号线平稳运营，线网单日客流创历史新高达142.9万人次，公共交通“主力军”作用凸显。

【轨道建设】 2021年，市轨道集团4号线按期正式开通初期运营。5号线北段3座车站主体结构封顶，9座出入口、7组风亭结构封顶，5条单线区间贯通。1号线三期1座车站主体结构封顶，2组风亭结构封顶，2条区间盾构始发。三期规划项目完成20座车站主体结构封顶，14条单线区间贯通，1座出入口、2组风亭主体结构封顶，28台盾构机始发。S1线、中央公园及新西站的轨道配套工程、4号线伊宁路P+R（换乘）停车场开工建设。

2021年9月1日，轨道交通4号线启动空载试运行（市轨道交通公司/供）

【轨道运营】 2021年，市轨道集团运送乘客2.71亿人次，同比增长39%，占全市公共交通客运量比重的41.9%；日均客流量74.2万人次，同比增长39.2%；线网日均进站量53.5万人次，线网日均客运周转量548.1万人次千米，单日最高客运量达到142.9万人次；列车运行图兑现率100%，列车正点率99.99%；百万乘客有效投诉率0.15次/百万人次，列车服务可靠度1175万车千米/件，未发生一起15分钟以上晚点事件；车辆、供电等多项系统指标均处于全国中上游水平。线网实际开行列次47.5万列次，线网运营车千米8226.5万车千米，高峰时段最小发车间隔215秒，运营总能耗3.61亿千瓦时。采用按里程计、递远递减的多级票价，票价最低2元，最高7元，全年实现运营票款收入4.45亿元，同比增长32.4%。

截至年底，伴随着轨道交通4号线正式开通进入初期运营阶段，市轨道交通全网运营线路5条，总运营里程153.6千米，总运营车站122座，网络换乘车站8座。轨道交通4号线起于青龙岗站，止于综保区站，线路全长41.4千米，设车站31座，连接高新区、政务区、包河区、瑶海区、新站高新区五大城市板块，是合肥市轨道交通市区骨干线。

【轨道交通规划】 2021年，根据国家相关政策调整要求，合肥新桥机场S1线方案调整，并于12月3日实现工程可行性研究获省发展和改革委员会批复，12月24日实现初步设计获省发改委批复。8号线一期工程全线用地预审与选址意见书、全线可研报告、全线环评报告、初步设计等均获省发改委批复。线网指挥中心项目初步设计获省发改委批复，地块控制性详细规划通过自然资源和规划局专家会审查。1号线三期涉铁下穿火车站站房及到发场涉铁工程节点方案获上海铁路局批复。完成4号线95宗地块划拨，并开展第四轮建设规划方案编制工作。

（戴　叶）

2021年9月23日，淠史杭渡槽　（市引江办/供）

引江济淮

【**概况**】　引江济淮工程是国家重大战略性水资源配置综合利用工程，是国家“十三五”期间加快推进的172项重大水利工程中的标志性工程，也是安徽省基础设施建设“一号工程”。引江济淮工程联通长江经济带、合肥经济圈、中原经济区三大战略区域，有利于解决淮河流域水资源短缺问题，增强安徽沿淮及淮北地区水保障能力，构建平行于京杭大运河的第二条水运通道，优化区域综合交通运输体系，恢复巢湖水生态功能，遏制淮北地区地下水超采势头，改善淮河流域水生态环境，促进区域协调与合作，支撑皖北地区乃至两省经济社会可持续发展。

根据初步设计批复，引江济淮工程任务以城乡供水和发展江淮航运为主，结合灌溉补水和改善巢湖及淮河水生态环境。工程供水范围涉及安徽、河南两省15个市55个县（市、区），总面积7.06万平方千米，其中安徽省13个市、46个县（市、区），总面积5.85万平方千米。2030年、2040年工程取水口断面引江水量分别为34亿立方米（含航运和巢湖生态补水）、43亿立方米。引江济淮工程包括引江济巢、江淮沟通、江水北送三段，输水线路总长723千米，其中安徽境内587千米，合肥段总长195千米。工程施工总工期72个月。核定工程静态总投资为843.62亿元，总投资为875.37亿元。

【**工程进展**】　截至2021年底，引江济淮一期主体工程81个项目全部开工，累计投资735.17亿元、占工程总投资的84.01%。引江济淮工程（合肥段）累计投资526.64亿元，其中，征地拆迁累计投资219.47亿元，工程投资307.15亿元。

引江济淮二期工程被列为国务院150项重大水利工程，工程分航运和水利两部分。其中：航运部分包括通道扩容工程、航道延伸工程、港口物流园工程；水利部分包括输水干线延伸、城乡配水工程、航运配套工程、生态修复工程、智慧调度系统等五大版块。引江济淮二期工程涉及干线梯级泵站、干线扩大延伸、干线在线调蓄、分市县城乡供水、江淮沟通复线船闸、江淮畅通水网、支线航道及服务区、截导污及水质保护等92个项目。项目上报国家概算总投资586.65亿元，按照施工进度安排和工程施工总进度计划，工程控制总工期60个月。

引江济淮二期设计报告按照“两院制”推进，由安徽省水利水电勘测设计总院和安徽省交通勘察设计院分别负责水利和航运部分，分别上报水利部和交通运输部。2021年，开工建设二期工程涉及的合肥蜀山复线船闸、淮南东淝河闸等部分先行项目。

【**合肥段情况**】　2021年，引江济淮工程涉及合肥市8个县（市、区）、开发区，26个乡镇、社区，总投资约553亿元，占主体工程总投资约70%。其中永久征地约3100公顷、临时用地约6800公顷，搬迁安置人口6万人，拆迁房屋总面积约220万平方米，工程包含8大枢纽，其中庐江节制枢纽、凤凰颈引江枢纽、兆河节制枢纽、白山节制枢纽、派河口泵站枢纽、蜀山泵站枢纽等6大枢纽全部坐落在合肥市。世界最大跨度通水通航钢结构渡槽——引江济淮工程淠河总干渠渡槽、亚洲最大混流泵站——引江济淮蜀山泵站、安徽首座公轨合建双层钢桁架特大拱桥——引江济淮繁华大道桥均位于合肥市境内，其中淠河总干渠渡槽于2021年5月1日正式建成通水通航。

截至年底，引江济淮工程合肥段征地拆迁基本完成。引江济淮工程合肥段累计投资526.64亿元，全市31个引江济淮安置点全面开工建设。78条电力线路迁改累计完成70条，燃气管道4条、供水管道4条全部完成迁改。移动、联通、电信、安广4类通信设施线路迁改98条，临时保通91条，7条迁改完成。

（张　亮）

2021年9月，畅通二环（西南环）主体工程完工　（市重点局/供）

重点工程建设管理

【概况】　2021年，市重点工程建设管理局（以下简称“市重点局”）承担各类建设项目109项，总建筑面积414万平方米，道路长度81千米，其中完工50个项目，建成道路21千米，房屋建筑面积101万平方米。全年投资153亿元，同比增长68%，创历史新高。黄麓师范学校改扩建工程一标段、合肥市第二人民医院新区二期内科病房大楼、特教中心北校区获得“国家优质工程奖”，郎溪路二三标、四标项目获评安徽省“黄山杯”，合肥市中心图书馆、合肥市综治信访中心等获评“省级安全文明示范工地”，畅通二环（西南环）工程、畅通二环（合武铁路—当涂路）工程三标段获评“省级市政工程安全生产标准化示范工地”，集贤路跨派河桥（方兴大道—派河大道）、南淝河路（东二环路—横江路）、繁华大道集贤路互通立交二期工程、郎溪路（包河大道—裕溪路）五标等项目获评“庐州杯”。合肥市建成长岗污水处理厂中水利用、荣城花园排水涵下穿铁路、长江路西二环排水系统改造等项目。十五里河河口湿地运行良好，湿地水质得到改善。

【市政路桥建设】　2021年，畅通二环（西南环）工程历时289天实现高架通车，创造“合肥速度”，西南环城区交通得到改善；畅通二环北环通车，实现城区北部东西快速通行；郎溪路高架完成总量73%；文忠路高架桥梁基本完成供电线路的迁改工作，项目建设完成总量35%；包公大道高架历时154天，龙兴大道主线桥贯通，完成总量39%。引江济淮将军岭路、铭传路、新桥大道三座桥梁完工，繁华大道桥完成工程总量60%；推进涡阳路涉铁、习友路涉铁、铜陵北路下穿合肥东编组站等涉铁项目，市区通行效率得到提高，城市对外形象提升，全国综合性交通枢纽地位彰显。

【重大场馆建设】　2021年，量子创新院一期生活配套区、室外总体及景观绿化完工，合肥国家实验室园区使用管理权于12月移交院方；中国科学院创新院二期推进结构施工；中科大高新园区（一期）图书教育中心等8栋单体于8月24日建成交付，确保开学3000名师生使用。合肥滨湖国际会展中心二期完成2#综合馆144米大跨度滑移、2座标准馆72米桁架整体吊装工作，5月15日实现封顶；安徽省科技馆幕墙外表皮钢龙骨吊装80榀，约完成总量的45%；合肥市公安局业务技术用房二期主体结构封顶；市科技馆（自然博物馆）推进幕墙施工；推进合肥先进计算中心、医学前沿科学和计算智能前沿技术研究中心、地球和空间科学前沿研究中心等项目建设。

【公益性用房建设】 *教育用房建设*。2021年，安徽公安职业学院整体搬迁项目建设完成，成为安徽省规模最大、条件最优、水平最高的公安专业人才培训基地；合肥学院设计创意产业和建筑与交通工程实验实训平台建设工程项目建设完成通过验收；合肥职业技术学院新一代产教融合基地、合肥市第二中学音乐教学楼二次装饰及配套设施安装工程、合肥市第十中学海航楼工程、合肥一六八中学新建教学楼工程等项目建设完成，推进合肥幼儿师范高等专科学校梅冲湖校区、合肥职业技术学院“大学生创新创业中心”、合肥六中新校区、合肥五中（和平校区）改扩建、合肥老年大学二期等项目建设。

医疗卫生用房建设。市公共卫生管理中心完工交付，合肥市乃至周边地区的公共卫生综合服务能力及应对新冠肺炎等重大传染病疫情的防控能力得到提升；市二院老年护理院基本完工；推进合肥市妇幼保健院和口腔医院滨湖分院建设项目、市第三人民医院新区、市中医院项目建设。

公共服务用房建设。市残疾人托养中心、合肥先进计算中心、合肥边防检查站执勤业务用房等项目基本完工，推进市中心图书馆、市综治信访中心（综合服务体）、市青少年活动中心、市妇女儿童活动中心、市智慧养老中心等项目建设。

【施工技术创新】 2021年，市重点局立足项目建设，推进技术创新。开展《合肥城市区域环境雨水收集利用关键技术及应用体系研究》等在研项目4个，结题2个，新增科研报告2篇，发表论文3篇，获得国家专利2项，发布安徽省地方标准2项，获得安徽省交通科技进步奖1项。规范落实《建设工程质量检测管理暂行规定》《房建工程材料、设备质量管理暂行规定》等制度，强化工程质量检测、材料设备管理，确保项目建设质量。推进智慧工地建设，推广应用BIM技术，实现可视化、信息化、系统化、精细化管理。

合肥先进计算中心外景图 （市重点局/供）

【质量安全监督】 2021年，市重点局坚持质量安全零容忍，落实企业主体责任，查处各类违规违法行为，把质量安全监管落到实处。强化工程质量安全第三方巡查，全年累计巡查2559次，发现各类隐患4198个，累计处罚违约金165.3万元；组织开展材料设备质量、大型机械设备安全管理、临时用电、安全教育培训等专项巡查，发出专项通报9份。开展第三方消防检测咨询服务，对消防图纸进行专业审查，对在建工程进行专项巡查，全年累计巡查1155次，发现各类隐患723个，通过督促整改，将各类消防工程隐患消除在萌芽中。组织材料设备“推荐品牌”内审，收集项目建设过程中各品牌使用情况的反馈信息，加强审核管理，实现材料设备品牌使用的良性循环，全年组织“推荐品牌”内审21次，涉及项目54个、材料设备1253项。强化关键材料设备的集中定点采购管理，量针对电梯、防水等关键材料设备采用集中定点采购，邀请厂家提前介入提供技术服务，全年对27个项目防水材料、10个项目25台电梯采用集中定点采购，为“精品工程”建设保驾护航。

【重点工程】 *畅通二环（西南环）工程*。合肥市二环路规划为城市快速路，全长约42.05千米，其中西二环长约7.93千米，北二环长约14.52千米，南二环长约12.60千米，东二环长约7.00千米。畅通二环（西南环）工程西起潜山路，东至包河大道，南二环主线采用高架形式，起点位于东至路跨线桥东侧，连续上跨五十中人行天桥、合作化路高架、金寨路高架、规划关麓路，在上跨宿松路后落地，采用地面快速路形式顺接徽州大道，徽州大道以东采用上跨桥形式上跨新宁国路后落地，采用地面快速路顺接包河大道高架，高架全长2.82千米，道路全长5.65千米，分三个标段组织实施。工程历时289天，于2021年9月20日实现主线高架桥通车。

畅通二环北环工程。畅通二环北环工程西起合武线，东至二十埠河，采取地面快速+高架桥敷设方式，全长约8.5千米、其中主线高架5.4千米，地面快速路3.1千米。与蒙城路、阜阳路、新蚌埠路、铜陵路、当涂路等既有道路相交，蒙城路、当涂路西侧各设置一对上下匝道，分别与阜阳路、铜陵路形成互通立交。工程于2021年7月23日高架桥全线贯通，正式放行通车。

中国科学院量子信息与量子科技创新研究院1号科研楼项目。该项目位于合肥高新技术产业开发区望江西路与石莲南路交口西南角，地下一层、地上十层，总建筑面积约25.2万平方米，其中地上17.5万平方米，地下7.7万平方米。于2020年9月20日成功挂牌合肥国家实验室，12月28日正式竣工验收。2021年12月量子创新院一期生活配套区、室外总体及景观绿化完工，合肥国家实验室园区使用管理权移交院方。

中国科学技术大学高新园区（一期）项目。该项目位于合肥高新区创新大道、习友路、石莲南路、复兴路围合范围，占地约39.05公顷，总建筑面积约48万平方米，主要为图书教育中心、师生活动中心、食堂、1#～3#学生公寓、体育馆、看台八栋单体。图书教育中心等八栋单体于2021年8月24日建成交付。

安徽公安职业学院整体搬迁项目。该项目位于巢湖市黄麓镇，占地70.8公顷，总建筑面积约42.13万平方米。工程包含校园大门、教学楼、图书馆、现代教育与实验楼、学生宿舍、食堂及生活配套用房、警务实战训练用房、教学综合楼、教学管理用房一、教学管理用房二，建筑面积15.46万平方米。于2021年10月建设完成。

合肥市公共卫生管理中心项目。该项目位于滨湖新区云谷路与玉龙路交口东北角，紧邻轨道交通5号线。规划用地面积约3.4公顷，总建筑面积约7.24万平方米。包括市公共卫生中心主楼、市疾病预防控制中心检验楼、市急救中心、市妇幼保健计划生育服务中心、市卫生人力资源中心等。工程于2021年12月完工交付。

（刘燕燕）

2021年12月，中科院量子创新研究院竣工　　（市重点局/供）

城市管理

【概况】 2021年，合肥市城市管理局（以下简称“市城管局”）依托数字城管市县一体化平台，设定标准，梳理11大类、134小类、952子类城市管理问题立结案条件并实行动态调整。组织信息采集员及时发现城市管理问题，规范处理流程，实行闭环管理、强化考核。全年平台受理城市管理问题181万件，总结案率96.57%。

搭建智慧停车综合服务平台，释放共享停车泊位6万余个，服务317万车主，开展共享停车应用，着力解决停车难题。规范共享单车秩序，会同交通部门、公安部门联手治乱，合理施划共享单车停放点位8000余处，可容纳单车30多万辆。提升渣土运输管理水平，通过实行一次告知、一次办结，“一车两证”等“一站式”服务，为运输企业“减负”、为运输车辆“降压”，全市办理渣土运输车辆单车运输证148340车次，协调消纳场所，解决大建设“弃土”难题。

夯实城市管理发展硬件基础，垃圾处理能力综合提升，提前完成生活垃圾“全焚烧、零填埋”“十四五”规划任务。处理能力3000吨/日龙泉山垃圾焚烧发电项目建成投运，600吨/日蜀山厨余垃圾处理

2021年9月，高新区兴园城管中队拆除香樟大道212号违建厂房

（市城管局/供）

项目、800吨/日肥西厨余垃圾处理项目启动带料调试。全市总焚烧处理能力达9000吨/日，厨余垃圾处理能力达1600吨/日。综合规划龙泉山填埋场生态修复工程，逐步恢复本地区生态环境。

【违法建设整治】 2021年，市城管局坚持“一把手抓、一本清账、一视同仁、一抓到底”，拆除违建6.18万处，面积800万平方米，自拆、助拆率93.9%。拆除包河区五金机电商贸城、蜀山区神剑科技老厂区等集中连片违建重灾区。利用拆违腾退土地和空间，新复建公园绿地172处、面积20.5万平方米，市民休闲健身场所35处、面积2.8万平方米，临时停车场134处、车位5916个。

【生活垃圾分类】 2021年，市城管局协调推进前端中端后端建设，打通分类投放、分类收集、分类运输、分类处理各环节，形成垃圾分类全链条处理体系。建成垃圾分类集中投放点3842座，配备桶边值守人员2827名，志愿者3654名。改造垃圾中转站7座，配备餐厨垃圾车50辆，实行公交化直运模式，增配150余辆厨余垃圾运输车。建成运行垃圾焚烧、厨余垃圾处理设施，按照四分类标准，分类处理生活垃圾，生活垃圾回收利用率达35%以上。

【文明城市创建】 2021年，市城管局围绕阶段工作重点，相继开展“还路于民”“文明养犬”“空中缆线整治”等专项行动，破解群众反映强烈问题。治理87家农贸市场及周边街巷的8000余起违规占道行为，其中劝导、处罚占道经营、出店经营4923起，取缔占道堆放1654起，取缔占道灯箱标牌589起，劝止乱晾晒896起，依法拆除倚墙搭建、乱设亭棚216处，查处毁坏绿化案件5起，实现还路于民目标。发放文明养犬宣传彩页56万余册，张贴文明养犬公益广告1700余块，免费发放遛狗绳1.3万余条，免费发放犬粪清理纸袋4.7万余个，劝导、处罚遛狗不牵绳4万余起。整治脱落、断裂、垂挂等影响城市容貌的空中缆线9971处。

（牛东亮）

电力供应

【概况】 2021年，国家电网合肥供电公司（以下简称“合肥公司”）承担全市约1.14万平方千米、477.26万户电力客户的供电任务。全年完成售电量421.4亿千瓦时，同比增长16.4%；电网最大负荷853.3万千瓦，再创历史新高，增长1%。合肥公司连续10年获评“全国文明单位”，获得国家电网公司红旗党委和管理提升标杆企业。

合肥电网处于安徽省网南北3条500千伏跨江输电通道的中通道核心位置，是连接东西通道的重要枢纽。截至年底，合肥公司境内4座500千伏变电站、总容量1000万千伏安，管理220千伏变电站38座，主变75台、容量1422万千伏安；110千伏变电站128座，主变259台、容量1341.1万千伏安；35千伏变电站87座，主变162台、容量151.34万千伏安。35千伏及以上输电线路8459.13千米，其中电缆671.46千米；10（20）千伏线路2.76万千米。合肥城区主网形成以500千伏为主网架、220千伏南北双环网、110千伏辐射互联的网架结构。

【电力供应保障】 2021年，合肥公司应对近十年来最严峻的电力紧张形势，坚持政府主导，全年

2021年3月17日，合肥市220千伏屏显变至杜岗变线路一次送电成功，这标志着安徽电网“十四五”期间首座220千伏输变电工程项目正式并网

（市供电公司／供）

平稳执行有序用电19天、单日最大错避峰86万千瓦，在全省率先实施“两高”项目轮停轮休，保障电力平衡，得到省委、省政府主要负责同志肯定。选派4批次应急队伍千里驰援河南灾后抢修恢复，获得当地政府和人民群众赞誉。完成庆祝建党100周年、省市党代会、世界制造业大会等重大保供电任务85次。

【电网建设】 保障城市建设。2021年，合肥公司在国内率先实行城市电网建设分层分级调度，连续第11年召开合肥电网规划建设对接会。成立大建设服务领导小组，配合完成长江东路、畅通二环（西南环）迁改等37项重点工程建设。提前实施五大重点发展区域电源点布局和配套项目，220千伏屏显变、110千伏黄麓变等工程按期投运，保障大科学装置、维信诺、欧菲光等重要用户用电需要。承接“大建设”配套电缆通道建设运维，完成187条电缆通道移交。

开展电网规划。滚动修编“十四五”电网规划，成功推动电网设施布局纳入省市国土空间规划“一张图”。促成《关于进一步加强合肥市电网建设若干意见》出台，从政策源头破解制约电网建设落地难题。明确“陕电入皖”特高压直流在合肥落点，完成500千伏中心变可研评审和包公变选址选线。

推进重点工程。保障白鹤滩—江苏特高压工程建设，合肥段133基杆塔全部完成组立。新增110千伏及以上变电容量1443兆伏安、线路319.4千米，220千伏锦绣—常青线、北部网架龙门片区改造、大学城配套送出等工程投运，主网网架结构得到优化。

【优化服务】 服务民生。2021年，合肥公司实施自管小区“亮灯工程”，华贝厂、融科城等首批小区完成改造移交，得到市委主要负责同志肯定。助力破解“充电难”，出台居民小区电动汽车充电设施接电方案，试点小区充电设施“统建统营”，打通充电桩进小区“最后一百米”。助力破解“上楼难”，开辟加装电梯办电“绿色通道”，免费迁改涉及低压线路14处。移除清溪路“网红电杆”等421基占道电杆。

优化电力营商环境。“获得电力”指数迈入全国“优秀”行列，相关做法获得国家能源局肯定。提升小微企业低压接入容量标准至160千瓦，在省内率先延伸投资界面至中小微企业红线，首个政企共建外部电力接入工程送电。建成全省供电面积最大的“零计划停电”示范区，在全省率先应用中压发电车、双臂机器人开展配网不停电作业，全年完成带电作业5267次、同比翻一番。

助力乡村振兴。与安徽金寨等脱贫地区开展定点帮扶，保障330个原光伏扶贫项目正常发电。自主研发的农配网智慧规划辅助决策模块纳入国网一级部署。开展乡镇供电所提升行动，试点中心所包干责任制，新增1个五星级、20个四星级供电所，建成省内首个数字化所。成功打造首批5个乡村振兴示范区。

【科技与信息化】 2021年，合肥公司发布全省首个城市新型电力系统建设方案，肥西公司发布全省首个县域建设方案。全年新增新能源并网容量16.8万千瓦，规划服务整县屋顶光伏三年配套项目14项。建成新一代智慧调度系统，虚拟电厂可调节资源规模达18.2万千瓦。与蔚来汽车等单位制定标准、共建充电网络，提出的发展充电设施“三个一”建议被市委采纳。适应城市发展的能源中长期保障研究课题得到市政府主要负责同志关注。合肥智慧能源平台实现水、电、气、热、煤等多能源数据接入。

（张俊良）

燃气供应

【概况】 2021年，合肥燃气集团有限公司（以下简称“燃气集团”）天然气供应10.83亿立方米，同比增长9.5%；主营业务收入35.38亿元，连续3年超30亿元，同比增长14.95%；新发展居民用户10.28万户、非居民用户519户表；建成管网里程超7000千米。合肥燃气集团党委获得“全国先进基层党组织”称号，获评“安徽省先进基层党组织”。

【生产经营】 2021年，燃气集团营业收入中天然气收入29.13亿元，同比增长13.49%。市区内发展居民用户同比增加1.88万户；发展非居民用户同比增加45户表。庐江、寿县市场发展居民用户1.5万户，发展非居民用户合计83户表。用户总数突破200万户，达到210万户。全年供气量达占全市16.24亿立方米供气总量的66.7%，增速领先于全市的7.1%。冬供期间，燃气集团通过提前锁定气源合同量，多方采购气源，全市安全稳定供气得到保障。

【市场拓展】 燃气集团2019年正式提出“一体两翼”的战略布局，2021年种子业务取得“零”的突破，实现向芜湖市无为市转输代供，无为市居民正式用上来自合肥燃气的管道天然气；成功签约六安市金寨县的管道天然气转输代供项目，正式成为金寨县的管道天然气供应商，助力革命老区结束不通管道天然气的历史。

2021年8月29日，庐江—巢湖—无为天然气管项目建设成通气仪式举行
（余　洋／摄）

【重点工程建设】 2021年，燃气集团建成环巢湖天然气高压管线庐江—巢湖段28.24千米，累计建成管线88.8千米，其中，庐江—无为严桥段63千米管线于8月通气试运行。合肥都市圈天然气高压庐江—池州段正式开工，庐江段完成9千米管线建设，合肥—六安段于9月正式通气试运行。环城天然气高压管线龙塘阀室—南淝河阀室段10千米管线通气运行，标志着环城天然气高压管线有148千米通气运行。

【社会服务】 2021年，燃气集团“徐辉假日服务小分队”的“蓝焰暖万家”志愿服务项目成功入选全国学雷锋志愿服务“四个100”先进典型名单，被评为“最佳志愿服务项目”。完成省市“两会”、党代会、2021世界制造业大会、量子产业大会、合肥农交会等多个重要活动的用气保障任务。接听蓝焰热线62.03万户次，受理12345热线1877起，获评“2018—2020年度12345政府服务直通车优秀成员单位”。推进营商环境4.0版提升方案的落地实施，获评2020年度创优营商环境工作“优秀”等次，在全市公用企事业单位中位居第一。

【安全隐患整治】 2021年，合肥燃气集团完成金地国际城户内重大隐患的整治，解决用户10多年无法用气的难题。针对遗留的铸铁管网、中压支管、小口径钢管、铝塑管、户内锈蚀立管、燃气管道穿越箱涵等问题，进行全面摸排梳理，制定详细方案计划，联合政府部门，共同完成“五管一涵”的年度改造计划。

（钱　阳）

自来水供应

【概况】 2021年，合肥供水集团有限公司（以下简称“供水集团”）供水服务面积883平方千米，直径75毫米以上供水管网长度10069千米（其中合肥市区9932千米）。全市日供水能力251万立方米（含巢湖区域33万立方米），服务用户269万户，全年最高日供水量205.1万立方米（9月18日）。管网漏损率9.28%，同比下降1.44个百分点。供水集团蝉联五届“全国文明单位”，连续4年入选“安徽服务业百强企业”“合肥市服务业二十强企业”，连续4年在市委综合考核中获得“优秀”等次，连续6年在数字化城市管理考核中获得企事业单位第一名。“清·亲”文化获全国企业文化优秀成果一等奖。获评国内供水行业首家“五星级”仓库、安徽省企业管理现代化创新成果二等奖、安徽省科技进步二等奖。获评合肥市群众满意窗口、全市公用企事业单位效能建设“优秀单位”，国资监管事项事中事后监督考核“优秀”等次。职工陶涌获第十四届全运会群众比赛桥牌业余组冠军；“雷锋精神”听漏队等多个集体获评省市“工人先锋号”“青年文明号”，陶涌、张杨、钱莹莹等一批优秀员工获“省五一劳动奖章”“省五四青年奖章”“安徽工匠”和市“五一劳动奖章”“金牌职工”等荣誉。

【工程建设】 2021年，供水集团完成重点工程建设投资12.44亿元，完成空港供水泵站、二三水厂污泥干化、清溪路抢修基地（职工教育培训中心）、磨墩供水泵站等重点工程建设。龙河口引水工程取得进展，10月20日举行开工动员会，进入全面建设阶段。推进四水厂迁建、六水厂提升改造、五水厂污泥干化、磨墩水库至七水厂原水管、高新区供水抢修服务中心等重点工程。全年实施畅通二环和引江济淮等市政管网工程259项，完成投资2.1亿元；实施小区工程379项，完成投资6.13亿元。八水厂（大官塘水厂）一期工程获得“庐州杯”和“安徽省市政工程优质奖”，六水厂提升改造工程获评“安徽省建筑安全生产标准化工地”。

【水质管控】 2021年，供水集团以水质分级考核为抓手，推动水质提升。出厂水一级达标率99.25%，同比上升5.51个百分点（较实施分级考核前提升20.63个百分点），全年平均浊度0.06NTU，同比下降0.01NTU；管网水一级达标率77.76%，同比上升4.24个百分点（较实施分级考核前提升15.57个百分点），全年平均浊度0.13NTU，同比下降0.04NTU。开发10项水质指标检测和7项现场水质快速检测项目，水质应急检测能力得到提高。新增84台水质在线仪表，实现原水、出厂水、管网水和加压站水质监测布局全覆盖，水质检测智能化、自动化水平得到提升。通过优化制水工艺、调节药剂投加、规范管道冲洗消毒等措施，实现从源头到龙头水质提升。

【漏损控制】 2021年，供水集团完善三级计量建设，定期对三级计量分区水量进行统计分析。强化控漏预警，建立生命线漏失报警处置机制。首次实施分区考核，推进检漏绩效管理，全年发现并修复各类漏点1755处。试点新增129台蓝色智能消火栓，实现市政环卫、园林绿化取水计量化。利用供水调度指挥、管网设施运维和分区计量三大技术平台，优化调度，合理控压，降低漏损风险和潜在漏点漏水量。全年实施专项调度300余次，大口径管道抢修应急调度34次，编制《供水调度运行管理手册》，完善调度机制。全年漏损率9.28%，同比下降1.44个百分点，产销差率12.33%，同比下降2.22个百分点。结合DMA分区计量平台，实时监测维护供水管道运行状况，变被动抢修为主动维保，完成4177只五级计量表数据普查，完成近20万只周转表更换。实现无纸化抄表，实现水表全生命周期管理，全年综合水费回收率达到100.69%。

2021年10月，龙河口引水工程正式开工建设　（供水集团／供）

【服务效能】 2021年，供水集团推进居民小区供水设施三年改造计划，完成84个小区改造。新设7个标准化营业网点，实现各类供水业务“一站办、就近办”，全年办理各类业务4.7万笔，成为用户身边的服务站。实施创优营商环境再攻坚，实行“并联式”用户报装受理模式，推行“六零”“五减”接水服务，用户网上接水申报率达

88%。推广使用电子印章，增设“好差评”评价模块，提升工改平台办理效率。道路破复、绿化迁移手续实行承诺备案制、专人代办制。落实国家政策，承担417个新装项目红线外费用1000余万元，其中115个项目用户零投资。探索不停水清洗新模式，全年不停水清洗泵房水箱1857次。“找短板、促提升、见成效”服务能力再提升专项活动查摆各类“短板”清单99项，并完成整改。工改平台受理量评比获全市公用事业单位第一，安徽省营商环境评价“获得用水用气”指标全省名列前茅。统筹推进城乡供水一体化工作，全面接管小庙二水厂，提升高刘区域供水保障能力，先后接管巢湖24座乡镇水厂，启动肥西乡镇水厂接管工作，八水厂优质供水向肥西乡村辐射。

【技术创新】 2021年，供水集团《住宅二次供水标准化泵房建设规范》跻身地方标准。开展生产、运行技术及重大技改项目效果评价30余项，联合清华大学合肥公共安全研究院、安徽建筑大学等推进科技成果转化应用，节能错峰智慧供水研究入选国家住房和城乡建设部科学技术研究计划。申请各类专利12项，获授权发明专利1项，实用新型专利2项，发表各类技术论文25篇，7项创新成果入选安徽省重大合理化建议。

（张正俊）

热电供应

【概况】 2021年，合肥热电集团有限公司（以下简称“合肥热电”）企业资产总额48.4亿元，年售汽量387.09万吨，年蒸汽供应量483.36万吨，年发电量5.65亿千瓦时，发电标煤耗249.03克/千瓦时；有各类发电机组14台套，装机容量174兆瓦；各类管网长度585.1千米；服务各类工商业用户418家，居民小区204个，居民用户12.5万户；供热面积达2500万平方米，其中地热能供能面积近200万平方米，供热范围涵盖合肥市主城区和合肥经济技术开发区、合肥高新技术产业开发区、合肥新站高新技术产业开发区。

当年，合肥热电获评“2021年度合肥市平安企业”“2020年度效能建设考评优秀单位”“2021年文明服务窗口单位”“2018—2020年度12345政府服务直通车优秀成员单位”“合肥市放心消费示范单位”“合肥市2020年度职业技能竞赛优秀组织单位”“2020年度市国资委安全生产先进单位”。所属新能热电运行甲值获评“2020年度合肥市青年文明号集体”，安能分公司获评“合肥市2021年度健康企业”。多名员工被授予“合肥市五一劳动奖章”“合肥市金牌职工”“合肥市青年岗位能手”“合肥市技术能手”“合肥市巾帼建功标兵”“合肥市首届职业健康达人”“中国城镇供热行业热力先锋”等荣誉。

【业务开展】 2021年，合肥热电在做好民生保障的基础上，参与市场竞争，供热范围涵盖合肥市主城区及三大开发区，并向肥东、肥西、长丰以及淮南寿县等周边县域拓展。建设合肥骆岗公园配套区域能源站（锦绣湖能源站）、合肥北城龙湖能源站、合肥新桥智能电动汽车产业园供热站，保障合肥滨湖科学城、北城新区、合肥新桥科技创新示范区，特别是合肥骆岗公园、中科大附一院北城医院、合肥新桥智能电动汽车产业园等重点用户用能需求。推进污泥无害化、减量化处置，全年污泥处置量达97986.12吨。

【客户服务】 2021年，合肥热电加大信息化建设力度，正式开通运行“合肥热电网上营业厅”，以手机APP终端和微信公众号为载体，上线报装、开通、缴费、报修、

2021年5月，合肥热电工作人员在巡检滨湖科学城区域能源站

（合肥热电／供）

报停等业务，实现“零跑腿”“一网通办”。精简供热报装申请资料，压缩办理时限，实行“一表申报制”，办理时限由4个工作日缩减为1个工作日。夏季集中供冷提前7天启动，推迟33天结束。2021—2022年采暖季供暖提前24天启动。健全抢修抢险应急处置机制，建立移动燃油能源站，做到不停汽快速抢修响应，坚持供热不停、服务不减、标准不降，确保居民小区、工商业用户制冷、供暖需求，保障医院、医疗物资生产企业等疫情防控一线用户用热。

【安全生产】 2021年，合肥热电推进安全生产三年专项行动，采取各单位自查，安全保卫部“四不两直”日常检查、夜查，领导班子节假日督查，单位互查等方式，开展节假日、日常、专项安全检查295次，查出一般隐患165项，全部整改完成。开展“特种设备电梯困人”“危险化学品泄漏”“有限空间作业”“厂用电中断”“火灾”等应急演练124场，提升员工安全管理意识与应急保障能力。组织新《安全生产法》《合肥市城市集中供热管理条例》学习培训、消防安全知识专题培训、有限空间作业安全专题培训等活动，参训人数达2000余人次。组织“ABCD隐患再排查”活动，全年排查出各类隐患104项。打造“智慧工地”，建立工地远程视频监控系统，实现质量、安全、进度等全方位远程监控，促进项目建设信息化、精细化、标准化。

【节能环保】 2021年，合肥热电执行环保管理制度，通过自查自纠、日常监督检查、专项检查等形式，规范环保管理，落实企业环保主体责任。对所属各热源厂及工程公司的达标排放、节能减排、绿色施工、扬尘治理等方面开展专项督查，查出环保问题14项，全部整改完毕，通过中央环保督察。开展烟气在线监测设备、危险废物等专项检查，查出环保问题66项，全部整改完毕。全年各热源厂二氧化硫排放量27.45吨，减排量6922.49吨；氮氧化物排放量154.63吨，减排量6716.50吨；烟尘排放量16.40吨，减排量19.41万吨，节能减排效益显著。在安徽省生态环境厅组织的2020年《安徽省企业环境信用评价》中，合肥热电下属6家热源厂中5家获得“环保诚信企业”，1家获得“环保良好企业”。

【工程建设】 2021年，合肥热电以重点项目为龙头，促进热源布局持续优化。全年梳理谋划23个重点项目，总投资约65.9亿元。其中合肥骆岗公园配套区域能源站（锦绣湖能源站）总投资约1.95亿元，合肥北城龙湖能源站总投资约1.56亿元，合肥新桥智能电动汽车产业园供热站总投资约1.06亿元。推进铁路专用线配套综合利用项目、供热管厂复建工程、大科学装置集中区配套供热工程、滨湖新区核心区区域能源项目3号站、新能热电联产项目一期B标段（热源部分）、新站区集中供热管网工程等续建项目。

（王丽君）

责任编辑：王尚先

建筑业与房地产业

住房与房产管理

【概况】 2021年，合肥市加快完善以公租房、保障性租赁住房为主体的住房保障体系，帮助住房困难家庭改善住房条件。坚持房子是用来住的、不是用来炒的定位，加快建立多主体供给、多渠道保障、租购并举的住房制度，实施房地产长效机制，稳地价、稳房价、稳预期，促进房地产市场平稳健康发展。加大老旧小区改造力度，推进既有住宅加装电梯，提升物业管理服务，提高城镇居民居住水平，致力实现群众住有所居、住有宜居。市住房保障和房产管理局（以下简称“市房产局”）获评安徽省住房和城乡建设系统抗击新冠肺炎疫情先进集体、进驻市政务服务大厅群众满意窗口、政务公开工作先进单位、政府网站与政务新媒体工作先进单位、政务信息先进单位、市直机关党建“好”等次、全市民生工程实施表现突出单位等。

【住房保障】 *棚户区改造*。2021年，合肥市新开工棚改安置房44030套，开工率100%，建成10098套，建成率138.90%，列入国家2018年度及以前棚改计划的开工项目竣工率达95.05%。新站高新技术产业开发区磨店家园二期、北岗花园二期和新店花园二期项目探索“房企全过程代建”新模式，缩短项目建设周期，提高建设品质。

2021年，合肥市新开工棚改安置房4.4万套。图为高新区城西桥B组团项目
（市房产局/供）

公租房保障。在开展政府购买公租房运营管理服务试点基础上，全面推行政府购买公租房运营管理服务。公租房信息系统正式上线运行。降低公租房准入门槛，城镇户籍较低收入和中等偏下收入住房困难家庭人均可支配收入条件放宽至2414元/月和3219元/月。坚持实物配租和租赁补贴并举，全年发放公租房补贴3377户、962.33万元，635套市级公租房完成配租。开工建设公租房998套。

保障性租赁住房。市房产局制定《关于加快发展保障性租赁住房的实施意见》，加大房源筹集力度，发挥市场机制作用，利用集体经营性建设用地、企事业单位自有闲置土地、产业园区配套用地、新供应国有建设用地和存量闲置房屋建设等方式筹集政策性租赁房源，全年筹集保障性租赁住房约2.2万套。11月，合肥市经验做法被国家住房和城乡建设部列入发展保障性租赁住房可复制可推广经验清单（第一批）。

【房地产市场】 2021年，合肥市房地产市场呈现“先扬后抑”的特征，年初市场交易量增长较快，年中交易量价齐跌、各项指标逐渐回落，年底各项指标保持稳定，全年房地产市场总体平稳。全市商品房销售面积1836.6万平方米，同比增长23.6%，二手房成交面积1200万平方米，同比增长31.6%。商品房批准预售面积1581.56万平方米，同比下降6.9%。截至年底，结转可售商品房面积2136.44万平方米（不含安置房）。

长效机制建设。市房产局优化调控政策，相继出台“新政八条”、深化学区房调控、职住平衡试点等政策。坚持房价地价联动，引入第三方评估机构，科学评估拟出让地块周边住房价格、楼面地价建议值等，全年测算51宗拟出让居住用地。坚持房价备案会商，对156个楼盘价格备案、4502套房源备案价格调整会商研究。

市场监测研判。编制《合肥市“十四五”住房发展规划》，“十四五”时期，全市新建商品住宅计划供应58万套，筹集保障性租赁住房15万套/间，新开工建设棚户区改造工程8.28万套。市房产局定期编制月度、季度、年度市场分析报告，专题分析学区房、热点区域、房地产信贷、房价变动、市场监测指标等。开展市场调研，每月向房企、中介和群众发放2000张调研问卷，掌握市场动向。

【住房租赁】 深化租赁试点。2021年，市房产局新建改建租赁住房2万余套（间），盘活存量房源8万套（间），培育专业化企业6家。发挥中央财政专项资金激励引导作用，全年累计使用资金9.15亿元，其中兑现奖补资金9.09亿元，为61个住房租赁新改建项目提供支持。升级改造住房租赁平台，实时挂牌房源超60万套（间），网签备案住房租赁合同约21万份，实名注册个人用户超34万，纳入企业近千家。先后开展合肥住房APP、“毕业季租好房”集中宣传，截至年末，累计制作播出《安居合肥》37期、抖音等短视频超百条。

规范行业管理。推行机构实名登记，从事房地产经纪或住房租赁业务的单位及从业人员均要求办理实名登记，生成人员实名登记服务证，平台登记公司门店3063家、从业人员3.3万名。草拟《合肥市房地产中介行业信用信息管理办法》，修订信用评分指标，完善行业信用体系建设。开展2020年度住房租赁企业信用信息等级评定，其中AA级4家，A级7家，B级26家。企业年度信用考评等级与中央财政资金兑现挂钩，对信用等级A级及以上11家企业兑现奖补资金520万，对未参加信用考评、不配合检查、信访投诉较多的100余家住房租赁企业列入重点关注名单，分批公示，提醒消费者谨慎选择。

【物业管理】 坚持党建引领。2021年，市房产局启动坚持党建引领共建和美小区三年行动。全市628家物业服务企业中，284家单独成立党组织，167家成立联合党组织，其余均选派党建指导员。1100多个小区成立党支部，2000多个楼栋成立党小组。524个城市社区基本建立社区党组织领导下的居委会、业主委员会和物业服务企业共同参加的“三位一体”住宅小区议事协调机制，“一米阳光”党群服务站、“民情恳谈会”等先进做法获住建部肯定。

提升物业管理。培育住宅小区“三位一体”议事协调机制有效运作、业委会规范化建设和物业企业优质服务“三类典型”180个。正式上线运行合肥市“智慧物业”信息系统，形成囊括小区管理、行业监管、行业信用、政务服务、矛盾调处、业主自治的物业服务综合性平台。研究起草《合肥市物业服务企业及物业项目负责人信用信息管理办法》，构建以信用评价为核心的监管制度。全市26家物业服务企业入选2021中国物业服务企业综合实力500强，8家物业服务企业获评2021物业服务领先企业。

【老旧小区改造】 2021年，市房产局改造老旧小区项目232个，涉及总建筑面积724万平方米，涉及2182栋、82420户、25.8万余人。印发《合肥市2021年城镇老旧小区改造提升工作实施方案》《合肥市城镇老旧小区改造提升市级补助资金使用管理暂行办法》，将基础类改造项目的市级财政补助资金标准提高到400元/每平方米，补助范围覆盖到四县一市。争取156个项目获国家补助资金25794万元、省级补助资金2457万元，通信线路迁改费用专营单位出资50%，建设银行以最低利率落实贷款资金1.73亿元支持市场力量参与，形成“政府+居民+社会力量”共同出资参与改造新格局。

新增开工建设既有住宅加装电梯441部，其中建成109部、正在施工332部，通过方案审查待开工电梯94部，惠及158个住宅小区、5028户、10486人。推动小区整体成栋加装电梯，改变“一梯一申请、一梯一审查”模式，提高综合效益，如名君家园16部、杏花村21部电梯加装等。牵头研发并全市推广既有住宅加装电梯平台系统，实现网上申请登记、初审、复审、终审、资金发放审核等，让居民“少跑腿”“零跑腿”。推进电梯安全多元共治，纳入“一梯一码+智慧风控”监管，市民通过“智慧电梯码”实时了解电梯的使用管理、维保、监管、保险等信息。

【房地产市场监管】 *规范房地产市场秩序*。2021年，市房产局、市委网络安全和信息化委员会办公室等五部门联合印发《关于严厉打击哄抬房价等违规行为切实规范合肥市房地产市场秩序的通告》，对部分涉嫌恶意炒作房价的业主、自媒体、开发企业、房地产经纪机构法制谈话。市房产局、市自然资源和规划局等六部门联合印发《关于加强新建商品房交付工作的通知》，要求企业严格落实“9631”交付制度。会同市司法局联合印发《关于新建商品住房公证摇号公开销售有关事项的通知》，在市区范围推行新建商品住房公证摇号。成立市房地产项目风险化解工作专班，对全市存在逾期交付和停工烂尾风险项目清理排查，特别是恒大项目。

房地产领域突出问题专项整治。市房产局出台《合肥市持续整治规范房地产市场秩序三年行动方案》，成立两级工作专班，开展集中整治。全市发现问题1627个，约谈企业负责人903人次、涉房自媒体17次，对233家企业责令限期整改，向相关部门移送24个问题项目，做出行政处罚22件。

预售资金监管。把控预售资金收存、支取、使用各环节，实行全过程监管、全流程网上办理。全年监管账户开立650个、取消899个，进款总额约1363亿元，监管账户余额约274亿元。核准拨付重点监管资金223.5亿元、一般资金1047.9亿元。

【行政审批与房屋交易】 2021年，市房产局受理各类政务服务事项4599件，其中商品房预售许可1437件、白蚁防治协议2647件、房地产开发资质审批515件。商品房预售面积1114.14万平方米（同比下降1.87%），其中住宅754.03万平方米（同比下降4.61%）、商业60.04万平方米、办公96.80万平方米、储藏室和地下车库203.27万平方米。审核购房资格12.3万户（其中刚需家庭约1.97万户），受理楼盘发布1349幢，建筑面积约1140万平方米。审核测绘成果1368幢，总面积1244.21万平方米。商品房网签备案审核121028套，建筑面积1051万平方米，存量房网签84725套，建筑面积776.85万平方米。

行政审批服务。统筹推进“电子证照”应用，商品房预售许可证增加二维码功能，集中展示售房单位、项目名称、坐落位置、许可证号、层数、套数、幢号、销售面积等详细信息。取消房地产开发企业资质核定（二级及以下），将房地产开发企业资质由四级调整为两级，取消三级、四级资质。指导各自贸区开展开发企业资质核定承接工作。

房屋交易管理。出台《合肥市新建商品房楼盘表管理办法》《合肥市存量房买卖合同网签服务管理办法》，规范交易管理。推进“一网一门一次”，在各不动产登记大厅设置房屋交易、纳税和登记集中一站式办理窗口，与法院联合设立房屋查封(解封)窗口，推出网上办、上门办、周末办等，提高办事效率。

【房屋安全】 2021年，市房产局市区归集物业维修资金10.65亿元、11.69万户，拨付3380.85万元，同比增长212%，拨付资金量超过往年总和。接收新建房屋白蚁预防项目2611个、建筑面积2346.36万平方米，竣工项目2408个、建筑面积2219.93万平方米。各类房屋查勘鉴定690幢、建筑面积56.24万平方米。

物业维修资金。出台《关于进一步加强物业专项维修资金缴存管理的通知》，调整市区首期维修资金缴存方式。创新使用表决方式，开发维修资金使用电子扫码表决平台，线上表决。印发《关于修改〈合肥市物业专项维修资金使用管理规程（试行）〉部分条款的通知》，简化使用流程。依据《民法典》调整维修资金使用表决规则，降低使用表决门槛。

白蚁防治。开展既有房屋白蚁治理，4—6月白蚁繁殖危害高峰期，上门治理325户，检查维护白蚁监测控制装置2000余套。开展文物古建筑白蚁治理，在渡江战役总前委旧址、安徽农业大学勤政楼、董铺水库和大房郢水库等地安装新型智能监控装置千余套。科研开发类项目《白蚁区域控制信息综合管理系统》入选安徽省建设科学技术计划。

房屋安全鉴定。查勘、鉴定各类委托老旧房屋，明确安全状况或危险性等级。梳理2014年以来城区已鉴定D级危房97栋、5.78万平方米，开展现场核查，督促相关产权、管理单位落实排险解危措施，其中采取解危措施59栋、4.24万平方米。

【人才安居】 *人才公寓建设管理*。2021年，项目建设方面，市房产局市区规划建设的人才公寓项目全部开工，总用地45.5公顷，总投资额约86亿元，总户数7266套；合肥高新技术产业开发区擢秀园、合肥经济技术开发区年华里2个项目（800套）完成竣工交付，蜀山区鸿博园、量子创新院、经开区睿庭、滨湖乐业4个项目（2323套）竣工验收，聚贤苑、国际人才公寓2个项目（1358套）进入建设收尾阶段。项目租售方面，高新区擢秀园开展5批次配售，签约49套；经开区年华里整体租赁重点企业，5月份全部完成入住；蜀山区鸿博园、国际人才公寓、聚贤苑等3个项目进行商品住宅价格备案，开展配售方案制定。

人才住房补贴发放。2021年，全市累计发放新落户人才租房补贴16134万元、25739人；累计发放重点产业企业人才住房补贴9452万元、13638人，入库企业2226家。截至年末，审核通过重点产业企业人才344人，发放购房补贴4620万元、247人（B类8人、C31人类、D类82人、E类126人）。

【信访矛盾化解】 2021年，市房产局承接12345市长热线投诉、咨询事项15238件，承办省长信箱、信访局转办件等325件，承办省住建厅、市委督查室等交办件690件。市房产局与市信访局联合接访58次，接待业主群访28批次。

房调委工作。通过访调对接、诉调对接等，将房地产领域来访事项、人民法院诉前案件和行业协会转送案件中涉及民事纠纷事项纳入调解受理范围，调解范围包括房屋买卖、信贷发放、经纪服务、物业矛盾、合同约定等房地产行业各方面。全年接待调解咨询730多次、群众1100多人，登记人民调解案件480件，开展调解工作174件，其中成功化解149件，引导涉事企业和个人私下协商成功78件，化解成功率超过85%，累计化解合同和经济纠纷金额约3297万元，涉及房屋价值3.2亿元。

市房地产专班工作。全面摸排各区、开发区尚未化解和新近出现的房地产领域信访突出问题，建立52件信访突出问题清单。市房产局先后会同包河区、庐阳区等地房地产专班就国开公馆、万泓中心、春晖园、珠光花园二期、北沙银座项目突出问题开展专题调度，打通部分项目的化解渠道。

【房地产信息化建设】 2021年，市房产局新建商品住房摇号登记系统实现摇号流程全过程监管，满足群众“云选房”需求，“房产摇号登记系统”成功获评2021年度合肥智慧城市十大优秀应用案例。推进存量房交易监管平台建设。全年升级存量房交易系统10余次，商品房网签系统5次，租赁平台1次，如增加存量房网签系统合同签订60日内自动撤销、房源自动带入功能，修改限购系统中离婚购房功能，增加预售许可证二维码扫码功能，实现扫码显示预售楼盘信息等。完成租赁平台二期的建设和验收。建设完善公租房系统、物业系统。上线运行开发企业资质审批、房地产市场监测、公租房（PC端）、信用考评和双随机一公开子系统。

（杨茂婷）

建筑业

【概况】 2021年，面对疫情、汛情冲击，合肥市城乡建设系统开展复工复产包保服务，完善预研、土地、规划、拆迁等要素保障，将涉及项目复（开）工的审批事项送到生产一线，推动建设项目尽早形成实物投资量。全市大建设投资二季度实现同比“负转正”，全年完成621亿元，同比增长8.8%，超额完成目标任务。全年完成建筑业总产值4465.9亿元，同比增长9.5%，增加值占全市GDP比重超过15%。

城乡建设。市城乡建设局强化城市路网建设，建成裕溪路高架东延、畅通二环北环西段、怀宁路下穿天鹅湖隧道等一批城市快速路，长江东路改造实现机动车道放行，畅通二环北环东段、畅通二环南环、淮海大道等重点项目开工建设。实施打通断头路三年行动计划，煤场路西段、唐模路等6个项目完工通车，20个项目开工建设。实施小街巷改造三年行动计划，朱小郢南路、站塘北路等21个项目完成改造。治理五里墩北上桥口等8处拥堵点，建成公共停车泊位8436个，充电设施8566个。做好重大项目预研储备，开展合淮路等6条道路预研和城市地下空间、交通出行环境等课题研究。完成526户农村危房改造任务，其中建档立卡贫困户105户，开展农村住房安全隐患大排查。

市政公用事业。大官塘水厂通水运行，环巢湖天然气高压管线完成敷设58.5千米，新能热电联产项目热源工程开工建设，城市生命线二期供热专项完成验收。精细化养护市政设施，完成118千米燃气铸铁管网改造，维修沥青路面8万平方米，对71千米市政道路、60座桥梁开展探测检测，整治病害窨井8082座。

城市排水。南淝河国考断面实现全年稳定达标，水质稳中向好。南淝河水环境项目完工27项，投资136.4亿元。建成蔡田铺污水处理厂三期，完成塘西河再生水厂、

北涝圩污水处理厂提标改造，新增污水能力13万吨/日。完成姚南、姚北等5座污水泵站改造，新增17处一体化应急污水处理设施，推进塘西河再生水厂、北涝圩污水处理厂提标改造改造。完成南淝河干支流清淤141.3千米，中游初雨污染控制工程、清三冲初雨调蓄工程建成通水。全年新建、改建排水管网667.12千米，其中污水管网262.49千米。排查出的4919个雨污混接点全面完成整治，分类整治大排水户2000余户，从严管控建筑工地排水行为。

城市防洪。坚持提前预防与战时动员相结合，汛前清疏雨水管网3000余千米，检修泵站机电设备3300余台次，完成10处重点积涝点整治。修编《合肥市城市防洪应急预案》，组建市、区应急处置队伍270支约1.1万人，成立防汛应急专家组，筹备各类应急设备、巡查车辆1200余台，储购编织袋17万余条、彩布条2万多米，黄砂、碎石等2000余立方。汛情期间落实24小时值班和领导带班制度，对建成区135座下穿桥以及330余处低洼地段开展定人定岗值守，对南淝河大堤开展24小时巡堤查险，妥善处置多起局部积水、管涌等险情。出动巡堤人员5.9万余人次，应急抢险人员2万余人次，车辆设备8000余台次，66座排涝泵站累计排涝4400余万立方米，确保城市不发生严重内涝，排水设施运行安全平稳。

促进建筑业高质量发展。完善行业发展顶层设计，出台《关于促进合肥市建筑业高质量发展实施意见》，从优化企业资质结构、营造规范有序市场环境等10个方面为行业转型升级指明方向。组建11个专班分组分片帮扶196家本地重点企业，解决企业各类生产经营、项目推进、资质升级等问题140余个。3次召开项企对接会，帮扶合肥市施工企业签约开发项目5个，合同金额8.6亿元，达成意向约10亿元。3次召开银企对接会，累计帮扶合肥市11家企业实现供应链融资贷款、债券融资、银行承兑、履约担保、投标保函等约5亿元。组建资质升级企业“潜力库”“重点班”，累计帮扶500余家建筑业企业晋升总承包一、二级资质，提升本地企业开拓外地市场能力。督促262家企业入统，邀请专家开展9次统计业务培训会，参加培训1200余人次。

【“行业清源”行动】 2021年，市城乡建设局全覆盖开展建筑市场综合执法检查，打击各类行业乱象，铲除黑恶势力滋生土壤。全年做出行政处罚52起，建议罚款230余万元，一批“挂证”失信企业和人员被列入“黑名单”。落实农民工实名制管理，“治欠保支”取得成效。动态核查企业资质，责令81家企业限期整改。开展海砂专项整治和砂浆“禁现”执法巡查。

完善行业信用评价体系。拟定《合肥市施工总承包企业信用评价标准》，设置13个板块62个评价指标，评价功能嵌入“合肥市工程建设云平台”。全年公布2批信用评价结果，对3600余家建筑业企业实行信用分级，并强化评价结果在招投标、奖励政策、评优评先、“双随机”检查、资质升级等方面应用。建立一支稳定的征信队伍，市城乡建设局及13县（市、区）、开发区建设主管部门均设置信息采集员，采集录入日常监管中产生的信用信息。

巩固工程建设项目审批制度改革成果。审批时限由最长110个工作日压缩到80个工作日以内，13个县（市、区）、开发区审批系统全面上线。推进不见面审批，依托“互联网+政务服务”，开展网上办理、结果寄达等“零接触”业务，为疫情防控提供支持。

【绿色低碳发展】 2021年，合肥市新建建筑节能设计、施工标准执行率均达到100%，绿色建筑竣工面积1721万平方米，占比达到83.5%，可再生能源建筑应用达到793万平方米。绿色生态城市综合试点取得进展，滨湖区域能源项目完成投资4.2亿元，冰蓄能、分布式能源、地源热泵等系统投入使用，向安徽创新馆等5个项目约35万平方米提供服务。完成公共建筑能效提升改造项目28个、76.7万平方米，年节电约2400万千瓦时。推广绿色建材应用，新型墙材总产量39.3亿标砖，应用比例100%，15家企业获绿色建材星级证书。创建节水型城市，制定非居民用水超定额累进加价制度。

【装配式建筑】 2021年，合肥市促进装配式建筑发展。新开工装配式建筑面积1026万平方米，同比增长56.8%，占新建建筑比例24.8%。全市有10家预制混凝土构件生产企业，年产能200万立方米，新增构件企业3家。出台装配式建筑质量管理系列规范性文件，发布专项规划，推进工种培训，推动装配式建筑业发展。

【行业监督执法】 2021年，市城乡建设局开展建筑市场监督检查，办结各类业务166件，其中实施行政处罚的案件为62件，结案49件，送达处罚决定书50份，包括30家单位和20名个人，累计缴纳罚没款765.98万元。

（白 羽）

住房公积金管理

【概况】 2021年，合肥市实缴住房公积金职工137.7万人，归集公积金204.6亿元，同比增长13.8%；提取住房公积金148.37亿元，同比增长24.27%；发放住房公积金贷款2.60万笔113.46亿元，主要用于解决刚需群体购房需求，其中首套房贷款占比85%，年龄40岁以下占比82%，中低收入占比96%，中小户型占比94%。全市实现增值收益6.58亿元。

市住房公积金管理中心（以下简称“市中心”）花园街营业部保持“全国青年文明号”称号；市中心获评2020—2022年度安徽省第十二届文明单位、合肥市政务公开政务网站暨政务新媒体工作先进单位、数据资源工作绩效考核优秀单位；市中心机关党委获市级“好”党组织、机关第一党支部被评为先进党组织；市中心滨湖营业部获评合肥市政务服务先进窗口、庐江管理部获评第六批全省住建系统岗位学雷锋活动示范点。

【为群众办实事】 2021年，市中心举办住房公积金制度30周年安徽省宣传月启动仪式活动，进企业、进社区、进楼盘开展宣传和上门服务近30场。开展“我为群众办实事”实践活动。

*扩大归集覆盖面。*全年单位新开户6401个，新增缴存人数39.73万人。将自由职业者纳入缴存范围，开发启用合肥市自由职业者缴存服务系统，让住房公积金政策惠及更广大人民群众。

*贯彻落实支持老旧小区改造政策。*为14户家庭办理加装电梯提取业务，金额77.6万元。

*完善线上综合服务体系。*建成住房公积金单位网厅、个人网厅、手机APP“皖事通”“合肥通”等多种渠道为一体的综合服务体系。住房公积金信息化建设以大数据为支撑，6月合肥市作为首批8个试点城市接入长三角“一网通办”平台实现异地购房提取零材料、多地联办等业务实时审，实现住房公积金跨地区无要件在线办结。在安徽政务网31项业务全程网办的基础上，实现22项业务无要件办理，中心网厅业务功能扩展到41项业务。完成住建部微信小程序上线，实现8项住房公积金高频服务事项的“跨省通办”。实现与公安、民政、房产、商业银行等部门数据共享。打造便民高效服务平台，获取合作商业银行商贷数据。通过与签署协议的部分银行联网，公积金系统获取商贷实时的数据并且留痕。全年中心与建设银行、工商银行等11家商业银行进行数据共享。全年办理业务线上业务22万笔，截至年底公积金网厅访问量突破1亿人次，政务服务好差评系统评价总数153万件，满意度100%。增设城北营业部，方便群众办事。对庐江管理部服务设施进行改善，搬迁至新的服务场所。

【规范化管理】 2021年，市中心规范住房公积金贷款担保等业务。完成12329热线公开招投标。完成担保公开招投标，将全程担保变为阶段性担保和贷后资产管理。

*强化对归集、贷款银行的过程管理。*将委托银行代办改为协议目标任务、序时进度考核管理，通过周调度、月推进、季考核和年总评等形式，强化序时进度管理，加大对归集、贷款业务的目标任务和服务质量的考核力度。

*加强资金统筹和风险防控。*实行全中心资金管理使用一盘棋，强化内部资金调度，坚持每周集体研究资金调拨，提高资金使用率。通过招投标方式确定风险准备金大额资金存储和存量“公转商”贷款业务办理。

*建立健全机制，依法依规行政。*加强合同管理，防范合同风险，对中心对外签订的合同、协议，按程序开展合法性审查和公平竞争审查，全年无合同纠纷案例发生。执行住房公积金领域行政处罚裁量标准，规范开展“两法衔接”工作。调整证明事项告知承诺制，对中心《实行告知承诺制政务服务事项目录（第一批）》中的“单位注销登记”事项实行“无要件办理”。主动适应住房公积金重大政策变化，对原31项《证明事项保留清单》调整现符合标准的13项清单事项。

（李维薇）

责任编辑：王尚先

财政　税务

财　政

【概况】　2021年，合肥市财政局推进综合治税，贯彻落实减税降费政策，全市一般公共预算收入844.2亿元，占预算的102.9%，同比增长10.7%，增幅高于全省1.9个百分点。其中税收收入638.8亿元，占比75.7%，高于全省7.4个百分点。全市政府性基金收入832.4亿元，完成预算的101.5%，增长21.9%。全市新增减税降费112.9亿元，占全省减税降费比重超三分之一；办理先进制造业等增值税留抵退税94.3亿元。全市财政管理工作第三次获国务院真抓实干成效明显督查激励，市财政局获评全国文明单位、安徽省脱贫攻坚先进集体等各类表彰60余项。

【财政支出】　2021年，市财政局围绕做好"六稳"工作、落实"六保"任务要求，统筹安排好财政支出。

全市一般公共预算支出1223.7亿元，占预算的99.7%，增长5.1%，高于全省3.5个百分点，占全省比重为16.1%。其中民生支出首次超1000亿，达1062.9亿元，占一般公共预算支出比重为86.9%，较上年提升1.2个百分点；教育投入210.2亿元，增长6.4%；科技投入174.1亿元，增长6.6%；城乡社区投入275.2亿元，增长17.5%，各项重点支出均得到保障。

全市获得上级各类转移支付329.8亿元，剔除2020年中央抗疫特别国债和特殊转移支付等一次性因素后，同口径增加8.3亿元，增长2.6%。牵头做好巢湖流域一体化保护和修复工程申报中央财政支持示范工程，获20亿元专项资金支持。

【拓宽融资渠道】　2021年，市财政局面对财政紧平衡状态，拓宽融资渠道，争取发行政府债券465亿元，其中新增政府专项债券344.4亿元、同比增长31.4%，争取的政府债券额度高、期限长、利率低，对全市143个重大项目建设发挥保障作用。首创"债贷组合"融资1053亿元，其中提款149.3亿元，支持轨道9条线同时在建。研究制定高速公路建设分阶段投融资方案，采取"资本金+市场化融资"、授予特许经营权等方式，吸引社会资本参与投资建设，第一阶段为5条高速融资405亿元，开辟高速公路融资新途径。制定公益性国有企业融资补助政策，采取贷款贴息和资本金注入等方式，鼓励公益性企业有序开展市场化融资，加快公用事业基础设施项目建设。围绕打造全国一流的企业融资一站式综合服务平台，建立政府、银行、担保、平台等四方融资服务机制，以"四方协议"方式明确金融服务各方职责；设立"政信贷"金融产品，建

2021年7月21日，市政府召开合肥市中小微企业融资综合服务平台启动暨签约大会　（市财政局／供）

立风险补偿制度；出台贴息贴费政策，降低融资成本，多举措缓解企业融资难题。截至年底，带动平台归集各类信贷产品161项，入驻企业超13万户，为1899户企业授信41.5亿元，平均授信利率4.5%，平均授信周期9天。出台《合肥市促进股权投资发展加快打造科创资本中心若干政策》，从发挥政府基金引导作用、支持股权投资基金及人才集聚、激励股权投资基金扩大投资、优化股权投资服务环境等4个方面，引导社会资本集聚投资。

【扶持产业发展】 2021年，市财政局投入122.5亿元扶持产业发展，健全“普惠政策抓全局、专项政策抓领域、‘一事一议’政策抓重点”的高质量发展政策体系。其中：兑现“一事一议”政策资金49.9亿元，支持29个重大产业项目建设，带动项目投资2200亿元、实现产值3250亿元、纳税60亿元。兑现16个专项政策资金21亿元，支持“三重一创”、新能源、5G、人工智能、线上经济、光伏等重点产业发展，建立战略性新兴产业投入机制，聚焦重点产业延链补链，提升产业发展聚集力。兑现合肥市推动经济高质量发展若干政策资金29.8亿元，优化企业发展环境。

【支持科技创新】 2021年，市财政局为提升创新发展动能、打造科创名城进行探索，形成一系列支持科技创新的典型经验做法，在全省财政工作会议作经验交流，省财政厅转发全省学习。

制定新型研发机构绩效评价办法，从人才引进、平台建设、科技研发和成果转化等方面设定产出指标，强化支出责任，激励更多科技成果就地孵化转化。全年投入8.1亿元、累计投入65.6亿元支持13个市校合作平台建设。

创新投入方式，首次采用“无偿补助+股权投资”方式支持高精度电磁测量核心技术装备、多语种智能语音语言及国产化平台2项中国科学院C类先导专项，提升财政保障重大科技项目的可持续性。

加大投入力度，全市科技投入174.1亿元，增长6.6%，占一般公共预算支出比重为14.2%，在全国主要城市中位居前列。

【支出政策监管】 2021年，市财政局加强支出政策监管，在全国率先推进财政支出政策全周期预算绩效管理，印发《财政支出政策预算绩效管理办法》，构建支出政策绩效管理体系。全年全过程跟踪169项支出政策执行情况，政策执行率99%。在全省率先构建单位自评、部门评价、财政评价“三位一体”评价体系；创新建立评价结果多部门共享机制，评价结果报送市人大、市政府和市委组织部。在全省率先构建“多维度”第三方机构监管机制，率先完成全省首例预算绩效管理工作供应商采购。开展重大项目事前绩效评估，对市本级新增的198个重大项目全部开展事前绩效评估，涉及资金98.3亿元。经评估取消项目67个，核减27.8亿元、核减率28.3%。

以市委办、市政府办名义出台《关于党政机关带头厉行节约反对浪费的通知》，对财政支出实行负面清单管理，市本级 “三公”经费支出1亿元，同比下降0.3%。全面开展账户资金专项清理，撤销行政事业单位账户42个，清理盘活各类存量资金3.7亿元。

【财政管理改革】 2021年，市财政局完成市以下公共文化、自然资源、应急救援和生态环境等领域财政事权与支出责任划分改革，主要领域财政事权和支出责任改革任务基本完成。提前建成预算绩效管理“三全”体系，全市预算绩效管理做到“全方位、全过程、全覆盖”，相关管理制度、工作机制、业务规范、指标体系和考核问责办法健全完善，管理过程实现“事前评估、目标管理、运行监控、绩效评价、结果运用”全覆盖，居全省预算绩效管理考核首位。在全国率先制定资产配置标准体系，当年完成交通运输等7个领域专项资产配置标准制定，累计制定17个领域5746项标准，基本实现重点领域全覆盖，促进专项资产预算编制更加精准，盘活存量资产，杜绝“超配”现象。2022年相关领域专项资产配置预算比上年下降27.2%。破解工程竣工财务决算难题，制定市本级政府投资项目竣工财务决算操作规程和工作机制，对近年823个完工未决算项目进行全面梳理，完成342个项目结算和85个项目决算编审，105个工程项目进入决算筹备，推动解决一批工程竣工财务决算尾款支付和资产管理问题。

在全国率先建立综合治税平台，健全34个市直单位涉税信息共享机制，强化异常数据比对分析，按月将涉税信息传送给税务部门，加强重点税源监控，提高税源管理精细化水平，全年查补税款7.8亿元。按月召开财税联席会议，逐月分析预测月度收入预期、重点行业、重点税源动态变化情况等，供市委市政府决策参考。配合税务部门向上争取免抵调计划。依托综合治税平台，实现房产交易、股权交易与纳税服务“税证联动”，方便纳税人纳税，实现应征尽征。

建立转移支付提前下达机制，从11月起即开展2022年转移支付提前下达工作，除据实结算等项目外，提前下达2022年转移支付219.7亿元，并督促各县（市、区）全部编入本级预算，执行中采用分期下达或先预付后结算的方式加快上级资金分解下达，确保资金尽早分配使用。会同市城乡建设局等相关部门，审核同意提高39个项目资金支付比例，提前支付3.89亿元优先用于支付农民工工资，保障年底前农民工工资支付到位。推行“2521”限时办结，政府采购执行进度提高逾20%。提前对接政府采购需求，全年完成1037份采购需求预先审核，项目完成率比上年同期提高17%，政府采购项目“一等、二拖、三慢”的状况得到改变，受到省财政厅通报表扬。加快预算执行进度，市人大批准年度预算后及时全部下达到市直部门和各开发区，按照人大批准的预算组织执行，加大与市直部门、县（市、区）会商力度，督促加快产业政策、公益性项目、直达资金等项目实施进度；按月向市领导报送分管部门预算执行情况，分管副市长对执行率较低的部门进行督促。清理预算指标，从6月起，按月清理收回政府采购资金和工程完工结余、因政策变化造成项目变更，以及与年初预算产生差异的项目资金，收回资金52.36亿元，统筹用于大建设等重点亟需领域。加大库款调度力度，健全库款运行动态监控机制，全年调度各县（市、区）库款417.1亿元，比上年增加17.5亿元，其中调拨十三批次中央、省财政直达资金58.5亿元，保障县级“三保”（即支持基层政府保基本民生、保工资、保运转）支出需要，未发生一例财政部监控预警通报事项。加快新增专项债券资金使用进度，采取库款提前垫付方式保障月度提前还本和专项债项目建设，全市新增专项债资金出库使用进度100%。

【政策兑现】 2021年，市财政局提高政策的针对性，开展政策绩效评价和“问计于企”调查，聚焦管用好用，针对企业普遍反映的创新、投资、融资、发展和环境等5个方面的困难和问题，从顶层设计上打破各类限制，修订出台政策“30条”及配套的14项实施细则，清理删除称号获奖类等锦上添花政策33条。打造惠企政策直通车，利用“税企交流平台”向33万户企业精准推送；在“合肥财政”发布政策电子书，点击量达3万次，实现政策查询“掌上看”；开辟财政产业政策管理网上信息系统和“安徽政务服务网”手机端两种申报渠道，实现政策兑现“指尖办”；探索推行产业政策“免申即享”，首批18项惠企政策条款实现“无感审批、自动兑付”，受到企业欢迎。

【资金监管】 2021年，市财政局健全绩效运行监控机制，从绩效目标实现程度和预算执行进度两方面，对1860个项目、1065亿元财政资金和92个部门整体支出进行实行“双监控”，根据监控结果调整93个项目绩效目标，作为后续跟踪问效的依据；清理效果不佳项目，保障优质项目高效执行。加强集中支付动态监控，上线监控规则37条，涵盖计划申报、资金支付、银行账户等方面。强化监控预警分析和结果运用，进行月度分析及季度监控结果反馈，全年预算执行动态监控系统触发3.9万条预警记录，涉及金额46亿元；系统自动阻止1.1万条支付申请，涉及金额15.1亿元。细化专项资金监管，出台《合肥市本级专项资金监督管理实施细则》，进一步明晰县（市、区）政府、市直各部门和项目单位资金管理职责，细化专项资金申报、审核、拨付等全流程监管要求，保障专项资金安全规范使用。开展财务大检查，组织开展2020年度市直单位财务大检查，重点向财务管理基础薄弱的二级预算单位倾斜，选定20家一级预算单位和26家二级预算单位开展重点检查。检查内容涵盖“三公”经费、津补贴、政府采购等12个方面内容。建立通报、会商、报告、问责工作机制，逐个单位下达整改意见书，督促整改落实，进一步严肃财经纪律、提升财政财务管理水平。抓好巡视巡察审计反馈问题整改，针对巡视巡察反馈、审计发现的问题，逐项梳理建立“问题清单”，及时进行整改落实，举一反三建立长效机制。加强涉农补贴资金发放管理，开展财政惠农补贴资金滞拨闲置等问题专项整治，首次公布惠农补贴政策清单，实现“一个清单管制度”；全年通过惠农补贴“一卡通”系统发放惠农补贴资金36.26亿元，惠及113.06万农户。

（钱　敏）

税　务

【概述】 2021年，国家税务总局合肥市税务局（以下简称“市税务局”）坚持组织收入原则，优化征收、税费并重举措，强化收入形势分析，细化分析监控，全年累计完成税费收入2672.1亿元，同比增长28.5%，其中，税收收入1316.37

亿元，增长11.9%。

2021年，市税务局系统1个集体、23名个人获省部级表彰，28个集体、71名个人获地市级表彰。

【减税降费】 2021年，市税务局落实减税降费政策，通过智能化推送、网格化管理、个性化服务，推动研发费用加计扣除、电力保供、制造业中小微企业缓税等政策直达快享、应享尽享，支持市场主体应对经济下行压力和疫情影响。全年新增减税降费112.93亿元，规模占全省1/3，税收减免97.28亿元，社会保险费和非税收入减免15.65亿元。其中，新出台的政策减税降费58.27亿元，展期实施政策减税降费49.67亿元，2020年出台政策在2021年的翘尾新增减税降费5亿元。

【依法治税】 2021年，市税务局以“强化法治思维、提升履职能力”为主题，开展全员大讨论，制定整改清单，增强税收法治思维。统一执法标准，规范执法流程，推行涉税“首违不罚”清单和行政处罚裁量基准，存量房交易计税价格争议处理入选全市“十佳政策解读”。聚焦打击“三假”（即假企业、假出口、假申报）、虚开骗税等涉税违法行为，查办一批有影响力的偷逃税大要案，维护公平公正的税收环境。全年立案查处涉税违法案件1590件，“4·20”专案被国家税务总局列为打击“三假”违法行为典型案例。

【服务地方发展】 2021年，市税务局发挥税收职能作用，做好优化营商环境、亩均税收评价、“难办证”涉税事项处理、大调研等工作，推进“银税互动”优化升级，全市1.13万户次中小微企业获“税融通”贷款184.88亿元。优化出口退税、增值税留抵退税审核流程，全年办理出口退税136.35亿元、增值税留抵退税83.8亿元。全市“纳税”指标及税务部门配合的“登记财产”指标得分均进入全国标杆行列；“四送一服”（即送新发展理念、送支持政策、送创新项目、送生产要素、服务实体经济）工作获全市考核第一名，社会信用体系建设被评为合肥市优秀等次。全国首批试点并成功上线“税比析”决策服务系统。

【税收改革】 2021年，市税务局推进落实《关于进一步深化税收征管改革的意见》和安徽省《关于进一步深化税收征管改革的实施方案》，逐级建立组织架构，逐条健全考评机制，逐项按时督导推进，完成年度改革任务。国有土地使用权出让收入等多项非税收入征管职责如期划转。增值税电子专用发票改革平稳推进。

【税种管理】 2021年，市税务局完成出口退税管理系统整合，上线社保费征管信息系统、非税收入信息互联互通平台，征管质效得到提升。实现税务部门与36个市直部门涉税数据共享，联合法院规范企业破产涉税处理，推行个人股权转让信息智联共享，实行“以房控税”“以地控税”，不动产交易办税“一窗受理、集成办理、全城通办”服务，获得国务院督查组肯定和税务总局领导批示。

【纳税服务】 2021年，市税务局集成推出146条举措，推进企业网格化包保服务。一体推进非接触式办税，深化“合税通”税企服务平台应用，推出发票免费邮寄服务，延伸建设15个便民办税点，网上办理率超过95%。推进办税服务厅“5Q”质量管理，打造“金牌导税”服务，设置“一次未办成事项和疑难事项受理专岗”，开展沉浸体验活动，压缩办税服务等候时长。推出AI智能语音咨询服务、“丝路税语”国际税收服务，原创动漫获评“黄河奖”优秀作品，打造并宣传服务品牌。

【征收管理】 2021年，市税务局落实税收征管质量5C监控评价机制，推广税收风险分级分类管理，优化市、县（市、区）税务局两级风险管理岗责体系和管理流程，构建“风险任务归口管理，业务部门协调配合”的横向互动机制和“风险分析市税务局为主，风险应对县（市、区）税务局为主”的纵向联动机制，充实税源管理力量，持续完善专业化风险监管体系。

（蔡 敏）

责任编辑：鲍 甄

金　融

综　述

【概况】 2021年，合肥市金融系统按照“稳增长、优服务、严监管、保稳定”的思路，统筹推进各项工作“开好局、起好步”，全市金融呈现融资结构逐步优化、融资成本有所下降、金融风险总体可控的稳健发展态势。全市实现金融业增加值1065.88亿元，同比增长6%，占地区生产总值（GDP）比重9.3%，经济增长贡献率6.2%；实现金融业税收77.39亿元，同比增长6.45%，占一般公共预算税收收入12.11%。

【信贷投放】 截至2021年底，全市人民币各项存、贷款余额分别为2.19万亿元、2.02万亿元，双双突破2万亿，分别占全省33.04%、34.82%，同比分别增长12.14%、11.84%，全市存贷比92.49%，高于全省4.74个百分点。

【保险业增量提效】 截至2021年底，合肥市保险业原保险保费收入累计417.57亿元，同比增长6.23%。风险保障实现增长，赔款与给付累计155.81亿元，同比增长32.11%。

【企业上市】 2021年，合肥市新增上市企业10家（其中科创板6家），上市公司总数达73家，其中：境内68家，超越天津、重庆等城市，与武汉、长沙差距缩小（差距分别由2019年的13家、17家缩小为2021年的3家、9家），居省会城市第7位；科创板13家，居全国城市第6位、省会城市第2位。

【融资比重】 2021年，合肥市通过出台相关政策、加强专题培训等举措，鼓励在合肥企业拓宽融资渠道，提升直接融资比重。全市新增直接融资4263.98亿元，同比增长8.46%，占全省比重61.02%。其中，股权融资265.64亿元，债权融资3998.34亿元，包括各类债券融资1205.34亿元，发行同业存单2793亿元。

【普惠金融支持小微企业发展】 2021年末，合肥市小微企业贷款余额5166.54亿元，同比增长19%，增速高于全省平均1.84个百分点、高于全市各项贷款平均增速7.16个百分点；全市新型政银担业务新增放款195.84亿元，同比增长37.14%，居全省第一位。实施纾困惠企货币政策，全市无还本续贷累放金额169.83亿元，贷款余额150.42亿元，比年初增长72.97%。融资成本低位运行，全市累计发放普惠小微企业贷款2188.82亿元，年化贷款平均利率5.16%，比年初下降0.27个百分点，比全省低0.28个百分点。

2021年9月16日，合肥市举办上市公司资本运作业务培训会为企业对接资本市场赋能
（市地方金融监督管理局／供）

【金融领域改革】 2021年，合肥市扩大数据赋能金融试点，支持中国建设银行等金融机构首创纯信用、纯线上金融产品“合肥智慧快贷”，实现“有数据即可贷款”。截至年底，实现贷款余额25.75亿元，服务企业5795户。推动“政信贷”业务创新，引导驻肥金融机构、地方金融组织入驻“信易贷”融资服务平台，全市“政信贷”业务余额20.09亿元、1492笔，其中纯信用贷款发放13.25亿元、1303笔，平均贷款利率4.48%，推动企业融资成本降低、便利度提升。

【区域金融生态】 2021年，合肥市加强地方金融监管工作，取消23家违规经营地方金融组织相关业务经营资格，向社会公告17家长期处于“失联”“空壳”状态的地方金融组织名单，对支持全市经济发展发挥作用较为突出的28家金融组织予以嘉奖。建立全市涉众金融领域风险防控工作调度机制，开展非法集资陈案化解三年攻坚行动，全市非法集资案件呈现出“两降一升”态势，全年新发案件25起，涉案金额1.23亿元，同比分别下降54.5%和95.5%，化解陈案57起，创历史新高，国家处非联办挂牌督办的3起陈案于年底前结案。加快清退P2P网贷平台，全年新增良性退出平台4家、立案查处1家，存量机构由年初的12家降至7家。

（合肥市地方金融监督管理局）

货币信贷运行

【概况】 2021年，合肥市本外币各项存款余额2.06万亿元，同比增长10.34%；全年新增存款1930.37亿元，同比少增327.69亿元。本外币各项贷款余额2.03万亿元，同比增长11.87个百分点；全年新增贷款2155.41亿元，同比少增156.33亿元。

【存款】 2021年，合肥市人民币各项存款余额2.02万亿元，同比增长10.42%，较年初增加1907.01亿元，同比少增235.86亿元。

分部门看，人民币住户存款余额6394.14亿元，同比增长14.40%；较年初增加804.74亿元，同比少增117.45亿元。人民币非金融企业存款余额7255.17亿元，同比增长9.70%；较年初增加642.52亿元，同比多增236.04亿元。人民币财政性存款余额636.94亿元，同比增长19.67%；较年初增加104.70亿元，同比多增176.07亿元。人民币机关团体存款余额4306.85亿元，同比增长5.72%；较年初增加232.15亿元，同比多增229.75亿元。人民币非银行业金融机构存款余额1597.76亿元，较年初增加121.09亿元，同比少增762.36亿元。

【贷款】 2021年，合肥市人民币各项贷款余额1.99万亿元，同比增长12.77%；较年初增加2257.91亿元，同比少增113.36亿元。

分期限看，全市人民币中长期贷款余额1.47万亿元，同比增长13.45%；较年初增加1739.42亿元，同比多增96.70亿元。人民币短期贷款余额3622.15亿元，同比增长7.95%；较年初增加266.82亿元，同比少增419.39亿元。票据融资余额1022.92亿元，同比增长22.20%；较年初增加185.43亿元，同比多增199.61亿元。

分部门看，全市人民币住户贷款余额7689.89亿元，同比增长11.96%；较年初增加821.41亿元，同比少增254.67亿元。其中，住户消费贷款6208.22亿元，同比增长7.59%；较年初增加437.89亿元，同比少增420.37亿元。企（事）业单位贷款余额1.22万亿元，同比增长13.23%；较年初增加1426.70亿元，同比多增132.56亿元。

（中国人民银行合肥中心支行）

银行业和保险业

【概况】 中国银行保险监督管理委员会安徽监管局（以下简称“安徽银保监局”）作为中国银行保险监督管理委员会的派出机构，由原中国银行业监督管理委员会安徽监管局和原中国保险监督管理委员会安徽监管局合并成立，于2018年12月17日正式挂牌。安徽银保监局根据银保监会的授权和统一领导，依法依规独立对安徽辖内银行业保险业实行统一监督管理，对有关银行业、保险业机构及其业务范围实行准入管理，审查高级管理人员任职资格；对有关银行业、保险业机构实行现场检查和非现场监管，开展风险与合规评估，保护金融消费者合法权益，依法查处违法违规行为；统计有关数据和信息，跟踪、监测、预测辖内银行业、保险业运行情况；指导地方金融监管部门相关业务工作开展。2021年，安徽银保监局下辖16个银保监分局。具体承担合肥市区银行业保险业监管工作，授权巢湖银保监分局对合肥“四县一市”（即肥东县、肥西县、长丰县、庐江县、巢湖市）银行业和保险业实行统一监督管理。

【银行业】　2021年，合肥市银行业资产余额3.44万亿元，较年初增加2572.39亿元，增幅8.09%。其中，各项贷款余额2.09万亿元，较年初增加2044.39亿元，增幅10.86%。全市银行业负债余额3.27万亿元，较年初增加2448亿元，增幅8.09%；其中，各项存款余额1.95万亿元，较年初增加1753.46亿元，增幅9.89%。2021年，全市银行业实现利润228.65亿元，同比增长6.45%。不良贷款余额145.20亿元，不良贷款率0.69%，低于全省银行业平均水平0.5个百分点。

【保险业】　2021年，全市保险业实现原保险保费收入397.77亿元，同比增长5.52%，保费收入占全省比重为28.83%；赔付支出146.52亿元，同比增长26.38%；提供风险保障55.40万亿元，同比增长14.05%。

【银保监管】　2021年，安徽银保监局支持长三角一体化发展等重大战略，全市银行业支持长三角一体化重大项目累计528个，贷款余额1408.31亿元。制定《中国银保监会安徽监管局关于银行业保险业支持先进制造业高质量发展的通知》，督促辖内银行围绕先进制造业、战略性新兴产业持续加大信贷投放。截至年底，合肥地区制造业贷款余额2182亿元。推动中国集成电路共保体安徽中心在合肥高新技术产业开发区设立，协调统筹全国承保资源，向合肥定向提供风险保障986亿元。指导合肥高新区开展科创企业“贷投联动批量对接”试点。为12家科创企业提供贷款5400万元。制定支持科技创新和战略性新兴产业加快发展38项措施，提出“首贷银行”理念，健全产业链常态化金融供需对接机制开展科技创新与新兴产业金融服务对接。2021年末，合肥地区科技创新类贷款余额1238.18亿元，科技保险为合肥344家高新技术企业提供风险保障913亿元。深化小微金融服务，指导银行对接中小微企业金融服务平台，加大三农、小微等薄弱领域支持，推动党建引领信用村试点升级。合肥市全年小微企业贷款余额5166.54亿元，较年初增长19.00%。开展绿色生态建设，下发《进一步加强绿色金融发展助力碳达峰碳中和的通知》，2021年合肥地区生态建设和绿色产业类贷款余额1235.58亿元。推进恒丰银行合肥分行、北京人寿、中银三星人寿省级分公司筹建工作，泰康集团泰康之家•徽园医养融合社区和新华人寿保险合肥后援中心两个合肥地区大型项目按计划建设。

【民生服务】　2021年，安徽银保监局开展推进“我为群众办实事”活动。12个重点民生项目取得成效，省首个商业健康保险快速理赔结算服务平台投入运行，有1510件健康保险理赔通过该平台进行，理赔金额406.14万元。参与重大突发事件应急体系建设，安全生产责任保险覆盖合肥高危行业领域主体6800余家，提供风险保障738亿元。脱贫攻坚与乡村振兴有效衔接，推进实施“防贫保”综合保险试点县域全覆盖。合肥市农业保险向38.29万农户提供风险保障85.09亿元，因各类自然灾害向18.75万农户支付赔款2.75亿元。

商业保险机构经办合肥地区基本医保签约项目6个，服务人群565.72万人，经办基金规模46.51亿元；合肥地区大病保险为11.64万人次支付赔款3.48亿元；医疗责任保险为合肥1700余家医疗卫生机构提供责任保障3.4亿元，参与调处医疗纠纷超500起；城市定制型商业医疗保险服务惠及合肥居民90万人。

安徽银保监局服务合肥市保障性安居工程建设，探索在市场化棚改等保障房领域深化合作，授信支持庐江县2021—2022年棚户区改造项目建设；推动蜀山区集体土地租赁住房项目落地。

合肥地区商业车险签单保费62.82亿元，同比下降13.46%；签单件数239.66万件，同比增长11.07%。

【化解金融风险】　2021年，安徽银保监局引导银行保险机构围绕经济社会发展需求，优化信贷资源配置，加大资产质量管控，实现增量靠前、结构优化、风险收敛。全市银行业新增贷款2044.39亿元，中长期贷款占比达78.31%。保险业累计实现原保费收入397.77亿元，同比增长5.52%。银行业不良贷款余额145.2亿元，不良率0.69%，低于全省平均0.5个百分点。全市没有新发生重大风险事件和案件。推动徽商银行加快收购包商银行不良资产处置，理财存量资产整改率95.8%。辖内华夏人寿、天安财险接管工作平稳开展。整治人身保险、互联网保险乱象，综合治理人身险销售误导，强化保险中介法人机构风险排查，开展“内控合规管理建设年”活动，规范全市银行业保险业市场秩序。

（安徽银保监局）

证券业

【概况】 中国证券监督管理委员会安徽监管局（以下简称“安徽证监局”）是中国证监会的派出机构，前身为安徽省证券管理办公室，成立于1995年。1998年，划归中国证监会垂直领导，改名为“中国证监会合肥证券监管特派员办事处”。2004年3月1日，正式更名为“中国证券监督管理委员会安徽监管局”。主要职责为：对安徽辖区有关市场主体实施日常监管；防范和处置辖区有关市场风险；对证券期货违法违规行为实施调查、做出行政处罚；证券期货投资者教育和保护；法律、行政法规规定和中国证监会授权的其他职责。

截至2021年底，辖区有境内上市公司149家（含北京证券交易所5家），省区排第9位；新三板挂牌公司248家，省区排第9位；注册地在辖区的证券公司2家、期货公司3家、投资咨询公司2家，证券期货营业部277家，私募基金管理人226家，公募基金公司1家。全年新增资本市场融资额3902.91亿元，其中，境内上市公司股权融资541.97亿元、新三板挂牌企业融资5.27亿元、交易所债券融资3241.49亿元、区域性股权市场融资114.18亿元。

全年新增23家上市公司，再创历史新高。

【服务资本市场】 2021年，“国产光刻设备第一股”——芯碁微装等7家企业登陆科创板，晶赛科技等5家中小科创企业首批进入北京证券交易所，安徽首单知识产权ABS（即知识产权证券化产品）落地发行，科技链、创新链、产业链与资本链进一步融合。华骐环保、超越科技等2家环保类企业上市，安徽首单PPP项目REITs发行，为绿色发展和生态文明建设注入金融活水。安徽证监局引导私募基金投早、投小、投科技，截至年底，全国私募基金投资省内高新技术和初创科技型企业金额842.01亿元，占私募基金总投资额的33.44%。实现直接融资（证监会主管）3902.91亿元，同比增长51%。安徽三家期货公司在省内外成功开展生猪期货“保险+期货”项目20余单，首个保费规模超2000万元的“保险+期货”项目完成县域覆盖。

【风险防控】 2021年，安徽证监局推动组建由副省长担任组长、14家省直单位共同参与的私募基金风险防范化解工作领导小组，与中国人民银行合肥中心支行、国资部门建立地方国有企业债券风险监测预警机制，推动省清整联办成立重点交易场所风险处置工作专班，增强风险防范处置合力。成功化解4家风险类上市公司相关风险、2家债券发行人合计20.35亿元的债券兑付风险，督导精达股份等6家公司完成9.7亿元的资金占用整改。贯彻中共中央办公厅、国务院办公厅《关于依法从严打击证券违法活动的意见》，与安徽省人民检察院建立行政执法与刑事司法衔接机制，采取32家（次）行政监管措施，完成25起案件的调查审理，处罚没款634万元。

【维护投资者合法权益】 2021年，安徽证监局与中证中小投资者服务中心、合肥市中级人民法院开展座谈交流，指导中证安徽调解工作站与合肥市仲裁委建立仲调对接机制，深化矛盾纠纷多元化解机制建设。指导徽商期货设立全国首家以期货宣传教育为主的投资者教育基地，召开2次投资者教育基地座谈交流会，指导各基地围绕康美药业案、北交所设立开展政策解读、风险提示等宣传教育活动1000余场，提升基地投资者宣传教育平台功能，辖区3家国家级投教基地在证监会统一评价中获得“两优一良”的成绩。办结投资者诉求事项293件，妥善处理多起重大投诉举报事件。

（孙梦波）

责任编辑：鲍　甄

经济监督与管理

市场监督

【概况】 2021年，合肥市市场监督管理局（以下简称“市市场监管局”）推动改革试点，着力优化营商环境，全市实有市场主体、实有企业同比增速分别位列中部六省会城市第一、第二名。深化“放管服”改革，创新监管方式，着力构建以“双随机、一公开”监管为基本手段、以重点监管为补充、以信用监管为基础的新型监管机制，提升企业信用监管效能，对守信企业“无事不扰”，对失信企业“无处不在”的随机监管、信用约束机制逐步成熟并应用。加强知识产权保护，开展知识产权“铁拳”“蓝天”专项行动，查处知识产权侵权纠纷案件651起，罚没款600余万元。实施“大质量”发展战略，推动形成合肥质量、合肥品牌、合肥创造，质量工作连续3年受到省政府督查激励、通报表彰。以民生领域为重点、以案件查办为核心开展监管执法，促公平、树权威，全系统办理综合执法案件6419起，罚没款7039万元，移送公安46起。加强对食品、药品、特种设备和产品的质量监管，实现管控源头全覆盖、落实责任全链条、信息追溯全流程，维护市场称秩序安全、稳定。市市场监管局获评全国知识产权系统“先进集体”、全国七五普法先进单位、全国食品安全工作“先进集体”、全省竞争执法案件查办“优秀单位”。

【优化营商环境】 推进“一业一证”改革。2021年，市市场监管局印发“一业一证”“确认制”改革实施方案，研发平台系统，推动部门协同。合肥经济技术开发区、合肥高新技术产业开发区分别下线全市首张行业综合许可证、全省首张确认制改革营业执照。全市域、中国（安徽）自由贸易试验区合肥片区两级涉企经营许可2021版事项清单梳理完成、正式印发实施。深化以“压缩时间、拓展范围、包容审慎、一网融合”为宗旨的简易注销改革，完善市场主体“生得下、长得大、活得好”的体制机制。2021年，全市新登记市场主体31.31万户，同比增速35.84%，为近5年最高水平。

强化企业信用监管。建立全省首个“双随机、一公开”监管地方工作标准，282家执法部门、54万户市场主体、10805人执法人员纳入“一单两库”并实施动态管理；市县两级市场监管部门完成随机抽查任务978批次、抽查企业15186户，开展部门联合抽查1263批次、抽查企业5037户；强化涉企信息归集公示、共享应用和信用修复，累计归集行政许可、处罚信息110806条，列入经营异常名录企业47800户次，通过移出和撤下方式实施信用修复16011户次。

【知识产权运用保护】 2021年，全市首单、填补空白的知识产权证

2021年9月18日，合肥市首单知识产权证券化产品正式发行启动
（市市场监管局/供）

券化产品成功发行，助企融资1.495亿元；全国首家中国（合肥）地理标志产品展示交易中心揭牌运营，“长三角知识产权运营服务体系建设重点城市联盟”正式成立。市市场监管局携手安徽大学共建全省首个知识产权实习基地。“科大讯飞”和“中科离子”分别获中国专利金奖、中国外观设计金奖。全市每万人发明专利拥有量45.4件，同比增长13.77%，高于全省平均19.9的发展水平。全市商标有效注册量29.39万件，同比增长26.17%，每万户企业拥有注册商标2182件。提请市政府出台知识产权保护30条意见，中国（合肥）知识产权保护中心通过国家验收并投入实质性运营。

【质量发展战略】 2021年，市市场监管局牵头制定印发《合肥市支持质量发展若干政策实施细则》，规划未来五年质量发展路径和蓝图，做好创建“全国质量强市示范城市”验收准备。印发《合肥市市长质量奖管理办法》，调整奖项、扩大范围、提高奖励；组织第一届市长质量奖评选活动，合肥美的洗衣机有限公司等6家企业和组织获金奖，通威太阳能（合肥）有限公司等10家企业和组织获银奖；科大讯飞公司获第四届中国质量奖提名奖，全市55家企业和组织获评安徽省“皖美品牌”示范企业。

新增国家级服务业标准化试点项目4个，服务业标准化示范项目数量和规模在全省居第一位；评定发布合肥市地方标准27项，获批筹建全国首个智能语音领域类国家技术标准创新基地；推进“百城千业万企”对标达标提升行动，911家企业发布1212个对标结果，在全国208家参评城市中排第12位；获批筹建安徽省生物医药产业计量测试中心，在民生领域强制检定和校验计量器具18万余台（件），免收费用2230万元，开展粮食购销领域计量专项检查，检定衡器177台、容量器90台、水分测定仪145台；按照序时进度强力推进国家检验检测高技术服务业集聚区（合肥园区）建设，入驻相关机构330家、完成营业收入50亿元。

【监管执法】 2021年，市市场监管局组织2021年“元旦春节”“五一端午”“中秋国庆”专项打假，连续发布8批民生领域“铁拳”行动典型案例；整治非法经营成品油行为，扣押车辆198台、没收油品210吨，移送公安15起；聚焦“双减”部署，规范校外教育培训机构经营行为，立案查处35起；开展“网剑”行动，紧盯“6·18”“11·11”等敏感节点，约谈指导、网络监测，查处的合肥颜如玉健康科技有限公司未取得医疗器械注册证案，入选长三角网络执法交流典型案例；常态化开展“长江禁渔”专项行动，办结案件122起，2起案例入选国家总局典型案例。

保障公平竞争。全年审查增量政策措施385件，其中政府政策措施189件，清理存量政策措施349件；提升竞争执法能力，庐阳区局、经开区局各有一起案件入选省局竞争执法典型案件，肥西县局、包河区局各有一起案件入选省局竞争执法优秀案件；监督检查银行机构、转供电、职业高校、商超酒店价格收费行为，立案查处44起，罚没款860万元；强化广告监测，加大互联网广告违法行为打击力度，查处违法广告案件385起，罚没款745万元。

突出案件办理的目标导向和价值取向，执法支队查处全省首例违规使用“庆祝建党百年活动标识案”和恶意抢注“奥运热词商标案”；庐阳区局相继定性处罚4起向未成年人售酒案，属全省系统首例首次；长丰县局查获一起涉及万余人、涉案千万元的非法经营药品保健品大案，抓获犯罪嫌疑人90人，其中依法采取刑事强制措施57人，《中国市场监管报》予以专题报道；执法支队办结中交一公局集团被冒用登记案，为央企避免经济损失1.3亿元。

【食品药品安全监管】 食品安全监管。2021年，市市场监管局实施农村假冒伪劣食品、校园食品守护、餐饮质量安全、夏季食品安全、特殊食品安全、进口冷链食品等11项监管执法行动，覆盖生产、流通和餐饮各环节，源头排查、消除隐患；建齐完善“集中监管仓”，常态化落实进口冷链食品“一单四证”｛即进口货物通关单、检验检疫证明、核酸检测证明、消毒证明、集中监管仓出仓（库）证明文件｝，全年报备食品2.5万吨；加大力度、加密频次，完成年度食品抽检32771批次，合格率97.52%。在全省率先制定《抽检监测样品处置工作规定》和《建立食品安全工作站指导意见》；开展“你点我检”“随机查餐厅”活动，落实落细民生保障；深化智慧监管，中央厨房、集体用餐配送单位、各类学校“明厨亮灶”覆盖率100%，中小学幼儿园“互联网+明厨亮灶”覆盖率100%。创成省级餐饮质量安全街区4家，数量位居全省第一；全市103家规模以上食品生产企业建立追溯体系，349家食品小作坊通过规范提升。

药品监管。实施药品“春风”行动、新冠病毒检测试剂监督检查、医疗器械备案清理规范、化妆品“线上净网线下清源”、儿童化妆品、中药饮片质量等系列专项执法，全年查处药械化案件386起，罚没款278万元；强化疫苗质量监管，对全市748家疾控中心和接种单位实施全覆盖检查；落实“一退两抗”药品“实名登记”与动态监测，信息系统累计注册药店3561家，上传购药信息350余万条；持续开展仿制药质量和疗效一致性评价，3家企业8个品种兑现奖补资金2200万元，一致性评价工作进度位列全省第一。

【特种设备与产品质量监管】 特种设备监察。2021年，市市场监管局开展场内专用机动车辆、起重机械、气瓶、固定式压力容器、电梯鼓式制动器等6次专项整治，排查特种设备32338台，整改隐患3192台；升级实现96366预测预警功能，推行无纸化维保、保险化监管新模式；建立电梯应急救援联动机制，开展各类救援演练34次。

产品质量监管。完成元旦春节、儿童学生用品、非医用口罩等产品质量市级专项抽检，抽样1855组，合格率93.9%；制定《产品质量安全突发事件应急预案》和《监督抽查后处理工作暂行规定》，完善“实施抽样、发现问题、封存召回、行政处罚、信息溯源”闭环管理机制。

（刘　畅）

价格管理

【概况】 推进清费减负，激发市场主体活力。2021年，合肥市发展和改革委员会（以下简称“市发改委”）降低大工业电价；审核办理公益性项目、旧城改造项目大配套费减免；争取地铁轨道优惠电价；实行惠民菜篮子门店和商业综合体电价优惠政策；将农业初加工纳入农业生产用电范围，降低初加工行业用电成本。

发挥价格杠杆，推进商品价格改革。推进电价市场化改革。放开全部燃煤发电电量上网电价，取消工商业目录销售电价，试行工商业季节性尖峰电价和需求响应补偿电价。推进农业水价综合改革工作。确保庐江县2021年底完成改革任务。启动天然气上下游价格联动机制，疏导价费矛盾，保障全市用气供应稳定，核定江水西调生态基流补水运行价格，促进水资源的合理配置和可持续利用。审核肥西产城融合示范区地下综合管廊收费标准，助力“海绵城市”建设。

聚焦民生民意，增强群众获得感。加强城市供水行业服务价格管理，下调住宅小区“一户一表”改造费用标准。加强城镇燃气工程安装收费管理，降低城镇老旧小区居民燃气工程安装费标准。落实非电网直供电价格政策，确保降价红利传导至终端。

清理规范收费，促进公用事业高质量发展。取消工程验收接入环节各类不合理收费。取消用户区划建筑红线外接入工程费用。取消供水供气环节终端用户计量装置费。取消政府采取特许经营协议方式授权收取的专项建设费。

【价格服务】 理顺动力成本与运价的比价关系，调整和完善巡游出租汽车运价。2021年，市发改委启动市区巡游出租汽车运价调整及定价机制改革工作，调整巡游出租汽车运价水平，建立运价的动态调整机制，化解运价矛盾，保持行业总体稳定。

坚持民生为先，完善公益服务价格政策。出台《合肥市机动车停放服务收费管理办法》《合肥市殡葬服务收费管理办法》《关于合肥市轨道交通（地铁）票价的批复》，构建立体公共交通体系，倡导低碳出行，施行公共交通换乘优惠机制，降低市民出行成本；下调部分公园、景区门票价格；延长市区停车收费免费时段（从15分钟延长至30分钟）；扩大公共交通免费乘车、旅游景区免费游园群体（将孤儿、军人等纳入免费范围），促进社会和谐发展。

【收费管理】 加强民办教育收费管理。2021年1月，市发改委会同市教育局制定印发《关于进一步推进合肥市民办学校教育收费管理的通知》，明确收费管理形式、申报流程、申报时间等方面，规范收费行为。

编制《合肥市市级涉企收费清单（2021年）》。贯彻落实国家和省市各项减负政策，结合实际情况，动态调整、编制《合肥市市级涉企收费清单（2021年）》，会同市财政局、市经信局于11月初印发公布。

加强学科类校外培训收费管理。2021年12月，会同市教育局、市市场监管局印发《关于加强义务教育阶段线下学科类校外培训收费管理的通知》，明确具体收费标准，落实收费公示制度和预收费管理制度，强化收费备案管理。

【价格监测】 做好疫情常态化下保供稳价工作。2021年，市发改委每周报送疫情防控信息，全年上报45篇。执行疫情防控价格监测日报机制，价格异动情况及时以两办信息方式报市政府。建立临时启动“惠民菜篮子工程”活动保供稳价机制，提高惠民优惠力度，加大政府补贴力度。临时启动七一期间及11月稳物价保民生“惠民菜篮子”工程25天，销售“惠民菜”700万千克，让利1036万元，减轻群众生活负担。

*加强价格变动情况监测分析。*执行国家、省市各级价格监测报告制度，新增劳动力价格监测，承担国家、省市各项监测报告制度35项、监测品种800余个。在国家及省价格监测质量考核中均为满分。持续跟踪全市价格变动情况，加强对全市农副产品、工业生产资料价格监测分析，每月形成价格监测分析发改专报报市委市政府。针对猪肉持续下跌、大宗商品价格持续上涨等情况，及时形成监测专报、信息快报。

*启动“惠民菜篮子工程”稳定市场预期。*在元旦春节、五一、中秋国庆、七一和11月蔬菜价格大涨期间5次开展“惠民菜篮子”工程，达91天，首次推出“二元菜”品种，市区超200家超市门店参与。全年销售惠民菜达2679万千克，让利额近4360万元。合肥市“惠民菜篮子工程”于2021年7月成功入选全国重要民生商品保供稳价典型经验做法。

*启动特困群体生活价格临时补贴联动机制。*为确保低收入群体的生活水平不因物价上涨而降低，根据《合肥市社会救助和保障标准与物价上涨挂钩联动机制》规定，联合民政、财政等部门印发通知，于11月启动价格临时补贴联动机制，向困难群体发放价格临时补贴，首次将孤儿、事实无人抚养儿童及艾滋病病毒感染儿童纳入补贴范围，全市有26万特困群众受益，累计发放价格临时补贴1495万元，保障低收入群体基本生活。

（马艺文）

审　计

【概况】 2021年，合肥市审计局依法履行审计监督职责，强化审计查出问题整改和审计结果运用，市本级开展审计项目和事项97个，审计和延伸审计单位492个，移送处理事项53件，问责187人次，促进被审计单位出台完善相关制度124项。

坚持把研究贯穿于工作全过程、落实到各环节，梳理、归纳、分析审计发现的问题，向市委、市政府提交审计结果报告、审计专报、问题建议类信息，提出解决问题的意见和建议，推动审计成果转化为发展动力。以市委审计委员会办公室名义报送的9篇审计专报均得到市委主要负责同志批示，部分批转市纪委监委、市委组织部等部门专项办理。完成省审计厅重点招标课题《新发展格局下构建审计监督与其他监督协同机制研究》撰写工作。

2021年，该局第四次获评“安徽省文明单位”，第6年获市委综合考核“好”等次，并获评市政府目标管理考核优秀责任单位，获评第七届安徽省“人民满意的公务员集体”。1个审计项目被评为全国审计机关优秀审计项目，3个审计项目被评为全省审计机关优秀审计项目。

【政策跟踪审计】 2021年，市审计局围绕“六稳”“六保”和供给侧结构性改革主线，以资金保障、项目落地和任务推进为抓手，每季度开展一次重大政策措施落实情况跟踪审计，重点关注推动就业优先、财政奖补政策支持实体经济发展、直达资金管理使用情况、新增专项债券管理使用等政策实施情况。开展高标准农田建设管理情况专项审计调查、合肥市落实“六稳”“六保”的稳就业政策措施落实及成效情况专项审计调查、合肥市推动经济高质量发展的自主创新、软件及集成电路政策落实及资金使用绩效情况专项审计调查，促进完善和落实相关政策。推进省审计厅统一组织的粮食购销领域专项审计，在全市范围内抽调155

2021年5月25日，合肥市审计局现场检查轨道交通4号线跟踪审计项目质量
（市审计局／供）

名人员，查看69家国有粮食库点企业，移送审计线索37件。

【财政资金使用审计】 2021年，市审计局开展2020年度市级预算执行和其他财政收支情况审计，聚焦财政财务收支真实合法效益主责主业，做好常态化“经济体检”工作。重点围绕政策、项目、资金和重大改革任务推进情况，落实“六稳”“六保”工作任务，找准财政审计监督与高质量发展的结合点，加强对财政资源统筹、财政支出总量与结构、重点专项资金与重大投资项目、政府债务、预算约束及绩效管理、国有资产的审计。聚焦建设程序、招投标管理、合同管理、资金管理及投资绩效等情况，对科创平台、市政交通、公共服务、引江济淮等28个政府投资重大建设项目开展全过程跟踪审计。探索开展市级政府财务报表审计，并作为全国唯一受邀的地市级审计机关，在全国性行业学术研讨会上作经验交流。

【自然资源资产审计】 2021年，市审计局安排进行领导干部自然资源资产离任（任中）审计项目14个，涉及领导干部20人，首轮覆盖完成县（市、区）党政主要领导干部自然资源资产审计。审计过程中重点关注贯彻执行上级自然资源资产管理和生态环境保护重大决策部署、遵守法律法规、完成目标、履行监督责任、相关资金征管用和项目建设运营等情况。开展长丰县农村人居环境整治相关政策和资金审计，环巢湖地区生态保护修复工程三期、四期、五期、六期建设项目跟踪审计。

【领导干部经济责任审计】 2021年，市审计局对159名领导干部开展经济责任审计，将问责的“板子”精准到具体责任者，当好国家财产“看门人”、经济安全“守护者”。对《合肥市市级部门（单位）内部管理领导干部经济责任审计暂行办法》进行修订，确定内管干部经济责任审计的组织协调、计划实施、评价和成果运用等内容。指导有关部门对内管干部开展经济责任审计，监督指导各县（市、区）对村居主要负责人开展经济责任审计。

【智慧审计平台建设】 2021年，市审计局打造合肥智慧审计平台，开通数据获取“绿色通道”，归集社保、扶贫、资环、房产等审计模型30余个，实现实时采集、关联分析、智能拓展。运用大数据技术对93家市直一级预算单位开展全覆盖审计。在审计领域应用无人机、地理信息系统等前沿技术，提升园林景观项目审计、夜景亮化工程审计、矿山生态修复工程审计质量。该局选送的审计案例被审计署表彰为A类优秀教学案例，为安徽省唯一入选案例；多篇大数据应用案例被审计署、省审计厅推介。

【审计成果转化】 2021年，市审计局把审计与监督执纪、惩治腐败结合起来，加强审计机关和纪检监察机关、巡察、组织人事等部门的协作，建立健全监督项目沟通、监督过程协作、问题线索移送、监督成果共同运用、审计整改联合检查等机制。按照《合肥市人民代表大会常务委员会关于加强对审计查出问题整改工作监督的决定》要求，执行“专人负责、清单管理、跟踪督改、逐项销号”的全链条整改机制，推动形成“党委督办、政府督查、人大督导、审计督促”的一体化整改格局。把审计与整改问责结合起来，建立完善监管部门、主管部门参与的联合督促整改工作机制和整改清单“销号”制度，市本级完成477个问题的整改工作。

【内部审计】 2021年，市审计局加强对内部审计的指导，制定《内部审计工作业务指导和监督暂行办法》，明确内部审计工作机制、分类指导、检查备案、通报评优等各环节要求。开展内部审计质量检查，组织开展内部审计项目评选，举办内部审计培训班和理论研讨，规范内部审计行为，推动内部审计工作实现标准化和规范化。加强对社会审计的质量核查，对9家社会审计机构开展年报核查，并推动将核查结果纳入全市审计系统“信用名单”。

（叶玖玲）

统　计

【概况】 2021年，合肥市统计局围绕经济社会发展中心工作，深化统计体制改革，推进依法治统，构建现代化统计体系，完成农业、工业、建筑业、服务业、投资、能源、人口、就业、科技、文化、基本单位等年、定报统计工作，开展企业创新、民营经济、“三新”统计、非公人才资源状况、工业成本费用、会展业、信息化和电子商务、城市综合体、省级特色小镇、交通能源消费、信息系统建设基本情况等10余项专项调查任务。

市局被国务院第七次全国人口普查领导小组授予“第七次全国人口普查先进集体”称号。在省统计局对各地市统计工作的年度评价中，市局有13项业务获评全省第1名，并连续第17年被评为市政府目标管理绩效考核优秀单位。

【改革创新】 2021年，市统计局创新开展数字经济统计监测试点工作，设立和实施《合肥市数字经济核心产业核算方法（试行）》，根据国家统计局行业分类、安徽省行业分类及浙江省行业分类先后三次试算合肥市数字经济核心产业增加值，并撰写《合肥市数字经济核心产业发展状况分析》。在国家统计局现行产业分类基础上，强化对合肥市集成电路、新型显示、生物医药、新能源汽车暨智能网联汽车等12条重点产业链的统计监测，并实现月度常态化报告，撰写送阅材料《产业链统计监测情况报告》。根据《合肥市民营经济考核评价办法》，创新开展民营经济考核工作，在全省年度考核基础上，增加数据监测频率，按季度考核民营经济发展。探索引进社会资源，推进统计服务外包试点工作，服务范围从试点初期的指导企业完善台账、日常催报以及达规申报等常规工作，拓展到产业和经济分析，形成环境产业、数字产业等多篇分析报告，其中环境产业报告被国家统计局采用。

【统计法治】 2021年，市统计局统筹推进依法统计、依法治统，提高统计数据质量。印发《2021年全市统计法治工作要点》《2021年全市统计法治宣传教育工作计划》，全面落实普法任务。利用"联网直报平台"进行统计法治宣传，实现一套表统计调查对象全覆盖。在"12·8统计法颁布纪念日""9·20统计开放日"，省、市、区联合开展广场宣传活动。组织收看第166期时代统计大讲堂——全国统计系统民法典专题讲座，全市统计系统203人参加学习。推进统计法律法规进党校课堂，市、县两级均将统计法律法规全面纳入党校主体班必修课。落实行政执法"三项制度"，加大统计违法案件的查处和曝光力度，全年执法检查企业505户，比上年增加209户，立案查处违法企业8户，协助省统计局对7户涉外调查企业开展普法和执法。推进统计信用建设，加强信用知识宣传，制作信用宣传资料，印发《2021年社会信用体系建设工作方案》，在信用合肥公示行政处罚企业1户并信用修复。落实防范和惩治统计造假弄虚作假责任制，向市委考核办、组织部、宣传部、市扫黑除恶办等多部门提供统计"一票否决"有关情况。

【基层基础建设】 2021年，市统计局在全市128个乡镇、街道均设立统计机构，有独立办公场所，统计工作制度健全率、原始记录健全率、统计台账健全率、统计资料规范管理率均达100%。印发《2021年合肥市统计干部能力提升重点工作计划》，在全市统计系统开展"大学习"，每月通过"线上+线下、主会场+分会场"的方式，围绕"十四五"规划、长三角一体化、公文处理、短视频和H5制作等内容开展培训；面向各专业新增企业及重点企业、各级政府领导、相关部门等开展专题培训，全年各项培训超1400人次。根据《合肥市统计基层基础资料档案化管理工作制度（试行）》和《合肥市统计基层基础规范化建设检查方案》要求，明确统计基层基础建设标准，推进基层基础资料档案化检查，并将检查结果运用到数据评估。每月组织各专业开展联合互查，按月通报一套表联网直报企业和投资项目数据质量情况。

【统计服务】 2021年，市统计局落实《关于开展统计服务千企行动的通知》，先后多次赴各县区开展服务，采取上下联动、条块结合，将统计法规、实务、调研送进企业，提升企业对统计工作的配合度和支持度，全年服务企业（项目）超2500家，帮助企业（项目）解决各类实际困难81个。推动政务服务事项"一网通办"，精简申请材料、缩短承诺时限，提高办件效率，实现全部办件"智慧办""掌上办"，全年地图访问量超400次，手机办理超120件。整合统计数据资源，梳理、编制涉及各专业统计信息目录和资源清单59项，上传数据资源近百万条，实现政务服务事项信息无条件共享。常态化向市人大网络平台提供数据服务，由合肥市及沪、宁、杭主要指标季报延伸到全国省会、长三角、万亿俱乐部城市月报，满足市人大代表需求。丰富统计产品，编印《合肥统计年鉴》《合肥市国民经济统计资料提要本》《合肥统计月报》《横向经济运行动态》《合肥工业综合月报》《合肥能源消耗监测月报》《合肥市金融月报》《省内（省会、长三角、全国30个重点）城市主要经济指标快报》《送阅材料》等统计产品10余种；发布《合肥市2021年国民经济和社会发展统计公报》；发布《合肥市第七次全国人口普查公报》，并发布多篇分析、专报，其中一篇专报获市委主要负责同志批示；编印合肥市第十二次党代会参阅材料《赓续伟大建党精神 奋进新的赶考之路》和市第十七届人大一次会议参阅材料《笃志躬行勇担新使命 锚定目标奋进新跨越》。通过《合肥日报》、合肥市人民政府发布APP、新闻发布会等平台及时发布、解读各类统计数据信息，擦亮公众关注的"信息窗"。

【调研分析】 2021年，市统计局编报各类政务信息370余条，被省统计局采用近百条；各类经济信息580余条，被市委办公室和市政府办公室采用150余条。撰写各类统计资料、调研报告、送阅材料、课题研究等近170篇，其中获省、市领导批示17篇，25篇被《安徽省情省力》《中安在线》《合肥日报》等媒体刊载，4篇入选市社科界第十一届学术年会论文集，1篇获“永远跟党走”优秀征文活动三等奖，1篇获“弘扬建党精神 汲取奋进力量”主题征文活动优秀奖。

【考核评价】 2021年，市统计局完成县域考核数据整理和报送工作，合肥市多地考核结果在省内排名靠前；参与市级季度考核方案的制定和完善，协助市督查目标办公室开展经济运行考核季度测算，协助开展年度目标管理绩效考核，并参与现场评审。制定印发《2021年统计工作目标管理绩效考核细则》《2021年部门统计工作目标管理绩效考核细则》。

【信息化建设】 2021年，市统计局贯彻落实《网络安全法》《数据安全法》《个人信息保护法》，保障统计信息系统和统计数据安全，保证一套表联网直报平台高效平稳运行，推动国产设备“真替真用”。梳理软、硬件资产情况，对原有的资产台账按要求进行更新、加密存储。清查各类信息系统账户情况，加强账户实名制管理，提高账户口令强度，确保在发现网络安全风险时及时定位、明确情况、通报畅通、应急迅速。对全市统计系统VPN设备进行核查，升级VPN设备系统的用户认证能力，按照要求提供双因子认证，增强安全防护。在全市统计系统清查整改现有用户，梳理登记各应用系统，为县区统计机构提供技术支持，按照“谁建设、谁管理，谁使用、谁负责”的原则，落实各应用系统用户实名制工作。

（晏　飞　任凤娟）

民生调查

【概况】 2021年，国家统计局合肥调查队（以下简称“合肥调查队”）依法履行国家调查队职责，执行国家统计调查制度，重点做好居民收入、劳动就业、消费价格和工业品价格、房地产价格、采购经理、新设立小微企业跟踪和服务零售结构、粮食和畜牧业生产等民生调查，接受地方党委政府及相关部门委托开展各类专项调查，反映经济社会民生发展状况。

【城乡一体化住户调查】 2021年，合肥调查队在全市1390户记账户中，电子记账户1142户，占比82.2%。通过日记账和问卷方式收集居民家庭人口、就业、社会保障、住房、耐用消费品、收入、支出等生活状况调查资料。开展记账户记账指导工作，创新制作《住户调查电子记账口袋书》，作为记账操作指南，通过实地一线访户，指导记账户规范、正确记账，确保调查数据平稳过渡；发挥党员先锋模范作用，为全市党员记账户建档并发布倡议书，号召党员记账户争做记账标兵。常态化举办统计法规、调查方法、技巧及操作程序等各类专业培训。通过调查员现场审核、区级数据初审、市级督导员数据联审、数据录入审核、报表汇总审核、队领导终审等方式，控制数据质量；汇总、评估调查数据，收集财政、税收、社会消费品零售额、GDP等信息作为评估依据，完善大额数据监测，规范统一数据评估办法，分析分省数据与分市县数据、收支数据与地区生产总值、劳动工资等相关指标的协调性；做好调查信息服务，在国家统计局安徽调查总队有关数据反馈后，做好县（市、区）居民人均可支配收入的发布和解读。

【流通和消费价格调查】 2021年，合肥调查队在主城区范围内，按照定点、定人、定时直接调查的“三定一直”原则，由采价员手持电子终端（PDA），在农贸市场、超市大型商场、服务网点等394个价格调查点对1430个消费、零售及基本生活费用规格品，直接采集实际成交价格。开展CPI价格采集与后台审核工作，从规格品选取、价格采集、后台数据审核和指数汇总分析四环节保障新基期CPI调查数据质量。针对规格品缺失或失去代表性的情况开展规格品的替换与估算工作。结合日常数据审核记录情况，开展采价督查，全面核查所有网点规格品的代表性和价格真实性。承担全国CPI新基期相关程序测试与培训工作，在全国、全省消价专业培训班上对CPI数据转换程序操作进行专项培训。配合国家统计局参与《CPI采价操作100问》的修改完善工作。定期接受合肥电视台财经频道月度采访，利用合肥调查微信公众号，发布解读合肥CPI调查数据，满足市民对CPI数据的需要。

【工业生产者价格调查】 2021年，合肥调查队采用联网直报形式对全市335家企业的399个出厂、468个购进规格品价格进行月度监测，反映全市工业生产者出厂价格和购进价格变动趋势及幅度。开展企业培训，全年分9批次对13个县（市、区）工价企业开展调查业务培训，做到样本企业培训全覆盖。严格数据审核，针对新基期新增企业开展专项凭证核查、在常规月报表审核的基础上，分月开展专项凭证审核，做到凭证审核全覆盖，重点对环比超界、质量调整、长期价格不变、重要行业规格品进行数据质量查询。规范台账管理，统一印制《工业生产者价格统计调查企业台账》，下发到所有调查企业，要求及时更新、规范保存。建立企业数据质量台账，根据报表审核和数据检查结果将企业分类管理。全年实地走访51家企业，核查企业原始资料及台账，了解生产经营情况，听取企业对所属行业市场及产品价格变动因素的分析。

【房地产价格调查】 2021年，合肥调查队利用市房地产管理部门的网签数据按月收集整理市区新建住宅和二手住宅销售价格、面积、金额等相关基础资料，为国家统计局计算价格指数提供基础资料。每月通过调查问卷的形式，对报告月新批预售楼盘、成交面积或成交金额排名前15的楼盘以及15个以上有代表性的房地产经纪机构进行调查。通过实地走访调研，获取房地产企业对价格及市场走势预判、相关政策出台前后房市变化等活情况。当场向企业发放《统计法律事务告知书》，宣讲统计法律法规，全年发放20份法律事务告知书，包含15家新建楼盘项目、5家重点经纪机构。开展网签备案数据现场核验工作，全年现场核验77条网签备案数据，其中包含新建网签数据53条，二手网签数据24条。因地制宜开展培训，对20家企业及经纪机构开展现场培训，对5家企业及经纪机构开展集中培训。实时观测房市变化，更新《土拍汇总台账》等台账记录，记录住宅用地楼面地价、开盘价格、占地面积等信息，为研判房地产价格走势提供依据。

【采购经理调查】 2021年，合肥调查队开展以合肥市294家制造业企业为样本的制造业采购经理调查工作、按月编制指数、分析工作，开展99家非制造业采购经理样本企业的调查工作，完成国家统计局及国家统计局安徽调查总队布置的采购经理调查任务。每月报送合肥制造业PMI专报，做好数据解读，反映全市制造业运行状况以及六大支柱产业和重点行业的指标变化情况，为地方党政领导进行经济管理决策和企业生产经营提供参考依据。优化调查样本结构，提高调查样本的代表性，计算季节因子，对指数进行季节调整，完善相关方法，提高PMI指数计算的科学性。

【新设立小微企业和个体户跟踪调查】 2021年，合肥调查队开展新设立小微企业和个体户跟踪调查，调查样本合计623家。截至年底，样本存续情况为：经营单位105家、停业单位104家、筹建单位10家、关闭单位226家、破产单位1家、搬迁单位56家、被兼并2家、失联单位119家。利用互联网大数据平台和街道社区等基层机构实现对企业的连续跟踪，采集验证审核数据后上传国家统计局联网直报平台。

【农作物面积、产量调查】 2021年，合肥调查队开展全市区域内农业的粮食（小麦、水稻、玉米、大豆）及棉花的种植面积、产量调查以及其他常规调查。抽样调查产粮大县（庐江县、肥西县、肥东县、长丰县和巢湖市），调查非产粮大县（各市辖区、开发区）。调查方式包括对全市300个样方地块进行的无人机影影像、PDA调查和以村为单位起报的纸质报表、联网直报。

【畜牧业调查】 2021年，合肥调查队对全市所有的畜禽养殖场（户）进行以村为单位的调查，包括全部的猪牛羊禽大型养殖场（户）和所抽中的猪牛羊禽中小型养殖调查场（户），调查主要畜禽（猪、牛、羊、禽）品种和非主要畜禽品种（马、驴、骡、骆驼、家兔、蚕等）的存栏、出栏、产品产量情况，全市主要畜禽样本监测点合计752家。

【劳动力调查】 2021年，合肥调查队开展劳动力调查增点扩样工作。扩样后，合肥市样本量由40个点640户扩大到123个点1968户，样本覆盖13个县（市、区）的74个乡镇。统筹部署全市范围内劳动力调查工作，各县（市、区）统计调查机构负责具体实施辖区内的调查任务；每月在规定时间内，调查员手持电子终端（PDA）现场入户调查，并按时上传数据至国家统计局直报平台。

【农民工市民化进程动态监测】 2021年，合肥调查队通过随机抽样和调查员手持电子终端（PDA）入户访问调查，定期收集农民工在输入地的就业生活相关信息，反映农民工就业创业、劳动保障权益落实、城镇基本公共社会服务均等化、城镇落户以及社会融合等情况，监测在新型城镇化建设中农民工现状、变化及与输入地城镇居民的一致性，为制定农民工政策、加强和改善农民工服务工作提供可靠依据。在7个县区开展农民工市民化进程监测调查，涉及27个调查小区，累计抽样住宅数1165户，实际完成摸底调查896户，问卷调查405户。调查员在访问调查结束后通过PDA直接将原始调查数据上传国家统计局数据处理平台。

【专项调查】 2021年，合肥调查队组织开展7项专项调查，分别为市城市管理测评调查(月度开展)、市公交乘客满意度调查(季度开展)、市文明城市创建重点工作月测评、市文明城市创建重点工作(四县一市、安巢经开区)月测评、市“菜篮子”工程满意度民意调查、市食品安全满意度民意调查和合肥市2021年效能建设测评。

【ICP调查】 2021年，合肥调查队根据中国2021年轮国际比较项目（ICP）组织实施计划，国家统计局选择在全国27个省（自治区）的省会（首府）城市和4个直辖市开展以2021年为基期的国际比较项目（ICP）调查活动。通过调查国内各调查地区相关商品平均价格数据，满足国家统计局测算购买力平价（PPP）和人民币汇率，进行国际和国内比较的需要。该队承担的调查任务有：居民消费价格调查、建筑品价格调查、住房租金调查和机械设备价格调查。该队完成数据采集和上报任务，受到国家统计局肯定。

【资政服务】 2021年，合肥调查队围绕“米袋子”“菜篮子”“钱袋子”，加大相关调查数据和监测指标的综合研判，通过合肥电视台、“合肥调查”微信公众号等做好数据发布与解读，回应群众的民生关切。发挥“轻骑兵”优势，围绕社会民生重点、落实“六稳”“六保”难点加大调研。全年上报专题调研近150篇，保持全省市级队第一方阵，有5篇次被市领导批示；上报各类调查信息220余篇次，被“市两办”采用50余篇次。承接合肥市城市管理测评等专项调查6项。每季度编印《合肥民生调查》手册，呈市主要领导和市直有关部门参阅；与市统计局联名发布合肥市国民经济和社会发展统计公报、联合编印《合肥统计年鉴》《合肥市国民经济统计资料提要》；自主编印《合肥“十三五”调查资料》；配合市委宣传部编印《2021年文化及相关产业统计概览》。

（赵紫伟）

国有资产监督与管理

【概况】 合肥市国有资产监督管理委员会（以下简称“市国资委”）成立于2007年7月，为合肥市政府直属特设机构，受市政府委托代表其履行国有企业出资人职责，专司国有资产监管，负责国有企业党的建设，对经市政府授权的国有企业的国有资产实施监督管理。截至2021年底，市国资委系统在岗职工5.3万余名，所属重点监管企业22户，其中投资运营类8户，分别为合肥市建设投资控股（集团）有限公司、合肥市产业投资控股（集团）有限公司、合肥兴泰金融控股（集团）有限公司、合肥市滨湖新区建设投资有限公司、合肥文旅博览集团有限公司、合肥市引江济淮投资有限公司、合肥工投工业科技发展有限公司、合肥交通投资控股有限公司；充分竞争类7户，分别为合肥百货大楼集团股份有限公司、合肥丰乐种业股份有限公司、合肥城建发展股份有限公司、安徽国风新材料股份有限公司、合肥科技农村商业银行、合肥城改投资建设集团有限公司、合肥汽车客运有限公司；公益公用类7户，分别为合肥燃气集团有限公司、合肥供水集团有限公司、合肥热电集团有限公司、合肥公交集团有限公司、合肥轨道交通集团有限公司、安徽公共资源交易集团有限公司、合肥市大数据资产运营有限公司。

【企业运行】 2021年，市国资委监管企业实现营业收入469.84亿元，同比增长25.9%，比2019年增长40.2%，两年平均增长18.4%；实现利润总额163.54亿元，同比增长108.5%（剔除非经常性因素，同比同口径增长60.8%），比2019年同口径（剔除非经常因素）增长80.9%，两年平均增长34.5%；累计上交税费55.58亿元，同比增长21.5%，比2019年增长60.1%，两年平均增长26.5%。截至年底，市国资委监管企业资产总额8740.29亿元，净资产3074.38亿元，同比分别增长12.8%、10.2%；综合资产负债率64.8%，同比上升0.8个百分点（剔除科技银行，综合资产负债率为60.9%）。市属重点监管企业当年净资产收益率5%，营业收入利润率34.5%，同比分别提高2.2、13.9个百分点；全员劳动生产率72.3万元/人，同比增加29.2万元/人。

【产业发展】 2021年，市国资委完成对31个战略性新兴产业项目投资405.57亿元，先后引领长鑫二期、晶合二期、神州数码、中航锂电、均胜安全、上海超硅等9个投资超百亿，联创电子、浙江金固、国仪量子等13个投资超亿元以上的项目落户合肥市。国风电子级聚酰亚胺材料生产基地开工建设，“巢湖明月”先进计算中心正式运行，神州数码信创总部基地项目承接华为企业级产品业务，维信诺项目生产线良率上升，晶合项目产能突破7.1万片/月，欧菲光光学光电产业基地项目点亮生产，中国声谷成功获批国家级先进制造业集群，自主研制的超导回旋质子治疗系统打破进口垄断。

【重组整合】 2021年，市国资委根据市委宣传部《合肥市属文化企业四管统一暂行办法》，将文广集团、报业集团调整由市委宣传部统一管理，市国资委不再对其资产进行监管。转让惠而浦（中国）20%股份引入格兰仕公司，引入央企重组保安集团，推进华润燃气增资扩股合肥燃气公司，推动以合肥通航为主体参与省通航公司组建，全市有50家经营性国有资产集中纳入统一监管。对历史遗留问题，注销市种子公司、市货运配载中心等一批空壳企业，完成市属企业公司制改革，完成“三供一业”（即企业的供水、供电、供热和物业管理）分离移交，6.3万名退休人员移交社会化管理，对新增退休人员实行常态化移交。

【国资监管】 2021年，市国资委修订完善《加强市属企业内部控制体系建设与监督工作的实施意见》《市属国有企业领导人员经济责任审计管理办法》等监管文件。落实企业市场主体地位，更新权责清单，调整现行权责清单和行政权力中介清单事项为内部管理事项，保留5项公共服务清单。围绕决策落实情况、制度执行情况，分上下半年开展两次事中事后监督。构建“大格局”监管模式，加速建设国资在线监管信息化系统，上线市属企业房屋租赁信息化平台，重要会议延伸扩大至县区国资部门。

【国企改革】 2021年，市国资委制定《合肥市贯彻落实国企改革三年行动方案工作举措》，明确6个方面38项72条重点改革任务。截至年底，改革任务完成率94.4%，受到国务院国企改革领导小组肯定。在完善现代企业制度方面，重点监管企业均配备完善董事会并建立董事会议事规则，全部实现董事长、总经理分设；171家各级子企业均按要求设立董事会或执行董事。在市场化经营机制建设方面，140户子企业开展经理层任期制和契约化签约工作，签约人数占比达82.2%；科技银行、兴泰科技、客运开源修理厂开展职业经理人试点；实施全员劳动合同制和员工公开招聘，各集团公司公开招聘人员占新进员工总数比例达99%；全年重点监管企业及各级子企业竞争上岗管理人员259人，占新提拔人员的22.2%；末等调整或不胜任退出22人；四家上市公司实施工资总额备案制管理；放开子公司负责人薪酬上限，由集团公司自主管理；国有资本投资科技型企业实施中长期激励制度，长鑫、晶合等公司开展员工持股，对核心技术团队人才工资实施单列管理。

【履行社会责任】 2021年，市国资委对59个基础设施项目和69个民生保障类项目投资近300亿元。国资引领战略性新兴产业功能放大，燃气、热气冬季供应平稳有序。开展公用企业“找短板、促提升、见成效”服务能力再提升专项活动，查摆在制度建设、安全生产、服务保障和监督管理等方面150个问题，基本解决和完成整改。市属企业推出城泊免费停车延长15分钟、公交节假日旅游专线、轨道延长接驳时间等暖心举措。助推乡村振兴，发动23名干部职工奔赴乡村振兴主战场。

【防范化解风险】 2021年，市国资委加强债务风险管控，加快建立健全国有企业债务风险监测预警机制，完善重点债务风险指标监测台账。在企业财务快报软件中增加地方国有企业债务风险和债券风险监测有关报表，按季度报送，利用信息化手段加强对企业债务风险的动态监测。紧盯重点领域、关键环节、重要节点、特殊群体，统筹抓好安全生产、信访维稳、扫黑除恶、反恐怖等工作，加强风险辨识、专项

2021年9月28日，市属企业三项制度改革工作培训会召开 （郭 丽/摄）

检查、隐患排查，提高应急预案管理和演练水平，保安全、促稳定。

（钟龙飞）

公共资源交易监督和管理

【概况】 2021年，合肥市公共资源交易监督管理局（以下简称“市公管局”）完善交易制度体系，融入长三角一体化，加强交易监管执法，健全平台服务功能，优化交易营商环境，提升公共资源市场化配置效率，保障省市重点项目快速建设，助力全市乃至全省经济高质量发展。

安徽合肥公共资源交易平台全年完成交易规模4311.57亿元，同比增长16.16%，占全省交易总量连年超40%；合肥市全年交易规模位于长三角重点城市前列。

在项目交易方面，完成合肥市〔含县（市、区）、开发区〕项目标段14245个，成交金额累计2592.74亿元，同比增长9.38%。其中，建设工程项目标段5888个，成交金额1578.43亿元，同比减少5.88%；政府采购项目标段6576个，成交金额133.57亿元，同比增长18.41%；产权交易项目标段1663个，成交金额30.51亿元，同比增长5.97%，增值12.85亿元，增值率72.76%；土地拍卖成交金额850.23亿元，增长301.42亿元，增幅54.92%，增值110.65亿元，增值率14.96%。

完成省级项目成交金额1341.03亿元，占平台成交总额的31.1%，同比增长21.9%。其中：省级住建项目成交金额32.56亿元，同比减少14.96%；省级政府采购项目成交金额76.65亿元，同比增长59.52%；省级交通项目成交金额469.25亿元，同比增长36.97%；省级水利项目成交金额108.84亿元，同比增长28.91%；省级铁路工程成交金额15.38亿元，同比减少79.66%；省级农垦项目成交金额2.58亿元，同比减少38.13%；省级其他项目成交金额88.64亿元，同比增长144.32%；省级土地增减挂钩节余指标有偿调剂成交金额49.81亿元，同比增长8.52%；省医药平台项目成交金额462.4亿元，同比增长12.84%；省级产权项目成交金额34.92亿元，同比增长133.27%。

完成社会进场项目标段3[illegible]6个，成交金额345.8亿元，同比增长60.62%。其中：建设工程项目成交金额330.41亿元，同比增长66.27%；政府采购项目成交金额6.57亿元，同比减少34.69%；PPP项目（即政府和社会资本合作）成交金额8.75亿元。

完成“徽采商城”订单24.92万笔，成交金额32亿元，同比增长[illegible].45%。其中，合肥市{含县（市、区）、开发区、国企}成交金额9.14亿元，省直单位成交金额[illegible]亿元，省内11个地市成交金额20.66亿元。

市公管局当年获评“2021年度全国公共资源交易优秀监管机构”“中国科学技术大学高新园区（一期）项目建设工作成绩突出单位”等。安徽合肥公共资源交易中心获评“中国产业区块链十佳案例”“2021年度全国公共资源交易科技成果大赛二等奖”“安徽省公共资源交易领域优秀单位”“2021年度全国优秀公共资源交易中心”等。

【交易模式创新】 2021年，市公管局创新推进工程建设项目招标投标“评定分离”改革，出台《合肥市工程建设项目招标投标评定分离管理办法（试行）》及其操作细则，完善交易文件示范文本，落实落细改革任务。先后完成合肥市三十五中、合肥新桥机场S1线、巢湖市长江供水工程等12个重点项目，交易金额78.78亿元。各县区开展评定分离试点工作。出台《合肥市工程建设项目招标投标管理办法》，压实招标人主体责任，促进交易规范、高效。出台《合肥市政府采购采购人信用管理暂行办法》《合肥市工程建设项目招标人信用管理办法》等制度，促进公平竞争。发布2021年版合肥市建设工程施工、货物服务项目评标办法分类及导则，建立形成由“合理价格法”“综合评估法”两大类办法组成的评标方法体系，明确各类评标办法的适用范围，破解恶意低价难题。制定工程建设、政府采购负面清单，列出99项禁止设置条款，破除交易“门槛”。建立交易文件范本体系，编制并推广应用房建、市政、交通、水利、政府采购4大类55个范本，实现范本使用率100%。

【交易平台服务创新】 2021年，市公管局开通“科创领军城市”重特大项目交易“绿色通道”，实行“容缺受理”，加快项目进度；提前发布预告，实施预采购，保障滨湖科学城、骆岗中央公园、量子科技、大科学装置、园博园、新桥机场二期等项目如期开工。针对重点规划及设计类项目招标，创新推出个性化服务招标方案，满足此类项目特殊要求，推行优质优价。聚焦合肥科技成果就地转化，以公共资源交易平台为依托，优化“互联网+技术交易”模式，推介、展示、交易项目；全年受理技术产权项目219个，挂牌金额2.27亿元；成交项目24个，成交金额1.23亿元；认定登记技术合同565份，合同成交金额5.12亿元，其中技术交易额5.09亿元。推进交易平台服务“更新迭代”，提升公共资源交易全领域、全流程电子率达99.46%；在科技赋能交易方面，开办的“云上开标大厅”让投标人“零跑腿”；“智慧见证”让交易晒在“阳光下”，全年见证进场项目19261个。首创“智慧交易”系统辅助评审功能，节约时间30%以上。实现上线“长江链•标证通”，完成长沙、合肥、南昌、武汉四城市超30万家市场主体CA证书区域互认，要素自由流动。开放对接“优质采”等6套第三方电子交易系统，完成项目标段7799个，成交金额1956.96亿元。依托异地互联，打破空间地域限制，开展长三角城市间异地远程评标合作462次。

推进“标准化+公共资源交易”，在服务规范、电子政务等8个层次建立标准体系，发挥国家级标准化服务平台示范效应，各项标准在市辖各县（市）推广应用。引入卓越绩效管理模式，提升平台服务质效。推进“一站式”线上服务，对7×24小时网上办事大厅、在线客服、交易热线，项目登记等7个核心事项标注“一图读懂”图形，实现服务不间断、市场主体“少跑腿”。推进“互联网+政务服务”，应用电子印章、电子签名、电子证照、电子档案，对接“皖事通”APP，开辟“合肥公共资源”专区，实现省、市、县112万余条交易信息“一站查询”“一键检索”。多层级信用信息统一发布、互用共享，全市全年记录并披露501条信用信息。推进合同备案“全程网办”，实现市场主体“零跑腿”，合同备案事项由以往的“面对面”转为“键对键”形式办结。全市当年完成各类交易文件、合同备案4206个。

【行政执法】 2021年，市公管局加强行政执法监督检查，开展市、县（市、区）及开发区行政执法案件交叉评查，首次将不良行为处理纳入评查范围，评查行政处罚、不良行为记录案卷42个，对评查发现问题督促整改，未发生执法犯法、越权执法等行政行为。通过“双随机、一公开”，随机抽取177个交易文件评估其合法合理性，实行“源头”治理，提升交易文件编制质量。开展“双随机、一公开”检查，强化事中事后监管，建立执法人员库、监管对象库和检查事项清单，对投标人实施分级分类监管。实行市、县、区信用一体化，全市公共资源交易系统对421家竞争主体记入不良行为记录并披露；与市人社部门开展拖欠农民工“黑名单”、市城乡建设局开展施工及勘察设计企业信用评价和施工安全事故联合惩戒，将66家施工安全事故企业、80名相关人员录入信息库。执行交易执法监督“六分离”制度，坚持以调查事实清楚、证据确凿、法律适用恰当的原则，提高办案准确性、时效性和办案效果，实现执法提速、办案提效、服务提质。全市当年依法依规受理投诉106件，不予受理3件；办理举报、12345转办件、局长信箱等信访事项372件；查实违法违规投标人162家。开展标后履约检查，实现交易市场和履约市场“两场联动”。全市全年检查轨道交通、拆迁安置房、学校、医院等重点民生项目117个，总金额约355亿元。健全大数据分析模型，构建“互联网+联动联办”智慧高效的监管新模式，对标弄虚作假、围标串标等表现形式实施打击，助力公安办案，震慑黑恶势力；全市当年排查问题线索65件，向公安机关移送串通投标问题线索16件，公安机关立案5件，侦破2件并向市扫黑办移送敲诈勒索犯罪线索1件。

【促进营商环境升级】 2021年，市公管局免收招标文件费和政府采购投标保证金，全年为企业减负约4亿元。实现上线电子保函平台，减轻企业负担；全市当年有平台用户8055家，开立电子保函72864笔，担保金额152.49亿元。取消注册资本、资产总额等规模条件限制；给予小型和微型企业产品投标价格6%～10%折扣，放低交易门槛、精简交易流程，助力民营及中小微企业发展。用淘宝式“徽采商城”方式在全国完成10个批次小微企业征集，明确规定不得将注册地、注册资本、资产总额、营业收入等规模条件作为征集门槛，吸引1.9万家企业报名、1.2万家小微企业成功参与商城采购，免收小微企业履约保证金近亿元。

（陈梦蕾）

责任编辑：田　文

应急管理

综　述

【概况】　2021年，合肥市应急管理局（以下简称“市应急局”）强化安全生产专项整治，推进“三年行动”和“利剑”系列执法行动，确保安全形势稳定和应急管理能力提升。全市发生各类生产安全事故327起，同比下降10.9%；死亡334人，同比下降7.2%。其中：道路运输事故167起，死亡173人；建筑施工事故101起，死亡103人；工贸事故17起，死亡17人；金属非金属矿山事故3起，死亡3人；工商贸其他或其他事故35起，死亡34人；铁路运输事故3起，死亡3人；渔业船舶事故1起，死亡1人。发生1起较大事故，死亡4人。市应急局获评首届全国应急管理系统先进集体称号，为全国唯一获此称号的省会城市应急管理部门。

【生产安全事故】　2021年，市应急局加大生产安全事故调查处理和挂牌督办力度，坚持“一案双查”制度，对县区查处的一般事故挂牌督办156起。全市立案调查各类生产安全事故160起，罚款3961.3713元，对194家单位、249名责任人进行责任追究，追究刑事责任18人。

【安全宣传教育】　2021年，市应急局组织开展安全宣传“五进”两年攻坚行动，全市开展安全宣传进企业、进农村、进社区、进学校、进家庭活动1.02万场、受众105.32万人，组织《生命重于泰山——学习习近平总书记关于安全生产重要论述》电视专题片学习6151场，收看39.14万人次。与市广播电视台联合制作播出《安全合肥》栏目26期，在《中国应急管理报》刊登宣传专版2个、新闻报道179条，在《安徽经济报》《合肥日报》刊登宣传专版3个，编发《合肥应急管理》21期。加强“合肥应急”政务微信、微博建设，推送各类图文信息1126条，阅读量突破242万次。以“落实安全责任，推动安全发展”和“安全合肥，从我做起”为主题，制作两部微动漫视频，在地铁车载TV和公共场所电子显示屏滚动播放。利用今日头条、抖音平台，集中推送安全生产宣传海报和微视频，曝光量300万次。“安全生产月”期间，举办安全宣传进社区楹联书法创作展活动、省暨合肥市“安全生产月”宣传咨询日活动、“当好安全生产守夜人”主题征文活动等。落实安全培训“教考分离”制度，加大培训考核管理，全市“三项岗位”人员报考88886人次，考试合格取证人数32435人，取证率59.98%。举办全市发生生产安全事故责任单位警示教育培训班，发生亡人事故的工矿商贸、建筑施工及部分建筑施工监理单位负责人近

2021年12月2日，合肥市工贸行业生产安全事故应急演练在通威太阳能（合肥）有限公司举行　（市应急局/供）

140人参加培训。

（胡瑛珏）

安全生产监管

【概况】 2021年，市应急局落实行政执法公示、执法全过程记录和重大执法决定法制审核制度，制定实施《合肥市应急管理局2021年度安全生产监督检查工作计划》，印发《关于严格规范安全生产行政执法行为和统计调查工作的通知》，加强和规范安全生产行政执法工作。突出重点行业领域，开展“利剑4号”“利剑5号”“利剑6号”系列安全生产专项执法行动，加大事故隐患排查治理力度，打击安全生产非法违法行为。全市各级应急管理部门开展执法检查2298次，实施行政处罚571次、罚款1126万元。

2021年9月8日，合肥市应急管理局开展安全生产“利剑6号”专项执法检查（市应急局/供）

【安全生产专项整治】 2021年，市应急局部署开展全市安全生产专项整治三年行动集中攻坚、安全生产“大检查、严执法、迎七一”专项行动、隐患大起底大排查大整改专项行动和安全生产专项督导检查，全市成立检查组3.9万个、排查整治安全生产事故隐患10.5万项。组织开展全市安全评价机构执业行为专项整治，整改问题359项，立案查处3起违法行为，罚款1.5万元。在危险化学品领域，制定印发《合肥市危险化学品禁止、限制和控制目录》，强化风险源头防控；开展化工园区安全整治行动，编制实施“一园一策”安全提升方案；推进危险化学品企业分类整治，8家企业完成规范达标、3家企业进行改造提升、2家企业依法淘汰注销；部署非法违法“小化工”专项整治，依法关闭非法违法“小化工”企业4家；组织两轮重大危险源消地联合检查，排查整治安全生产事故隐患298项。在非煤矿山领域，督促尾矿库企业制定“一库一策”安全风险管控方案，开展尾矿库排洪构筑物检测，8座尾矿库检测结果为合格；推进钟山尾矿库闭库治理工作，完成立项、初步设计审查、安全设施设计专家论证与批复；开展安全生产专项检查，整治事故隐患168项。在工贸领域，开展金属冶炼、涉危、粉尘涉爆等专项整治，排查整治安全生产事故隐患3.47万项；对60家有限空间作业企业进行安全风险评估，督促落实整改措施；推进企业安全标准化建设，580家企业创建三级安全标准化、75家企业创建二级标准化；摸底登记工贸八大行业企业83465家。

【城市安全科技能力建设】 2021年2月，市应急局向国家应急管理部申报首批安全发展示范试点城市创建。9月，合肥市被国务院安全生产委员会办公室确定为国家安全风险综合监测预警工作体系试点城市。合肥市推广城市安全发展的做法被国家应急管理部总结为“清华方案·合肥模式”，得到国务院领导肯定。编制印发《合肥市城市安全风险综合监测预警平台建设实施方案》，推进建设合肥市城市安全风险综合监测预警平台和体系。2021年，合肥市城市生命线工程安全运行监测中心通过7×24小时监测值守和数据研判分析，成功预警燃气管网泄漏可能引发燃爆安全险情50起，监测到密闭空间沼气浓度超标727起、供水管网泄漏18起、泵站运行异常事件2起、超过75吨的重型车辆超载事件8009起、桥面重车堵塞等突发事件2起，所有警情均联动各相关单位完成处置。

【安全生产举报奖励】 2021年，市应急局受理安全生产举报投诉3161件。其中，受理省转安全生产举报投诉3100件，办结3100件，核查属实2353件，发放安全生产举报奖励资金179.93万元；市本级受理12350、信件举报投诉61件，办结61件，核查属实41件，发放安全生产举报奖励资金2.3万元。

（胡瑛珏）

防汛抗旱

【概况】 2021年，合肥市降雨总量较常年同期基本持平。长江干流安徽段、巢湖整体水势平稳，未发生超警戒水位以上洪水。汛期受强降雨影响，境内南淝河、西河、县河先后发生超警戒洪水过程，董铺、大房郢2座大型水库及14座中型水库先后发生超汛限水位洪水过程。全市土壤墒情基本适宜，满足各类农作物生长需要。

【防汛准备】 2021年，市应急管理局与市水务局成立汛前联合检查组，赴各县（市）区开展汛前检查督查，对检查发现的问题现场提出整改意见，下发重点隐患整改通知2份，排查度汛薄弱部位8处，分别为肥东县1处、肥西县2处、庐江县3处、巢湖市1处、包河区1处，督促属地落实应对措施。对接合肥警备区提前预置抢险兵力2600人，保障安全度汛。组织修编市、县防汛抗旱应急预案及重点圩口、水库防汛抢险应急预案。落实应急保障资源，全市录入国家应急管理平台储备物资总额9380余万元，其中市本级2327.3万元，并督促各县（市、区）落实社会号料、大型抢险设备社会代储机制，发挥社会联动效益。落实县乡级基层抢险救援常备队伍10200人，依托施工企业落实应急队伍41支1992人。

【应对强降雨】 2021年，全市汛期降雨量758.2毫米，较常年同期偏多2成，发生5轮明显降雨过程，其中2轮降雨影响较大。7月1日至5日强降雨导致西河庐江县西河缺口站超警戒水位；其中，7月1日8时至5日8时，庐江县罗河镇李前水库最大降雨量为340毫米，全县面雨量达151毫米，7月4日16时48分达警戒水位10.50米；7月4日19时，庐江县启动防汛Ⅳ级应急响应，成立防汛现场指挥所，组织近300人上堤巡查防守，至7月6日解除响应期间，无险情灾情。8月10日至13日强降雨，全市平均累计降雨量53毫米，其中庐江县平均雨量达90毫米，最大庐江同大镇219毫米。市应急管理局、市水务局、市城乡建设局、市自然资源和规划局、市气象局等部门联动，防范应对自然灾害事故。全年发布气象预警147次，其中暴雨预警25次、暴雨红色预警2次；发布水旱灾害防御预警3次、地质灾害防御预警3次，推送预警短信18.9万条。出动巡查防守人员6000余人次、各类应急巡查车辆设备1650余台次，排涝152.63万立方。转移安置46户118人，其中地质灾害威胁区域26户60人。

【防御台风】 2021年7月，中共合肥市委提出防范应对第6号台风“烟花”的“保、防、降、查、停、守、严”等七个环节的具体工作要求。市防办联合市减灾办召开工作部署会，从“空中、地面、水面、地下”四个维度，明确各单位具体工作任务。向全市1251万手机用户推送提示短信，通过道路运输企业和6811辆出租车发送预警信息4万余条，发布报道信息531条，向人民网、新华网、今日头条、安徽交通广播等新媒体推送信息23条，累计阅读量530万次、点赞量41万次。向全市74支各类应急救援专业队伍发出集结动员令，各县（市、区）集结135支近2万人的基层常备队伍。落实移动排涝泵车16辆、排涝水泵2945台套、救援舟艇145艘。储备砂石料20余万方、防汛沙袋63万个、救生衣1万件、救生圈550个、照明设备783套、救灾帐篷1306顶、折叠床4万张等。预设安置点359处，可临时安置24.8万人。全市提前组织转移1494人，累计出动2.1万人次，检查中小水库、建筑工地、城市高空地下风险、山洪地质灾害以及供电、供水、通信、危化、矿山（尾矿库）等重点部位和领域。期间，10道渡口停渡、运输船舶禁航，校外培训机构线下停业1214家，关闭A级旅游景区54个，农家乐停业127家，17家户外大型游乐设施停止运营，室外（高空）作业项目停工445个，火车停运117列（发往上海、江苏、浙江、河南方向）、客车停运21趟（发往江苏、浙江、河南方向）。

（胡瑛珏）

防灾减灾救灾

【概况】 2021年，肥东县、长丰县、巢湖市等地受到洪涝、风雹、台风等自然灾害影响，局部地区农作物、基础设施受损。合肥市下拨冬春救助资金605万元，救助2.1万余人。所有救灾资金发放均确保公开、公平、公正，按照“户报、村评、乡审、县批”程序，必须有“两委”（即村党支部委员会和村民委员会）研究记录、发放清册和公示记录。

2021年，全市成功创建省级综合减灾示范社区16个、国家级综合减灾示范社区12个。5月12日，市应急局在肥西县古埂公园举办安徽省暨合肥市“5·12”全国防灾减灾日主题宣传周活动启动仪式，展现“十三五”以来省、市、县防灾减灾工作成果。

【救灾物资储备】 2021年，市应急局印发《2021年度合肥市救灾应急物资协议储备计划》，结合全市实际制定救灾应急物资储备品类、数量等计划，要求责任单位及时续签合同，保证合同在有效期内无缝衔接。全市依托企业协议储备1亿元救灾物资。联合市民政局、市财政局开展生活类救灾应急物资储备专项检查，要求市救灾物资储备库强化物资日常管理，组织救灾物资调运演练，做好随时组织灾后物资调拨的准备。经盘点，全市储备棉被23069床、空调被77741床、折叠床12602张、帐篷900顶、草席500床。

【自然灾害综合风险普查】 2021年，市应急局邀请省应急管理厅及技术部门专家开展风险普查业务培训，组织各地普查办业务员集中开展自然灾害综合风险普查区划更新、核实。10月27日，《合肥市第一次全国自然灾害综合风险普查工作方案》经合肥市第一次全国自然灾害综合风险普查领导小组会议审议通过，予以印发。截至年底，完成普查数据清查及录入上报工作，采集、录入审核、上报6249条数据，审核通过率100%。其中承灾体3974条、减灾能力2275条，省质检合格率98.1%，符合要求。

【森林防火】 2021年，市应急局加强毗邻区域森林火灾防控，建立合肥、芜湖联防联控合作机制，指导浮槎山区域“县乡村”三级联防联控体系建设，扩大应急响应范围，实现森林防灭火跨区域协作。开展野外火源治理“回头看”和查处违规用火行为专项行动，推动完成2处军用设施防火隔离带建设和14处输配电设施森林火灾隐患整治。在春节、清明、五一、国庆、冬至等重要节点，牵头组织相关单位组成督导检查组，对各森林防火重点乡镇、单位等重要部位开展防灭火督查检查，发现并督促整改问题隐患70余项。修订完善《合肥市森林火灾应急预案》，明确指挥单位、前线指挥部任务和职责分工。组织队伍参加全省森林防灭火比武竞赛，获战术作业科目三等奖。推进党政同责机制，将森林防灭火落实情况和工作成效纳入考核体系，就庐江县2020年发生的两起较大森林火灾事故等问题进行考核。

（胡瑛珏）

应急救援

【概况】 2021年，合肥市有1支综合性消防救援队、33支专业应急救援队、34支企业救援队、6支社会应急救援队，涵盖火灾、地震、水上、危险化学品、矿山、燃气、供水、供电等领域。市财政投入市危险化学品应急救援队装备经费224.9万元，奖补合肥市蓝天救援队50万元。

【应急体系建设】 2021年，市应急局创新编制城镇燃气、供热、供水、排水、城市桥梁、公路桥梁6个城市安全风险监测预警响应工作规程，填补国内空白。修订《合肥市突发事件应急联动处置办法》，巩固军地应急协调联动机制。推进“1+1+N”应急指挥枢纽建设，健全防汛抗旱指挥调度机制，理顺森林草原防灭火指挥体系。推动安徽省水上搜救基地建设落地合肥，经省应急管理厅批准，依托市水上应急救援队建立省水上搜救基地。依托华东冶金地质勘查局，组建市地质灾害应急救援队。组织第二届“合肥市应急救援力量专题培训班”，在全省第四届危化救援技术竞赛中，市危险化学品应急救援队红四方中队获团体第一名，市蓝天救援队被评为“安徽省防汛救灾先进集体”。在全省率先启动第四轮突发事件专项应急预案编修工作，报市政府印发合肥市城市防洪等专项应急预案30部。12月2日，在通威太阳能（合肥）有限公司举行合肥市工贸行业生产安全事故应急演练。推进应急资源普查，掌握全市事故灾难和自然灾害应急资源。建立健全网站、微信微博公众号、广播电视、公交地铁出租车等移动终端、户外大屏等预警信息发布渠道，发布预警提示11次。

【应急救援处置】 2021年，市应急局参与协调相关单位成功处置“3·27”巢湖市庙岗乡尖山湖公园小型轿车坠湖事故、“4·21”高新区立方制药厂厂区火灾事故、“6·16”巢湖市黄麓镇垃圾中转站2人死亡事故、“6·30”庐江县庐城镇城东碧桂园液化气闪燃事故、“7·5”沪陕高速交通事故、“7·18”肥西丰乐服务区洗网水

2021 年 12 月 29 日，合肥市地质灾害应急救援队揭牌成立（市应急局／供）

泄漏事故、“8·16”肥西协力树脂有限公司闪燃事故、“8·17”庐江县杭埠河大桥桥墩托架坍塌事故、“10·19”肥东县三十埠大桥省天燃气公司阀门泄漏事故等。牵头组织水电气热、通信、医疗、消防等部门做好世界制造业大会、中国（安徽）科技创新成果转化交易会、量子产业大会、中国（合肥）安全产业应急装备展览会、“天下徽商”圆桌会议等大型活动应急保障工作29次。

（胡瑛珏）

消防救援

【概况】 合肥市消防救援支队（以下简称“市消防救援支队”）编制为副总队级单位，属一类支队，2021年， 实有干部260人，消防员517人，有政府专职消防员829人。下辖15个大队、1个应急通信与车辆勤务站和36个消防救援站。当年受理各类报警15989起，出动警力151459人次，出动车辆22393台次，抢救被困人员4484人，疏散被困人员484人，抢救财产价值509.1万元。其中，火灾扑救2964起，抢险救援4146起，社会救助8879起。完成庆祝建党百年、世界制造业大会等安保任务；成功打赢“4·21”立方制药火灾、“11·11”永盛铝胶公司火灾、“12·23”通用正佰电气公司火灾、“8·17”庐江在建桥梁倒塌和驰援河南抗洪抢险等攻坚硬仗。庐江县消防救援大队获评“全国应急管理系统先进集体”，陈陆被表彰为全国应急管理系统一级英雄模范；特勤大队一站二级消防长陈三喜作为英模代表接受习近平总书记接见。

【火灾防控】 2021年，市消防救援支队部署开展六大攻坚行动（即大型综合体标准化管理、仓储物流专项治理、密室逃脱等新型业态火灾防控、多产权商市场专项治理、涉消拆违专项行动、“小火亡人”专项整治行动），成功举办全省大型商业综合体消防安全管理达标创建现场会。在全省率先解决派出所三级消防管理机制问题，全市各级公安机关当年依法检查社会单位3.7万家，督促整改消防隐患4.8万处，下发责令改正通知书2.08万份，行政处罚决定书1621份，罚款7.31万元，警告1050人。部署开展第二轮仓储物流专项整治和涉消大拆违行动，累计拆除涉消违建5000余处、117.2万平方米，推动包河五金机电商贸城、蜀山神剑科技等区域性火灾隐患整改工作，完成24家重大火灾隐患单位销案，全市厂房仓储类火灾同比下降19.1%。以蜀山区笔架山街道为试点，启动消防文员进驻街道（乡镇）机制，助推乡镇、街道消防管理再升级。推行“消防监督员+消防文员+责任区消防站”的“防消联勤”防灭火融合体系；整合“开窗行动”“文员扫街”等专项工作，全年累计排查沿街小场所6.6万家，发现“三合一”场所4911处，清理违规住人3842人，“开窗”1278处，推动全市790个公共建筑、1925个新建小区、1263个老旧小区完成消防车道划线，1.35万栋高层建筑建立“楼长制”，2299个小区建成电动自行车集中停放、充电场地。

【灭火救援】 2021年，市消防救援支队开发警情研判分析系统（火情热力图），采集录入全市3336家重点单位基础数据，共享公安、气象、地震等7部门信息数据，提升实战能力。结合消防数据研判、天网、地图导航、消火栓定位、微信辅助报警等系统，实现“一张网”信息共享、“一份图”调度指挥、“一体化”响应作战的体系。推行“首战四车”出动模式，搭建救援站接警出动、大队值班员遂行火场、大队主官片区指挥、全勤指挥部全程调度的“四级指挥平台”，市区

2021年7月21日，合肥市消防救援支队增援河南抗洪抢险救灾（潘硕/摄）

“首战四车”出动率100%，10分钟接警到场率71%，30分钟火灾处置完成率87.5%。构建“1444”战略架构（即1个消防救援指挥中心，4大战区、4个特勤站、4个战保分队），在重大节日、重要活动以及敏感时段强化前置备勤、流动执勤、街面巡逻和现场监护，提升警情响应速度，49.7%的基层消防救援人员走向街头一线。7月21日晚，面对河南省郑州市、新乡市等地特大汛情，调集28辆消防车、16艘舟艇、2套远程供水系统和130名指战员星夜出击驰援，期间，处理各类警情43起，出动车辆90台次、舟艇18艇次、指战员700人次，疏散营救被困群众1109人，排水43.797万立方米。

【服务群众】 2021年，市消防救援支队在全市范围内开展“让人民满意、建忠诚队伍”实践活动，落实法律文书遗失补办和消防行政许可“四事”“五办”，提高办事效率和服务水平。连续第五年委托第三方民调机构开展人民群众消防安全感、满意度调查，形成调查报告；依托第三方评议、执法回访、接处警回访、96119核查“四项调查模式”，人民安全感和满意率提升。开展“大走访、大调研、大分析”活动，累计走访13个党委政府、27个乡镇街道及公安机关、49家连锁企业和100余名受访群众。市级消防科普教育基地正式挂牌，发动美团等规模企业开展敲门入户宣传，依托80辆公交车打造消防宣传流动线，合肥轨道地铁1～3号线全屏投放消防公益广告和提示，助推防工作参与度、知晓率、安全感再创历史新高。

（藕　荣）

责任编辑：田　文

科　技

综　述

【概况】 2021年，合肥市成立市委科技创新委员会，发挥统筹协调职能，建立目标导向的科技创新督查考核机制，“全市一盘棋”推动科技创新，形成大科技格局。出台科技创新条例，组建科创集团，设立“合肥科技创新日”。完成首届中国（安徽）科技创新成果转化交易会任务，举办量子产业大会、“三创”大赛（即创新、创业、创造）。出台新型研发机构管理办法，协调推进综合性国家科学中心、国家实验室等重大战略平台建设，清华合肥公共安全研究院“城市生命线系统”等成果获国家层面认可并向全国推广。实施高新技术企业三年倍增方案，全市科技型中小企业入库数量接近翻一番，总数达4905户；净增国家高新技术企业数量首次突破千户大关，总数达4578户；全市高新技术产业增加值同比增幅25.3%，高新技术产业总产值同比增幅22.8%。新增科创板上市企业6家、总数达13家，居省会城市第2位。实施科技成果转化三年攻坚行动，出台《合肥市进一步促进科技成果转化若干政策（试行）》等政策，建立企业技术需求库，打造首批中试基地、新产品（新技术）应用场景，构建覆盖科技成果转化全链条的政策支持体系和项目攻关体系，建设市级以上众创空间、孵化器总量达到207家（国家级38家），在孵企业数量超过5000家，全市吸纳输出技术合同交易总额迈上八百亿新台阶。新增在合肥服务“两院”院士3人，引进高层次人才团队130个、外国高端人才145人。全市全社会研发经费投入强度达3.52%，跃居省会城市第3位。

【2021中国（安徽）科技创新成果转化交易会】 2021年4月26—27日，2021中国（安徽）科技创新成果转化交易会在合肥成功举办。科交会由安徽省政府、科技部、中国科学院共同主办，省科技厅、合肥市人民政府、中科院合肥物质科学研究院等单位承办。

本次交易会以“夯实创新基础，加快科技成果转化”为主题，由“1+1+N”构成，即1个开幕式，1个成果展示，9个专项活动（即中国安徽426科技创新产品线上交易节、科技成果竞拍、科技成果路演展示对接、科技沙龙、人工智能高端论坛、“中国声谷”语音产业发展高峰论坛、创新资本发展论坛、长三角技术市场论坛、产业链创新链协同发展论坛）。在开幕式上集中展示487项最新重大科创成果、发布1043项最新科技成果（其中开幕式现场发布15项）、签约60项282亿元合作转化项目、组织88项成果挂牌交易（其中现场竞拍16项）、销售近1000款与群众生产生活密切相关的科创产品，促进基础研究、应用研究、技术开发及产业化的衔接。

线上交易会活动当天，来自国家部委，20个省（自治区、直辖市）政府或科技部门代表团，中科院系统科研院所，清华、复旦等一批重点高校和科研院所，投融资机构、科技服务机构和高新技术企业等省外嘉宾近300人参加开幕式。新华网“云直播”开幕式浏览量达500多万人。新浪网云上展馆浏览量达75万人。以“2021中国（安徽）科技创新成果转化交易会”为关键词进行百度搜索超过1510万条信息。

（李　博）

重大科研成果

【概况】 2021年，合肥市发明专利授权量达9741件、增长28.3%，拥有有效发明专利42585件、增长30.2%，增速均创近五年新高。全市技术合同交易额867亿元、增长51.5%。“祖冲之”“九

2021年10月，“九章二号”量子计算机研制成功　（高新区管委办/供）

章”在两个物理体系实现量子优越性，“人造太阳”刷新世界纪录，光存储时间达1小时向量子U盘迈出重要一步，“质子刀”首例临床试验取得成功，证明凯勒几何核心猜想解开数学界60多年“悬案”，新一代“嫦娥钢”保障天问一号顺利着陆火星等一大批国际领先的原创性科技成果相继问世，创新成果实现从“跟跑并跑”向“并跑领跑”转变。合肥市多项成果上榜国内、国际十大科技新闻，中国科技10项重大突破合肥独占4项。

【世界前沿领先技术成果】 2021年4月下旬，中国科学技术大学郭光灿团队李传锋、周宗权研究组将光存储时间提升至1小时，刷新2013年德国团队所创造的光存储1分钟的世界纪录，向实现量子U盘迈出重要一步，该成果发表于权威学术期刊《自然·通讯》。

10月底，中国科大潘建伟团队“九章”“祖冲之”两个物理体系实现量子优越性，中国科学技术大学潘建伟团队进一步研制出66比特的可编程超导量子计算原型机“祖冲之2.0”，在随机线路采样任务上实现量子计算优越性，所完成任务的难度较2019年谷歌“悬铃木”高出2～3个数量级。潘建伟团队升级版的“九章2.0”极大提高其量子优势，对于高斯玻色采样问题，“九章2.0”一分钟完成的任务，超级计算机花费的时间要再增加百亿倍。“九章2.0”具有部分可编程的能力。“祖冲之2.0”和“九章2.0”的出现，使我国成为唯一在两个物理体系中实现量子计算优越性的国家。

11月初，中国科学技术大学几何物理中心创始主任陈秀雄教授与合作者程经睿在偏微分方程和复几何领域取得里程碑式结果，解出一个四阶完全非线性椭圆方程，成功证明强制性猜想和测地稳定性猜想这两个国际数学界60多年悬而未决的核心猜想，解决若干有关凯勒流形上常标量曲率度量和卡拉比极值度量的著名问题。

12月底，中国科学院合肥物质科学研究院等离子体物理研究所有“人造太阳”之称的全超导托卡马克核聚变实验装置（EAST）实现7000万℃高温下1056秒的长脉冲高参数等离子体运行，是目前世界上托卡马克装置高温等离子体运行的最长时间。

【获得国家科学技术奖项目】 2021年11月3日，国家科学技术奖励大会在北京举行，合肥市有11个项目获2020年度国家科学技术奖（全省共12项），其中合肥市主持完成的“基于量子信息技术研究量子物理基本问题”项目，获得国家自然科学奖二等奖；“拉曼光谱快速检测毒品毒物的增强基片、方法及仪器的关键技术”项目获得国家技术发明奖二等奖；“绿茶自动化加工与数字化品控关键技术装备及应用”项目、“城镇污水处理厂智能监控和优化运行关键技术及应用”项目获得国家科学技术进步奖二等奖；外籍合作专家阿兰·贝库雷（法国）获得中华人民共和国国际科学技术合作奖；参与完成的“水稻遗传资源的创制保护和研究利用”项目获得国家科学技术进步奖一等奖、“成年哺乳动物雌性生殖干细胞的发现及其发育调控机制”获得国家自然科学奖二等奖、“长江中游优质中籼稻新品种培育与应用”“氢气规模化提纯与高压储存装备关键技术及工程应用”“网源友好型风电机组关键技术及规模化应用”“麻风危害发生的免疫遗传学机制”等4个项目获得国家科学技术进步奖二等奖。

【科技成果转化】 2021年，合肥市实施科技成果转化三年攻坚行动，印发《合肥市科技成果转化中试基地（平台）备案管理办法（试行）》《合肥市新技术新产品新模式备案管理办法（试行）》《合肥市科技企业孵化器认定、众创空间备案及绩效评价管理办法（2021

年修订）》等政策，获批建设国家科技成果转移转化示范区，定期向驻肥重点高校、科研院所、新型研发机构以及重点企业收集重大科技成果，遴选出736项，转化317项，主要分布在生物医药、高端装备、量子、人工智能等产业技术领域以及数学、物理学、化学等基础学科领域。中科大光栅团队依托国家军口863、国家重大专项重点支持的“大口径衍射光学元件”等研究项目，突破大口径光栅刻蚀、大口径光栅综合清洗等核心大光栅技术，实现“大口径高阈值光栅”产业化，为我国高端激光器、光刻机等设备提供核心器件。

哈工大机器人（合肥）国际创新研究院的国产化智能机器人操作系统——哈工轩辕针对对智能机器人的需求，项目研发团队开发具有自主知识产权的智能—实时统一架构机器人专属操作系统，填补国内空白。

中科石金（安徽）中子技术有限公司的高性能油气勘探微型中子源项目成果，能够满足6000m深地层油气勘探应用需求，达到国际先进水平，填补国内油气勘探高性能微型中子源产品的空白，解决我国油气勘探高性能微型中子源的“卡脖子”问题。

（李 博）

创新平台

【概况】 2021年，合肥市加快集聚创新资源，推进高质量协同创新，构建高能级平台体系，夯实创新发展引擎。

组建高能级平台。强化国家战略力量，推动应用基础研究高能级平台建设。中科院物质科学研究院获批组建中国-俄罗斯超导质子“一带一路”联合实验室、江淮园艺获批组建中国—哥斯达黎加果蔬生物育种及智能化技术“一带一路”联合实验室、科大讯飞股份有限公司获批全省首家创新联合体。截至年底，合肥市有国家级实验室12家。支持中国科学技术大学组建“应用数学安徽省重点实验室”、中电科38所组建 “孔径阵列与空间探测”安徽省实验室。

打造协同创新平台。按照“协同创新、政府引导、市场运作”原则，引进国内外高校科研院所科技创新资源，建设高水平新型研发机构，出台《合肥市新型研发机构管理办法（试行）》，在建设、运营、人才招引、成果转化等方面进行扶持。2021年新增“安徽机器人与智能制造技术研究院”“中欧电子材料国际创新中心”和“合肥功能分子先导研究院”等3家新型研发机构，累计达29家。

培育创新中心梯队。围绕产业链部署创新链，打通“原始创新—技术创新—产业创新”关键环节。推进省级“一室一中心（即安徽省实验室、安徽省技术创新中心）”建设。建成13家安徽省实验室、8家安徽省技术创新中心，涵盖人工智能、装备制造、新能源、新材料、节能环保等重点领域。组建合肥市技术创新中心。定位于技术创新与成果转化类科技创新基地，面向国内外产业技术创新制高点，围绕影响合肥市长远发展的重大产业行业技术领域，突出前沿引领技术、现代工程技术、颠覆性技术创新，推动科技成果转移转化及应用示范，强化开放共享的主体责任和义务，提升合肥市自主创新能力和科技进步水平。截至年底，合肥市认定22家市级技术创新中心。

【合肥综合性国家科学中心建设】 2021年，合肥市推进科技创新平台体系布局，打造具有重要影响力的科技创新策源地，形成“建成、在建、拟建、谋划”的大装置梯次发展格局。建成中国科学院量子信息与量子科技创新研究院。合肥综合性国家科学中心能源研究院组建成立6个研究中心、部署19个重大科研项目，人工智能研究院建设3大实验平台、组建19支科研团队。推进大健康研究院平台建

全超导托卡马克核聚变实验装置 （市科技局/供）

设、人才引进等工作，组建环境研究院、数据空间研究院、科技产业组织学院等。合肥市规划布局大科学装置12个，装置集聚度位居全国前列。建成全超导托卡马克、同步辐射光源、稳态强磁场实验装置，产出一批具有国际影响力的重大成果。聚变堆主机关键系统综合研究设施园区工程基本建成，未来网络试验设施（合肥分中心）开通运行，高精度地基授时系统（合肥一级核心站）、雷电防护试验研究重大试验设施推进建设前期工作。合肥先进光源、空地一体量子精密测量实验设施正式列入国家“十四五”重大科技基础设施规划，强光磁集成实验装置列入备选项目。合肥市系统推进“综合性国家科学中心建设”成功入选国务院第八次大督查典型经验做法。

（李　博）

G60科创走廊建设

【概况】　2021年，合肥市以“创新政策、资源共享、园区建设、成果转化”为抓手，推进G60科创走廊建设，成立长三角G60科创走廊建设推进领导小组，合力打造科技和制度创新双轮驱动、产业和城市一体化发展的先行先试走廊。制定印发《合肥市推动长三角G60科创走廊建设工作方案》，持续推进“G60科创云平台”推广工作，邀请2000余家企事业单位注册使用“长三角G60科创云”平台并反馈用户体验，优化科创云平台功能。探索企业开办审批服务一体化、跨省异地领照一体化、长三角“一网通办”“全覆盖”等改革路径。以“互联网＋政务服务”业务深度融合为重点，打造“跨城通办”新模式。打破地域限制，创立“一网通办”线上栏目和线下窗口，建立起“一网受理、九城通办”新机制。打造全省首个“一窗受理、协同审批、一窗发证”的外国人工作、居留“单一窗口”，实现外国人才来肥就业手续业务网上受理、证件一窗可取、只跑一次办结。

【联盟园区及科研平台建设】2021年，合肥市蜀山经济开发区、庐阳区双创果园获批长三角G60科创走廊产融结合高质量发展示范园区；长三角G60科创走廊环境产业技术创新联盟、生物医药产业合作示范园区获批2020年度优秀产业联盟和优秀示范园区；全市获批长三角G60科创走廊新能源和网联汽车产业联盟、环境产业技术创新联盟2个。合肥综合性国家科学中心环境研究院、“长三角生态环境院士峰会”永久会址落户蜀山区。

【科技与金融、产业合作】　2021年，合肥市共同发起设立国家科技成果转化引导基金长三角G60科创走廊子基金。科创板上市企业新增6家、总数达到13家，省会城市排名第2。配合G60联席办推动两款G60创新综合指数证券投资基金设立，皖维高新、江淮汽车、四创电子、应流股份4家企业被列为成分股。出台并实施“安徽金融改革举措22条”，长三角区域科创金融改革试验区方案上报国务院。引进江苏佰腾科技、江苏禾易集团、太库上海、杭州璟侑资本等长三角相关机构，举办中德数字化制造产业峰会。赞家科技被授牌成为腾讯云“授权合伙人”。建成外国人工作、居留“单一窗口”，实现长三角江浙沪皖口岸过境免签政策联动。

【科技交流合作】　2021年，合肥市组织参加长三角G60科创走廊联席会议、科创走廊高质量发展要素对接大会、科创走廊科技成果拍卖会、进博会G60科创走廊分会等。组织企业参加长三角高价值专利大赛并获多个奖项。签订长三角知识产权运营服务体系建设重点城市知识产权发展与保护工作合作备忘录。成立全国首个知识产权运营服务体系联盟。联合举办长三角 G60 科创走廊九城市人才联合培训班（第一期）并邀请国家部委领导及相关专家授课。

（李　博）

高新技术产业

【概况】　2021年，合肥市培育壮大科技型企业规模，打造“科技型中小企业—国家高新技术企业—高成长企业”的全链条培育梯队，入库国家科技型中小企业4905户、同比增长90.6%；净增国家高新技术企业1250户、总数达4578户、同比增长37.6%；培育高成长企业267户、同比增长61.8%。从高新技术企业涉及的技术领域分布看，合肥市高新技术企业中电子信息、先进制造与自动化、高技术服务类企业数量位居前三位，分别有1305户、1166户、994户，分别占全市高新技术企业总量的28.5%、25.5%和21.7%。

2021年，合肥市高新技术产业增加值同比增长25.3%、高新技术产业总产值同比增长22.8%，分别比2020年度增加8.6和4个百分点。

【新能源汽车产业】 2021年，合肥市新能源汽车新增推广应用15.1万辆、高于前两年之和，累计达42.8万辆，比亚迪等一批牵动性强的百亿项目开工建设。

【人工智能产业】 2021年，合肥市推进国家新一代人工智能创新发展试验区建设，智能语音国家制造业创新中心获批建设，腾讯智慧产业总部基地等重大项目落地。

【量子产业】 2021年，合肥市量子信息产业集聚产业链上下游企业40余家，举办量子产业大会，建设国内首个量子计算产业园。空天信息、城市安全应急产业加速布局。

（李 博）

合肥滨湖科学城

【概况】 2018年10月9日，合肥滨湖科学城正式揭牌成立，实行“省属市管”体制，负责组织领导、统筹协调滨湖科学城规划建设和国家级滨湖新区创建筹备工作，下属安徽创新馆服务管理中心、合肥市滨湖新区建设投资有限公司2个单位。2021年9月29日，合肥滨湖科学城管理机构正式获批，合肥滨湖科学城管理委员会为省政府派出机构，委托合肥市管理，副厅级行政机构；党工委、管委会实行合署办公、一套机构；党工委设置问题按有关规定和程序办理；合肥滨湖科学城党工委书记、管委会主任由合肥市委市政府领导兼任；核定党工委副书记兼管委会副主任1名（副厅级），管委会常务副主任1名（副厅级），副主任5名（正处级）；设置10个正处级内设机构，核定正处级领导职数10名，副处级领导职数20名。

当年，合肥滨湖科学城管委会会同省市直有关部门深化研究，形成“1+6”建议方案，“1”即《关于推动合肥滨湖科学城高质量发展的意见》，“6”即《关于调整合肥滨湖科学城职能职责方案》《关于合肥滨湖科学城“十四五”专项规划编制方案》《关于合肥滨湖科学城省市赋能授权方案》《合肥滨湖科学城发展专项资金管理办法》《合肥滨湖科学城科创投资基金设立方案》《安徽科技大市场建设运营管理公司人事和薪酬制度市场化改革方案》，构建大平台、大职能、大公司、小管委会“三大一小”体制机制，担当省市建设科技创新攻坚力量体系的“主力军”。

【大科学装置集中区建设】 大科学装置集中区规划定位为中国最美科研圣地，是合肥综合性国家科学中心建设项目的重要组团之一。按照“科技、安全、生态、国际化”和“科研‘圣地’、农田耕地、旅游胜地相得益彰”要求，2021年5月31日，大科学装置集中区总体规划获合肥市规划委员会审查通过。编制完成近期实施的交通、市政基础设施专项规划。聚变堆项目园区工程、三国城路于9月20日前建成交付，“三路一渠一支路网”〔即魏武路、谭岗路、古城路、滁河干渠、科学家小镇（南园）支路网〕年内全部开工。

【骆岗公园规划建设】 骆岗公园是省市集中力量、集聚资源、集成推进的重大项目，规划范围为原骆岗机场及周边区域，包含包河大道以西，锦绣大道以北，合安高速以东，绕城高速以南，总规划面积12.7平方千米。在总体要求上，贯彻落实省委“1333”要求，即，坚持“1个面向”，面向现代化；注重“3个突出”，突出生态、突出科技、突出人文；贯穿“三绿要求”，连通活水“绿系”、构建生态“绿心”、打造活动“绿地”；实现“三大目标”，打造“安徽之

庐州大道与花园大道交口是安徽省首个地下二层互通立交工程，是骆岗公园重要工程之一。图为2021年11月27日，庐州大道与花园大道交口地下立交工程正在建设中

（苏 玲/摄）

窗、省会之心、城市之肺”。2021年，“1+4+2”的规划方案基本定型，总体规划先后通过省政府常务会议和省委常委会会议审议，锦苑修改方案和骆岗公园资金平衡测算方案深化完善。工程建设方面，锦绣湖公园、园博园景观及庐州大道、花园大道、大连路、黄河路等7个项目开工，智慧中心建成开放，推进科学交流中心等11个项目前期工作，庐州大道与繁华大道互通立交通车放行。征迁建筑面积总计119.4万平方米，完成约100万平方米。引入章明、李存东、王澍夫妇等设计团队集群参与园博小镇项目设计。探索“总部（研发）+生产基地”联动招商模式，神州数码、纳思达等一批重点项目签约落地。对标国内外顶级CBD项目，深化科创CBD片区规划设计、实施导则，推进地下空间和片区路网等项目。坚持规建管一体化思路，创新构建“小管办+大公司”体制架构，合肥滨湖科学城城市空间运营管理公司实体化运行，综合管理办公室上报省委编办审批。

【安徽科技大市场建设】 2021年，安徽创新馆坚持以“政产学研用金”科技成果转化体系建设为核心，强化科技成果展示、知识产权交易、成果转移转化等主体功能作用，超额完成“123” 年度目标任务（即技术合同登记额116亿元、科技成果转化项目200余个、持证技术经纪人400余人）。

当年，以安徽科技大市场建设运营公司为主体，完善市场化运营。合肥市出台政策对入驻安徽创新馆的科技服务机构给予补贴。安徽科技大市场科技成果转化基金筹建取得进展，获批深圳证券交易所安徽基地。

完善成果展示推广、成果转化交易、科技金融、成果项目孵化与人才培养四大平台，打造“永不落幕的科交会”，全年累计举办科技成果转化活动61场、发布成果近1300项（同比增长160%）、接待重要团组1700批（同比增长42%）。面向全球引入25家科技服务机构。合肥高新等市内4个分市场建成运营，筹建六安、滁州等市级分市场。完善国家技术转移人才培养基地服务体系，揭榜国家科研机构技术转移人才评价和职称评定改革试点任务。筹建长三角国家技术创新中心（安徽）。

推进中瑞免疫生物产业创新中心、安徽人工智能药物研发创新中心等10个重大成果转化项目。完成中国（合肥）知识产权保护中心建设，建成全省首个知识产权服务业众创空间。围绕“人才欢乐谷、网红打卡地”定位，按照“前店后坊”模式，安徽科技大市场科技成果转移转化首个“基地”云谷创新园开园运营。

【市滨投公司转型升级】 2021年，合肥市滨湖新区建设投资有限公司对标上海张江集团等，加快转型升级，打造产业发展的加速器、开发建设的助推器、金融服务的催化器和国资管理的稳增器，构建“小管委+大公司”的发展格局。重点实施和推进33个项目，完成投资70.7亿元，方兴大道（沪蓉高速—包河大道）获国家优质工程奖、包河大道100号省级住宅项目提前3个月完成并获上级嘉奖。先后组建安徽科技大市场建设运营公司、合肥滨湖科学城城市空间运营管理公司、合肥滨湖科学城科技创新投资管理公司，增强科技成果转化、科创片区开发运营、科技金融服务等核心竞争力。成功发行中期票据4.5亿元、政府非标专项债20亿元。

（汪　丽）

地　震

【概况】 2021年，合肥市出台《“十四五”防震减灾规划》，明确全市防震减灾事业发展目标、主要任务和重点工程项目。启动实施《合肥市“十四五”防震减灾规划》首个重点工程——“地震监测台网优化”项目，保障合肥地区乃至周边区域持续、稳定监测的需求。8月，市地震局印发《合肥市地震灾害风险普查工作实施方案》，启动全市地震灾害风险普查工作。

市地震局被安徽省地震局评为“2021年度全省市级防震减灾工作综合考核先进单位”，长丰县应急管理局、瑶海区应急管理局、肥西县应急管理局被评为“2021年度全省县级防震减灾工作综合考核先进单位”，庐阳区应急管理局被评为“2021年度全省县级防震减灾工作综合考核优秀单位”。

【地震监测会商和震情应对】 2021年，合肥市发生M≥0.0级以上地震4次，其中0～0.9级地震3次，1.0～1.9级地震1次，最大为2021年2月1日肥东县M1.2级地震。

市地震局依托市、县地震监测台网，按时收集、报送、分析监测数据，定期开展周、月和季度会商，加强短临跟踪及会商研判，及时向省地震局提交会商意见和研究报告。8月13日和12月2日，

表 1

2021 年度合肥市 M ≥ 0.0 级地震目录一览表

序号	时间	纬度（° N）	经度（° E）	震级（M）	深度（km）	地点
1	2021-01-16	31.78	116.82	0.8	8	安徽肥西
2	2021-02-01	32.13	117.40	1.2	5	安徽肥东
3	2021-05-14	31.95	117.36	0.4	8	安徽长丰
4	2021-12-06	32.25	117.34	0.4	8	安徽长丰

分别组织召开2021年中全市地震趋势会商会暨震情跟踪工作会议和2022年度全市地震趋势会商会。开展全市地下流体观测台网观测数据质量普查，评估合肥市地下流体监测项目运行质量。巢湖皖14井参加全国地震监测预报观测资料质量评比，获全国“地下流体测项水位三等奖”。

运用3D打印建筑造型的技术，在合肥市地震监测中心建成全国首个3D打印地震观测井房，将地震监测预报与防震减灾科普有机结合，在全国地震系统尚属首创。推进合肥市地震预警项目工作，完成9个国建地震烈度速报与预警工程项目基本站建设，实现县（市）区全覆盖，数量位居全省首位，全部进入试运行状态。

【依法行政】 2021年，市地震局推进工程建设领域审批制度改革，助力“四最”营商环境建设，整合窗口服务，优化政务服务事项的办件流程和承诺时限，提高“互联网+政务服务”质量，将合肥市工程建设项目审批管理系统办件事项“新建、改建、扩建建设工程抗震设防要求核定”和“新建、改建、扩建建设工程抗震设防要求竣工验收”与安徽政务服务网实现平台链接。全年核定建设项目抗震设防要求36项，参加竣工联合验收200项，区域性地震安全性评价备案14项。

8月，市地震局联合市城乡建设局等7部门转发省地震局等7部门联合制定的《关于进一步加强建设工程抗震管理的通知》，在政务服务过程中严格依法执行文件规定的抗震设防要求。10月，市地震局专题部署各县（市、区）、开发区开展建设工程地震安全检查。全市随机抽查13个学校项目，5个医院项目，13个住宅、商业及其他公共建筑项目，所有被检查项目均达到法定抗震设防要求。

【房屋设施抗震设防信息采集】 2021年5月，合肥市启动房屋设施抗震设防信息采集工作。7月8日，市抗震救灾指挥部办公室印发《关于开展全市地震易发区房屋设施抗震设防信息采集和动态更新、综合评估等工作的通知》，对全市房屋设施抗震设防信息采集和动态更新、综合评估工作进行安排部署。全市387名信息采集员采集自2020年1月至2021年6月30日竣工的新建、改建、扩建房屋设施信息4980条，自2018年10月10日至2021年6月30日完成加固的房屋设施信息1239条，完成首次采集工作。

【农村民居建设抗震设防指导服务】 2021年，合肥市把“加强农村民居和乡村公共设施抗震设防指导和管理，提供抗震技术服务”纳入《合肥市2021年度防震减灾工作目标考核细则》，对各县（市、区）防震减灾目标进行考核，开展农村民居和乡村公共设施抗震设防指导和管理工作。

10月9日，市地震局联合市城乡建设局在肥东县举办“全市农村地震安全工程建设暨第六期农村建筑工匠业务培训班”，推进全市农村民居和乡镇公用设施抗震设防工作。

2021 年 3 月 29 日，合肥市红星路小学举办国家防震减灾科普示范学校地震避险疏散情景模拟演练活动　　（吴杰宏／摄）

【完善地震应急体系】 2021年4月21日和9月28日，市地震局分别举办全市防震减灾“三网一员”暨地震应急“第一响应人”培训和地震系统应急响应演练暨防震减灾业务培训班，提高“全灾种、大应急”新格局下防震减灾工作业务能力。适时修订《合肥市地震局地震应急预案》，保障地震系统应急准备和突发地震事件的应急处置工作，确保地震“防”与“救”工作的衔接，提升防范应对地震灾害风险的能力。

【防震减灾科普宣传】 2021年4月，合肥市地震、教育、应急部门联合印发《关于全市第六个“防震减灾宣传、演练月”系列活动总体安排的通知》，在全市部署开展“7项基本活动+5项特色活动”组成的宣传演练月系列活动。5月10日，省地震局与市地震局在瑶海区红光街道枞阳路社区举办省暨合肥市防震减灾科普宣传主场活动，拉开全省防震减灾科普宣传周暨合肥市防震减灾科普宣传演练月系列活动序幕。合肥市第六个“防震减灾宣传、演练月”期间，全市举办主题宣传活动20余场次、地震科普讲座140余场次、地震避险疏散演练2000余场次、指导20余家企业开展防灾减灾宣传和应急演练活动，发放防震减灾科普图书10万余册、创意宣传品5万余份，全市参与系列科普宣传活动的学校、社区、企业、机关等各级各类基层单位2000多个，直接参与受众近100万人。

【防震减灾示范创建】 2021年，市地震局联合市城乡建设局、市教育局、市应急局、市美丽乡村建设领导小组办公室、市科协等部门，指导各县（市、区）、开发区开展防震减灾科普示范学校、教育基地、地震安全农居创建工作，全年新创建2所国家防震减灾科普示范学校、1个国家防震减灾科普教育基地、7所安徽省防震减灾科普示范学校、1个安徽省防震减灾科普教育基地、16所合肥市防震减灾科普示范学校、2个合肥市防震减灾科普教育基地、4个合肥市地震安全农居示范村（点）。

（许　树）

气　象

【概况】 2021年，合肥市出台《“十四五”气象事业发展规划》，实施《合肥市生态环境气象业务发展方案（2022—2025年）》，印发《人工影响天气高质量发展实施方案》，高质量气象现代化和大城市气象保障服务先行试点建设方案获批实施。合肥市在省政府气象防灾减灾考核中获全省第一。合肥市气象局获“全国气象工作先进单位”。市气象局机关党总支获“安徽省防汛救灾先进集体”。市气象台获评“第20届全国青年文明号”。市气象局获2021年度全省气象部门综合考评全省第一。《构建“五维一体”融合新模式实现党建和业务同进步双提升》获第一届新时代全国机关基层党建新成就短视频全国“百优作品奖”。“坚持首创首成，做好‘合’字文章，推动气象媒体融合创新发展”被评为全省气象部门创新工作。

【气象现代化建设】 2021年，市气象局、长丰县气象局分别被省气象局确定为高质量气象现代化综合类和专项类先行试点，气象现代化综合评分连年居全省首位。合肥市气象监测预警与科学研究中心项目开工建设。现代农业气象示范基地建成投入使用。建成3部相控阵天气雷达、3部高架桥道面状况监测站和5个国省干道交通气象站，巢湖通量观测等新设备投入业务使用，新增100套自动气象站建设计划列入市公益性项目库。

【气候预报】 2021年，市气象局智能网格预报产品精细到5千米，落实“早、准、快、广、实”

2021年10月，合肥现代农业气象示范基地提升工程投入使用

（市气象局/供）

要求，建立递进式监测预报预警服务模式，持续开展40天气候趋势预测。合肥市预报业务综合质量全省第一，预报评分（晴雨雪）第一，预报质量处于全省领先地位，预报预警准确率和综合观测基础质量居全省前列。

【防灾减灾】 2021年，市气象局破解气象信息传递“堵点”“盲区”难题，市气象信息员和预警信息接收人队伍突破7000人，牵头建立全市新媒体气象服务信息联动发布机制，20余家政务和社会新媒体联动开展重大气象服务信息全网发布。与应急、交通、农业、城市管理、生态环境等部门合作，气象监测站点共建、数据共享、联合会商、灾害联防取得成效。流域面雨量预报和延伸期预报为“巢湖安澜”工程保驾护航，气象趋利避害优势得到发挥。温室气体监测站纳入国家考核，气候宜居城市创建指标全面达标。

【气象服务】 2021年，面对7月8日强降水，市气象局联合市应急管理局启动“7·8”强降水气象灾害红色预警手机短信全网发布，覆盖1198万人次，灾害性天气预警信息公众覆盖率达95%。全年发布公众、决策、气候类气象服务材料274期，生态环境、农业、交通、电力等专业气象服务材料200余期。与应急管理局联合印发《合肥市气象灾害公众防御指引（试行）》，制作防御明白卡，通过气象融媒体平台广泛宣传推广。围绕合肥现代农业需求，开展水稻、小麦等作物农业气象灾害观测试验，创新实施稻虾共养、草莓、番茄气象条件适应性观测试验。全年开展人工影响天气地面作业46点次，飞机作业26架次，航时86小时。

【科普宣传】 2021年，市气象局在3·23世界气象日、5月全国科技周、5·12防灾减灾日、9月全国科普日等时间节点，举办气象科普线上线下宣传活动。与市科技馆联合开展“科技动手做”“云游科普馆”等线上线下主题活动。合肥气象融媒体中心自主设计“肥小象”形象IP并开展IP形象发布活动，连载推出“肥小象”成长故事，成为2021年世界气象日亮点。成功举办“2021年度合肥市中学生气象科普作品创作竞赛”。合肥现代农业气象示范基地创成安徽省科普教育基地，入选合肥市科普地图。截至年底，市气象系统拥有合肥气象科普馆、合肥现代农业气象示范基地、巢湖市气象科普馆、长丰县气象科普馆四所全国和全省科普教育基地。

【主要气候事件】 2021年台风“烟花”过境合肥市，春夏季强对流时有发生，但未发生大范围持续性旱涝灾害，暴雨、台风、寒潮、强对流等间有发生。综合全年气候要素、极端气候事件及其灾害影响，2021年属于“较好”气候年景，为近6年来首次。

*年平均气温历史第二高。*2021年，合肥市秋季平均气温18.3℃，比常年偏高0.9℃，为1961年以来第二高，仅次于1998年（18.9℃），与2006年持平；冬季（2020年12月—2021年2月）平均气温5.8℃，较常年同期异常偏高1.3℃，为历史第四强暖冬。2021年2月合肥市平均气温（9.7℃）创历史新高，2月21日全市最高气温突破25.0℃，合肥、肥西、长丰3个国家气象观测站日最高气温超过27℃（最高合肥28.7℃），破2月份本站历史极值。合肥站破合肥市2月份有气象记录以来最高气温极值。国庆期间（10月1—7日）全市平均气温23.5℃，较常年同期异常偏高3.9℃，为历史第二高，仅低于2007年。10月3—4日合肥市出现高温天气，其中4日长丰、合肥、巢湖最高气温突破35℃，最高长丰达36.2℃，为有气象记录以来最晚高温终日。除肥东外，其他几个国家气象观测站均打破10月份本站极端最高气温纪录。

*盛夏多雨寡照。*高温日数2000年以来最少。盛夏（7—8月）合肥市平均降雨量446毫米，比常年偏多3成以上。其中合肥偏多7成以上，为1961年以来第五多；庐江偏多近6成，为1961年以来第七多。全市平均降雨日数28天，比常年偏多5天。全市平均日照时数294小时，比常年偏少46小时（1成以上），与2009年持平，为2000年以来第4少。2021年夏季全市平均高温日数近有6天，为近22年以来最少。

*台风“烟花”影响时间近46年来最长。*7月24日，2021年6号台风“烟花”外围云系开始影响合肥市，29日5时台风“烟花”移出安徽省，影响合肥市的时间长达6天，为1976年以来影响时间最长台风，仅次于7504号台风“欧拉”（影响时长7天）。台风“烟花”影响期间，合肥市累计雨量40～170毫米，110站超50毫米，12站超过100毫米。小时雨强弱，最大巢湖苏湾镇25毫米，其他大部分地区不足20毫米。从影响范围和强度综合来看，2106号“烟花”不及0513号“泰利”、0808号“凤

凰”、1211号“海葵”及1818号“温比亚”，“烟花”为2000年来第五强台风。

年初年末出现5次寒潮。2021年年初年末冷空气活动频繁，其中5次达寒潮天气标准。分别为1月6—8日、11月6—8日、11月21—23日、12月16—18日和12月24—26日。1月6—8日全市出现首轮寒潮天气，最低气温普遍降至-8℃以下，其中合肥、肥西两站低至-11℃以下，最低肥西-11.5℃，为2000年以来该站1月份日最低气温新低值。11月6-8日全市再次出现寒潮天气，全市平均气温、最低气温48小时降幅分别为12.3℃和14.7℃，其中肥西最低气温降幅达15.9℃。此次寒潮过程为几次寒潮过程中气温降幅最大，直接导致合肥市“一夜入冬”（11月7日），从寒潮持续天数、影响范围及最低气温综合指标来看，此次寒潮天气强度次于2009年11月1—4日和2016年11月22—25日寒潮，为2000年以来第三强。

春夏季多次出现强对流。4月30日20时-5月1日1时，合肥市自西向东出现风雹天气，肥西、市区、肥东、巢湖等地监测到直径1～2厘米的冰雹，最大达3厘米，庐江、巢湖地区出现8级偏北大风。此次冰雹天气发生发展快，影响时间长，影响范围广。7月8日合肥出现大暴雨天气，并伴有雷暴大风、短时强降水。市区、肥东、巢湖地区出现8级以上偏北大风，最大巢湖苏湾镇13级（41.2米/秒），突破合肥市极值，许多太阳能被吹翻，十几年的大树被吹倒。有4成台站监测到小时雨强大于20毫米的短时强降水，最大合肥国家气象观测站62.9毫米（7月8日8—9时）。暴雨导致董铺水库超汛限水位，董铺水库于7月 8日11时开闸泄洪。7月16—17日的强对流天气，市区、肥东、肥西、巢湖等地区出现8级以上大风，最大市区翡翠路11级（32.1米/秒）。67个监测站点的小时雨强大于20毫米，最大小时雨强合肥国家观测站56.5毫米。8月12日全市40%的区域出现短时强降水，其中庐江国家气象观测站日降雨量达152毫米，突破该站8月单日降水量极值，小时雨强67毫米，突破该站小时雨强历史极值。

（沙　娴　吴　月）

责任编辑：贾南田

教　育

综　述

【概况】 2021年，合肥市有高等学校58所，在校生852394人。其中，全日制在校生721387人，非全日制131007，教职工44588人，专任教师32608人。中等及中等以下各级各类普通学校2269所。中等职业学校50所、普通高中104所，初中235所，小学466所，幼儿园1407所，在校生1510643人，教职工127458人，专任教师98733人。

【教师队伍建设】 2021年，合肥市教育局开展“为党育人、为国育才”师德主题教育，开展以师德传统教育、师德先进典型教育和师德警示教育为主要内容的“三项教育”，严明坚守廉洁从教“四个严禁”，开展“我为学生解心结”“最受欢迎的老师”等活动。获评全省教书育人楷模1人、全省首届教育世家1人安徽最美教师14人、安徽省中小学优秀班主任14人，评选150名2021年合肥市优秀教师、50个教育系统先进集体和10名第五届“庐州最美教师”。加大有偿补课等违反师德行为查处力度，明察暗访316次，受理群众举报300余件。

*统筹调配中小学教师资源。*会同编办出台《关于优化全市中小学教师资源配置的意见》，化解教育发展需求与教职工编制资源有限的矛盾，解决“城区规模大、农村规模小，城区教师缺、农村教师超”问题。全市公开招聘1197名新任教师。义务教育教师交流轮岗3089人，占符合交流条件教师总数的19.93%。其中，骨干教师、教坛新星、学科带头人、名师和特级教师等交流轮岗957人，占交流教师人数的31%。

*开展教师培训工作。*市本级投入教师培训经费3405万元，组织实施“国培计划”项目39个、省级培训项目27个，市级培训项目42个，11万名教师参加市级以上各类培训。合肥市新入职教师培训+培养的“1+2”模式被遴选为教育部“国培计划”优秀案例。组织20个教师培训基地开展专题集中培训及“送培送教”活动，推进信息技术应用能力提升工程2.0，成功入选教育部第二批人工智能助推教师队伍建设示范区试点。

【落实“双减”政策】 2021年，市教育局以落实“双减”（即减轻义务教育阶段学生作业负担和校外培训负担）为契机，着力提高课堂教学质量、提高作业设计与实施质量，全学科进行课堂教学改革，启迪学生内在学习动力，优化课堂教学结构，提高课堂教学效率。优化作业设计和实施，分12个学科研制《义务教育阶段学科作业设计与实施指导意见》，受到教育部基础教育司肯定。提高课后服务质量，建设市级课后服务管理系统和支付系统，下拨市级奖补资金3000万元，各县（市、区）累计投入资金9058.6万元。建立健全推进机制，实现义务教育课后服务“两个全覆盖”。全市481所义务教育学校全部开展课后服务，参与学生数占应参加学生数的94.65%，其中五天均在校参与课后服务人数达占比86.42%，参与课后服务教师数占义务教育专任教师数的92.49%。引进校外教育机构、大学生志愿者、非物质文化传人到校提供个性化课程，提供课程数达1.3万，参与学生达14.2万人。合肥市课后服务案例被教育部遴选为全国首批义务教育课后服务典型案例。

【校外培训整治】 2021年，市教育局成立校外教育培训监管处，规范校外培训机构学科类培训，关停取缔无证学科类培训机构133所，列入黑名单培训机构35所，查处违规办学培训机构251所。全市线下学科类校外培训机构由原先的1199所压减至60所，压减率为94.99%，完成学科类培训机构“营改非”工作任务。60所正常营业的校外培训机构全部上线应用预缴费管理系统，监管保证金1800万元。

【教育项目建设】 2021年，合肥市财政用于教育支出210.2亿元，同比增加12.66亿元，增长6.41%。全年建成中小学项目40个、新增学位8.6万个，幼儿园项目70个、新增学位2.6万个；新开工中小学项目53个、幼儿园项目52个；实施市属学校公益性项目22个；年初预算安排市属教育公益性项目16.711亿元，追加拨付3.2404亿元，预算执行率达119.4%，创历史新高。2个市属建设项目首获国家优质工程奖、8个教育项目获安徽省建设工程“黄山杯”。合肥九中项目建成投入使用，合肥六中新校区主体工程完工，合肥一中东校区下半年开工、当年主体结构封顶，推进安徽大学江淮学院新校区、黄麓师范改扩建工程二期、合肥一中淝河校区、合肥八中运河新城校区、合肥六中新桥校区等项目。设置中小学幼儿园家长等候区，彰显“小改善、大受益”。

【教育宣传】 2021年，市教育局在国家级主要媒体刊发合肥教育发展经验148篇，合肥市教育系统党史学习教育、为民办实事系列宣传，多次被中央电视台《新闻联播》《朝闻天下》《新闻直播间》等栏目报道，省、市级媒体刊发1700余篇，在“合肥市教育局发布”微信公众号等政务新媒体发布教育资讯和服务信息。开设“百年瞬间”“唱支赞歌给党听”“红色展演”“最美教师”“安全课”“校园一景”“教育惩戒大家谈”“双减在行动”等专栏，开展“领读”“童·话”“线上研学”活动，服务师生家长，讲述合肥教育好故事、传播合肥教育好声音。

【教育信息化】 截至2021年底，合肥市建成智慧学校805所，其中教学点41个，乡村学校213所，城镇学校551所，建设智慧课堂5495个班级。实现教学点智慧课堂全覆盖，中小学全部达到省智慧学校建设要求，提前完成省智慧学校建设考核任务。市教育局完成2021年安徽省义务教育线上教学资源录制、审核工作，录制608节课。完成省“基础教育精品课”市级录制工作，合肥市报送160个节点，其中146个节点被评为省级精品课，获奖节点和获奖率均居领先地位。

【教育改革】 2021年，市教育局出台《合肥市深化新时代教育评价改革工作任务清单》《合肥市深化新时代教育评价改革负面清单》，制定《加快推进合肥教育现代化实施方案（2020—2022年）》重点任务分工方案，出台《合肥市“十四五”教育事业发展规划》。首次设立“合肥教育创新奖”并评选产生首届创新奖5个、提名奖5个。新增26所素质教育示范校。命名7个第五批中小学生校外素质教育基地，6所学校入选第三批全国中小学中华优秀传统文化传承学校。“一校一案”落实《中小学德育指南》，推进未成年人思想道德建设工作，召开德智体美劳创新实验工作暨劳动教育推进会，征集优秀创新案例113篇。

联合市委宣传部在全市开展“思政微课堂”竞赛活动，对优秀思政微课进行集中展示。举办红色社团展示、中学生辩论赛、志愿服务等活动，加强“新时代好少年”学习宣传，组织“学党史、强信念、跟党走”学习教育、“不忘初心·紧跟党走”教育实践、“青春向党·奋斗强国”主题团日及“童心同乐过大年”“清明祭英烈”“向国旗敬礼”等主题教育活动。

举办全市第十二届中小学文化艺术节活动，数万中小学生参与其中，约5000人次参与市级展演。累计3万多名中小学生参加“阳光体育”活动，近50万名中小学生走出校园参与研学旅行。获评全国校园足球试验区，举行三级校园足球联赛，推进校园足球活动普及，促进校园足球发展。参加各

6月19日，合肥市2021“童心向党”声乐展演暨第十二届文化艺术节开幕式活动举行 （市教育局/供）

级体育赛事，获省体育联赛田径比赛男子团体、女子团体总分、总团体总分“三个第一”，参加全省体育联赛中学生篮球比赛获得男子组第一。

建设家长学校信息化平台，开展家长学校课程建设和展示，首次举办192名教师参加的家校共育培训班，举办班主任基本功大赛，确定15个第二批“名班主任工作室”。组织开展“我与家长共育人”家校共育宣传周活动。组织宣讲团赴全市215所初中开展家庭教育，开展线下及线上培训覆盖764校35万人次。联合八部门开展春季学生心理健康教育专项行动，举办第四届“心向阳光　健康成长”心理健康宣传月活动，落实主管部门“两个一”、中小学校“四个一”活动，会同有关机构每月举办一次网络心理讲座直播，广泛开展“心理健康讲座进校园”等活动。

【教育民生】 2021年，市教育局统筹落实学前教育促进工程、义务教育经费保障机制、高中阶段家庭经济困难学生资助、中小学及中职教师培训等四项民生工程。全市新建、改扩建幼儿园项目完工39个，完工率100%；完成教师培训1425人次，超额完成培训任务，完成率293.2%；完成12593名贫困幼儿资助，超额完成全年任务数4768人次，完成率160.9%。全市义务教育阶段学校公用经费按照每生每年小学675元、初中875元（含取暖费25元），特殊教育学校和随班就读的残疾学生8000元标准将公用经费补助到校。发放学生资助资金11.8亿元，资助学生110.4万人次，其中学前阶段资助贫困幼儿1.2万人次，发放资助资金1539.79万元；义务教育阶段资助家庭经济困难学生6.5万人次，发放资助金2437.77万元，免除84.2万名义务教育阶段学生学杂费6.9亿元，免费提供国家规定课程教科书和作业本1.2亿元；高中阶段资助学生18.5万人次，发放学生资助资金3.3亿元。

【教育督导】 2021年11月，市委办公室、市政府办公室联合出台《合肥市深化新时代教育督导体制机制改革的实施方案》，市政府督导委员会聘任196名第三届市政府督学。市教育局完成省政府教育督导委员会对市政府2020年度履行教育职责考核自评工作。瑶海、庐阳、蜀山、包河四个区获2020年度全省县（市）区党政领导干部履行教育职责督导考核优秀等次。落实中央巡视安徽省反馈中职办学条件不达标和普通高中大班额督促整改工作。开展“五项管理”“双减”、疫情防控、中小学生身心健康、中小学幼儿园项目建设等专项督导，下发12次督办通报。推进瑶海、庐阳、蜀山、包河和合肥经济技术开发区县域义务教育优质均衡发展创建，启动第二批县域学前教育普及普惠县创建。

【长三角教育一体化发展】 2021年，市教育局对标长三角高质量一体化发展战略定位和目标任务，落实《长三角地区一体化发展三年行动计划（2021—2023年）》《扬长补短对标追赶推动长三角更高质量一体化发展专项行动计划》任务，与上海音乐学院、上海市杨浦区教育局签订教育合作协议，加强双方在教育教学、合作办学、人才培养、深化教育领域综合改革等方面的交流与合作，提升合肥基础教育办学水平。首批将合肥师范学院、安徽艺术学院、合肥幼儿师范高等专科学校纳入长三角音乐教育与艺术产业发展联盟。

【基层减负】 2021年，市教育局以整治形式主义、官僚主义为抓手，坚持问题导向，印发《市教育局机关切实减轻基层负担力戒形式主义工作措施》《市教育局机关提高工作效能、减轻基层负担任务清单》，整治文山会海、督查检查考核过多过频、过度“留痕现象”等，全年发文、召开会议同比分别下降34%、56%，督查事项减少63%。整合年度督查检查考核事项，集中时间、集中人员开展综合性、一站式检查。创新方式方法，采取“四不两直”方式开展调研暗访。严控“小手拉大手”“主题教育进校园”等活动，减轻学校师生负担。

【依法治教】 2021年，市教育局举办习近平法治思想专题讲座。举办教育法律法规专题培训，开展《民法典》以及《未成年人保护法》《预防未成年人犯罪法》《中小学教育惩戒规则》等相关法律法规宣传，开展“教育惩戒大家谈”征文活动。推进青少年法治宣传教育，以全国中小学生安全教育日、全民国家安全教育日、“6·26”国际禁毒日为契机，开展国家安全法、网络安全法、反恐怖主义法、毒品预防教育等宣传教育。组织开展全市中小学生“学宪法讲宪法”演讲比赛和知识竞赛，合肥市3名选手入围第六届全国学生“学宪法讲宪法”活动全国总决赛。参加“宪法卫士”2021年行动计划，全市95万余名中小学生参加线上宪法知识挑战成为宪法卫士，学生参与率86%。部署开展全市教育系统“宪法宣传周”系列活动，全市840所中小学102余万名中小学生参与“宪法晨读”活动。完成向市属开发区、自贸区赋权部分市级教育行政权力事项工作，从8月起委托3个开发区实施民办普通中等专业学校、普通高中设立审批和幼儿园、小学、初级中学教师资格认定，从9月起委托3个开发区对16所市管民办高中阶段学校实施行政管理；从11月起，委托中国（安徽）自由贸易试验区合肥片区高新区块、经开区块实施2项教育行政审批权、4项其他权力事项、2项公共服务事项；委托自贸区合肥片区蜀山区块实施3项教育行政审批权、4项其他权力事项、2项公共服务事项。

【优化营商环境】 2021年，市教育局推进“互联网+政务服务”建设，深化“不见面审批（服务）”改革，所有事项全部实现线上办理，提高行政审批效率，减少群众等待、重复上门的时间。推动“网上办”“邮寄办”“不见面审批”的落实，保证各类事项及时办结，深化“证照分离”改革，全市4项涉企经营许可事项压减审批要件、取消审批或审批改备案，加强事中事后监管。推广“电子证照”的收集和应用，提升“互联网+监管”平台的管理和应用水平。全年办理事项132件（其中公共服务123件，行政审批9件）。据电话回访反馈，群众满意度达到100%。市教育局被评为合肥市创优营商环境工作优秀单位，行政窗口获评全市政务服务先进窗口。

【校园安全】 2021年，市教育局坚持底线思维、强化红线意识，把做好校园安全稳定工作摆在教育发展的突出位置。中小学幼儿园安防建设三年行动计划收官，实现专职保安员配备、校园封闭化管理、

2021年5月8日，合肥幼教集团融创创瑾园幼儿园正在进行户外游戏活动
（市教育局／供）

一键报警和视频监控系统安装并与公安机关联网、护学岗设置“4个100%”任务目标。开展多轮安全工作督查检查，检查中小学幼儿园279所，发现安全隐患284个，全部整改到位。排查化解涉教社会稳定重大风险，全市教育系统安全稳定。

（石红星）

学前教育

【概况】 2021年，合肥市有幼儿园1407所，在园幼儿343787人，教职工44618人，专任教师22798人，幼师比为15.08∶1。学前教育毛入园率为96.97，公办率为53.61%，普惠率为89.50%。

【扩充普惠性教育资源】 2021年，合肥市通过“新建一批、扩建一批、转换一批、补充一批”等措施，增加普惠性学位供给。全市建成幼儿园70所，新增学位2.6万个。学前教育市本级财政专项资金由2020年2.85亿元提高到3.1亿元，专项用于新建、改扩建公办幼儿园按班级奖补、普惠性幼儿园按生均奖补等项目。市教育局联合市财政局制定《2021年合肥市学前教育促进工程实施方案、运行方案》，投入资金4.66亿元支持项目建设、教师培训、贫困幼儿资助三项重点工作。通过政府购买服务、综合奖补、培训教师、教研指导等方式鼓励民办园转普惠性幼儿园。全市新增普惠性民办园49所，增加普惠性学位1.68万个。

【提高保教质量】 2021年，市教育局试点启动幼儿园与小学科学衔接工作。制定《合肥市幼儿园等级认定评估办法》，健全幼儿园三级质量评价体系，新增市特一类园9所、市一类园52所。

（石红星）

义务教育

【概况】 2021年，合肥市有小学466所，在校生601925人，教职工30912人，专任教师35244人，

生师比为17.08：1。初中235所(其中初级中学149所、九年一贯制86所)，在校生265184人，教职工22960人，专任教师21925人，生师比为12.52：1.全市小学、初中适龄人口毛入学率为109.45%、112.86%，九年义务教育巩固率为114.49%。

【义务教育集团化办学】 2021年10月，市教育局联合市委组织部、市委编办、市财政局、市人社局出台《关于高质量推进基础教育集团化办学的指导意见》，推进义务教育集团办学，分级实施基础教育集团化办学。涉及市属学校的集团化办学由市教育局牵头规划实施，县（市、区）属学校集团化办学由县（市、区）组织规划实施。优先将薄弱学校、新建学校等纳入集团化管理。探索普通高校与普通高中、普通高中与义务教育、义务教育与学前教育的集团化办学。

【招生改革】 2021年，合肥市首次实行市区学区内成套房入学年限政策，全市义务教育阶段招收20万人，比上年增加1.6万人。全市65所义务教育民办学校，2.6万名学生通过网上报名，其中17所民办学校实行电脑摇号录取。市区295所公办学校按照“线上登记录取，或线上预约线下审核录取”的原则，网上报名录取1.4万人，实现“足不出户为孩子完成报名入学”的目标。市区普通高中在市区计划招生2.5万人，15所省示范高中学校实际录取1.6万人，占录取人数的66.55%。首次拆分市区高考考区，考生从“满城跑”变为“就近考”，改进合肥一中、六中、八中联招政策，增设意向学校，82%以上学生按志愿入学。

【民办义务教育规范发展】 2021年，市教育局成立规范民办义务教育专项工作组，制定《合肥市规范民办义务教育发展方案》，摸排民办义务教育学校办学情况，按照控增量、减存量、调结构的工作要求，促进民办义务教育结构优化和布局调整。截至年底，全市有民办义务教育学校66所，民办义务教育在校生8.42万人、占比9.58%。

（石红星）

2021年9月1日，合肥市园上园小学喻岗分校学生喜迎开学

（市教育局／供）

普通高中教育

【概况】 2021年，合肥市有普通高中104所，招生54739人，在校生166128人，其中：公办59所117017人、民办45所49111人；市区44所，招生25232人，在校生76115人，校均1903人；四县一市60所，招生29507人，在校生90013人，校均1406人。教职工22033人，专任教师12643人，其中：市区教职工9099人、专任教师5499人，四县一市教职工12934人、专任教师7144人。生师比为13.14：1。高中阶段毛入学率为130.61%。

【集团化办学】 2021年，合肥市组建合肥一中、合肥六中、合肥七中、合肥八中、合肥一六八中学等5个普通高中教育集团、覆盖10个县（市、区）21所学校。

【教学改革】 2021年，合肥市“以普通高中教育教学质量评价改革推进育人方式转变”项目获批全省首批深化新时代教育评价改革试点项目。修订完善《合肥市普通高中教育教学质量评价指标体系（2021年度）》，完成87所普通高中教育教学质量评价。

【“双新”示范区建设】 2021年，市教育局实施普通高中新课程新教材国家级示范区项目建设，立项78项市级“双新”课题。完成全市普通高中学校“双新”工作视导调研，对15所后进学校予以约谈并督促整改。推进普通高中大班额整改工作。

（石红星）

职业教育与成人教育

【概况】 2021年，合肥市有中等职业学校50所，在校生122377人，教职工6584人，专任教师5763人。生师比21.23∶1；双师型教师1911人。

【产教融合试点】 2021年7月，合肥市获批首批国家产教融合型试点城市。全年，市级安排职业教育投入13.3亿元，牵头组建合肥市都市圈职业教育联盟。组建对标服务合肥市重点产业链的产业教育联盟，会同市发改委制定《合肥市深化产教融合实施意见》，认定46家企业为合肥市产教融合型建设培育企业。

【现代职业教育集团】 2021年，合肥市现代职业教育集团再次扩容，新吸收职业院校8所，集团职业院校达到38所；新吸收规模以上企业33家，集团企事业单位达到84家。入选全国第二批示范性职业教育集团，在安徽省职业教育集团（联盟）年度工作备案评议中获评优秀。

【校企合作】 2021年，合肥市安排专项资金2000余万元，支持开展市级挂牌企业实训基地评定、建设产学研合作联盟、共建市级校企专业创新团队共建等工作。全市中职学校合作企业超过800家、校企共同育人年订单培养近6000人、建立校外实训实习基地超500个。

【职校教师企业实践】 2021年11月，《中国教育报》头版刊发专题报道《合肥化解职校教师“本领恐慌”——政府连续7年统筹教师进企业锻炼实操能力》，介绍政府主导、高校承办、校企联手的职校教师到企业实践的“合肥模式”并向全国推介。

【终身教育】 2021年，合肥市“能者为师——寻找社区好教师” 被评为全国全民终身学习活动周终身学习品牌项目。组织开展7个市级社区教育示范街道和2个示范乡镇成人文化技术学校评估验收，创建14个市级社区教育活动品牌，开展第五届“能者为师——寻找社区好教师”评选活动，评选“百姓学习之星”18人。

（石红星）

高等教育

【概况】 2021年，合肥市有高等院校58所。其中：公办41所、民办17所（含2所民办独立学院）；本科院校19所（大学7所、学院10所、独立学院2所），高职高专院校35所（高等职业学院33所，高等专科学校2所），成人高校4所。在校生852394人，教职工44588人，专任教师32608人。在校研究生70032人（培养研究生院校9所，其中：在校博士研究生12584人，在校硕士研究生57448人）；在校普通本专科651355人（含独立学院和成人高校普通本专科生）；成人本专科生130901人（其中，4所成人高校成人本专科生15210人，普通高校成人本专科生115691人）。全市54所全日制高校教职工43556人，专任教师32073人；4所非全日制成人高校教职工1032人，专任教师535人。全市另有军事院校2所（不在教育事业统计范围内）：国防科技大学电子对抗学院和陆军炮兵防空兵学院。

【内涵提升】 2021年，市教育局支持中国科学技术大学高新园区和先进技术研究院建设，协调安徽大学互联网学院、未来学院建设及选址工作。配合等高校和市政府开展市校合作。统筹做好北京大学、北京外国语大学、上海音乐学院、天津大学、安徽师范大学、安徽财经大学、合肥师范学院等省内外高校与合肥市开展市校合作，配合做好合肥工业经济学校整改、安徽汽车职业技术学院移交工作。做好合肥学院更名“合肥大学”服务保障，加快中德教育合作示范基地建设，支持合肥幼儿师范高等专科学校、合肥职业技术学院创建省技能型高水平大学。协调做好安徽大学江淮学院转设宣传片制作、转设论证报告完善、过渡校区产权证办理等筹备工作，通过教育部全国高等学校设置评议委员会专家进校考察和评议。配合做好合肥理工学院“十四五”教育事业发展规划、学科专业建设规划编制及新校区项目建设工作。

【高校思政工作】 2021年，市教育局坚持市属高校党委领导下的校长负责制，落实二级系部党政联席会议制度。召开市领导调研合肥幼专暨市属高校党建及思想政治教育课建设工作座谈会。开展公办高校党建工作“找差距、抓落实、提质量”专项行动，做好2021年非公经济和社会组织党建工作攻坚项项目，配合开展民办高校党建工作调研，指导民办高校做好学校章程和党组议事规则修订。督促指导市属高校加快专职思政课教师和专职辅导员配备，确保完成2021年度教育重点工作交账任务。参加“长三角思政课一体化联盟”及联盟开展的大中小学生党史学习教育活动。开展市属高校和民办高校思政课建设情况专题调研，指导做好课程思政示范项目建设申报、“思政公开课”微视频征集推荐工作。

（石红星）

高等院校选介

【中国科学技术大学】 中国科学技术大学（以下简称“中国科大”）1958年9月创建于北京，1970年迁至安徽合肥，是中国科学院所属的一所以前沿科学和高新技术为主、兼有医学和特色文科的综合性全国重点大学。

2021年，中国科大有30个学院（学部），含7个科教融合学院；设有苏州高等研究院、上海研究院、北京研究院、先进技术研究院、国际金融研究院、附属第一医院（安徽省立医院）。有30个一级学科博士学位授权点，8个一级学科硕士学位授权点，15个专业学位授权点（含5个专业类别博士学位授权点）。有数学、物理学、力学、天文学、生物科学、化学6个国家理科基础科学研究和教学人才培养基地和1个国家生命科学与技术人才培养基地。建有国家同步辐射实验室、合肥微尺度物质科学国家研究中心、火灾科学国家重点实验室、核探测与核电子学国家重点实验室（联合）、类脑智能技术及应用国家工程实验室、语音及语言信息处理国家工程研究中心（联合）、热安全技术国家地方联合工程研究中心、大尺度火灾国际联合研究中心、量子信息与量子科技前沿协同创新中心、国家高性能计算中心（合肥）、安徽蒙城地球物理国家野外科学观测研究站等11个国家级科研机构、25个中国科学院重点科研机构、50个其他省部级科研平台和22个所系联合实验室、42个校级科研机构，主持或参与4个国家重大科技基础设施建设。

人才培养。深化“三全育人”综合改革，把立德树人融入学生思想道德、科研创新、社会实践等环节，贯通教学、科研和管理服务体系，加强学生思想政治教育。加强马克思主义学院建设，深化思政课改革创新，发挥思政课的主渠道作用，将党的创新理论最新成果、习近平新时代中国特色社会主义思想的生动实践贯穿融入教学。加快课程思政建设，通过“一院一课”示范带动，推动课程思政与思政课程协同育人。深化拔尖创新人才培养，首批建设未来技术学院，力学、计算机科学、天文学入选第二批拔尖计划2.0基地，全校有8个拔尖计划2.0基地。推进国家级一流本科专业建设，12个本科专业入选第二批国家级一流本科专业建设点，获批新增“量子信息科学”“工程物理”“环境科学与工程”“网络与新媒体”“人工智能”5个本科专业。以“金课”（课程）、“金牌”（导师）、“金奖”（项目）、“金字”（品牌）统筹全校创新创业教育，通过设立“创新创业开放实验室”、校企结合“创新实验室”，举办“首届全球科大人创新创业大赛”，培养创新创业人才。改革学生评价，强化学生社团育人功能，促进“第二课堂”与“第一课堂”相衔接，推动学生德智体美劳全面发展。实施研究生教育“德创”领军人才培养计划，新增获批全国首个“量子科学与技术”交叉学科博士授权点，在“人工智能”“集成电路”等4个关键领域实施“国家关键领域未来技术领军人才工程博士”项目。启动“研究生教育教学优秀成果培育项目”，打造具有突出引领示范作用的高水平成果。加强所系结合人才培养，推进科教融合学院建设，与中国科学院上海光机所、大连化物所等开展合作，全校有7个科教融合学院，6个所系结合研究生培养基地。

2021年，学校招收本科生1928人、博士生2628人、硕士生6767人。全年累计授予博士学位1622人，科学硕士学位986人，专业硕士学位2291人，学士学位1742人。博士毕业生在Science、Nature和Cell系列期刊及其子刊上发表论文99篇。2021届毕业生平均年终就业率为94.1%，其中，博士为95.8%，硕士为96.9%，本科首次就业率为86%。

学科建设。立足国家重大需求，瞄准科技前沿和关键领域，强化基础性学科建设，加大新兴交叉学科建设力度，促进学科交叉融合，构建“基础学科率先一流，新工科、新医学跨越式发展，特色文科稳步提升”的学科体系建设。制定一流学科培优行动实施方案，发挥学科优势带动尖端领域群体性突破。围绕“双碳”、人工智能、量子科技、深地深空等一流学科重点领域方向，设置“双一流”学科重点项目，服务国家战略需求和区域经济社会发展。

师资队伍。利用各类人才政策，举办第五届“墨子·云论坛”活动，健全柔性引智机制。新增院士工作站、研究中心3个，名誉、客座（兼职）教授33人；新增高层次人才（不重复统计）63人，有高层次人才533人，占固定教职人数的38%。实施“学术领军人才培养计划”“青年创新促进会”“仲英青年学者”等支持计划，探索青年人才体系建设，支持青年人才挑大梁、当主角。2021年，有35人入选“学术领军人才培养计划”，10人入选“青年创新促进会”会员，5人入选“仲英青年学者”，1人入选安徽省“特支计划”。新增聘期制科研人员446人，在岗聘期制科研队伍规模达1374人。其中，有16位获国家优秀青年科学基金支持，36位转聘为固定教职，聘期制科研队伍成为学校科研产出的生力军和后备人才资源库。

科技创新、重大原创性科技成果。支持国家实验室建设，加快国家重点实验室体系重组，成立碳中和研究院，启动建设深空探测实验室，推动合肥先进光源、“空地一体”量子精密测量实验设施等重大科技基础设施建设，加快临床研究医院建设发展。持续推进未来网络试验设施（合肥分中心）、大视场巡天望远镜等项目建设。学校主持完成的多项成果入选国家“十三五”科技创新成就展，其中牵头研制的“九章”量子计算原型机位列面向世界科技前沿类成果首位。学校主导的研究成果“‘祖冲之号’‘九章二号’量子计算原型机研制成功”“凯勒几何两大核心猜想被证明”，参与的“我国科学家观测到迄今宇宙中最高能量光子”“我国首次火星探测任务天问一号着陆火星”入选2021年度国内和国际十大科技新闻。学校作为第一单位完成的2项成果获国家科学技术奖，其中自然科学二等奖1项、科技进步二等奖1项；以第一单位在Nature、Science、Cell三大顶刊发表论文10篇。

服务区域经济社会发展。推动上海研究院、苏州高等研究院、先进技术研究院、国际金融研究院等建设，发挥学校科技引领、智力支撑和资源聚合作用，主动融入长三角区域一体化发展。落实安徽省第十一次党代会精神，谋划建设中国科大科技产业组织学院，参与“科大硅谷”建设，形成“立足合肥、覆盖安徽、辐射全国”的科技成果转移转化体系，服务支撑安徽省“三地一区”建设，推动区域经济社会高质量发展。

国际交流。坚持开放办学，强化人才培养、师资引进、课程建设、国际宣传、科研国际合作五位一体的“大外事”格局，对内提升管理效能和服务水平，对外争取国际合作资源，加快国际学院建设，提升学校国际化水平。推进国际化师资建设，国际师资人数达550人。学校入选中国教育发展战略学会国际胜任力培养专业委员会常务理事单位，推动学校国际胜任力人才培养工作。

（何　婧）

【合肥工业大学】 合肥工业大学是教育部直属全国重点大学，教育部、工信部和安徽省政府共建高校，国防科工局与教育部共建高校。学校创建于1945年，1960年被中共中央批准为全国重点大学。2005年成为国家“211工程”重点建设高校，2009年成为国家“985工程”优势学科创新平台建设高校，2017年进入国家“双一流”建设高校行列。2021年，学校有4个校区，21个学院，101个本科专业，博士授权一级学科19个、博士专业学位授权点3个，硕士授权一级学科39个、专业硕士学位授权领域13种。有本科生32305人，全日制硕士研究生11124人，非全日制硕士研究生2917人，博士研究生1779人，留学生139人。有专任教师2301人，具有高级职称的占教师总数66.9%。

党建与思想政治。将政治建设摆在首位，把握党对学校工作的全面领导，贯彻落实党委领导下的校长负责制，支持校长依法独立负责地行使职权。构建上下联动、层层推进的学习体系，实现师生理论学习全覆盖见实效。开展党史学习教育，推进“我为师生办实事”实践活动，解决一批制约学校发展的难点问题和师生关切的现实问题。规范校园意识形态阵地管理，建立多校区全天候舆情监测联动机制，完善“一会一报”制度。组织“‘四史’融入思想政治改革创优行动”，开展“四史”融入思想政治理论课教学体系化建设和“同上四史思政大课”主题教育活动。挖掘“工业报国”典型事迹，讲好学校“工业报国”故事。开展基层党组织书记抓党建述职评议。推进人才强校战略。

本科生教育教学。深化“立德树人、能力导向、创新创业”三位一体教育教学集成体系建设，推动2019版人才培养方案持续完善。施行“第二课堂成绩单”制度，增加“劳动实践”必修模块，形成第二课堂“4+6”模块化育人体系，实现两个课堂深度融合。学校获批24项教育部2021年第二批产学合作协同育人项目，获批国家首批现代产业学院。深化大数据中心、

合肥工业大学屯溪路校区斛兵塘　（合肥工业大学／供）

机器人中心和工大学子创客空间实践基地建设。成功举办安徽省第六届“互联网+”创新创业大赛等5项省级A类赛事、8项B类赛事。全年立项大学生创新创业项目国家级110项、省级383项、校级767项。在各类创新创业竞赛中获省部级三等奖以上奖励1866项，其中国际级奖266项、国家级奖581项、省部级奖1019项。2021年本科招生8314人，毕业生毕业去向落实率95.19%。

学科建设与研究生。完成首轮“双一流”建设任务，学科整体发展水平、可持续发展能力、成长提升度三个分类评价指标均为显著（第一档）。学校7个学科进入ESI全球排名前百分之一，其中工程科学学科进入ESI全球排名前千分之一。首次召开学校研究生教育会议，启动实施研究生培养质量提升计划，系统谋划深化研究生教育综合改革。优化完善研究生培养方案和管理体系，推进研究生教学体系改革走深走实。加强产学研联合培养研究生示范基地建设，深化协同育人培养机制。推动研究生学位授予和导师分类管理，修订一级学科和专业学位授权点的导师申请和招生业务条件。调整优化学科布局，推进学科交叉融合，谋划新的学科增长点，学校“以工为主、理工结合、文理渗透、融合交叉”的学科布局得到巩固和提升。2021年录取博士研究生383人，全日制硕士研究生3306人、非全日制硕士研究生758人。

科学研究与成果转移转化。2021年，获批国家自然科学基金项目170项［其中基础科学中心项目1个，为安徽省首个，重点项目2项、重点国际（地区）合作研究项目1项、优秀青年科学基金项目1项］、国家社科基金项目8项（重点项目3项）、教育部人文社科项目9项。获批国家重点研发计划32项，其中牵头主持项目4项、牵头课题7项。加强高端智库建设，承接省部级及以上智库类研究项目2项、地厅级及其他智库类研究项目54项。“数据科学与智慧社会治理实验室”入选首批教育部哲学社会科学实验室（试点）。以学校为第一单位发表高水平论文2266篇。获批授权专利1121项（其中发明专利941项、国际专利9项），通过“招拍挂”提高专利转移转化率。获安徽省科技进步一等奖5项，国家科技进步二等奖1项。获批安徽省科技重大专项公开竞争类项目29项（主持5项）、安徽省重点研发计划项目33项。在2021年安徽省首批9个“揭榜挂帅”项目中，学校牵头揭榜项目4项，位居全省第一。智能院（一期）研发中心正式启用，整体入驻率超过90%。“企业出题、政府立题、高校解题、市场阅卷”的政产学研用“合工大模式”作为科技创新体制改革的样本被国家发改委相关领导予以推广。依托G60科创走廊，融入长三角协同融合发展平台，与行业龙头企业、大型科研院所、品牌园区开展深度合作。智能院校企合作改革模式入选科技部科技体制改革典型案例。

人才与师资队伍建设。深化校院两级考核，落实“短周期”教学为主、“长周期”科研为主的考核体系，优化考核评价指标。推动职称制度改革，构建“品德、能力和业绩为导向”的职称评聘体系。分类修订出台教师、科研人员、工程技术人员、实验技术人员、高教管理类人员、学生思想政治教育人员职称评聘文件。以“价值”和“贡献”为主线，优化教育评价体系和绩效分配制度，学校教育评价与绩效分配改革方案成功入选教育部《深化新时代教育评价改革典型案例（第一辑）》。按照“育引并重”的原则，优化人才培育体系，改革人才引进机制。首次聘任校内45名教师为“斛兵学者”，8名青年教师入选首批“青年学术英才”计划；11名教师首次入选附属中学“名师引进计划”。丁明教授团队获“全国高校黄大年式教师团队”。引进高层次人才59人、优秀青年教师103人，柔性引进高层次人才20人。5位教师获评“安徽省教科文卫体系统师德先进个人”。

对外合作与交流。推进与白

俄罗斯国立技术大学等国外高水平大学开展校际合作、学生联合培养和国际合作办学。开展韩国汉阳大学交换生项目、加拿大滑铁卢大学2+2本科双学位项目、拓展并实施英国牛津大学线上课程项目等。获批教育部中外人文交流中心项目1项、科技部外国文教专家项目7项、安徽省外专人才计划2项、省级境外人才引进计划1项。获批教育部2021年度港澳台学生国情教育项目1项，教育部中教国际新青年全球胜任力人才培养项目1项。获批中国政府奖学金“高校研究生”项目和“丝绸之路”项目2项，国家留学基金网“感知中国”社会实践与文化体验活动项目1项。做好留学生教育管理工作。推动对口支援北方民族大学、新疆农业大学、河池学院走深走实。选派3名教师参与教育部银龄计划。

（姚　娴）

安徽大学磬苑校区文典阁图书馆　（安徽大学／供）

【安徽大学】 安徽大学是国家“双一流”建设高校，安徽省与教育部共建高校、与国家国防科技工业局共建高校，安徽省属重点综合性大学。作为安徽现代高等教育的开端，学校创建于1928年当时省会安庆市。1958年9月16日，毛泽东同志亲笔为学校题写校名。1997年12月学校正式成为国家“211工程”重点大学，2013年8月成为安徽省人民政府与教育部共建高校，2017年9月入选国家“双一流”世界一流学科建设高校名单，2018年12月成为安徽省人民政府与国家国防科技工业局共建高校。

师资队伍。2021年，学校有教职工3100余人，其中专任教师2160余人，副高以上专业技术职务者1000余人；双聘院士4名，国家杰出青年科学基金获得者等国家级人才53人次；教育部新世纪优秀人才、安徽省“海外高层次人才”“学术和技术带头人”等地方领军人才365人次。引进优秀博士、博士后205名，其中具有海外经历的人才72名；引育各类国家级人才7人；24人入选省学术和技术带头人及后备人选，6人和2个团队入选省高校领军骨干人才项目，均居省属高校首位；获全国高校混合式教学设计创新大赛二等奖1项、全省高校青年教师教学竞赛一等奖2项；学校入选第二批人工智能助推教师队伍建设试点单位。

人才培养。在校生规模36200余人，其中研究生近11000余人，全日制本科生25200余人。有87个在招本科专业，涉及理学、工学、文学、历史学、哲学、经济学、法学、管理学、教育学、艺术学等10个学科门类。2021年，成功举办第五次全国高校网络文化建设暨“争做校园好网民”工作推进会；新增11个国家级一流本科专业建设点、14个省级一流本科专业建设点，入选一流本科专业建设“双万计划”专业数已达72个，占招生专业总数的82.8%；组织12个专业参与工程教育专业认证，其中化学工程与工艺等4个专业获通过；获批3个一级学科博士点、1个专业学位博士点和2个硕士点，专业学位博士点实现零的突破。

平台建设。建有2个国家地方联合工程实验室（研究中心）、1个教育部人文社科重点研究基地、2个教育部重点实验室、1个教育部工程研究中心和1个获得国家CMA计量认证的现代实验技术中心，1个国家级“2011协同创新中心”分中心；1个省技术创新中心，13个省级重点实验室、工程实验室，6个省级高校人文社科重点研究基地，9个省级工程技术研究中心、3个省级科技创新公共服务平台和2个国家级大学生校外实践教育基地，设有4个国家级和9个省级实验教学（实训）示范中心。2021年，学校牵头申报的“强光磁集成实验设施”国家大科学装置项目，入选“十四五”国家重大科技基础设施备选项目；集成电路先进材料与技术产教研融合研究院，入列合肥综合性国家科学中心，升级为国家级平台；获批国家级“杂化材料结构与功能调控学科”创新引智基地；作为全国12家单位之一，入选国家“古文字与中华文明传承发展工程”协同攻关创新平台首批成员单位；与北京大学等11所高校入选国家智能社会治理实验基地，是安徽省唯一入选高校。

科学研究。1个学科群入选国家“世界一流建设学科”，有2个国家级重点学科、25个省级重点学科，13个博士后科研流动站。材料科学全球ESI排名上升至3.71‰，工程和化学学科首次进入前3‰，新增数学学科进入全球同类学科排名前1%，计算机科学稳居全球排名前5‰。2021年，获批国家自然科学基金项目111项，立项数、经费数、资助率均为省属高校第1；获批国家社科基金项目42项，其中年度项目立项数位居全国并列第25名；国家级军工科研项目取得零的突破；《古籍研究》入选CSSCI来源集刊，学报哲学社会科学版再次入选CSSCI来源期刊；获评省科学技术奖18项，其中一等奖2项，实现4年未断线。

对外交流。学校是国家公布的华文教育基地和接收政府奖学金留学生的高校之一，与美、英、德、日等国家和地区的152所高校和科研机构建立了交流合作关系；学校与美国纽约州立大学石溪分校共建安徽省首个本科层次中外合作办学机构“安徽大学纽约石溪学院”，由杨振宁院士担任名誉院长并亲题院名；与智利圣托马斯大学、乌克兰哈尔科夫大学、阿塞拜疆巴库大学、白俄罗斯布列斯特国立大学合作建立4所孔子学院，其中智利圣托马斯大学孔子学院先后获评“全球先进孔子学院”“示范孔子学院”；与俄罗斯、法国、波兰、日本、韩国、墨西哥合作高校共建有9个“中国中心”。2021年，正式启用出访来访外事审批权；通过教育部组织的中国政府奖学金绩效评价和年度评审抽查；与加拿大里贾纳大学开展本科项目合作，与德国奥斯纳布吕克大学开展全面战略合作，与法国弗朗什孔泰大学和特鲁瓦技术大学加强学术科技合作；1名外籍专家获第十五届安徽省“黄山友谊奖”，为该校首位获奖者。学校获评全省首批教育外事工作先进单位。

（吴伟升）

【合肥学院】 合肥学院是一所在“改革中诞生，开放中成长，创新中发展”的省市共建，以市为主的全日制、公办本科院校。其前身是创办于1980年的合肥联合大学，建校伊始提出“适当收费、不包分配、按社会需求设置专业、后勤社会化”的办学模式，学校被誉为中国高等教育改革的“小岗村”。

师资队伍。2021年，学校有教职工总数1184人，其中专任教师1051人，有博士学位教师355人、高级专业技术职称教师458人，“双能型”教师570人。有省级教学团队20个，省级教学名师24人，省学术与技术带头人2人，合肥市拔尖人才119人。1人获评“2021年全省新时代教书育人楷模”。全职引进国内外博士24人，柔性引进特聘教授6人，入选第十三批安徽省学术和技术带头人后备人选1人。外籍教师中4人获得中国政府“友谊奖”，11人获得“黄山友谊奖”。

人才培养。学校全日制在校生约14460人。有11个二级学院，涵盖工、经、管、文、理、教育、艺术7大学科门类。本科专业75个，其中国家级特色专业5个，国家级“卓越工程师教育培养计划”专业4个，国家本科专业综合改革试点专业1个，国家级、省级一流本科专业建设点26个。中德合作物流管理专业、经济工程专业相继获德国专业认证。

2021年，学校招录研究生336人，留学生48人，招生人数达到新高。获批数学一级硕士点1个和金融等8个专业学位硕士点，硕士点年增量居安徽省第1位，学校有硕士一级学位点2个，专业学位点11个，硕士学位授权点学科门类实现从工科到工、经、管、理、文、教育的突破。建立专业动态调整机制和特色发展引导机制，优化专业布局。新增智慧交通、网络与新媒体新专业2个，获批11个国家级、省级一流专业建设点。小学教育、自动化和数学与应用数学专业通过国家专业认证。学校《2019—2020学年本科教学质量报告》被省教育厅评审为A等级。

探索现代产业学院建设模式，

合肥学院一期校园　　（合肥学院／供）

实现挂牌建设轨道交通现代产业学院，先进制造现代产业学院获推参加教育部首批现代产业学院立项建设论证，与合肥市数据资源局签订全面合作框架协议建设数字经济（人工智能）现代产业学院。双元制教育合作项目“样板中心现场工程师”项目和“大众学院”项目落地，21名学生参加“大众学院”新能源汽车样板工厂工程师项目定向培训。毕业生就业率达到91.79%，高于2020年同期水平，位居省属本科高校前列。建立专业职业生涯咨询工作室11个，《反映春节后高校毕业生面临一些新情况新问题》被省办、国办采用，获国务院领导批示。

科学研究。落实服务支撑“三地一区”建设的工作方案，整合形成科研平台41个。“生物质（中德）国际联合研究中心”被省科技厅批准为“安徽省国际科技合作基地”。全年纵向科研项目立项234项。国家级科研项目立项7项，其中国家自然基金4项（2项外单位转入）、国家重点研发计划重点专项子课题2项，国家社科基金立项1项。省部级项目（包括教育厅）立项132项，其中省重大科技专项项目2项（合作单位）、省重点研发项目3项、省自然基金项目12项。

依托合肥职业院校教师能力发展中心和继续教育学院，扩大体量，提升质量，为地方人才培养提供重要支撑。首次举办安徽省援疆地区——皮山县中小学（幼儿园）书记、德育主任培训班和泗县镇村干部乡村振兴示范培训班，申报案例入选《2020年“国培计划”省级优秀典型工作案例》，获批省级中小学教师和管理干部培训基地3个。房地产研究中心参与房地产社会咨询服务及横向项目研究《关于合肥市住房价格等相关情况的比较分析报告》获得省委常委、市委书记虞爱华的肯定批示。

对外交流。学校是中德教育合作示范基地、中德经济顾问委员会成员单位和安徽省首批国际交流合作基地。与合肥市人民政府、大众集团三方启动共建“大众学院”，与德国齐陶/格尔利茨应用科学大学的中德合作“智能科学与技术”专业设置方案初步完成。与奥斯纳布吕克应用科学大学签订合作办学协议，明确未来7年合作计划，从过去的单向留学发展到双向留学。与上海开放大学、德国奥斯纳布吕克应用大学签署框架协议，共建在线学习平台，构建开放文凭学习制度，上线96门课程，37个国家的623个城市2.5万名学生参与学习，打造永不落幕的中德两国在线教育文化交流、企业成长的线上学校。承办“长三角双元制教育国际合作研讨会”，近70所高校200余名学者参会。

成功举办“第十四届中德应用型高等教育研讨会”，全国政协副主席、中国科协主席万钢出席并讲话，德国前总统武尔夫主持会议，省长王清宪、下萨克森州州长魏尔等领导人分别致辞，万钢主席、郑栅洁书记、王清宪省长等均作肯定批示，中德110所高校、企业400余人参会。1人获评“全省教育外事工作先进个人”，学校评“全省教育外事工作先进单位”。

（郭　毅）

【合肥职业技术学院】 合肥职业技术学院是经省政府批准、教育部备案的具有高等学历教育招生资格的公办全日制普通高等职业院校。成立于2002年，是合肥市唯一一所市属综合性高职院校，是国家“创新发展行动计划”优质专科高等职业院校和安徽省首批地方技能型高水平大学建设单位。学校有“一校两区一园”：合肥汇心湖校区、巢湖鼓山校区和合肥金寨路大学生创新创业孵化园，总占地面积81.35公顷，建筑面积56.26万平方米，固定资产32亿元。全日制在校生17000余人，非全日制学历教育在校生7000余人。2021年，学校首次当选中国职业技术教育学会理事单位，被省教育厅评为“全省教育外事工作先进单位”，学校党委被合肥市委评为“合肥市先进基层党组织”。4月23日，中共中央政治局委员、国务院副总理孙春兰来校视察调研，对学校发展给予肯定。

师资队伍。学校成立人才聘任、教学指导等五个专门委员会，完善“党委领导、校长负责、教授治学、民主管理”的现代大学制度体系。有教职工796名，其中专任教师599人，教授（正高）58人，副高以上职称教师209人，“双师型”教师313人。兼职教师137人；拥有纸质图书114余万册，电子图书100多万册，纸质中外文期刊680余种，电子期刊14000余种；有校内实验实训室255个，校外实习实训基地174个，教学用计算机4000余台。教师在安徽省高等职业院校教学能力大赛中获一等奖1项、二等奖1项、三等奖3项。

人才培养。学校以三年制高等职业教育为主，开设广播电视大学教育。有医学院、汽车工程学院、轨道交通学院、机电工程学院、生物工程学院、信息工程与传媒学院（物联网学院）、经贸旅游学院、建筑工程学院、基础教育学院、马克思主义学院、继续教育学院等11个学院56个招生专业，其中护理、医学检验技术、汽车检测与维修技术专业为中央财政支持建设专业，汽车检测与维修技术、工程造价、护理、会计专业为国家级骨干专业，会计、助产、药学、工程造价、电子商务、模具设计与制造、建筑工程技术等专业为安徽省改革试点与特色专业。学校是教育部批准的首批“智能制造领域中外人文交流人才培养基地”，教育部和卫计委批准的“承担护理专业领域技能型紧缺人才培训基地”、教育部批准的“NIT人才培养基地”、教育部首批职业院校校长培训培育基地（安徽省唯一）。学校建有安徽国家职业能力培训中心、国家职业技能鉴定站等机构；对照《本科层次职业学校设置标准（试行）》开展自评和申报，学校被安徽省教育厅作为候选院校之一推荐至教育部。与合肥师范学院本科层次职业教育联合培养试点合作，开设试点专业5个、在校生600人。2021届在校学生专升本达1008人；2021届毕业生5109人，就业率超98%，安徽省就业率达81%以上，在合肥就业率达到60%。以“五育并举”为标准，人才培养质量得到提升。学生在省职业院校技能大赛国赛选拔赛中获一等奖8个、二等奖6个、三等奖5个。在全国职业院校技能大赛中获二等奖3个。在第十六届大学生智能汽车竞赛中获一等奖1个、二等奖1个、三等奖1个。在第十五届安徽省大学生职业规划设计大赛获得省赛二等奖1项并获优秀组织奖，第二届安徽省中华职业教育创新创业大赛中获省赛各类奖项11个。“互联网+”大学生创新创业大赛获省级及以上奖项49项（国家级银奖1项、铜奖3项，省级金奖16项、银奖4项、铜奖25项），获职教赛道和“青年红色筑梦之旅”赛道优秀组织奖。扶持金寨路双创园区3家创业企业成功申报高新技术企业，该校学生在园区新注册公司5家，申请软著2项和专利1项。

科学研究。全年累计获批10个类别纵向科研项目290余项，其中联合安徽医科大学申报国家自然科学基金1项，申报中国高校产学研创新基金1项，申报省重点实验室开放课题2项，申报省教育科学研究重点项目1项，均实现零的突破。省级教科研项目105项（含重大2项），市教育科学规划课题1项，首次启动高层次人才引进科研启动经费项目21项，校级教科研项目160项。教师公开发表论文近200篇，著作4部。评选出高质量学术论文18篇，获得省级教学成果特等奖1项、一等奖2项、二等奖2项。授权专利30余项，其中发明专利14项，专利创造重心向技术水平较高的发明专利倾斜。

服务地方发展。学校按照合肥市委提出的“拉高标杆、加大力度，努力开创职业教育改革发展新局面”的要求，结合国家职业教育发展战略，确定“国内一流、职教样板”的建设目标，构建“一校两区一园”办学格局。合肥汇心湖校区主要围绕合肥市支柱产业、战略新兴产业打造专业群，建设涵盖机电、信息、经贸旅游、轨道交通、艺术、设计等六大专业群，打造一批在全国有较大影响的特色品牌专业。巢湖鼓山校区结合巢湖市区域发展定位，以发展学院传统优势医学相关类专业为目标，保留生物、建筑、汽车等专业，拓展医学相关类的专业领域，打造健康产业人才培养基地。合肥金寨路大学生创新创业孵化园以提升学生创新创业能力为目标，提供专业实习实训，服务地方经济发展，打造成合肥市高科技职业院校产业园。与蔚来汽车（安徽）、杭州朗迅科技等10余家企业和单位签订校企合作协议。校地合作签约方落实完成项目7个，对社会开展技术服务3项及以上。10位科技特派员服务于巢湖企业，10名教师入选合肥市科技局科技专家库，1名教师入选安徽省学术和技术带头人后备人选，1名教师获合肥市“最美科技工作者”；组织开展“1+X”证书第四批申报，截至年底学校获批89个证书制度试点资格，位居全国前列。

对外交流。学院有中外合作办学项目3个，在读学生166人。成功立项鲁班工坊培育项目、智能制造领域中外人文交流人才培养基地项目、中德先进职业教育合作项目（物联网应用技术专业）、职业教育服务皖企“走出去”培育项目，获批教育部-瑞士GF智能制造创新实践基地培育建设单位。成为安徽省教育国际交流协会副会长单位，1名教师被评为“全省教育外事工作先进个人”。

（王文迪）

【合肥幼儿师范高等专科学校】 合肥幼儿师范高等专科学校始建于1980年11月15日，前身为合肥幼儿师范学校，1992年获省教育厅批准成为“安徽省幼儿师资培训中心”，2011年获教育部批准升格成为安徽省第一所独立设置的幼儿师范高等专科学校。2021年，有全日制在校生近七千名。学校入选首批国家级职业教育教师教学创新团队立项建设单位，获得国家级教学成果二等奖，获评安徽省“高职发展标杆校”。获批“国家语言文字推广基地”，安徽省“‘三全

合肥幼儿师范高等专科学校　　（合肥幼儿师范高等专科学校／供）

育人’综合改革试点校”以及“国际交流合作基地”，先后获评安徽省继续教育工作、高校就业工作先进单位。

师资队伍。有教职工382人，其中：具备硕士及以上学位的教师占专任教师总数70%以上，副高以上职称超40%，拥有安徽省模范教师、省市优秀教师、高校“教学名师”“教坛新秀”、合肥市优秀教育工作者、专业技术拔尖人才、学科带头人、骨干教师50余人，省级教学团队、名师工作室4个。当年引进高层次人才6人（教授2名，副教授3名，博士1名），编制内招考教师42名，校聘教师13名。1人获批合肥市政府特殊津贴，8人入选安徽省职业教育项目评审专家库，13 人担任安徽省基础教育“三评一赛”项目评审专家。

人才培养。学校开设16个专业，其中，学前教育、特殊教育、美术教育3个专业为国家级骨干专业，早期教育、艺术教育等4个专业为省级特色专业。与安徽师范大学联合培养学前教育本科生。获省级以上职业院校技能大赛奖项211个，获全国职业院校技能大赛三等奖，获全国第六届大学生艺术展演书法作品一等奖1项、舞蹈作品二等奖1项，全国大学生广告艺术大赛获优秀奖3项。承办安徽省大数据与人工智能应用竞赛，学校首次组织2支队伍参赛，取得一等奖和三等奖。

科学研究。开展“鹤琴讲坛”15场；在建6本省级规划教材，1本教材获全国优秀教材（职业教育与继续教育类）一等奖。立项150个项目（含提质培优项目），科研到账经费108万元。

平台建设。依托长三角高职院校学前教育联盟平台，牵头组织召开长三角学前教育联盟党建和思政工作专题研讨会。重点探索建立以党建、宣传、思想政治教育工作为主题的联盟专题工作组，形成专题合作、研究、交流的工作机制。以形成联盟良性发展的工作机制和影响力，发挥整体优势，突出各自特色，推动长三角区域学前教育高质量一体化发展。

对外交流。谋划后疫情时代国际交流工作，与马里兰州索尔兹伯里大学联合开拓线上英语口语教学项目，150名学生参与项目学习，助力英语专业建设及人才培养。借助中外合作办学专业，加大国外专业课程和教育资源引进力度，引进课程门数近20门。与乌克兰涅任国立师范大学签署框架合作协议，开拓“一带一路”国家合作新院校。获批“安徽省国际交流合作基地”，为学校国际化办学搭建新平台，提供新助力。创新对台交流模式。完成安徽对台交流重点项目2021年“皖台青年志愿者交流营”活动和教育部对台交流项目2021年皖台幼儿教师“云上”教学观摩研讨活动，100余名皖台师生参加活动。

社会服务。合肥幼教集团开办园数达34所，当年集团内7所幼儿园分别通过合肥市特一类、市一类幼儿园评估验收。撰写案例入选教育部学校规划建设发展中心产教融合实践基地优秀案例。建有合肥市现代职业教育集团产学研联盟，与天水路小学等6家单位在建校企合作实践基地。推进幼教师资培训，全年完成培训16449人次，培训收入990万元。开启援疆新模式，首次实现培训援疆，实施皮山县中心园园长、保教主任和教研主任培训项目。获得国培计划省级优秀典型案例2项，获评安徽省继续教育工作先进单位。成功获批国家语言文字推广基地，对口青海黄南州泽库县教师开展国家通用语言文字能力提升在线示范培训，组织普通话测试，获语言文字类省级教学成果特等奖。

（孔德洁）

责任编辑：崔建军

文化旅游传媒

文化事业

【概况】 2021年，合肥市文旅系统树立以人民为中心工作导向，全市文旅发展取得新进步。城市阅读空间建设入选中央宣传部全民阅读优秀推介项目。《包公故事》入选第五批国家级非物质文化遗产代表性项目名录。市文化和旅游局（以下简称“市文旅局”）被国家四部门表彰为“节约型机关”，获评全国“扫黄打非”先进集体、全省新闻出版广播影视系统先进集体。肥西县桃花镇综合文化站、市文化市场综合执法支队包河大队获评第九届全国服务农民、服务基层文化建设先进集体。

【文旅公共服务】 2021年，市文旅局推动重点文旅工程建设，市中心图书馆项目建设完成投资4.02亿元、主楼和附楼室外墙粉刷完工。市博物馆项目完成监理招标和方案设计。推进骆岗公园安徽音乐厅、滨湖图书馆立项等前期工作。新建成开放兴悦书吧、万卷书、云海书院等8个城市阅读空间，建成开放的梦和雅居悦书房等110个城市阅读空间接待读者1176.4万人次，外借图书192.9万册次，举办各类活动12156场。开展基本公共服务标准化（文化服务保障）专项试点，推进村级综合性文化服务中心建设，建成率98%，基本形成“一村一主题、一村一特色”的基层文化服务体系。在肥西县桃花镇综合文化站、庐江县乐桥镇等15个站点开展乡镇（街道）综合文化站转型升级试点，推动公共文化服务提质增效。推进市应急广播体系建设。新改扩建旅游厕所43个，超额完成建设任务。完成2605户城镇低保户免费收看有线电视，拨付补助资金37.5万元。

【文艺精品创作】 2021年，合肥市原创庐剧现代小戏《忍冬花开》获“戏剧中国”2021年度优秀剧目线上展演优秀剧目。庐剧现代戏《崔筱斋》入选2021年安徽省庆祝中国共产党成立100周年新创优秀剧目展演剧目。安徽合肥雨中语庐剧团新编古装庐剧《三孝口》登陆北京天桥艺术中心中剧场。陈胜超、汪凌获2020戏剧中国突出贡献奖。推出《“永远做忠诚的人民服务员”——习近平总书记考察渡江战役纪念馆一周年》展。原创展览《百万雄师过大江——渡江战役图片展》在国歌展示馆展出。

【文旅活动】 2021年，市文旅局筹办庆祝中国共产党成立100周年主题文艺晚会，全市各部门、各艺术团体1000多名群众参演。筹备“双文广场”红色经典歌曲交响音乐会，组织第四届中国国际旅游景区装备博览会、新春文化庙会、合肥市第十八届‘幸福家园’社区广场文化周、庆祝建党100周年合

2021年6月27日，合肥市庆祝中国共产党成立100周年文艺晚会在合肥大剧院上演 （市文旅局/供）

表 1

2021 年合肥市旅游品牌光荣榜（国家级）

序号	品牌名称	获奖单位	所在区域
1	全国甲级民宿	庐江云里安凹民宿	庐江县
2	2021 中国特色旅游商品大赛金奖	安徽庐江县雅斯佳休闲用品有限公司	庐江县
3		合肥荣电实业股份有限公司	肥东县
4		安徽仟颂美呈空间设计工程有限公司	蜀山区
5	2021 中国特色旅游商品大赛银奖	安徽省掇英轩书画用品有限公司	巢湖市
6		合肥荣电实业股份有限公司	肥东县
7		合肥印象滨湖旅游投资发展有限公司	包河区
8		合肥印象滨湖旅游投资发展有限公司	包河区
9		合肥志诚蜂业有限责任公司	肥西县
10	2021 中国特色旅游商品大赛铜奖	合肥荣事达电子电器集团有限公司	长丰县
11		安徽富煌三珍食品集团有限公司	巢湖市
12	2021 中国旅游商品大赛金奖	安徽六家畈文创运营管理有限公司	肥东县
13	2021 中国旅游商品大赛银奖	合肥荣事达电子电器集团有限公司	长丰县
14	2021 中国旅游商品大赛铜奖	合肥荣电实业股份有限公司	肥东县
15	国家级旅游休闲街区	合肥罍街	包河区
16	国家级夜间文化和旅游消费集聚区	合肥市淮河路步行街区	庐阳区

表 2

2021 年合肥市旅游品牌光荣榜（省级）

序号	品牌名称	获奖单位	所在区域
1	省级特色旅游名镇	长临河镇	肥东县
2		桥头集镇	肥东县
3		三河镇	肥西县
4		铭传乡	肥西县
5		杨庙镇	长丰县
6		汤池镇	庐江县
7		中庙街道	巢湖市
8		三十岗乡	庐阳区
9	省级旅游休闲街区	合肥罍街	包河区
10		金大地东西街	蜀山区
11	AAAA 级旅游景区	祥源花世界景区	肥西县

肥市群众歌咏大会。开展“过年留合肥、免费游合肥”活动，中央电视台新闻频道和财经频道、《人民日报》《光明日报》、新华网等媒体专题报道。参加长三角城市文化馆联盟主办的舞林大会·第二届（云上）江南舞蹈节，舞蹈《城光》获评“荣耀舞团”。开展100个网红打卡地、“合肥家宴”特色菜肴、“合肥礼物”评选活动，发布四季游合肥旅游线路140条，赴西安、太原、宣城、池州、铜陵等城市开展宣传推介活动，线上线下宣传合肥文旅，市文旅局抖音政务号获“2020安徽文旅优秀抖音政务号奖”。

【文化遗产保护】 2021年，市文旅局开展全市14个省级开发区文物资源区域评估，推进文物保护工作前置。开展文物领域“法人”违法案件、打击文物犯罪、文物维修工程三项治理行动。实施李氏家族旧宅、省地质博物馆、李鸿章享堂等国家、省保单位保养维护工程。《包公故事》入选第五批国家级非物质文化遗产代表性项目名录。举办合肥市第八届非物质文化遗产技艺大赛、第十五届合肥国际文化博览会非遗展。组织优秀非遗项目参加第五届湘鄂赣皖四省非物质文化遗产联展、2021长三角地区传统美术精品展、第五届中国非物质文化遗产传统技艺大展、第四届长三角非遗节。

（崔　俊）

文化产业和文化市场管理

【概况】 2021年，合肥市大力推动数字产业发展，推进国家级旅游品牌创，庐江云里安凹被评为首批全国甲级旅游民宿。淮河路步行街入选第一批国家级夜间文化和旅游消费集聚区。罍街入选第一批国家级旅游休闲街区。2家文旅企业获评第一批国家级文明旅游示范单位。在中国旅游商品大赛和中国特色旅游商品大赛中获4项金奖、6项银奖、3项铜奖，占全省3/4。文化市场平稳有序运行，全市文化市场综合执法机构出动执法人员3.6万余人次，检查文化市场经营单位1.3万余家次，市文化市场综合执法支队获国家文化和旅游部“全国文化市场重大案件办案单位”表彰。

【文旅产业】 2021年，市文旅局开展“双招双引”，推动数字创意产业发展，签约金隅文创中心、时埠里文旅街区、融创秀场等63个创意文化项目，合肥乐堂动漫信息技术有限公司、安徽徽博文物修复研究所有限公司、合肥金诺数码科技股份有限公司等17家企业入选第七批省级文化产业示范基地名录，合肥安达创展科技股份有限公司、时代数媒科技股份有限公司、安徽同人文化传播有限公司等221家创意文化企业通过创意文化产业链认定。庐江云里安凹民宿被评为首批全国甲级旅游民宿。罍街入选第一批国家级旅游休闲街区。安徽中国青年旅行社等2家文旅企业获评第一批国家级文明旅游示范单位。组织参加中国特色旅游商品大赛，获奖数占全省3/4。罍街、金大地东西街入选首批“安徽省旅游休闲街区”。肥东县长临河镇、肥西县三河镇、长丰县杨庙镇、庐江县汤池镇等8个乡镇入选省级特色旅游名镇。制定网红打卡点质量提升行动方案和培育建设要求，推动网红打卡点提质升级扩容。创建合肥海洋世界、庐江阳家墩景区、肥东县博物馆等5个AAA级旅游景区，策划南淝河、清风阁光影艺术等夜游项目，开展中医药健康旅游示范基地培育创建。安徽青松食品有限责任公司、合肥万力轮胎有限公司、安徽新华印刷股份有限公司等8家第一批工业旅游示范基地入选《上海工业旅游资源实录》，加入上海工业旅游联盟。安徽创新馆、合肥市科技馆、清华大学合肥公共安全研究院等9家科技旅游示范基地揭牌运行，全年实现国内旅游收入1246.85亿元，同比增长27.76 %，国内旅游人数9827.16万人次，同比增长21.21%。

【文旅市场监管】 2021年，市文旅局推进常态化疫情防控，推动文旅市场提振复苏。开展旅游服务质量标杆单位评选，举办旅游服务质量故事大赛。推进平安娱乐场所建设，集中开展旅行社、网吧、出版印刷、互联网文化经营单位等专项行动和双随机执法检查，开展文旅市场第三方“体检式”暗访评估。聘任1033名文旅市场义务督导员，全市文化市场综合执法机构出动执法人员检查文化市场经营单位，组织巡查网络文化经营单位2000余家次，巡查网络书店1320余家次。立案130余件，核查处置群众举报120余件，收缴涉嫌非法出版物约12.3万多册（份）。移送公安机关追究当事人刑责案件10件。“翔天净网”监管平台拦截屏蔽有害信息34万余次（条）。严格广播电视安全播出，从严打击“黑广播”，移交“黑广播”线索90条次，取缔“黑广播”24处。市文化市场综合执法支队获国家文旅部“全国文化市场重大案件办案单位”表彰，2名办案人员获通报表扬，获首届长三角地区广播电视行政执法优秀案例一等奖、2人次获得国家版权局年度查处重大侵权盗版案件有功个人。

（崔　俊）

广播电视

【概况】 2021年，合肥市广播电视台（文广集团）（以下简称“合肥广电”）抓住庆祝建党100周年这个主题，围绕市委市政府中心工作，加强新闻策划、深化媒体融合，做强做优主题宣传，全年120余件新闻作品获奖，其中省级以上政府奖60余件，一等奖以上15件。精简传统产能，组建合肥演艺集团、成立融媒体中心，推进智慧广电。全年在中央电视台发稿50篇，其中《新闻联播》发稿13篇，在中央广播电台及央广网发稿98篇，均居全省地市台前列，参与央视《庆祝中国共产党成立100周年——今日中国·安徽篇》《对话——万亿城市新征程·合肥》的现场网络直播，得到央视肯定。

【新闻宣传】 2021年，合肥广电坚持把宣传建党百年作为头等大事，结合党史学习教育，常设《在习近平新时代中国特色社会主义思想指引下》《奋斗百年路 启航新征程》等专栏，展示合肥市百年来的历史成就以及学习贯彻新思想的生动实践。以红色故事、红色人物、红色基地为切入点，自主策划《红色记忆 合肥英烈》《追寻合肥的红色足迹》等专题，制作《见证·渡江岁月》《复兴路上》《唱支山歌给党听》多部电视纪录片，创意策划建党百年艺术党课——致敬中国精神，激发爱国爱党热情，营造同庆百年华诞的氛围。围绕党的十九届六中全会、习近平总书记视察安徽一周年、省市党代会、“十四五”规划等重大主题，开设《深入学习贯彻党的十九届六中全会精神》《牢记嘱托的实践》《新征程开局十四五》等几十个专栏。坚持把全媒传播作为守正创新的方向，适应互联网收看习惯，对新闻进行短视频改造，提高互动性和亲和力，互联网传播力得到提升。编发短视频《中科大老科学家合唱〈送你一朵小红花〉》，全网综合阅读量达到了2313万次。

战役性报道。完成省市党代会、“两会”、疫情防控及世界制造业大会等重大活动宣传任务。围绕合肥2020年GDP实现“破万亿”，《晚间播报》制作1小时特别节目“合肥，破万亿！”，台属各媒体同频共振，形成舆论强势。5月，肥西确诊一例新冠病例，合肥广电增加主流舆论供给，开设广播电视专题专栏20多个，制作融媒体作品近160个，新媒体发稿2300余条，点击量近亿次。常态开设《慎终如始做好常态化疫情防控》专栏，把疫苗接种作为宣传重点，组织专家权威解读、探访疫苗生产、制作公益广告加大宣传动员，提高群众意愿。

栏目建设。提升《合肥新闻联播》《合肥新闻》等重点新闻栏目质量，打造全媒体栏目《说合肥》《大爷大妈大舞台》，讲好合肥好故事，传播合肥好声音。在传播渠道上，调动全台渠道资源，实现电视可看、广播可听、网络可追，引起新华社、学习强国的关注。其中，第二期“高考”被新华社新媒体平台“新华+”重点推荐，三个小时点击量创下了100万+；第四期“校外培训整治”的“三点半课堂”部分入选新华社策划的“总书记关切事”。

外宣工作。通过全员外宣、设置专职外联，广播在省台发稿居地市台第4位，电视发稿从倒数上升到中游。全年在人民网发稿50多篇，新华网发稿100多篇，加强与城市台的交流，扩大宣传合肥，合作新媒体项目《中国红·我的城》、纪录片《复兴路上》等，其中《复兴路上》在全国39个城市台播出。

【媒体融合】 实施瘦身强体，优化资源配置。2021年，合肥广电配合市委市政府组建合肥演艺集团，无偿划转合肥演艺公司股权。坚持将精简精办频率频道作为媒体深度融合的突破口，关停文体频道、影院频道、资讯广播、徽商广播四个频道频率，成为省内首家主动关闭频道频率的地市级广电媒体。整合资源组建融媒体中心，推动资源和人才逐步从传统媒体向新兴媒体战略转移。

立足移动传播，加快客户端上线。新型移动传播平台“合意”客户端经专家评审，符合上线条件。从技术上实现统一内容发布、统一后台管理、UGC移动采编回传、点播、弹幕、VR全景、用户画像、大数据分析等功能。

坚持重点突破，加快工作室建设。“徽常派”工作室新媒体账号粉丝量达到1000万，部分工作室逐步成长为内容生产、移动传播、互动传播主力军。山河海阳工作室制作的城市主题形象宣传片《知遇合肥》，仅在合肥发

2021 年 11 月 19 日，合肥市广播电视台和中国科学技术大学创新创业学院联合创建的“科里科气”创新融媒体工作室在合肥广电中心正式成立（刘　洋／摄）

布的播放量就超过136万次，转载2.7万次；全国“两会”期间，策划的系列短视频《我的这5年》，连续三条登陆新华网，点击量均破百万。与中国科大联合创建“科里科气”创新融媒体工作室，受到关注。

依托广电优势，推进融媒直播。探索重大活动和公共突发事件直播业务，先后组织开展迎战“烟花”24小时全媒体直播、“融赏文博”100小时融媒直播等大型直播活动，直播点击量均超过100万+。全年通过自建的“印象合肥”融媒体直播平台进行的网络直播近200场。

【技术创新】 2021年，合肥广电坚持以技术创新推动媒体深度融合发展，经过多年创新积累，智慧广电走在城市台前列。《合肥市广播电视台智能内容管理系统》获得国家广电总局首届广播电视和网络视听人工智能应用创新大赛三等奖，《广电媒体人工智能语音应用平台》项目获得中国电影电视技术学会三等奖，合肥市广播电视台获得2021年度安徽省广播电视节目技术质量奖。下属合肥有线电视宽带网络有限公司加大投入，加强攻关，提升科研技术支撑能力。其中，“基于MAC验证和IP授权的宽带接入认证方法及系统”获得发明专利授权；“融合媒资管理平台”获2021年省广播影视科技创新奖二等奖；“合肥有线综合鉴权平台”“合肥有线融合媒资管理系统V”“合肥有线融媒体平台”“合肥有线人机交互电视新语系统”4个项目获得软件著作权。

【有线电视】 加强网络建设，夯实基础网络支撑能力。2021年，合肥有线电视宽带网络有限公司光缆敷设项目837个，派工建设段长620千米，合计纤芯长度4.7万千米；终审归档光缆干线项目670个，段长720千米，合计纤芯长度5.8万千米；光纤熔接结算533个项目，总计熔接光纤5.7万

表 3

2021 年合肥市广播电视台作品获奖作品

序号	作品名称	参评项目	所获奖项	主创人员
1	合肥首批“共享员工”今天上岗	消息	安徽广播新闻奖一等奖、安徽新闻奖一等奖	纪大伟、许可亮、洪　卫、吴蔚群
2	浪尖上的逆行者	社教专题	安徽广播新闻奖一等奖、安徽新闻奖一等奖	王　婷、郝　倩、吴蔚群
3	1026 交通现在时	栏目	安徽广播新闻奖年度名牌栏目、安徽新闻奖新闻专栏	刘安东、洪　卫
4	11 份手写的“消毒产品生产企业卫生许可证”	消息	安徽电视新闻奖一等奖、安徽新闻奖一等奖	朱江辉、孙乃健
5	广电助力“空中课堂”　让教育“不断线”	通讯	安徽新闻奖广电报刊类一等奖	赵　炜、李　庆

续表 3

序号	作品名称	参评项目	所获奖项	主创人员
6	声声不息鄂豫皖·走访大别山	系列（连续、组合）报道	安徽广播新闻奖一等奖、安徽新闻奖二等奖	倪　讴、胡晶晶、洪　卫
7	我与巢湖有个“十年约定”	新闻专题	安徽广播新闻奖二等奖、安徽新闻奖二等奖	唐玉玲、刘　艳、吴　燕、吴　松、陆　军
8	坚守一座城	社教专题	安徽广播新闻奖二等奖、安徽新闻奖二等奖	梅　琳、王峥峥、李　菁、倪　讴、洪　卫、吴蔚群
9	马郢的乡旅四季	纪录片	安徽电视新闻奖一等奖、安徽新闻奖二等奖	王丰田、史新章、罗　杰、张　晨、李　玮、殷晓蕾
10	热血战歌	音乐节目	安徽广播文艺奖一等奖	倪　讴、胡　倩
11	庚子年的一粒谷子	文学节目	安徽广播文艺奖一等奖	倪　讴、洪　卫
12	老夫子与小学究	栏目	安徽广播文艺奖年度名牌栏目	王　宁、周家全、张赫龙、费金刚、吴燕平
13	《遇见合肥》招商形象宣传片	短片	安徽省电视节目技术质量奖视频图形奖一等奖	徐永峰、方　睿、欧阳杰、黄　薇
14	“云赏文博”100 小时 + 融媒直播	媒体融合	安徽新闻奖媒体融合奖二等奖	集体（殷晓蕾、朱媛媛、朱宗乐、葛骏浩、张可、李军等）
15	一朵美丽的太阳花	新闻专题	安徽广播新闻奖二等奖、安徽新闻奖三等奖	吴　松、黄夕婷、宋　扬、陆　军、张　晔
16	记“疫”180 天——一位电影人的“疫情日记”	社教专题	安徽广播新闻奖二等奖	吴　松、徐　燕、陆　军、方　铮
17	全球首发　灭新冠病毒专用口罩在合肥投产	消息	安徽电视新闻奖二等奖	杜大军、孙乃健、蒋海燕
18	长大后，我就成了你	消息	安徽电视新闻奖二等奖	许丽丽、赵海波、王　芳
19	我国首个超导量子计算云平台在肥上线	消息	安徽电视新闻奖二等奖、安徽新闻奖三等奖	储　刚、周宗茂、何　沁、杨盼盼
20	大湖古镇	系列片	安徽电视新闻奖二等奖	郭　政、吴旭东、冯　杰、方　蕾、刘晴君、张　慧
21	董芹芹日记	纪录片	安徽省优秀纪录片、安徽电视新闻奖二等奖	奚娜娜、苗　祺、林　昆、崔　昕、潘　瑞、李　黎
22	逆行的天使	音乐节目	安徽电视文艺奖二等奖	汪　伟、范一凡、姜凤麟、董大伟
23	让怀念成为强大的力量	广播播音	安徽播音主持二等奖	何寿章
24	合肥新闻联播（2020 年 10 月 1 日）	电视播音	安徽播音主持二等奖	马　腾、王　健
25	晚间播报之天天呱蛋	电视主持（不含大型晚会）	安徽播音主持二等奖	褚　文

续表 3

序号	作品名称	参评项目	所获奖项	主创人员
26	第（一）套或（新闻综合）频道	新闻综合播出类	安徽省广播节目技术质量奖播出技术奖二等奖	樊勇兵、王　磊、顾建欣、洪宇峰、夏为民、曾令虎
27	热血战歌	语言	安徽省广播节目技术质量奖录制技术奖二等奖	倪　讴、胡　倩
28	声音 2020（城市篇）	片花	安徽省广播节目技术质量奖录制技术奖二等奖	张　寅、许　杰、马　莉
29	声音 2020（我们篇）	片花	安徽省广播节目技术质量奖录制技术奖二等奖	张　寅、许　杰、马　莉
30	庚子年的一粒谷子	语言	安徽省广播节目技术质量奖录制技术奖二等奖	倪　讴、洪　卫
31	主要频道＋另一频道（新闻＋生活频道）	播出技术	安徽省电视节目技术质量奖播出技术奖二等奖	刘　涛、欧　洋、谢文浩、张　放、徐　勇、张　强、马　宁、卫　星
32	合肥新闻联播（2021 年 6 月 7 日）	新闻	安徽省电视节目技术质量奖录制技术奖二等奖	赵　年、范传棕、刘川、黄振华
33	《见证一渡江岁月》 第二集：突破天堑	专题	安徽省电视节目技术质量奖录制技术奖二等奖	钟　文、陶庭俊、石　磊、王小超
34	《说合肥》一答好六月最大“民生答卷”	短片	安徽省电视节目技术质量奖视频图形奖二等奖	何有伦、王　勇、余　敏、陈志磊
35	合肥新闻联播（2020 年 12 月 10 日）	新闻	安徽省电视节目技术质量奖录制技术奖二等奖	钟　文、陶庭俊、孔令明、王　云
36	高新区三十周年宣传片片头	片头	安徽省电视节目技术质量奖视频图形奖二等奖	朱元勋、王小超、张　扬、张　曦
37	爱上我的城	片头	安徽省电视节目技术质量奖视频图形奖二等奖	尹丽丽、黄振华、杨鹏飞、王　郑
38	《合肥新闻联播》防汛抗洪抢险救灾特别报道	专题	安徽省电视节目技术质量奖录制技术奖二等奖	王　勇、何有伦、张运成、尹丽丽
39	合肥：垃圾分类有序推进 市民意识逐步增强	消息	安徽新闻奖广电报刊类三等奖	李　艳、丁万婷
40	独家 Vlog：走进隔离区！见证合肥首个新冠肺炎定点救治医院确诊患者数清零	媒体融合	安徽新闻奖媒体融合奖三等奖	何　沁、龚　正、邢　旻、储　刚、董云昊、余　敏
41	抗疫“花木兰”与病毒面对面	消息	安徽广播新闻奖三等奖	黄夕婷、樊梅梅、吴　松、陆　军
42	力“皖”狂澜　英雄凯旋	新闻专题	安徽广播新闻奖三等奖	刘安东
43	战“疫”中的她们	社教专题	安徽广播新闻奖三等奖	郝　倩、张　涛、刘安东、张文婷、吴蔚群
44	“十年禁渔”令行禁止 让八百里巢湖成为合肥最好的名片	新闻专题	安徽电视新闻奖三等奖	吴小舰、张正阳、孟晓波、潘　峰、杨盼盼

续表 3

序号	作品名称	参评项目	所获奖项	主创人员
45	这个元宵节，我想抱抱你	消息	中广联城市台电视新闻短消息一等奖、安徽电视新闻奖三等奖	朱　江、吴节正、孟　平、朱海峰
46	生命“摆渡人”	新闻专题	安徽电视新闻奖三等奖	李　凯、黄国峰、陈　斌、张　菁
47	追凶 21 年　肥西“四叉戟”锲而不舍还命案“欠债”	新闻专题	安徽电视新闻奖三等奖	吴崇杰、崔　昕、吕帅杰、李　玲、唐　迪
48	爱的接力	新闻专题	安徽电视新闻奖三等奖	朱　江、吴节正
49	坚信爱会赢	原创歌曲	安徽广播文艺奖三等奖	洪　卫、舒　楠
50	总把新桃换旧符——传统节日里的诗词盛宴	文学节目	安徽广播文艺奖三等奖	王晓东
51	平安武汉	音乐节目	安徽电视文艺奖三等奖	汪　伟、范一凡、阮　艺、董大伟
52	你好，长三角！奔向我们的小康生活（合肥篇）	广播主持（不含大型晚会）	安徽播音主持三等奖	王晓东
53	浪尖上的逆行者	广播播音	安徽播音主持三等奖	胡晶晶
54	政协论坛—以“艺”战“疫”委员在行动（2020 年 3 月 14 日）	电视播音	安徽播音主持三等奖	李　媛
55	2020 年 5 月 28 日新闻 110- 战“疫”天使分享会	电视主持（不含大型晚会）	安徽播音主持三等奖	管婷婷
56	扫黑除恶进行时	电视主持（不含大型晚会）	安徽播音主持三等奖	杨春水
57	绿都之春—庆祝中国共产党成立 100 周年交响音乐会	综合文体	安徽省电视节目技术质量奖录制技术奖三等奖	石　磊、陶　林、钟　文、胡志远、陶庭俊、徐永峰、朱元勋、王小超
58	大湖飞歌—2020 合肥青年歌手大赛总决赛暨颁奖典礼	综合文体	安徽省电视节目技术质量奖录制技术奖三等奖	石　磊、陶　林、钟　文、陶庭俊、崇忠元、陈　磊、丁正杰、吴可然
59	浅议全媒体语境下突发公共事件的链状传播	新闻论文	安徽新闻奖一等奖	陈　斌
60	全国优秀广播影视科技工作者		全国优秀广播影视科技工作者	刘晓曦
61	广电媒体智能媒资系统	人工智能应用创新大赛	国家广电总局三等奖	刘晓曦、葛骏浩、郭　伟、范传棕、赵　年
62	浅析智能语音技术在电视台业务系统中的应用	科技创新优秀论文	中国电影电视技术学会城市电视台技术分会一等奖	葛骏浩、郭　伟
63	第一套或新闻综合频道	播出技术	安徽省广播节目技术质量奖二等奖	樊勇兵、王　磊、侯树明、王广蓓、鲁东辉、曾绍东

注：表中获奖作品为 2020 年度作品，2021 年评选获奖。

芯。截至年底，全网主干光缆段长1.1万千米、120万纤芯千米。全年市政管道建设立项项目151个，立项建设段长180千米、管孔段长380千米；管道竣工项目202个，竣工管道段长173.2千米、管孔段长69.5千米，建成市政管道1800管程千米。全年新建小区（建筑）系统工程立项129个，合计户数9.7万；小区改造立项67个，光节点立项702个；全年验收小区94个，覆盖户数8万户，开通双向光节点605个，开通双向户数8万户；全年验收并接收小区机房45处；审核出具有线电视专项验收报告130份。

坚持内容为王，增强有线电视吸引力。合肥广电成功引入新的综合性SP专区“华数TV”、湖南金鹰卡通传媒有限公司自营的少儿动漫专区“麦咭TV专区”和“CCTV-16奥林匹克”频道，丰富点播内容；寻求、探索推进智慧城市建设项目，与合肥广播电视大学联合开发“电视大学”专区，将线下老年大学相关课程搬上电视荧幕，开创“线上教学和线下活动相结合”的新教学方式。与合肥中心图书馆联合开发“数字电视图书馆电视专区”，向客户提供电视图书阅读、音频读物、图书音视频三类图书阅读服务。

（黄　亮）

报 纸

【概况】 2021年，合肥报业传媒集团（以下简称“集团”）做好党的新闻宣传工作，推进媒体深度融合发展，落实文化体制改革任务。策划开办专栏超过70个，合肥延乔路成为全国现象级网络传播热点。获得省《新闻阅评》表扬31次，在2020年度安徽新闻奖评选中，获得特别奖1件、一等奖11件、二等奖11件、三等奖14件，获奖总数在省内保持领先。全年营业收入2.64亿元，同比增加3800万元；完成净利润1010万元，同比增加197万元。截至年底，集团资产总额6.93亿元，净资产4.48亿元，净资产较2020年增加1000万元。

【舆论引导】 2021年，集团围绕学习贯彻习近平新时代中国特色社会主义思想、中国共产党成立100周年、党史学习教育、习近平总书记考察安徽一周年、党的十九届六中全会及省、市党代会等重大主题宣传，策划开办专栏，生产新媒体产品。围绕庆祝中国共产党成立100周年，各媒体编发各类新闻产品2078件，新媒体产品占比超过64%。紧盯市委、市政府中心工作，在关键节点发出权威声音，正确引导舆论，多篇报道获得省委宣传部、市委主要领导肯定和中央媒体转载。5月中旬，合肥又现新冠肺炎病例，集团媒体推出九宫格海报《这，就是合肥秩序！》，吸引52万人次阅读，融媒体重头作品《“零”好，合肥！》被全网18个平台转载。

【媒体改革】 2021年，集团贯彻落实市委关于推进媒体融合发展指示要求，强化顶层设计，对标先发地区，制订《推进媒体改革发展实施方案》，实施各项改革，打造媒体深度融合发展新样板。9月，启动内设机构调整，撤销审计部，单独成立人力资源部；成立合肥报业文化创新发展有限公司，开展经营拓展；《合肥晚报》《江淮晨报》和合肥在线启动一体化运作，压降管理层级，将人员和资源向一线倾斜、向新媒体倾斜。改革年度考核机制，制订《集团中层干部民主评议办法》，职工考核比照执行。出台精品策划生产奖励办法，鼓励优劳优得，形成“向精品倾斜、向优秀倾斜”的正向激励机制。疏通事业编制使用通道，解决骨干力量在人员身份、社会保险、晋升渠道上与事业编制人员存在的差异，

2021年9月，“合肥媒体云”技术平台基本完成平台技术搭建和指挥中心硬件建设
（报业传媒集团／供）

激发内在动力。

【融合发展】 2021年，集团调整生产方式，推动媒体深度融合发展，逐步形成“报”“网”“微”“抖”“云”“端”六大媒介齐头并进的融媒传播体系。

突出渠道拓展。出台扶持办法，支持建强矩阵，构建“三圈环流”传播格局，全网覆盖人群超过5000万。核心圈，即自有报纸、网站、客户端、微博、微信、抖音等6大媒介，覆盖人群超过2000万；紧密圈，即各媒体开设的人民号、新华号等中央媒体平台号，澎湃号等区域强媒体平台号，头条号、凤凰大风号、腾讯企鹅号等互联网第三方平台，覆盖人群超过220万；协同圈，即集团各媒体代运维的“学习强国”合肥学习平台，及省市政务新媒体、县（市、区）融媒、企业品宣新媒体账号等，总数超过120家，覆盖人群超过2800万。

强化全媒生产。出台《融媒体工作室孵化管理办法》，推进融媒体工作室建设，截至年底，集团有16个稳定生产且具有一定知名度的品牌融媒体工作室，“政在进行”“图个明白”“皖中评”“科学+”等10个工作室形成IP。集团全年生产发布图文产品超15万条，同比增长25%，其中“10万+”爆款产品185条，同比增长40%，最高点击量单条285万，日均点击量180万；全年生产视频产品超1.8万条，同比增长110%，其中超“100万+”爆款产品4000件，同比增长144%，最高播放量单条2.5亿，日均播放量超2000万。

建设新型平台。按照一体发展、移动优先原则，健全平台型媒体生态，提升融合生产、融合传播、融合经营能力。组建工作专班，推进“合肥媒体云”项目建设，基本完成云平台的技术搭建、指挥中心硬件建设。启动“合肥通”客户端项目和集团媒资库项目建设，对《合肥日报》《合肥晚报》《江淮晨报》《巢湖晨刊》等历史报刊进行数据化、结构化改造。启动网络安全三级等保建设，提升新媒体平台内容安全技术保障水平。集团媒体融合工作获得上级部门认可，“图个明白”“合拍”“深一度”“皖中评”“地铁融媒”“现在发生”等6个融媒体工作室创作的26个项目获合肥市2021年度媒体融合发展扶持专项资金事后奖补。

（李 健）

责任编辑：王晓燕

卫生健康

综　述

【概况】　2021年，合肥市卫生健康系统推进“健康合肥”建设，改善医疗卫生服务，提高人民群众健康水平。

深化“名医名科名院”建设。2021年，市妇幼保健院与上海交大附属儿童医学中心等7个医疗合作项目通过初审，安排预算资金861万元，通过设立新院、组建医联体等形式，与上海等地高水平医疗机构联办“名院”。市级财政投入资金1452万元建“名科”，2021年获省级科研项目立项6个，申报市级应用医学科研项目83个。引进培育“名医”，市属医疗卫生单位有正高级专家188名、安徽省“江淮名医”16名、省级学科带头人11名，合肥市领军人才引进计划入选者1名，安徽省“115”产业创新团队2个，建成合肥市“名医工作室”60个。

提升基层医疗服务能力。完成566个社区卫生机构和村卫生室标准化建设年度目标，开展“千医下乡、万医轮训”活动，市、县级医院下派190名骨干医生到乡镇卫生院连续驻点。

推进改善医疗服务专项行动。对24家医疗机构开展两轮专项督导。市卫健委组织机关40余名党员干部以普通患者身份，深入市属公立医院开展两轮暗访，亲历患者就医感受，查找存在问题和薄弱环节。

完善综合监管体系。实现各级医疗机构日常监管全覆盖，累计作出不良执业行为记分8437次，占全省总记分数37.20%，位列全省第一。

加强医疗用血保障。《合肥市无偿献血者奖励措施》正式实施，是安徽省首个地市对无偿献血者的奖励政策，合肥市连续第七次获评“全国无偿献血先进市”。

【人口均衡发展】　2021年，合肥市卫生健康委员会（以下简称“市卫健委”）推动生育政策和相关经济社会政策配套衔接，加大“一老一小”服务托底力度，降低婚嫁、生育、养育、教育成本，实施“三孩生育”政策。全市出生64660人，人口出生率8.10‰。将托育服务纳入全市民生工程。全市新增备案托育机构56家，累计备案110家；新增托位3804个，完成年度目标的126.8%；9家托育机构获评全市托育服务示范单位。规范实施计划生育奖励扶助制度。为9239名特扶对象和43757名奖扶对象发放扶助金1456.74万元，为4000余名计生特殊家庭失能老人发放护理补贴1957.11万元。设立计划生育特殊困难家庭关怀扶助专项资金422.97万元，将计生特殊家庭列入合肥市城乡医疗救助对象，发放“爱心卡”1080人。优化妇幼健康服务。开展农村适龄妇女宫

2021年10月24日，央视《朝闻天下》节目报道合肥市托育工作开展情况
（市卫健委／供）

2021年12月17日，安徽省立医院离子医学中心（合肥离子医学中心）质子治疗设备中国临床试验（合肥）启动会召开，标志着中心质子治疗设备临床试验工作正式拉开帷幕 （市卫健委／供）

颈癌筛查8.45万人、乳腺癌筛查7.21万人；开展免费婚前医学检查6.88万人，婚检率97.12%，疾病检出率10.93%；为5.94万名孕妇实施免费产前筛查，产前筛查率75.32%；为7.86万名新生儿开展遗传代谢病筛查，筛查率99.67%。

8月初，市卫健委与中国人口与发展研究中心借助双方的优势，采取与双方相契合的方式，签订托育政策研究合作备忘录。双方围绕0～3岁婴幼儿照护服务、儿童早期发展、托育行业发展等领域，计划在3年内开展深入的学术交流与研究合作，共享相关领域数据、资料，联合开办专业培训班、共同举办学术会议、协作开展调查研究、加强人才交流合作。

【健康合肥】 2021年，市卫健委深化健康合肥行动，针对重要健康危险因素、重点人群和重大疾病落实干预措施，推进《合肥市“十四五”卫生健康服务体系规划》编制。69个卫生项目列入市级政府投资公益性项目计划，估算总投资143.25亿元。总投资近14亿元的市公共卫生管理中心、市二院老年护理院项目具备使用条件。总投资15亿元的合肥离子医学中心进入临床试验。推进市空港医院、市三院新区、市中医院等在建项目。采取线上线下结合方式，开展第33个爱国卫生月活动，开展环境卫生整治千余次，健康科普宣传近600场，发放宣传品和宣传资料18万余份，有近7万人次参与线上问答环节。职业健康工作纳入全市安全生产目标考核，七部门联合开展第19个《职业病防治法》宣传周活动。成立全市首家社区营养健康科普馆，开展第七届全民营养周主体宣传活动，直接受益人群达10万余人次。提升家庭医生签约服务质量，全市有偿签约102.15万人，签约率12.47%。

（王韵馨）

疾病防控

【概况】 2021年，市卫健委加强全市传染病动态监测工作，传染病漏报率实现下降，全市法定传染病报告发病率由2020年的733.34/10万下降到2021年的698.25/10万，死亡率从0.39/10万下降到0.36/10万。全年预防接种国家免疫规划疫苗约2084760剂次，国家免疫规划疫苗接种率以乡为单位实现90%的目标。

全市艾滋病疫情控制在低流行水平。经注射吸毒传播、输血传播和母婴传播得到控制，累计建成艾滋病确证实验室3个、筛查实验室60个、检测点107个，艾滋病病毒感染者和病人发现率提升，病死率降低。

全市结核病疫情下降，完成《“十三五”合肥市结核病防治规划》目标，结核病报告发病率由58/10万下降到42/10万，治疗成功率达到90%，死亡率维持在较低水平。

全市血吸虫病疫情降至历史最低水平。全市2个血吸虫病流行县（市）全部实现血吸虫病消除，传播和疾病危害得到控制。

规范开展消除疟疾各项工作，全市连续10年未出现本土原发疟疾病例，通过世界卫生组织消除疟疾认证考核。

地方病危害得到消除，全市以县（市、区）为单位保持碘缺乏病消除状态。

【慢性病综合防控】 2021年，合肥市形成政府主导、部门协作、动员社会、全民参与的慢性病综合防治机制，累计培育国家慢性病综合防控示范区2个，省级示范区7个；城市癌症早诊早治项目实施7年来，惠及约13.6万居民，有将近7万人进行临床筛查，评估出高风险150801人，肺癌、乳腺癌、上消化道癌症、大肠癌、肝癌5个癌种阳性病例7999人，项目组获“国家癌症防控平台卓越贡献奖”。

【精神卫生防治】 2021年，市卫健委出台《关于进一步加强严重精神障碍患者管理工作的通知》，加大随访管理力度，截至年底，全市在册严重精神障碍患者39641万名，报告患病率4.84%，在册患者规范管理率87.26%，均达到国家要求，救助严重精神障碍患者6550人次。社会心理服务体系建设工作取得成效，市、县、乡、村四级覆盖、党委政府领导、部门合作、社会参与的社会心理服务工作机制基本建成。

2021年5月13日至20日，市政府连续召开三场疫情防控新闻发布会

（市卫健委/供）

【环境卫生】 2021年，市卫健委采取措施预防和控制环境污染相关疾病，城乡饮用水卫生监测达标率95%以上，连续数年受到全省通报表彰；肥东、肥西和长丰3县农村环境卫生监测完成率100%；公共场所健康危害因素监测和空气污染对人群健康影响监测项目完成率100%。

【学校卫生】 2021年，市卫健委建立健全学生体质健康评估、疾病监测及干预等工作制度，强化学校传染病防控，推进学生常见病防治，推进儿童青少年近视、肥胖、脊柱弯曲异常等综合防控，全市儿童青少年总体近视率54.33%，同比下降0.99个百分点。

抗击新冠肺炎疫情

【概况】 2021年5月13日肥西县输入疫情发生后，合肥市启动应急指挥机制，落实应急处置，成功阻止疫情蔓延，除2例外地输入病例外，本地零感染。调整充实疫情防控工作领导小组力量，由市级领导担任15个专项组组长；市编委会批准设立市疫防办秘书处，核定编制6名，构建“平急结合、提级指挥、扁平化运行”的疫情防控指挥体系，落实落细常态化防控措施。

【强化“人物同防”】 2021年，合肥市隔离管控入境人员13162人，累计采集环境、物品样品168.1万份，其中检出20批、78份阳性样本，均予以规范处置。

【防止市外疫情输入】 2021年，市卫健委强化各类风险人员排查管控，累计排查检测重点地区来（返）合肥人员103596人；累计追踪管理密接、次密接14822人。

【应急防控能力建设】 2021年，合肥市设置核酸检测采样点6892个，安排采样人员22039人，应急日检测能力可达62.9万单管。投资近1亿元建成92张床位的市滨湖医院感染病区，应急情况下24小时内可扩增救治床位1000张。投资1.76亿元对市属8个发热门诊及定点医院进行规范化改造。

【疫苗接种】 2021年，市卫健委压紧压实属地管理和行业主管部门责任，确保“应接尽接”目标实现，创造单日接种近37万剂的“合肥速度”，比原计划2021年9月8日提前22天完成省下达的12岁以上人群全程接种任务。截至12月31日，全市累计接种新冠疫苗2019.1179万剂次，3岁以上人群全程接种率92.44%。

中医药事业

【概况】 强化中医药基础建设。2021年，市卫健委启动市中医院建设，总投资6.8亿元，建设600张床位。巢湖市中医院立项获批，投资7.5亿元，计划建设床位700张。四县中医院累计投资24亿元，建设床位2680张，县级中医院基础设施条件得到改善。

推动基层中医馆建设和中医师配备全覆盖。建设富有中医特色的基层中医馆152个，占比95%，所有中医馆均配备中医医师，基层中医药服务实现全覆盖。

推广中医适宜技术。参加省级中医药适宜技术培训20人，组织举办全市基层中医适宜技术培训和中医护理人员适宜技术培训，基层中医、护士、村医等96人参训。

开展“方便看中医、放心用中药”行动。各中医医疗机构拓展便民服务措施，三级中医医院开设中医夜间门诊，组织健康知识科普和义诊等活动。全市各单位组织义诊服务活动61次，受益人次累计4015人。

【中医药“三名”工程】 2021年，市卫健委启动实施中医药“三名”工程（即名院、名科、名医），加强中医药临床科研能力建设。市财政投入50万元支持鼓励市属医院及县级中医院20项临床科研课题，促进中医药理论与临床水平发展，推进中医药传承创新。加强中医优势专科（专病）建设。完成对“十三五”时期市级6个中医重点专科（专病）终期验收评审。启动建设15个市级优势专科（专病）项目，申报省级优势特色专科3个，申报重大疑难疾病中西医协同攻关项目1项。坚持中医传承工作。启动建设国家级基层名中医工作室1个、省级名中医工作室1个、中医学术流派传承工作室1个。入选省“西学中”高级人才研修班1人、省“西学中”骨干培训班1人。申报青年岐黄学者1人。

（王韵馨）

互联网+医疗健康

【概况】 2021年，合肥市列入市政府投资公益性信息化项目计划的信息化项目34个，总投资约4.3亿元。其中，竣工项目3个，续建项目5个，新开工项目2个，新开工备选项目27个。建成全员人口数据库、电子病历数据库和电子健康档案数据库，国家健康医疗大数据中部中心总部基地竣工，集聚企业超400家。全市远程心电网络平台具备投入使用条件，全民健康信息平台、合肥市医联体信息化平台、合肥市医疗电子票据管理服务平台3个项目通过可研论证，全市传染病防控智慧化预警多点触发及全市生活饮用水水质在线监测两个系统初步设计方案通过论证。

【电子健康卡应用】 2021年，市卫健委在全市9家市属医院、8家县级医院、90家基层卫生机构实现电子健康卡应用环境适应性改造。全市进行电子健康卡申领253.8万张，使用人次2808.4万人次，通过电子健康卡进行的结算金额达到10.14亿元。

【智医助理系统应用】 2021年，市卫健委在全市1500多家基层医疗机构部署智医助理系统。其中，常态化使用“辅助诊断系统”的医务人员3300余人，AI辅助数达1864万次，辅诊活跃率达到87.86%，全市各区服务病历593万份，病历规范率从起初的58.41%提升到98.95%；“慢病智能管理系统”覆盖全部1508家机构公卫人员，语音外呼功能外呼874万人次，短信1762万人次，活跃率达83.17%，慢性病、家庭医生签约等人群的个性化医疗服务跟踪能力和健康管理服务效率得到提高。

（王韵馨）

责任编辑：王晓燕

体　育

综　述

【概况】 2021年，合肥市体育局以建设体育强市为引领，开展全民健身活动，推动公共体育场地设施建设，创建全国全民运动健身模范城市工作取得进展，体育在惠民生和服务经济社会发展等方面的作用得到发挥。出台《合肥市支持社会力量兴办竞技体育管理办法（试行）》，鼓励社会力量兴办竞技体育项目，参与竞技体育后备人才培养工作，促进全市竞技体育可持续发展。出台《合肥市关于深化体教融合，促进青少年健康发展的实施意见》。

全年全市累计注册运动员7313人，根据《运动员技术等级办法》，2021年审批国家二级运动员243人次。全市组队参赛安徽省青少年锦标赛等赛事，累计获得315块金牌。

9月16日，全国群众体育先进单位先进个人、全国体育系统先进集体先进个人表彰大会在西安召开。合肥市体育局、巢湖市教育体育局、瑶海区教育体育局、庐阳区教育体育局、蜀山区教育体育局、合肥新站高新技术产业开发区社会事业局、包河区滨湖功能区管理服务中心、庐阳高级中学、安徽波动体育文化股份有限公司等9家单位获评全国群众体育先进单位，周龙玲等9人获评全国群众体育先进个人。

【国民体质监测】 2021年，市体育局通过政府购买服务方式，向社会公开招标第三方管理机构，做好市民体质监测服务。制定《“十四五”合肥市国民体质监测工作计划》，以“五进”活动为抓手，在全市13个县（市、区）、开发区开展26场国民体质监测五进活动，完成市级5000余份监测样本数据采集，指导各县级监测站完成8000余份监测样本数据采集。

（石　峰）

群众体育

【概况】 2021年，市体育局集中精力抓好全民健身场地设施建设、全民健身活动开展和市本级《全民健身实施计划（2021—2025年）》编制等各项工作的落实，全市群众体育再上新台阶。

截至年底，市体育局累计在全市范围完成13个体育公园器材配建提升工程，建成投入使用803个全民健身苑、81个笼式多功能健身场、42个乡镇全民健身广场、120个街道（社区）体育俱乐部、34个三人制篮球场，群众身边的体育场地设施提质增量、多元供给，15分钟健身圈日臻完善，“健身去哪儿”难题逐步解决，广大市民健身举步可就，实现“健身就在家门口”。

【全民健身计划】 2021年，合肥市出台《全民健身实施计划（2021—2025年）》。提出到2025年，合肥市全民健身公共服务体系更加完善，实现县（市、区）、开发区以及乡镇（街道）、行政村（社区）

2021年7月10日，合肥市全民健身运动会开赛　（市体育局／供）

三级公共健身设施和15分钟健身圈全覆盖。经常参加体育锻炼人口比例超过45%，人均体育场地面积超过2.6平方米，每万人拥有足球场地超过1.1块，每千人拥有社会体育指导员2.8名，国民体质监测合格率达到94%，体育产业总规模达到1000亿。

合肥市提出补齐场地设施短板、丰富赛事活动供给、提升指导服务水平、激发社会组织活力、加强重点人群服务、推动体育产业发展、促进协调融合发展和营造浓郁健身氛围8项具体任务，重点解决合肥市全民健身场地设施建设不充足、赛事活动供给不丰富、体育产业结构不平衡等问题。

合肥市计划加强工作调度。将全民健身纳入经济、社会发展规划及基本公共服务发展规划，纳入政府年度工作任务，纳入文明创建测评体系，纳入工作目标考核。加大经费投入。要求各级财政加大经费投入，引导社会力量参与，形成多元投入全民健身事业的新格局。加快队伍建设。大力培养体育服务人才，鼓励各类人群参与全民健身事业发展和全民健身志愿服务。落实安全保障。加强对各类健身设施的安全运行监管，建立健全安全防范、应急保障机制，落实新冠肺炎疫情常态化防控措施，注重发挥专家作用。

【社会体育指导员】 2021年，市体育局制定《合肥市“十四五”社会体育指导员发展规划》，组织和发动各县（市、区）、开发区及市级单项体育协会成立社会体育指导员志愿服务队27支，发动社会体育指导员志愿服务队开展志愿服务。根据社会体育指导员年度培训计划，委托市社会体育指导员协会、市健身气功协会和市国际象棋协会等社会组织完善社会体育指导员培训体系，完成724名二级社会体育指导员培训社会体育指导员任务。开展市级示范晨晚练点、优秀健身气功站点和优秀社会体育指导员评选表彰工作，命名200个示范晨晚练点和优秀健身气功站点，激发基层活动站点健身、指导热情。

【场地设施建设】 2021年，合肥市完成491个全民健身场地建设任务，新增体育场地面积约为20.44万平方米，人均体育场地面积由“十三五”末的2.06平方米增长到2.39平方米，建设进度和建设数量均位居全省前列。坚持便民惠民原则，投入资金7000余万元，完成100个全民健身苑、6个笼式多功能健身场（足球场）和10个三人制篮球场建设任务；做好7个乡镇全民健身广场和20个社区体育俱乐部建设，开展好200个示范晨晚练点表彰工作。开展好二代智能健身器材推广工作，投入500万元建成10个社区百姓智慧健身驿站（房）。

【蜀山马拉松文化博物馆开馆】 2021年1月1日，以讲述中国马拉松文化起源及传承，弘扬马拉松运动和精神的蜀山马拉松文化博物馆正式开馆。馆内陈列有2000多件马拉松藏品，设立专门的马拉松与全民健身区域，让观众了解正确的跑步姿势、掌握和跑步相关的各类小知识。运用现代科技手段，采用曲面屏结合投影仪及互动体验装置，通过三维建模、互动游戏实时体验设计，让观众以第一人称视角，体验蜀山半程马拉松赛。全年接待2万余人次参观考察。

（石　峰）

体育产业

【概况】 2021年，合肥市现有不同所有制体育及相关产业单位4万多家，体育产业总规模约300亿元。有安徽省首个体育产业综合体、首个体育产业孵化器，体育产业与旅游、文化、教育、养老、健康等产业形成融合发展态势。6月19日，由合肥市从事体育产业经营的实体自愿组成合肥市信用体育协会，成为全国首个信用体育协会，引导行业规范自律、诚信经营、自觉接受社会监督。

7月—10月之间举办100场次的2021合肥体育夜市。2021合肥体育夜市是合肥市的首个以体育为主题夜市，通过商家展销、体育展演、运动体验、美食销售等内容，搭建灵活、亲民的体育平台，培育激发新活力，以推动合肥体育产业健康发展，促进合肥市夜间体育经济发展。7月23日体育夜市吸引50家企业单位前来摆摊。12月26日，合肥市体育产业协会成立。

【体育彩票】 2021年，合肥体彩分中心完成分中心主任轮岗工作，原合肥一、二中心合并为合肥分中心。市体育局加强分中心建设，重新设置综合部、财务部、业务部、宣传部、责任彩票部等五个部门。加强制度建设，规范工作流程，明确岗位职责，实行责任到人。推动专管员片区调整和轮岗，将分中心原12个片区扩充到18个片区，重新划分区域，减轻专管员负担。明确职责、优化资源、整合力量。截至年底，合肥分中心在售电彩门店数1050个，行业便利渠道231个。全年体彩累计销售23.88亿，销量排名全省第一位。其中，肥西县销售1.26亿，同比增长8.94%；长丰县销售9919万，同比增长8.47%；肥东县销售8787万，同比增长50.83%。

【市民健身补贴】 2021年，合肥市实施市民健身项目补贴，在项目资金、参与门槛、场馆覆盖面、补贴力度等方面相较于往年都有提升，携手支付宝“合肥文体中心”，优化补贴领取程序和使用方法。项目补贴资金由2020年度的500万元提升到1000万元，自6月10日发放，累计发放7期，发放市民健身补贴657万元，超过43.69万人次参与领券，实现订单转化1344.11万元，健身爱好者参与健身的积极性得到调动，市民参与健身的消费成本实现降低，国家体育消费试点市建设成果得到巩固。

（石　峰）

青少年体育

【概况】 2021年，合肥市立足普及体育技能、发现优秀苗子、培养后备人才、输送体育精英，注重基础训练与推动青少年体育发展有机结合，促进青少年健康发展。

【中小学“阳光体育运动”】 2021年，市体育局与市教育局共同主办2021年度合肥市中小学“阳光体育运动”比赛，设足球、篮球、排球、手球、乒乓球、击剑、跳绳、武术套路（操）、啦啦操、象棋、围棋、国际象棋、激光枪射击、田径、游泳、羽毛球、轮滑、网球、射箭等20个比赛项目，直接参与人数约2万人，覆盖人群超10万人。

【青少年主题健身成果展示活动】 2021年11月3日，由市体育局主办，合肥新站高新技术产业开发区社会事业局承办的合肥市2021年“奔跑吧•少年”暨新站高新区儿童青少年主题健身成果展示活动，在合肥市兴海苑小学教育集团本部举行。活动分为学生健康健身知识大讲堂、启动仪式、新站高新区儿童青少年体育健身成果展演、走进围棋大讲堂四个部分。参与人数达近千人。

在启动仪式上，学生代表向全区青少年学生发起主题健康倡议书，开幕式后，预防近视的学生健康健身知识大讲堂开讲，精彩的展演活动中，来自合肥市兴海苑小学教育集团本部、合肥张氏大洪拳研究会、合肥雷池武道馆、合肥庆平希望学校、合肥市淮合花园小学的学生们先后表演啦啦操、无人机、武术、跆拳道、射箭、激光枪等训练成果。

（石　峰）

重要赛事

【全民健身运动会】 2021年，合肥市全民健身运动会于7月10日开赛，10月31日结束全部比赛。本届全民健身运动会设置6大类、41个大项，项目包括三人制篮球、五人制足球、乒乓球、羽毛球、网球、气排球、柔力球、健身球、门球、广播体操、健身瑜伽、台球、保龄球、健身秧歌、拔河、跳绳、农耕健身大赛、龙舟、风筝、自行车、登山、钓鱼、迷你马拉松、象棋、国际象棋、围棋、五子棋、扑克牌（掼蛋）、桥牌、电子竞技、冰上项目、雪上项目、射箭、攀岩、健身气功、广场舞、跆拳道、传统武术、城市定向、徒步越野和特色健身展示。

本届市全运会部分项目设置县区（市直）组和公开组，其中公开组是市全运会首次设置的比赛组别，也是本届市全运会的亮点之一。新增设公开组的14个项目，分别是扑克牌、跳绳、徒步越野、钓鱼、自行车、龙舟、健身瑜伽、迷你马拉松、三人制篮球、电子竞技、保龄球、台球、网球、城市定向，面对社会开放报名，解除报名限制，凡是合肥市居民均可报名参赛，突出“全民参与”的办赛理念，让广大合肥健身爱好者同享健身快乐。

本届市全运会沿用“全民参与、全民运动、全民健康、全民幸福”的办赛主题，全市各行各业和各年龄段有近2万人次热情参与、直接参赛。

【承办全国全运会比赛项目】 2021年，中华人民共和国第十四届运动会群众比赛国际象棋、象棋、围棋三个项目比赛于7月21日—9月26日先后在合肥市成功举办。这是合肥市首次承办的全运会单项赛事。

国际象棋。2021年7月21—30日第十四届全运会群众比赛国际象棋项目在合肥市蜀山区天鹅湖大酒店举办。本届全运会国际象棋项目分为预赛（7月21—24日）、决赛（7月26—30日）两个阶段进行，比赛设男子个人公开组、女子个人公开组、男子团体业余组、女子团体业余组、男子个人业余组、女子个人业余组共六个组别。全国有28个省市报名参赛，参加预赛的男运动员88人，女运动员70人，领队22人，教练26人（其中教练兼棋手4人），平均年龄35.63岁，参与预赛的总人数为202人。经过预赛，有19个省市晋级决赛，决赛男运动员40人，女运动员40人，加领队教练参与总人数为109人。在公开组的比赛中有九位国际特级大师报名参加，包括现役女子世界冠军居文君、女子排名世界第一的前世界冠军侯逸凡、男子世界杯亚军丁立人等高水平棋手。业余组的棋手大部分是通过各省市“我要上全运” 海选赛脱颖而出的业余高手，业余选手和专业棋手同场竞技。

象棋。2021年7月25—8月2日第十四届全运会群众比赛象棋项目在合肥市融创嘉华酒店举办。比赛设男子个人公开组、女子个人公开组、男子团体公开组、女子团体公开组、男子个人业余组、女子个人业余组、男子团体业余组、女子团体业余组8个项目。全国34个省、自治区、直辖市和行业体协代表队386人参赛，运动员306名，其中男子棋手197人、女子棋手109人，西藏自治区和新疆生产建设兵团更是首次派出代表队参赛，决赛参赛人数168人。在全部8个项目的争夺中，四川、广东等14个代表队获得奖牌，有23个代表队获得前八名奖励名次，获奖单位比例占参赛单位数67.6%。

围棋。2021年9月16—26日第十四届全运会群众比赛围棋项目在合肥市香格里拉大酒店举办。比赛设男子、女子个人公开组、男子、女子个人业余组、混合双人公开组、混合双人业余组、男子、女子个人公安民警组、男子、女子全民团体组10个组别，参赛运动员总人数248人，男运动员171人，女运动员77人，包含职业棋手49人（其中有10位世界冠军），40支参赛队，其中包含31个省区市、新疆生产建设兵团、8个行业体协。

【参赛全运会】 2021年，第十四届全国全运会2021年9月在陕西省西安市举办，安徽省有284名运动员取得决赛资格，其中合肥输送的运动员48人。经过角逐，安徽省代表团取得13枚金牌、9枚银牌、12枚铜牌，其中合肥市培养输送的运动员取得5枚金牌3枚银牌2枚铜牌。

合肥市发动市级各单项体育协会，组建气排球、篮球、乒乓球等12个项目代表安徽省参赛第十四届全国运动会群众体育赛事，获得一块金牌（桥牌），1个一等奖（广播体操）和3个二等奖（武术2个、广播体操1个）和3个三等奖（健身气功1个、广场舞1个、武术1个）。

【合肥马拉松】 2021年，受新冠肺炎疫情影响，合肥马拉松赛采取国内首创的线上赛模式。线上赛设马拉松（42.195千米）、半程马拉松（21.0975千米）、欢乐跑（5千米）和亲子跑（2千米）4个参赛项目。设置两轮报名方式。

2021合肥马拉松线上赛通过微信公众号渠道完成72928人次的报名，其中成绩上传人数60776人，马拉松项目报名人数占比24.5%，半程马拉松项目报名人数占比53.3%，欢乐跑项目报名人数占比13.7%，亲子跑项目报名人数占比8.5%。在报名参与的跑者中最小年龄为1岁，最大年龄84岁，性别比例方面，男女比例为2 ∶ 1。报名归属地方面，有来自安徽、江苏、山东、北京、上海、浙江、河北等31个省、市、自治区的跑友。选手完成比赛完赛率占比83.34%，总完赛距离为1014902.115千米。

（石 峰）

责任编辑：赵永军

乡村振兴

综　述

【概况】 2021年，合肥市在历史性地解决绝对贫困问题之后，继续弘扬伟大脱贫攻坚精神，将防止规模性返贫作为底线任务，将深入推进乡村全面振兴作为主要目标，推进巩固拓展脱贫攻坚成果同乡村振兴有效衔接，聚焦“守底线、抓巩固、促衔接”工作重点，实现政策总体稳定、机构平稳过渡、工作扎实推进、队伍干劲不减，脱贫攻坚成果持续巩固拓展，推进乡村振兴实现良好开局。

完善政策体系。落实“四个不摘”（即摘帽不摘责任，摘帽不摘政策，摘帽不摘帮扶，摘帽不摘监管）要求，坚持新政不出老政不退，确保政策连续稳定，形成以《关于扎实实现巩固拓展脱贫攻坚成果同乡村振兴有效衔接的实施意见》为纲，涉及防返贫动态监测和常态化帮扶、低收入人口认定及救助帮扶、驻村帮扶、医疗保障、住房安全保障、衔接推进补助资金管理等19个配套政策的“1+19”

表1

2021年合肥市“1+19”政策体系一览表

市文件名称	文号	牵头起草部门
中共合肥市委 合肥市人民政府关于全面推进乡村振兴加快农业农村现代化的实施意见	合发〔2021〕1号	市农业农村局
中共合肥市委 合肥市人民政府关于扎实实现巩固拓展脱贫攻坚成果同乡村振兴有效衔接的实施意见	合发〔2021〕2号	市乡村振兴局
中共合肥市委组织部 中共合肥市委农村工作领导小组办公室 合肥市农业农村局 合肥市乡村振兴局 合肥市财政局 合肥市人力资源和社会保障局关于印发《合肥市选派干部管理实施细则》的通知	合组通字〔2021〕65号	市委组织部
关于切实加强扶贫资产项目管理 促进产业提质增效 统筹谋划好2021年扶贫项目的意见	合扶组〔2021〕3号	市乡村振兴局
合肥市扶贫项目实施管理流程导则（试行）	合扶办〔2019〕17号	市乡村振兴局
中共合肥市委农村工作领导小组关于健全防止返贫动态监测和常态化帮扶机制的实施意见	合农工组〔2021〕5号	市乡村振兴局
关于进一步完善网格化管理 切实做好常态化监测的通知	合乡振〔2021〕9 号	市乡村振兴局
市民政局15个局委办关于印发《合肥市低收入人口认定及救助帮扶暂行办法》的通知	合民〔2021〕100号	市民政局
合肥市财政局 合肥市乡村振兴局 合肥市农业农村局关于印发《合肥市衔接推进乡村振兴资金管理办法》的通知	合财农〔2021〕585号	市财政局
合肥市城乡建设局 合肥市财政局 合肥市民政局 合肥市扶贫开发工作办公室关于印发《合肥市农村低收入群体等重点对象住房安全保障工作实施方案》的通知	合建〔2021〕78 号	市城乡建设局
合肥市民政局 合肥市扶贫办关于巩固拓展民政领域脱贫攻坚成果同乡村振兴有效衔接的实施意见	合民社〔2021〕4号	市民政局

续表 1

市文件名称	文号	牵头起草部门
巩固拓展脱贫攻坚成果与乡村振兴有效衔接 全方位提升农村水利支撑乡村振兴战略的能力和水平实施方案	合水城乡〔2021〕21 号	市水务局
关于印发《深入实施乡村振兴战略加快推进合肥农村水利现代化实施方案》的通知	便函	市水务局
市自然资源和规划局、市发展和改革委、市财政局、市农业农村局、市文化和旅游局联合印发《合肥市村庄规划三年行动（2021—2023 年）实施方案》	合自然资规发〔2021〕238 号	市自规局
中共合肥市委办公室 合肥市人民政府办公室关于严格规范村庄撤并工作的通知	室〔2021〕 44 号	市自规局
合肥市财政局 合肥市乡村振兴局 合肥市农业农村局 中国银保监会巢湖监管分局 关于印发《合肥市“防贫保”综合保险试点工作方案》的通知	合财金（2021)597 号	市财政局
关于开展“党建引领百企兴百村”行动推动新型农村集体经济高质量发展的通知	合组发〔2021〕3 号	市委组织部
关于印发《百村扶智乡村振兴科技帮扶行动方案》的通知	合乡振〔2021〕12 号	市乡村振兴局
合肥市巩固拓展医疗保障脱贫攻坚成果有效衔接乡村振兴战略实施办法	合医保发〔2021〕21 号	市医保局
关于进一步加强困难群众医疗保障工作的意见	合医保发〔2021〕8 号	市医保局

表 2

2021 年合肥市荣获脱贫攻坚先进集体单位一览表

全国脱贫攻坚先进集体		
肥东县人力资源和社会保障局	巢湖市教育体育局	肥西县扶贫开发工作办公室
全省脱贫攻坚先进集体		
合肥市民政局	肥西县农业农村局	中共庐江县白湖镇委员会
合肥市财政局	肥西县丰乐镇扶贫开发工作办公室	中共庐江县乐桥镇委员会
合肥市农业农村局	中共肥西县官亭镇委员会	中共庐江县金牛镇委员会
中共合肥市委组织部农村组织处	肥西县柿树岗乡人民政府	中共庐江县盛桥镇委员会
合肥市扶贫开发工作办公室督查指导处	肥西县铭传乡人民政府	巢湖市扶贫开发工作办公室
安徽斌锋控股集团有限公司	长丰县扶贫开发工作办公室	巢湖市财政局
肥东县扶贫开发工作办公室	长丰县下塘镇人民政府	中共巢湖市柘皋镇委员会
肥东县马湖乡人民政府	长丰县罗塘乡人民政府	中共巢湖市槐林镇委员会
肥东县牌坊回族满族乡人民政府	长丰县杨庙镇马郢社区居民委员会	中共巢湖市烔炀镇委员会
肥东县响导乡人民政府	长丰县恒进农业有限公司	合肥市包河区人民政府办公室（包河区扶贫开发工作办公室）
肥东县包公镇人民政府	庐江县冶父山镇人民政府	

表 3

2021 年合肥市荣获乡村振兴先进集体单位一览表

2021 年全国乡村振兴（扶贫）系统先进集体	合肥市扶贫开发工作办公室（合肥市乡村振兴局）		
2021 年全国脱贫攻坚先进集体	肥东县人力资源和社会保障局	巢湖市教育体育局	肥西县扶贫开发工作办公室

政策体系。

巩固防返贫机制。建立健全动态监测和常态化帮扶长效机制，对所有农户实行网格化管理，全市排查出符合监测标准农户51户158人，将其纳入全国防返贫监测信息系统，并精准落实帮扶政策，做到“应纳尽纳、应帮尽帮、应消尽消”。

落实工作措施。保持主要帮扶政策总体稳定，落实帮扶措施45.43万条，落实衔接资金19.02亿元，同比增长10.2%。全市发放已脱贫家庭学生教育补助49266人次、6071.28万元；落实健康脱贫政策兑现2.30万人次，脱贫人口实际报销比93.32%，慢性病保障待遇享受34.16万人次，实际报销比97.43%；脱贫户危房改造、饮水安全问题动态清零。发放脱贫人口小额信贷2.79亿元，参加“防贫保”脱贫户57959户。全市城乡低保标准统一调整为806元/月/人，同比增长12.4%；农村特困人员救助供养基本生活标准调整为12574元/年/人，同比增长12.4%。城乡低保标准、农村特困人员救助供养基本生活标准位列全省第一位、中部省会城市第二位。

【脱贫群众收入】 2021年，合肥市落实产业帮扶、就业帮扶等政策措施，巩固脱贫成果，确保农民持续增收。推进产业帮扶，落实“四带一自”（即农民合作社带动、龙头企业带动、能人大户带动、园区带动，自种自养）产业帮扶，新建或完善特色种养业扶贫产业园区项目136个，完成年度任务100%。推进就业帮扶，全年脱贫劳动力外出务工79905人，占2020年末务工就业贫困劳动力的106.03%。全市脱贫户年人均纯收入14652元，同比增长11.6%。

【村级集体经济发展】 2021年，合肥市112个脱贫村集体经济总年收入9182.43万元，村均81.99万元，同比增长25.23%。其中村集体经济收入超过50万元的经济强村92个，占比82.14%，较2020年增加25个。

（解　琼　黄成鹏）

乡村建设与治理

【概况】 2021年，合肥市借鉴浙江“千万工程”（即千村示范、万村整治）经验，在完成农村人居环境整治“三年行动”（2018—2020年）任务基础上，接续推进农村人居环境整治提升“五年行动”（2021—2025年），农村人居环境整治开始由“点”向“面”、由

表4

2021年合肥市五十五家定点帮扶市直单位名单一览表

序号	单位名称	序号	单位名称	序号	单位名称
1	市纪委（市监委）	20	市自规局	39	市机关事务管理局
2	市委办公室	21	市生态环境局	40	市人防办
3	市人大办公室	22	市城乡建设局	41	市信访局
4	市政府办公室	23	市交通运输局	42	市乡村振兴局
5	市委组织部	24	市农业农村局	43	市数据资源局
6	市委宣传部	25	市水务局	44	市公管局
7	市委统战部	26	市商务局	45	市政协办公室
8	市委政法委	27	市文旅局	46	市委党校
9	市中级人民法院	28	市卫健委	47	市投促局
10	市人民检察院	29	市退役军人事务局	48	市重点局

续表 4

序号	单位名称	序号	单位名称	序号	单位名称
11	市发改委	30	市应急管理局	49	市供销社
12	市教育局	31	市审计局	50	市总工会
13	市科技局	32	市城管局	51	团市委
14	市经信局	33	市国资委	52	合肥高新区
15	市公安局	34	市市场监督管理局	53	合肥经开区
16	市民政局	35	市住房保障和房产管理局	54	合肥新站高新区
17	市司法局	36	市体育局	55	市税务局
18	市财政局	37	市统计局		
19	市人社局	38	市林园局		

表 5

2021 年合肥市二十五家定点帮扶市管企业名单一览表

序号	单位名称	序号	单位名称	序号	单位名称
1	合肥通航控股有限公司	10	安徽国风塑业股份有限公司	19	合肥市滨湖新区建设投资有限公司
2	合肥丰乐种业股份有限公司	11	合肥供水集团有限公司	20	合肥城改投资建设集团有限公司
3	安徽省合肥汽车客运有限公司	12	合肥热电集团有限公司	21	合肥文广集团有限公司
4	合肥城建发展股份有限公司	13	合肥市大数据资产运营有限公司	22	合肥兴泰金融控股（集团）有限公司
5	合肥市规划设计研究院	14	合肥工投工业科技发展有限公司	23	合肥燃气集团有限公司
6	合肥市产业投资控股（集团）有限公司	15	合肥市轨道交通集团有限公司	24	合肥科技农村商业银行股份有限公司
7	合肥市引江济淮投资有限公司	16	合肥百货大楼集团股份有限公司	25	合肥文旅博览集团有限公司
8	合肥交通投资控股有限公司	17	安徽公共资源交易集团有限公司		
9	合肥公交集团有限公司	18	合肥市建设投资控股（集团）有限公司		

表 6

2021 年合肥市二家定点帮扶市属院校名单一览表

序号	院校名单	序号	院校名单
1	合肥幼儿师范高等专科学校	2	合肥职业技术学院

“整治”向“提升”、由“干净整洁”向“生态宜居”转变。落实国土空间规划和村庄规划要求；聚焦解决现阶段群众迫切需求，实行精准施策整治。加大财政投入力度，吸引社会资本、国企集团参与，实行市场化运作。探索规模化、专业化、社会化运营机制，建立健全人居环境管护长效机制。

庐江县茶产业带动群众致富　　（市乡村振兴局/供）

【**举措成效**】 2021年，合肥市606个规划布点中心村全部达到美丽乡村建设要求，农村生活垃圾治理实现全域市场化，农村生活垃圾无害化处理率达100%，农村无害化卫生厕所普及率提高到94.8%，乡镇政府驻地及中心村农村生活污水治理率达80%以上。

坚持“先规划后建设、不规划不建设”，实施村庄规划“三年行动”，完成8个省级、18个市级、27个县级实用性村庄规划编制试点工作。适应五级三类国土空间规划体系中村庄规划的新定位和新要求，按照“一则三册”模式（即技术导则+管理手册、设计手册、村民手册），出台《合肥市村庄规划编制技术导则（试行）》，指导县（市）推进“多规合一”实用性村庄规划工作，实现村庄发展有目标、生态环境有保护、空间用途有管控、农村人居环境有提升、建设项目有安排，形成村域“一本规划、一张蓝图”。

坚持量力而行、尽力而为，把握好整治力度、建设程度、推进速度与财力承受度、农民接受度的关系，聚焦解决现阶段群众迫切需求，在省美丽乡村建设验收指标体系基础上，制定较大自然村整治提升“351”指标体系（即农村厕所革命、生活污水治理、生活垃圾治理三大革命，村庄小路、生态小塘、小微菜园、巷口小灯、景观小品五件小事，村庄长效管护一项机制），不吊高群众胃口，实行精准施策整治。

加大财政投入力度，调整完善土地出让收入使用范围支持农村人居环境整治，全年市本级财政安排农村人居环境整治专项资金7.43亿元。庐江县、蜀山区等地依法合规发行政府债券筹集资金，建立可持续性的投入保障措施。肥东县、庐江县等地农村污水处理工程按照建设运维一体化要求，采取特许经营方式吸引社会资本、国企集团参与，市场化运作。

始终按照“先建机制、后建工程”要求，探索规模化、专业化、社会化运营机制，建立健全有制度、有标准、有队伍、有经费、有督查的村庄人居环境管护长效机制，避免建成后无人管、无力管现象。在全省率先建立以“一站两体系”为主要内容的农村厕所管护长效机制，覆盖全市所有改厕户。大力培育市场化的农村垃圾、污水、厕所等专业管护队伍，提高管护人员业务素质。尊重农民意愿，总结基层好经验、传承好做法、宣传好典型，凝聚各方共识，营造良好氛围。建立健全考评机制，强化日常监督考评。

（吴延华）

社会帮扶

【**概况**】 2021年，合肥市坚持“守底线、抓巩固、促衔接”工作方针，推进县域结对帮扶、定点帮扶、消费帮扶等社会帮扶工作，凝聚工作合力。

【**县域结对帮扶**】 2021年，合肥市市辖8个县（市、区）加强与被帮扶地区在产业合作、劳务对接、人才交流等方面的帮扶合作，累计投入帮扶资金1.68亿元，选派89名干部和专业技术人才赴结对县（区）挂职交流，举办社会帮扶活动65场次，支医支教275人次，推进县域结对帮扶工作。

巢湖市中垾镇太平村遍地芍药开出致富之花　（市乡村振兴局／供）

【定点帮扶】 2021年，合肥市在原有49家市直定点帮扶单位基础上，新增6家市直单位、25家市管企业、2所市属院校参与定点帮扶，直接投入帮扶资金1618.40万元，实施项目172个，帮助引进各类资金7508.84万元，引进项目55个，购买帮扶村农产品679.21万元，帮助销售农产品2286.35万元。

【消费帮扶】 2021年，合肥市动员民营企业、社会组织等社会力量参与，倡导社会各界购买消费帮扶重点产品。截至年底，全市认定消费帮扶重点产品1554个，建成消费帮扶专馆36个、消费帮扶专区61个，布设消费帮扶智能专柜1359台。创新开展合肥地铁“消费帮扶”活动，上线13列“消费帮扶专列”，上刊352块灯箱广告，滚动播放60个LED视频宣传，打造全方位立体的“消费帮扶”合肥地铁推广矩阵，宣传推介全省76个县（市、区）550家企业600多种优质特色帮扶产品。

（朱婷婷　张义飞）

重点工程

【概况】 2021年，合肥市健全防止返贫动态监测和帮扶长效机制，明确监测区域、监测对象、监测范围、监测方式、认定退出程序，落实网格化管理。建立健全县乡村组“四级网格”，设立网格35448个，安排网格员38138名，聚焦农村低保对象、特困人员、低保边缘家庭及防止返贫监测对象、支出型困难家庭和其他低收入人口等四类重点人群，采取集中排查、定期排查、日常排查相结合的方式进行动态监测，排查出符合监测标准农户51户158人，纳入全国防返贫监测信息系统，制订并落实帮扶措施354条，做到“应纳尽纳、应帮尽帮、应消尽消”。

【金融帮扶】 2021年，合肥市做好过渡期脱贫人口小额信贷工作，摸排新增贷款需求，规范推广“一自三合”（即户贷户用自我发展、户贷户用合伙发展、户贷社管合作发展、户贷社管合营发展）模式，确保做到“应贷尽贷”、风险可控。全市新发放脱贫人口小额信贷7704户2.79亿元；落实金融帮扶贴息377.64万元；全市小额信贷风险补偿金9977万元，全年未发生一笔风险补偿金代偿情况。全域推进“防贫保”综合保险试点工作，对全市脱贫户和监测对象等开展“3+N”一体式综合保险试点。

【乡村特色产业发展提升行动】 2021年，合肥市创新推进乡村“四业一游”（即都市农业、有机农业、互联网农业、种业和乡村旅游），打造合肥特色产业模式，推进产业帮扶。落实“四带一自”产业帮扶。全年新建或完善特色种养业扶贫产业园区项目136个，新型农业经营主体带动脱贫户10775户，开展自种自养脱贫户12311户；13个村建成省级特色旅游村。

【脱贫人口稳定就业提升行动】 2021年，合肥市全年外出务工脱贫劳动力79905人，同比增长6.03%。保持小微企业、扶贫车间（驿站）等载体的相关奖励补助政策稳定兑现，全市179家扶贫龙头企业吸纳脱贫人口1371人就业，15家就业扶贫车间吸纳脱贫人口178人就业。实施“雨露计划”和农村创业致富带头人培育工程，全年发放“雨露计划”补助资金535.5万元，惠及3568人次；遴选致富带头人605名，开展培训23次838人次，带动脱贫户4101户9725人。

（李　斌　冯志强）

责任编辑：储茂仁

社会民生

劳动就业

【概况】 2021年，合肥市城镇新增就业14.36万人，较上年增长18.29%，完成省政府下达目标任务的110.48%。失业人员再就业4.29万人，就业困难人员再就业10074人，城镇登记失业率控制在2.8%的较低水平。

【公共就业服务】 2021年，合肥市人力资源和社会保障局（以下简称“市人社局”）组织“四进一促”（即进校园、进企业、进园区、进社区，促进就业）专项活动，走进100个城乡社区、10个园区、40所院校举办专场政策宣讲和就业指导，编印发放《就业创业政策口袋书》10000份、《就业创业政策汇编》2000本，制作25条就业创业政策宣讲短视频在地铁、抖音、电视进行滚动播放。在市区50条公交线路100辆公交车上投放就业创业政策外整车身广告。

【“社区三公里”智慧就业】 2021年，市人社局创新“社区三公里”就业平台，帮助居民实现就近就业。平台登记求职人数15.9万人，企业注册数2.8万户，累计提供岗位需求近27万个。平台累计浏览量超156万，用户投递简历19.8万份，推荐成功灵活就业人数约3.31万人。平台覆盖全市城区370个社区，覆盖率95%以上，得到省人社厅的肯定并在全省推广，入选2022年全省民生工程项目。

【重点企业用工帮扶】 2021年，市人社局按照“月调度、季分析”模式，每月开展重点企业用工监测调度，掌握重点企业用工动态，按照“一企一策”做好对接服务，通过开展校企合作、劳务协作、专场招聘等方式解决企业用工诉求。与长丰县比亚迪等重大项目开展前期对接，制定用工配套配置方案，做好项目前期用工服务工作。

【就业精准帮扶】 2021年，市人社局开展春节期间“稳岗留工”工作，3.9万名外省籍员工享受春节“留肥红包”。开发公益性就业岗位12771个，安置就业困难人员就业。开展公益性岗位督察工作，规范公益性岗位开发管理和使用。组织3539名未就业毕业生参加就业见习，拨付见习补贴2971.14万元。受理一次性面试补贴申请4489人次，重点企业个人社保补贴279人次。落实小微企业吸纳毕业生就业社保补贴、一次性就业补贴1852.74万元。为23119名高校毕业生发放求职创业补贴3467.85万元。落实失业保险扩围政贷，向6.7万人发放失业补助金1.95亿元，保障失业人员基本生活。

【就业人才服务活动】 举办重点产业链网络直播“云”招聘。2021年，

2021年3月3日，春风行动招聘会现场 （市人社局/供）

市人社局围绕"芯屏汽合""急终生智"等12个重点产业链，举办网络直播招聘会37场，参与直播企业186家，同步组织1674家（次）重点产业链企业发布招聘需求信息，提供岗位4万余个，直播视频现场观看量超过460余万人次。

举办高校毕业生秋季巡回网络招聘会。举办"2021年大中城市联合招聘高校毕业生秋季巡回网络招聘会（合肥站）"。活动当天，来自上海、杭州、南京等16个城市的150余家企业开展在线招聘，提供就业岗位6500余个，活动现场邀请合肥市"启明星"职业指导团专家开展"云"上职业指导服务宣讲，直播活动网页访问量135万人次。

走进军营开展"就业起航"专场招聘活动。4月17日起，市人社局联合市退役军人事务局在全市范围内开展以"退役不褪色，建功新时代"为主题的退役军人就业服务月活动，组织专项招聘51场（其中线上21场），参会企业1303家，提供就业岗位3.6万个。10月22日，在合肥警备区举办2021年合肥市暨蜀山区退役军人秋季专场招聘会。长安汽车、江来汽车等63家重点企业参会，提供岗位2000余个，现场达成就业意向300余人。

【创业平台建设】 2021年，市人社局加快创业平台建设，引导县区合理布局特色产业基地，推进建设专业孵化载体，推动"双创"支撑平台项目建设，争创省级创业示范基地。向省厅推荐认定3个"安徽青年创业园"、5个省级农民工返乡创业示范园。落实市级创业孵化基地绩效评价管理实施细则，新认定14个市级创业孵化基地，对10个创业孵化基地累计发放绩效评价以奖代补资金460万元，推动孵化器规范发展。鼓励社会资本、民营企业或高校投资建设和管理运营孵化基地。

2021年11月24日，"赢在合肥·第12届挑战杯"创新创业项目征集大赛决赛现场 （市人社局／供）

【创新创业帮扶】 2021年，市人社局举办第12届"挑战杯"创新创业项目征集大赛，提高赛事奖金，向10个获奖项目发放奖金25万元。发放创业担保贷款10.65亿元，帮助4663个创业实体带动就业18536人。开展2021年度创业项目扶持工作，累计扶持项目86个，发放扶持资金425万元。

（许　浒）

人　事

【概况】 2021年，合肥市设立经济社会发展贡献奖，表彰在产业创新、扫黑除恶等领域作出突出贡献度先进集体和先进个人。组织开展事业单位专业技术人员申报三级岗位评审，激发高层次人才干事创业热情。推进县以下事业单位管理岗位等级晋升、事业单位招聘与培训，完善事业单位干部队伍建设。

【评选表彰】 2021年1月19日，合肥市启动经济社会发展贡献奖评选工作，对在产业创新、科技创新、就业创业、污染防治攻坚战、第四次全国经济普查、扫黑除恶专项斗争等工作中做出突出贡献的50个集体、150名个人进行表彰。落实安徽省优秀农民工评选工作，9人获评"安徽省优秀农民工"，5家单位获评"安徽省农民工工作先进集体"，1人获评"安徽省农民工工作先进个人"。

【事业单位人事管理】 *组织开展专业技术人员岗位申报评审*。2021年，市人社局组织开展事业单位专业技术人员申报三级岗位评审工作。教育、卫生、文化等领域88名正高级专技人员晋升三级岗位，9名正高级专技人员晋升二级岗位。

统筹推进县以下事业单位管理岗位等级晋升。贯彻落实中央《关于县以下事业单位建立管理岗位职员等级晋升制度的意见》精神，开展政策解读培训，摸清县以下事业单位管理人员队伍现状，做好人

员统计和资金测算工作。指导县区做好县以下事业单位管理岗位职员等级晋升方案制定工作。

开展事业单位公开招聘。配合市教育局完成111名市属学校公开招聘新进教师审核聘任工作，接收59名公费师范生。完成部分市直事业单位公开招聘工作，招聘66名工作人员。发布合肥市2021年市直事业单位公开招聘工作人员公告，招聘198名工作人员。批复合肥高新区管委会公开招聘99名员额制工作人员实施方案，批复合肥新站高新区管委会公开招聘51名员额制工作人员实施方案。协助市公安局招聘辅警771名。

组织开展事业单位培训。会同市委党校开展2020年度市直事业单位新聘人员培训工作，293人参加培训。

人事考试。组织实施人事考试80项，考生人数369651人，同比增长17.5%。

（许　浒）

人　才

【概况】　2021年，合肥市新增就业参保40.97万人，其中大专以上毕业生25.85万人、本科以上11.75万人。截至年底，全市享受国务院津贴专家131人、省政府特殊津贴专家207人、市政府特殊津贴专家94人，省学术技术带头人及后备人选112人、市学术技术带头人及后备人选120人，战略性新兴产业技术领军人才317人。设立博士后科研工作站164家，其中国家级博士后科研工作站49家，在站博士后研究人员508名。

2021年10月21日，安徽省博士后创新创业大赛开赛　（市人社局/供）

【高层次人才队伍建设】　2021年，合肥市12人入选安徽省第八批学术和技术带头人，23人入选安徽省第十三批学术和技术带头人后备人选，9人晋升正高级专业技术二级岗位，88人晋升三级岗位。新设博士后科研工作站13家，累计设站164家。给予314名在站博士后发放年度生活补贴1256万元，遴选47个博士后项目给予科研经费资助1195万元。评选留学回国人员创新扶持项目16个、创业扶持项目7个，扶持资金340万元。资助16名市学术技术带头人及后备人选科研项目经费100万元。

审核批复合肥学院等单位高层次人才引进方案，引进115名高层次人才。其中，合肥学院引进90名，市属中学引进10名，合肥职业技术学院引进10名，合肥幼儿师范高等专科学校引进5名。

【重点产业人才队伍建设】　2021年，合肥市首次启动集成电路产业引进高层次人才奖补、重点产业柔性引才补贴以及高层次人才岗位补贴工作。给予5家集成电路产业企业引进79名高层次人才奖补1570万元。制定《合肥市重点产业高层次人才岗位补贴发放实施细则》《合肥市重点产业企业柔性引才补贴发放实施细则》，对9家企业柔性引进人才奖补258万元，对320家企业申报的4206名高层次人才发放岗位补贴7557万元。

【招才引智】　2021年，合肥市开展“智汇合肥”线下高校行、线上云聘会等系列活动，搭建“需求侧”与“供给侧”的桥梁，累计服务企业2300余家次，收获人才简历超56.7万份。其中“智汇合肥高校行”活动中，由市委组织部、市人社局和产业链牵头单位携314家重点产业链企业深入北京、上海、天津等13个城市“双一流”高校，举办春季校园招聘39场；携150家企事业单位赴北京、上海、西安、武汉四座城市，开展秋季招聘活动14场。9月18日，举办智汇合肥·云聘会，开展“百校千企万岗”直播带岗、线上招聘活动。

常态化举办“招才引智进校园”活动207场，提供岗位25.4万个。与清华大学共建研究生社会实践基地，61名清华博士来合肥参与39个社会实践项目，组织开展“清华学子合肥行”等活动，被清华大学评为星级实践基地。

【专业技术人员管理】 2021年，市人社局开展专业技术职称评定，累计评审工程系列、建设工程专业、机电专业和农业系列等2624人。其中，党校（中专、技校）教师76人，通过74人；工程专业1268人，通过1102人；建设工程专业1309人，通过978人；农业系列47人，通过41人；艺术（群文文博）系列87人，通过58人；新闻系列17，通过17人。累计评审中小学教师3390人，高级教师通过846，一级教师通过2249人。直接认定中级职称99人，直接认定市属企业事业单位初级职称952人。

【专业技术资格考试】 2021年，市人社局组织实施13项资格考试，考生总人数180521人（452824人次）。办理并发放各类专业技术资格证书57674本，补办证书117本。

在党校、中专、技校和中小学教师系列开展职称网上申报评审工作，完成8447人的线上职称申报、审核和评审任务。

规范年度继续教育公需科目和专业科目学习和培训，举办4个专题的市级高研班，截至年底，全市设有省级继续教育基地9家，市级继续教育基地35家。

【人力资源服务业发展】 截至2021年底，合肥市登记在册的人力资源服务机构896家，全年营业收入突破300亿。在第一届全国人力资源服务大会上，合肥市选拔的1名从业人员跻身全国16强，获优胜奖。28家人力资源服务机构参与全省5A级机构评选并最终全部获评，占全省5A级机构80%。

扶持人力资源服务机构做大做强，发挥中国合肥人力资源服务产业园区集聚效应，2021年，市人社局累计兑现急需紧缺人才奖补32万、纳税奖补490万元、中国合肥产业园500万省级配套补助等资金。截至年底，产业园实现营收65.77亿，税收1.13亿元，审批入园111企业家，入园办公（含孵化器）75家。

新增7家就业创业一站式服务中心，全市就业一站式服务中心达33家。成立合肥市首批（16家）市外输出地劳务服务协作站，各协作站累计发布岗位需求18万余条，组织输入合肥市用工4.3万余人。

【人力资源市场建设】 完善人力资源市场日常监管机制。2021年，市人社局利用人社部人力资源市场调查统计新系统上线契机，动态更新全市712家人力资源服务机构基础信息，对全市人社人力资源业务主管部门开展新系统使用和统计指标解释业务培训，完成2020年度人力资源市场数据统计工作。强化人力资源市场事中事后监管，对全市632家经营性人力资源服务机构上年度经营情况进行公示，对未提交年度经营报告的机构开展重点检查，检查出经营异常机构34家、无证经营机构1家。

开展“马路临工劳务市场”专项整治。按照“化害为利、疏堵结合、标本兼治、规范有序”的思路，在全市四个主城区新、改、扩建5处临工劳务市场，一次性可容纳近万人，推广线上线下相结合的运营模式，构建规范、有序、安全、便捷的劳务市场，中央电视台经济频道对此作专题报道。

【人力资源交流合作】 2021年，市人社局与上海市杨浦区人社部门沟通对接，初步达成关于人力资源方面的合作意向，通过双方人力资源产业园开展研学、供需对接等各类活动，提升合肥市人力资源产业园以及人力资源服务业发展。牵头合肥都市圈一体化建设，推进落实人社领域相关合作协议。组织合肥市相关企业参加第十九届国际人才交流大会、首届长江经济带人力资源服务产业创新发展高峰对话会、2021年人力资源行业数字化赋能创新论坛等区域活动，为企业跨区域对接搭桥引线。

【人才服务】 2021年，市人社局编写《合肥市人力资源发展状况白皮书（2020年）》，分析合肥市各类人才的规模、结构、就业、流动和竞争力等情况。完成2021年高校毕业生“三支一扶”计划招募、岗前培训和能力提升培训等工作；拨付经费200万元，资助38名“鸿雁计划”入选人员；开设全市社会服务人才培训班，培训11802人；统筹推进就业创业一站式服务中心工作，兑现考核和“引才”资金346.05万元。

【技能强市建设】 发展技工教育。2021年，市人社局推进技工院校新技工系统培养和学生资助民生工程实施。技工院校全年招生37317人，其中新技工系统培养完成32897人，在校生达到7.68万人。市属技工院校2021春、秋学期资助国家助学金24503人次、国家免学费和市级免学费71947人次，54人获得国家奖学金。加强技工院校建设和管理。新增2所高级技工学校，新设立审批6所民办普通技工学校，全市在办技工院校增至26所。组织技工院校参加全省技工院校体育教师基本功比赛，市人社局获2021年安徽省技工院校体育教师基本功比赛优秀组织奖。深化产教融合、校企合作。技工院校工学交替完成10396人，顶岗实习完成4717人，企业就业3201人。召开校企合作对接会，为京东方、长安汽车等重点企业用工提供服务，保障技能人才供给。

举办职业技能大赛。举办全市职业技能大赛，参赛工种49个。组织参加“第四届全国智能制造应用技能大赛安徽省选拔赛”“全国新职业技术技能大赛安徽省选拔赛”“第二届全国人工智能应用技术大赛安徽省选拔赛”“全国乡村振兴职业技能大赛安徽省选拔赛”等竞赛。新增国家级技能大师工作室1家，省级9家，省级示范公共实训基地2家、省级高技能人才培训基地1家、省级技能竞赛综合集训基地4家，举办省、市高技能人才研修班17个。遴选57人为合肥市第四批名师带高徒人选。在第十五届全国高技能人才评选表彰中，1人获评全国技术能手，在第十三届全省高技能人才评选表彰中，6人获评江淮杰出工匠，24人获得安徽省技能大奖。

实施职业技能提升行动。开展补贴性职业技能培训12.83万人次，其中，企业新录用人员岗前技能培训5.642万人次，完成目标任务的146.5%；脱贫稳就业技能培训1385人次，完成目标任务的461.7%；企业新型学徒制开展5107人，完成全年目标任务的113.8%。引进第三方会计师事务所对培训进行审核。

推行职业技能等级制度。截至年底，全市备案技能人才评价机构116家，包括33家企业、9家技工院校、74家社会培训评价组织。建立考评员队伍，拥有各专业考评员1353人。全年有11.06万技能人员经认定取得职业技能等级证书，其中高级工2.57万人，技师和高级技师1715人。

创新开展网上职称申报评审工作。采用“互联网+人社政务服务”方式，做到服务事项“应上尽上、全程在线”，开展全市工程、农业、中职、技校、中小学（幼儿园）教师等专业系列职称资格评审工作，办理并发放职称资格证书5036本，职称评审实现公正公开透明。

（许　浒）

劳动用工与劳动监察

【概况】 2021年，市人社局创新推进和谐劳动关系构建，规范企业劳动用工，劳动者权益得到保障。打造调解争议矛盾“四个金牌”。加强劳动用工服务管理，推进劳动人事争议多元化解，健全收入分配及工资合理增长机制，开展根治欠薪“百日攻坚行动”，推进工程项目工资支付标准化管理，保障农民工工资支付，完善劳动用工领域诚信体系建设。市劳动和社会保障监察支队被授予“全国根治拖欠农民工工资工作先进集体”“全国人力资源社会保障系统优质服务窗口”“2021年全国清理整顿人力资源市场秩序专项行动取得突出成绩单位”；合肥市劳动监察执法案卷获评全省劳动保障监察执法案优秀案卷。

【构建和谐劳动关系】 2021年，市人社局落实《合肥市劳动关系“和谐同行”能力提升三年行动十大计划实施方案》，加强劳动关系风险监测，创新推行劳动关系风险日报告、月报告制度，对劳动关系领域苗头性、倾向性风险进行及时研判，早发现、早预警、早处置。举办2021年度劳动人事争议调解员、仲裁员、劳动关系协调员培训班，培训750人次。

【打造矛盾争议调解“四个金牌”】 2021年，市人社局率先在全省打造矛盾争议调解“四个金牌”。分别是：10名合肥市金牌劳动关系协调员、10名合肥市金牌劳动人事争议调解员、10个合肥市金牌劳动人事争议调解组织、3家金牌协调劳动关系社会组织。通过示范引领，提高协调员、调解员专业技能。

2021年11月12日，接听政风行风咨询热线现场　　（市人社局／供）

【劳动用工服务管理】 2021年，市人社局深入企业开展“千户企业培育共同行动”，联合市总工会共同开展“百千万法律帮扶行动”，成立法律服务专家团队，实地进行法律法规政策宣讲、开展劳动用工法律体检，服务企业近千家，覆盖劳动者万余人。配合省智慧就业及社保省集中系统上线工作，动态掌握企业用工情况。开展集体协商“春季要约”活动，全年发出要约覆盖企业2434家，覆盖职工127785人。

【劳动人事争议多元化解】 2021年，市人社局联合市中级人民法院、市总工会制定《关于开展劳动争议诉裁调对接工作的方案》，加强专业性调解与人民调解、仲裁调解、司法调解的衔接联动。应用安徽省劳动人事争议调解仲裁信息系统，开展仲裁案件质量评学“回头看”活动，巩固仲裁院标准化建设成果。开展“法治人社 志愿青春”千名青年仲裁员志愿者联系万家企业活动，帮助企业规范劳动用工管理。截至年底，累计受理仲裁案件16041起（含上年度未结案件460起），结案15778起，结案率达98%，其中调解案件10607起，调解结案率67%。

【收入分配及工资合理增长机制】 2021年，市人社局完成部、省及合肥市企业薪酬调查工作，收集4185家样本企业及35万名职工上年度薪酬发放情况并进行数据分析。督促52家制造业人工成本监测单位按季度及时上报人工成本情况。发布《2021年合肥市部分职位（工种）人力资源市场工资指导价位》，指导企业合理确定工资水平，保障劳动者工资合理增长。推进市属企业工资决定机制改革及市属企业负责人薪酬制度改革，认定2020年度市属企业负责人基本年薪基数，通过第三方审计的方式对22户市属企业2016—2020年期间企业负责人薪酬制度改革政策执行情况进行全面监督检查，督促薪酬审核部门做好市属企业负责人薪酬兑现和信息披露工作。

【新就业形态企业劳动关系风险隐患防范化解】 2021年，市人社局印发《关于依法规范用人单位参加工伤保险有关问题的通知》，依法监督用人单位为建立劳动关系的劳动者参加社会保险，规范参保行为和工伤认定标准，支持鼓励平台企业通过购买雇主责任、人身意外等商业保险，提升新就业形态人员保障水平。出台《关于加强校外教育培训机构劳动关系风险监测和劳动争议多元处理的通知》，多元化解校外教育培训机构的劳动关系纠纷。联合市邮政管理局印发《关于进一步做好快递行业参加工伤保险的通知》，保障基层快递网点相关从业人员优先参加工伤保险。指导大型用工平台外包企业建立劳动争议调解组织并开展劳动争议调解工作，为新就业形态从业人员提供多元化解纠纷渠道。

【农民工工资支付】 2021年，市人社局开展根治欠薪“百日攻坚行动”，制定《国家欠薪线索反应平台案件办理考核细则》，接收线索7662件，均按规定时间办结。完善《处理用人单位拖欠职工工资突发事件应急预案》，处置因欠薪问题可能引发的重大隐患。建立《重难点欠薪隐患责任清单》，化解欠薪隐患。各级劳动保障监察机构协调处理案件5743起，立案案件889起，结案率100%，为5680名劳动者追讨工资5635.7万元。

【工程项目工资支付标准化管理】 2021年，市人社局修订完善《农民工工资支付标准化手册》，执行实名制管理和委托银行通过工资专户代发工资制度，12家商业银行累计办理农民工工资专户4346个，专户资金到账62.61亿元，实名代发工人工资约59.59亿元，在建项目专户开立覆盖率100%。保障房地产项目农民工工资及时足额发放，允许房屋预售资金直接转为工资专户资金，截至年底，划转房屋预售资金22.45亿元。组织开展45场劳资专管员培训，为1200余家建设企业的劳资专管员发放3412本《劳资专管员岗位证书》。

【人力资源市场秩序清理整顿】 2021年，市人社局在全市范围内开展两次清理整顿人力资源市场统一集中整治行动，出动执法人员221人次，检查人力资源服务机构及用人单位621户次，其中职业中介机构72户次，用人单位549户次，查获并现场取缔组织或者个人17起；责令改正行政违法案件4件；责令退赔费用1800元；曝光2家严重违法的人力资源服务机构，公安法治约谈2人。市劳动和社会保障监察支队被评为“2021年全国清理整顿人力资源市场秩序专项行动取得突出成绩单位”。

【劳动用工领域诚信体系建设】 2021年，市人社局开展劳动保障书面审查和诚信评价工作，分别评审出省、市级劳动保障诚信示范单位20家和40家。先后公布5批次劳动保障严重失信“黑名单”，涉及22家单位和11名个人。

【欠薪处置联动执法】 2021年，合肥市各级人社机构移送涉嫌拒不支付劳动报酬罪案件59起，公安机关立案查处53起，对53名涉案人员采取强制措施，移交司法机关起诉37起。市人社局配合市纪委及招投标办完成工程建设领域16批次60家单位“评定分离”监督工作。完成对本部门年度抽查计划中5大类48项检查项目的抽查任务，发起一次联合抽查任务，并联合市场监督管理部门、住建部门完成5次联合抽查任务。

（许　浒）

社会保障

【概况】 2021年，合肥市企业职工基本养老保险参保266.11万人，失业保险参保215.87万人，工伤保险参保217.41万人，分别完成目标任务的109.3%、104.43%、109.25%。全市机关事业养老保险在职人员参保13.14万人。城乡居民基本养老保险当年缴费165.27万人，完成目标任务的104.3%。城镇职工基本养老保险由制度全覆盖到实际人群全覆盖。扩大灵活就业人员参加城镇企业职工养老保险的范围，灵活就业人员的劳动保障权益得到维护。全市新增参保人数40.93万人，按照学历构成划分，高中及以下学历新增参保人数15.12万人，占比36.95%；大学专科学历新增参保人数14.10万人，占比34.45%；大学本科学历新增参保人数10.23万人，占比25.01%；硕士学历新增参保人数1.29万人，占比3.15%；博士生学历新增参保人数约1779人，占比0.43%。

【社会保障制度体系建设】 2021年，市人社局落实企业职工基本养老保险省级统筹制度，推进机关事业单位养老保险制度改革，鼓励有条件的各类用人单位建立企业年金，推动机关事业单位为编外人员建立企业年金，完善多层次养老保障体系，提高退休人员保障水平。全市新建企业年金方案备案17户，调整企业年金方案备案5户。

开展社保基金管理专项治理，印发《关于进一步加强社保基金管理风险防控工作的意见》，纠治社保待遇管理方面问题71个。参与养老保险基金委托投资运营，全年企业和城乡居保两项基金投资收益5.06亿元。落实城镇职工基本养老金调整工作，全市企业退休人员月人均增加131.84元。全市城乡居民基本养老保险基础养老金标准提高至每人每月不低于200元，合肥市城乡居民基础养老金标准实现全省领先、中部不低。

【智慧人社】 社会保险“省集中”系统上线运行。2021年8月9日，合肥市正式上线运行“职工社保省集中系统”，同步实施人社统一公共服务平台切换，实现“一次提交、综合受理、协同办理、统一反馈”，业务数据质量得到提升，合肥市社会保险经办服务实现数字化转型。

推进居民服务“一卡通”工作。市人社局建成居民服务“一卡通”工作机制，编制《合肥居民服务一卡通暨城市一码通工作方案》，印发《合肥市居民服务一卡通暨城市一码通服务目录（第一批）》，实现96%的目录应用目标。拓展“一卡通”场景应用，实现“七个一”，即：一卡出行、一卡进园、一卡入馆、一卡办理、一卡发放、一卡结算、一卡校园。截至年底，全市持卡人数744.61万人，换发申领第三代社会保障卡75万张，电子社保卡签发量650.54万人，签发率88.5%，开通即制卡银行网点695个。

开展“社银直联”试点。市人社局率先开展社银直连试点，将20项高频社会保险征缴业务委托给交通银行安徽省分行办理，方便群众“就近办”“快捷办”。10

社保大厅自助服务　　（市人社局／供）

月14日，交通银行安徽省分行正式挂牌开展合肥市社会保险业务经办，打造城市“15分钟步行便民服务点”。

【企业职工养老保险】 2021年，市人社局按时足额发放各项企业养老保险待遇。截至年底，市本级有企业离退休人员290302人，同比增加3.7%；累积发放养老金99.27亿元，同比增加3.9%。全年26.3万人通过养老金资格认证，其中使用人脸共识别、手机智能认证及大数据比对方式通过认证25.9万人，与上年持平。退休人员进入社区26.8万人，同比增加2.4%。全市当年缴费人数165.27万人，完成全年目标任务的104.3%，当月待遇领取人数87.2万人，对符合领取条件的人员养老金发放率100%。

落实2021年企业退休人员养老金调整政策，市本级有27.76万人参与养老金调整，人均养老金增加135.65元，调整后养老金水平达2887.36元/月，同比增加4.4%。全市参与调整约40.46万人，人均增长131.84元，调整后全市退休人员养老金水平达2728.46元/月。落实中华人民共和国成立前老工人一次性生活补贴政策，将中华人民共和国成立前老工人一次性生活从原有的1至3个月，调整为2至4个月。将企业离退休人员的“中秋、重阳、国庆”三节慰问金提高至200元；将离休人员的“元旦、春节”慰问金提高至600元，退休人员的“元旦、春节”慰问金从300元提高至400元。此项调整财政每年将增加投入6000余万元。

【失业保险】 *按时足额发放各项失业保险待遇*。2021年，合肥市有68166人领取失业保险金，同比增加11.82%；支付失业保险金48445.13万元，同比增加15.03%；代缴基本医疗保险费8947.95万元，生育补助金108.81万元，丧葬抚恤补助91.45万元；向符合疫情期间失业补助金领取条件的失业人员发放失业补助金1.80亿元，补贴人数12万人；发放价格临时补贴173.63万元，惠及3.06万人次。对在领取失业保险金期间死亡的失业人员遗属一次性抚恤金标准作相应调整，由52691.36元调整为57236元

开展援企稳岗“护航行动”和失业保险技能提升补贴“展翅行动”。市人社局实施普惠性失业保险稳岗返还政策，向7.22万户参保单位发放失业保险稳岗返还资金2.37亿元，惠及参保单位职工184.77万人。为6.47万人次企业职工发放失业保险技能提升补贴，补贴资金9968.50万元。

发挥失业保险促进就业的作用。对3.7万名失业人员发放求职补贴3710万元；对46家企业招收领金人员122人发放就业补贴49.77万元；对102名失业人员创业发放创业补贴226.53万元；对失业人员创业6个月以上的6家企业发放创业成功补贴3万元。

【工伤保险】 2021年，合肥市工伤保险基金收入7.27亿元，同比增加4.12亿元，同比上升130.79%；支出7.83亿元，同比增加0.05亿元，同比上升0.64%。累积结余10.03亿元。全年受理工伤认定申请11572起，认定11455起。同比增加19.8%。办理劳动能力鉴定8233件，其中：受理劳动能力鉴定申请7224件、确认项目693件、非因工（因病）316件，出诊鉴定26次。同比增加16.3%。工伤认定、劳动能力鉴定办理数量相比上年同期都有所增长。建立市工伤预防联席会议制度，成立由66名专家组成的市工伤预防咨询专家库。印发了《关于在合肥市试行补充工伤保险制度的通知》，试行推广补充工伤保险制度。

【机关事业单位养老保险】 2021年，合肥市机关事业单位养老保险征缴收入28.93亿元（其中基本养老保险22.74亿元，职业年金6.19亿元），养老金支出39.47亿元，职业年金支出265万元；参保单位2498家，在职13.14万人，退休6.76万人；全市平均缴费基数7.8亿元，同比增长0.74%。市本级征缴收入7.8亿元（其中基本险收入6亿元，职业年金收入1.8亿元），养老金支出11.97亿元，职业年金支出55万元；参保单位434家，在职3.01万人，退休1.83万人；市本级平均缴费基数7143.82元，同比增长0.35%。

（许 浒）

劳动争议仲裁

【概况】 2021年，合肥市坚持“快立、快调、快审、快结”工作标准，推行速立速裁、全程调解、仲裁办案信息化、规范化，市劳动争议仲裁院受理劳动仲裁案件1815起（含不予受理34起、上期未结101起），结案1763起，调解结案1256起，结案率97%，调解率71%。

【仲裁服务】 2021年，市劳动争议仲裁院推行速立速裁，打造仲

裁服务“快车道”。设立综合服务窗口，实现咨询、立案、送达“一窗办理，一站式服务”。健全法律援助机制，开辟绿色通道，维护农民工、工伤职工、三期女职工等特殊群体的劳动权益。完善繁简分流机制，把控审理期限，力求简单案件5日内审结、一般案件10日内审结、复杂案件15日内审结。

推行全程调解。通过先行调解的手段从速从快化解劳动争议，引入工会、法律援助机构、基层调解组织等社会力量参与争议案件处理。全年累计先行调解案件30起。

【仲裁信息系统建设】 2021年，市劳动争议仲裁院推进劳动人事争议调解仲裁信息系统，按照要求在新系统上进行案件录入、立案受理、排庭组庭、调解裁决。召开合肥市劳动人事仲裁2021年典型案例研讨会，讨论分析10余篇涉及劳动关系、二倍工资等的典型案例，统一裁判尺度，提升业务能力。

（许　浒）

医疗保障

【概况】 2021年，合肥市医疗保障局（以下简称“市医保局”）围绕群众“看病难”“看病贵”问题，完善医保政策体系，出台《合肥市基本医疗保险办法》及待遇实施细则，建立职工基本医保门诊共济保障机制；推进DRG付费国家试点，试点范围扩大至全市二级及以上住院医疗机构（含专科），实施医疗救助市级统筹，实现救助范围、救助标准、基金管理、经办服务、信息系统、协议管理“六统一”；

2021年7月29日，合肥医保电子凭证全流程上线　　（王　丽／摄）

拓展“互联网+医保” 服务，在市二院、京东方等医院实现医保电子凭证就医全流程线上服务；落实药品耗材集中采购政策，年度节约费用支出超5亿元；加强基金监管，开展定点医药机构医保违法违规行为专项治理，开展慢性病门诊违规行为专项治理。合肥市国家医保谈判药品“双通道”供应保障创新举措在全国推广，医保改革创新连续三年受到省政府表扬。

【城镇职工医保】 截至2021年底，合肥市职工参保262.46万人，同比增长11.38%；全年享受待遇269.92万人次，职工医保政策范围内住院费用基金实际支付比例达到83.93%；全市城镇职工医保基金（含个人账户）总收入116.46亿元，支出87.8亿元，当期结余28.66亿元，历史滚存结余213.64 亿元。

【城乡居民医保】 2021年，合肥市城乡居民基本医疗保险实际参保555.28万人，全年享受待遇1996.03万人次，居民医保政策范围内住院费用基金实际支付比例达到73.34%；居民医保基金收入49.69亿元，支出51.54亿元，当期结余-1.85亿元，历史滚存结余18.96亿元。

【大病保险】 2021年，合肥市享受城镇职工大病保险待遇71452人次，城镇职工大病保险基金支付4.48亿元；全年享受城乡居民大病保险待遇46135人，居民大病保险基金支付6.75亿元。

【生育保险】 截至2021年底，合肥市生育备案3.35万人，生育保险基金支出1.83亿元，同比增长-20.5%；住院联网结算4.23万人次，门诊联网结算33.2万人次；异地手工核算报销5800人次。全年生育保险基金支出8.94亿元，同比增长-9.54%。

【医疗救助】 2021年，合肥市医疗救助实现市级统筹，全市100.68万人次享受城乡医疗救助，支付医疗救助资金5.68亿元，其中：直接救助66.91万人次，资助困难群众参保33.77万人。

【疾病应急救助】 2021年，合肥市29人次获得疾病应急救治，支付疾病应急救助资金384.69万元。

【支付方式改革】 2021年，合肥市推动疾病诊断相关分组（DRG）付费国家试点工作，启动DRG实际付费；扩大试点范围，将全市二级及以上住院医疗机构（含专科）全部纳入试点范围，2022年正式付费。

【药品供应保障】 2021年，市医保局落实5批次218个中选药品、1批次冠脉支架国家集采政策和1批次60个临床常用药品、2批次骨科和人工晶体高值耗材省谈判政策，节约费用支出超5亿元。牵头组织全省药品集中带量采购工作，遴选集采药品，设置集采规则，确保流程规范公平，遴选的45种药品全部采购成功，中选品种最高降幅97.6%，平均降幅58.41%。

【医保信息化】 2021年，市医保局贯彻落实国家15项医疗保障信息业务编码标准，代表安徽省通过国家验收。完善医保便民服务平台“掌上办”功能，开发新生儿参保在线办理模块。拓展医保电子凭证应用，在市二院、京东方等医院实现就医全流程线上应用服务。上线国家（安徽省）医疗保障信息平台。

【医保监督稽查】 2021年，市医保局开展定点医药机构医保违法违规行为专项治理，全年实地检查定点医药机构4538家，查处涉嫌违规金额1.23亿元。针对慢性病门诊违规突出问题，开展为期4个月的慢性病门诊违规行为为专项治理工作，现场检查205家涉嫌违规医疗机构，查实违规使用基金225.81万元。

【疫苗费用保障】 2021年，市医保局做好新冠疫苗及接种费用资金预算和及时结算等各项工作，向省社保基金财政专户上缴专项资金9.85亿元；截至年底，接种1959.86万人次，拨付新冠疫苗接种费用1.51亿元。

（王 丽）

民政事务管理

【概况】 2021年，合肥市民政局改革优化社会救助制度，出台《合肥市改革完善社会救助制度实施方案》和《合肥市低收入人口认定及救助帮扶暂行办法》，加强社会救助兜底保障安全网建设。围绕幸福合肥建设要求，建立合肥市养老服务联席会议制度，编制“十四五”养老服务业规划，推进养老事业和养老产业协同发展，合肥市新入选国家人工智能条件下养老社会实验第二批产品目录产品35个。落实儿童、未成年人保护各项政策，提升困难儿童福利保障水平，推进儿童福利事业发展。落实促进和监管并重的要求，推动城市公益慈善指数提升。坚持党建引领、强化多元共治，完成村（居）委换届，完善基层社会治理体系，全市5134家社会组织参与各类民生保障、乡村振兴等中心工作。围绕提高效能建设要求，提升专项社会服务专业化、标准化建设水平。

【社会救助】 2021年，合肥市民政局健全完善分层分类救助体系，牵头建成全市低收入人口数据库，纳入低保对象等7类低收入人口18.87万人。建立社会救助及补贴标准自然增长机制。自然调高城乡低保、特困供养等6类保障对象救助补贴标准，惠及全市低收入群体、残疾、高龄等特殊群体约59.5万人，救助标准在全省、中部省会城市以及新进GDP万亿城市中处于前列。持续开展社会救助服务品牌创建。实施四大类服务救助项目169个，投入项目资金3420万元，撬动社会资金635万元，服务困难群众22万余人次。

【养老服务】 2021年，合肥市民政局成功申报全国居家和社区基本养老服务提升行动项目，争取中央专项资金4531万元。强化养老设施建设。启动特殊困难老年人家庭居家适老化改造三年行动计划，完成2700户适老化改造。新建15个城市居家社区养老服务综合体。完成市养老服务中心委托运营。提供优质养老服务。为全市4119名经济困难的失能半失能老年人提供家庭养老床位建设和服务，为1.9万名老年人提供居家养老上门服务。全年累计发放高龄津贴1.5亿元，惠及22万余名高龄老人。智慧养老取得成效。合肥市被确定为全国人工智能养老社会试验区、国家智能社会治理养老特色基地。6个案例被评为全国人工智能实验地区典型案例，占养老领域获评案例“半壁江山”。

【未成年人保护】 2021年，市民政局健全关爱保护机制，牵头成立市未成年人保护工作委员会，市民政局新设立未成年人保护处，开通12345未成年人保护热线。建立孤儿基本生活保障标准动态调整机制，调整后每人每月2035元，全市1891名孤儿足额发放。创新收养制度，实现孤儿、事实无人抚养儿童认定申请“跨省通办”。针对全市4839名留守儿童，开展1816场次“农村留守儿童和困境儿童关爱保护政策宣讲进村（居）”活动。

【基层社会治理】 2021年，合肥市完成549个居委会、1171个村委会统一换届。市民政局牵头打造第二批30个小区居民活动中心，完成第三批95个村级社区服务中心（站）建设。推进基层协商民主建设。在城市社区实现“一居多会”“两长多员”全覆盖，包河区被确认为“全国社区治理和服务创新实验区”，2个社区协商平台被确定为全国村级议事协商创新实验试点。开展“智慧社区”建设。智慧社区一期项目试运行，实用化、品牌化取得成效，“智能台账”“电子投票”等智能应用发挥作用，二期项目可研报告通过评审。合肥高新技术产业开发区林溪社区作为试点，融入科技元素着力打造全省首个国际化社区。

【社会组织管理】 2021年，市民政局牵头成立社会组织综合党委，指导和推动全市行业协会商会党建工作，提升党组织覆盖率4.1个百分点。推进三项整治行动。开展打击整治非法社会组织专项行动、行业协会商会乱收费问题专项清理整治行动、“僵尸型”社会组织专项整治行动，全市查处11个非法社会组织，依法撤销112家社会组织，办理243家社会组织注销登记，督促256家社会组织完成整改。开展“我为企业减负担”行动，减免协会商会会费426.3万元，惠及1795家企业。

【社会事务管理】 推进业务通办。2021年，市民政局牵头在全省率先实现婚姻登记“全市通办”，全年办结结婚登记5.7万余对，离婚登记1.7万余对，包河区被确认为全国婚俗改革实验区。实现残疾人两项补贴资格认定申请“跨省通办”，15.4万余名残疾人两项补贴足额发放。落实惠民政策。全市公益性公墓达到100座，惠民殡葬政策累计减免1233万余元，惠及1.1万余户逝者家庭，合肥市连续14年实现“平安清明”。开展流浪乞讨救助“寒冬送温暖”和“夏季送清凉”专项救助行动，全市流浪乞讨人员站内救助1186人次，站外救助1977人次，生活救助2363人次。

【慈善事业】 2021年，市民政局牵头推进社工站建设，市财政投入扶持资金超过7500万元，建成街镇级社工站106个，村（社区）社工站433个，实现主城区全覆盖。成立安徽开放大学社会工作学院（合肥分院），全市建立县区级社会治理学院7家，街镇社会治理学院20余个。全市登记成立并正常运营的社会工作服务机构116家，持证社工6329人，占全省持证社工的35.7%。全市认定慈善组织11家，5家慈善组织获得公益性税前扣除资格，接收社会捐款6376.57万元。全年完成15单慈善信托备案，信托财产金额达到5166.8万元。市福彩全年累计筹集福彩公益金3.8亿元。

【地名管理】 2021年，巢湖市庙岗完成乡撤乡设镇工作，包河区芜湖路街道和常青街道办事处完成驻地迁移。庐江县在城关镇开展设立街道试点工作，增设3个街道，服务县域经济社会发展。市民政局完成19条街巷道路和76个建筑物和居民住宅区完成命名，7个不规范地名完成整改。开展地名文化故事宣传。集中宣传“延乔路”等全市46个红色地名故事，“延乔路”多次刷屏全国。全市19个千年古镇和8个千年古村落入选安徽省地名文化遗产。庐阳瑶海线、庐阳包河线、肥东肥西线3条县级界线完成联检工作。

（王志成）

民生工程

【概况】 2021年，市财政局（民生办）完成省定31项民生工程目标任务。根据省民生办委托第三方调查结果，合肥市2021年民生工程社情民意调查满意度94.35%，高于全省平均数4.6个百分点，位居全省首位。

【实施措施】 *强化资金保障，推动任务提前完成*。2021年全市民生支出1062.89亿元，占一般公共预算支出的86.86%，同比增长6.62%。31项民生工程总投入达到151亿元，其中补助类项目发放资金105.9亿元，工程类项目当年完工2.5万个，完工率133.4%；学前教育促进、美丽乡村建设等20个项目提前1个月完成年度任务，直接惠及全市群众超900万人。

聚焦制度建设，提升建后管养水平。以合肥市政府1号文件印发2021年民生工程实施通知，出台资金筹措方案、宣传方案、工作要点，汇编31项民生工程实施办法及运行办法等制度文件，指导全市民生工程实施。针对部分民生

表 1

2021 年合肥市 31 项民生工程简表

序号	项目名称	序号	项目名称
1	幼儿托育、妇幼健康和职业病防治	17	棚户区和老旧小区改造
2	学前教育促进	18	困难人员救助暨困难职工帮扶
3	义务教育经费保障	19	家庭经济困难学生资助
4	中小学及中职学校教师培训	20	困难残疾人康复
5	就业创业促进	21	城乡困难群体法律援助
6	农村电商提质增效	22	党建引领乡村振兴工程
7	技能培训提升	23	“四带一自”特色种养业提升工程
8	出生缺陷防治	24	美丽乡村建设
9	城市社区卫生机构和村卫生室标准化建设	25	“四好农村路”建设
10	城乡适龄妇女“两癌”免费筛查	26	农村饮水工程维修养护
11	城乡居民基本医疗保险	27	农村厕所改造及粪污资源化利用
12	城乡居民大病保险	28	农作物秸秆产业化利用
13	“安康码”应用	29	水环境生态补偿
14	养老服务和智慧养老	30	农田建设工程
15	城乡居民基本养老保险	31	文化惠民工程
16	农村危房改造		

工程项目建后管养存在资产管理不规范、社会资本参与不多、管护方式单一等问题，研究出台《关于进一步完善民生工程建后管养工作的意见》，将资产分为纯公益性、准公益类、经营收益类及确权到户类四种属性，分别采取公建民营、民办公助等多种管护方式参与建后管养，提高管护效益。

强化精准督办，优化绩效管理方式。2021年，市财政局（市民生办）牵头按照周计划、月排名、季分析，适时督办的常态化协调推进机制，监控项目实施进度，督促各级各部门在确保工程质量的前提下加快项目建设进度。优化绩效管理模式，全市31个项目100%编制绩效目标，采取“中期单位自评+年终部门评价+民生办重点评价”机制，实现绩效管理全过程、全覆盖。

创新宣传方式，提高群众满意度。2021年，以提高群众幸福感为目标，市财政局（市民生）印制民生工程宣传册，开展常态化宣传，联合市广播电视台制作文化惠民、乡村振兴等六期“说合肥”系列节目，通过对专家学者、受益群众多角度采访，反映人民群众的获得感。全省首创民生工程短视频大赛，参与人次达5万人，总投稿近500条，点赞量破百万，其中5部优秀作品入选安徽省党史学习教育“我为群众办实事”优秀短视频展播，民生工程品牌形象得到提升。

【实施成效】 困难群体扶助力度加大。2021年，合肥市投入15亿元将城市和农村低保标准统一提高至每人每月806元，18.7万低保特困人员基本生活得到更好保障。为6.6万困难残疾人和8.8万重度残疾人发放生活补贴和护理补贴1.3亿元。按每人每月2035元标准保障孤儿和事实无人抚养儿童基本生活。投入城乡医疗救助资金4.5亿元，直接救助65.6万人次。

医疗养老保障待遇提高。2021年，合肥市居民医保财政补助标准提高至每人每年580元，保障563万参保居民医保待遇。基本医保、大病保险参保实现全覆盖，居民医保政策范围内住院报销比例达75%，大病保险报销比例超过66%。居民养老保险基础养老金标准提高45元至每人每月200元，惠及近90万到龄参保居民。市本级投入2亿元，补助49家社会办养老服务机构和679家社区养老机构建设运营，为1.9万名老人购买居家养老服务，向22万余名老人发放高龄津贴。

基本公共服务均等化。2021年，合肥市投入2.9亿元，通过购买服务、补助参加培训见习等方式，开发1.3万个公益性岗位，支持6万名高校毕业生、退役军人和新型职业农民提升就业能力。基本公共卫生服务人均补助标准提高至79元，900余万市民享受12大类46小项基本服务。保障全市160个公共文化场馆免费开放，为1302个行政村送专业文艺演出。免除城乡义务教育阶段学生学杂费，补助经济困难学生3.9万人。新建改扩建公办幼儿园39所，培训幼儿教师1425人次，资助幼儿1.2万人次，幼儿入学压力得到缓解。

保障民生基础设施建设。2021年，合肥市投入21.4亿元、累计投入131.1亿元支持农村公路建设，实现全市乡镇和建制村硬化路全覆盖。投入21.7亿元支持232个老旧小区改造，惠及8.2万户群众。投入1.2亿元支持维修改造学校校舍37.8万平方米。支持566个城市社区医疗机构和村卫生室标准化建设、2813户居家适老化改造和56处农村饮水工程养护。

（向　鹏）

居民生活

【概况】 2021年，合肥市实施一系列惠企惠民惠农政策，为合肥民生经济发展奠定良好基础。居民可支配收入领跑全省，居民消费价格运行在合理区间，住宅价格指数呈前高后低走势。

【居民收入】 2021年，合肥市常住居民人均可支配收入46009元，同比增长10.5%，两年平均增长8.9%。总量分别高出全国、全省10881、15105元，居全省第2位。增速分别高于全国、全省1.4和0.5个百分点，居全省第1位。分城乡看，城镇常住居民人均可支配收入53208元，同比增长10.2%，两年平均增长8.3%，总量分别高出全国、全省5796、10199元，居全省第2位；增速分别高于全国、全省2.0和1.2个百分点，居全省第1位。农村常住居民人均可支配收入26856元，同比增长10.6%，两年平均增长9.3%。总量分别高出全国、全省7925、8488元，居全省第3位，增速比全国、全省均高出0.1个百分点。城乡居民收入相对差距进一步缩小，2021年城乡居民人均可支配收入比为1.98，比2020年缩小0.01。

【流通和消费价格】 2021年，合肥市居民消费价格同比上涨1.7%，比全国、全省均高0.8个百分点。其中，食品烟酒价格上涨0.4%，非食品烟酒价格上涨2.3%。构成CPI的八大类消费品及服务价格呈“七涨一降”态势。其中，交通通信价格上涨5.4%，影响CPI上涨约0.75个百分点，影响程度达42.9%；教育文化娱乐价格上涨4.8%，影响总指数上涨约0.56个百分点；居住价格上涨1.3%，医疗保健价格上涨0.6%，衣着价格上涨0.5%，食品烟酒价格上涨0.4%，生活用品及服务价格上涨0.4%，其他用品及服务价格下降3.8%。在27个省会城市中，合肥市全年居民消费价格涨幅居第1位。

【住宅销售价格】 2021年，合肥市新建商品住宅方面：从环比看，全年价格波动明显，1月环比上涨0.9%，为年内最高，之后增速逐步回落，10月份首次出现下跌，12月份微涨0.2%，环比增速在70个大中城市中列第9位；从同比看，新建商品住宅价格指数上半年逐步攀升，5月份上涨7.1%，为年内最高，之后逐步回落到12月份的上涨3.5%，在70个大中城市中位列第25位。二手住宅方面：从环比看，一季度增速较快，2、3月份均环比上涨0.8%，为年内最高，之后增速持续回落，从9月份开始呈下跌走势，到12月份环比价格下降0.3%，在70个大中城市中位列第20位；同比看，前三季度增速均在5.0%以上，最高点为6月份的上涨6.3%，从10月份开始增速回落，12月份同比价格上涨2.5%，在70个大中城市中位列第22位。

（赵紫伟）

消费者权益保护

【概况】 2021年，市市场监督管理局(以下简称“市市场监管局”)实施“六项清单”机制（即行政审批容缺受理清单，轻微违法行为不予处罚清单，违法行为减轻、从轻处罚清单，从重处罚清单，以及信用扶持清单），为市场主体发展、营商环境优化提供支持，在准入环节容缺审批3620件，在行政处罚环节作出免罚280起、从轻或减轻处罚1350起、减免罚金1200万元，在信用修复环节撤下处罚信息580条、移出异常名录14500户次、移出严重失信企业名单895户次；调整贴息政策，推动质押融资，助企纾困解难，全年办理知识产权质押融资82件，融资金额6.765亿元。创新融资风险分担与补偿机制，设立2000万风险补偿基金。严格审核、分批兑现知识产权政策奖补6346万元；合肥经济技术开发区办理全省首例合伙企业财产份额出质登记，质押担保债权金额10亿元。

【民生服务】 2021年，市市场监管局开展以“亮品牌、提品质、守信用”为主题的放心满意消费创建，新认定市级示范单位127家、774家，超额完成省局下达的创建计划指标数；培育淮河路步行街、大蜀山半边街等示范街区30家；在全市103家企业引进“在线消费纠纷解决机制（ODR）”，将五进职能、服务站标准和创建示范企业融合；开展全市电梯维保质量星级评定，对全市1843台老旧住宅电梯实施安全状况评估，完成率100%。引入第三方机构对城区菜市场实施长效管理考核，对36家菜市场兑现奖补975万元；牵头制定、实施《合肥市家禽交易管理办法》。

【诉求办理】 2021年，市市场监管局受理各类咨询、投诉、举报331405起，同比增长34%，办理率和反馈率均达到100%，为消费者挽回经济损失1500万元；参与“满意消费长三角行动计划”，培育线下无理由退货单位1380家；深化消费纠纷多元化解机制，市消费者权益保护委员会获任市中级人民法院特邀调解组织；对全市40余家房地产开发企业实施专项检查，责令整改15家。立案查处虚假违法房地产广告22起，罚没款205万元。对汽车4S店格式合同条款进行检查，约谈7家汽车经销商，立案查处4起。合肥市消保委获评全国“先进集体”称号，市局12315指挥中心先后获评省市“青年文明号”、全市“青少年维权岗”。

（刘　畅）

养老事业

【概况】　2021年，合肥市有老年常住人口106.77万人。市卫生健康委员会推进老年人口健康管理工作，建立健康档案的有98.79万人，健康档案建档率92.6%；以家庭医生签约服务为抓手，提升老年人健康管理服务能力，城乡社区规范健康管理人数72.63万人，规范健康管理服务率82.89%。

【医养结合】　截至2021年底，全市建成兼具养老和医疗功能的老年护理院19个（含滨湖医院老年科），开设长期医疗护理床位2754张；在69个农村敬老院建立医疗专护区。加强政府托底保障，依托市属公立医院在城区东、南、西、北部分别规划建设4个医养结合示范中心，全部纳入政府投资公益性项目。启动建设总投资11.47亿、设置床位1846张的市一院老年护理院（扩建）和市二院老年护理院等2个示范项目。

开展省级医养结合示范单位创建。组织申报省第四批省级医养结合示范单位项目，创建成功2个省级医养结合示范基地、7家省级医养结合示范机构、32家省级医养结合示范中心。

（王韵馨）

关心下一代工作

【概况】　2021年，合肥市关心下一代工作委员会（以下简称“市关工委”）以市关工委成立35周年为契机，以健全和完善新时代合肥市关心下一代工作制度和体系为切入点，推动工作科学化、规范化、制度化。8月31日，召开市关工委成立35周年纪念大会，谋划新时代全市关工委工作。9月份，市委印发《中共合肥市委关于加强新时代关心下一代工作委员会建设的意见》，市关工委据此制定印发《合肥市关工委五年（2021—2025年）工作规划》，明确合肥市未来5年关工工作与任务。

【“四史”教育】　2021年，市关工委以“五老”（即老党员、老专家、老教师、老战士、老模范）宣讲、演讲征文、书画比赛等形式引导广大青少年传承红色基因，争做时代新人。市级“新时代‘五老’报告团”开展报告活动30余场次，2万余名青少年参与活动；开展“做新时代好少年·童心向党”主题演讲征文活动，全市约5万名中小学生参加活动；组织“党是阳光我是苗”少幼儿书画活动和“红色百年·童心向党”书画大赛，全市约7万余名青少年参与活动，创作出近10万件作品。

【关爱帮扶】　2021年，市关工委出台《合肥市关工委关于做好“乡村振兴·关工助力”工作的实施意见》，启动“乡村振兴·关工助力”工作，实现关工助力脱贫攻坚和助力乡村振兴无缝对接。以“关爱明天·普法先行”“法治关爱·护航成长”等活动为抓手，开展中国特色社会主义法治教育，“大墙内帮教”“送法进校园”等活动，3名“五老”被推荐为“全国青少年普法教育先进个人”。加强青少年科普实践性教育，中国声谷、庐江县小满田塍农业旅游有限公司成为合肥市青少年科教基地。开展“五老弘扬好家教好家风”教育活动，组织“五老”参办家长学校，参与基层“家庭教育课堂”“全职妈妈讲座”等平台建设，探索构建家庭、学校、社会协同育人的工作机制。开展以帮困助学为重点的关爱行动，擦亮“助学圆梦”“冬日送暖”“金秋助学”等帮扶品牌，全市关工系统筹集各类资金800多万，受益青少年8000多人。发动“五老”与青少年结对，开展心理疏导、思想关心和情感关怀，全市各级关工委组织6642名“五老”与青少年开展结对帮扶活动，帮扶5482名留守流动儿童或困境青少年。

（张俊峰）

责任编辑：王晓燕

经济开发区

合肥高新技术产业开发区

【概况】 合肥高新技术产业开发区（以下简称“合肥高新区”）是1991年经国务院批准的首批国家级高新区，是合肥综合性国家科学中心的核心区、合肥滨湖科学城创新引领核、国家自主创新示范区、首批国家双创示范基地和中国（安徽）自由贸易试验区合肥片区核心区，在全国169家国家级高新区综合排名中连续第八年位居前十名。2021年，合肥高新区实现全口径地区生产总值1500亿元，同比增长11.2%。4月13日，经合肥市政府批准，以江淮运河中心线和长江西路（312国道）道路中心线为界，将蜀山区小庙镇自江淮运河以南部分区域整体委托该区管理，总面积51平方千米。自此，合肥高新区的园区面积由128平方千米拓展到179平方千米。

【对外开放】 2021年，合肥高新区推动20项对外开放工作，28个具体项目取得成效。推进自贸试验区建设，发布全国高新区首个国际化指数，获批国家外贸转型升级基地，推进开放平台建设。

开展制度创新，形成42个制度创新事项，“一网通”国际人才一站式服务体系成为全省首个在国家层面复制推广的创新事项，长三角“双创券”通用通兑、科创企业信用贷等7个事项具备在全省层面复制推广条件。举办第四届侨梦苑海外创新创业大赛，依托侨梦苑平台引进瑞新生物、田村HPM亚洲中心、EPIN医疗等华人华侨和留学生项目7个。

推动国家数字服务出口基地建设，开展数字服务企业认定标准、数字服务出口统计制定，引入郎鹰进出口、未来视野、希图科技、倾盖如故等4个跨境电商项目。申建综合保税区，完成综保区申请设立报告、申建方案、政策汇编等。推动匈牙利欧侨产业园设立500平方米公共海外仓。推动全省唯一“谷歌出海体验中心”启动，服务外贸企业500余家，全年新增外贸实绩企业34家、总数超过600家。

开放创新合作，创优“Si享汇”“海博会”等人才活动品牌，开展各类资源对接活动10场；建设撷英高层次人才全球大数据平台，梳理北美高校华裔人才4493人，全年签约高端人才项目10个，新增高层次人才72人、总数达572人，位居全市第一；支持企业申报国际专利、品牌、标准，组织知识产权管理及风险应对、企业专利布局和挖掘、专利奖项申报等14场培训会；承办中俄总理定期会晤委员会科技合作分委会第二十五届例会；承办国家科技部国际合作司、安徽省科技厅、合肥市政府主办的“科技之家大使、外交官·2021合肥行”活动。

开展开放主体培育，签约法液空低温装备生产、矽力杰模拟芯片总部、小林绿色智能化基地、德国茵捷斯、元气森林等12个外资项目建设。组织或参与第十三届中国航展、2021年世界半导体大会以

高新区中国声谷　　（刘小萌／供）

及中国国际贸易投资洽谈会、2021年上海国际半导体展览会等高水平国际会议11次，协办境外招商推介活动3次。

优化开放发展环境，印发王咀湖公园综合整治和景观提升规划设计方案，完成一期公园室外初步设计深化工作；推进龙湖国际化特色商业步行街建设，完成规划、施工许可证办理；推进林溪国际社区建设，打造林溪"VIEW"国际社区工作品牌，获评安徽省侨联"侨胞之家"。推动中加学校国际教育品质提升，制定乐国际教育品质提升方案，举办"CanGlory 2021秋季大学博览会"活动，组织外籍教师参加省科技厅"青春引领共赢--优秀外国青年知皖行"活动。加强国际医疗项目招引，与市第三人民医院就医疗卫生深度合作达成初步合作框架协议。招引具有国际化服务能力的专业服务机构，全年引入中华联合财产、中认南信等4家机构。推进科技金融示范区建设，引进科技金融机构6家，开展科技金融银企对接活动4场，全年13个政策性金融产品支持额度34亿元。聚焦建区30周年、自贸试验区建设等开展专题宣传，全年在中央主流媒体、新华丝路、《中国日报》、Meta（原Facebook）等海外媒体发稿8300余篇。

2021年4月1日，合肥芯碁微电子装备股份有限公司登陆科创板

（陈文栋/供）

【双招双引】 2021年，合肥高新区签约市认定项目271个（数量居全市第一位，同比增长57.56%）、协议投资总额712.97亿元（占市考核目标任务485亿元的147%，同比增长77.87%），其中10亿元以上项目15个，境外世界500强项目1个。

项目质量提高。以亩均效益评价为指导，强化高质量项目引进，中科星图数字地球全球总部、腾讯智慧产业合肥总部基地、智飞龙科马生物制药产业园三期、联创电子车载影像模组等项目签约落地。

产业领域拓宽。人工智能、集成电路、生物医药、光伏新能源等园区原有优势产业围绕产业链招商取得成效；空天信息、节能环保、新经济等新兴产业招商引资工作实现突破。

【产业发展】 2021年，合肥高新区落实"链长制"，加快人工智能、光伏新能源、量子信息、生物医药等高新技术产业聚集，"中国声谷"获批国家先进制造业集群、国家制造业创新中心，入驻企业超过1400户，其中区内企业近1000户；"中国安全谷"申创国家网络安全教育技术产业融合发展试验区，创建新能源重大新兴产业基地。

创新实施"个十百千万"亿企业培育工程、"双百工程"，全面建成"链通高新"平台，累计成立产业联盟10个，全年组织产业链上下游合作对接活动15场，促成45对企业达成合作。培育国家专精特新"小巨人"企业19家，占全市31%。

加强专业精准招商，全年签约项目254个，居全市第一位，协议投资总额约690亿元，其中10亿元以上项目14个，紫光光通信、腾讯智慧产业总部、阳光电源新能源发电装备等重点项目落户。发挥稳投资工作专班作用，268个省、市重点项目完成投资320亿元，海康威视合肥科技园等42个重大项目开工建设，有45个项目竣工投产。

实施上市企业"破茧工程"，实施"挂图作战"，推动120家重点上市企业全流程服务，全年新增国内光刻设备第一股芯碁微装、国内工业铁路信号控制与智能调度第一股工大高科、科创板国内工业设备和智能运维第一股容知日新等3家科创板上市企业，占全市上市企业新增数量60%，总数达34家、占全市总数50%。全年市场主体达7.61万户，其中企业5.86万户，新增企业增长42.24%，居全市第一位。

【科技创新】 2021年，合肥高新区参加在北京举办的国家"十三五"科技创新成就展。世界第一台超导量子计算原型机、世界第一款重组亚单位新冠疫苗、国内首创毫米波芯片——"魂芯1号"问世，语音合成技术全球领先，国内首款超大屏幕全色光显应用于北京冬季奥林匹克运动会，国内首家家用新冠病毒核酸检测试剂盒出口欧美，培育出国内第一家光刻机上市公司。

推进综合性国家科学中心核心区承载建设。离子医学中心完成调试验收，合肥先进计算中心正式运行，中国科学院量子创新院一期、中国科学技术大学高新校区主要设施完工。参与编制"科大硅谷"建设方案，以该区为核心区开展集聚海内外优质校友创新资源，打造世界一流创新要素富集区。实施名校名所名企合作战略，新引进中欧电子材料国际创新中心、安徽机器人与智能制造研究院、合肥功能分子先导研究院等新型研发机构，累计集聚各类强校强所强院创新平台15家。

推进科技金融示范区建设。全省率先试点科创企业"贷投联动批量对接"，创新推出自贸贷、科大校友贷等金融产品，获批国家科技部首批企业创新积分制示范单位。截至年底，合肥高新区集聚国家级孵化器、众创空间22家，孵化面积超过500万平方米，在孵化企业5000余家。

实施高新技术企业培育三年行动计划。全年新增高新技术企业突破400家，总量突破1900家。开展高企培育强基行动，在全省率先开展区高企评价入库工作，累计入库区高新企业500家。开展高成长企业培育工作，全年遴选高成长企业711家，其中雏鹰企业342家、瞪羚培育企业129家、瞪羚企业223家、潜在独角兽企业12家、独角兽企业2家、平台型龙头企业3家。

加强关键核心技术创新和成果转移转化。实施"深科技"企业特色企业培育工程，启动全区关键核心技术企业遴选培育工作，摸排园区颠覆性、前沿性、突破性技术，全年遴选深科技企业153家，拥有深科技技术446项，深科技产品391件，其中"国际领先"6项、"国际先进"56项、"国内领先"100项、"国内先进"技术284项。通过院所平台孵化、培育高质量项目70余个，转化科技成果超150项。强化孵化链条提升"合创汇"服务水平，加强孵化载体培育，建成运行数字经济、环保、集成电路等专业孵化器，安徽大学科技园获批国家大学科技园，全省仅2家，均位于合肥高新区。

【规划建设】 2021年，合肥高新区加快城市建设。实施道路建设项目46项，其中侯店路（皖水路—铭传路）、长安路（长宁大道—侯店路）、大龙山路（习友路—铭传路）等20条30千米建成通车。完善和新建燕子河路（创新大道—杨林路）、长宁大道（皖水路—彩虹路）、云飞路（石莲南路—创新大道）、石莲北路（皖水路—彩虹路）等4条人慢道路4000米，推进枫林路人慢（玉兰大道—望江西路）建设。建成投运110千伏鸡鸣山路变电站，完成量子创新院周边10千伏杆线入地工程；开工建设220千伏南岗变、110千伏文曲路变；开工建设王咀湖北侧110千伏及35千伏架空线路入地改造工程。建成TF4-48班初中学、KP1小学及幼儿园、昌河幼儿园、香樟小学综合楼等4个中小学幼儿园项目，推进永和家园北组团配套幼儿园、中国科学技术大学附属中学高新中学建设。建成永和家园北组团复建点项目，推进城西桥复建点ABC组团及商业中心等复建点建设。对接市轨道公司，提前实现轨道4号线望江西路与长宁大道交口4个象限出入口开放。合欢路涉轨段（习友路—新华学院西）工程协调新华学院方配合建设，完成外业测绘勘探工作。完成将军岭路下穿沪蓉铁路节点、下穿沪蓉铁路改线箱涵，原沪蓉线区域U型槽于11月底完工。推进合六路（侯店路—双塘路）工程用地预审工作。完成合肥市第七中学人防平战转换工程提升项目，挂牌省级人防工程平战转换示范点、市级人防工程平战转换示范点、人民防空进学校示范点。

【生态文明建设】 2021年，合肥高新区率先发布工业园区层面推进碳达峰碳中和实施方案及若干政策，成立碳达峰碳中和推进工作领导小组，制定碳达峰行动计划重点任务分解表，围绕双碳路径规划编制、能源等八个领域行动计划提出34项目标任务，明确具体落地任务措施和完成时限，建立定期调度和考核机制。

打好污染防治攻坚战。以"控车、控尘、控煤、控气、控烧"为重点，强化各项大气污染防治工作管理；采取人巡、技巡和巡处结合的网格化工作机制，开展巡查246次，排查432个问题，均落实整改任务；细颗粒物（$PM_{2.5}$）均值浓度为34微克/立方米，可吸入颗粒物（PM_{10}）均值浓度为65微克/立方米，空气质量优良率为83%；推进园区工业企业雨水管网在线监测系统建设，安装监测设备120套；市级考核断面斑鸠堰河、岳小河、苦驴河水质类别均达到地表Ⅲ类；重点加强19家土壤重点排污单位环境监管，督促做好土壤自行监测工作。制定《2021年合肥高新区生态环境监测方案》，对园区重点区域土壤环境开展监督性监测。

推进突出环境问题整改。当年突出生态环境问题整改任务全部完成；2020年省生态环境保护专项督察转办信访件42件和2021年中央第二轮生态环保督察转办信访件45件，全部实现市级验收销号；2018年生态环境保护督察“回头看”反馈会通新材料股份有限公司废气扰民问题完成市级验收。

夯实环境监管基础工作。开展各类环境执法检查200余家，立案行政处罚21件，受理查处环境信访件834件；推进臭氧污染防治攻坚重点专项整治，督促18家不符合收集、治理规范要求企业进行升级改造，总投资6771.66万元；推进重点污染源在线监控3个全覆盖，重点推进强制安装项目8个，鼓励引导安装项目7个。推进排污许可全覆盖，落实环评放管服工作；试行环评机构“红黄牌”评价制度，提升环评文本质量；编制小微企业环境管理手册，指导不需报批环评但仍需纳入排污许可证管理的小微企业做好日常环境管理。

做好“环境影响区域评估+环境标准”改革。完成全域环境影响区域评估，引导园区内企业运用区域环评内容数据，简化环评内容。发展生态环境产业，升级打造“合肥高新国际环保科技园”，推动园区节能环保产业发展，举办合肥生态环境保护协会成立仪式和高新区聚力新能源和节能环保产业“双招双引”项目集中签约仪式，11月26—28日，合肥高新国际环保科技园携园区23家环保企业亮相中国污染防治联展。

【社会事业】 2021年，合肥高新区按照“保基本、补短板、引品牌、聚优质”总体要求，围绕建设世界一流高科技园区的工作目标，推进教育、医疗、文体、旅游等社会事业各项工作。

教育事业方面。在全市率先实现无证园“清零”目标，开展并完成幼儿园年检工作；完成6所民办园民转普工作、7所普惠园等级认定工作和3所市一类园认定工作；优化全区优质教育资源布局，“五大片区”教育板块形成；在全市率先签约市教育局教科院，合作建立3所“教科研基地实验校”。推进“大数据+教育”建设，首次试点大数据学生个性化学业手册，合肥高新创新实验中学和合肥高新创新实验小学获首批市级智慧学校试点校。2021年中考21人达合肥一中、六中、八中统招线，“一中、六中、八中指标到校最低分”，合肥市梦园中学和合肥市第六十二中学进入全市前列。新增正高级教师1人、特级教师3人。有10名教师课例获国家级奖项，有20名教师开展省级及以上示范展示课，获市级以上教科研奖760项。

卫健事业方面。深化综合医改，推进基本公卫建设，平稳接管托管区卫健工作，有医疗卫生机构93家，初步建成以安徽医科大学第一附属医院高新分院为龙头，以合肥高新心血管病医院为特色，以5家社区卫生服务中心为基础的三级诊疗体系；家庭医生完成签约服务4.9万人，超前完成上级考核任务；医保参保4.3万人，医疗救助4640人次424.26万元；成立高新区公共卫生服务中心，首批招聘7名公卫专业人员，强化组织架构、补齐服务短板；全年突发公卫事件报告并处置传染病病人3424例，报告处置及时率、完整率和准确率均为100%；推进妇幼保健服务，建立儿童保健档案2477份，提供服务23931人次；建立孕产妇保健档案2380份，提供服务12451人次，完成免费产前筛查2066例。

文化事业方面。开展文化惠民工程，做好4个农家书屋与城市阅读空间的资源整合工作，通过功能扩容，增强农家书屋的吸引力和服务力；推进村级综合文化服务中心提升建设工作，有26个行政村（社区）全部按照“八个有”标准建成综合性文化服务中心，完成率为100%；组织策划以中国共产党成立100周年和高新区建区30周年为主题的“风雨三十年 美丽新高地”摄影比赛、高新区线上书画展、高新区第五届中外音乐派对、高新区第十六届登高健身活动、高新区第六届棋类比赛等活动；开展文化旅游行业安全生产隐患排查工作，出动执法人员260人次，发现问题隐患28处，整改率为100%；开展非法卫星地面接收设施专项整治行动，动员自行拆除非法卫星地面接收设施套；出台《合肥高新区文化产业发展实施方案》《合肥高新区“十四五”期间文化科技产业融合发展规划》，优化文化旅游产业门类体系和重点项目体系；加大与文旅部艺术发展中心交流与合作，签订战略合作协议，推进数字创意产业发展；全年完成产业招引项目6个，投资额近4亿元。

（徐 媛）

合肥经济技术开发区

【概况】 合肥经济技术开发区（以下简称“合肥经开区”）成立于1993年4月，2000年晋升为国家级，设有合肥经开综保区、合肥新桥科创示范区等平台，是中国（安徽）自由贸易试验区合肥片区核心区。2021年，该辖区面积268.97平方千米（南区建成区83.12平方千米，北区新桥科创示范区185.85平方千米），全区设1个街道（高刘街道）、5个社区（芙蓉、莲花、海恒、锦绣、临湖），与肥西县合作建立新港工业园。“大学城”聚集本专科院校19所。

2021年，合肥经开区获批“国家新型工业化示范基地”“国家制造业和现代服务业融合发展试点园区”“国家外贸转型升级基地”“国家进口贸易促进创新示范区”“国家级双创示范基地”“国家绿色园区”“国家生态工业示范区”，综合发展水平跃升至全国218家国家级开发区中第10位，居长三角第5位。成为国内家电产品种类和品牌集中度最高的园区，是全国最大的笔记本电脑、冰箱、叉车制造基地。

【经济发展】 2021年，合肥经开区加快创新转型升级，建设新桥科创示范区，实现地区生产总值（GDP）、规模以上工业增加值、固定资产投资、工业投资、技改投资、社会消费品零售总额、建筑业产值、规模以上服务业营业收入、高技术服务业营业收入同比分别增长11.2%、22.5%、11.7%、15.6%、7.1%、18.3%、7%、27.3%、15.6%。在全省开发区综合考核评价中位列第一。

【对外开放】 2021年，合肥经开区实现进出口额179亿美元，占全省约1/6，超全市1/3；拥有大众公司、联合利华等39家世界500强投资76家企业。建设开放载体，开展差异化制度创新，航空港与京东物流实行战略合作，新开“合肥—伦敦”“合肥—洛杉矶”航线，稳定“合肥—芝加哥”货运航线，启动建设肉类口岸，申报药品口岸。合肥经开综保区开通全省首个跨境电商出口海外仓1210业务、全省首个“中欧班列+跨境电商”进口业务模式，运营长三角首个海关特殊监管区域跨境电商退货中心仓业务，全年进出口、跨境电商保税进口单量突破100亿美元、400万单。中国（安徽）自由贸易试验区合肥片区经开区块有10项创新纳入全省首批复制推广，占全省23%，长三角海关特殊货物检查作业一体化改革试点及城市生命线安全“闭环管理”集成创新模式2项申报全国推广，与安徽医科大学第二附属医院合作，对首批206名企业高管和140名外籍人才实行一站式服务，探索医疗卫生领域跨境商业健康保险结算便利化创新。

【招商引资】 2021年，合肥经开区新签约重点项目147个，总投资725.4亿元，总量居全市第一；实际利用外资7.07亿美元，为全市第一；新开工（运营）大项目11个，含20亿元以上工业大项目1个（沛顿存储）、10～20亿元工业大项目4个、当代服务业大项目6个。

【科技创新】 2021年，合肥经开区建成13个、在建6个科技园区，计317万平方米，形成7大创新平台、15大众创空间（国家级3个）、15大科技孵化器（国家级4个），汇聚万名人才、千个项目。全区科技型中小企业达1300家，国家级高新技术企业新增145户达560家，认定瞪羚企业22家。全区设各类研发机构339家（国家级20家），规上工业企业研发机构覆盖率达82%。

高新技术产业增加值占规模以上工业增加值比重74%，战略性新兴产业产值占规模以上工业产值比重超63%。新能源汽车产业产值首次突破300亿元，生产整车产

2021年9月7日，京东“合肥—伦敦”国际货运航线合作协议签约仪式举行
（沈　燕／供）

量首次突破13.4万辆。集成电路产业产值首次突破百亿，同比增长378%。联宝、江淮、蔚来、华凌4户工业企业实现产值超百亿元。上榜全省制造业百强11席；联宝位列第三，成为蝉联全市唯一的千亿元企业。长鑫存储成为全市唯一一家年产值超50亿元的新增规上企业。

【规划建设】 2021年，合肥经开区大建设完成实物投资68.28亿。繁华集贤立交建设工程完工，金寨路和宿松路快速化建设工程启动，派河国际综合物流园港区一期工程基本建成。在建水生态环境治理项目10个，总投资13.9亿，王建沟中游生态修复工程成功申报为国家第一批山水工程。新增5G站点218个、完成情况位列四大开发区第一。以亩均论英雄，开展“创转升”行动，A类企业数量同比增长7.5%，亩均税收提升至34.11万元。

新桥科创示范区完成固定资产投资213.4亿元，超全区总量一半；工业投资172.5亿元，占全区70.4%。实施大建设项目82个，竣工21个，完成投资约52亿元，同比增长100%。加快项目建设速度，落实全省首个土地成片开发方案、首宗新土地法实施后的工业用地，实现沛顿存储工程当年开工、当年建设、当年投产，新桥智能电动汽车产业园一期120天四大厂房主体结构封顶。建设高端城市配套，建设国际小镇一期工程，新桥医院主体结构封顶，引进合肥六中、清华附中国际学校、安医一附院等优质教育医疗资源。

【社会事业】 2021年，合肥经开区新增城镇就业5.23万人；新建环翠路幼儿园等7所公办幼儿园，落实“双减”政策，课后服务涵盖全区97.6%的学生；临湖社区卫生服务中心委托安医大二附院管理；新运营菜市场5个，建成示范性菜市场11个；城市社区养老服务三级中心建成覆盖率100%；化解信访积案35件，解决“征拆安”历史遗留问题62个中的58个，历史性解决建成区集体土地上的全部征地拆迁问题。

【合肥经开区综合保税区】 合肥经济技术开发区综合保税区前身为合肥出口加工区，2010年7月5日经国务院批准设立，2012年8月21日正式封关运行。2019年4月23日，国务院正式批复同意合肥出口加工区整合优化为合肥经济技术开发区综合保税区（以下简称“合肥经开综保区”），2020年6月19日，合肥经开综保区通过海关总署等8部委验收审核，区域规划面积1.40平方千米。合肥经开综保区是中国（合肥）跨境电子商务综合试验区首批试点园区。2016年7月，进口商品展示直销中心获安徽省商务厅授牌并建成运营；2018年7月，获批省级跨境电商产业园；2019年12月，获批省级电子信息产业特色园区。

2021年，在海关总署发布的2020年度综合保税区发展绩效评估中，合肥经开综保区在全国134家海关特殊监管区域中排名第14（A类），在中西部55家中排名第4（A类），是全省唯一同时被评为A类的综保区。

截至2021年底，合肥经开综保区聚集联宝科技、显耀显示、海晨仓储、新宁供应链等36家加工贸易及仓储物流配套企业，形成以联宝科技为代表的电子信息产业，以显耀显示为代表的集成电路产业，以保税维修、跨境电商、保税展示为代表的新兴产业。

2021年，合肥经开综保区实现规模以上工业产值1229.2亿元，同比增长21%；实现进出口总额102.8亿美元，同比增长18%，占全省综合保税区进出口总额的60%；完成跨境电商进出口贸易额1.39亿美元，同比增长49%，其中线上综合服务平台完成网购保税进口业务单量416.2万单，业务规模领跑全省。

（沈　燕）

合肥新站高新技术产业开发区

【概况】 2021年，合肥新站高新技术产业开发区（以下简称“合肥新站高新区”）实现地区生产总值420.5亿元，同比增长11.6%，增速居全市开发区第二、全市第三位；一般公共预算收入完成23.6亿元，同比增长31.5%，增速居全市第一位；规模以上工业增加值增长14.3%，规上工业企业实现营业收入利润率10.6%；战略性新兴产业实现产值同比增长22.4%；社会消费品零售总额同比增长10.6%；规模以上服务业企业实现营收同比增长54.7%，增速居全市第一位；高技术服务业营业收入同比增长52.2%，增速居全市开发区第一位；进出口总额完成89.7亿美元，同比增长42.2%，总量居全市第二位；招商引资新签约项目149个，协议投资额610.5亿元，同比增长41%；城镇居民人均可支配收入完成46872，同比增长11%，增速居全省第一位。

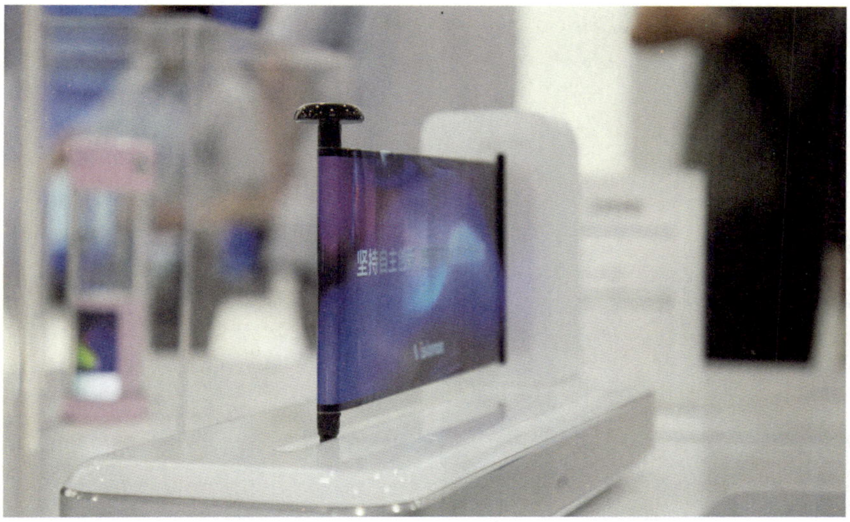

2021年8月23日，柔性显示领域的头部企业——维信诺科技股份有限公司卷轴屏原型机 （黄文茂/供）

【产业发展】 2021年，合肥新站高新区战略性新兴产业产值突破600亿大关，占全区规上工业比重达84.1%。“大新专”重点项目累计完成投资331.7亿元，新开工项目40个，竣工项目25个。合肥京东方区域实现产值达650亿元，创历史新高；晶合集成跻身全球晶圆代工前十，总产能达10万片/月，营收翻倍增长，晶合一期完成扩产，晶合二期达产，晶合三期进入筹备期；维信诺6代线实现量产交付；元琛科技作为区内首家自主培育的企业成功上市，井松智能IPO过会；彩虹液晶一期工程、至纯再生晶圆、清溢光电、先导薄膜等项目实现竣工投产。

【城市建设】 2021年，合肥新站高新区在全市率先完成5个土地征收成片开发方案编制，取得省政府批复，获批总面积25.53平方千米。完成土地供应近330公顷，市本级排名第一位，其中，经营性用地约72.1公顷，工业用地约99.13公顷，划拨用地近158.67公顷。组织开展重点项目征迁扫尾攻坚专项行动，完成征迁项目80个，征迁面积31.6万平方米，征迁面积居开发区第一位。启动“大干150天、打通30条路”专项攻坚行动，打通学林路、龙子湖路等“断头路”，畅通张衡路、王圩路等周边住宅小区“内循环”，建成通车道路47条、通车里程54.3千米，通车数量和通车里程为历年之最。全年政府性投资建设资金达154亿元，同比增长102%。

【回迁安置】 2021年，合肥新站高新区在建安置房项目9个、总建筑面积约456.3万平方米，安置房套数29205套；建成交付项目1个、2616套。基本建成项目4个、11916套。主体施工项目2个、4147套。基础施工项目3个、10526套；完成结算3081户，完成回迁安置2977套，安置面积24.608万平方米。

【违建治理】 2021年，合肥新站高新区将违建治理与项目建设、安全生产、土地收储、环境整治、群众呼声等方面相结合，分类推进治违工作。拆除违法建设2297处，面积58.9万平方米，一批历史遗留违法建设得以拆除，新建违法建设得到遏制。

【疫情防控】 2021年，合肥新站高新区为辖区企业做好服务，协调做好京东方、晶合、康宁、维信诺、国轩等企业外籍人员入境，协调解决企业用工、资金、原材料、设备等难题；成立区公共卫生服务中心，提高公共卫生服务能力，累计接种新冠疫苗89.7万剂次。

【生态环境】 2021年，合肥新站高新区完成中央、省环保督察转办信访件整改38件，完成率100%。开展水污染防治，全区四个河道考核断面主要指标均达到年度考核要求。蓝天保卫战取得成绩，全区细颗粒物（$PM_{2.5}$）、空气优良率、秸秆禁烧考核位列全市第一，被评为全省“挥发性有机物治理示范园区”。在全市率先探索推进环境专项监督长制度，建立区、社区、社居三级环境长责任体系。保持环境违法行为打击高压态势，查处210余起环境违法行为。

【社会治理】 2021年，合肥新站高新区针对危险化学品、仓储物流、消防等9个重点行业领域，开展安全生产隐患大起底大排查大整改专项整治行动，查处各类隐患8200余项。全年未发生较大及以上生产安全事故，生产安全事故数量同比下降25%。深化平安新站建设，开展“三大三保零发生”专项行动，实现“零进京”。推进基层矛盾纠纷源头化解，进京访批次人次下降64%。加强社会治安防控体系建设，建成智慧平安小区108个，三类治安数据同比均下降，群众安全感满意度提升。

2021年9月27，航拍的少荃湖　（黄文茂/供）

【社会事业】 2021年，合肥新站高新区围绕民生"七有"工作目标，滚动实施民生工程64项，累计投入资金13.11亿元，保障改善民生，2019—2020年，该区连续两年获评合肥市民生工程实施表现突出单位。人才服务取得新成效，组织奕斯伟等6家重点企业申报并获评省级以上人才项目，获奖补资金355万元，位列各县市区、开发区第一。提升宣传工作水平，将镜头对准一线，将话筒交给群众，在国家、省、市媒体上刊登该区宣传稿件超过1000篇，塑造并展示向上向好向新的区域形象。合肥九中新校区等5所中小学校建成并投入使用，有2所中学改扩建完成，新增义务教育阶段学位11190个。成立新鑫幼教公司，探索新的办园模式，新开办公办幼儿园8所。实施教育集团化办学，覆盖22所中小学，覆盖率81.5%。成立教育教研室和教育督导室，健全教研员队伍和督导队伍，建立教育督导体制机制。加强校长队伍建设，调整配备22名校长，比例88%。加强校外培训机构治理，推进课后服务，实现课后服务5天、每天2小时中小学全覆盖，课后服务参加率达84.5%。新增城镇就业20923人，失业人员再就业率82%，就业困难人员再就业率85%，高校毕业生帮扶就业率100%。加强社会救助，服务低保等8大类群体4600余人（次），拨付救助资金1780万元。建立困难群体巡视探访服务制度，为区内433名特困、空巢和独居老人开展巡视探访服务。实施政府购买居家养老服务，累计服务对象13.75万人次。

（黄文茂）

安徽巢湖经济开发区

【概况】 2021年，安徽巢湖经济开发区（以下简称"安巢开发区"）管辖面积61平方千米，常住人口5万余人，地处长三角经济区腹地、"合芜宁"金三角中心，沪渝（合巢芜高速）、北沿江高速穿境而过，京福、商合杭、合巢马高铁相通交汇。有中国四大古温泉之一的半汤温泉，和安徽省唯一的国家级旅游度假区——半汤国际温泉养生度假区。2021年，全区实现GDP总量53.9亿元，按可比价计算增长14.3%，其中服务业增加值增长11.2%。规上工业总产值增长24.7%，规上工业增加值增长16.5%，战略性新兴产业产值增长34.1%。固定资产投资增长27%，其中工业投资增长119.8%，技改投资增长60.8%，社会消费品零售总额增10.3%，规上服务业营收增长29.6%，建筑业产值增长11.4%。全部财政收入8.5亿元，增长0.69%；一般公共预算收入5.5亿元，增长10.67%。

【招商引资】 2021年，安巢开发区明确新能源、新材料、新医药、新文旅"四新"产业发展方向。全年完成新签约项目80个，天汇蛋白质口服胰岛素、金固低碳轮毂、方正新能源、大恒智慧能源等重大项目落户该区。

【项目建设】 2021年，安巢开发区纳入合肥市"大新专"库项目126个。其中，智能制造产业园等24个项目开工建设，同光邦飞等18个项目竣工投产，弘徽科技绝热节能材料等36个项目按序时进度推进。探索实施合巢产业新城"管委会+公司"的管理体制和运作模式，组建工作专班，全年引进项目15个，开工项目8个，竣工项目5个。建成居巢大道等道路7.69千米，完善供水管网、供电设施、污水处理厂等配套设施，拉开新城总体框架建设。

【营商环境】 2021年，安巢开发区新增国家高新技术企业13家，总数达44家，创历史新高。获批国家级专精特新"小巨人"企业1家。新增省级企业技术中心1个、工业

2021年12月，浙江金固股份有限公司与安徽巢湖经济开发区管理委员会举行签约仪式　（吴　颖/供）

设计中心2个、信息消费创新产品5个、省级双创示范基地1个，市级企业技术中心3个、工业设计中心1个；新认定市级优质小微企业32家，市高成长种子企业3家。财政全年兑现各类政策资金和贷款贴息3626.9万元；帮助企业申报中央、省市各类政策资金约1.5亿元，获税融通、政银担、过桥续贷等各类融资资金约2.56亿元。推深做实"四送一服""大调研"等精准帮联活动，成立区专职营商办，抽调100名干部职工赴园区100家企业担任驻企联络员，真正让"企业四处找"变为"随时上门办"。加大招才引智力度，组织40家企业赴12城41校开展招才引智活动，达成就业意向近千人。打通政务服务"最后一公里"，实行"三级联动"，方便企业群众"家门口办""就近办"。推动"拿地即开工"审批常态化，打造"项目建设快车道"。

【转型升级】　2021年，安巢开发区推进"腾笼换鸟、凤凰涅槃"。对全区232家用地和租赁厂房企业进行分类评价，对需要清退或盘活的企业量身定制计划，清理收回4家，督促转化投产1家，督促加大投资9家；签订收回协议，进行腾退的5家；完成资产评估准备协议收回5家；进入司法程序准备强制收回3家；盘活北大未名产业园面积超15万平方米，清理收回闲置项目用地近80.1公顷；清退招商项目40多个。完成自2005年以来遗留的77个拆迁遗留"扫尾"问题中的52个；清理超标准补偿安置23户，清退资金355.9万元，退还安置房4套；完成最长达10年未安置的17个地块1460套房屋的安置工作，节省过渡安置费用2400余万元。全区5年以上的拆迁未安置的问题实现清零。

【规划建设】　2021年，安巢开发区按照"一年打基础，三年大变样"的建设目标，优化国家级旅游度假区、高铁站片区、花山片区等三大片区发展定位和空间布局，围绕城市功能完善和重要节点改造，加快补齐基础设施和公共服务短板，提升城市整体环境品质和群众生活质量。基础设施建设提速，汤山路、龙泉路等园区主干路建成通车。提升园区环境品质，重点围绕道路通达、夜景亮化、绿化提升、街头游园、公交站台、形象标识等领域实施城市功能完善和重要节点改造"九大工程"39个项目，实验中学生态文化公园等9个街头游园建成开放，17个智慧小区建成使用。优化教育布局，花山小学、华府幼儿园开园办学，半汤实验中学主体完工。

【社会事业】　2021年，安巢开发区大气环境整体良好，空气质量居合肥市前列。全年未发生重大食品安全事故。安全生产形势总体平稳，事故发生起数与死亡人数同比下降。"扫黑除恶"取得成效，人民群众安全感、满意度实现"双提升"。智慧小区建设实现100%全覆盖，覆盖率位居全市首位。基层社会治理取得成效，战前村、温泉社区获评2020年合肥市无案村（社区）。反电诈警情下降。信访矛盾化解攻坚战向纵深推进，实现全国"两会"和庆祝建党100周年活动期间"零进京"，受到上级部门通报表彰。基层治理能力得到提升，"拆建安管"工作机制基本形成。常态化落细落实疫情防控各项措施，疫苗接种率位居全市前列。

（吴　颖）

阜阳合肥现代产业园区

【概况】　2021年，阜阳合肥现代产业园区（以下简称"阜合园区"）抓重点、补短板、强弱项，推进省际产业合作园区、承接产业转移集聚区建设发展，建设合作共建样板园。完成经营收入155亿元，完成固定资产投资43亿元，实现工业总产值80亿元，完成财政收入5.4

亿元，招商引资到位资金51亿元。

【优化营商环境】 2021年，阜合园区创新开展平台上高度、项目上速度、政策上精度、服务上热度、督查上力度“五上”行动计划，强化保障。出台《园区推动经济高质量发展的若干政策》，引导鼓励企业做强做大。制定《关于鼓励新入园项目加快建设进度及企业上规奖励实施意见》，培育园区“五上”企业和企业“上台阶”。开展“四送一服双联”企业走访活动，通过午餐会等形式，拉近与企业距离，走访企业及项目300余次，收集企业问题8个，均办结。强化对企服务，探索开展拿地即开工、告知承诺制、项目联系人机制等，提升项目开工速度。建设标准化厂房33.6万平方米，方便企业拎包入驻。围绕企业财政奖补需求，帮助企业申报各类奖补资金1.8亿元。与担保公司、银行开展“园区贷”业务合作，破解小微企业融资难题。

2021年11月3日，金风科技风电装备智能制造创新示范项目开工

（阜合产业园管委会/供）

【“双招双引”】 2021年，阜合园区聚焦汽车及零部件、智能制造、新材料、新能源、科技创新等重点产业，链接沪苏浙、紧盯大湾区、依靠合肥，坚持延链强链补链，推进产业“强筋壮骨”。新签约项目33个，协议总投资143.82亿元，涵盖智能显示、新能源、装备制造、汽车及机械制造等领域；有亿元以上重大项目21个，新开工项目20个，投产项目18个。安徽江淮汽车集团股份有限公司在该园区新成立子公司，推进江汽年产10万台中重卡基地建设。推进智能制造产业园平台、光电科技产业园建设，50万平方米标准化厂房均得到安排。贯彻落实《园区工业企业大中专毕业生就业补贴资金发放暂行办法》，当年补贴企业职工888人次，发放奖补资金388万余元。引进高层次人才，修订完善人才政策。人才公寓投入使用，入驻企业人才61人；沟通联系市、区相关单位，落实多名高层次引进人才随迁家属就业、子女入学。开展校企合作，推动校企产学研及人才培养机制建设，协助校企双方实现资源共享、合作共赢。

【产业发展】 2021年，阜合园区与复旦大学、中国科学技术大学先进技术研究院合作，采取“一园一公司一基金”的运营模式，入驻企业8家，签约24家。在复旦大学江湾校区的800平方米上海创新基地投入使用；全年实现高新技术产业产值18.7亿元，同比增长80%。开启新能源产业园建设，对接新能源产业引入产业制造，加快建设产值超百亿的新能源产业园，集聚“风、氢、光、电”等新能源产业。引进风电第一股新疆金风科技、东方电气氢能等项目。华润综合能源基地、伏特能源动力电池落户园区。

【民生保障】 2021年，阜合园区抓好常态化疫情防控，坚持“外防输入、内防反弹”“人物同防”；累计安置群众424余人，分配安置房204余套，实现当年拆迁，隔年安置。建园以来，该园区建成交付安置房6666套，组织8批次集中分房活动，分配安置房屋6200余套，有1.3万名拆迁群众喜迁新居。引进全国物业50强入驻安置小区进行物业管理服务，提升群众生活质量。做优基础配套，提升公共服务供给质量和水平。新开办幼儿园3所，移交2所；北城小学翡翠湖校区、清河一小逍遥津校区满额招生，实验南校区应收尽收。推进安徽医科大学附属阜阳医院二期和阜阳临床医学院项目建设。规划至高铁西站公交快线，布局共享单车，解决群众出行“最后一公里”问题。多区域新增健身器材，推进文一体育和阜阳罍街项目建设，促进项目如期开馆、开街，丰富群众文体生活，打造健康园区。深化福和社区“三社联动”试点成果，推动全国家庭教育创新实践基地建设，打造社区治理示范标杆。协助颍州区对袁集镇进行帮扶。

（李　畅）

责任编辑：田　文

县（市）区概览

肥东县

【概况】 肥东县位于合肥市东部。2021年，县域面积2181.6平方千米，辖12个镇、6个乡，有肥东经济开发区（合肥上海产业园）、合肥循环经济示范园。年末全县户籍人口108.5万人，比上年增加1000人，其中城镇户籍人口34.1万人，比上年增加1.7万人；常住人口89.3万人，比上年增加8000人；常住人口城镇化率71.82%，比上年提高3.84个百分点。在中郡所发布的“2021县域经济与县域发展监测评价报告”中，肥东位居全国第77位、全省第2位，经济增长率、财政收入增长率、居民收入增长率等7项指标均获A等级以上；县营商环境位居全国百强县第27位，入选全国村庄清洁行动先进县；《肥东年鉴2020》在第八届全国地方志优秀成果（年鉴类）评选中获全国一等奖；肥东县获评“全省美丽乡村建设先进县”，入选省级农村电商示范县。

【政治建设】 坚持把党的政治建设摆在首位。2021年，肥东县出台《关于加强新一届县委班子政治建设的实施意见》，开展党内政治监督谈话61人次，着力营造风清气正的政治生态。党史学习教育成绩斐然，打响擦亮习近平总书记视察肥东驻足点、渡江战役总前委旧址、中共合肥中心县委等本土红色资源，建成中共合肥东乡支部展陈中心、柯武东旧居、黄疃庙战役纪念馆等红色教育场馆，创新开展“循红迹、学党史、办实事”活动，红色板凳会、党史随身听、“三分钟微课堂”等特色做法受到省市肯定。贯彻新时代党的组织路线，为5077名“光荣在党50年”老党员颁发纪念章，健全完善“村党组织+村民小组党支部+党员联系户”的农村社区党组织体系，创新发展“1+2+N”城市社区网格化管理模式。开展“党员先锋岗”创建，设立“党员先锋岗”1021个。推进桥头集镇国光社区、竹塘社区“党建引领信用村建设”试点，评选县“363”产业创新团队5个、“庐东英才”4名。开展党员、公职人员违法犯罪清理专项行动，推进粮食购销等重点领域专项整治，完成十二届县委任期内巡察全覆盖。

以实绩实效赢得人民群众的信任。完成县乡村三级换届，在全市率先建立县委定期调度重大项目要素保障机制。在全省县级层面率先召开做好新时代群众工作推进会、出台《坚持以人民为中心进一步做好新时代群众工作的意见》，积案化解率93.5%，实现信访部门及时受理率、责任单位及时受理率、按期办结率三个100%。开展“保大庆、保安全、保稳定”专项行动，政法队伍教育整顿受到省驻肥指导组肯定，推进平安肥东、法治肥东建设，群众安全感和政法满意度居全市前列。县领导领衔督办民生建议和重点提案，办理各级人大代表议案和建议164件、政协委员提案175件，办复率100%。依法审查规范性文件7件、政府合同38件，办理行政复议案件82件、行政应诉案件178件。推深做实12345政府服务直通车，审核办结率、按期反馈率、诉求息诉率、群众满意率、诉求答复率均在99.5%以上。加大重大政策落实、重点民生资金使用等审计监督力度。加强县域国防动员和后备力量建设，推进民兵调整改革和基层武装规范化建设，国防教育、兵役征集工作取得成效，健全退役军人管理服务保障体系，军政军民团结得到巩固。

【经济发展】 2021年，肥东县全年地区生产总值（GDP）811.41亿元，按可比价格计算，比上年增长10.1%。其中，第一产业增加值82.21亿元，增长5.0%；第二产业增加值 272.37亿元，增长8.1%，其中工业增加值132.66亿元，增长7.8%；第三产业增加值456.83亿元，增长12.3%。三次产业结构

图1 2017—2021年肥东县地区生产总值（GDP）及增速

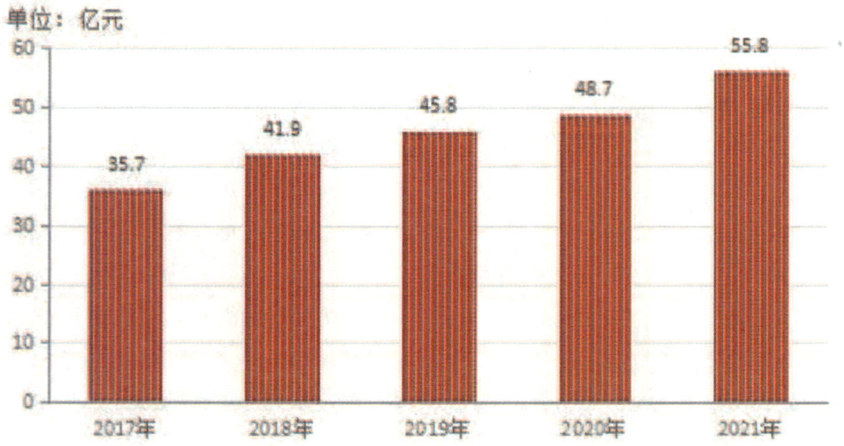

图2 2017—2021年肥东县地区一般公共预算收入

为 10.1 ∶ 33.6 ∶ 56.3。按常住人口计算，人均GDP为 90863元，比上年增加11378元。

【文化事业】 2021年，肥东县拥有文化馆1个，公共图书馆1个（分馆 20个），博物馆6个（含民营博物馆），乡镇综合文化站20个。全国重点文物保护单位2处，省级重点文物保护单位8处，市级重点文物保护单位15处。国家级非物质文化遗产项目1项，省级非物质文化遗产项目3项，市级非物质文化遗产项目14项。有县级档案馆1个，馆藏档案资料72.4万卷（件、册），库馆总建筑面积6463平方米。渡江战役总前委旧址纪念馆入选2021年度中华民族文化基因库红色基因库建设试点单位，县文化馆在第五次全国文化馆评估定级中获评为国家一级馆。

【社会民生】 2021年，肥东县一般公共预算收入55.8亿元，同比增长14.4%，其中税收收入41.8亿元，同比增长10.6%。一般公共预算支出91.0亿元，同比下降5.0%，其中与民生相关的重点支出77.1亿元，占一般公共预算支出的84.7%，民生保障支出基本稳定。从重点支出项目看，教育支出15.7亿元，同比增长9.1%，农林水支出15.5亿元，增长0.3%，社会保障和就业支出15.0亿元，增长8.0%。

富民增收提质增效。2021年，全县常住居民人均可支配收入35737元，比上年增长10.7%。其中，全年城镇常住居民人均可支配收入45082元，增长10.4%；农村常住居民人均可支配收入28208元，增长10.6%。持续扩大就业，开展线上及“2+N”线下招聘活动105场，城镇新增登记就业2.91万人，转移农村劳动力1.51万人，失业再就业2617人。

基本公共服务均等化水平提高。2021年，全县各类中等职业教育学校5所，其中普通中专5所。普通高中14所，普通初中23所，小学47所。普通初中毛入学率104.8%，小学毛入学率83.2%，学前教育毛入园率95.4%。新增公办幼儿园5所。全县义务教育经费保障机制改革惠及学生8.5万人，其中城市5.8万人、农村2.7万人。年末全县有医疗卫生机构（含村卫生室）420个；年末卫生技术人员3953人，其中执业（助理）医师1596人，注册护士1778人。医疗卫生机构床位0.46万张，其中医院床位0.29 万张，基层医疗卫生机构床位0.17万张。全年医疗卫生机构诊疗329.3万人次。城镇建立各种社区服务中心（站）269个，其中乡镇级社区服务中心20个。开展定点医药机构医保违法违规行为专项治理，门诊慢特病病种扩大到63种，实现常见病基本覆盖。

社会保障更加完善。年末，全县参加城镇职工养老、医疗（生育）、失业、工伤保险人数分别为 7.95万人、8.81万人、6.56万人和8.42万人，全年失业基金累计支出4547.54万元。全县城乡居民养老保险缴费人数32.54万人，领取待遇人数17.22万人。城乡居

2021年7月31日，十八联圩湿地一、二期水毁恢复重建工程全面完工 （肥东县委史志室/供）

民基本医疗保险参保人数86.04万人，参保率99.03%。年末962人享受城市居民最低生活保障，26005人享受农村居民最低生活保障，农村五保供养6468人。全年医疗救助102399人次，资助参加基本医疗保险50888人次。

住房建设保障提速推进。2021年，肥东县高标准实施安置房建设，建成梁湖家园、思辰家园、大费安置点等11个安置点，全年安置房可分配体量达128.6万平方米，5069套、47.97万平方米新房安置到户。推进“难办证”“难安置”专项整治行动，容缺受理11483户分户转移登记，领证率超95%。推进85个老旧小区改造，实施10个背街小巷整治提升。建设停车场8个、新增车位1550个。

社会治理提能增效。健全完善涉法涉诉联合接访机制，开展矛盾纠纷调处，化解重复信访积案。商事调解经验全国现场会在肥东县召开，得到全国工商联、最高法、司法部肯定。创成国家级民主法治示范村1个、省级3个、市级3个。桥头集镇及张集乡新袁社区等3个社区入选省级乡村治理示范创建镇、村（社区）。

【生态建设】 2021年，肥东县推进中央及省生态环保督察整改，完成中央和省环保督察转办、反馈信访件整改181件，通过市级验收销号181件，一批突出环境问题得到治理。全年人工造林0.07万公顷；全县森林面积3.8万公顷；活立木总蓄积量225.15万立方米，森林覆盖率 31.15%。

打赢蓝天保卫战。2021年，肥东县全年空气质量优良天数为307天，优良率83.5%，同比提升0.3%。其中，$PM_{2.5}$平均浓度为34.5微克/平方米，同比上升2%；可吸入颗粒物（PM_{10}）年均浓度为67.8微克/立方米，同比上升14.9%。

打好碧水保卫战。2021年，肥东县9个市级以上考核断面月均值全部达到考核目标。其中达到Ⅲ类标准的3个，达到Ⅳ标准的5个，达到Ⅴ类标准的1个；优于考核标准1个类别的3个。

推进净土保卫战。2021年，肥东县实施重点地块土壤环境监管，开展涉镉企业排查整治行动，完成45家重点行业企业用地地块基本信息采集。启动重点行业企业用地土壤状况调查试点工作，配合中国环科院完成11家重点行业企业土壤污染状况调查和现场采样。完成5家疑似地块场地初步调查工作。完成29家土壤质量重点监管单位每年一度的土壤环境风险隐患排查，编制土壤环境风险隐患排查报告，开展土壤和地下水环境质量自行监测。十八联圩湿地一、二期水毁恢复重建工程全面完工，推进十八联圩湿地三期、红石咀黑石咀生态修复串联工程。新改建森林生态廊道153千米，包公镇板桥社区、陈集镇大魏社区等14个村（社区）获评“安徽省森林村庄”。

（丁梦云）

肥西县

【概况】 肥西县因位于合肥之西得名。1948年12月底，析合肥县地置肥西县，肥西县地处安徽中部、合肥西南、巢湖之滨，东经116°40′52″～117°21′39″、北纬31°30′22″～32°00′21″。东连合肥市区，隔巢湖与巢湖市相望；西与六安市接壤；南与舒城县、庐江县为邻；北抵寿县。县境西宽东窄，总面积1695.41平方千米。2021年底，全县辖上派镇、三河镇、花岗镇、官亭镇、紫蓬镇、山南镇、桃花镇、丰乐镇，严店乡、高店乡、铭传乡、柿树岗乡等12个乡镇，肥西经济开发区、紫蓬山旅游开发区、柏堰科技园、新港工业园等4个园区，总人口85.60人万人。县人民政府驻上派镇。

2021年，肥西县域经济与县域基本竞争力晋升到全国百强第46位，全年地区生产总值1018.7亿元，增长13.7%；规模以上工业产值1688.2亿元，规模以上工业增加值263.7亿元，同比增长18.0%；固定资产投资449.9亿元，同比增长10.2%，比全市高6.7个百分点，其中，工业投资92.3亿元，同比增长7.8%；工业技改投资65.3亿元，同比增长8.4%。全县财政收入91.5亿元，同比增长5.5%；地方财政收入59亿元，同比增长8.3%。税收收入占财政收入比重为82.7%，同比下降1.9个百分点。截至年底，全县金融机构人民币存款余额929.2亿元，同比增长15.6%；其中，住户存款510.8亿元，增长16.3%。全县金融机构人民币贷款余额761.2亿元，增长18.9%。

2021年10月10日，第一期“肥西青年TED沙龙”精彩上演，展现肥西青年的良好精神风貌 （肥西县委史志室／供）

【政治建设】 2021年，肥西县开展党史学习教育，坚持学党史、悟思想、办实事、开新局，延乔路红色地标全网点击量超20亿次。

强化理论武装，教育引导党员干部衷心拥护“两个确立”，忠诚践行“两个维护”。落实意识形态工作责任制，加强主流舆论引导。

完成县乡党委和乡镇人大政府换届，推进县人大、政府、政协换届，提拔使用80后干部79人，县直单位及乡镇领导班子平均年龄下降2.4岁。完成村居“两委”换届，回引各类“能人”村干部1144人、占比81%，受到省委组织部肯定。拿出重要岗位，开展比选择优竞争上岗，吸引全县360余名青年干部报名参加。从县自规、财政、住建三个重点部门入手，启动中层干部大轮岗，完成轮岗交流104人，其中跨部门交流20人。开办年轻干部成长实训营，举办TED青年干部沙龙，畅通优秀青年干部发现渠道。创新运用信息化手段，做好干部画像，量化干部考核，创建线上干事创业档案，营造比学赶超的干事氛围。

做实配强县委、县政府督查力量，强化纪委监委工作效能督查、组织部一线考察干部制度，严查不作为、乱作为、慢作为。建立多劳多得、奖惩结合的干部考核机制，鲜明实干实绩导向。建立红黄牌约谈机制，全县300多个项目、800多个任务节点、240余件重点督办事项，全面纳入信息化精准调度，营造“事事有回音、事事讲效率”的氛围。深化政府信息化改造，推广运用OA办公系统，提升办文办会效率，公文平均办理时间缩短56%。

做好上级巡视巡察整改，推进全县政法队伍教育整顿，坚决整治重点领域腐败问题，受理信访举报612件次、处置问题线索546件，立案223件，党纪政务处分215人。

【防疫和灾后重建】 2021年，肥西常态化开展疫情防控。处置省外输入性疫情，没有出现本土确诊病例，没有出现疫情外溢。推进新冠疫苗接种，全民免疫屏障基本建立。推进灾后恢复重建。完成7大类60项322处重大水毁设施修复、水毁工程项目，总投资7.29亿元。计划投资90亿元，建设引江济淮二期、派河干支流小流域治理等一批重大水利工程。出台《肥西县促进现代农业高质量发展实施意见》等文件，促进一二三产融合发展。

【社会民生】 2021年，肥西县完成30项民生工程年度任务。落实“四个不摘”要求，推进脱贫攻坚成果与乡村振兴有效衔接，农村低收入群体生活得到保障。坚持就业优先，新增城镇就业1.9万人。

2021年4月28日，肥西县庆祝“五一”国际劳动节暨五一劳动奖和工人先锋号颁奖典礼举行　　（肥西县委史志室／供）

发展社会事业。新建改扩建中小学4所、幼儿园9所，实现智慧学校全覆盖。成立学前教育集团，公办园、普惠园比例得到提升。“双减”政策落地见效，“5+2”课后服务全面覆盖。保障国家儿童区域医疗中心、安医大新校区建设，推进县医院二期、县中医院新区等项目建设。加强社会治理。深化社会治安防控体系建设，新建智慧平安小区52个。丰乐双枣、柿树岗新街获评全国乡村治理示范村。落实安全生产责任制，基层应急救援能力得到提升。开展领导干部公开接访和信访积案化解专项行动，信访维稳形势总体可控。

【城乡建设】 优化空间格局。2021年，肥西县坚持新城区建设与老城区更新同步推进，加快城市建设步伐。完成新城区规划国际化招标。群英湖片区基建项目打包工程实现进场、总投资81亿元，潭冲河以南片区、紫云湖片区基建项目挂网招标，总投资分别达到35亿元和39亿元。人民公园、群英湖公园、紫云湖公园等三大高标准市政公园规划设计正式启动。

提速征迁安置。按照“留改拆”相结合的原则，启动11个片区城中村拆迁、总面积超150万平方米，分批实施213个老旧小区改造，惠及居民1.2万余户。坚持把安置房建设作为最大的民生工程，实行安置房打包招标，首次发包项目超550万平方米。12个安置点年内交付，4.7万群众迁入新居。

完善综合交通。推进引江济淮工程、合六南通道、地铁3号4号线、金寨南路高架等项目，翡翠路和创新大道延伸段建成通车。

推进文明创建。健全常态化工作机制，理清县直单位和属地乡镇园区的创建任务分工。取缔私设弃土场，统一由国企运营。依法拆除各类违建30万平方米，城市环境得到美化。深化智慧肥西建设，构建“城市大脑”，探索建立快速协同、高效处置、多级联动的城市精细化管理体制。

开展乡村建设。一体化推进农村环境“三大革命”和“三大行动”，建成美丽乡村16个，实施自然村人居环境整治97个。启动山南、丰乐集镇更新。推进城乡供水一体化，在全省率先实现天然气镇镇通。

提升环境质量。实施裸土覆盖、秸秆禁烧、餐饮油烟整治等大气污染防治专项行动，全年空气优良率达85.8%，较上年提高1.6个百分点。开展城关地区雨污混接大排查大整治，变“多头管理”为住建部门“一家统管”，对排查出的2.4万个雨污混接点打包招标、集中整治。推进中央环保督察问题整改，完成长江经济带生态环境警示片中披露的八号排口问题整改销号。

【产业发展】 2021年，肥西县新增市级现代农业产业园4个、农业产业化龙头企业8家。新引进农业重点项目10个，总投资27.3亿元。苗交会首次实现线上线下深度融合，展销面积扩大一倍，参展企业数量再创新高。创新发展先进制造业。引进全球制造业领军企业2家、国内行业龙头企业5家，工业投资增长10.9%。净增国家高新技术企业136家，总数突破400家。战略性新兴产业产值占比59%。新增国家级工业设计中心1家、单项冠军示范企业1家、专精特新“小巨人”企业3家，新认定省级新产品17项、首台套装备3项。发展建筑业。制定“建五条”高质量发展政策，真金白银支持建筑业发展，培育引进国字号、省字头建筑业公司13家，实现产值180亿元。现代服务业实现集聚。限额以上零售额、规模以上服务业营业收入分别增长24.1%和27.9%。三河镇、铭传乡入选全省首批特色旅游名镇。科技创新活力得到增强。高新技术产业增加值增长17%。安徽科技大市场肥西交易中

表 1

2021 年肥西县地区生产总值及增速

单位：亿元

指 标	绝对数	比上年增长（%）
生产总值	761.94	10.3
其中：第一产业	81.22	4.6
第二产业	330.39	12.6
第三产业	350.33	9.8
其中：农林牧渔业	82.72	4.6
工业	254.43	16.0
建筑业	76.29	2.6
批发和零售业	73.16	7.8
交通运输、仓储和邮政业	56.68	6.7
住宿和餐饮业	8.07	7.7
金融业	28.68	3.3
房地产业	72.24	25.8
营利性服务业	36.04	2.7
非营利性服务业	73.63	7.1

心正式开市。全年完成专利授权4693件，万人有效发明专利拥有量达到38.46件。居全省各县（市）前列。登记科技成果交易380项，实现交易额4亿元。

【改革开放】 2021年，肥西县将14个领域76项改革任务作为事关全局的重大改革事项，推进作风效能、招商引资、项目推进、智慧城市建设等体制机制改革，一大批好项目先后落户肥西。提升开放水平，全年进出口总额10.2亿美元，同比增长49.4%，高于全国28个百分点。完善招商体系，健全招商网络，优化招商队伍。发挥县属平台公司基金投资功能，先后与市建投、市产投合作，引进全球汽车安全系统领军企业均胜电子、汽车高端悬挂制动系统头部企业京西重工两大全球总部落户肥西，力劲科技、宁波华翔、易事特、东方雨虹等行业龙头企业成功签约。

加快项目推进。建立项目推进“红黄牌”约谈机制，以督查考核推动任务落实，各类项目督办节点按期完成率达90%以上。克服土地审批难题，推进“拿地即开工”和“标准地”改革，均胜电子从洽谈到签约仅30多天，宁波华翔从签约到开工用时80多天，刷新重大招商项目建设“肥西速度”。加强要素保障。加大土地要素保障力度，全年供应产业用地226.67多公顷。强化产业用地统筹管理，在全省率先搭建“云上读地”平台，加大土地推介力度。出台经济高质量发展政策“黄金100条”，财政产业扶持资金规模翻番、总额超4亿元，居全市五县（市）之首。优化营商环境。推进政务服务事项“应进全进”，全天候政务大厅自助办理事项达268个，“跨省通办”事项达90个。搭建政银企对接平台，发放政策性贷款24.2亿元、增长14%。严格落实减税降费政策，全年减免税费25.8亿元、增长55.4%。开展“四送一服”，常态化开展“政企面对面”活动，为企业提供贴心服务。

（李梦晗）

长丰县

【概况】 长丰县位于安徽省中部，地处东经116°52′～117°26′，北纬31°55′～32°37′，总面积1841平方千米。2021年，全县辖水湖镇、双墩镇、岗集镇、下塘镇、吴山镇、杨庙镇、朱巷镇、庄墓镇、陶楼镇、杜集镇、义井镇、左店镇、罗塘乡和造甲乡14个乡镇和双凤工业园。

2021年，长丰县地区生产总值（GDP）761.94亿元，按可比价格计算，比上年增长10.3%。分产业看，第一产业增加值81.22亿元，增长4.6%；第二产业增加值330.39亿元，增长12.6%；第三产业增加值350.33亿元，增长9.8%。三次产业结构为10.7∶43.3∶46。按年末户籍人口计算，人均GDP 93922元（折合14561美元），同比增加12017元。

【生态建设】 2021年，长丰县蓝天、碧水、净土三大保卫战取得成效。截至年末，全县有空气环境监测站15个。可吸入颗粒物（PM_{10}）、细颗粒物（$PM_{2.5}$）年均浓度分别为61微克/立方米、37微克/立方米；二氧化硫、二氧化氮年均浓度分别为9微克/立方米、25微克/立方米；一氧化碳日均浓度0.8毫克/立方米，臭氧

表 2

2021 年长丰县规模以上工业主要产品产量及其增长速度

产品名称	单位	绝对数	比上年增长 %
饲料	万吨	64.76	23.3
家具	万件	60.26	59.1
涂料	吨	11590.29	6.6
橡胶轮胎外胎	万条	175.85	34.1
塑料制品	万吨	8.93	-17.6
水泥	万吨	182.37	10.6
隔热、隔音人造矿物材料及其制品	万吨	6.81	13.3
钢化玻璃	万平方米	58.19	-44.0
夹层玻璃	万平方米	31.54	880.2
中空玻璃	万平方米	51.20	-22.3
钢结构	万吨	179.86	-7.1
铸铁件	万吨	10.37	-19.2
发动机	万千瓦	41.68	4.4
模具	套	2071.85	53.7
电动机	万千瓦	39.74	26.1
变压器	万千伏安	67.21	16.3
高压开关设备(11 万伏以上)	台	1119.00	-13.9
电力电缆	万千米	17.37	28.7
家用电热水器	万台	51.00	17.4
家用燃气灶具	台	15584.00	-4.6
传感器	万只	42.19	17.9

日最大8小时平均浓度值162微克/立方米。全年全县城区空气质量优良以上天数为282天，优良率为77.3%。强化水环境综合治理，开展南淝河流域综合治理等环境保护专项行动，断面水质、县城集中式饮用水水源地水质稳定达标。开展土壤污染状况详查工作，强化固体废物监管，危险废物处置率达100%。成功创建安徽省生态文明建设示范县，提升城市绿色生态水平，全年新增造林379.57公顷，超额完成省市下达目标任务，完成薄壳山核桃施肥除草等森林抚育1933.33公顷，指导企业实施退化林修复800公顷，均占计划任务的100%。整县推进畜禽养殖废弃物资源化利用，298家养殖场畜禽养殖废弃物资源化利用项目完工。

新增城区绿化面积8.4万平方米，绿化覆盖率38.9%。建成区绿地率达34.6%。生活垃圾无害化处理率100%。全年能源消费量200.41万吨标准煤，同比增长6.1%。电力消费量增长17.4%。单位GDP能耗下降3.8%。

【农业】 2021年，长丰县实施高质量现代农业政策，围绕四大农业全产业链，打造“六子工程”(即米袋子、菜篮子、肉案子、果盘子、奶瓶子、花盆子)，培育14000公顷草莓、2.02万公顷稻虾、0.53万公顷碧根果、0.33万公顷订单高粱，创建161个“一村一品”示范村(镇)和杨庙国家农业产业强镇。建设杜集元兴4300头奶牛牧场、造甲兴华30万头楼房式养猪场等项目。累计建成6.01万公顷高标准农田，打造8个省市级现代农业示范区、24个田园综合体。建成57个精品草莓园区，创新实施草莓线上线下销售奖补政策，长丰草莓品牌价值达73.7亿元。获评全国“平安农机”示范县、国家农产品质量安全示范县、全国农村创新创业典型县、全国主要农作物生产全程机械化示范县、国家数字乡村试点县、全国绿色防控统防统治示范县、全国绿色种养循环农业试点县等。

全年粮食作物播种面积11.52万公顷，比上年增加0.09万公顷。油料面积0.69万公顷，比上年下降0.01万公顷。蔬菜面积1.34万公顷，比上年增加0.03万公顷。草莓面积增长5.4%。全年粮食总产量65.18万吨，比上年增长1.1%。油料产量1.98万吨，比上年下降2.2%；蔬菜产量34.37万吨，增长1.9%。草莓产量增长6.6%。

年末全县生猪存栏32.20万头；全年生猪出栏48.14万头。全年肉类总产量9.32万吨，增长6%，其中猪牛羊肉产量4.35万吨，增长30.2%。禽蛋产量4.68万吨，下降0.6%。牛奶产量2.08万吨，增长42.1%。水产品产量4.37万吨，下降1.3%。

年末农业机械总动力109.47万千瓦，比上年增长0.9%。农用拖拉机5.88万台，下降5.5%；全年化肥施用量(折纯)5.35万吨，

表 3

2021 年长丰县分行业固定资产投资占比及增长速度

	投资占比（%）	比上年增长（%）
农、林、牧、渔业	1.6	19.0
制造业	32.1	-20.1
电力、热力、燃气及水生产和供应业	3.1	45.4
批发和零售业	0.0	-100.0
交通运输、仓储和邮政业	5.0	36.1
住宿和餐饮业	0.4	-4.4
金融业	0.0	-100.0
房地产业	42.6	-1.3
租赁和商务服务业	0.2	-72.7
科学研究和技术服务业	0.4	55.8
水利、环境和公共设施管理业	7.9	-20.0
居民服务、修理和其他服务业	0.1	-24.0
教育	3.1	-7.9
卫生和社会工作	3.2	62.3
文化、体育和娱乐业	0.1	-61.7
公共管理、社会保障和社会组织	0.2	133.7

下降5.0%。农村用电量2.15亿千瓦时，增长6.3%。

全年农林牧渔业总产值121.55亿元，按可比价格计算，增长5.7%。

【工业】 2021年，长丰县聚焦培育新能源网联汽车及零部件、智能家居家电及相关配套、高效节能环保三个500亿元主导产业，壮大新一代信息技术、生物健康、现代高端服务三个“百亿新兴产业”，构建“三主三新”（即新能源和智能网联汽车、高效节能环保、智能家居家电三个“千亿主导产业”，新一代信息技术、生物健康、现代服务业三个“百亿新兴产业”）产业发展新格局。

年末全县规模以上工业企业中超亿元企业91户。全年规模以上工业总产值增长28.2%；其中战略性新兴产业产值增长38.6%。规模以上工业增加值按可比价计算，比上年增长22.3%。

【商贸服务业】 2021年，长丰县新增限额以上批零住餐企业37家；实现实物商品网上零售额18亿元，京东嘉远零售额突破百亿。“服务网点+电商企业+专业合作社+农户”电商模式得到应用，70家电商企业与农户建立利益联结机制；强化落实高端服务产业“五个一”推进机制，开展县高端服务业发展规划编制，宝湾（合肥）国际物流中心成功入选全国第三批示范物流园区，成功签约优信整车再制造、中国中试城、大华长三角区域总部科创、格林生态长丰总部创新基地等项目，洽谈签约阿里巴巴·菜鸟网络、京东长丰智能供应链产业园等项目。

全年批发和零售业增加值73.16亿元，比上年增长7.8%；交通运输、仓储和邮政业增加值56.68亿元，增长6.7%；住宿和餐饮业增加值8.07亿元，增长7.7%；金融业增加值28.68亿元，增长3.3%；房地产业增加值72.24亿元，增长25.8%；其他服务业增加值109.67亿元，增长5.6%。全年规模以上服务业企业营业收入增长14.6%。

全县公路通车里程4311.7千米，其中高速公路通车里程115.4千米。年末民用汽车拥有量3.93万辆，增长11.6%；其中私人汽车3.03万辆，增长5.6%。民用轿车拥有量1.90万辆，增长5.0%，其中私人轿车1.69万辆，增长1.2%。

全年邮电业务收入7.34亿元，增长9.9%。其中，邮政业务收入0.97亿元，增长5.4%；电信业务收入6.37亿元，增长10.4%。本地固定电话年末用户4.03万户，比上年减少0.41万户；移动电话年末用户87.72万户，比上年增加4.62万户。固定互联网宽带接入用户32.87万户，比上年增加5.22万户。

全年国内旅游人数380万人次，比上年增长109.2%；国内旅游收入12.7亿元，比上年增长29.1%。全县有A级以上旅游景点5处，其中AAAA级旅游景点2处，AAA级旅游景点3处。

全年实现社会消费品零售总额334.02亿元，同比增长16.1%。从消费形态看，商品零售308.23亿元，增长15.7%；餐饮收入25.79亿元，增长20.7%。分企业规模看，限额以上企业零售额103.83亿元，同比增长29.7%，其中限额以上企业实现网上零售额113.93亿元，同比增长34.4%。

【科技】 2021年，长丰县授权发明专利增加到151件，万人拥有发明专利达到9.7件。实施高新技术企业、市场主体倍增计划，国家高新技术企业新增62家、总数达187家，构建科技“四梁八柱”（即建设合肥北城创新中心、双凤宇桥生态科技园、岗集科创小镇、合肥智慧农业谷四大创新基地；搭建科研型、创业型、融通型、服务型、联盟型、飞地型、合作型和资本型八大创新平台）创新平台体系。江淮园艺获科技部国家“一带一路”联合实验室，旭阳铝颜料成功入围市级产业技术创新战略联盟，中科合肥智慧农业协同创新研究院获省级新型研发机构，与安理工合作共建安徽理工大学合肥科教产融合园，与中科院合肥物质院、天工所国家技术创新中心、合肥工业大学等大院大所建立产业发展合作。

【财政与金融】 2021年，长丰县财政收入77.62亿元，同比增长15.4%；其中，地方财政收入49.88亿元，同比增长15.9%。财政支出88.5亿元，同比增长3.0%。全年实施30项省定民生工程，累计投入各级财政资金17.04亿元，惠及80多万城乡居民。

年末全县存贷款总额达到1111.18亿元，比上年增加89.36亿元，同比增长8.8%。各项存款余额563.75亿元，比年初增加9.62亿元，同比增长2.3%。全年保险公司保费收入4.71亿元，比上年下降3.4%。

【投资】 2021年，长丰县完成固定资产投资364.3亿元，比上年下降7.1%。开工大建设项目268个（其中，经县人大当年审批的49个政府重大投资项目开工25个），计划投资211亿元，完成投资140亿元。全年列入市“大新专”项目211个，完成投资243亿元，超额完成年度计划。全年完成与央企合作项目投资55.51亿元，完成任务数115.6%。投资超10亿元以上的合肥比亚迪汽车及零部件厂房项目、中创新航合肥基地项目、合肥（北城）万洋众创城项目、长丰一中新区项目、金龙浩光电项目等一批牵动性大项目开工建设，京东安徽电子商务产业园二期项目、志邦家居等一批项目基本建成。

【招商引资】 2021年，长丰县新引进亿元以上项目88个，协议投资额762.8亿元，先后引进10亿元以上项目8个，5～10亿元项目17个。全年上报省外亿元以上项目62个，超额完成市下达的目标任务。省外项目到位资金234.4亿元，外资项目到位资金1.1亿美元。开展区域合作，融入沪宁合创新带和G60科创走廊，推动长三角一体化建设。深化“三新”合作，与合肥高新技术产业开发区签订战略合作协议，与合肥经济技术开发区初步确定约5.26平方千米合作区域。2021年成功争创全省唯一能源综合改革创新试点县，提档升级开放平台，完成“一区六园”大部制、扁平化职能重构。落实最严格的耕地保护制度，专项督导推进“531”机制，坚持节约集约用地，供应土地106宗710.47公顷，土地出让金57.75亿元。优化营商环境，深化“放管服”改革，常态化开展“四送一服”活动。产权制度改革取得成效，全县260个村居完成农村集体产权制度改革，215个村居完成“三变”改革，占改革村居数84.98%。

【城乡统筹】 2021年，长丰县城乡统筹协调发展，打造品质北城，签约格林生态环保、大华区域等总部项目，推进“九小”惠民工程和邻里中心项目建设，创和养老健康园、瑞成大酒店、天宝苑等市重点项目开工；安徽建工技师学院新校区建成使用，启动县城高铁广场改扩建、人防工程暨绿廊公园工程项目，完成双墩路、长新路提升改造工程，县城城市公园、三馆等地标性建筑完成景观亮化；下塘产业新城建成金店雅苑、南圩嘉园、松林苑三大安置房板块10个安置小区，推进城市园林绿化建设，念湖公园、下塘城市公园多个口袋公园投入使用。累计开通92条城乡公交线路，建成县乡村三级全覆盖公交网，全县乡镇（区）、建制村居公交通达率均达100%；打造以下塘韩岗、杨庙马郢等为代表的14个“岭上经济”示范点，全县246个村集体经济经营性收入达到3812万元。推进乡村宜居宜业三年行动计划，分类分步做好村庄“留、改、拆”文章。杨庙镇成功创建省级特色旅游名镇，马郢社区入选合肥特色文化街区。

【人口与人民生活】 2021年，长丰县出台为民办实事“30条”，累计投入17.04亿元，实施30项省定民生工程。实施“暖心工程”，建设托幼中心、托老中心、街头游园、社区食堂、住宅电梯、停车场、菜市场，10个社区食堂建成使用。

城乡居民收入得到提高，全县常住居民人均可支配收入33322元，同比增长10.8%。城镇常住居民人均可支配收入43043元，同比增长10.3%；农村常住居民人均可支配收入25746元，同比增长10.7%。

年末全县参加城镇（职工）基本养老保险人数7.85万人，比上年增长17.4%；参加失业保险职工人数6.95万人，比上年增长42.1%；参加城镇基本医疗保险职工人数7.87万人，比上年增长3.7%；城乡居民社会养老保险参保人数40.26万人；城乡居民参加合作医疗人数62.93万人。全县城镇居民最低生活保障累计救济2.37万人次；农村居民最低生活保障累计救济36.78万人次；农村特困人员供养人数0.55万人。

年末全县常住人口79.2万人，比上年增加0.8万人；常住人口城镇化率65.11%，比上年提高5个百分点。年末全县户籍人口81.13万人，比上年增加0.62万人；其中城镇户籍人口25.03万人，户籍人口城镇化率30.9%，比上年提高2.5个百分点。全年人口出生率9.81‰，比上年下降2.35个千分点；死亡率3.66‰，下降0.88个千分点；自然增长率6.15‰，下降1.47个千分点。

【社会事业】 2021年，长丰县坚持文化惠民，开展“送戏进万村”“庆祝建党百年”系列群众文化活动，创意推出20个“心动长丰”网红打卡点，大型现代庐剧《崔筱斋》获评全省建党百年新创优秀剧目。促进教育资源优质均衡发展，168中学托管长丰一中，推进长丰一中新校区建设。新建、改（扩）建学校、幼儿园11所，新增学位7540个，完成389个智慧课堂及4个智慧学校建设，义务教育巩固率达100%。提升医疗和公共卫生服务能力，实施县域紧密型医共体，中科大附一院北城医院获批全国创伤区域医疗中心试点，县全民健康信息互联互通标准化成熟度通过国家“四级甲等”验收。推进人才引进工作，新增各类人才3万人，2名院士、220名科研类硕博士、25名专家指导员常态入驻，招录19名“双一流”大学优秀毕业生。推进社会信用体系建设，全县入驻市“信易贷”平台企业达8630家，累计授信21.25万元。强化流通、餐饮消费环节监管，规范食品药品市场秩序，保障特种设备使用安全。优化价格环境，抓好价格管理及服务工作。推进社会治安防控体系建设，建成智慧平安小区148个，覆盖率98.7%。推进街长制、数字城管系统等，城乡综合治理水平得到提升。深化重点行业领域专项整治，安全生产形势平稳有序。

9月22日，长丰县2021年中国农民丰收节在义井镇车王村开幕

（杜 刚／摄）

年末全县有普通中学37所，在校学生4.11万人；中等职业教育学校6所，在校学生1.46万人；小学60所，在校学生5.59万人；幼儿园127所，在园幼儿2.56万人。全县小学学龄儿童入学率100%，初中毕业生升学率100%。

年末全县拥有专业剧团31个，图书馆1个，藏书27.59万册，文化广播电视站14个。

年末全县有卫生机构446个（含村卫生室和计生服务站），其中医院、卫生院34个，社区卫生服务机构23个。卫生机构床位5274张。全县专业卫生技术人员3611人，其中执业医师和职业助理医师1635人，注册护士1519人。每千人拥有卫生技术人员4.45人，拥有医院、卫生院床位数6.5张。婴儿死亡率3.79‰，产妇住院分娩率100%。城乡居民新农合参合率97%。

年末全县拥有各类收养性社会福利机构21个，床位5318张。全县建立居家养老服务站103个。慈善组织募集各类善款313.7万元。

（陈 旭）

庐江县

【概况】 庐江县位于北纬30°57′～31°33′，东经

117°01′～117°34′，地处皖中，周边与巢湖市、无为市、枞阳县、桐城市、舒城县、肥西县毗连。2021年，庐江县有17个镇和高新区、台创园，230个村（社区），7702个自然村，164个居民定居点；户籍户数37.70万户，年末总人口120.03万人，其中城镇35.08万人，乡村84.95万人，男62.12万人，女58.3万人。

合九铁路、合肥至安庆高铁、庐铜铁路、合安高速公路、合铜黄高速公路穿过县境，为南北交通要道；2021年底，全县高速、国省道、县道为963.59千米，占总里程19.04%。全县公路里程达5061.15千米，全县国省干线、县道、村道桥梁711座，长2.83万延米。

全县土地总面积23.44万公顷，其中农用地18.09万公顷（耕地面积10.71万公顷）；建设用地3.77万公顷；未利用地1.58万公顷。

全县保有资源储量居全省前五位的有4种矿产，其中硫铁矿、明矾石保有资源储量居首位；铜矿保有金属量居第2位；铁矿保有资源储量居第3位。

全县林业用地面积5.09万公顷，森林面积4.72万公顷，活立木蓄积量493万立方米，森林覆盖率20.37%，林木绿化率35.60%。全县4万亩以上的重点山区镇依次为矾山、龙桥、汤池、泥河、柯坦、冶父山镇。

2021年，打造乡村旅游网红打卡点30个，打造精品旅游路线12条。云里安凹民宿获评全国首批甲级旅游民宿，罗河镇阳家墩景区获批国家AAA级旅游景区，柯坦镇和汤池果树村、柯坦分水村获评首届安徽美丽茶镇茶村，雅斯佳渔具系列获2021中国特色旅游商品大赛金奖。完成黄山寨观景平台、奎星楼维修升级等3个项目建设。开工建设龙桥金盆山梅花生态产业园、虎凹欢乐茶谷、吴长庆故居、代庄民宿等13个项目。庐江名人馆、周瑜文化园、吴武壮公祠、庐江县地质博物馆成为合肥市第六届爱国主义教育基地。庐江名人馆、周瑜文化园、庐江县地质博物馆通过2021年中小学生校外素质教育基地考核。

庐江县虎洞水库全景　　（庐江县水务局／供）

【经济发展】　2021年，庐江县地区生产总值、规模工业增加值、固定资产投资、社会消费品零售总额和一般公共预算收入分别为547.2、68.4、272.3、219.6和23.7亿元，分别增长6%、12.5%、-5.9%、14.9%和15.1%，分别位居合肥市（四县一市）第5、4、4、5和2位。获评2021年全国投资潜力百强县、2021中国未来投资热点百佳县、2021（区域）高质量发展最具投资价值县，位列“2021赛迪中部百强县”第40位、“中郡全国县域经济与县域综合发展”第94位。

全县生产总值的一产、二、三产分别实现增加值63.0、197.7和286.4亿元，分别比上年增长7.7%、4.7%和6.4%。全县规模以上工业总产值和增加值分别增长28.4%和12.5%。工业技改实现投资28.4亿元，增长87%，高于全市（17.4%）69.6个百分点。产业聚集度得到提升，计算机、通信和其他电子设备制造业，黑色金属矿采选业，化学原料和化学制品制造业等3个行业，分别增长60%、64.1%和55.4%。

【乡村振兴】　2021年，庐江县粮食播种面积13.17万公顷，粮食总产量74.27万吨，高于上年粮食总产量和前五年粮食平均总产量，棉花种植面积1031.53公顷、产量708吨、产值431万元。获批创建全国农业科技现代化先行县，获评安徽省关于开展农村人居环境整治成效明显的市、县，中国美丽乡村建设示范县。

全县建成专用品牌粮食、稻渔综合种养、名优茶、绿色蔬菜瓜果、特色经果林等五大主导产业基地6.37万公顷，其中稻渔综合种养总面积达1.53万公顷。建设水稻绿色高质高效等有关示范基地51个，示范面积0.44万公顷，单季晚稻高产攻关方平均亩产904.9公斤。创建4个省级、10个市级长三角绿色农产品生产加工供应基地，全县建成省、市级休闲农业示范点17个，涌现出罗河小满田塍田园综合体、汤池天鸣花海等“乡村旅游到庐江”品牌代表。全县有260个农产品获得“三品”认证，其中无公害认证7个，绿色食品认证57个，有机食品认证196个，较2020年“三品”认证产品新增142%。

建设高标准农田0.27万公顷，高标准农田建设项目至年底完成87%，超过省厅规定的80%进度，0.15万公顷农田水利“最后一公里”项目完成90%，成功入选第二批全国深化小型水库管理体制改革样板县。

推进美丽乡村建设，汤池镇百花村获评安徽省首届徽风皖韵美丽乡村推介活动“美丽乡村”，2020年度17个省市中心村建成并通过省、市级验收，2021年9个省市中心村开工建设。实施农村人居环境整治提升，农村人居环境得到改善，全县整治236个村庄。农村完成改厕6295座，污水管网铺设331.26千米，生活垃圾全域市场化保洁。

农村集体经济实现壮大，全县222个农村村（居）集体经济经营性总收入6921.99万元、村均31.18万元，经营性收入50万元以上村46个、新增34个；100万元以上村8个、新增8个。全县5万元以下薄弱村和空壳村全面消除。实施现代农业“510+”产业升级行动，县投入衔接资金4915万元，创建各类标准园75个，对监测对象、脱贫户及其他困难农户落实帮扶措施26.1万个。

十里长冲好风光　　（庐江县委史志室／供）

新建农业物联网示范点10个，累计建设物联网示范点24个，建成农村电商服务点186个，全年实现农产品网上交易额7.2亿元，获批2021年国家级电子商务进农村综合示范县。成功申报国家农民合作社“示范社”、全国供销总社级农民专业合作社“示范社”各1个；五星级农村综合服务社2个，建设乡镇为农服务综合体1个。全县系统领办、协办的农民专业合作社达67个。全县新增综合服务社总计338个。茶叶总产量3950吨，比上年增加150吨；茶叶总产值9.22亿元，比上年增加近1.79亿元。

【生态环境治理】 2021年，黄陂湖流域水环境综合治理工程和金牛河、盛桥河生态清洁小流域建设一期工程，白石天河、兆河、马槽河集镇污水收集处理及农村污水收集处理三期工程等10个在建项目，完成投资12.31亿元。庐城雨污分流、庐南矿山生态修复、台创园工业园区污水处理厂、合肥市一般工业固废填埋场、马槽河生态修复1标和2标、庐北大圩水环境综合治理1标等6个项目陆续开工建设，完成投资3.48亿元。庐江县巢湖综合治理位列合肥市县（市）区第一名。实行巢湖综合治理和碧水、安澜、生态修复、绿色发展、富民共享的“五大”工程系统推进，落实河（湖）长、林长、环境专项监督长制度，矿山生态修复取得进展，新增城市绿地99.8万平方米、道路绿化69.3千米，新增造林324.27公顷，栖凤洲、马尾河湿地完成修复，环巢湖水质全部达标，空气质量优良率89.6%。

【民生保障】 2021年，庐江县城乡居民收入32155元，其中城镇居民人均可支配收入达到40334元，增速10.1%，农村居民收入25064万元。全县城乡居民养老保险参续保55.72万人，发放养老金3.74亿元。为52774人被征地农民办理养老保险，全年发放养老金5730.04万元，为机关事业单位退休人员8227人发放养老金4.41亿元。年末全县离退休人数27868人，享受遗属生活补费人数1221人。全年度发放基本养老待遇、军转干财政补助、工会补贴、离退休人员提租补贴等代发项目，总金额约7.72亿元，同比增长13.03%。全县城镇新增就业16977人，城镇登记失业率控制在3.2%以内，为1411名失业人员发放失业金1072.2万元，发放求职补贴88.5万元，代缴医疗保险费196.35万元。当年社会保险费累计征收9.51亿元，其中养老保险累计征收57702.39万元，失业保险征收2860.02万元，职工医保征收32142.26万元，工伤保险征收2391.83万元（含单项工程工伤保险），累计办理各类工伤认定案件584件，为16580多人办理法律法规咨询、劳动用工合同、信访、欠薪等劳动保障事务。帮扶离校未就业毕业生就业创业1432人，其中贫困家庭毕业生24人。全县举办补贴性职业技能培训班325期，培训合格4673人。

全年城乡居民医保参保人数为98.82万人，常住人口参保率为100%。城乡居民医保基金收入8.5亿元，城乡居民享受医保待遇187.29万人次，城乡居民医保基金总支出为10.25亿元。当年，庐江县城镇职工参保人数为7.74万人，城镇职工医保基金收入3.33亿元，支出4.01亿元。生育医疗费享受待遇1412人次，支出446.07万元。离休、二乙人员享受待遇776人次，支出278.57万元。城乡医疗救助享受待遇37.1万人次（含代缴11.04万人），支出1.35亿元。

落实医保扶助政策，实施全民参保，做到应保尽保，同时做好困难群众医保跟踪监测。截至年底，全县脱贫人口在各级医疗机构就医总计23.85万人次，总医药费1.96亿元，合计基金支付1.74亿万元，住院实际补偿比88.6%。脱贫人口医保资金支出占医保资金总支出17.97%，慢性病卡办理做到应办尽办。

（高天信　刘家宝）

巢湖市

【概况】 巢湖市位于安徽省中部、江淮丘陵南部，地处东经117°25′～117°58′和北纬31°16′～32°。东与含山县交界，西北与肥东县接壤，南与无为县毗邻，西南隔兆河与庐江县相对，东北隔滁河与全椒县相望。巢湖市是全国唯一以湖命名的城市。巢湖市历史悠久，文字记载的历史有3000余年。古称南巢、居巢，秦时设居巢县，唐设巢县，1984年设立县级巢湖市，1999年撤市设居巢区，属地级巢湖市，2011年8月重新设立县级巢湖市，新设的巢湖市由安徽省直辖，合肥市代管。截至2021年底，全市辖12个镇、5个街道办事处，常住人口为72.72万人；面积2046.14平方千米，其中区域内巢湖水域面积463.78平方千米；森林覆盖率30.1%，城市建成区绿化覆盖率40.5%，是全国文明城市、国家园林城市、全国宜居生态示范城市、中国人居环境示范城市、全国绿色发展百强县（市）、全国投资潜力百强县（市）、全国科技创新百强县（市）、全省美丽乡村建设先进县（市），入选首批创建“国家全域旅游示范区”城市、全国农村社区治理实验区；是全国最大的渔网生产基地、全国最大的水泥建材生产基地，全国著名的温泉之乡和全国养老产业最具投资价值城市，入选首批“国家创新型县（市）”建设名单。

2021年，巢湖市地区生产总值达523.1亿元，一般公共预算收入25.5亿元。安徽居巢经济开发区形成“一区多园”发展格局，园区规模以上工业企业增至71家。规模以上服务业企业90家。国省干线、农村道路总里程分别达到326.8千米、2231.6千米。推进引江济淮、“三达标一美丽”等水利项目建设，巢湖环湖防洪治理工程、裕溪河治理工程完工。

【工业立市】 2021年，巢湖市新增规模以上工业企业14家、战略性新兴产业企业11家。推进55个投资额5000万元以上工业项目，云海镁合金模板、竹田汽配等25个项目开工，宝玛克一期、宜安云海二期等21个项目竣工，全市首个单体总投资超百亿元工业项目欧菲光亮灯投产，开工、竣工产业项目数创近5年之最，工业投资增长54.5%。实施技术改造项目61

落霞掩映下的巢湖龟山　（巢湖市委史志室／供）

2021年1月12日，新落成的巢湖大桥正式通车 （巢湖市委史志室／供）

个，技改投资增长31.8%。推进“双招双引”，签约亿元以上工业项目23个，其中5亿元以上工业项目12个。推进国家创新型县建设，净增国家高新技术企业22家，入库科技型中小企业162家，高新技术产业增加值增长105.1%。规上工业企业研发投入增长50%，技术合同交易额3.2亿元。中科智城正式开园，心之声、有方医疗等33家科技型企业入驻，4项科技成果进入安徽创新馆，获评省、合肥市小微企业创业创新示范基地。

【商事制度改革】 2021年，巢湖市优化营商环境，常态化开展“四送一服”，帮助企业解决问题343个，减税降费约2.83亿元。“容缺办理”“不见面”事项达35个、295个，“家门口办”受理点覆盖所有镇街。量身制定建筑业扶持政策，新增资质建筑企业25家，建筑业总产值100.6亿元、增长7.3%。提升要素保障能力，新增地方政府债券17.2亿元、建设用地指标479.8公顷。引导金融机构扩大信贷投放规模，新增贷款63亿元，新型政银担业务新增额7.8亿元。建立“金融服务队”“金融智库”，开展资本市场业务培训、股权融资路演，区域性股权市场挂牌企业16家，直接融资信息服务平台备案股份公司4家。迭代升级人才新政，慧软科技、云海镁业人才团队分别获得省、合肥市创新创业资金支持。推进重点改革，处置批而未供、低效利用土地302.67公顷，推行“标准地”供地模式。开展国有资产专项检查，规范推进焦姥花园、人才公寓等国有公房处置。优化完善城市大建设管理体制，完成投资促进中心机构调整。

【生态环境治理】 2021年，巢湖市实施环巢湖生态保护修复项目12个，烔黄片节水灌溉示范区工程等6个项目完成建设，推进双桥河区域初期雨水调蓄等6个项目，垃圾焚烧发电、万山存量垃圾处置项目启动前期工作。建设林长制改革示范区，“三大湿地公园”基本建成。挥发性有机物治理、重污染天气应急管控等工作得到落实，空气质量优良率达82%。半岛污水处理厂单池通水，乡镇政府驻地建成区和农村生活污水治理设施全面提升改造。推进“五清”行动（即清理村内塘沟，清理畜禽养殖粪污等农业生产废弃物，清理乱搭乱建、乱堆乱放，清理废旧广告牌，清理无功能建筑），14个合肥市级以上考核断面水质达标，双桥河创成合肥唯一省级示范河湖。推进蓝藻防控，基本实现无蓝藻异味。强化农业面源污染治理，水稻绿色种植0.32万公顷，化肥农药施用量实现负增长。建立环境监督长制，中央和省环保督察转办信访件整改全部完成，17处违法图斑整改销号。

【城乡建设】 2021年，巢湖市推进岳武高速、明巢高速、G329改扩建工程建设和方兴大道东延前期工作。实施大建设项目174项，巢湖大桥、三中路延伸段建成通车，南巢中心消防站、二中新校区主体完工。旗山枫景三期、滨河家园一期、书香苑等11个安置点交付使用，安置1932户30.7万平方米。完成房屋征收13.5万平方米，市政处、柴油机厂等14个地块征迁扫尾清零。完成西坝口及10个城区泵站加固工程，城市防洪达到百年一遇标准。天河公寓D级危房成功解危。文昌阁竣工验收，博物馆、图书馆新馆开放进入倒计时。创建全国文明城市，拆除违法建设4.5万平方米，整治主次干道、背街小巷、农贸市场、城乡结合部环境，开展道德讲堂、志愿服务、干部助创活动，通过全国文明城市复检验收。

【乡村振兴】 2021年，巢湖市农业产业化龙头企业91家，农产品加工业产值63.4亿元、增长3.1%。长三角绿色农产品“158”行动完成销售额9.4亿元。建成市

加固后的巢湖大堤西坝口段　（巢湖市委史志室／供）

级电商直播基地和槐林电商服务中心，网上零售额20.8亿元。粮食、生猪实现稳产保供。柘皋镇跻身全国镇域高质量发展500强，槐林镇、中垾小联圩村入选全国乡村特色产业十亿元镇、亿元村，中庙街道和散兵大岭村、黄麓洪疃村获评省特色旅游名镇名村。深化农村闲置宅基地和“三权分置”改革，农村产权交易额6395万元，“三变”改革村157个，集体经济强村达42个。整治提升较大自然村179个。提升柘黄、沐集等4个灌区，完成农田水利“最后一公里”0.13万公顷。实施农村公路提质改造工程57.3千米、扶贫工程26.6千米，获评省城乡客运一体化示范县。

【民生福祉】 2021年，巢湖市落实“四个不摘”，防止返贫动态监测和常态化帮扶全覆盖。城镇登记失业率2.7%，城乡居民养老保险、医疗保险参保率分别达93%、99%。22座乡镇水厂完成国有收购，长江供水工程开工。建成小学2所、幼儿园2所，扩建中小学3所，实现智慧学校全覆盖。落实教育“双减”政策、教师“县管校聘”改革。推进合肥八院、骨科医院门急诊楼建设，安徽医科大学附属巢湖医院内科楼及4所乡镇卫生院改扩建工程完工。落实常态化疫情防控，接种新冠疫苗151.3万剂次。完成499户特殊困难老年人家庭居家适老化改造。新殡仪馆投入运行。国家信访局交办72件重复访案件全部化解，推进扫黑除恶、打击电信诈骗、根治欠薪等，开展安全生产专项整治三年行动。推进“三治融合”乡村治理省级示范创建，“全国农村社区治理实验区”通过省级验收。完成村（社区）换届工作。

（昂朝桂）

瑶海区

【概况】 瑶海区位于合肥市主城区东部，东接肥东县，西、南滨南淝河，北邻长丰县、新站高新技术产业开发区。2021年，瑶海区辖11个街道、1个镇，设龙岗综合经济开发区，面积64.4平方千米，常住人口86.2万人；地区生产总值702.6亿元，同比增长6.1%；一般公共预算收入18.6亿元，增长5.2%；社会消费品零售总额480.3亿元，增长11.7%；固定资产投资增长13.3%；规模以上工业增加值增长9.7%；城镇居民人均可支配收入54992元，增长10%。获评“第八批全国民族团结进步示范区”“全国中小学劳动教育实验区”“2021年度安徽省建筑业10强区”。

【产业发展】 2021年，瑶海区高举产业立区大旗，以“一谷三基地”为重要产业平台载体，聚力发展新一代信息技术、金融商贸服务业、建筑业、文化创意和大健康五大主导产业。全年新增永安建筑、大圩建设等资质内建筑业企业29家，建筑业总产值增长8.5%；新增国家级高新技术企业31家，“中国网谷”累计入驻企业345家，高新技术企业增加值增长30.2%，战略性新兴产业产值增长23.8%。中国服装原创设计基地一期启动。百大周谷堆片区获批国家骨干冷链物流基地。长江180艺术街区获评省级创意文化集聚区。引进桃花彩生物医药等一批企业，大健康产业集聚效应增强。老工业区转型发展相关项目纳入《长三角一体化发展规划“十四五”实施方案》。创新设立大健康、东部新兴产业、“专精特新”产业基金，总规模11亿元。加大产业发展扶持力度，争取中央预算内投资、人工智能、生物医药等政策资金6107万元。举办各类银企、要素对接会百余场，兑现各级涉企政策奖补资金8400万元，增长7.7%。加大“税融通”等实施力度，为600余家中小微企业提供流动资金支持9.2亿元。12家企业成功挂牌安徽省股交中心科创板。

【城市建设】 2021年，瑶海区坚持有机更新理念，实施美菱工业园、站塘城中村等征迁项目52个，征迁面积103万平方米；建成交付广德家园、华凌锦苑三期等14个复建点1.5万套住宅、总面积约200万平方米，超额完成“三个百万”工作目标。完成不动产权证首次登记项目33个4.7万户，“难安置”“难办证”得到化解。保障畅通二环等市级重点项目15个，推进铁山路等支路网项目16个。启动重点片区合肥电机厂、铜三纺四地块改造。整治提升汪塘小区、和平家园等老旧小区33个。完成老合钢区域14个生活区“三供一业”分离移交。新建龙谷华庭、板桥等菜市场3个，建成东岗、大东门等停车场12个，新增停车位1452个。推进违法建设专项整治，拆除违法建设面积115万平方米。建成垃圾分类点726个，垃圾分类工作稳步推进。上市成交迅捷物流地块等经营性用地7宗31.87公顷，出让金总额40.77亿元。

【生态建设】 2021年，瑶海区实施南淝河初期雨水调蓄工程、二十埠河河道整治等水环境治理项目12个，小板桥河水体达标整治工程等5个项目获2021年度合肥市市政工程“庐州杯”奖。排查整改大排水户440家，5个市考断面水质全部提标到Ⅴ类，其中3个达到Ⅳ类。建立生态环境专项监督长制，小义乌商城、东菜市等一批突出生态环境问题实现销号。坚持细颗粒物和臭氧协同治理，重污染天气实现清零，空气优良天数比例增至87.6%。实施长江东路、采石路等景观亮化提升工程项目4个。开展增绿补绿行动，投入2.26亿元实施园林绿化项目14个，新增、提升绿化面积70万平方米。和平广场、花冲公园分别获评合肥市“五佳公园”、合肥市“优秀公园”。

【优化营商环境】 2021年，瑶海区优化营商环境，创新设立营商环境观察员制度；建立完善“企业吹哨、部门报到”工作机制，为企业建立电话、邮箱、微信三种“吹哨”渠道；坚持每月召开“真抓实干、马上就办”企业家座谈会，开展“四送一服”专项行动，解决企业问题千余个，企业发展指数、满意指数提升。全年减税降费及政策性退税约10.4亿元，新增各类市场主体3.2万户，增长27.7%。推进“办好一件事”改革，推出行政服务清单112项，实现政务服务事项“一件事一次办”全覆盖，“人社快办”服务成为全省示范。深化“证照分离”改革，全省首张代理记账电子证照在瑶海发出。挂牌成立区乡村振兴局。组建项目办、优化营商办、大建办，完成东投公司股权变更，“三平台四公司”格局形成。成立瑶海区公共资源交易项目管理公司。加强与中国科学技术大学等高校院所对接，长三角科技战略前沿研究院挂牌成立。安徽省城市更新投资有限公司等75个项目落户瑶海，总投资117亿元，其中外资2.6亿美元。

【综合治理】 2021年，瑶海区66个社区完成“两委”换届选举，选举产生新一届社区居民委员会成员458名。举行13个社会工作服务站集中授牌暨揭牌仪式，在全省率先实现街道级社会工作服务站全覆盖。实施领导干部“四下基层”，推动矛盾化解。完成建党百年大庆等重要节点安保任务；开展政法队伍教育整顿；建成“智慧平安小区”421个，建成宪法广场和全省首个民法典主题园、人大主题广场，群众安全感和政法队伍满意度得到提升。开展站塘“马路劳务市场”综合治理，提升周边环境秩序。开展“还路于民”、道路交通突出问题专项整治，改善群众出行环境。加强食品药品安全监管，监督检查生产经营单位1.2万户。推进质量强区建设，推深做实“百城千企对标达标”活动。开展安全生产隐患大起底大排查大整改等专项行动，全区安全生产形势保持平稳态势。

【社会事业】 2021年，瑶海区统筹社会事业发展，投入5.23亿元实施18项民生工程。强化兜底保障功能，发放城乡低保、医疗救助等保障资金8900余万元。推进综合为老服务中心和“互联网+养老”区级平台建设，提供居家养老服务29万人次。创建全国示范型退役军人服务站，建成全市首个退役军人线上就业平台。投资4.23亿元，新建续建改扩建和平小学瑶海湾校区、龙兴家园幼儿园等中小学幼儿园27所。推进学前教育普及普惠发展，在园幼儿公办率、普惠率分别达51.8%、90%。“双减”政策惠及全区8.87万名学生，党政领导干部履行教育职责督导考核获省级优秀等次。提升公共卫生服务能力，社区医疗卫生机构标准化建设实现全覆盖。全省紧密型医联体建设暨城市卫生工作现场会在瑶海举办，“瑶海经验”受到关注。常态化、精准化、科学化抓好疫情防控，建成进口冷链食品集中监管仓，全年未出现1例确诊病例。推进文体繁荣发展，举办庆祝建党100周年系列活动、

2021年6月26日，省委常委、市委书记虞爱华宣布合肥一中东校区项目启动 （瑶海区档案馆／供）

“瑶海杯”全国青少年女子足球邀请赛等活动，区教体局获评“全国群众体育工作先进单位”。在瑶海青年创意田园建成全省首个“互联网+”民生雕塑群。区文化馆获评国家一级文化馆。长江180艺术街区获批国家AAA级旅游景区。合肥工会幸福驿站和平广场站入选全国2021年“最美工会户外劳动者服务站点”。

【合肥东部新中心建设】 2021年，围绕“日日有更新、月月有成果”目标，合肥东部新中心内路网、安置、生态、产业、公服五大重点项目提速。马（合）钢片区污染土壤修复第一批次5个项目进场施工，第二批次8个项目启动招标。老合钢区域综合改造拆除面积约11万平方米。《东部新中心（瑶海片区）综合开发实施方案》获市委市政府批复。完成红庙、刘小墩等征迁项目8个，面积21.3万平方米。月亮湾路、南淝河景观提升等11个项目竣工，广德路跨南淝河大桥合龙。大众路、郎溪路快速化改造等21个新建项目开工，市青少年活动中心、轨道交通6号线等10个续建项目有序推进。合肥一中东校区126天实现封顶，刷新市级重点项目建设新速度。中国宝武安徽（产业）总部首发项目年度完成投资1.5亿元。

（肖　利）

庐阳区

【概况】 庐阳区位于合肥市主城区及西北部。辖三十岗乡、大杨镇和三孝口、逍遥津、四里河、杏花村、杏林、海棠、亳州路、双岗、林店9个街道。设有庐阳经济开发区，临庐产业园。2021年，全区面积138.82平方千米，户籍人口53.64万人。地区生产总值1233.48亿元，同比增长7.1%；全区社会消费品零售总额893.73亿元，同比增长12.3%，其中限额以上零售额519.64亿元，同比增长7.9%；一般公共预算收入31.05亿元，规模以上工业增加值增长14.9%，进出口总额增长30%；全社会固定资产投资同比增长3.4%；城镇居民可支配收入60746元，同比增长10.3%。

2021年，庐阳区获评综合实力、投资潜力、科技创新等5个“全国百强区”，综合实力4年超越14个城区，提升至全国第85位。

【产业发展】 2021年，庐阳区完成第一产业1.41亿元，同比减少0.7%；第二产业231.06亿元，同比增长6.7%；第三产业1001.02亿元，同比增长7.2%。金融业呈集聚态势。合肥金融广场一期、东怡广场C座等14万平方米楼宇投入使用，中财保理、太平集团等8家金融机构区域总部相继落户。商贸业核心优势增强。宜家宜居、银泰二期等旗舰级商业综合体加快建设，一批老字号新店开业。全区限额以上零售额519.64亿元，居全省首位。建筑业势头实现增长。中安华力总部完成交付准备，中铁四局一公司、安徽交建、合肥市规划院等楼宇完成供地，中建一局安徽分公司、安徽水安等区域总部签约入驻。全区资质以上建筑业企业219家，建筑业产值同比增长20%以上。新兴产业成长加快。推进市级数字经济产业创新实验区建设，字节跳动、竹云科技等一批大数据企业相继落地，大数据产业园获批省级科技服务集聚区。志邦家居入选国家级两化融合贯标试点，安信瑞德等成长为国家级“专精特新”小巨人企业，大恒能源获评省级“专精特新”冠军企业，全区战略性新兴产业产值同比增长97%。

【营商环境】 2021年，庐阳区以开放、服务、创新、高效的发展环境吸引人才和企业安家落户。提高惠企政策精准度。修订完善以高质量发展政策为基础、“商八条”等为补充的“1+N”产业政策体系，出台精准支持高端服务业发展政策，新增减税降费超20亿元，兑现各类政策奖补资金2.9亿元、惠及企业789户。加大金融支持实体经济力度，财政金融产品解决企业融资需求9.6亿元，庐阳融创项目资本对接会助力企业融资5亿元。精心服务企业。推动7027个政务服务事项“一网运行”，实现区级1132个事项“一窗通办”。常态化开展“四送一服”活动，走访企业3500余次，解决实际困难369个。完善招商引资、重大项目和税源管理服务机制，构建项目全链条服务保障体系。融通地产等43个亿元项目签约落地，中环环保等58个项目开工建设，庐州意库等40个项目竣工运营。庐阳经开区在全市率先完成开发区区域评估，在省级开发区中率先实现“标准地”模式供地。

【城市建设】 2021年，庐阳区践行“人民城市人民建，人民城市为人民”理念，因地制宜开展有机更新，打造更具特色和魅力的高品质城区。逍遥津公园重新修建开放，“逍遥八景”获得好评，单日接待游客峰值超18万人次。拱辰邻里中心、未来社集合等8个项目竣工亮相，建成藕东·塘西、勤劳巷等15条特色街巷。完善交通网络。轨道交通5号、8号、S1号三线同建，平圩路、谢集路等道路建成通车，打通清源路、五河路等断头路，建成16个公共停车场，新增车位2164个。优化人居环境。杨冲、何大郢等9个项目启动征迁，山林岗、韩小店等6个项目完成征迁，全年征迁72万平方米。提升“精细化”管理水平。推行生活垃圾分类收运，建成621处生活垃圾分类投放点。拆除125万平方米违法建设，文明创建测试成绩位居四城区前列，丁家巷改造提升经验获全国推广。庐阳市民中心建成投入使用，获国家建筑工程装饰奖、全省建设工程“黄山杯”。

【生态建设】 2021年，庐阳区启动省级生态文明示范区创建，完成121件中央、省环保督察转办问题，960件市、区自查限期整改验收。开展水源地环境“清零行动”，完成四里河水体达标综合整治工程，“三河两库”（即南淝河、四里河、板桥河，董铺水库、大房郢水库）水质100%达标。防控建筑工地裸露地块等扬尘污染和企业排污，全区细颗粒物（$PM_{2.5}$）均值浓度同比下降12%，空气优良率84%。开展“立体式”增绿。建成大房郢公园二期等6个公园，城区垂直绿化、郊野环境整治等7个项目完工，新增提升绿化91万平方米，新建绿道9.2千米。实施森林质量精准提升工程，植树造林140余公顷。三十岗乡获批全省首批特色旅游名镇，3个村获评省级美丽乡村示范村。

【社会民生】 2021年，庐阳区财政民生支出31.78亿元，占一般公共预算支出的89.06%。推广“智慧就业”平台，助力1.8万人就业，开发公益性岗位2600余个。加大住房保障供给，建成桃花片区、美丽景湾B地块等复建点27.6万平方米，分配安置房2581套，发放人才住房补贴2097万元。优化公共文化服务供给，“逍庄听音”好戏连台，庐阳剧院、新文化馆建成开放，杏花书院入选全省“十佳阅读空间”。落实“双减”政策，推进“双区”（即国家学前教育普及普惠区、全国义务教育优质均衡发展区）创建。1所中学和4所“国企办园”投入使用，新增学位4050个，学前教育办公率、普惠率分别达54%和87%。健全紧密型医联体、婴幼儿照护等卫生服务体系，重点人群家庭医生签约率、老年人健康管理率分别达67%和95%。打造“庐大姐”帮您忙志愿服务老品牌，深化“街所联动、联防联控”机制，“庐州街坊”治理模式获全市推广，推进“我为群众办实事”项目，化解上楼难、办证难等“急难愁盼”问题。预防、化解各类社会矛盾纠纷9500余起，新建智慧平安小区307个，群众安全感、满意度位列城区第一。

【疫情防控】 2021年，庐阳区做好常态化疫情防控工作，落实落细重点地区及中高风险地区来（返）人员医学观察、发热患者闭环管理、重点人群核酸采样、院感控制等工作，规范落实入境人员、密切接触者、出院确诊病例和无症状感染者管理和健康状况随访，并按照国家“三步走”要求，统筹安排财政资金保障新冠疫苗接种工作，在全区累计设置接种点22个、上门服务临时接种点45个、接种台200余个，单日最大接种能力达4万剂次。截至12月30日，累计核采样采集442944人次，发热人员累计管理26381人，新冠疫苗累计接种第一剂次71.41万人、第二剂次68.83万人、第三剂次23.44万人、重点人群加强免疫已接种1.89万人；3～11岁人群第一剂次完成率101.17%。

（周　琳）

2021年6月28日，庐阳区方舱接种点开展疫苗接种（卜　磊/供）

蜀山区

【概况】 2021年，蜀山区地区生产总值增长8%；一般公共预算收入35.70亿元，同比增长5%；城镇居民人均可支配收入61180元，同比增长9%；跨境电商年贸易总额13亿美元，年清关单量1300万单；固定资产投资252亿元。蜀山经济技术开发区晋升国家级经济技术开发区，井岗镇、南岗镇、小庙镇入选全国百强镇。连续两年获评全省县域经济高质量发展考核评价D类第一名，蝉联中国中小城市高质量发展综合实力、绿色发展等5个百强区，位列2021年赛迪中国百强区全国第十七、全省第一。

【产业发展】 2021年，蜀山区主导产业实现优化升级，“中国环境谷”营业收入超200亿元；“环境科技跨区域产业链集成创新机制”入选“长三角自贸试验区十大创新案例”，为合肥唯一。数字技术与实体经济融合，市数字经济行业创新应用示范基地成功落户，有市级大数据企业194家，居四城区之首；京东超级体验店、盒马鲜生安徽首店开业运营，社会消费品零售总额同比增长12.70%，居四城区第一位；外贸进出口、建筑业总部同比增长69%、25%，均居四城区首位。获评全省制造业发展综合10强和增速10快县（市、区），培育发展战略性新兴产业获国务院通报表彰。

【科技创新】 2021年，蜀山区启动“全域科创”战略，出台“科创十条”，成立科创集团，编制环中国科学技术大学、科学岛科创走廊规划，承办首届全球科大人创新创业大赛，保障图灵大会、1024全球开发者节举办，深化与中国科学技术大学、安徽大学、中国科学院合肥物质科学研究院、中国电子科技集团第38研究所、中国电子科技集团第43研究所、通用研究院等高校院所合作，以“校（院）地深度融合”促进“三就地”加速，新申报市级以上高层次人才团队6个，新增省、市级创新平台2家、国家高新技术企业90户、瞪羚企业18家，专精特新企业37家，中国工业设计城获评国家级服务型制造示范平台，蜀山区入选中国智慧城市百强、“科创安徽”首批试点城区。

【重点改革】 2021年，蜀山区实体化运行大建办和营商中心，推进蜀山经济技术开发区接管运河新城，率先在全市设立“办不成事”窗口，试行政府投资项目招投标评定分离。加快自贸区建设，设立国际贸易“单一窗口”，建成全省首家跨境电商孵化平台，打通跨境电商物流通道，贯通出口业务模式，线上平台清关单量占全市60.7%。成为长三角主要城市中心城区高质量发展联盟首批成员，获2021“世界城市日”中国主场活动专题推介。新签项目投资额175亿元，外商直接投资3.10亿美元，领跑四城区，入选最受投资机构欢迎的区县政府全国20强。

实施国资国企改革三年行动，理顺大建设工作体制机制，农村集体产权改革全面完成。加强企业上市培育，4家企业进入辅导期，成为财政部支持深化民营和小微企业金融服务综合改革试点。加快推进自贸区建设，形成制度创新成果23项，5项全省复制推广。全省首家跨境电商孵化平台挂牌100天入驻100%。创新设立自贸试验区综合服务中心，整合省、市、区级政府约700项赋权事项，实现“一口申报”“全网通办”。

【城乡建设】 2021年，蜀山区完善运河新城基础设施，安徽医科大学临床医学院开学招生，工投慧谷等产业项目加快建设；天鹅湖商务区提质扩容，汇聚高端服务业，安永、阳光人寿等名企落户，拆除神剑科技厂区、南门库违建等；蜀山经济技术开发区成功扩区，邓店安置点、体育公园等开工建设；高铁新城建设全面启动，第一宗经营性用地成功出让；完善村庄规划编制，推进中心村建设。加强农村公路建设，修缮提升12座小（二）型水库，改厕710座。乡村振兴示范区建设取得成效，建成50千米国家健身步道、麦香村民宿等项目。西郊公园加快建设，小岭南成为合肥知名网红打卡地。创建省级生态文明建设示范区，中央和省生态环保督察信访问题全部整改销号。改造老旧小区12个、拥堵点6处，新建城乡道路10条、停车泊位1500个；“三项清理”处置土地201.73公顷，出让土地23宗91.40公顷，创历年之最；拆除违建137万平方米，征迁房屋100万平方米。完成团安村等12个老旧小区环境综合整治，整改D级危房262套。

坚持把碳达峰、碳中和纳入产业发展整体布局，培育壮大绿色产业和循环经济。加强绿色城区建设，新增、提升绿化面积约20万平方米，完成石台路公园等建设任务。完成新造林89.53公顷、抚育204.67公顷、退化林修复277.33公顷。创建省级生态文明建设示范区，落实河长、林长、排长、环境监督长制度。落实“五控”措施，空气质量优良率达87.3%。开工建设小庙生活固体废弃物处置中心，建成745个垃圾分类集中投放站，覆盖居民超25万户。实施南淝河、十五里河、派河污染源治理，市考以上断面水质全部达标。

【社会治理】 2021年，蜀山区筑牢常态化疫情防控防线，压实“四方责任”，接种疫苗超200万剂次，奥体方舱接种点被《新闻联播》等中央媒体点赞。侦办“套路拍”“套路贷”等一批案件，推进扫黑除恶斗争，打击电信网络诈骗，刑事警情连续5年下降。实施领导包案化解信访积案，接访群众112批234人次。完成村（社区）“两委”换届工作。加强防汛减灾防治，抓好安全生产、消防安全、道路交通安全和食品药品安全等工作。

蜀山区北部休闲生态区约48.5千米农村公路　（蜀山区委史志室/供）

化解蜀科苑久拖未安置等14个历史遗留问题。

【社会民生】 2021年，蜀山区建立全省首家区级退役军人就业创业基地，开办老人助餐点54个，新增托育机构13家、托位517个，既有建筑加装电梯146部，居全省第一位。分配安置房1万余套、150万平方米。新、续建中小学、幼儿园22所，新增学位8920个，建成全市首家区级特殊教育学校。“双减”政策落地，学科类校外培训机构压减率超90%，课后服务覆盖8万学生。慢性病防控模式获国家卫健委推广。区文化馆创成国家一级馆。区政府承诺实施的12项民生实事项目全部完成。

（周　芬）

包河区

【概况】 包河区地处合肥市主城东南，是全国唯一濒临五大淡水湖之一——巢湖的省会城区，下辖9个街道、2个镇、1个省级经济开发区和2个街道级大社区，区域面积340平方千米（其中巢湖水面70平方千米）。2021年地区生产总值（GDP）1606.9亿元，增长7.3%；规模以上工业增加值增长11.3%、战略性新兴产业产值增长30%；一般公共预算收入64亿元、增长9%；社会消费品零售总额956.2亿元、增长12%；城镇常住居民人均可支配收入6.27万元，增长10.1%。综合实力跻身“全国百强区”第39位。

【党的建设】 2021年，包河区

扎实开展党史学习教育，认真学习贯彻党的十九届六中全会精神、习近平总书记“七一”重要讲话和考察安徽重要讲话指示精神，组织庆祝建党百年系列活动，推进“我为群众办实事”实践活动，累计开展主题展览、宣传宣讲等活动1100余场次。坚持党建引领推动集体经济高质量发展，大圩镇晓南村获评省级“五个好村党组织标兵”。创新探索产业链党建工作，示范成立产业链党委5个。开展新一轮深化“三个以案”警示教育，党内政治监督谈话推深做实。红色领航三年行动计划收官，“和美小区”建设上升为市级行动，“组织进楼、服务进家、协商共治”做法入选长三角首批共建共享共育党建资源清单，全省首个“学习强国”线下体验馆建成投用。

【产业发展】 2021年，包河区三次产业结构优化为0.2 ∶ 27.0 ∶ 72.8，三产（服务业）增加值1166.41亿元、增幅8.2%。聚集各类人才超过17万人，拥有院士工作站5家、院士68名、国家和省级重点实验室32个，全社会研究与试验发展经费投入（R&D）与GDP之比增至3.15%。省级以上总部项目达到180个，数字经济占GDP比重超过45%。七大新兴产业放量增长，新能源汽车、创意文化两大战新基地领跑全省。全年新签约重点项目投资额达295亿元、同比增长70%，神州数码、源山控股等13个中国民营企业500强龙头型、总部型项目落户包河，专精特新“小巨人”企业、省级专精特新企业数量全市城区最多，本土企业巨一科技公司成功登陆科创板，重点项目推进考核居全省县（市）区第一位，连续4年获评全省制造业发展综合十强区。中关村协同创新智汇园成功申报中国声谷·智能网联特色园区，“中国视界”获评“中国产学研合作创新示范基地”。

【城市建设和管理】 2021年，包河区实施“四大空间”战略（即滨湖引领、老城复兴、中部腾飞、乡村振兴），推进“三年全征迁、五年全安置”攻坚行动，累计征迁108万平方米，建成交付安置房项目7个、总面积158万平方米，2万人回迁。创新市政、绿化、环卫“三位一体”综合管养模式，新建、改造公厕63座，建成垃圾分类投放点1200余个。铁腕治理城市“顽疾”，清除五金机电城违法建设，金地国际城燃气隐患得到根治，“马路劳务市场”实现规范化管理。实施城市易涝点整治、水利设施提升项目38个，防洪排涝减灾能力增强。推进文明典范城市创建，区新时代文明实践中心入选第四批安徽省社会科学普及基地，区文化馆创成国家一级馆，区文化艺术中心获评长三角市民终身学习体验基地。罍街入选安徽省首批休闲旅游街区，贡街、庐州坊等建成，大圩生态国际马拉松升级为世界田联标牌赛事，牛角大圩成功创建国家3A级旅游景区。滨湖城管办获评“全国青年文明号”。蝉联安徽省文明城区。

【重点改革】 2021年，包河区出台新一轮高质量发展政策，兑现各类奖补资金4.24亿元，新增减税降费12.4亿元，提供担保增信超30亿元，创新设立“民营小微助力贷”，综合融资成本全省最低，“经济大脑”平台获评“2021数字政府管理创新奖”。打出稳企惠企组合拳，开展“四送一服”双千工程、“四服”专项行动，分类开展“企业家沙龙活动”，新增上市挂牌企业7家。推进园区转型升级，包河经济开发区入选全省首批长三角省际产业合作园区。谋划启动滨湖科创湾建设，构建全域创新发展格局。推行“链长制”，开展“双招双引”，布局智能网联“车路云网图”等应用场景，滨湖国际金融后台服务基地纳入虹桥国际开放枢纽建设蓝图，“十三五”省级服务业综合改革试点评估获全省第一名，获批全省“十四五”

罍街夜景 （叶玉庭/摄）

首批先进制造业和现代服务业融合发展试点。

【生态环境】 2021年，包河区系统推进大气、土壤、固废污染治理，以“零容忍”决心整治“小散乱污”企业，农业面源污染治理实现化肥、农药使用“零增长”，东大圩、牛角大圩业态升级、环境提升取得成效，污染源普查工作获国务院表彰。开展杨絮治理、蓝藻防控，实现春天无漫天飞絮、夏天无蓝藻异味。推进第二轮中央生态环境保护督察反馈问题整改，转办信访件市级验收完成率98%，启动省生态文明示范区创建。实施河（湖）长制，专班推进全域雨污分流，胡大郢污水处理厂、十五里河污水处理厂三期、南淝河中游调蓄工程等重点项目投入使用，消除城市黑臭水体，国考断面全部达标，塘西河以全省第一的成绩入选水利部幸福河湖、为全市唯一，十五里河口千亩红杉林美景登上中央电视台荧屏，滨湖国家森林公园被评为“第五批全国林草科普基地”。

【民生工程】 2021年，包河区推进18项民生工程，民生支出约57亿元、占财政支出超90%。开展“我为群众办实事”，累计办理为民实事3300余件。全省首家高校毕业生就业创业中心挂牌运营，同安街道朱岗社区获评全国充分就业社区，全年新增城镇就业2.6万人。“金色拐杖”养老服务创成品牌，作为全省唯一城区获评全国婚俗改革实验区，方兴社区、烟墩街道欣园社区获批全国示范性老年友好型社区，滨湖世纪社区成为全省首个社会管理和公共服务综合标准化社区。新建、改扩建中小学、幼儿园16所，新增学位1.7万个，校外培训机构治理经验获全国推广，课后服务工作获中央政治局委员、国务院副总理孙春兰调研肯定。在全省率先启动公共卫生服务体系改革，创新实施公共卫生与健康促进三级服务体系建设，通过全国基层中医药先进单位、省级卫生城区复审。

【社会治理】 2021年，包河区优化大共治2.0版，“共治包河”微信小程序正式上线，市民“指尖上”就能参与城市治理，获得中国地理信息产业协会年度优秀工程奖。完成“难办证”任务，涉及的1.35万套房产证全部核发。推进区域社会治理现代化工作，完成全国社区治理和服务创新实验区验收评估，政法机关“四员一律”进网格实现全覆盖，开展集中治理重复信访、化解信访积案专项工作，中央信联办、国家信访局交办事项汇报化解率100%，全年进京访量下降，重大敏感节点期间实现“零信访”。“秒级响应”稳妥处置2起境外输入无症状感染者疫情，疫苗接种总量超260万剂次。常态化机制化开展扫黑除恶斗争，政法队伍教育整顿取得阶段性成效，推进智慧平安小区建设，食品药品、安全生产形势平稳向好，社会大局和谐稳定。

（孙　昊）

责任编辑：赵永军

人　物

全国优秀党务工作者

杨忠命　安徽宝业建工集团有限公司党委书记

（朱璐璐）

安徽省优秀共产党员

马毛姐（女）原合肥市服装鞋帽工业公司副经理，离休干部

丁玉书　肥东县店埠镇镇西社区党委书记、居委会主任

董增燕（女）肥西县卫生健康委党组成员、副主任

孟凡余　长丰县义井镇红桥村党支部书记

贾敬斌　庐江县矾山镇石峡村党委书记

刘　海　巢湖市交通局出租车行业党支部副书记、雷锋车队队长

张迎宾　合肥市公安局瑶海分局党委委员、副局长、一级警长

王　艳（女）合肥市庐阳区双岗街道小桥湾社区党委书记

武　斌　合肥市蜀山区荷叶地街道党工委书记

冯　璐（女）合肥市师范附属小学党委书记、校长

周　雷　科大国盾量子技术股份有限公司项目总监

张宝荣　合肥经济技术开发区长岗社区卫生服务中心公共卫生科主任

郭正谷　中国邮政集团公司合肥邮区中心局设备维护班班长

黎章胜　合肥新站高新技术产业开发区七里塘社区卫生服务中心党支部书记、主任

（朱璐璐）

安徽省优秀党务工作者

余　虎　长丰县罗塘乡党委副书记、乡长

李杰峰　庐江县柯坦镇党委书记

钱晓丽（女）巢湖市银屏镇党委副书记

刘　群（女）合肥市瑶海区嘉山路街道党工委书记

费广海　合肥市庐阳区教育体育局党委委员，南门小学党委书记、校长

李　曼（女）安徽江淮园艺种业股份有限公司党支部书记、行政部经理

王　康　合肥市包河区望湖街道沁心湖社区党委书记、居委会主任

杜建和　合肥市公安局新站分局三十头派出所党支部书记、所长、一级警长

卜卫华　合肥市物业行业委员会党委委员、办公室负责人

诸　敏　合肥市第一中学第一党支部书记、年级部主任

刘　梅（女）合肥市中心血站党委委员、组织人事科科长

程光梅（女）合肥周谷堆农产品批发市场股份有限公司党委书记、董事长

白茂洋　肥东县杨店乡党委副书记、乡长

（朱璐璐）

“七一勋章”获得者

马毛姐　女，汉族，1935年9月生，1954年6月入党，安徽无为人，安徽省原合肥市服装鞋帽工业公司副经理。1949年4月20日夜至21日，百万雄师强渡长江。茫茫江面上，上万船工抱着誓死运送解放军“打过长江去，解放全中国”的决心，奋勇向前。当时的渔家少女马毛姐，就是其中之一。那一夜，马毛姐横渡长江6趟，先后把3批解放军送上南岸。

马毛姐获“一等渡江功臣”“支前模范”等称号。参加工作后，她从不以功臣自居，在平凡岗位上默默为党工作；离休后义务作革命传统教育报告300多场次。2021年6月29日，在庆祝中国共产党成立100周年“七一勋章”颁授仪式上，习近平总书记亲自向马毛姐颁授勋章。

（朱璐璐）

中国好人

刘　宁　女，1985年12月生，合肥市蜀山区居民。2021年1—2月当选孝老爱亲类“中国好人”。

2017年的一场意外导致刘宁颅脑损伤，与她相恋半年多的爱人变成植物人，迟迟不能醒来。在她不离不弃，三年半日复一日的细心照料下，爱人逐渐有了意识。一句“选择留下，是不想让自己后悔”成为“80后”刘宁一切选择的答案，她始终相信奇迹一定会发生，盼着他完全醒来。她的事迹相继在《人民日报》、新华社、《中国妇女报》《中国青年报》、人民日报海外网、中国新闻网宣传报道。

贾　云　男，1987年10月生，贾大郢社区居委委员；姚玉莲，女，1988年3月生，全职妈妈。夫妻二人于2021年1—2月当选见义勇为类“中国好人”。

2020年11月22日22时左右，家住12楼的贾云和妻子在家中洗漱完毕正准备休息，妻子发现阳台的防盗窗外挂着个人影，吓得大声尖叫。贾云听到叫声赶紧冲到阳台，发现是一个两岁的小男孩，他上前一把抓住，同时让妻子报警求助。孩子大概二三十斤重，悬挂在阳台外，吓得一直声嘶力竭地哭，全靠贾云的臂力抓住。贾云怕后面支撑不住，让妻子找来武装带绑住孩子进行加固，为了拉住孩子，贾云一脚踏在防盗窗上，一脚踏在阳台上，半个身子探在12楼外，一直坚持到消防队员赶来，最终将孩子成功营救。

王开库　男，1977年3月生，现任国网安徽送变电工程有限公司变电施工分公司主任工程师、±1100kV古泉换流站工程首检总指挥。2021年3月当选敬业奉献类“中国好人”。

从事电网建设二十二载，王开库先后做过110kV、220kV、500kV等100余座高压变电站、6座特高压换流站的安装和调试，从技术员、项目总工一直到特高压工程项目经理，负责建设的工程均一次性成功投运。期间，王开库牵头成立“青年创新创效工作室”“王开库技能大师工作室”“王开库劳模创新工作室”等，多次获评全国电力建设优秀建造师和优秀项目经理，所建工程曾获中国建筑工程最高荣誉——鲁班奖。

邱　军　男，1981年9月生，生前系东华工程科技股份有限公司职工。2021年4月当选敬业奉献类“中国好人”。

邱军爱岗敬业，工作精益求精，被评为“甘肃省脱贫攻坚帮扶先进个人”。他挂职担任甘肃省庆阳市华池县副县长期间，调研走访全县15个乡镇75个行政村1300多户贫困户；兴办奶牛养殖基地，解决162户贫困户困难；以电商加直播带动当地产品外销，扶贫产品销售额累计达到1000多万元；先后协调争取资金帮助庄科村新建配套棚灌设备钢架大棚62座、培育沙棘苗620万株，实现44户贫困户年稳定增收15000元以上。辐射带动周边4个乡镇150多人实现劳务增收。2021年1月8日，邱军因突发疾病，病逝在工作岗位上。

元运竹　男，1970年12月生，肥东县翠竹家庭农场负责人、肥东县劳模爱心志愿服务队队长。2021年5月当选助人为乐类“中国好人”。

无论是洪水滔天的抢险现场，还是熊熊山火的危急时刻；无论是夕阳西下的帮扶敬老，还是深耕农业、带领乡亲们致富的脱贫之路；无论是疫情防控的一线，还是贫困儿童的校园和家里，都有一个熟悉的身影。他公益志愿持续多年，带出一支爱心志愿服务品牌队伍；在一次次艰难险重任务中，他主动担责，挺身而出，不惧险，勇担当，善应急，能突击。他是文明实践一把火，他是乡村振兴一先锋，他是公益善行一标杆，他被称为“平民英雄”。

夏　力　男，1979年1月生，现为合肥公交集团B3路线长、金牌驾驶员。2021年6月当选敬业奉献类“中国好人”。

19年来立足平凡岗位，用心服务乘客，安全行车60余万公里。2019年夏天，发现公交站台有位老人晕倒，他将老人背上公交车，帮老人掐人中，并拨打急救电话；在征得乘客同意后，将老人送至医院抢救。他热心公益事业，成立“力哥志愿服务队”，开展近百场公益活动；得知合肥血库血液告急，组织志愿者开展无偿献血；防疫物资紧缺，他捐出5000元工资。先后获得“全国爱岗敬业驾驶员楷模”“全国最美公交司机”“全国劳动模范”等称号。

郭正谷　男，1982年4月生，现任合肥邮区中心局运行维护中心设备维护班班长。2021年7月当选敬业奉献类“中国好人”。

作为设备维护班的领头人，他和团队负责近千台设备的运维保障工作，每天处理近百万件的邮件。为保障设备平稳运行，他加班加点、停休停假，24小时响应；旺季生产，他连续48小时不眠不休坚守一线；设备大修，他冒着三十八九度的高温酷暑连续工作一个月。他带领团队创建“郭正谷劳模创新工作室”，带出一支技术强队，用创新成果为企业高质量发展作出突出贡献。十多年来，他主持、参与OVCS信函分拣机、斜带机减速器、扁平件PLC、包分机滑触轨电控改造，国际互换局建设，RFID试点项目建设等几十个项目。先后获评合肥市优秀共产党员、合肥市劳动模范、合肥市五一劳动奖章、全国邮政系统先进个人等。

赵建华　女，1970年10月生，中铁四局孟加拉国帕德玛大桥铁路连接线项目总会计师、党工委委员。2021年8月当选敬业奉献类“中国好人”。

在孟加拉国登革热疾病肆虐期间，赵建华毅然放弃公司机关舒适的工作环境，主动请缨，成为中国中铁参建人员中唯一的女同志；孟加拉国新冠疫情暴发，平均5个人中就有1个人是新冠感染者，身为党员的赵建华勇挑重担，主动承担起项目生活区和工作区的防疫工作，积极联系后方公司本部，确保项目防疫物资的及时和充足供应；她是外国友人的“中国妈妈”，孟籍员工受伤住院时，她及时探望并送上慰问金，孟籍员工家属看病缺钱时，她慷慨地拿出自己的积蓄帮其救急……先后获评全国“三八”红旗手、安徽省“三八”红旗手、安徽省“五一”巾帼标兵、中国中铁优秀审计工作者、孟铁项目抗击疫情先进个人等。

金华银　女，1955年7月生，长丰县庄墓镇刘浅社区居民；金华英，女，1969年9月生，长丰县庄墓镇刘浅社区居民。这一对姐妹于2021年9月当选孝老爱亲类“中国好人”。

姐姐金华银的丈夫在一次意外中受伤，导致下半身瘫痪。面对突如其来的困境，年轻的她毅然扛起家庭重担，一边照顾欲轻生的丈夫和4个孩子，一边种麦插秧，一眨眼30多年过去了，金华银对丈夫不离不弃，现在这个家里处处洋溢着幸福。

妹妹金华英的公公于2007年突患脑中风，从此瘫痪卧床。丈夫一直在外打工，照顾公公的任务就落在金华英身上，她每天做家务、干农活，给公公擦身、洗衣、喂饭……十多年如一日。如今，金华银、金华英的大爱，感动着十里八村。姐妹俩先后获评“安徽好人”“合肥市道德模范”等。

刘　霞　女，1969年12月生，肥东县农业技术综合服务中心店埠区域站站长。2021年12月当选敬业奉献类“中国好人”。

她在基层从事农技推广工作三十多年来，每天深入田间地头“问诊把脉支招”，推广新技术20多项，引进新品种30多个，并多次主持参与各类试验示范的方案设计和实施。长期积劳成疾，她先后患上了乙肝、胸腔积水和肺癌，但仍积极参与疫情防控、农技推广、“跟着劳模去扶贫”等活动。曾获农业部“丰收计划二等奖”“全国农牧渔业丰收贡献奖”、安徽省“五一劳动奖章”等。

（缪岚岚）

安徽好人

孙文武　男，1975年7月生，现任瑶海分局警务保障室辅警。2021年2月当选见义勇为类“安徽好人”。

2021年1月16日晚7时许，合肥市翠微苑小区内，一名女生因与父母斗气，突然一头从自家6楼阳台坠落，孙文武刚好路过，他毫不犹豫一个箭步冲上去，徒手接住这名女生，由于巨大惯性冲击，他的头部重重地摔倒在小区路边的青石上，当场血流不止昏迷不醒，而女孩却只受点轻伤，年轻的生命成功得到挽救。危急时刻，他知其不可为而为之，不顾危险用自己的身体当女孩的“救命垫”，用实际行动展现作为一名共产党员和人民警察的使命与担当。

管以东　男，1976年10月生，合肥市第二十九中学老师；王群芳，女，1978年7月生，安徽新华学院老师。夫妻二人于2021年3月当选见义勇为类“安徽好人”。

2021年2月16日下午两点左右，管以东和妻子王群芳开车回寿县岳父家的途中，发现一辆电动三轮车正在往深水区下沉。管以东将车停在路旁，冲到事发地，不顾寒冷，纵身一跃跳进了水里，王群芳也随即赶到，在岸上接应。落水的是一位六十岁左右的老汉和4个孩子，几次往返后，孩子们终于被安全解救。随后，管以东夫妻见义勇为事迹被新华网、新浪网、合肥在线、市场星报等媒体纷纷报道。

张 婕 女，1977年10月生，合肥市包河区美术教师。2021年4月当选敬业奉献类“安徽好人”。

2018年8月初，带着对雪域高原的向往和支援边疆的热情，张婕主动申请并通过层层选拔，成为合肥市首位援藏女教师，远赴西藏自治区山南市支教。当时，张婕八旬的老父亲病逝，女儿也是在初三面临中考的关键阶段，要做这个决定着实需要一番勇气，但她仍然主动请缨再赴征程。除圆满完成各项教育、教学任务外，张婕老师还帮助安徽援藏工作队做大量的文字书写、视频和图片编辑工作，并在国家核心期刊上发表论文两篇。曾获评安徽省第四届课堂教学评比一等奖、安徽省宣传先进个人、安徽省援疆先进个人、西藏自治区援藏教育先进个人、合肥市支教先进个人等。

孟令军 男，1977年11月生，安徽红太阳公益之家志愿者服务中心党支部书记。2021年5月当选助人为乐类“安徽好人”。

公益服务社成立8年来，孟令军带领他的爱心团队一直行走在公益路上，足迹从蜀山区延伸到整个江淮大地。他带领爱心团队组织开展爱心志愿服务800余场（次），累计捐赠爱心善款及物资150余万元。成立“五环连心”巡逻组，组织志愿者每晚轮流值班，义务在小区周边巡逻。建立“红太阳公益爱心厨艺坊”，帮助残疾孩子增强自理能力训练。开展“爱心助圆校服梦”捐赠活动，为留守儿童量身定制校服234套。

冯 璐 女，1976年9月生，合肥市师范附属小学党委书记、校长。2021年6月当选敬业奉献类“安徽好人”。

面对日新月异的新媒体、新技术，冯璐始终围绕语文的本体训练开展研究，充分挖掘语文教学与信息技术的最佳融合点。她坚持“语文即生活”，提出“4+2课堂教学策略”，构建以“让学生主动学”为核心的新型教学模式，并创建在交互式教学系统中进行“拼图说话”新课型，受到中央电教馆现代教育技术专家的高度评价；开创新型识字方式“音频识字法”，帮助一年级儿童在一年内识记汉字1500多个。她带领全体党员教师创建“红色阵地”，打造红色长廊，开辟红色书籍专柜，建设少先队红色阵地；积极组建“红色团队”，建立党委书记、校长带头抓思政课机制，推动思政课建设。先后获评“安徽省教坛新星”“安徽省先进工作者”“全国模范教师”“教育部基础教育教学指导专业委员会委员”等。

兰学毅 男，1961年12月生，安徽省勘查技术院教授级高级工程师。2021年7月当选敬业奉献类“安徽好人”。

40年来，兰学毅一直从事物探工作。期间，无论是市场经济的技术人员下海热，还是地勘单位项目锐减后的改行热，他从未心动过，一直奋斗在物探这个看似冷门却充满挑战的学科上。他逐渐成长为中国地质调查局和安徽省地勘行业物探领域的知名专家。在国内首次建立面积达7800平方千米、深度达3千米的三维地质—地球物理模型，探索钻孔三维模型对比、三维物性正演等三维模型精度评价方法；建立岩浆型、沉积变质型等不同矿种、不同成因类型矿产资源量重磁预测方法，在国内独树一帜。拥有省部级科技成果5项，市厅级科技成果4项，出版专著7篇，曾获原国土资源部“先进个人奖”表彰。

薛 旷 男，1991年7月生，肥东启梦机械有限责任公司董事长、肥东启梦残疾人艺术团团长。2021年8月当选助人为乐类“安徽好人”。

薛旷患有先天性侏儒症，平时勤奋好学，掌握十多种乐器的演奏，多次代表肥东县残疾人到全国各地参赛，取得成绩之后，他开设残疾人音乐辅导中心，免费为家庭贫困的残疾人讲授音乐课程。在经历父亲病故和创业失败的双重打击后，他抗住压力，成功创办苗圃和机械零配件生产厂，共安置47名残疾人就业，带领大家一起致富。曾获评合肥市残疾人自强模范、合肥市最美残疾人、安徽省第七届、第八届残疾人艺术大赛二等奖等。

陈启泽 男，1962年8月生，庐江县工商联副主席。2021年9月当选助人为乐类“安徽好人”。

陈启泽来到庐江县冶父山镇罗岗村从事扶贫帮扶工作后，包保联系5户贫困户，支持贫困户创业、创收，帮助他们一举甩掉贫困的帽子。他捐款修建“启泽读书亭”，为师生提供良好的读书环境；为中小学送去16万元慰问金，帮扶多名贫困学生完成学业；为全县50名品学兼优的学生提供帮助，累计资助贫困学生217名。每到大年三十，陈启泽会准时来到乐桥敬老院，给老人们送上红包、年货，让孤寡老人感受到亲情的温暖。获评“安徽省光彩之星”。

王尚勇　男，1961年9月生，安徽巢湖经济开发区半汤街道温泉社区居民。2021年11月当选见义勇为类“安徽好人”。

在青海旅游途中，坐在车上看到车祸，见一辆车翻滚坠湖。不等车辆停稳，王尚勇一个箭步跑下车，飞奔至岸边。来不及脱衣服，他抓起一块石头就扎进冰冷刺骨的湖水中，游向落水车辆，协助落水司机把车窗玻璃砸开，在湖水里往返五次施救，最终落水的一家5口人全部被他一一救起。见落水的一家人安然无恙，王尚勇带着妻子悄然离去。获评“合肥市道德模范”“合肥好人”“合肥市见义勇为先进个人”“合肥市最美退役军人”“阿里巴巴正能量奖”等。

（缪岚岚）

见义勇为先进个人

刘　磊　男，1966年12月生，合肥市肥西县紫蓬山管委会财政分局副局长。

2020年11月8日11时许，刘磊刚从村里巡查回来，在单位停车场他隐约听见附近有一对男女在争吵，随后厮打、吵闹声越来越大。刘磊感觉不对劲，立马跑到跟前，发现一名20岁左右女子浑身是血倒在地上挣扎，一名中年男子正压在她的身上，手中攥着一把6厘米长的裁纸刀，正狠狠地对着女子的胸膛准备刺下去。刘磊立即用力推开男子，拉起受伤的女子并挡在她的身前，此时血气上涌的男子持刀对着刘磊，目露凶光，试图再次上前拉扯女子。刘磊一边安慰女子，一边警惕地瞪着男子手中的刀并劝其放下凶器，女子死死地抱住刘磊哭喊请求施救。僵持中，周围群众拨打110报警，见势不妙的男子收起刀，骑上电瓶车慌忙逃离。刘磊发现女子脸部、手掌多处受伤，他一边帮女子止血，一边拨打急救电话，将女子送上救护车后悄然离开。2021年2月，刘磊当选“肥西好人”，7月被合肥市评为“见义勇为先进个人”。

王尚勇　男，1961年9月生，安徽省干部疗养院职工，详见安徽好人榜。

陈发庭　男，1969年10月生，浙江大学医学院第一附属医院护理人员。

2021年1月22日10时50分许，一名歹徒在浙江大学医学院第一附属医院5楼血透室投掷一枚自制爆炸物爆燃，导致护士台起火，随后歹徒从手提包中掏出菜刀追砍医护人员和病患者，被血透室的医生发现并及时利用椅子进行拦截。歹徒在无法继续接近病患后，向另外方向逃窜，同时掏出松香水泼向病患者及地板，并掏出打火机，企图在血透室纵火制造更大的事故。就在歹徒准备按打火机的一刹那，正在病房外工作的肥东籍陈发庭冲过来，拦腰抱住歹徒，并纵身将其扑倒在地。在倒地的同时，歹徒将手中的松香水泼向陈发庭，并按压打火机，顿时，大火瞬间将两人包围。陈发庭强忍疼痛，他拼尽全力在地上翻滚，将身上的火压灭。企图逃窜的歹徒被及时赶来的医院保安当场抓获，陈发庭被送到急救室进行抢救。经诊断，陈发庭的上肢及下肢被大面积烧伤，足部骨折。2021年1月，陈发庭被杭州市授予“见义勇为积极分子”。

江登银　男，1961年11月生，合肥市庐江县万山镇岳庙村委会党委书记。

2020年11月21日11时许，江登银回家途中，经过本村王院村民组时，看到村民徐济习的家中浓烟滚滚。他立即停车，迅速前往现场，同时报警，联系同事帮忙救火。到达现场后，他一边指挥大家拎水、搬运物件，一边嘱咐大家注意安全，自己也深入火场参与灭火。接近中午12时，突然“咚”的一声响，有同事看到江登银拎着一桶水从屋顶掉了下来，头朝地摔在地上，当场昏迷不醒。江登银被紧急送往庐江县急救中心抢救，并于当晚送到合肥二附院脑外科，先后进行了两次开颅手术，直到12月7日才脱离生命危险，从重症监护室转到普通病房。

孙文武　男，1975年7月生，合肥市公安局瑶海分局警务保障室辅警，详见安徽好人榜。

管以东　男，1976年1月生，合肥市第二十九中学教师；王群芳，女，1979年7月出生，安徽新华学院教师，详见安徽好人榜。

刘世安　男，1962年11月生，中国工商银行安徽省分行法务。

2021年5月23日17时许，刘世安与几位好友正在肥东县众兴乡一农场游玩，喜欢垂钓的他便独自坐在池塘边钓鱼。突然，十米开外的水面发出异响，刘世安心想“有人落水了”。循声望去只见浑浊的水中，一名男童不停地挣扎起伏，离岸边越来越远。刘世安见状没有丝毫犹豫，迅速脱掉外衣，一头扎进水中，一边快速向落水儿童靠拢，一边安抚其情绪。刘世安游到男孩身边，随即紧紧将其抱起向上托举，奋力向岸边游去。由于池塘岸边的斜坡陡峭湿滑，又长满青苔，刘世安站立十分困难，况且还抱着一名7岁孩子，根本没法上岸。刘世安一手托举孩子，一手奋力向前挪，几次跌倒在水中，险象环生，腿部多处擦伤，几经周折，终将落水男孩成功救上岸。刘世安检查男孩安全无恙后，将其交给赶至现场的家长，拖着受伤的腿悄然离开。2021年7月，刘世安当选“安徽好人”。

（苏　诚）

劳动模范

2021年全国五一劳动奖章

姚金健　合肥国轩高科动力能源有限公司工装开发工程师

陆忠静　合肥瑞星机械制造有限公司技术部长

徐　艳（女）合肥精创科技有限公司生产技术部长

2021年安徽省五一劳动奖章

陈俊生　合肥京东方光电科技有限公司产品企划与客户导入推进办公室主任

徐玉林　科大讯飞股份有限公司联合创始人、高级副总裁

金　棕　安徽三环科技发展集团有限公司董事长、党总支书记

张　利　安徽东风机电科技股份有限公司副总经理

吴　钢　合肥海尔电冰箱有限公司设备模块负责人

石　林　中国电信股份有限公司安徽分公司IT运维

倪　信　安徽富煌钢构股份有限公司一级建造师

钱莹莹（女）合肥供水集团有限公司职工

姚　舜　合肥市瑶海区城市管理局党委书记、局长

王开满　合肥市公安局瑶海分局方庙派出所二级警长

王智国　科大讯飞股份有限公司研究院执行院长

闫登明　安徽公共资源交易集团有限公司政采部职员

刘　晖　合肥政文国际会展管理有限公司展览部副部长

李桂实　合肥市总工会权益保障部部长

崔　莉（女）合肥市总工会劳动和经济工作部部长

2021年安徽工匠

周　锋　安徽智飞龙科马生物制药有限公司

汪愿涵　中国电子科技集团公司第三十八研究所

康　麟　日立建机（中国）有限公司

陈　伟　安徽深蓝医疗科技股份有限公司

苗海波　长虹美菱股份有限公司

陈建林　中国科学院合肥物质科学研究院

程　璐　合肥鑫晟光电科技有限公司

王　盼　蔚来汽车（安徽）有限公司

吴善伟　合肥磐石自动化科技有限公司

张　杰　合肥泰禾智能科技集团股份有限公司

谢代鹏　通威太阳能（合肥）有限公司

汪　睿　阳光电源股份有限公司

姚晨光　合肥杰事杰新材料股份有限公司

韩宏圆　合肥长安汽车有限公司

李　凯　安徽送变电工程有限公司

秦祥玉　中国能源建设集团安徽电力建设第二工程有限公司

高　川　合肥燃气集团有限公司

张从合　安徽荃银高科种业股份有限公司

轩　明　安徽天鹅湖大酒店

邹怀江　安徽青松食品有限公司

孙　志　合肥市轨道交通集团有限公司运营分公司

王仕雄　合肥一科汽车电子科技有限公司

刘　军　合肥维信诺科技有限公司

李欣欣　合肥京东方光电科技有限公司

张　扬　合肥供水集团有限公司

（谷康霞）

脱贫攻坚先进个人

2021年全国脱贫攻坚先进个人

邓世松　庐江县委常委、人武部长

张志平　长丰县扶贫开发工作办公室党组书记、主任，一级主

任科员

董瑞宜 庐江县金牛镇山南村驻村第一书记、扶贫工作队队长，国家税务总局合肥市庐阳区税务局第一税务分局局长

董增燕（女）肥西县卫生健康委党组成员、副主任，三级主任科员

2021年全省脱贫攻坚先进个人

张 军 肥东县古城镇松王社区驻村第一书记、扶贫工作队队长，合肥市城乡建设局排水管理办公室城市防汛应急抢险大队（防汛办）大队长（主任）

刘力生 巢湖市黄麓镇合群村驻村第一书记、扶贫工作队队长，巢湖市人力资源和社会保障局城乡居保中心办公室主任

张德飞 合肥市教育局四级主任科员

宋鹏程 合肥市人力资源和社会保障局就业促进和失业保险处处长

胡建龙 合肥市城乡建设局消防设计审查处处长

陈富中 合肥市水务局二级调研员

吴立光 合肥市卫生健康委员会财务处副处长

秦绍广 肥西县高店乡长镇村驻村第一书记、扶贫工作队队长，合肥市国资委二级主任科员

顾炳志 合肥市医疗保障局党组成员、副局长

张 明 合肥市地方金融监督管理局金融稳定处处长

吴瑞爱 合肥市扶贫开发工作办公室党组成员、副主任

汤旭东 国家统计局合肥调查队住户调查处处长

梁 军 肥东县卫生健康委员会健康扶贫办公室主任

岳德连 肥东县农业农村局农艺师

赵育武 肥东县元疃镇党委副书记

潘园园（女） 肥东县陈集镇扶贫工作站站长

徐福超 肥东县白龙镇扶贫工作站站长

陈长学 肥东县石塘镇党委副书记

张业忠 肥东县梁园镇党委委员

李 超 肥西县扶贫开发工作办公室党组书记、主任

汪爱民 肥西县花岗镇人大副主席

张志国 肥西县三河镇党委委员、副镇长

朱国勇 肥西县紫蓬镇扶贫办主任

赵永胜 肥西县山南镇党委委员

孙 平 肥西县高店乡党委书记

夏春雨 肥西县上派镇扶贫办主任、党政办副主任

郝小宁（女） 长丰县副县长

许忠农 长丰县财政局总会计师

李军舰 长丰县岗集镇党委书记

李元厚 长丰县水湖镇政协联络组组长

孙东昊 长丰县杜集镇副镇长

王正高 长丰县陶楼镇党委委员、副镇长

田海韵 长丰县庄墓镇扶贫工作站站长

刘 锐 长丰县吴山镇扶贫工作站站长

张 云（女） 长丰县左店镇梁曹村扶贫专干

夏修福 庐江县扶贫开发工作办公室党组书记、主任

王光和 庐江县农业农村局党组书记、局长

谢富银 庐江县住房和城乡建设局党组书记、局长

孙良杰 庐江县万山镇人大主席

朱长武 庐江县石头镇党委书记

洪建明 庐江县罗河镇一级主任科员

李杰峰 庐江县柯坦镇党委书记

丁 晏 庐江县庐城镇卫生院院长

王卫东 庐江乐桥中学校长

周晓飞 巢湖市副市长

胡岩松 巢湖市散兵镇党委书记

向桂玲（女） 巢湖市坝镇党委副书记

黄新星 巢湖市苏湾镇扶贫工作站站长

鲍士杨 巢湖市夏阁镇扶贫工作站站长

伍 斌 巢湖市中垾镇太平村驻村第一书记、扶贫工作队队长，巢湖市公安局卧牛山派出所社区民警中队中队长

王德法 巢湖市槐林镇惠峰村驻村第一书记、扶贫工作队队长，合肥市重点工程建设管理局项目二处副处长

郑同春 合肥市蜀山区人民政府办公室副主任

张海迪（女） 合肥市庐阳区海棠街道办事处党工委委员、副主任

2021年全省乡村振兴（扶贫）系统先进个人

肖 进 合肥市乡村振兴局

督查指导处处长

黄成鹏　合肥市乡村振兴局规划发展处处长

王利军　肥东县乡村振兴局项目规划科科长

吴晟磊　肥东县响导乡人民政府扶贫工作站副站长

汪贤文　肥西县花岗镇人民政府乡村振兴办主任

吴　磊　长丰县下塘镇人民政府扶贫工作站副站长

吴保杰　庐江县乡村振兴局项目科科长

江中冰　巢湖市乡村振兴局党组书记

刘　洋　巢湖市柘皋镇人民政府扶贫工作站站长

（张义飞）

优秀退役军人

巨孝成　男，1972年3月生，1991年12月入伍，合肥蜀山区人，籍贯陕西长武。服役期间荣立二等功三次，获全军优秀士官两次，获全军士官优秀人才奖一、二、三等奖各一次，获总参十佳士官一次，享受国务院政府特殊津贴。

东　刚　男，1958年11月生，1978年3月入伍，中共党员，合肥蜀山区人，籍贯安徽巢湖。服役期间获得解放军四总部表彰。

张华斌　男，1966年10月生，合肥蜀山区人，籍贯安徽巢湖，中共党员，服役期间荣立二等功一次。

杨　霜　男，1983年10月生，2000年12月入伍，中共党员，合肥庐阳区人，籍贯安徽阜阳，服役期间荣立二等功一次。

张优涛　男，1971年9月生，1991年12月入伍，中共党员，合肥瑶海区人，籍贯安徽马鞍山，服役期间荣获海军士官优秀人才奖一次。

乐　群　男，1964年6月生，合肥蜀山区人，籍贯安徽合肥，中共党员。曾担任国防部援柬专家组支部书记与专家组副组长，成绩突出，两次获得柬埔寨首相勋章。2007年7月被原四总部给予表彰军队院校育才银奖。

周堂春　男，1964年10月生，1988年8月入伍，中共党员，合肥蜀山区人，籍贯安徽潜山。服役期间受到原四总部给予的育才奖银奖的表彰。

盛习本　男，1972年10月生，1990年3月入伍，中共党员，合肥蜀山区人，籍贯安徽舒城，服役期间荣获全国纪检监察系统先进工作者。

于维东　男，1964年9月生，1988年7月入伍，中共党员，合肥经开区人，籍贯黑龙江勃利人，服役期间荣获国防科技成果奖总装教学三等奖。

李艺珍　男，1964年7月生，1982年10月入伍，中共党员，合肥蜀山区人，籍贯安徽砀山，2005年因工作突出，荣立二等功一次。

范　伟　女，1969年3月生，1990年7月入伍，中共党员，合肥庐阳区人，籍贯山东泗水，2000年在工作中表现优异，荣立二等功一次。

黄曙光　男，1960年6月生，1987年1月入伍，中共党员，合肥蜀山区人，籍贯江苏海门，服役期间在科研方面功绩显著，两项科研获军队科技进步三等奖，2005年获军队院校育才银奖。

姜　辉　男，1964年3月生，1985年8月入伍，中共党员，合肥蜀山区人，籍贯江苏淮安，服役期间获军队院校育才银奖。

韩银奎　男，1968年7月生，1987年11月入伍，中共党员，合肥包河区人，籍贯江苏宝应，服役期间获国防科工委为国防事业献青春“贡献章”。

张千孝　男，1970年10月生，1990年3月入伍，中共党员，合肥蜀山区人，籍贯山东安丘，服役期间荣立二等功一次，2006年原总参评为士官优秀人才奖。

王　晖　男，1974年2月生，1992年8月入伍，2021年7月退役，合肥庐阳区人，服役期间荣立二等功一次，三等功二次。

隗传涛　男，1984年11月生，中共党员，合肥新站区人，籍贯淮南寿县，2004年入伍，2021年退役，服役期间荣立二等功一次，三等功一次。

陈　茂　男，1984年10月生，中共党员，合肥长丰县人，2002年入伍，2021年退役，服役期间荣立二等功一次，三等功一次。

王　乐　男，1984年10月生，中共党员，合肥蜀山区人，2004年入伍，2021年退役，服役期间荣获中央军委国防动员部表彰的中国人民解放军士官优秀人才奖二等奖1次。

丁建波　男，1987年2月生，2005年12月入伍，中共党员，合肥市庐江县人，服役期间荣立二等功一次。

（曹玲娟）

责任编辑：徐仙春

附　录

合肥市2022年政府工作报告

——2022年1月10日在合肥市第十七届人民代表大会第一次会议上

市　长　罗云峰

各位代表：

现在，我代表市人民政府向大会报告工作，请予审议，并请政协委员和其他列席人员提出意见。

一、2021年和本届政府工作回顾

2021年是党和国家历史上具有里程碑意义、可以载入史册的一年，也是合肥发展史上不平凡的一年。全市上下坚持以习近平新时代中国特色社会主义思想为指导，深入贯彻党的十九大和十九届历次全会精神，深入贯彻习近平总书记考察安徽重要讲话指示精神，在省委省政府和市委的坚强领导下，坚持稳中求进工作总基调，统筹疫情防控和经济社会发展，扎实做好“六稳”“六保”工作，苦干实干、难中求成，较好完成市十六届人大四次会议确定的目标任务，实现“十四五”良好开局。预计，地区生产总值突破1.1万亿元、增长9%左右，一般公共预算收入增长10.7%，规上工业增加值增长19%左右，固定资产投资增长3.5%左右，社消零总额增长13%左右，进出口总额增长30%以上，城镇登记失业率2.81%，城乡居民人均可支配收入增长10%以上。

（一）科技创新取得新成果。全力服务保障“国之重器”，量子创新院1号科研楼、聚变堆园区全面建成，大健康研究院、先进计算中心正式运行，先进光源、量子精密测量实验设施纳入国家规划。中科大高新园区投入使用，“科大硅谷”有序推进。出台科技创新条例，设立合肥科技创新日，组建科创集团，举办首届中国（安徽）科交会，合芜蚌国家科技成果转移转化示范区获批建设，超导、加速器、大功率微波等技术加速产业化。国家高新技术企业净增1200户以上，技术合同交易额突破700亿元，全社会研发投入强度达3.5%。量子信息技术保持国际领先，“人造太阳”刷新世界纪录，年度国家十大科技重大突破合肥独占四席，拉曼光谱等11项成果荣获国家科学技术奖。

（二）产业升级实现新突破。推深做实“链长制”，新型显示综合实力全国领先，联宝电子营收超1200亿元、两年新增500亿元，长鑫存储营收增长5倍，蔚来汽车产销近10万辆，晶合集成跻身全球晶圆代工前10，战新产业产值增长28%。智能语音入选国家首批先进制造业集群，获批国家制造业创新中心。国家专精特新企业新增42户。强力推进“双招双引”，欧菲光、沛顿封测点亮投产，大众安徽、比亚迪等百亿项目加快建设，新桥智能汽车千亿产业园全面启动。京东嘉远实现百亿单体商贸企业零突破，罍街获评全国夜间经济示范街，淮河路步行街入选首批国家级夜间文旅消费集聚区，快递业务发件量超10亿件，社消零首次突破5000亿元。

（三）改革开放增添新活力。全面推进国资国企、招投标“评

定分离”、工业用地“弹性容积率”“亩均论英雄”改革，国资引领9个百亿级战新产业项目落地，城市生命线“合肥模式”、公共资源交易服务标准化全国推广，缓解停车难做法、登记财产便利化成为全国典型。持续优化营商环境，全年新增减税降费超100亿元，净增市场主体超20万户。长三角一体化纵深推进，首个陆港型国家物流枢纽、北沿江高铁获批建设，牵头组建长三角先进计算联盟、人工智能产业链联盟。合肥都市圈同城化步伐加快，与淮南市共建新桥科创合作区，与阜阳市签订新一轮合作共建协议。安徽自贸试验区合肥片区率先试点长三角海关特殊货物检查作业一体化。跨境电商交易额突破百亿元，新开3条国际货运航线，中欧班列开行668列、新增100列，让更多“合肥造”走向世界。

（四）城市建设展现新形象。大建设投资715亿元，创历史新高。东部新中心、运河新城、新桥科创示范区、骆岗公园、大科学装置集中区等“五大片区”加快建设，骆岗小镇、老合钢片区、老城片区、卫岗王卫片区等“一镇三片”城市更新加快推进。全面实施“1155”大交通建设，安九高铁开通运行、合肥至深圳高铁行程时间缩短至5个半小时，新桥机场改建扩建、新合肥西站、合新高铁开工建设，大外环高速建设全面启动，南二环改造全线通车、刷新“合肥速度”，轨道交通实现“5线联运、9线同建”。纵深整治违章建筑，动态治理城市积涝点和积水小区，城市生活垃圾“全焚烧、零填埋”。完成逍遥津公园、撮造山巷、庐州坊等改造升级，老城区“减法”正变成老百姓获得感的“加法”。

（五）乡村振兴迈出新步伐。建立健全防止返贫动态监测和常态化帮扶机制，近六成脱贫村成为经济强村。粮食产量294万吨、蔬菜产量223万吨，种业出口规模位居全国前列，都市现代农业成为全国先进典型。新建改建550公里农村公路，农村生活垃圾实现100%无害化处理，建成76个省、市级美丽乡村中心村，云里安凹成为全国甲级民宿品牌，马郢、尖山湖、六家畈、官亭林海等成为网红打卡地。

（六）生态环境得到新改善。入选国家第一批山水林田湖草沙一体化保护和修复示范工程，系统实施碧水、安澜、生态修复、绿色发展、富民共享“五大工程”，20个国考断面水质优良率85%，南淝河全流域首次全面达标，巢湖水质稳定Ⅳ类。$PM_{2.5}$平均浓度下降10%，重污染天气实现清零，空气质量首次达到国家二级标准，历史性实现春天无意杨飞絮、夏天无蓝藻异味。植树造林3.7万亩，新增绿地714万平方米，修复恢复湿地6.2万亩，城市生态屏障加快构建。

（七）民生福祉获得新提升。全面完成31项民生工程，安置难、办证难、上楼难等30多项群众“急难愁盼”事得到有效解决，城市阅读空间建设、三点半课后服务、惠民菜篮子工程成为全国典型。新增参保人员40.9万人、城镇就业14.4万人。纳入医保的门诊慢性病病种扩大到63种，低保、高龄补贴、基本养老等补助标准全面提高，实现长三角进位。首次拆分市区高考考区，考生从“满城跑”变为“就近考”，改进一、六、八中学联招政策，82%以上学生按志愿就近入学。快速精准处置1起输入性疫情，连续22个月无本土确诊病例，3岁以上人群新冠疫苗全程接种率达92.7%。成立合肥演艺集团、庐剧艺术传承中心，为一线环卫工人、建筑工人、企业职工和农村群众慰问演出1000多场。建成491个全民健身场地。出台房地产“八条政策”，筹集2.2万套保障性租赁住房，新建4.4万套棚改安置房，容缺受理解决15.3万套房产办证难。改造老旧小区232个，新建既有住宅加装电梯484部，智慧平安小区覆盖率达90%。开展治理欠薪百日攻坚，为5000多名农民工讨回工资。11人荣登“中国好人榜”，总数位居省会城市前列。社会治安、信访维稳、安全生产形势总体向好，应急管理、对台工作、粮食生产、残疾人事业获评全国先进。国防动员、人民防空、双拥共建、退役军人事务工作取得新成绩。民族宗教、防震减灾、统计、科普、气象、保密、档案、仲裁等工作有了新提升。工会、共青团、妇女儿童、红十字会、老年人和关心下一代等工作实现新进步。

过去一年，我们大力弘扬伟大建党精神，扎实开展党史学习教育。强化依法行政，办理行政复议案件507件，行政机关负责人出庭应诉率达100%，全面完成交通运输等五大领域综合行政执法体制改革，法治政府建设连续12年全省第一。自觉接受市人大和市政协监督，办理人大代表议案和建议313件、政协委员提案485件，提请市人大审议地方性法规草案5件、制定修改废止政府规章6件。坚持全面从严治党，加强党风廉政建设，整治形式主义官僚主义，巩固精文减会成果，压缩一般性预算支出，严格审计监督，政治清明、政府清廉、干部清正的良好生态不断优化。

各位代表！

本届政府以来的四年，我们面对复杂多变的宏观环境和艰巨繁重的改革发展任务，真抓实干、争先创优，经济社会发展取得显著成绩。

——*我们聚力提高发展质量，综合实力持续壮大。*地区生产总值突破万亿，高新区、经开区综合实力位居全国前列，新站高新区成为世界级新型显示产业基地，安巢经开区加速建设，蜀山经开区晋升国家级。肥西、肥东、长丰全国百强县位次不断前移，巢湖、庐江全省十强位次巩固提升。包河、庐阳、蜀山成为“千亿区”，瑶海发展跑出“加速度”。系统推进综合性国家科学中心建设等8项工作13次获国务院通报激励。四年来，我们坚定践行新发展理念，经济总量连续跨越，质量效益稳步提高，青春合肥恰是风华正茂！

——*我们聚力塑造创新优势，产业能级持续跃升。*综合性国家科学中心“四梁八柱”加快构建，在首批国家实验室中第一个挂牌，大科学装置数量位居全国前列，新型研发机构达30家，墨子传信、热核聚变、火星测磁、九章计算等重大原始创新成果接踵问世，34项科技成果获国家科学技术奖，发明专利授权量年均增长15%，成为世界区域创新集群百强、四年前进24位。在肥服务两院院士达138人，每十万人中拥有大学文化程度2.6万人。国家高新技术企业超4500家，境内外上市企业73家，其中13家企业登陆科创板，位居全国城市第6、省会城市第2。集成电路、新型显示、人工智能入列首批国家战新产业集群，“芯屏汽合”“急终生智”成为现象级产业地标。四年来，我们全力下好创新先手棋，创新高地星光灿烂，战新产业风生水起，科创合肥更显“科里科气”！

——*我们聚力推进改革开放，发展活力持续释放。*地方参与国家基础研究投入、全面预算绩效管理、公共资源交易、土地节约集约利用等改革成为全国经验。“放管服”改革纵深推进，营商环境大幅改善。获批建设服务贸易试点市、跨境电商综合试验区、进口贸易创新示范区和自贸试验区合肥片区，世界制造业大会等永久落户。全面融入长三角一体化，成为G60科创走廊城市，推动合肥都市圈扩容升级。与220多个国家和地区开展经贸合作，49家境外世界500强企业在肥投资，中欧班列累计突破2000列，进出口总额突破3200亿元。四年来，我们敢于迎难而上，改革攻坚蹄疾步稳，开明开放海纳百川，活力合肥汇聚磅礴力量！

——*我们聚力推动融合发展，城乡面貌持续改善。*现代化都市区框架全面拉开，常住人口逼近千万，城镇化率提高到82.3%。高速铁路7线通行、2线在建、4线推进，成为国家重要的综合铁路枢纽。“一环八射多联”高速路网、“高快一体”城市路网基本形成，轨道交通运营156公里、在建176公里。乡村振兴取得重要进展，累计建成606个美丽乡村中心村，农村生活污水治理、“四好农村路”建设成为全国先进。四年来，我们坚持城乡一体，城市建设日新月异，美丽乡村多姿多彩，品质合肥更加宜居宜业！

——*我们聚力生态文明建设，环境质量持续向好。*环巢湖十大湿地建成9个，入湖河流全面消除劣Ⅴ类，出湖入江水质保持优良。空气质量“两降一升”，优良天气比例达85.8%，创有监测记录以来新高。成功申办第十四届中国（合肥）国际园林博览会，新增公园游园237个，森林覆盖率达28.4%，单位GDP能耗效益长三角领先。四年来，我们秉持环境就是民生，一穹蓝天一方净土，一湖碧水一城绿荫，生态合肥成就养人福地！

——*我们聚力发展社会事业，民生福祉持续增强。*战贫战疫战汛取得决定性胜利，21.56万建档立卡贫困人口全部脱贫，112个贫困村全部出列。民生支出3800多亿元，新增城镇就业近80万人，吸引高校毕业生超50万人。覆盖城乡的社会保障体系全面建成，城乡低保、特困人员供养标准不断提高。新建改扩建中小学、幼儿园452所，新增学位39万个，入选首批国家产教融合试点城市。千人床位数、医生数均增长30%以上，荣获全国无偿献血先进市。成功创建全国旅游标准示范城市。合肥马拉松赛成为“双金赛事”。扫黑除恶专项斗争取得明显阶段性成效，安全生产事故数、亡人数连续6年“双下降”，实现全国文明城市三连冠、全国双拥模范城市九连冠。四年来，我们坚持人民至上，民生保障持续改善，百姓生活更加幸福，美好合肥绽放灿烂笑容！

各位代表！

四年来的变革是深层次的，四年来的成就是全方位的。这是习近平新时代中国特色社会主义思想科学指引的结果，是省委省政府和市委坚强领导的结果，是市人大依法监督、市政协民主监督、社会各界大力支持的结果，是全市人民团结奋斗、顽强拼搏的结果。在此，我代表市人民政府，向辛勤奋战在各个领域、各个岗位的全市人民，向驻肥人民解放军、武警官兵、公安干警、消防救援队伍指战员和中央驻肥单位，向各民主党派、工商联、无党派人士、各人民团体和社会各界人士，向所有关心支持合肥改革开放与现代化建设的海内外朋友，表示衷心的感谢和崇高的敬意！

我们也清醒地认识到，发展中还面临不少困难和挑战。城市能级不够高，辐射带动力和承载力还不强。战新产业不够大，现代服务业发展不充分，科技成果“三就地”水平亟需提升。农村集体经济仍较薄弱，农业质量效益还不高。巢湖综合治理仍需持续攻坚，农业面源污染治理不快。大城市精细化管理水平亟待提升。教育、医疗、养老、托育等优质公共服务供给不足。干部综合能力和专业水平仍需补课充电，整治形式主义官僚主义、政府廉政建设仍需久久为功。对此，我们一定要敢于直面问题，切实解决问题，绝不辜负党和人民期待！

二、今后五年的奋斗目标和主要任务

今后五年是合肥高质量发展再上大台阶的关键时期，市第十二次党代会描绘了未来发展宏伟蓝图，我们必须以更加饱满的激情和更加昂扬的斗志，走好赶考路、奋进新征程、交出好答卷。我们要胸怀大局、把握大势，在应对变局中创造更多“合肥奇迹”。我们要勇担使命、奋勇争先，在砥砺前行中再现更多“合肥震撼”。我们要远谋近施、善作善成，在开拓创新中提供更多“合肥方案”。我们要真心为民、倾心惠民，在忠诚履职中推出更多“合肥惊喜”。

今后五年，政府工作的总体要求是：高举习近平新时代中国特色社会主义思想伟大旗帜，深入贯彻党的十九大和十九届历次全会精神，认真贯彻习近平总书记“七一”重要讲话和考察安徽重要讲话指示精神，全面落实省第十一次党代会和市第十二次党代会精神，统筹推进“五位一体”总体布局，协调推进“四个全面”战略布局，准确把握新发展阶段，深入贯彻新发展理念，服务构建新发展格局，坚持稳中求进工作总基调，以解放思想为先导，以推动高质量发展为主题，以深化供给侧结构性改革为主线，以改革创新为根本动力，以满足人民日益增长的美好生活需要为根本目的，弘扬伟大建党精神，走好新的赶考之路，在高质量发展中促进共同富裕，续写“大湖名城、创新高地”新篇章，为“五个安徽”建设打头阵、挑重担、当主力、作贡献，全面开启合肥现代化建设新征程。

今后五年的主要奋斗目标是：勇当科技创新、产业创新的开路先锋，加快实现高质量发展、高品质生活、高颜值生态、高效能治理、高水平党建，争当享誉全球的科创名城、特色鲜明的制造强市、城湖共生的养人福地、区域经济的质量高地、共同富裕的先行示范、从严治党的样板标杆，努力实现经济社会全面绿色高质量发展。

到2026年，全市生产总值1.8万亿元左右，稳居全国二十强并力争位次前移，人均生产总值跻身长三角前列。全社会研发投入强度4%，主要创新指标稳居全国前列。工业总产值突破2万亿元、服务业增加值突破1万亿元，制造业增加值占GDP比重提升到25%以上。单位GDP能耗效益稳居长三角前列，亩均税收、全员劳动生产率等核心指标达到长三角平均水平。居民收入增长与经济增长同步，城乡收入差距持续缩小，共同富裕的基础进一步夯实。

今后五年的主要任务是：

（一）打造科创名城，在国家科技自立自强中担纲承梁。强化综合性国家科学中心建设，全力发挥科技创新关键变量作用。服务保障好国家实验室建设。高水平建设“量子中心”，创建国家基础学科研究中心，谋划创建新的国家实验室。加快建设国内领先的大科学装置集群。全面推进大科学装置集中区建设，持续攻坚可控核聚变、量子信息、空天科技等领域，力争产出更多世界级原创成果。建设世界一流滨湖科学城。“一心一谷一镇三区”功能彰显，“科大硅谷”汇聚万家创新企业、十万创新人才，滨湖金融小镇汇集千亿科创基金。打造高能级研发矩阵。布局建设10个重大综合研究平台，共建新建50个新型研发机构，实施100项关键核心技术攻关。提升企业创新主体地位。深入实施科技型中小企业培育行动和国家高新技术企业倍增行动，国家高新技术企业突破1.2万户，企业研发投入、发明专利占比80%以上，争创更多国家级企业创新机构。强化科技成果转化应用。打造千亿级科技大市场，技术合同交易总额突破2000亿元，年转化科技成果5000项以上，国家科技成果转移转化示范区成为全国样板。

加快知识产权强市建设，提升中国（合肥）知识产权保护中心服务运营水平，有效发明专利突破6.5万件，万人高价值发明专利达18件以上。优化人才创新创业环境。全面推行定向委托、“揭榜挂帅”“竞争赛马”，集聚500个高层次人才团队，新增100万以上在肥创新创业大学生。经过五年努力，加快成为全球科技创新的“开拓者”。

（二）打造产业名城，在国家现代产业体系建设中奋勇争先。坚持提质扩量增效，推进产业更高质量协同发展，全面提升产业链稳定性和竞争力。实施制造业倍增行动，打造新一代信息技术、汽车和智能网联汽车2个五千亿级产业集群，打造4个两千亿级、3个千亿级产业集群，培育3个千亿企业、300个专精特新和“冠军”企业，加快建成具有国际竞争力的先进制造业高地。做大做强战新产业，力争建成5个以上国家级战新产业集群，战新产业占规上工业比重65%以上，加速壮大“芯屏汽合”“急终生智”地标产业，持续支持长鑫存储、蔚来汽车、科大讯飞、阳光电源等成为地标企业。转型升级传统产业，实施100个以上“工业强基”项目，建成20个以上国家标杆智能工厂，重塑传统产业优势，打造世界智能家电之都。前瞻布局未来产业，瞄准量子信息、核能技术、元宇宙、超导技术、精准医疗等前沿领域，打造一批领航企业、尖端技术、高端产品，用未来产业赢得城市未来。实施服务业万亿行动，建强“5+4”产业体系，建成现代服务业集聚区100个以上，成为长三角西翼现代服务业中心，争创国际消费中心城市。打造国家物流枢纽，加快建成陆港型、生产服务型、商贸服务型3个国家级物流枢纽，综合物流成本长三角领先。加快发展会展经济，做大做响世界制造业大会、中国（安徽）科交会等展会品牌，使会展业成为支柱产业。大力发展金融业，金融业增加值、人民币存贷款余额、上市企业数实现“翻番”，市场化基金规模超5000亿元，建成具有重要影响力的科创资本中心。实施数字赋能行动，培育数字产业，推动三次产业“上云用数赋智”，工业互联网应用水平进入全国第一梯队，建成“数字中国”先进城市。经过五年努力，加快成为全国战新产业发展的“排头兵”。

（三）打造生态名城，在践行“两山”理念中绘就“最好名片”。锲而不舍、久久为功推进生态文明建设，统筹山水林田湖草沙一体化系统治理，让盎然绿色成为高质量发展的最美底色。纵深推进巢湖综合治理，“五大工程”取得明显阶段性成效，国考断面优良率85%以上，巢湖水质稳定Ⅳ类并力争更好，防洪排涝蓄洪能力全面提升，十大环湖湿地、百里生态绿廊、千顷飘香田园、万顷生物栖息地基本建成。深入打好蓝天碧水净土保卫战，强化“五长”联治，空气质量优良率85%以上，重点地块土壤污染治理、重点矿山生态修复全面完成，工业固体废物综合利用率达到85%以上。创建国家生态园林城市，基本形成“南湖北岭、连片多廊”的绿色生态屏障，稳定提升森林覆盖率。精心办好第十四届中国（合肥）国际园林博览会，带动城市园林绿化水平整体提升，打造永不落幕的百姓园博。统筹有序推进碳达峰碳中和，增加新能源消纳和存储能力，构建绿色低碳循环发展的经济体系，实现单位GDP能耗、二氧化碳排放、非化石能源占一次能源消费比例“两降一升”。经过五年努力，合肥“最好名片”精彩呈现成为绿色发展美丽中国样板区。

（四）打造活力之城，加快构建国内国际双循环的战略链接。敢为人先、敢闯新路，坚定不移推进改革开放，进一步激发高质量发展的强大活力。深化重点领域关键环节改革，纵深推进“放管服”改革，营商环境指标力争全部成为全国标杆。建立全要素生产率评价机制，推进“亩均论英雄”，深化“标准地”改革。持续推进国企改革和民营经济上台阶行动计划，市场主体力争净增100万户。争当长三角一体化发展“优等生”，共建G60科创走廊，携手打造长三角科技创新共同体，加速融入世界级产业集群、世界级机场群和港口群，经济总量位次前移，科技创新、产业创新保持前列，公共服务达到长三角先进水平。引领带动合肥都市圈高质量发展，加快实现通勤一小时、产业一体化、服务一卡通，成为支撑全省高质量发展的强劲增长极。全面提升开放平台能级，自贸试验区合肥片区每年推出一批制度创新成果，示范引领全省自贸试验区高质量发展。创建国家服务贸易创新发展示范区，建成国家级中欧班列集结中心、国际航空货运集散中心和江淮联运中心。加快发展开放型经济，深度参与“一带一路”建设，扩大国际经贸合作，让更多全球优质资源汇聚合肥，让更多“合肥智造”走向世界。经过五年努力，新时代改革开放新高地加速崛起，在服务构建新发展格局中彰显更大作为。

（五）打造示范之城，加快展现繁华城市和繁荣农村交相辉映的新面貌。大力实施“3721”城市建设行动，显著提升城市品质，不断增强城市承载力辐射力带动力，推动城乡更高质量一体化发展。

加快完善城市功能。优化城市空间布局，高品质建设中心城区，高标准建设五大片区，“中心引领、两翼齐飞、多极支撑、岭湖辉映、六带协同”空间新格局全面展现。实施城市畅通工程，推进“1155”大交通建设，高铁路网、快速路网、轨道交通网日臻完善，打通半截路，治理拥堵点，扩容停车场，优化微循环。加快城市更新步伐，实施危房解危、供电供水改造移交、无水消防设施整治等攻坚行动，全面完成骆岗小镇、老合钢片区、老城片区、卫岗王卫片区等城市更新工程，争创国家城市更新试点。提升城市韧性水平，增强城市水电气热供应保障，畅通河湖水系，统筹地上地下空间安全，争创国家海绵城市试点。完善城市智慧管理系统，统筹推进“规建管”，提升“一网统管”治理水平，成为具有国际影响力的智慧城市。

全面推进乡村振兴。实施“两千一百”行动，五县（市）要锚定“千亿GDP、千亿产业、百亿企业”目标奋勇争先，肥西、肥东、长丰三县全部并尽早成为千亿县，巢湖、庐江冲刺全国百强县，加快打造首个千亿产业镇。实施“两强一增”行动，以工业化、信息化思维推进农业现代化，在科技强农、机械强农、增加农民收入上当好全省示范。打造种业之都，种业上市企业达到4家。高标准农田占比50%以上，确保粮食、蔬菜稳产保供，农产品加工总产值突破2000亿元，百亿企业实现零突破。实施乡村建设行动，提档升级城市副中心，开展小城镇新型城镇化试点，推进环巢湖片区城乡融合发展试验区建设，高标准建设一批卫星镇、特色镇，显著改善集镇面貌。全域推进美丽乡村建设，全面增强乡村社区服务站、标准化卫生室、集中供水服务能力，稳步提高乡镇数字化管理水平。巩固拓展脱贫攻坚成果，完善分层分类帮扶和持续增收机制，有效衔接乡村振兴，推进更多要素资源向乡村集聚，所有村集体经济收入超50万元。经过五年努力，成为全省城乡融合发展示范区。

（六）打造文化之城，加快开创文化事业和产业繁荣兴盛的新局面。大力弘扬社会主义核心价值观，坚定文化自信，丰富文化供给，让大湖名城成为文化高原。实施重大公共文化设施建设工程，利用闲置办公用房、厂房，建设公共文化设施，提升城市文化品位，将省委原办公楼改造成视觉艺术中心、省政府原办公楼改造成音乐艺术中心、市政府原办公楼改造成城市记忆馆，将老合钢打造成工业记忆中心。力争建成骆岗音乐厅、滨湖图书馆、市博物馆等公共文化设施。实施文艺精品创作工程，挖掘合肥历史文化、红色文化、创新文化、民俗文化，聚焦合肥火热的发展实践，创作一批代表合肥文化特色、群众喜闻乐见的文艺精品，振兴庐剧、巢湖民歌，力争戏剧梅花奖、曲艺牡丹奖、鲁迅文学奖等国家级奖项实现突破。实施文化传承创新工程，改造老街区、修缮老建筑、保护老村落，加强非物质文化遗产保护传承，努力找到传统文化与现代生活的连接点，让历史文化历久弥新。建设覆盖县乡村的新时代文明实践中心，弘扬“好人精神”，打造“好人之都”，让互助文化成为城市风尚。发挥科学岛、创新馆、科技企业、大科学装置等创新载体科普作用，每年开展300场以上创新竞赛和科普活动，让创新文化融入城市血脉。实施文旅产业提升工程，顺应城市千万人口文化旅游需求，加快打造“一圈两廊百点”，建设环巢湖旅游休闲圈、南淝河和江淮运河旅游走廊、200个以上网红打卡点。着力打响肥东生态文创、肥西赏花悦木、长丰休闲采摘、庐江乡村民宿、巢湖湖光山色等品牌，高水平推出50条以上精品旅游线路，串珠成链、连片成景，旅游综合收入超5000亿元。创建一批国家级文创园区，培育一批文创领军企业，文化产业增加值1000亿元以上。经过五年努力，加快成为具有全国影响力的创新型文化强市。

（七）打造幸福之城，加快构建共建共治共享共同富裕的新格局。始终把改善民生作为第一目标，加快补齐民生短板，持续破解民生难题，提高公共服务可及性和均等化水平，不断满足人民对美好生活的向往。抓好就业最大民生，力争新增城镇就业100万人，鼓励新业态灵活就业，“零就业”家庭动态清零，不断扩大中等收入群体规模。织密社会保障网络，进一步提升医疗保障水平，健全分层分类社会救助体系，完善与经济发展相适应的低保、救助、养老等标准动态调整机制。办好人民满意教育，推进基础教育优质均衡发展，新建改扩建中小学、幼儿园300所以上，稳步提高幼儿园公办率、普惠率，持续增加基础教育学位，不断满足城市人口发展需要。落实“双减”要求，提高教育教学水平，强化师德师风建设，让教师成为令人羡慕的职业。构建“专业—产业—就业”一体化职业教育体系，深入推进中德教育合作示范基地建设，江淮学院转设合肥理工学院，合肥学院创成合肥大学。实施健康合肥行动，健全现代化公共卫生体系，创建国家卫生城市和健康城市。实施名医名科名院工程，整体提高医疗水平，增强基层医疗卫生服务能力。基本建成国家区域医疗中心，推广“质子刀”临床应用。广泛开展全民健身活动，提高国际国内竞技体育水平，争创全国全民运动健身模范市。满足住有所居期盼，坚持“房住不炒”，保持房地产平稳健康发展，完成住房保障体系试点，筹建保障性租赁住房16万套。扩大多层次住房供给，实施蓝领工人安居计划、技术工人安居工程，支持科技型企业利用自有土地建设职工公寓，努力满足新市民刚性住房需求。提高养老服务水平，实施老旧小区养老服务设施提质工程，培育壮大专业化品牌化养老服务机构，构建居家社区机构相协调、医养康养相结合的养老服务体系。减轻生育养育教育负担，落实三孩生育相关政策，构建普惠托育服务体系，加快提高托育水平，着力解决托位少、收费高等问题，加快建设儿童友好型城市。完善社会治理体系，深化全国市域社会治理现代化试点，坚持和发展新时代“枫桥经验”，健全矛盾纠纷源头防范化解机制。持续开展“守护平安”行动，常态化开展扫黑除恶斗争，推动智慧平安小区全覆盖，创建全国社会治安防控体系建设示范城市。健全食品药品安全治理体系，打造“食安合肥”。实施文明创建“十大行动计划”，积极争创全国文明典范城市。经过五年努力，让全市人民的获得感幸福感安全感更加充实、更有保障、更可持续。

三、2022年重点工作任务

今年是党的二十大召开之年，是全面贯彻落实省、市党代会精神的第一年。全市上下要坚持稳字当头、稳中求进，努力实现经济高质量发展和社会大局和谐稳定。今年经济社会发展的预期目标是：地区生产总值增长8%左右；一般公共预算收入增长8%；规上工业增加值增长9%以上；固定资产投资增长9%以上；社消零总额增长9%左右；居民人均可支配收入增速快于经济增速；居民消费价格涨幅3%左右；城镇新增就业13万人；节能减排完成省控目标。

重点做好八个方面工作：

（一）千方百计推动经济高质量发展。

多措并举保主体增主体强主体。完善高质量发展政策，严格落实新的减税降费政策，助力中小微企业、个体工商户减负纾困、稳定发展，新增市场主体30万户。加大实体经济融资支持力度，扩大首贷户规模和无还本续贷覆盖面。优化民营经济发展环境，常态化推进“四送一服”双千工程，加大煤电油气运供应保障，着力解决“缺芯、缺工、缺柜、缺电”，让市场主体活力竞相迸发。

着力扩大有效投资。坚持“管行业必须管投资”，分级分层分类精准调度，加快推进1500个亿元以上项目建设，工业投资增长10%以上。适度超前开展基础设施建设，大建设投资力争突破1000亿元。用足用好地方政府专项债政策，争取更多中央预算内资金，谋划储备一批重大项目，引导社会资本扩大投资，大力开展“双招双引”，新签约项目投资增长10%。

努力促进消费升级。落实“皖美消费”行动，实施商贸企业龙头培育计划，力争实现百亿商贸企业新突破。完善消费设施，优化老城区商业网点布局，加大三大开发区商业网点建设，推进宜家、银泰二期等项目，实施二环内批发市场搬迁改造，加密便民商业设施。提升消费品质，引进国内外知名品牌，做强老字号品牌，新增旗舰店、概念店、体验店等50家，开展首秀、首展、首发活动，打造一批互动体验场景，成功创建国家级淮河路步行街。丰富消费业态，推动百大等传统商业线上线下融合发展，推进特色街区多业态融合，大力招引平台型电商企业，培育线上经济、夜间经济新业态，满足不同群体多样化品质化消费需求。

强化金融资本支持。扩大融资规模，新增人民币存贷款4500亿元以上，新增上市企业10家以上。强化财政金融协同联动，力争“信易贷”授信突破1000亿元，新型政银担、政信贷等财政金融产品投放资金突破300亿元。打造“基金丛林”，建立200亿元政府母基金，力争引进10家知名基金管理机构，加快打造科创资本中心。

（二）坚定不移提升创新发展动能。

当好战略科技力量“国家队”。推进综合性国家科学中心、国家实验室、大科学装置集中区建设，组建未来技术、数据空间等研究院，加快建设聚变堆主机关键系统、先进光源等大科学装置，提速建设清华公共安全院二期、中科院创新院二期。高标准打造滨湖科学城，推进“一心一谷一镇三区”建设。开展10项科技重大专项攻关，力争多出战略性、原创性重大创新成果。

推动科技成果“三就地”。深入实施科技成果转化三年攻坚行动，高水平建设国家科技成果转移转化示范区。发挥科创集团、安徽创新馆作用，提升供需对接功能，实现“线上天天有交易、线下月月有活动”，技术合同交易总额增长15%以上，就地转化科技成果3000项左右。

提升企业自主创新能力。实施产业技术创新战略联盟行动，支持领军企业牵头组建技术创新中心，企业承担科技攻坚项目100项以上。实施场景创新促进行动，打造100个以上应用场景，示范应用150项“三首”产品。实施科创企业倍增行动，入库国家科技型中小企业5000户以上，净增国家高新技术企业1200户以上，打造科技型企业丛林。

完善创新创业生态体系。实施科技创新条例，深化科研人员职务科技成果所有权或长期使用权试点，完善科技创新容错机制。进一步完善人才服务政策体系，持续开展“智汇合肥”活动，吸引100个高层次人才团队和20万大学生汇聚合肥，让各类人才群贤毕至。举办首个合肥科技创新日、中国（安徽）科交会，办好全国“双创”活动周、全球1024开发者节、青少年科技创新大赛，让创新的城市气质更加鲜明。

（三）提质扩量增效加快产业发展。

加快战新产业集聚集群。压紧压实“链长制”“群长制”，扩产增效集成电路、新型显示、人工智能三大产业集群，开工建设维信诺模组、讯飞人工智能小镇等项目，加快建设长鑫二期、晶合二期，建成投产比亚迪、中创新航、大众安徽等一批重大项目。围绕中科星图、航天宏图、银河航天等空天信息龙头企业，招引更多产业链项目落地，努力打造“中国星城”。新增50个专精特新“小巨人”和“冠军”企业。支持龙头企业、优势平台争创国家产业创新中心、制造业创新中心、技术创新中心。

加快现代服务业增量增效。建成运营云谷创新园，开工建设中安创谷三期，提升滨湖金融小镇、合肥金融广场集聚功能。国家检验检测高技术服务业集聚区建成验收，争创国家两业融合发展试点。推进中外运供销物流园、百大农产品物流园等项目建设。建成滨湖会展中心二期，精心承办世界制造业大会、集成电路产业大会等，不断延长会展产业价值链。

加快数字赋能赋智。推进数字新基建，适时启动合肥先进计算中心二期，创建国家级互联网骨干直联点，新建5G基站4000个，实现重点场所深度覆盖。推动数字产业化，提质扩容中国网谷、中国安全谷，中国声谷营收增长30%以上。推动产业数字化，实施工业互联网创新发展行动，打造图聆工业云国家级双跨综合平台，新建5个省级以上行业型、专业型平台，新增50个以上省级智能工厂、数字化车间。

加快开发区提档提级。推进县域开发区与四大开发区合作共建、联动发展。高新区争创国家高新区绿色发展示范区，经开区综合发展水平力争再进位，新站高新区加快提升新一代信息技术等战新产业发展能级，安巢经开区对接高新区共建合巢产业新城，蜀山经开区加快建设中国环境谷、数字新园区。支持阜合现代产业园打造皖北结对合作样板。实施省级开发区升级行动，形成竞相发展、差异发展、特色发展新格局。

（四）全力以赴改善生态环境。

打造合肥“最好名片”。系统实施巢湖流域山水林田湖草沙一体化保护和修复工程，稳步提升南淝河等主要河流水质，巢湖水质稳定Ⅳ类并持续改善。系统治理农业面源污染，实现巢湖一级保护区化肥农药“负增长”。加大蓝藻治理力度，提升“数字巢湖”功能。推进凤凰颈船闸建设，力争新建对江排洪泵站。开工建设环湖生态蓄洪区，建成十八联圩湿地三期，构筑环巢湖湿地生态屏障。

打好污染防治攻坚战。从严落实环境专项监督长制度，强化“五控”举措，不断提升优良天数比率，巩固空气质量稳定向好态势。推深做实河湖长制，开展河湖管护专项行动。深入实施“绿盾”专项行动，加快马合钢、氯碱化工等污染地块治理，推进钟山铁矿、犁头尖矿等矿山修复利用。开展危险废物专项整治，实施长三角多源有机固废示范项目，建成蜀山生活固体废弃物处置中心。

提升城市园林绿化水平。加快江淮运河生态廊道建设，推进庐州公园二期等建设，新建40个小公园小游园，新增60公里城区绿道。推进林业增绿增效行动，争创省级森林城镇5个、村庄50个。精心筹办第十四届中国（合肥）国际园林博览会、第二十届中国（合肥）苗交会，建成启用苗交会新场馆。

推广绿色生产生活方式。制定碳达峰总体方案和分领域方案，开展碳达峰碳中和试点示范。强化能源保障供给，大力发展光伏等清洁能源，持续开展能耗“双控”和煤炭消费减量替代。加大工业厂房、公用建筑合同能源管理力度，推行绿色建筑标准，新建装配式建筑1200万平方米。开展全民节约行动，倡导绿色出行、绿色消费、绿色生活。

（五）攻坚克难推进改革开放。

携手推进长三角一体化发展。深化安徽合肥—上海张江“两心同创”，G60科创走廊落地合作项目20个，节能环保等8个合作园区和新能源等7个产业联盟取得实质性进展，谋划实施县（市）区、开发区与沪苏浙结对合作项目。共建共享优质公共服务资源，提高政务服务“一网办”覆盖面和便利度。

纵深推进合肥都市圈同城化发展。建设巢马城际、合新六城际、合周高速、合六南快速路等通道，形成一小时通勤圈。加快新桥科创示范区等市域毗邻合作园区建设，共建一体化产业链。加强公共服务资源共享，率先实现异地社保办理、就医结算、公交卡使用，完善一卡通服务网。

统筹推进开放平台建设。推进自贸试验区合肥片区专项行动，试点任务应落尽落。深化服务贸易试点，做大高附加值离岸服务外包规模，力争形成全国推广的原创性成果。建设跨境电商海外仓，跨境电商规模增长50%以上。发挥进口贸易创新示范区作用，建设中高端消费品保税展示交易中心。新开通3条以上国际航空货运航线，建成合肥国际内陆港一期。

系统推进重点领域改革。全面完成国企改革三年行动任务。精准实施规上工业企业亩均效益评价，建立差别化资源要素配置体系。开展“土地码”试点，推行“标准地”改革，完善“评定分离”制度。推广按疾病诊断相关分组付费为主的多元复合支付方式，完善紧密型县域医共体和城市医联体总额付费管理。深化农村集体产权制度改革，“三变”改革村占比超90%。

强力推进营商环境优化升级。对标国际标准、国家要求和先进地区，打造营商环境标杆城市。推进“证照分离”“一业、一证、一码”“一照通”改革试点，提升“一窗办、一网办”“智慧办”“跨省通办”水平。聚焦企业准入退出、水电气热接入等事项，减环节、减资料、减时限，让企业办事更加便利。完善“双随机、一公开”和跨部门协同监管，加快构建事中事后监管体系。

（六）提速提品推进城市大建设。

更高标准建设重点片区。高质量编制市县乡三级国土空间总体规划，高品质建设五大片区，骆岗公园加快建成园博园，推进滨湖国际科学交流中心等建设。东部新中心实施老合钢片区等全面征迁和综合改造，开工建设唐桥公园、青年创意田园二期，建成一中东校区。新桥科创示范区开工建设国际小镇二期，空港医院投入使用，新桥智能电动汽车产业园一期建成投产。大科学装置集中区加快基础设施建设，启动未来科学馆、科学社区建设。运河新城加快完善核心区交通路网，建设八中新校区，力争开工市委党校新校区。

更大力度完善城市功能。全面推进新合肥西站、合新高铁、沪渝蓉高铁等项目建设，建成明巢、德上、无岳、合六叶扩容等高速公路。轨道交通1号线三期、5号线北段开通运营，2、3、4号线延长线、6、7、8号线一期和S1线同步建设。畅通二环全线贯通，完成郎溪路、文忠路等快速化改造。打通30条半截路，治理15处拥堵点，新增9万个停车泊位。加快龙河口引水、长江供水工程建设，提高城市饮用水保障能力。

更高品质加快城市更新。实施老城区减法专项行动，有序推进闲置公房、厂房“留改拆”，加快环城公园区域改造，完成明珠广场综合整治等城市更新项目。持续推进既有住宅加装电梯，加快推进D级危房解危、自建自管小区供电供水和消防设施无水整治改造，力争三年内全部完成。完善城镇基础设施功能，全面提升县城公共服务可及性和便利度。

更高效率精细化管理城市。加快智慧城市建设，拓展重点领域场景应用。推进城市生命线三期工程，实现市县重点区域监测全域覆盖。强力推进城区生活垃圾分类。组织开展小区治理提升专项行动，有效整合党建指导员、专职网格员、志愿者、物业人员等力量，提升住宅小区管理水平。

（七）倾心聚力推进乡村全面振兴。

做大做强县域经济。实施千亿产业、百亿企业培育计划，四县一市围绕全市主导产业，加快延链补链强链，着力打造1～2个百亿级特色产业，力争百亿制造企业零突破。加快下塘、合庐产业新城建设，提升肥东循环经济园、肥西产城融合示范区、巢湖镁基新材料基地承载能力，支持长丰双凤开发区争创国家级。

发展壮大现代农业。强化农产品稳产保供，建成高标准农田18万亩，粮食产量稳定在300万吨左右，蔬菜面积136万亩，稳定生猪存栏出栏水平。实施“两强一增”工程，农业科技进步贡献率、综合机械化率稳步提高，农民人均可支配收入增长9%。实施种业振兴工程，培育引进种业头部企业，加快智慧农业谷和合肥菌物谷建设。实施特色产业提升工程，重点打造12条农业产业链，农产品加工产值突破千亿，争创国家级农业产业示范区。

深入推进乡村建设。开展村庄规划三年行动，实施农村人居环境整治提升五年行动，完成30个省级美丽乡村建设和500个较大自然村人居环境整治，新建改建185公里农村道路。实施第三批17个乡村振兴项目，贯通产加销，融合农文旅，乡村旅游收入增长20%以上。

推进巩固拓展脱贫攻坚成果同乡村振兴有效衔接。严格落实“四个不摘”政策，加强动态监测，守牢防止返贫致贫底线。实施脱贫人口稳定就业提升行动，建立农村低收入人口综合保障长效机制。加快发展村级集体经济，全市50%以上的村集体经济年收入超50万元。

（八）用心用情改善民生福祉。

从严抓好常态化疫情防控。夯实“四方责任”，落实“外防输入、内防反弹”各项举措，全面排查堵塞防疫漏洞，切实筑牢人物同防安全防线。完善多源检测、多点触发的预警体系，做实做细各项预案，强化流调溯源、社区防控力量储备。严格落实预检分诊和首诊负责制，严格发热病人闭环管理，强化医疗救治服务。继续加强免疫接种，构建更加坚固的全民免疫屏障。

提升就业和社会保障水平。推动高校毕业生、农民工、退役军人等重点群体就业，动态识别低收入群体，精准落实分层分类救助帮扶。改造提升县级特困人员供养服务设施，提升养老服务质量。落实三孩生育政策，大幅增加托位供给。落实医保待遇清单制度，实施职工门诊共济保障。筹集保障性租赁住房2.3万套，新开工棚改安置房1.4万套，支持商品房市场更好满足购房者的合理住房需求。

持续打造“学在合肥”品牌。新建中小学22个、幼儿园35个，建成六中新校区，加快合肥幼专梅冲湖校区建设，开工建设江淮学院新校区、一中淝河校区。创建全国义务教育优质均衡发展区，实施普通高中“倍增计划”，深化国家产教融合型城市试点。落细落实“双减”政策，深入实施“德智体美劳”行动，让孩子回归本真、教育回归本质。

深化健康合肥建设。加快建设国家儿童区域医疗中心、市三院新区，开工建设中科大临床医院、公共卫生临床医疗中心、市儿童医院新区。搭建全民健康信息平台，深化互联网医院、智慧医院建设。健全中医药服务体系，优化县域医共体、城市医联体模式。建成全民健身场所400个以上，视情举办合肥马拉松赛、环湖自行车赛、全民健身运动会等体育赛事。

扩大城市文化供给。加快建设市中心图书馆、市博物馆，启动建设骆岗音乐厅、滨湖图书馆。深化国有文艺院团改革，支持民营院团高质量发展。高水平建设庐江矾矿文创园等项目，培育50个文旅网红打卡点。启动合肥新动物园建设。筹办上海国际艺术节合肥分会场、第十二届中国曲艺牡丹奖活动，办好“双文广场”音乐会。常态化开展文化惠民活动，送文化进农村、进社区、进工厂、进工地，为城市增添更多文化气息。

提高社会治理水平。持续深化平安合肥建设，启动实施智慧社区建设二期项目。新建50家以上“幸福驿站”，为户外劳动者遮风挡雨。落实领导精准接访、领衔包案和阅批群众来信制度，完善信访闭环跟踪落实机制。持续深化公共安全管理、网络空间治理，常态化开展扫黑除恶斗争，严厉打击电信网络诈骗。深入实施安全生产专项整治三年行动，试点建设城市安全风险综合监测预警体系。创成国家食品安全示范城市。完善现代公共法律服务体系，实施“法律服务进万企”活动。加强退役军人和双拥工作，支持工会、共青团、妇联、红十字会等人民团体广泛参与社会治理和公共服务，扎实做好民族宗教、外事侨务、人防民防、防震减灾、气象、新闻、档案、保密、残疾人和关心下一代等工作。

四、加强政府自身建设

走好赶考路，奋进新征程，必须牢记政府前面“人民”二字，不断提高政府治理体系和治理能力现代化水平，全力打造人民满意政府。

对标对表强化政治建设。深学细悟笃行习近平新时代中国特色社会主义思想，衷心拥护“两个确立”、忠诚践行“两个维护”，始终同党中央保持高度一致，不断提高政治判断力、政治领悟力、政治执行力。时刻牢记“国之大者”，自觉在全局中谋划工作，在大局下推动工作，真正做到总书记有号召、党中央有部署，安徽见行动，合肥见成效。

依法依规深入厉行法治。坚持把政府各项工作全面纳入法治轨道，深入实施“八五”普法，积极开展全国、全省法治政府建设示范创建。大力践行诚信契约精神，全面兑现政府公共政策。依法接受人大监督，自觉接受政协监督，主动接受社会监督、舆论监督，加强审计监督，认真办理人大代表议案建议、政协委员提案，努力把各方面“金点子”转化为推动发展“真招数”。

全心全意践行为民宗旨。坚持以人民为中心的发展思想，常态化开展“我为群众办实事”活动，用心用情办好人民群众牵肠挂肚的民生大事、天天有感的关键小事。用好大数据、人工智能、物联网等新技术，创新政府治理方式，完善“12345有事找政府”热线闭环办理机制，依法依规解决群众合理诉求，做到民之所忧、我必念之，民之所盼、我必行之。

知重负重勇于担当作为。实施干部专业化能力大提升行动，增强干部创新专注水平、产业感知水平、政策应用水平、难题破解水平，加快政府智库建设，打造一支学习型、专业型、创新型“合肥战队”。建立清单化、闭环式抓落实机制，巩固精文减会成果，统筹规范督查考核，坚决防止简单化、乱作为，坚决反对不担当、不作为，切实为基层减负、为实干撑腰、为发展聚力。

从严从实建设廉洁政府。践行“三严三实”，认真履行党风廉政建设主体责任和“一岗双责”，加强重点领域风险防控，敬畏历史、敬畏文化、敬畏生态，慎重决策、慎重用权。坚持政府过紧日子，深化财政预算绩效管理，坚决压缩一般性支出。锲而不舍落实中央八项规定精神和省市委实施细则，力戒形式主义、官僚主义，持续整治群众身边不正之风，保持清正廉洁的政府形象。

各位代表！

百舸争流，奋楫者先；跨越赶超，创新者胜。让我们更加紧密地团结在以习近平同志为核心的党中央周围，在省委省政府和市委的坚强领导下，踔厉奋发、笃行不怠，埋头苦干、勇毅前行，确保完成全年经济社会发展各项任务，全面开启合肥现代化建设新征程，为建设现代化美好安徽作出更大贡献，以优异成绩迎接党的二十大胜利召开！

合肥市2021年国民经济和社会发展统计公报[1]

合肥市统计局　国家统计局合肥调查队

2022年4月2日

2021年，面对复杂严峻的内外部环境，全市上下坚持以习近平新时代中国特色社会主义思想为指导，全面贯彻党的十九大和十九届历次全会精神，深入贯彻习近平总书记“七一”重要讲话和考察安徽重要讲话指示精神，坚持稳中求进工作总基调，持续巩固拓展常态化疫情防控和经济社会发展成果，扎实做好“六稳”“六保”工作，奋勇争先、勇毅前行，全市经济持续稳定向好，构建新发展格局迈出新步伐，高质量发展取得新成效，实现“十四五”良好开局。

一、综合

初步核算，全年生产总值（GDP）[2]11412.80亿元，按可比价格计算，比上年增长9.2%。其中，第一产业增加值351.05亿元，增长5.1%；第二产业增加值4171.21亿元，增长10.6%，其中工业增加值2472.25亿元，增长15.7%；第三产业增加值6890.54亿元，增长8.6%[3]。三次产业结构为3.1：36.5：60.4。按常住人口计算，人均GDP为121187元（折合18784美元），比上年增加12760元。

年末全市户籍人口792.67万人，比上年增加11.14万人。常住人口946.5万人，增加9.5万人；常住人口城镇化率84.04%，提高1.76个百分点。

全年城镇新增就业14.36万人，失业人员再就业4.29万人，新增农民工就业6.19万人。年末

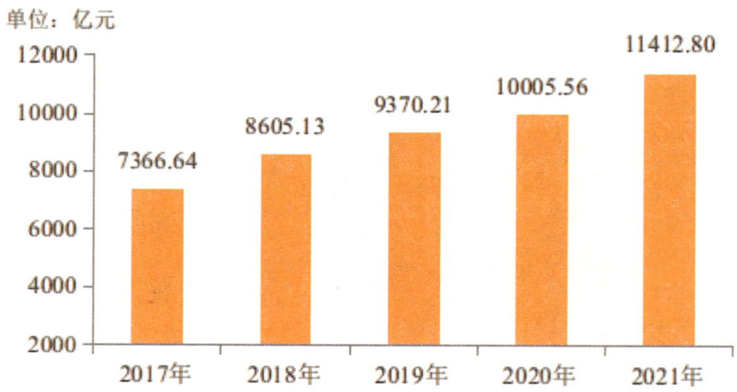

图1　2017—2021年全市生产总值（GDP）[4]

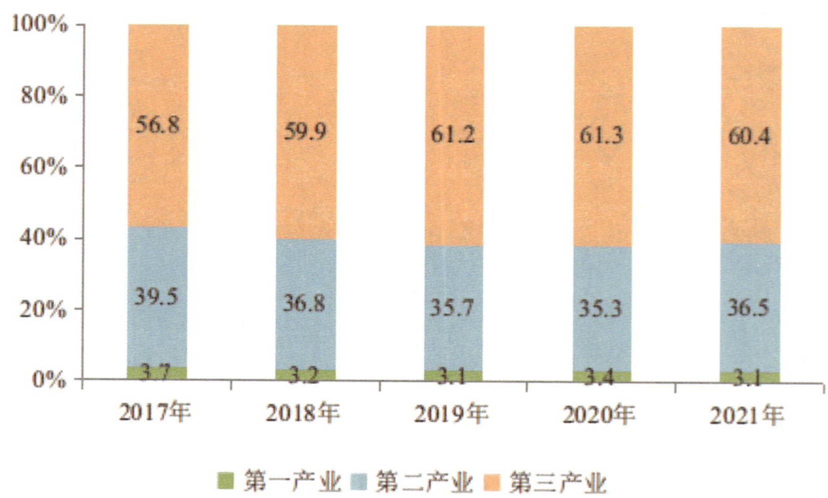

图2　2017—2021年三次产业增加值占GDP比重

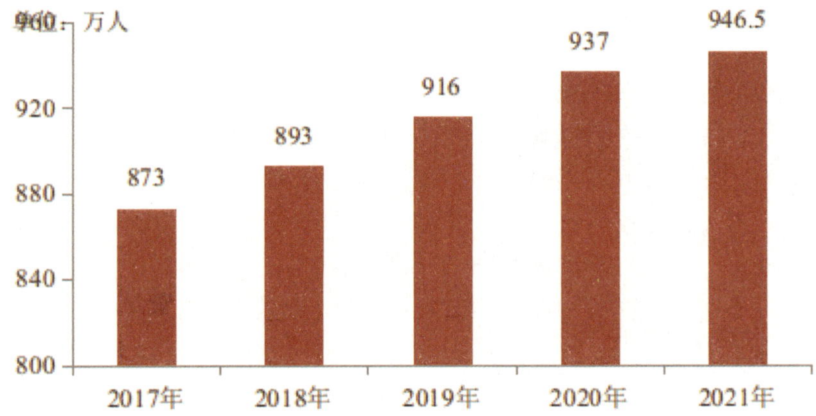

图 3　2017—2021 年末全市常住人口

表 1　2021 年全市居民消费价格比上年涨跌幅度

指 标	涨跌幅度 %
居民消费价格	1.7
其中：食品烟酒	0.4
衣着	0.5
居住	1.3
生活用品及服务	0.4
交通和通信	5.4
教育文化和娱乐	4.8
医疗保健	0.6
其他用品和服务	-3.8

表 2　2021 年全市主要农产品产量及增速

产品名称	绝对数（万吨）	比上年增长 %
粮食	294.13	1.8
油料	16.61	5.7
其中：油菜籽	11.51	7.1
棉花	0.25	-50.1
蔬菜	241.69	4.5
瓜果	27.06	6.2
肉类	34.06	3.8
其中：猪牛羊肉	13.78	27.6
牛奶	8.83	32.6
蛋类	20.73	-11.7

城镇登记失业率为2.77%，比上年下降0.29个百分点。

全年居民消费价格比上年上涨1.7%，其中食品烟酒价格上涨0.4%。

新兴动能不断增强。全年规模以上工业[5]中，高技术制造业增加值比上年增长38.0%，占规模以上工业增加值比重为31.9%；战略性新兴产业产值增长28.3%，其中生物产业增长1倍，新一代信息技术、新能源汽车、数字创意产业分别增长27.1%、45.4%和62.9%。市场销售中，实物商品网上零售额[6]437.45亿元，增长37.7%。固定资产投资中，高技术产业[7]投资增长10.2%，快于全部投资6.7个百分点。新登记各类市场主体31.31万户，增长35.9%，新增数量创历史新高；年末实有各类市场主体134.68万户，增长18.3%。

二、农业

全年农作物总播种面积69.70万公顷，比上年增长1.2%。其中，粮食作物52.71万公顷，增长0.7%。蔬菜9.37万公顷，增长3.4%。油料5.61万公顷，增长5.0%。瓜果1.02万公顷，增长4.8%。棉花0.35万公顷，下降53.3%。

全年粮食总产量294.13万吨，增长1.8%。其中，稻谷220.43万吨，增长0.5%。蔬菜产量241.69万吨，增长4.5%。油料产量16.61万吨，增长5.7%。瓜果产量27.06万吨，增长6.2%。棉花产量0.25万吨，下降50.1%。

年末生猪存栏量84.8万头，比上年增长31.1%；出栏量158万头，增长24.9%。肉类总产量34.06万吨，增长3.8%，其中猪牛羊肉产量13.78万吨，增长27.6%。禽蛋产量20.73万吨，下降11.7%。牛奶产量8.83万吨，增长32.6%。

年末农业机械总动力508.98万千瓦，比上年增长1.0%。农用拖拉机20.06万台，下降3.6%，其中大、中型拖拉机1.7万台，增长3.8%；联合收割机1.5万台，增长2.5%；排灌动力机械18.23万台，增长0.4%。主要农作物耕种收综合机械化率达84.34%，比上年提高0.5个百分点。累计建成高标准农田45.87万亩。农村用电量20.07亿千瓦时，增长2.6%。

全年农林牧渔业总产值

550.86亿元，按可比价格计算，比上年增长6.3%。

三、工业和建筑业

年末全市规模以上工业企业2219户。其中，产值超亿元企业859户、比上年增加93户，超百亿元企业13户，超500亿元企业2户、增加1户。全年规模以上工业增加值比上年增长19.6%。分经济类型看，国有企业增长3.5%，股份制企业增长22.4%，外商及港澳台商投资企业增长15.6%。分行业看，37个工业大类行业有28个增加值保持增长。六大主导产业增加值比上年增长19.8%，占规模以上工业的66.6%，其中平板显示及电子信息产业增长32.4%、装备制造产业增长18.4%。规模以上工业出口交货值比上年增长37.1%。

表3 2021年全市六大主导产业增加值增速

指 标	比上年增长%
六大主导产业	19.8
汽车及零部件	13.9
装备制造	18.4
家用电器	14.6
食品及农副产品加工	6.2
平板显示及电子信息	32.4
光伏及新能源	7.9

表4 2021年全市规模以上工业主要产品产量及增速

产品名称	单 位	绝对数	比上年增长%
汽车	万辆	63.71	8.7
其中：轿车	万辆	5.89	-30.7
SUV	万辆	39.75	35.8
其中：新能源汽车	万辆	14.50	148.0
叉车	万辆	12.45	-9.4
挖掘机	万台	0.52	-10.2
集成电路	万块	123207.59	68.5
工业机器人	套	1476	0.8
智能手环	万台	1908.04	-34.7
变压器	万千伏安	2255.25	26.1
太阳能电池	万千瓦	2228.97	20.5
彩色电视机	万台	778.82	7.7
家用洗衣机	万台	2387.99	14.0
家用电冰箱	万台	1811.32	-1.9
房间空气调节器	万台	1004.37	8.0
微型计算机设备	万台	3672.96	18.6
液晶显示屏	万片	25739.59	5.6
水泥	万吨	1597.19	3.6
卷烟	亿支	297.35	1.2
农用化肥（折纯）	万吨	24.25	-3.1
橡胶轮胎外胎	万条	2828.15	20.2
钢材	万吨	161.26	1.9

全年规模以上工业企业实现利润563.27亿元，比上年增长41.8%，增速创十年来新高。企业亏损面16.4%，比上年收窄0.5个百分点。每百元营业收入中的成本为84.67元，比上年减少0.92元。营业收入利润率达5.7%，比上年提高1个百分点，创近七年新高。

全年建筑业增加值1702.79亿元，比上年增长3.4%。年末具有资质等级的总承包和专业承包建筑业企业1843家，比上年增加221家。其中，产值超10亿元企业67家，超百亿元企业11家。房屋建筑施工面积23745.38万平方米，比上年下降4.7%；房屋竣工面积5420.42万平方米，下降3.1%。年末建筑业从业人员80.93万人，下降3.9%；其中工程技术人员10.77万人，增长12.9%。

四、服务业

全年批发和零售业增加值1141.00亿元，比上年增长7.8%；交通运输、仓储和邮政业增加值517.77亿元，增长7.2%；住宿和餐饮业增加值203.53亿元，增长15.7%；金融业增加值1065.88亿元，增长6.0%；房地产业增加值1117.21亿元，增长10.1%；其他服务业增加值2833.45亿元，增长9.1%。全年规上服务业[8]营业收入2230.33亿元，增长26.2%，其中以互联网信息技术、科学研究技术等新兴行业为代表的规模以上其他营利性服务业营业收入增长22.5%。

全年旅客运输量0.68亿人次，下降1.5%；货物运输量4.91亿吨，

表 5　2021 年全市各种运输方式旅客和货物运输量及增速

指　标	单 位	绝对数	比上年增长 %
旅客运输量	万人次	6845.72	-1.5
其中：公路	万人次	2626.00	-21.7
铁路	万人次	3710.44	19.5
民航（含过港）	万人次	469.28	2.3
水运	万人次	40.00	17.6
货物运输量	万吨	49078.83	4.6
其中：公路	万吨	39324.00	0.3
铁路	万吨	276.45	4.7
民航	万吨	9.38	7.2
水运	万吨	9469.00	27.4

表 6　2021 年全市房地产开发和销售主要指标完成情况

指　标	单 位	绝对数	比上年增长 %
投资额	亿元	1466.42	-5.2
其中：住宅	亿元	1193.17	-3.6
房屋施工面积	万平方米	8284.96	3.6
其中：新开工	万平方米	1825.13	5.4
房屋竣工面积	万平方米	1896.80	17.5
商品房销售面积	万平方米	1836.59	23.6
其中：住宅	万平方米	1562.76	20.5
商品房待售面积	万平方米	357.27	30.5
其中：住宅	万平方米	61.19	20.6
商品房销售额	亿元	2457.72	15.5
其中：住宅	亿元	2257.01	14.0

增长4.6%。全年港口货物吞吐量4281.95万吨，增长18.6%，其中外贸货物吞吐量48.79万吨，增长2.5%。合肥新桥机场旅客吞吐量879.54万人次，增长2.3%。

规模以上工业统计的主要产品产量中，集成电路比上年增长68.5%，变压器增长26.1%，太阳能电池增长20.5%，微型计算机设备增长18.6%，新能源汽车增长1.5倍。

年末民用汽车拥有量254.48万辆，比上年增长8.7%；其中私人汽车220.89万辆，增长9.0%。民用轿车拥有量157.02万辆，增长6.9%；其中私人轿车146.54万辆，增长7.4%。

全年电信业务总量128.47亿元，比上年增长31.1%；邮政业务总量125.03亿元，增长29.5%。快递业务量12亿件，增长35.6%，实现快递业务收入87.73亿元，增长19.7%。年末本地固定电话用户119.38万户，比上年减少6.32万户。移动电话用户1108.61万户，增加45.59万户，移动电话普及率118.3部/百人。基础电信运营企业计算机互联网接入用户435.11万户，增加44.12万户。

全年入境旅游人数1.43万人次，比上年下降13.1%。国内游客9827.16万人次，比上年增长21.2%。旅游总收入1247.56亿元，增长27.7%。其中，旅游外汇收入1015.47万美元，下降14.1%；国内旅游收入1246.85亿元，增长27.8%。年末全市有星级饭店44家，其中五星级10家、四星级18家；A级及以上旅游景点（区）62处。

五、固定资产投资

全年固定资产投资比上年增长3.5%。分产业看，第一产业投资增长18.0%；第二产业投资增长9.6%，其中工业投资增长9.6%；第三产业投资增长1.5%，其中基础设施投资增长3.0%。

全年计划总投资5000万元及以上施工项目数创历史最高水平，达2237个，投资额比上年增

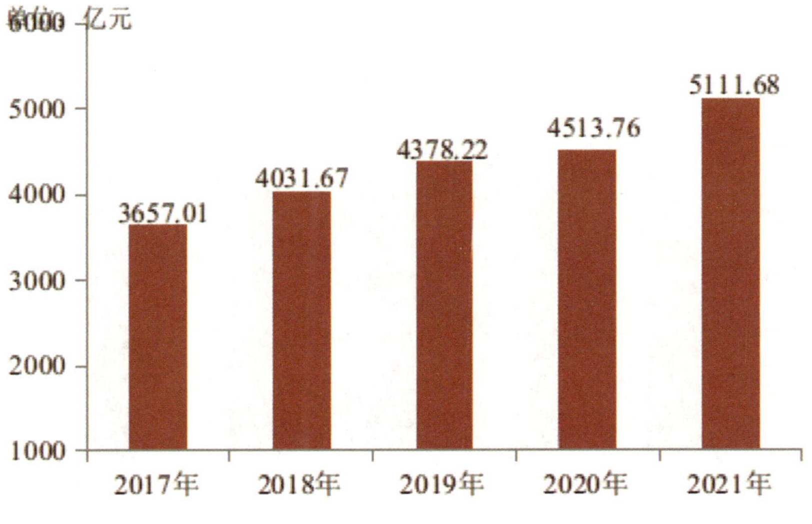

图 4　2017—2021 年全市社会消费品零售总额

长9.3%，占全部投资的60.4%，比上年提高3.2个百分点。其中，亿元以上项目1708个，投资额增长9.7%，总量占全部投资的56.7%，比上年提高3.2个百分点。新合肥西站、包公大道、金寨路、宿松路快速化改造等大项目开工建设，畅通二环西南环通车，轨道交通实现“5线联运、9线共建”，在长鑫存储、晶合二期、比亚迪汽车、新桥智能电动汽车产业园（一期）等大项目带动下，275个十亿元以上项目投资增长8.4%，占全部投资的33%，比上年提高1.5个百分点。

全年房地产开发投资1466.42亿元，比上年下降5.2%；其中住宅投资1193.17亿元，下降3.6%。新建商品房销售面积1836.59万平方米，增长23.6%；商品房销售额2457.72亿元，增长15.5%；年末商品房待售面积357.27万平方米，增长30.5%。

六、国内贸易

全年社会消费品零售总额5111.68亿元，比上年增长13.2%。按经营地统计，城镇消费品零售额4756.53亿元，增长13.3%；乡村消费品零售额355.16亿元，增长12.1%。按消费类型统计，商品零售额4633.03亿元，增长12.4%；餐饮收入478.65亿元，增长22.5%。

年末限额以上批发零售和住宿餐饮企业（单位）[9]3889户，比上年增加19户。限额以上商品零售额中，金银珠宝类增长45.5%，日用品类增长24.2%，化妆品类增长13.3%，家用电器和音像器材类增长12.9%，通信器材类增长36.5%，其中智能手机增长1.3倍，新能源汽车增长5.5倍。

七、对外经济

全年进出口总额514.60亿美元，比上年增长37.2%。其中，出口314.13亿美元，增长37.8%；进口200.48亿美元，增长36.3%。

全年新成立外商投资企业175户，比上年增长4.8%。外商直接投资37.48亿美元，比上年增长4.3%；其中新成立合同外资千万美元以上项目14个。劳务合作年末在外人员8832人，增长25%。年末49家境外世界500强企业在合肥投资设立69家法人公司，比上年新增2家。与220多个国家和地区开展经贸合作，中欧班列开行668列，新增100列。

八、财政、金融、证券和保险

全年一般公共预算收入844.22亿元，比上年增长10.7%；其中税收收入638.82亿元，增长11.9%。一般公共预算支出1223.72亿元，增长5.1%；其中民生支出1062.9亿元，增长6.6%，占全部支出的86.9%，比上年提升1.3个百分点。从重点支出项目看，城乡社区服务支出增长17.5%，科学技术支出增长6.6%，教育支出增长6.4%。

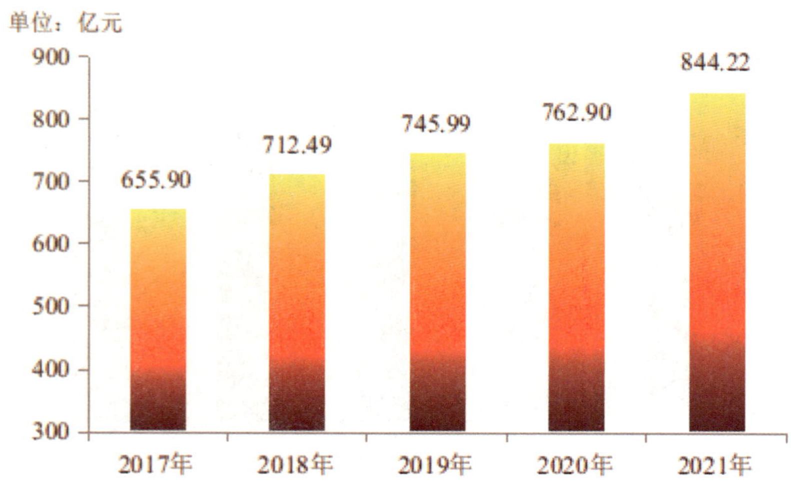

图5　2017—2021年全市一般公共预算收入

年末全市金融机构本外币各项存款余额20605.68亿元，比上年末增加1930.37亿元，增长10.3%。其中，住户存款6439.21亿元，增长14.2%；非金融企业存款7577.89亿元，增长9.5%；

表7　2021年末全市金融机构本外币存贷款余额及增速

指 标	年末数（亿元）	比上年末增长%
各项存款余额	20605.68	10.3
其中：住户存款	6439.21	14.2
非金融企业存款	7577.89	9.5
机关团体存款		
财政性存款		
非银行业金融机构存款	4310.00	5.7
财政性存款	636.94	19.7
非银行业金融机构存款	1599.72	8.1
各项贷款余额	20322.39	11.9
其中：住户贷款	7690.02	12.0
企（事）业单位贷款	12435.56	12.2

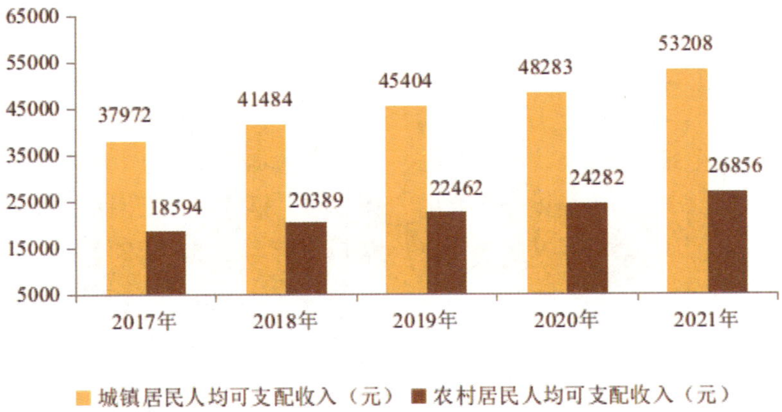

图6　2017—2021年全市城乡居民人均可支配收入

表8　2021年全市各类教育发展情况

指 标	招生数		
（人）	在校生数		
（人）	毕业生数		
（人）			
研究生	25364	70032	14071
普通本专科	211680	651355	143040
中等职业教育（不含技工学校）	45969	122377	35705
普通高中	54739	166128	52964
普通初中	89925	274504	80561
小学	111436	601925	86785
学前教育	115083	343787	105504
特殊教育	308	1922	311

机关团体存款4310亿元，增长5.7%；财政性存款636.94亿元，增长19.7%。年末金融机构本外币各项贷款余额20322.39亿元，比上年末增加2155.82亿元，增长11.9%。其中，住户贷款7690.02亿元，增长12%；企（事）业单位贷款12435.56亿元，增长12.2%。

全年新增上市公司10家，融资265.64亿元，其中科创板上市6家。年末全市共有境内外上市公司73家，其中境内上市公司68家。全年债券融资3998.34亿元。

全年保险公司保费收入417.57亿元，比上年增长6.2%。其中，财产险保费收入128.14亿元，下降8.5%；人身险保费收入289.43亿元，增长14.4%。赔款和给付155.81亿元，增长32.1%。其中，财产险赔款与给付86.93亿元，增长15.2%；人身险赔款与给付68.88亿元，增长62.3%。

九、人民生活和社会保障

全年常住居民人均可支配收入46009元，比上年增长10.5%；人均消费支出28206元，比上年增长16.7%。

按常住地分，城镇常住居民人均可支配收入53208元，比上年增长10.2%。人均消费支出32445元，增长15.9%。其中，食品烟酒支出增长11.0%，衣着支出增长14.5%，居住支出增长11.0%，生活用品及服务支出增长20.3%，交通通信支出增长14.3%，教育文化娱乐支出增长40.2%，医疗保健支出增长14.8%，其他商品及服务支出增长31.2%。城镇常住居民恩格尔系数为27.7%，比上年下降1.2个百分点。年末城镇常住居民人均住房建筑面积34.15平方米，比上年末下降0.7平方米。

全年农村常住居民人均可支配收入26856元，比上年增长10.6%。人均消费支出16927元，增长19.3%。其中，食品烟酒支出增长14.0%，衣着支出增长21.3%，居住支出增长14.6%，生活用品及服务支出增长24.4%，交通通信支出增长26.0%，教育文化娱乐支出增长35.2%，医疗保健支出增长17.0%，其他商品及服务支出增长23.5%。农村常住居民恩格尔系数为32.3%，比上年下降1.5个百分点。年末农村常住居民人均住房建筑面积46.7平方米，比上年末增加0.1平方米。

市区最低月工资标准为1650元。年末参加城镇职工养老（不含机关、含离退休退职）、医疗（生育）、失业、工伤保险人数分别为308.14万人、262.46万人、215.88万人和217.43万人。城乡居民养老保险参（续）保人数296.3万人。城乡居民基本医疗保险参保人数555.28万人，参保率达99.8%。

全年享受政府最低生活保障的居民为204.1万人次，其中城市27.3万人次、农村176.9万人次；累计发放低保金10.8亿元，其中城市1.6亿元、农村9.2亿元。全市特困供养人员集中供养率达69%，城市“三无”人员全部纳入特困供养范围。全年临时救助

9009人次，支出救助金3093.6万元。全年实施城乡医疗救助资助参保33.77万人，直接救助66.91万人次。支出医疗救助资金5.68亿元，其中资助参保支出0.87亿元、直接救助支出4.81亿元。

年末全市有各类提供住宿的社会工作机构180个，床位3.4万张，收养各类人员1.6万人；不提供住宿的社会工作机构和设施总数2511个，其中社区服务中心93个，社区服务站1725个。全年销售社会福利彩票11.97亿元，筹集公益金3.79亿元。全市慈善组织共接收社会捐款0.64亿元。

十、教育、科学技术和文化

年末全市各类高等院校60所（含成人高校），其中研究生培养院校9所。全年研究生教育招生2.54万人，在校研究生7.0万人，毕业生1.41万人。普通本专科招生21.17万人，在校生65.14万人，毕业生14.3万人。中等职业教育学校（不含技工学校）50所，在校生12.24万人。普通高中104所，在校生16.61万人，高中阶段毛入学率130.61%。普通初中235所，在校生27.45万人，初中阶段毛入学率112.86%。小学466所，在校生60.19万人，小学毛入学率109.45%。幼儿园1407所，在园幼儿34.38万人。全市义务教育经费保障机制改革惠及学生84.23万人，其中城市34.01万人、农村50.22万人。

全市已建成全超导托卡马克、稳态强磁场、同步辐射等3个国家大科学装置。年末有院士工作站70个，在肥服务两院院士138人。国家级（重点）实验室12个，部属（重点）实验室（含部属、省部共建）36个，省级（重点）实验室128个；省级以上工程技术研究中心139个，其中国家级（含分中心）7个；省级以上工程研究中心120个，其中国家级2个、国地联合17个、省级101个；省级以上工程实验室67个，其中国家级1个、国地联合4个、省级62个；省级以上企业技术中心400个，其中国家级（含分中心）53个。国家高新技术企业4578户，比上年增加1250户。市级以上科技企业孵化器98个，其中国家级18个、省级44个。市级以上众创空间109个，其中国家级20个、省级40个。

全年授权专利53843件、比上年增长31.1%，其中发明专利9741件、增长28.3%。全年签订输出技术合同13949项，成交金额435.67亿元，增长88.9%；签订吸纳技术合同7346项，成交金额431.3亿元，增长26.3%。全年共登记科技成果4005项，增长36.2%；其中应用技术类成果3916项，实现产业化应用1150项。各类财政资金支持形成的科技成果398项。11项科技成果获国家科技奖，其中国家自然科学奖二等奖3项，国家科学技术进步奖一等奖1项、二等奖5项，国家技术发明奖二等奖1项，中华人民共和国国际科学技术合作奖1项。

年末全市有文化馆11个，公共图书馆9个，博物馆41个（其中国有博物馆17个、非国有博物馆24个），各级国家综合档案馆10个，专业档案馆（城建馆）1个。乡镇街道综合文化站133个。全国重点文物保护单位10处，省级重点文物保护单位41处，市级重点文物保护单位82处。国家级非物质文化遗产项目5项，省级非物质文化遗产项目44项，市级非物质文化遗产项目88项。各级国家档案馆馆藏档案资料546.69万卷（件、册）（不含寄存档案），专业档案馆（城建馆）馆藏档案35.71万卷。年末广播综合人口覆盖率99.88%，电视综合人口覆盖率99.85%。

十一、卫生和体育

年末拥有医疗卫生机构（含村卫生室）3543个，其中医院212个、基层医疗卫生机构3232个、专业公共卫生机构50个、其他卫生机构50个。基层医疗卫生机构中，卫生院98个，社区卫生服务中心（站）185个，村卫生室1150个；专业公共卫生机构中，疾病预防控制中心12个，专科疾病防治院（所、站）6个，妇幼保健机构12个，卫生监督所（中心）11个。年末卫生技术人员8.08万人，其中执业（助理）医师3.08万人、注册护士3.87万人。医疗卫生机构床位6.85万张，其中医院床位6.0万张、基层医疗卫生机构床位0.80万张。全年医疗卫生机构共诊疗 6763.76万人次。婴儿死亡率2.23‰，孕产妇死亡率3.68/10万。

全年成功组织4项大型赛事和227项市级体育赛事。在各种省级以上体育赛事中，我市运动健儿共获得424枚金牌、334枚银牌和351枚铜牌。成功举办2021合肥马拉松线上赛、合肥市第三届全民健身运动等，成功承办第十四届全运会国际象棋、象棋、围棋三项比赛。全市完成4个体育公园、160个全民健身苑工程、14个笼式多功能健身场和7个乡镇全民健身广场、20个街道或社区体育俱乐部、200个示范晨晚练点、10个三人制篮球场等建设。全年共举办全民健身活动231次，参加活动总人数12.42万人次。全年销售体育彩票24.13亿元，比上年增长22.2%。

十二、生态环境和应急管理

年末全市共有市县级环境监测站6个。区域环境噪声平均值

58.9dB(A)，道路交通干线噪声平均值67 dB(A)。可吸入颗粒物（PM_{10}）年均浓度为63微克／立方米，比上年上升12.5%。细颗粒物（$PM_{2.5}$）年均浓度为32微克／立方米，比上年下降11.1%。二氧化硫、二氧化氮年均浓度分别为7微克／立方米、36微克／立方米，一氧化碳日均浓度1.0毫克／立方米，臭氧日最大8小时平均浓度值143微克／立方米。全年空气质量优良天数为314天，优良率86%，创有监测记录以来新高，重污染天气实现清零，空气质量达到国家二级标准。20个国考断面水质优良率85%，南淝河全流域首次全面达标，巢湖水质稳定Ⅳ类。市级饮用水源地水质达标率100%。辐射环境质量良好。

全年新增城区绿化面积329.5万平方米，绿化覆盖率46.0%。建成区绿地率达40.3%。城市生活垃圾“全焚烧、零填埋”，农村生活垃圾无害化处理率100%。

全年能源消费总量2604.02万吨标煤，比上年增长5.7%，电力消费增长16.1%，单位GDP能耗比上年下降3.2%。

全年亿元GDP生产安全事故死亡人数为0.029人，比上年下降18.3%。道路交通万车死亡人数为1.573人，下降10.3%。全年发生一般程序道路交通事故1839起，造成439人死亡，1744人受伤。

注释：

[1]本公报数据为初步统计数。

[2][4]生产总值及其分类项目增加值绝对数按现价计算，增长速度按不变价格计算。2017-2018年生产总值为根据四经普修订数，2019-2020年生产总值为最终核实数。

[3]三次产业划分标准：第一产业是指农、林、牧、渔业（不含农、林、牧、渔专业及辅助性活动）。第二产业是指采矿业（不含开采专业及辅助性活动），制造业（不含金属制品、机械和设备修理业），电力、热力、燃气及水生产和供应业，建筑业。第三产业是指除第一产业、第二产业以外的其他行业。

[5]规模以上工业统计范围为年主营业务收入2000万元及以上的工业企业。

[6]网上零售额是指限额以上批发零售企业通过公共网络交易平台（主要从事实物商品交易的网上平台，包括自建网站和第三方平台）实现的商品和服务零售额。

[7]高技术产业包括医药制造、航空航天器及设备制造等六大类高技术制造业和信息服务、电子商务服务等九大类高技术服务业。

[8]规模以上服务业统计范围包括年营业收入2000万元及以上的交通运输、仓储和邮政业，信息传输、软件和信息技术服务业，水利、环境和公共设施管理业三个门类和卫生行业大类；年营业收入1000万元及以上的租赁和商务服务业，科学研究和技术服务业，教育三个门类，以及物业管理、房地产中介服务、房地产租赁经营和其他房地产业四个行业小类；年营业收入500万元及以上的居民服务、修理和其他服务业，文化、体育和娱乐业两个门类，以及社会工作行业大类。

[9]限额以上批发零售和住宿餐饮企业（单位）统计范围为年主营业务收入2000万元及以上的批发企业（单位）、年主营业务收入500万元及以上的零售企业（单位）和年主营业务收入200万元及以上的住宿、餐饮企业（单位）。

（任凤娟　丁　涛）

合肥市国民经济和社会发展第十四个五年规划和2035年远景目标纲要

（2021年1月21日合肥市第十六届人民代表大会第四次会议批准）

“十四五”时期是我国全面建成小康社会、实现第一个百年奋斗目标之后，乘势而上开启全面建设社会主义现代化国家新征程、向第二个百年奋斗目标进军的第一个五年。根据《中共合肥市委关于制定国民经济和社会发展第十四个五年规划和二〇三五年远景目标的建议》编制本纲要，主要阐明“十四五”期间合肥市国民经济和社会发展的主要目标、重点任务和保障措施，展望到2035年基本实现社会主义现代化远景目标，谋划重大战略，部署重大任务，确定政府工作重点，引导市场主体行为，是全市各级政府依法履行职责的重要依据，是全市经济社会发展的宏伟蓝图，是全市人民共同奋斗的行动纲领。

第一章　全面建成小康社会，开启高水平全面建设社会主义现代化新征程

第一节　决胜全面建成小康社会取得决定性成就

“十三五”时期是合肥发展持续跨越赶超、成效十分显著的五年。五年来，面对错综复杂的国际形势、艰巨繁重的改革发展稳定任务，特别是突如其来的新冠疫情和百年未遇的汛情，我市坚持以习近平新时代中国特色社会主义思想为指导，坚决贯彻习近平总书记考察安徽重要讲话指示精神和党中央决策部署，在省委、省政府坚强领导下，市委、市政府团结带领全市人民砥砺前行、开拓创新，“十三五”确定的主要目标任务总体完成，全面建成小康社会胜利在望，为开启高水平全面建设社会主义现代化新征程奠定了坚实基础。

经济总量迈上万亿台阶。“十三五”期间，全市经济总量和发展质量同步提升，总量连跨五个千亿元台阶，突破万亿元大关，达到10045.72亿元，在全国大中城市及省会城市中的位次实现不断前移。人均生产总值突破11万元。财政收入连跨四个百亿元台阶。全员劳动生产率超过17万元/人。高新区、经开区综合排名分别位居国家级高新区第10、国家级经开区第11，新站高新区位列全国新型显示十大园区前列；五县（市）综合竞争力全部进入全省六强，肥西、肥东、长丰三县稳居全国百强；四城区在全国百强区综合实力明显提升，三个区经济总量突破千亿元。

科技创新彰显城市气质。获批建设全国第二个综合性国家科学中心。国家实验室率先挂牌运营，能源、人工智能、大健康研究院和环境综合研究平台陆续组建运行。合肥滨湖科学城设立运行，大科学装置集中区启动建设，聚变堆主机关键系统等一批重大科技基础设施加快推进。“九章量子计算机”“墨子号”“嫦娥钢”“质子刀”“托珠单抗”“量子显微镜”等国际领先的科技成果不断涌现。合芜蚌国家自主创新示范区加快推进，产学研协同创新平台达到26家，全

社会科学研究与试验发展（R&D）投入强度达到3.2%左右，跻身国家创新型城市10强。国家高新技术企业突破3300家，境内外上市公司数量达到63家。集聚各类专业技术人才100万人，在肥服务的“两院”院士达到135位。

*产业地标铸就城市名片。*以“芯屏器合”为引领的战略性新兴产业领跑全国，连续三年获得国务院通报激励，新型显示器件、集成电路、人工智能入选首批国家战略性新兴产业集群，战略性新兴产业产值占全市工业比重超过55%。传统优势产业加速迈向“高端化、绿色化、智能化、融合化”，1.3万家企业实现“上云”，智能工厂、数字化车间超过800个。现代服务业快速发展，入选国家物流枢纽布局承载城市、首批国家骨干冷链物流基地、国家检验检测高技术服务业集聚区。世界制造业大会、世界显示产业大会等高端展会永久落户合肥。淮河路步行街获批国家第二批步行街改造提升试点。都市农业蓬勃发展，粮食产量稳定在300万吨左右，市级以上农业产业化龙头企业达到675家。庐江台创园入选首批国家农村产业融合发展示范园。

*城市建设进入都市时代。*骆岗生态公园等五大片区启动建设，城市建成区面积扩大至502.5平方公里，常住人口城镇化率突破76%。全国性综合交通枢纽地位巩固提升，“米”字型高铁网直达23个省会城市，新桥国际机场跻身长三角机场群重要区域枢纽，江淮运河（引江济淮）工程全面建设，合肥港集装箱年吞吐量突破37万标箱，“一环八射多联”高速路网加速成形。城市大建设持续加力，累计投资近3000亿元，轨道交通迈入线网时代，通车里程达到115公里。供水、供电、供热、油气等运营保障能力不断增强，城区污水集中处理率达到94.5%。4G、光纤网络实现全覆盖，5G基站部署超过8000个。乡村振兴取得重要进展，农村道路畅通工程开工建设1.25万公里，实现乡镇通公交、建制村通客车，农村人居环境整治经验全国推广。

*生态环境质量全面提升。*环巢湖生态保护与修复工程深入实施，环巢湖“十大湿地”启动建设，巢湖全湖水质达到Ⅳ类，出湖入江水质持续保持优良。$PM_{2.5}$、PM_{10}浓度连续七年“双下降”，入选空气质量改善全国十佳城市。完成农用地污染状况调查，建设用地污染风险得到有效防控，重点土壤修复项目加快推进。废弃矿山治理稳步实施。生活垃圾无害化处理率保持100%，垃圾分类改革全面推开。大力推进林长制改革，植树造林超过40万亩，建成区绿化覆盖率、森林覆盖率分别达到46%、28.3%，成功申办第十四届“园博会”。国家低碳城市和气候适应型城市建设试点扎实推进，单位GDP能耗降低、单位GDP建设用地使用面积下降率超额完成“十三五”目标。

改革开放取得更大进展。“放管服”改革成效显著，荣获营商环境省会十佳城市、“网上政务服务能力非常高”城市、政务服务标准化示范城市，市场主体总量突破110万户。顺利完成新一轮机构改革，链长制、河（湖）长制、国资国企、农业农村等重点领域改革取得突破，预算绩效管理改革走在全国前列，地方参与国家基础研究投入机制、国有资本引领战略性新兴产业发展等改革成为全国经验。安徽自贸试验区合肥片区挂牌建设，获批国家服务贸易试点市、跨境电商综试区和进口贸易示范区。中欧班列欧洲方向发运量居长三角第2位、全国第8位。49家境外世界500强企业在肥投资。长三角一体化发展深入推进，G60科创走廊5个合作示范园区加快建设。合肥都市圈扩容升级，同城化步伐不断加快。皖北结对合作和援疆援藏工作成效明显。

*民生福祉得到显著改善。*深入实施脱贫攻坚十大工程，建档立卡贫困人口全部脱贫。新增城镇就业累计超过110万人，登记失业率保持3.5%以内，居民收入增长快于经济增长。社会保障提标扩面，城镇职工基本养老、失业、工伤、医疗保险参保率完成“十三五”目标。低保城乡统筹范围扩展到县域，覆盖城乡的特困供养机制全面建立。累计改造老旧小区726个、2055万平方米，完成19437户农村危房改造，实施保障性安居工程累计超过13万套。幼儿园公办率和普惠率分别达到51%、84%；义务教育均衡发展全国先进，实现乡镇寄宿制学校全覆盖；高中阶段毛入学率保持100%以上；合肥学院创建合肥大学工作进展顺利；组建合肥市现代职业教育集团，入选首批国家产教融合型试点城市。公共文化服务体系不断完善，全民阅读走在全国前列，文化产业增加值占全市GDP比重达到5.5%，建成国家旅游标准化示范城市，入选国家首批文化和旅游消费试点城市，三河成功创建国家5A级景区，半汤成功创建国家旅游度假区，环巢湖国家旅游休闲区加快创建。医疗卫生机构净增1200多家，每千常住人口病床数、医生数分别增长42%、43%。城市社区养老服务设施实现全覆盖。合肥马拉松赛迈入

国际金标赛事行列。全国文明城市实现“三连冠”，多次跻身中国十大幸福城市。

社会治理彰显公平正义。扎实开展村民自治试点和社区协商试点，顺利完成村（居）民委员会换届选举，荣膺全国城市基层党建示范市。启动建设“城市大脑”，建成国内首个“城市中台”、全省首个“交通超脑”及“城市生命线”，数字城管市县一体化平台投入运行。实现全国双拥模范城市“九连冠”。连续十一年位居全省依法行政考核第一名，跻身全国“七五”普法中期先进城市、全国社会信用体系建设示范城市。大力创建国家安全发展示范城市，深化食品药品全环节监管。纵深推进全面从严治党、党风廉政建设和反腐败斗争，扫黑除恶专项斗争圆满收官，战果位列全国省会城市和计划单列市第一方阵。群众安全感和政法工作满意度连续七年“双提升”，政府执行力和公信力进一步提高。

专栏一 “十三五”时期经济社会发展目标完成情况

分类	指标	规划目标		完成情况		指标属性	备注
		总量	年均增速（%）	总量	年均增速（%）		
经济发展（11项）	1. 生产总值（GDP）（亿元）	10000	10左右	10045.72	7.7	预期性	
	2. 全员劳动生产率（万元／人）	14.5		17.29*		预期性	
	3. 固定资产投资（累计）（亿元）	40000	11	—	7.4	预期性	
	4. 财政收入（亿元）	1600	10左右	1432.7	7.4	预期性	
	5. 规模以上工业增加值（亿元）	4000	11	—	9.5	预期性	
	6. 规模以上工业企业利润增幅（%）	10左右		7.2		预期性	
	7. 服务业增加值（亿元）	4600	11	6133.89	8.3	预期性	
	8. 社会消费品零售总额（亿元）	3500	10	4513.76	8.9	预期性	
	9. 民营经济增加值占生产总值比重（%）	60		52.2*		预期性	
	10. 实际利用境外资金（累计）（亿美元）	180		180		预期性	
	11. 进出口总额（亿美元）	300	8	374.87	13	预期性	
创新驱动（6项）	12. R&D经费支出占生产总值比重（%）	3.5		3.1*		预期性	
	13. 科技进步贡献率（%）	60		—		预期性	未发布市级数据
	14. 国家级高新技术企业数（家）	1600		3328		预期性	
	15. 战略性新兴产业增加值占生产总值比重（%）	17		17左右		预期性	
	16. 每万人口发明专利拥有量（件）	22		35		预期性	
	17. 互联网普及率 固定宽带家庭普及率（%）	70		138.88		预期性	
	17. 互联网普及率 移动宽带用户普及率（%）	90		126.18			
协调发展（3项）	18. 建成区面积（km2）	500		502.5		预期性	
	19. 市区常住人口（万人）	500		400.3*		预期性	
	20. 城镇化率 常住人口（%）	≥75		76.3*		预期性	
	20. 城镇化率 户籍人口（%）	50左右		55.14			

分类	指标		规划目标		完成情况		指标属性	备注
			总量	年均增速（%）	总量	年均增速（%）		
生态文明（11 项）	21. 耕地保有量（万公顷）		54.78		54.78		约束性	
	22. 新增建设用地规模（公顷）		≤ 11313		8170.25*		约束性	
	23. 地表水质量	好于Ⅲ类水体比例（%）	达省控目标		达省控目标		约束性	
		劣Ⅴ类水比例（%）	达省控目标		达省控目标			
	24. 单位工业增加值用水量降低（%）		达省控目标		达省控目标		约束性	
	25. 单位生产总值能源消耗降低（吨标煤 / 万元）		达省控目标		达省控目标		约束性	
	26. 非化石能源占一次能源消费比重（%）		达省控目标		达省控目标		约束性	
	27. 单位生产总值二氧化碳排放降低（%）		达省控目标		达省控目标		约束性	
	28. 主要污染物排放总量	化学需氧量（吨）	达省控目标		达省控目标		约束性	
		二氧化硫（吨）	达省控目标		达省控目标			
		氨氮（吨）	达省控目标		达省控目标			
		氮氧化物（吨）	达省控目标		达省控目标			
	29. 空气质量	PM2.5 下降（%）	达省控目标		达省控目标		约束性	
		优良天数比例（%）	达省控目标		达省控目标			
	30. 森林发展	森林覆盖率（%）	28		28.3		约束性	
		森林蓄积量（万立方米）	800		969			
	31. 建成区绿化覆盖率（%）		46		46		约束性	
民生福祉（14 项）	32. 人口自然增长率（‰）		10 以内		7.8		约束性	
	33. 居民人均可支配收入（元）		43000	10 左右	41619	9.4	约束性	
	34. 城市集中式饮水水源水质达标率（%）		100		100		约束性	
	35. 农村自来水普及率（%）		95		97.2		约束性	
	36. 城镇保障性安居工程（累计）（万套）		13.6		13.16		约束性	数据口径调整
	37. 农村贫困人口脱贫率（%）		100		100		约束性	
	38. 基本养老保险参保人数	城镇职工（万人）	210		227.56		约束性	
		城乡居民（万人）	290		296.26			
	39. 城镇职工基本医疗保险参保人数（万人）		168		233.06		约束性	
	40. 城乡居民基本医疗保险参保率（%）		≥ 96		≥ 99.8		约束性	
	41. 劳动年龄人口平均受教育年限（年）		12		12 左右		约束性	
	42. 每千名老人拥有养老床位数（张）		45		46.63		预期性	
	43. 城镇新增就业人数（万人）		65		112.35		预期性	
	44. 城镇登记失业率（%）		≤ 4.5		<3.5		预期性	
	45. 人均期望寿命（岁）		77.6	79.75	预期性			

说明：1.GDP、规模以上工业增加值、服务业增加值增速为可比价。2. 标＊的为 2019 年数据。

第二节 新发展阶段面临的新形势

当前和今后一个时期，我市发展仍处于重要战略机遇期。新一轮科技革命和产业变革深入发展、我国把创新放在现代化建设全局的核心地位，有利于我市发挥国家战略科技力量集中、新兴产业集聚等优势，在全国创新发展中抢占先机、勇立潮头。全球产业链供应链加速调整重构、我国培育形成强大国内市场，有利于我市加快建设现代产业体系，探索构建新发展格局的有效路径。长三角一体化、长江经济带、“一带一路”等国家重大战略政策叠加效应集中释放，有利于我市发挥左右逢源双优势，巩固提升在全国区域发展格局中的战略位势。城镇化进入城市群和都市圈时代，有利于我市加快提升城市发展质量和能级，辐射带动合肥都市圈发展。国家着力推进市场化改革、制度型开放，有利于我市用好自贸试验区、服务贸易试点等改革开放平台，增创体制机制新优势。城市美誉度和影响力日益提升，有利于我市吸引优质要素资源，打造各类人才创新创业的热土。

同时，我市发展不平衡不充分问题仍较突出，依然存在综合实力不够强、城市治理不够好、公共服务供给不够优、城乡区域发展不够协调等短板弱项。全市上下要准确把握新发展阶段，深入贯彻新发展理念，服务构建新发展格局，胸怀两个大局，强化战略定力，树牢底线思维，善于在危机中育先机、于变局中开新局。

第三节 指导思想

高举习近平新时代中国特色社会主义思想伟大旗帜，深入贯彻党的十九大和十九届二中、三中、四中、五中全会精神，认真贯彻习近平总书记考察安徽重要讲话指示精神，全面贯彻党的基本理论、基本路线、基本方略，统筹推进“五位一体”总体布局，协调推进“四个全面”战略布局，坚持党的全面领导，坚持以人民为中心，坚持新发展理念，坚持深化改革开放，坚持系统观念，坚持稳中求进工作总基调，以推动高质量发展为主题，以深化供给侧结构性改革为主线，以改革创新为根本动力，以满足人民日益增长的美好生活需要为根本目的，统筹发展和安全，聚焦“五高地一示范”，加快建设现代化经济体系，加快探索构建新发展格局有效路径，加快实现经济社会全面绿色转型，加快推进治理体系和治理能力现代化，加快推动全市人民走向共同富裕，全面提升人民群众获得感幸福感安全感，实现更高质量、更有效率、更加公平、更可持续、更为安全的发展，在“两个坚持”“两个更大”中勇当先锋、勇创佳绩，为开启合肥现代化建设新征程开好局、起好步。

第四节 主要目标

2035年远景目标。奋力高水平基本实现社会主义现代化，奋力成为全面塑造创新驱动发展新优势的全国示范城市，奋力迈向具有竞争力的国家中心城市。建设全球科创新枢纽，合肥综合性国家科学中心、国家实验室、大科学装置等建设取得重大成果，高端创新要素密集、科技创新实力雄厚、国际创新交流活跃、创新成果辐射广泛。建设区域发展新引擎，基本实现新型工业化、信息化、城镇化、农业现代化，综合实力和竞争力迈上更大台阶，人均生产总值达到发达经济体水平，承东启西、连南接北、通江达海的战略位势充分彰显，带动合肥都市圈成为长三角区域和长江经济带重要增长极。建设美丽中国新样板，八百里巢湖更加美丽动人，天更蓝、水更清、地更绿、城更靓的美好图景精彩呈现，经济社会发展全面绿色转型，生态成为合肥重要的生产力和竞争力。建设城市治理新标杆，国际化水平显著提高，城乡全面融合发展，智慧城市、宜居城市、韧性城市、平安城市、法治城市建设力争走在全国前列，共建共治共享的社会治理格局更加完善，文明和谐的社会风尚广泛形成。建设美好生活新天地，幼有善育、学有优教、劳有厚得、病有良医、老有颐养、住有宜居、弱有众扶基本实现，城市文化软实力显著增强，城乡居民生活水平差距显著缩小，人的全面发展、全体人民共同富裕取得更为明显的实质性进展。

“十四五”时期经济社会发展主要目标。GDP总量力争达到1.6万亿元，高质量发展首位度在全省提升到27%左右，人均生产总值加快跻身长三角城市前十位，综合实力加快迈入全国城市二十强并力争前移。

——打造具有国际影响力的创新高地。合肥综合性国家科学中心加快建设，国家实验室、大科学装置协同发力，前瞻性研究成果不断涌现，关键核心技术接续突破，创新平台和创新人才更加集聚，科技创新主要指标稳居全国前列，全球创新枢纽城市建设取得重大进展。

——打造全国重要的先进制造业高地。产业结构更加优化，工业增加值占生产总值比重达到

25%，现代化经济体系建设取得重大进展，产业基础高级化、产业链现代化水平明显提升，产业链供应链自主可控能力稳步增强，建成5个左右国家级产业集群，“芯屏汽合”“集终生智”成为具有国际竞争力影响力的产业地标。

——打造具有国内比较优势的数字经济高地。数字经济和实体经济深度融合，“大智移云”产业集群综合实力稳步提升，数字产业化、产业数字化取得更大突破，城市数字化转型全面推进，数字应用安全高效，数字经济成为推动合肥高质量发展的新引擎。

——打造具有重要影响力的改革开放新高地。长三角一体化全面推进，安徽自贸试验区合肥片区形成一批制度创新成果，有效市场和有为政府和弦共振，营商环境力争全国一流，创新生态更加优良，市场主体更有活力，综合交通枢纽功能全面增强，城市消费能级大幅提升，成为国内大循环的重要节点、国内国际双循环的重要链接。

——打造优质优良宜居宜业的生态高地。巢湖成为合肥“最好名片”，骆岗生态公园成为城市建设新标杆，“大湖风光、江淮风韵、创新风尚”的城市特色更加彰显，乡村振兴战略全面推进，现代都市与美丽乡村交相辉映。居民收入增长高于经济增长，教育强市、文化强市、体育强市、健康合肥、平安合肥等建设取得重大进展，社会文明程度显著提高，社会公平正义持续彰显，社会保障体系更加健全，基本公共服务优质均衡，城市治理智慧高效，安全发展保障有力。

专栏二　“十四五”时期经济社会发展的主要目标

序号	指　标	2020 年（含预计值）	2025 年目标	年均 / 累计增长（%）	指标属性
一、经济发展（10 项）					
1	地区生产总值（亿元）	10045.72	力争 16000	8 左右	预期性
2	人均地区生产总值（元）	—	160000 以上	—	预期性
3	全员劳动生产率增长（%）	—	—	8 左右	预期性
4	制造业增加值占 GDP 比重（%）	18.9	23	—	预期性
5	常住人口城镇化率（%）	76.3*	82 左右	—	预期性
6	固定资产投资增长（%）	4.7	—	8 左右	预期性
7	进出口总额（亿美元）	374.87	450	—	预期性
8	社会消费品零售总额（亿元）	4513.76	6500	8 左右	预期性
9	招商引资新签约重点项目协议投资增长（%）	—	—	9	预期性
10	外商直接投资（亿美元）	35.93	40	—	预期性
二、创新驱动（5 项）					
11	研发经费投入增长（%）	—	—	≥ 10	预期性
12	战略性新兴产业产值占规模以上工业产值比重(%)	55	60	—	预期性
13	每万人口高价值发明专利拥有量（件）	—	15	—	预期性
14	数字经济核心产业增加值占 GDP 比重（%）	9 左右	11	—	预期性
15	高新技术企业数（个）	3328	8000	—	预期性

序号	指　标	2020 年（含预计值）	2025 年目标	年均 / 累计增长（%）	指标属性
三、民生福祉（7 项）					
16	居民人均可支配收入增长（%）	—	—	高于 GDP 增长	预期性
17	城镇调查失业率（%）	低于全省平均	低于全省平均	—	预期性
18	劳动年龄人口平均受教育年限（年）	12 左右	12.5	—	约束性
19	每千常住人口拥有执业（助理）医师数（人）	3.09	≥ 3.6	—	预期性
20	基本养老保险参保人数（万人）	523.82	610	—	预期性
21	每千常住人口拥有 3 岁以下婴幼儿托位数（个）	1.6	≥ 4.6	—	预期性
22	人均预期寿命（岁）	79.75	80.2	—	预期性
四、绿色生态（6 项）					
23	单位 GDP 能源消耗降低（%）	达省控目标	达省控目标	—	约束性
24	单位 GDP 二氧化碳排放降低（%）	达省控目标	达省控目标	—	约束性
25	空气质量优良天数比率（%）	达省控目标	达省控目标	—	约束性
26	地表水达到或好于Ⅲ类水体比例（%）	达省控目标	达省控目标	—	约束性
27	森林覆盖率（%）	28.3	28.6	—	约束性
28	建成区绿化覆盖率（%）	46	46	—	约束性
五、安全保障（2 项）					
29	粮食综合生产能力（万吨）	288.95	301.2	—	约束性
30	能源综合生产能力（万吨标准煤）	736.2	达省控目标	—	约束性

说明：1.GDP 增速为可比价。2. 标＊的为 2019 年数据。

第二章　坚持创新驱动发展，勇当科技创新的开路先锋

坚持创新在现代化建设全局中的核心地位，助力国家科技自立自强，落实省科创攻坚力量体系建设任务，深入实施科教兴市战略、人才强市战略、创新驱动发展战略，积极争创国际科技创新中心，全面塑造创新驱动发展新优势。

第一节 强化国家战略科技力量

服务保障国家实验室建设。落实国家实验室建设专项推进行动，健全完善国家实验室服务保障机制，高标准做好基础设施、配套环境、人才服务等保障工作。聚焦量子通信、量子计算、量子精密测量等领域，助力开展科学研究和科技攻关，促进成果转化，推动国家实验室加快建设。

建设合肥综合性国家科学中心。全面系统谋划重大科技基础设施建设，形成“运行一批、建设一批、预研一批、探索一批”的发展格局。加快人工智能、能源、大健康、环境科学等重大综合研究平台以及未来技术创新研究院建设，打造大型综合研究基地。提升交叉学科研究水平，增强关键核心技术攻关能力，建设天地一体化信息网络合肥中心、高速磁悬浮及超导技术创新中心、合肥先进计算中心（超级计算中心）等重点创新平台。深化与大院大所大学合作，支持在肥高校、科研院所加快发展，聚焦科技研发、成果转化、人才集聚等工作，提升中科大先研院等协同创新平台整体效能，建立科学合理、权责利对等的政策体系，积极引进国内外知名高校、大院大所来肥发展，力争合作建设高水平新型研发机构达到50个。

专栏三　合肥综合性国家科学中心重点项目

国家实验室。充分做好国家实验室服务保障工作，量子信息与量子科技创新研究院建设完成。

重大科技基础设施。提升稳态强磁场、全超导托卡马克、同步辐射光源性能，推进聚变堆主机关键系统综合研究设施、未来网络试验设施（合肥分中心）、高精度地基授时系统（合肥一级核心站）、雷电防护与试验研究重大试验设施加快建设，争取空地一体量子精密测量实验设施、合肥先进光源、大气环境模拟系统、强光磁实验设施等纳入国家“十四五”重大科技基础设施规划。

高能级创新平台。实现能源、人工智能、大健康、环境科学等重大综合研究平台以及未来技术创新研究院高水平运行。推动天地一体化信息网络合肥中心、高速磁悬浮及超导技术创新中心、高端测量仪器交叉研究中心、多语种智能语音语言技术及国产化平台、中国脑计划合肥中心、中科院临床研究医院、合肥先进计算中心（超级计算中心）等重点创新平台加快建设。

大院大所合作。促进中科大先研院、中科大国际金融研究院、哈工大合肥院、合工大智能院等提质增效，推进清华合肥院二期、天津大学合肥院、北外合肥国际学院、中科院合肥创新院二期、安大绿色产业创新研究院、北航合肥创新研究院、安理工高等研究院等加快建设，推动与北京师范大学、江苏智能制造研究所等一批合作项目尽快落地。

全面提升研究能力和科技攻关水平。贯彻落实国家基础研究十年行动方案，支持筹建合肥科学岛基础学科研究中心，提升基础研究能力，积极建立颠覆性技术发现资助机制，构建基础研究、应用基础研究多元投入机制，推动在量子科学、磁约束核聚变科学、脑科学与类脑科学、生物育种、空天科技等前沿基础研究领域形成更多引领性原创成果，探索关键核心技术攻关新型举国体制实现路径。贯彻落实省科技创新“攻坚”计划，实施综合性国家科学中心科技攻关专项行动，聚焦人工智能、量子信息、集成电路、生物医药、新能源等领域，凝练重大“卡脖子”技术难题，依托综合性国家科学中心重大创新平台，组织关键核心技术攻关。

专栏四　合肥综合性国家科学中心重点领域研究行动计划

信息领域。围绕量子信息，开展量子通信芯片以及基于光芯片的小型化量子通信产品、具有长相干时间的超大规模集成量子处理器、以量子测控技术和量子调控技术为核心的高精度电磁测量技术等研究；围绕人工智能领域，开展类脑认知与神经计算基础理论及关键技术、机器人主动感知与智能人机交互、多语种智能语音及语言处理关键技术等研究。

能源领域。围绕新能源开发利用，推动磁约束聚变能、生物质可再生资源绿色高效催化转化、光伏发电高效利用、氢能高效利用、高效太阳能电池及燃料电池制备等关键技术研发；依托能源小分子催化转化、二次能源高效转化等核心技术，推动传统化石能源的高效清洁利用；大力开展低温超导储能系统、超导电源、迷你型“铅基反应堆”核电源装置、高效电力存储系统等研究。

健康领域。围绕脑科学与类脑科学，开展脑认知机理及类脑智能芯片、神经退行性疾病等研究；围绕先导医学与前沿技术，开展免疫与基因治疗、组织/器官移植的新技术新方法等研究；围绕先进医药，开展新型小分子药物、生物大分子药物和细胞治疗药物等研究；围绕高端医疗器械，开展超导质子治疗系统、高端脑成像设备、体育与运动医学仪器等研究。

环境领域。开展大气环境立体探测与模拟技术、先进环境监测技术装备研究；开展巢湖流域综合治理关键技术研发和应用示范。

第二节 推进科技成果转化

强化需求导向的科技成果供给。以需求和目标为导向，推动需求方深度参与应用基础研究、关键核心技术攻关等项目立项、过程管理、验收评估全过程，将产出高价值发明专利、适合转化的科技成果作为项目评估的核心指标。完善科技成果寻找捕捉机制，建立重大科技成果转化项目库。支持创新型企业联合高校院所共同实施一批重大科技成果工程化研发项目。

建立全链条科技成果转化服务体系。坚持“政产学研用金服”一体，支持高校院所建设专业化技术转移机构，大力培育发展科技中介服务机构，培育一批技术经理人。建设一批开放共享的中试熟化、科技信息服务、科技金融等平台。完善提升新型研发机构科技成果转化与产业化、企业孵化、创新服务功能。鼓励新产品新技术示范应用，围绕重点领域科技成果转化，建立新技术、新产品、新方法的行业准入机制，率先在具备条件的地区和领域试点建设应用场景示范工程。

第三节 强化企业创新主体地位

提升企业技术创新能力。鼓励引导企业增加研发投入、建设研发机构，加强共性技术研发平台建设，进一步提升国家工程（技术）研究中心、国家（重点）实验室、国家工程实验室、国家技术创新中心、国家企业技术中心覆盖面。依托领军企业、行业头部企业，联合行业上下游、产学研，组建体系化、任务型的创新联合体，承担国家重大科技项目。聚焦集成电路、新型显示、人工智能、新能源暨智能网联汽车、量子信息、生命健康、新材料等重点领域，加快建设产业公共服务平台。发挥企业家在技术创新中的重要作用，支持企业充分参与基础研究、应用技术开发等，建立高层次、常态化的政府企业间技术创新对话、咨询制度，强化企业和企业家在公共创新决策中的作用。

大力培育创新型企业。完善“科技型中小企业—国家高新技术企业—高成长企业”培育链条，落实企业研发费用加计扣除等国家财税支持政策，促进人才、资金、技术等各类创新要素向企业集聚。强化创新创业服务保障，支持鼓励高校、科研机构遴选应用型、技术型人才到企业兼职、挂职，促进创新型中小微企业成长为创新重要发源地。实施高新技术企业倍增计划，高新技术企业超过8000家。支持企业开展技术创新、管理创新和商业模式创新，充分挖掘培育雏鹰企业、瞪羚企业、独角兽企业等一批高成长企业。引导龙头企业平台化转型，整合跨区域、跨行业、跨所有制资源，建立大中小企业融通发展的生态圈。

第四节 打造人才集聚“强磁场”

建设多元化的卓越人才队伍。坚持以平台“聚人”、以产业“留人”、以环境“养人”，加大引才、育才、用才、留才力度，力争新引进培育高层次创新创业人才团队100个、高层次创新创业人才10000名，每年新增在肥就业大学毕业生10万人，实现“数量型人口红利”向“质量型人口红利”转变。依托重大科技基础设施和高能级创新平台体系，统筹实施重点人才工程，加强基础人才培养，大力引进海内外高层次创新创业人才和团队，壮大高水平工程师队伍。聚焦重点产业需求，加快引进和培育一批专业拔尖、掌握核心技术的产业领军人才，深入推进产教融合、校企合作，加强创新型、应用型、技能型人才培养。加大青年人才集聚、培养力度，建立吸引高素质年轻人流入留住机制。

优化人才发展生态环境。构建更加开放、便利、精准的人才政策体系，健全创新激励和保障机制，完善以创新能力、质量、实效、贡献为导向的科技人才评价体系，构建充分体现知识、技术等创新要素价值的收益分配机制。深化编制周转池、股权期权激励等制度建设。强化科研成果激励机制，加大对作出重大科技贡献的优秀创新团队和人才奖励力度。

打造一流人才服务体系。建立完善统一的人才综合服务平台，优化人才认定流程。进一步发挥国际人才城等平台载体作用，拓宽海外引才渠道，建立海外引才服务网络，打造首站式、一站式的“人才之家”。实施人才安居工程，加快国际化人才服务设施布局建设，多渠道加强人才安居住房供给。精准做好人才医疗、子女教育、配偶就业等保障，让人才有用武之地、无后顾之忧。

第五节 完善创新生态体系

深入推进科技体制改革。落实合芜蚌国家自主创新示范区、全面创新改革试验省建设任务。依托重大科技任务、重大创新平台和“三重一创”，推动重点领域项目、基地、人才、资金一体化配置。改进科技项目组织管理方式，实行攻关项目定向委托、“揭榜挂帅”

等制度。建立企业需求导向的技术创新项目立项、组织实施、成果评价机制，健全第三方科技项目选择和评价机制。巩固深化全面创新改革试验成果，扩大科研自主权，深化科技成果使用权、处置权、收益权改革，争取开展赋予科研人员职务发明成果所有权或长期使用权试点。引导加大全社会研发投入，健全基础前沿研究政府投入为主、社会多渠道投入机制，全社会科学研究与试验发展（R&D）投入强度达到3.8%左右。

强化金融对创新的助推作用。完善金融支持创新体系，鼓励银行金融机构设立科技支行、开展投贷联动试点。支持保险机构拓展科技保险险种范围。支持地方性金融组织发展科技担保、科技小贷和科技融资租赁业务。充分发挥政府基金引导作用，吸引社会资本广泛参与，形成覆盖成果转化全过程、企业全生命周期的科技创新融资模式，争创长三角区域科创金融改革试验区。

加强知识产权保护和运用。完善知识产权严保护、大保护、快保护、同保护的体制机制，提升知识产权创造、运用、保护、管理和服务能力，营造公平公正、开放透明的知识产权法治环境和市场环境，打造保护知识产权标杆城市。建成用好中国（合肥）知识产权保护中心，提升知识产权行政管理效能。加强合肥知识产权法庭力量，建立打击知识产权违法行为常态化机制。鼓励企业进行PCT国际专利布局，完善商业秘密等知识产权保护机制，加强新业态新领域创新成果的知识产权保护。加快建设全国知识产权运营服务体系重点城市，大力培育和发展知识产权密集型企业，加强战略性新兴产业关键领域专利战略布局，开展知识产权证券化融资试点。强化知识产权联盟作用，建立优势产业的知识产权产业联盟，开展产业专利导航。

扩大国际科技交流合作。积极参与“一带一路”科技创新行动计划。支持高校院所积极参与国际热核聚变堆等国际大科学计划和工程。深度参与国家科学中心国际合作联盟，加强与国际科学中心和欧美国家实验室的交流合作。瞄准优势领域，支持联合国外相关科研机构，在肥设立国际联合研发机构。支持打造国际一流学术期刊，承办一批具有国际影响力学术和人才交流活动。

营造崇尚创新浓厚氛围。制定科技创新条例、科学普及条例，设立合肥创新奖、科学家日，持续举办科技创新大会，高标准创办合肥国际科创文化节，争创国家级国际科技合作基地，营造崇尚创新的文化氛围。依托国家“双创”示范基地、国家海外人才离岸创新创业基地建设，常态化举办“创投同行”“合创汇”等“双创”品牌活动（赛事），丰富拓展众创空间、孵化器、加速器、科技园区等平台载体，到“十四五”末，各类孵化器、众创空间达200个。弘扬科学精神，加强科普工作。弘扬新时代企业家精神，鼓励企业家持续推进产品创新、技术创新、管理创新。以激励干事创业为导向，完善宽容失败的容错纠错机制。

第六节　加快合肥滨湖科学城建设

建设全国重要的科创资源集聚中心。以合肥综合性国家科学中心建设为引领，高水平建设大科学装置集中区、国家实验室核心区等一批科创空间载体，集中布局建设重大科技基础设施、交叉前沿研究设施等高能级平台，集聚高水平研究型大学和科研机构，汇集全球优秀人才、创新团队等高质量创新资源，提升城市创新资源丰度。

建设全球重大科创成果策源中心。围绕信息、能源、健康、环境四大领域，发挥重大科技基础设施、交叉前沿研究设施等平台作用，加强基础研究和应用基础研究，在相关前沿领域突破形成一批重大科技创新成果。聚焦重点产业发展需求，发挥综合性研究平台、产学研平台、创新联合体等作用，持续突破关键核心技术，催生更多优势领域成果。

建设全国重要的科技成果转化中心。围绕推动合肥综合性国家科学中心重大科技成果转化，聚焦知识产权、科技金融、中介服务等打造一批平台载体，推动科技成果向现实生产力转化。依托安徽创新馆，集聚技术转移机构，建设科技成果转移转化基地，打造辐射全国、链接全球的千亿级安徽科技大市场。发挥院校企业资源优势，加大创新创业支持力度，打造“科大硅谷”等一批“科大系”“工大系”“中科系”创新集聚区。加大新技术新产品示范应用力度，推动科技成果快速应用转化。

建设国际科技交流合作中心。加快建设滨湖国际科学交流中心，加强与国际会展中心等协同联动，完善科技共享交流、重大成果展示、综合配套服务等功能，承办具有国际影响力的学术交流活动和重大会议，推进国际科技交流合作，促进跨国、跨区域创新资源集聚和创新要素流动。依托量子信息、先进核能、新一代信息技术等学科领域的优势，创设一批国际知名科学品牌活动和权威性论坛。

建设高效推进科技创新活力区。加强省市合肥综合性国家科学中心办公室、滨湖科学城（滨湖新区）建设组织领导，构建“集中领导、统分结合、协同高效”的管理体制，实现综合性国家科学中心、滨湖科学城整体规划、统筹建设、一体推进。围绕综合性国家科学中心功能定位和发展需求，创建国家级科学城。

专栏五　合肥滨湖科学城建设行动计划

量子中心。以国家实验室为核心，以高新区“量子大道”为承载基础，聚焦量子通信、计算、测量三大领域，推动量子领域重大科技成果转化，加快建设量子信息创新成果策源地和产业发展集聚区，打造具有全球影响力的“量子中心”。

科大硅谷。依托中国科大等在肥高校、科研院所和企业，建设海内外校友科创基地，支持师生和校友创办企业，逐步发展成具有全球影响力的“科创+产业”集聚区。

国家实验室核心区。加快建设国家实验室、中国科学技术大学高新园区，集聚世界一流研发机构，引进培育世界顶尖科研人才，实施一批重大科技项目，打造量子信息创新成果策源地。

大科学装置集中区。坚持科技、安全、生态、国际化理念，布局建设一批重大科技基础设施，实现集群化、协同化发展，形成多学科交叉前沿研究设施集群。建设基础设施、商业休闲、公寓住宅、教育医疗等配套设施，完善科学研究、创新创业、城市服务等功能，建设“聚变小镇”、智慧农业谷等特色创新载体，打造国际一流的大科学装置集聚区，研究建设创新策源强劲、成果转化高效、生活服务完备、生态环境优美的科学新城，打造最美科研圣地。

科技成果转移转化示范区。提升安徽创新馆功能，联动国家级、省级开发区，加快培育形成千亿级科技大市场，构建“公司+政策+基金+平台+项目+基地”的重大科研成果技术熟化、产业孵化、企业对接、成果落地全链条转化机制，加快建设技术经理人队伍、技术转移机构和转移转化基地，推动科技成果就地交易、就地转化、就地应用，打造成为合芜蚌国家科技成果转移转化示范区核心区。

国际科技交流合作区。依托滨湖国际科学交流中心等，建设世界制造业大会永久会址，创设一批国际知名科学品牌活动和高端权威论坛，搭建面向全球科学家的交流共享平台、合肥综合性国家科学中心的集中展示交流窗口，打造科技界的“达沃斯”。

第三章　构建现代产业体系，打造具有国际竞争力的产业集群

坚持把做实做强做优实体经济作为主攻方向，推进制造强市建设，深入实施“2833”地标性产业集群培育工程，聚力打好产业基础高级化和产业链现代化攻坚战，构建实体经济、科技创新、现代金融、人力资源协同发展的现代产业体系。

第一节 提升产业链供应链稳定性和现代化水平

提升产业链供应链竞争力。推行产业发展链长制、群长制、盟长制，分行业做好供应链战略设计和精准施策，分领域绘制发展路线图。实施产业链现代化升级行动，锻造“芯屏汽合”“集终生智”等产业链供应链长板，打造具有领先优势的新兴产业链；加大电子信息、家电、汽车、装备制造等产业技术改造升级力度，巩固增强产业链竞争优势。推进产业链与创新链、人才链、资金链、政策链深度融合，促进相关产业链有机耦合，提升产业链的完整性、成熟度和竞争力。

增强产业基础能力。坚持自主可控、安全高效，补齐产业链供应链短板，实施产业基础能力提升攻坚行动，加快补链延链强链，加大重要产品和关键核心技术攻关力度，突破一批核心基础零部件（元器件）瓶颈，提高一批关键基础材料自给保障能力，推广应用一批先进制造基础工艺，建成一批规模化产业新型基础设施，形成一批有核心竞争力重点产品，产业基础能力明显增强。聚焦先进存储、智能语音、智能电动汽车、下一代显示技术、精准医疗、新能源等领域争创国家产业创新中心、制造业创新中心、技术创新中心。大力扶持

首台套装备、首批次新材料、首版次软件等创新产品应用。建设一批试验验证、计量监测、标准制定、认证认可等产业技术基础公共服务平台。

巩固制造业支撑地位。以新发展理念引领制造业高质量发展，保持制造业比重稳步提升，巩固壮大实体经济根基。推动制造业政策更新，引导人才、资本向制造业加速集聚，加大土地、能耗、水电等要素保障力度，每年制造业供地占比不低于30%。壮大企业整体实力，形成一批具有生态主导力的产业链“链主”企业，打造“大而强”“中而优”“小而美”的竞争力企业梯队。力争到2025年，培育制造业单项冠军企业10户，拥有百亿元以上工业企业20户，规模以上工业企业达3200户。

第二节 促进产业迈向高端高新

发展壮大战略性新兴产业。深入推进“三重一创”建设，高质量建设国家级新型显示器件、集成电路、人工智能产业集群，构建市级、省级、国家级战略性新兴产业集群（基地）梯次发展格局，争取新能源汽车、生物医药和高端医疗器械、创意文化、网络与信息安全等更多产业集群跻身“国家队”，力争战略性新兴产业产值占规模以上工业产值比重提高到60%以上。聚焦“芯屏汽合”“集终生智”，打造新一代信息技术、汽车和智能网联汽车2个具有国际竞争力的五千亿级产业集群，家电和智能家居、高端装备制造、节能环保、光伏及新能源、生物医药和大健康、新材料、绿色食品、创意文化等领域8个具有国内竞争力的千亿级产业集群，打造3个千亿级龙头企业，培育300个左右专精特新“小巨人”和“冠军”企业。

加快传统优势产业转型升级。突出“绿色化、智能化、高端化、融合化”升级方向，实施新一轮企业技术改造行动，系统提升传统制造业基础能力，整体提升产业链能级。持续推进整厂智能化改造，加快构建“绿色产品—绿色工厂—绿色供应链—绿色园区”制造体系，推动大规模个性化定制、网络协同制造等“制造+服务”升级，壮大新型制造规模。坚持“产品+内容+生态”迭代升级，推动家电产业向“智能家电—智能家居—智慧家庭”升级，巩固“中国家电产业基地”地位；推动装备制造业向“高端装备制造—系统集成和整体解决方案提供商”转型，扩大工程机械等领域领先优势，加快产业价值链跃升。加快建筑业绿色化、智能化、产业化发展，推进装配式建筑、绿色建筑和BIM技术应用，支持建筑业企业发展壮大，力争建筑业特级资质企业超过25家。

加快培育未来产业。前瞻布局量子科技、第三代半导体、精准医疗、超导技术、生物制造、先进核能等领域，推进基础研究、技术开发有序衔接，加速市场应用、产业链构建协同推进，抢占未来产业发展制高点。围绕量子领域通信、计算、测量三大方向，推出一批具有核心技术和规模化应用前景产品，打造具有国际影响力的量子信息产业基地。加速布局第三代半导体产业，推进材料、器件和应用产品研发，抢抓新一轮半导体发展先机。加快国产质子治疗系统等产业化进程，以靶向治疗、基因技术应用等为方向，打造特色鲜明的精准医疗产业。推进超导技术在电力传输、磁悬浮等领域产业化应用，加快突破先进发酵工程、现代酶工程技术，推进中子技术在能源勘探、医疗等方向的应用，培育一批未来产业。

专栏六 产业集群培育行动计划

新一代信息技术。集成电路：聚焦芯片设计、芯片制造、封装测试、设备和材料等领域，加大动态存储、显示驱动、GPU、MCU、DSP、FPGA、CMOS、可控硅、分立器件、化合物半导体、IP核、EDA等技术研发，重点加快长鑫12英寸存储器晶圆制造基地建设，推动晶合12吋晶圆制造基地二期、沛顿集成电路先进封测和模组生产、第三代功率半导体产业园等项目建设，促进海峡两岸（合肥）集成电路产业合作试验区建设，打造中国IC之都。

新型显示：聚焦液晶显示器件、AMOLED、新型显示技术、上游原材料、关键装备配套等领域，突破大尺寸超高清、柔性显示、微显示（Mini/MicroLED显示、硅基OLED显示）、激光显示、全息显示、量子点等新型显示技术，重点实施欧菲光光学光电产业基地、第六代AMOLED模组生产线等项目，打造全球显示之都。

人工智能：聚焦底层软硬件、数据计算、智能终端产品等领域，主攻智能语言、智能视觉、深度学习等核心技术及产业化，推动数据库、中间件、基础软件、应用软件、外设等智能终端软硬件发展，重点实施包河人工智能视觉产业港（中国视界）、人工智能产业园等项目，建设全球知名的“中国声谷”。

网络与信息安全：聚焦网络空间安全硬件产品、区块链、行业融合应用、信创软硬件产品等领域，发展安全防护、安全综合服务、区块链创新应用等关键技术，重点实施神州数码信创总部基地、量子计算机研发及产业化应用、中国移动长三角（合肥）数据中心等项目，打造“中国安全谷”。

汽车和智能网联汽车。聚焦传统燃油汽车、新能源汽车、智能网联汽车、汽车电子、汽车零部件等领域，突破整车、动力电池及电机驱动系统、智能驾驶、车路协同等关键技术，重点实施蔚来中国总部、大众汽车（安徽）新能源汽车等项目，培育具有国际竞争力新能源汽车品牌，打造全国新能源汽车之都。

家电和智能家居。聚焦智能家电、高效节能家电、绿色智能家居等领域，推动工艺和关键部件升级换代，搭建智慧客厅、智慧厨房、智慧浴室等应用场景，重点实施冰箱生产线扩建等项目，建设“全球家电制造中心”。

高端装备制造。聚焦机器人、轨道交通、通用航空、智能制造、智能物流等重点领域，突破半导体制造、智能机器人等关键部件，工业机器人与工作站、航空机载部件、轨道交通等关键装备，测控装置、增材制造装备等核心技术，重点实施中铁新型轨道交通智造产业园、巢湖大交通轻量化等项目，培育具有全国竞争力的高端装备制造产业集群。

节能环保。聚焦高效节能、先进环保、废旧资源循环利用等领域，提升高效节能、大气污染防治、废水处理、土壤防污、固体废物综合利用技术和装备水平，重点实施蜀山环境科技园、柴油颗粒过滤器、大气环境立体探测综合研究设施等项目，打造“中国环境谷”。

光伏及新能源。聚焦光伏、风电、生物质能三大重点领域，突破高效太阳能电池、现代电力电子及高效逆变、先进储能、分布式发电、生物质成型燃料、生物天然气等技术，重点实施阳光电源新能源发电成套装备制造基地二期、清洁电力装备产业园一期等项目，打造“中国光伏应用第一城”。

生物医药和大健康。聚焦生物药、高端医疗器械、精准医疗、高端医疗服务等领域，重点推进蛋白和多肽类药物、重组人胰岛素、重组人生长激素、疫苗、小核酸药物等生物制品的开发，加快医疗CT、医用核磁共振成像仪、医用机器人等临床医学诊疗装备及远程医疗系统的研发及产业化进程，推进CAR—T细胞治疗、肿瘤免疫细胞治疗、干细胞治疗、基因治疗等精准治疗前沿技术，重点实施智飞龙科马生物制药产业园、罗欣药业科技产业园、蛋白质口服给药平台生态基地等项目，建设“中国肽谷”，打造具有国内影响力的生物医药和大健康创新高地。

新材料。聚焦新型显示材料、先进半导体材料、新能源材料、高性能磁性材料、先进高分子材料、高性能合金材料等关键战略材料以及石墨烯、先进纳米、生物基、气凝胶等前沿材料，加快突破显示专用材料、第三代半导体材料、电池核心材料、永磁材料、改性高分子材料、镁基合金材料、建筑新材料、纤维材料、增材制造材料、高端功能膜材料等关键技术，重点实施国轩年产3万吨高镍三元正极材料、年产180万吨差别化功能性纤维聚纺一体化等项目，打造全国重要的新材料制造基地。

绿色食品。聚焦粮食和果蔬品、乳制品、水产品、休闲食品、饮料制品、酿酒等领域，延伸产品深加工产业链，提升产业整体加工水平，重点实施一批粮油深加工项目，打造中高端绿色食品产业集群。

创意文化。聚集数字出版、广播影视、动漫游戏、移动多媒体、网络视听等领域，加快发展虚拟和增强现实、互动影视、第三方设计服务、社交电商等，重点实施滨湖卓越城文华园二期、中国宝武安徽（产业）总部等项目，打造具有合肥特色的数字创意示范区。

第三节 建设长三角现代服务业中心

提升服务业发展能级。深化服务业供给侧结构性改革，充分发挥重大基础性、功能性设施和重点项目的空间引导作用，培育和建成一批具有鲜明地方特色的优势服务业集群（集聚区）。促进现代服务业同先进制造业、现代农业深度融合发展，培育服务业新业态新模式，引导平台经济、共享经济、体验经济、流量经济规范有序发展，构建结构优化、服务优质、布局合理、融合共享的现代服务业产业体系，打造长三角现代服务业中心。到2025年，梯次建成100个市级以上服务业集聚区（示范区），形成2-3个优势明显的服务业集群。

加快发展生产性服务业。全

力推动生产性服务业向专业化和价值链高端延伸，以产业转型升级需求为导向，深化专业化分工，做大做强研发设计、软件信息服务、检测认证、金融服务、现代物流等重点行业，加快发展咨询、法律、会计、人力资源等高端服务，建设国家物流枢纽、区域金融中心、会展中心。推动生产性服务业与先进制造业、现代农业深度融合，加快国家两业融合区域和企业试点建设。鼓励服务产品和服务模式创新，加快推进服务业数字化。建设国家服务外包示范城市、国家检验检测高技术服务业集聚区、国家级工业设计产业化示范基地，争创特色型中国软件名城。

促进生活性服务业提档升级。全力推动生活性服务业向高品质和多样化升级，加快发展健康、养老、育幼、文化、旅游、体育、家政、物业等服务业，加强公益性、基础性服务业供给，持续改善服务体验，全面提升服务品质和消费满意度，推进服务业标准化、品牌化建设。

专栏七　现代服务业发展行动计划

科技服务。推进科技创新云服务平台建设，推进国家级检验检测高技术服务业集聚区建设，打造国家知识产权服务业集聚发展试验区。培育发展研发设计、工业设计、技术转移转化、创业孵化、知识产权、科技咨询、节能环保、检验检测认证等科技服务新业态。

信息服务。推动与沪宁杭等企业科技园区的共建，搭建信息技术转移平台，加强信息服务行业龙头企业培育和招引。引导发展信息服务融合新业态，加强工业互联网平台构建，加快智慧城市建设。

现代金融。以合肥国际金融后台服务基地、长三角G60科创走廊金融科技产业合作示范园区、滨湖金融小镇等建设为重点，实施“引金入合”工程，争取核心金融牌照在合肥落地，做优做强地方法人金融机构尤其是市级金控集团，引导金融机构集聚发展。推动金融机构数字化转型，加强区块链等金融新技术研究应用。推动金融业态融合创新发展，大力发展普惠金融，鼓励发展科技金融、绿色金融，规范发展互联网金融。

现代物流。推进国家物流枢纽布局承载城市建设，优化布局生产服务型枢纽、陆港型枢纽和商贸服务型枢纽，加快建设国家骨干冷链物流基地，推动合肥国际航空货运集散中心建设，推进多式联运试点示范工程。以物流基地、配送中心、重点物流企业等为载体，提升物流智慧化、信息化、标准化、装备现代化水平。培育发展智慧物流、供应链物流、绿色物流、保税物流等物流新业态，完善冷链物流基础设施网络，打造全市数字冷链产业生态。

电子商务。深化国家电子商务示范城市建设，加快建立合肥云计算、大数据增值服务中心和国际电子商务数据分析中心，促进本土电商品牌做大做强，加强国内外大型电商企业招引，打造一批有竞争力的电子商务特色平台。加快中国（合肥）跨境电子商务综合试验区建设，促进跨境电商线上平台和线下园区联动发展，引进培育知名跨境电商企业，打造跨境电商完整产业链和生态链。

商务会展。积极发展法律、会计审计、信用中介、咨询策划、市场调查、会展等高端商务服务，吸引国内外专业服务机构来肥发展。着力提升安徽国际会展中心和合肥滨湖国际会展中心管理水平，发展“互联网+会展”新业态，强化会展业上中下游连接，完善会展产业链。打造国际徽商大会、世界显示产业大会、文博会等若干个品牌展会，积极引进重点领域的国际性、全国性专业论坛永久落户合肥，建设国际会展之都。

人力资源服务。以中国合肥人力资源服务产业园建设为重点，逐步形成“一园多区”格局，加速人力资源集聚发展，优化产业发展布局。积极培育专业化、国际化人力资源服务机构，引导人力资源服务企业向价值链高端延伸，培育一批综合性人力资源服务骨干企业。鼓励人力资源服务机构发展管理咨询、人力资源服务外包、人才寻访等高端人力资源服务业态，发展“互联网+人力资源”。

文化旅游。加强文化旅游资源有机开发，打造一批国家5A级、4A级景区，推进创建国家全域旅游示范区。依托国家文化出口基地、省级创意文化战新基地，争创国家级文化产业示范园区。积极发展乡村旅游、工业旅游、科教旅游、体育旅游、会展旅游、红色旅游等，打造“合肥通”文旅服务平台，推动互联网和文化旅游融合发展。

现代商贸。推动城市中心商圈品质升级，探索建设互动体验式智慧商圈，发展体验服务、共享服务、定制服务、高雅服务等新业态。构建社区新零售服务体系，支持发展无人零售、24小时零售等。积极策划举办购物节、优惠季等活动，打造成为品牌，营造良好的消费环境。

健康养老服务。推动建设国家级医养结合试点城市，深入实施“互联网+健康”行动，搭建健康医疗大数据平台，培育发展智慧医疗、远程医疗、智慧健康养老等新业态。鼓励兴办医养结合型养老机构，培育一批医疗健康服务提供商，延伸医疗健康发展领域，重点打造可穿戴健康管理、家用医疗、社区医疗保健、行政医疗保健四大细分领域。

第四节　推进开发园区创新发展

推进体制机制改革。围绕打造高效率服务、高经济密度、高质量发展的强劲增长极，完善开发区管理体制和运行机制，在符合相关法律法规前提下给予开发区最充分授权，推进开发区法定机构改革试点，实行市场化运营模式，深化人事和薪酬制度改革，完善绩效考核体系，激励更多“精兵强将”进入经济发展主战场。全面实施开发区“标准地”改革，让企业“拿地即开工”。探索开发区调整重组，提高园区集聚度和融合度。

提升园区创新能力。坚持走“科创+产业”道路，大力推进开发区公共创新平台建设，实现开发区国家级、省级创新平台全覆盖。支持开发区领军企业联合关联企业、高校院所、科研机构等组建创新联合体，强化关键核心技术协同创新。加快建设与开发区主导产业吻合的众创空间、孵化器和加速器，大力促进科技成果转化。

增强产业竞争优势。支持开发区立足自身的区位特点、资源禀赋、产业基础和环境容量等因素，推进产业错位、集聚、特色发展，着力打造优势产业链和产业集群。支持四大开发区以战略性新兴产业为主导，打造创新发展的主引擎，培育形成具有国内领先水平和全球竞争力的主导产业。高新区建设世界一流高科技园区，经开区跻身全国十强行列，新站高新区争创国家级高新区；城区开发区加快“退二进三”步伐，重点加大低效闲置用地盘活力度，实施高密度高层次开发，打造转型升级的主阵地；县域开发区围绕全市主导产业发力，实现延链补链强链，加快县域特色产业集群建设，打造工业发展的主战场；支持有条件的开发区争创国家级开发区。

推进产城融合发展。坚持“要素跟着项目走”，提升园区规划建设水平，推动人、地、财、能等关键要素向开发区汇聚，强化住房、医疗、教育优质公共服务资源配套，提升产业和人口集聚能力，推动开发区产城融合、职住平衡，推动开发区从单一产业园区向现代化城区转变，促进 “科创—产业—生态—居住”融合发展。

推动园区开放合作。坚持“以整促合、以优促强”，支持市属开发区和县（市）区结对共建，推行“一区多园”“跨区托管”等开发区共建模式。探索建设市域毗邻合作园区。鼓励以“飞地经济”等方式与沪苏浙等地开发区合作。支持更多的开发区以“区中园”形式创建国际合作产业园。

专栏八　四大开发区高质量发展行动计划

高新区。聚焦建设世界一流高科技园区，打造享誉国际的科技创新策源地、引领全国的新兴产业动力源、开放共享的要素集聚强磁场、彰显和谐的智慧治理示范区，瞄准数字经济、健康经济、绿色经济、服务经济，重点发展集成电路及软件、人工智能、新能源、生物医药和高端医疗器械、智能家电等产业。到2025年，地区生产总值突破2000亿元。

经开区。聚焦建设全国一流经开区，打造国际化都市区核心区、国家级临空经济示范区、长三角科创策源承载地，实施“南优北拓，双城协同”战略，重点发展新一代信息技术、新能源汽车、高端装备制造、生物医药、智能家电等产业。到2025年，地区生产总值突破2000亿元。

新站高新区。聚焦创建国家级高新区，打造先进制造业集聚区、创新驱动活力区、产城融合示范区，重点发展新型显示、集成电路、智能制造等产业。到2025年，地区生产总值力争达到800亿元。

安巢经开区。聚焦产业新城建设，打造承接产业转移示范区、生态文明样板区、合肥东部增长极，坚持“双园联动”，重点发展高端制造、新材料、新能源汽车及零部件、文化旅游等产业。到2025年，地区生产总值力争达到200亿元。

第四章　全面强化数字赋能，打造数字化转型城市范例

顺应数字时代发展潮流，坚定不移实施数字化战略，大力推动数字产业化、产业数字化，加快城市数字化转型，促进数字经济和实体经济深度融合，加快建设网络强市、数字合肥，力争数字产业发展、数字基础设施水平、城市数字化转型进入全国前列。

第一节 加快布局数字新基建

加快建设通信网络基础设施。科学布局支撑数字化发展的基础网络体系，构建覆盖“5G+物联网+千兆光网+量子网+卫星网”的通信网络基础设施体系。加快实现5G、物联感知网络体系全覆盖。实施“千兆入户、万兆入楼”的光纤覆盖计划，全面提升网络带宽。升级IPv6骨干网互联节点以及城域网、接入网等，提升IPv6端到端贯通能力，加快建设国际互联网数据专用通道。依托“墨子号”卫星、“京沪干线”，加强量子通信网络在行业专网、城域网、城际网中的规模部署，扩大量子通信网络覆盖范围。加快建设天地一体化信息网络合肥中心，建成合肥地面信息港，形成天地一体化信息服务能力，打造国家级信息服务产业基地。

前瞻布局新技术基础设施。构建智能语音、智能视觉等面向多行业应用的开源平台。加快建设类脑智能技术及应用国家工程实验室，构建高性能计算集群，开展类脑计算系统、核心芯片和操作系统等技术的研发和工程化。打造高效智能规模化数据生产（开放）平台和服务中心，面向智能语音、自动驾驶等行业领域，建设标准化、规模化人工智能数据集。提升区块链共识机制、防篡改机制和跨链互联，推进区块链技术与通信芯片融合、算法和算力共享等，鼓励发展可私有化部署的区块链平台，加快打造成熟稳定的公链基础链和服务于企业的联盟链。

全力推进算力基础设施建设。建设提供弹性计算能力、超大容量空间和融合软件服务的云计算中心。依托分布式计算技术，布局高标准超算中心和数据中心，提供高性能计算、智能计算，低时延、高附加值的数据存储与处理等服务。加快建设合肥先进计算中心和全国重要的数据存储中心，形成P级算力、E级存储能力和水平，争创国家超算中心，争取布局大数据中心国家枢纽节点。

全面建立融合基础设施体系。加快“物联、数联、智联”一体化信息支撑体系布局，构建全面高效感知城市环境、状态、位置等信息的立体化感知体系。在城市桥梁、地下管线、杆塔等市政领域，同步部署各类智能感知设施。发展车路协同车联网，建设具备全天候测试能力的智能网联汽车封闭测试场，加快建设智能充换电终端网络。构建覆盖所有电压等级的智能电网，建设源网荷储各环节智慧互联、人机交互的智慧能源平台。培育建设智能化的国家物流枢纽，推动开展一体化物流集配设施智能化改造升级，拓展“无接触配送”智能末端配送设施投放范围。

专栏九 数字基础设施重点项目

5G网络设施。加快合肥市5G通信基础设施建设，推进合肥铁塔5G站址建设、合肥电信5G基站、合肥移动5G无线网宏基站等项目。率先在安徽创新馆、骆岗生态公园等城市核心区、重要功能区、重点开发园区、人流密集区规划部署一批5G网络样板。

全光网城市。升级部署高速光纤接入系统，实现城镇地区光网全面覆盖；扩大光纤宽带接入网在农村的有效覆盖。加快实施老旧小区“千兆入户”工程、新建小区“万兆入楼”工程等项目。

人工智能平台。依托科研院所、国家创新平台，龙头企业，加快建设面向人工智能的开源软硬件基础平台，面向教育、农业、交通等领域搭建若干公共服务平台，力争在量子、高级机器学习系列算法等领域搭建基础前沿技术研发平台。推进科大讯飞人工智能示范区、华米可穿戴产品关键技术研发及产业化、科大国创一站式AI开发能力服务平台研发及产业化、哈工大智能装备产业基地等项目建设。

区块链。鼓励供应链核心企业、金融机构、第三方服务机构建立基于区块链的供应链金融入围平台。推进建设基于区块链的可信电子证照平台，形成可信存证体系和跨区域电子证照互信互认体系。构建税务、第三方电子发票商、区块链技术服务商、企业多位一体的电子发票新生态，实现全程可追溯。加快基于区块链的供应链金融、基于达朴链网的区块链底层技术、基于区块链的电子发票可信服务平台研发及产业化等项目建设。

合肥先进计算中心。建设先进计算系统硬件平台、支撑软件与共享服务云平台、超算中心机房、监控运维和技术研发中心等，服务于大科学、大系统和大工程类应用，实现高端计算服务在量子信息、生物基因、气象、新能源、新材料等领域的交叉融合应用创新。

第二节 全面激发数字经济活力

加快推进数字产业化。聚焦“大智移云”，实施“5G＋AI＋云”新引擎战略，加快培育数字化新业态，催生数字经济头部企业，推动人工智能、大数据、5G、物联网、云计算、区块链等数字产业加快发展。加快建设国家人工智能战略性新兴产业集群、合肥国家新一代人工智能创新发展试验区，实施人工智能创新工程、“人工智能+”应用示范工程，一体推进研发攻关、产品应用和产业培育。加快建设合肥网络信息安全省级战略性新兴产业基地，形成量子保密通信、主动防御等一批尖端技术和前沿成果，致力打造全国安全产业之都。加快国家数字服务出口基地、“中国声谷”、“中国安全谷”、“中国网谷”、中国软件名园建设，争创国家数字经济创新发展试验区。

推进产业数字化转型。突出数字赋能作用，推动数字经济和实体经济深度融合，引导农业、制造业、服务业数字化转型。鼓励企业“上云用数赋智”，支持骨干企业加快应用物联网、云计算、大数据等数字技术，提高供应链管理数字化水平。推动建立工业互联网标识解析二级节点，构建跨行业跨领域的工业互联网平台。拓展“5G+”“工业互联网+”“AI+”示范应用，深化数字化车间、智能化产线建设，打造一批国内一流、行业标杆智能工厂。加快建设安徽合肥线上经济创新发展试验区，大力推进数字技术与商务金融、文化旅游、现代物流、科创服务等深度融合，推进行业数字化、智能化、平台化发展，催生更多新兴业态。推进农业基础设施和农业经营管理数字化改造，加快农业物联网示范点建设，实现农产品生产加工流转全程透明可追溯。

专栏十　数字产业化行动计划

5G产业。推动5G在智能家电、智能网联汽车、VR/AR、工业互联网、智慧医疗、智慧学校等重点领域的应用试点示范，推进南艳湖机器人小镇5G工业互联网协同创新平台、5G通讯关键材料及合肥总部基地、5G环境下基于信息隐藏相关技术产业化应用的AI超算平台、基于5G技术的视音频智能系统产业化、智能网联汽车塘西河公园5G示范运行线、5G智慧学校等项目建设。

大数据产业。围绕数据存储、分析、应用和终端产品制造等大数据产业链环节，实施中国电信安徽公司总部基地及中国电信（安徽）大数据产业园、华云集团总部及信创云数据中心、华仓云安徽合肥数据产业园、高新区大数据产业园、长三角（合肥）数字科技中心、中科曙光（安徽）总部基地等一批重点项目。大力培育云服务本土品牌，建设全国云计算应用服务示范基地。提升大数据与云计算安全保障能力，构筑稳定可信的安全云。

物联网产业。推进RFID、MEMS、智能传输、网络虚拟化等物联网关键技术研发与应用，加快发展NB—IoT等低功耗广域网技术和网络虚拟化技术，构建完整的物联网产业链。推动物联网公共服务基础平台和应用服务平台的建设，加快建设互联网+物联网智慧社区服务平台、合肥市城市生命线工程安全运行监测系统三期、合肥轨道交通研究院智慧车站和基础设施数字化全生命周期管理、基于长三角智慧机场群协同运行应用解决方案等项目，推进“中国网谷”建设。

第三节 大力推进城市数字化

建设聪慧“城市大脑”。全面打造城市人工智能智慧中枢，建成国内领先的“新一代政务云”，探索建设“数字孪生”城市。加快江淮大数据中心合肥子平台建设，实现政务大数据到城市大数据的跨越，探索打通视频专网与政务外网。通过部门数据联动共享和互联网社会数据接入，构建准确、动态、完备的城市数据资源湖，加快建设集实时监测预警、全方位智能化决策支持、立体化展示等功能于一体的智慧城市中台，让城市更聪明、更智慧。

提高数字政府服务能力。将数字技术广泛应用于政务服务管理，实现政府治理流程再造和模式优化。推动政务数据高效采集、有效互联和规范使用，实现跨层级、跨区域、跨系统、跨部门、跨业务协同管理和服务。完善人口、法人等基础数据库和各类主题数据库建设，优化数据共享机制，推进公共数据资源依法有序开放。持续推进“互联网＋政务服务”，推广指尖服务、刷脸办事，强化电子证照、电子印章、电子签名、电子档案等基础平台支撑。实现“一网统管”“一网通办”“一码通域”，推广“全程网办”服务，推进居民服务“一码（卡）通”，促进基本公共服务便利共享，让数据多跑路、百姓少跑腿，加快实现“皖（万）事如意”。

强化数字社会治理能力。提升共性技术赋能和协同应用支撑能力，提升城市巨系统的运行效率、配置效率和产出效率，打造新型智慧城市标杆。加快构建城市应急综合治理平台，健全防灾减灾、应急救援、公共卫生及重大疫情防控、生态环境、网络舆情等重点领域智能化实时监控和统筹调度机制。建设“云上城市”，在智慧交通、智慧城管、智慧教育、智慧医疗、智慧养老、智慧文旅等领域建设一批示范应用项目，拓展一批服务场景。加快建设智慧社区，构建基于智能感知的一体化协同共治体系，全面提升社区网格便民化、精细化管理水平。加快推进数字乡村建设，完善乡村数字管理和服务体系，提高益农信息社服务水平，深入推进“互联网+”农产品出村进城工程。

专栏十一　数字化应用场景建设行动计划

智慧政务。持续推进政务流程全面优化、系统再造，提升服务效率，推动“一网通办”。依托“皖事通办”平台，实现各类服务系统“应接尽接”，服务事项“应上尽上”，全面实现“好找、好办、好问、好评”的服务水平和效果。

智慧应急。加快建设线网控制及应急救援指挥中心、智慧城市监控体系与运营中心、“天地空”一体化大气污染管控平台等，提高突发事件感知预警及时性、准确性及处置突发事件的高效性、专业性。

智慧交通。构建集指挥调度、信号控制、交通监控、交通执法、信息发布于一体的智慧交通管理体系。开展车联网、车路协同和无人驾驶等技术创新试点，推进智能网联车在公共交通领域的市场化运营。

智慧城管。运用数字化技术构建精干高效的全域感知城市管理中心，强化城市管理多源大数据汇聚整合，建设完善渣土车管理、店外经营监管、暴露垃圾治理、违章建筑监管、广告牌治理、建筑工地治理等重点应用，提升城市管理效率。

智慧教育。普及应用移动学习终端和创新实验室、学科教室等，开展5G+智慧教育应用示范；构建全市教育信息化综合应用平台，打造“教育云平台、智慧校园、智慧课堂”三位一体教育信息化体系。

智慧医疗。加快国家健康医疗大数据中部中心、合肥市全民健康信息平台建设，实现全市电子健康码一码通用，深入推进省、市、县（区）互联网医院互联互通体系建设，全面推进“互联网+医疗健康”。

智慧养老。推进“人工智能+”“健康+”养老服务，积极创建智慧健康养老示范项目，探索建立符合我市的智慧养老发展模式，提升智慧养老供给规模和质量。

智慧文旅。打造智慧旅游信息化平台，构建数字文旅公共服务体系，实现“一机在手，畅游庐州”。持续开展智慧旅游创新应用试点工作，加快智慧旅游景区建设，发展沉浸式体验、云旅游、云展览等旅游新模式。

智慧市场监管。运用“互联网+”、人工智能、区块链等技术手段，创新市场监管方式，提升市场监管效能。推动跨地区、跨部门、跨层级数据共享，创新市场监管应用，形成跨部门、跨层级、跨区域联合监管机制。

智慧社区。统筹智管社区、效能社区、宜居社区和平安社区建设，进一步增强社区管理与服务的精准性。部署标准统一的信息基础设施，创新独居老人关怀、高空抛物治理、消防安全等应用，提升社区百姓的获得感。

智慧园区。引导各类园区加快5G、高带宽虚拟专网、无源光网络（PON）、下一代无线智能网（NGB－W）布局，推进重点企业、开发园区、战略性新兴产业基地等“触网登云”“用数赋能”。

第四节　营造良好数字生态

培育数据要素市场化配置。加强数据标准规范建设，全面梳理归集农业、工业、交通、教育、安防、城市管理、公共资源交易、社保、卫生健康、金融等领域规范化数据。建立健全统一开放、安全有序的数据开放和交易平台，实行公共数据开放负面清单，引导社会机构和企业依法开放自有数据，鼓励政企合作开展数据运营，促进数据资源政用、商用和民用。探索促进数据流通和数据资产转化，打造数据融通、交易便捷、服务协同的生态圈。

营造规范有序的发展环境。实施包容审慎监管数字经济领域新产业、新业态、新模式，营造数字经济活跃发展的宽松环境。建立数据规范有序发展机制，强化安全监测和风险评估，引导互联网平台加强自律，规范管理和经营行为，坚决依法打击侵犯他人合法权益、违背公平竞争秩序等违法行为。积极参与数字领域规则和标准制定。拓展行业专家、第三方机构等参与治理渠道，努力打造全社会共享共治体系，营造开放、健康、安全数字生态。

加强数据安全保护。探索建立数据资源产权、交易流通、跨境传输和安全保护等机制和规范，加强对政务数据、企业商业秘密和个人数据的保护，形成数据“汇治用”和“管看评”全周期管理。加强数据安全技术防护，推广使用自主可控的服务器、终端、云计算、操作系统、存储和安全网络等，结合区块链和安全多方计算技术，做好开放全流程的数据安全保障和隐私保护。

第五章　实施扩大内需战略，着力服务构建新发展格局

坚持扩大内需这个战略基点，把实施扩大内需战略同深化供给侧结构性改革有机结合起来，注重需求侧管理，全面激活消费潜力，大力拓展投资空间，健全现代流通体系，以创新驱动、高质量供给引领和创造新需求。

第一节　全面激活消费潜力

优化消费环境。增强消费对经济发展的基础性作用，扩大城乡消费规模，积极打造长三角重要的区域性消费中心城市，申建国际消费中心城市。完善消费支持政策，改善消费市场环境，引导大型商业网点向中心商圈集聚，特色消费、专业消费向商业街区集聚，便民消费向社区商业集聚，加强商业设施布局与机场、高铁、地铁等公共交通设施和历史文化景点衔接。构建多元参与的消费者权益保障和社会监督机制，营造时尚、智慧、人文、放心消费环境。

支持消费升级。顺应消费升级趋势，提升传统消费，培育新型消费，积极创新产品和服务供给，促进消费向绿色、健康、安全发展。加快传统核心商圈业态模式创新，引导商业综合体错位发展。实施标识性消费场景塑造行动，以国家级淮河路步行街改造提升为标杆，推进重点专业市场、商业综合体、商业街区转型升级，打造一批国内知名商圈和特色商业街区，形成更多商业休闲新地标，培育4个左右市级中心商圈、10个以上区级中心商圈、若干个社区商业中心。大力推进城乡便民消费服务中心建设，进一步开拓城乡消费市场，加快形成民生配套有温度、特色商业有品质的便民生活服务圈。拓展虚拟消费空间，支持跨境电子商务交易平台的创新经营和规模化发展。实施“增品种、提品质、创品牌”战略和品牌发展提升工程，积极引入国内外知名品牌在肥发展，集聚更多全球知名品牌，提升消费国际性供给，培育“合肥造”精品供给。

释放消费潜能。实施消费新业态新模式培育行动，拓展夜间消费、假日消费、健康消费、体育消费、会展消费等新空间，推动线上线下、跨界跨业融合发展。发展服务消费，放宽服务消费领域市场准入，适当增加公共消费，推动政府购买服务促消费。完善节假日制度，落实带薪休假制度，扩大节假日消费。有序取消一些行政性限制消费购买的规定，推动汽车等消费品由购买管理向使用管理转变。促进文化和旅游消费高质量发展，加快国家级文化和旅游消费试点城市建设。优化体育消费环境，推动国家体育消费试点城市建设。坚持“房子是用来住的、不是用来炒的”，健全房地产管理长效机制，加快建立多主体供给、多渠道保障、租购并举的住房制度，促进房地产市场平稳健康发展。

专栏十二　激活消费潜力行动计划

建设区域中心商圈。改造提升三里庵商圈、天鹅湖商圈、四牌楼商圈、三孝口商圈、马鞍山路商圈、火车站商圈等；发展壮大滨湖商圈、东部新中心商圈、骆岗生态公园商圈、运河新城商圈、四里河商圈、高铁南站商圈、新南七商圈、西七里塘商圈、坝上街商圈。

建设高品质特色街区。提升改造淮河路步行街、罍街、中皖金大地东西街国家级特色街区；建设城隍庙历史文化休闲街区、老报馆街区、长江180街区、宁国路美食街、安徽时尚街区等特色商业街区；建设一批时尚特色街区、文旅创意商街。

建设社区商业网点。加快社区商业网点统一规划、定位和布局，建设满足社区不同年龄层客户群需求的业态，为儿童群体提供幼儿托管、学习辅导、兴趣培养，为青年群体提供创业复合型业态、高科技互动创新体验，为老年群体提供健康保健相关服务业态。加快天猫小店、苏宁小店、京东便利店、生鲜传奇、谊品生鲜等连锁店的社区布局。支持知名连锁便利店到合肥投资发展。

塑造地方消费品牌。支持便利店、超市、餐饮、百货等领域龙头企业推进全省、全国布局，加快形成更具丰富度、吸引力的合肥本地消费品牌。

打造夜间消费品牌。提升改造夜间消费载体，打造品质夜市和夜间消费集聚区，到2025年打造2个以上高品质夜间消费街区和品质夜市，以及若干社区型居民夜间消费节点，形成一批具有全国影响力的夜市品牌。拓展夜购、夜游、夜娱、夜学、夜健身等夜间消费。

第二节 精准扩大有效投资

大力拓展投资空间。发挥投资对优化供给结构的关键性作用，加快补齐基础设施、市政工程、农业农村、公共安全、生态环保、公共卫生、物资储备、防灾减灾、民生保障等重点领域短板。推动企业设备更新和技术改造，扩大战略性新兴产业投资。聚焦新型基础设施、新型城镇化、交通能源水利等方面，实施引江济淮、沿江高铁、新桥机场改扩建等一批既利当前又管长远的全局性、基础性、枢纽性重大项目。发挥项目支撑作用，保持投资稳定增长。

激发民间投资活力。加快放开民间投资领域，引导民间资本积极参与新型城镇化建设、新型基础设施建设等重点领域。建立民间资本推介项目长效机制，常态化公开发布回报机制明确、商业潜力大的项目，吸引民间资本参与。充分发挥政府投资撬动作用，推动民间投资与政府投资、信贷资金等协调联动，扩宽民间投资渠道。创新和规范推广政府和社会资本合作（PPP）模式，推动重点项目落地实施。加快推进基础设施领域不动产投资信托基金（REITs）试点，盘活基础设施存量资产。

深化投融资体制改革。健全政府投资管理制度，完善投资项目事前绩效评价、事中事后监管，提高政府投资管理水平和投资效益。用足用好中央投资、地方政府专项债券等资金政策，扩大政府产业基金和股权投资规模。充分发挥金融、保险等资金的积极作用，激发全社会投资活力，形成市场主导的投资内生增长机制。进一步规范行政审批制度，提高投资审批服务效率。

第三节 健全优化现代流通体系

完善高质量流通基础设施网络。构建“公铁水空”多式联运交通运输体系，落实“安徽123出行交通圈”建设任务，筑牢公路运输体系基础，提升铁路运输干线运输功能，加强高铁货运能力建设，补齐航空物流短板，提升水运物流能级，加快推动合肥1小时通达省内其他设区市，2小时通达长三角城市群和邻省省会，3小时覆盖全国主要城市。积极申建国家中欧班列集结中心，打造“一带一路”综合性物流枢纽，提升中欧班列综合功能。加快建设国际航空货运集散中心，培育引进基地航空公司，全面提升航空口岸功能。积极深化与宁波舟山港、上海港开展铁海联运、江海联运，提升合肥港始发港和目的港服务能力。加快国家物流枢纽承载城市建设，优化布局生产服务型枢纽、陆港型枢纽和商贸服务型枢纽，加快融入国家物流枢纽骨干网络，推进“通道+枢纽+网络”一体建设，打造国际快递枢纽。实施冷链产业补链强链工程，加快合肥国家骨干冷链物流基地建设。加速农产品、生产资料等专业批发市场布局优化、集聚发展，支持关系居民日常生活的商贸流通设施改造升级、健康发展。支持交通、商贸、物流大数据中心建设，推动流通产业数字化创新发展。

提升高品质流通网络服务水平。推进骨干流通企业数字化、智能化改造和跨界融合，加快培育具有国际竞争力的流通企业，培育2家以上年销售额百亿级商贸流通企业。推动物流园区（中心）提升发展能级，以物流基地、配送中心、重点物流企业等为载体，发展社会化、专业化物流，提升物流智慧化、信息化、标准化、装备现代化水平。推动农产品、生产资料流通体系发展，打造集交易展销、物流分拨、供应链管理等于一体的商贸服务网络。推进电子商务、跨境电商、直播电商、社区团购、即时配送、无人配送等流通新技术新模式新业态创新发展。加快发展供应链金融，提供更多串联产供销上下游、直达各流通环节经营主体的金融产品。依托信用合肥，构建重要产品追溯体系。加快建设储备充足、反应迅速、抗冲击能力强的应急物流体系。

专栏十三 现代流通体系建设行动计划

物流枢纽创建工程。重点依托合肥北站物流基地建设陆港型国家物流枢纽，依托派河港建设生产服务型国家物流枢纽，积极培育打造商贸服务型国家物流枢纽。

物流园区提升工程。推动合肥商贸物流园、宝湾国际物流中心、合肥中外运物流中心、合肥港物流园、中外运物流华中中心物流园、徽运物流园（合肥公共物流园）、合肥周谷堆大兴农产品国际物流园等国家级、省级示范物流园提高发展水平，优化物流园区布局。

重点项目建设工程。推动合肥派河国际综合物流园、合肥百大肥西农产品物流园、菜鸟网络中国智能骨干网、中国邮政（国家）邮件处理中心（二期）、顺丰速运智能分拣基地（二期）、韵达智慧物流产业园、京东智能产业园、合肥国际陆港、中外运供销物流园、中国南山·合肥岗集综合交通物流港、合肥东部现代智慧物流园、庐江罗埠综合物流园等重大项目建设。

第四节 提高供给质量效率

提升资源要素配置效率。发挥政策引导作用提升供给效率，形成有利于消费升级和产业升级协同发展的政策环境。充分激发企业活力和消费潜能，推进产业组织、商业模式、供应链、物流链创新，提升资源要素配置效率。推进供给侧和需求侧政策更好结合，强化创新链、产业链和市场需求的衔接。进一步提高供给结构适应性和灵活性，增强经济持续健康发展动力，引导过剩产能在供给侧减量，严控产能严重过剩行业新建项目。

推进质量强市建设。开展产品质量和服务质量“双提升工程”。建立重点消费品质量追溯制度，完善产品质量监督体系，加强检验检测平台和监管体系建设。支持企业主持或参与制定行业、国家、国际标准，争创一批体现合肥优势的质量体系和行业标准。到2025年，建成10个国家级质量控制和技术评价实验室，3个国家质量标杆企业，建立质量品牌管理体系企业占比达到60%。

积极发展品牌经济。加快振兴特色工艺、特色餐饮等老字号品牌，孵化更多合肥原创品牌，打造一批特色地理标志品牌，推动“合肥品牌”向“中国品牌”“世界品牌”升级，每年开发100个以上省级新产品、10个左右“安徽工业精品”。加强品牌保护和宣传，严厉打击生产、销售假冒名牌产品等违法行为。力争培育1-2家世界品牌实验室（WBL）500强企业，10家中国品牌价值500强企业。

第六章 提升城市发展质量，建设宜居宜业的人民城市

推进以人为核心的新型城镇化，统筹空间、规模、产业和规划、建设、管理，构建“中心引领、两翼齐飞、多极支撑、岭湖辉映、六带协同”空间新格局，全面提升长三角世界级城市群副中心综合承载能力和功能品质，加快建成国际化新兴特大城市。

第一节 构建国土空间开发保护新格局

中心城区引领。高品质建设中心城区，构建城市公共活动中心体系，提高发展活力、塑造生态引力、增强辐射能力。高起点规划建设骆岗生态公园，充分体现新理念、新机制、新技术、新方式，打造人民共享、引领未来、具有国际影响力的“城市会客厅”。滨湖片区要突出商务会展、现代金融、科创服务、旅游休闲等功能，打造展现大湖风光的国际化新城区。老城区要加快更新改造，传承城市记

忆，加速业态升级，打造多元融合的高端服务业集聚区。天鹅湖片区要提升国际化品质，完善公共服务功能，促进新兴业态集聚，打造全国一流的现代文化商务区。东部新中心要聚焦工业遗产保护开发、生态环境修复、新型业态培育，打造充满活力的老工业基地转型示范区。推动肥东、肥西、长丰与市区一体化发展，优化行政区划设置。

东西两翼齐飞。做强以高新区、经开区为引擎，以新桥科创示范区、大科学装置集中区、西部运河新城、肥西产城融合示范区、合庐产业新城等为支点的西部增长翼；做大以新站高新区、东部新中心为引擎，以下塘产业新城、肥东产业新区、合巢产业新城等为支点的东部发展翼，促进区域更加协调发展。

多极发展支撑。按照中等城市标准，提升巢湖城区、长丰县城、庐江县城等承载能力，打造市域三大副中心。依托资源禀赋、区位优势、产业基础，打造一批特色城镇。

岭湖相互辉映。以巢湖为核心、江淮分水岭为屏障，构建蓝绿交织、山水交融的全域生产生活生态融合发展新格局。

六带协同共进。沿主要交通廊道，提速建设合六、合淮蚌、合滁、合芜马、合安、合铜六大发展带。

专栏十四　城区转型升级行动计划

瑶海区。聚焦打造老工业转型发展示范区、合肥东部新中心，加快推进城区面貌转变、产业转型升级、群众幸福感提升，强力实施城市能级、产业动能、社会治理能力、服务效能提升，重点发展物联网产业、现代服务业、建筑业、文创产业和大健康产业。到2025年，地区生产总值力争达到1000亿元。

庐阳区。聚焦打造高质量发展的示范城区、国际化的首善之区、全省消费核心枢纽，重点发展金融、商贸、建筑业、数字经济、智能制造、大健康等产业。到2025年，地区生产总值力争达到1800亿元。

蜀山区。聚焦基本建成国内一流现代化中心城区、长三角一体化高质量发展示范区、安徽最具创新力的都市核心区、合肥开放发展门户区，重点发展节能环保、电子商务、总部经济、文化创意等产业。到2025年，地区生产总值力争达到1900亿元。

包河区。聚焦打造数字引领的产业创新核心区、美丽和谐的滨湖生态样板区、精致大气的现代都市中心区、普惠包容的共治共享标杆区，重点发展新能源汽车暨智能网联汽车、金融、创意文化等产业。到2025年，地区生产总值力争达到2300亿元。

第二节　提升城市规划建设品质

加强城市规划设计。强化国土空间规划和用途管控，划定生态保护红线、永久基本农田、城镇开发边界。构建高水平国土空间规划体系，推动总体规划、专项规划、详细规划有机衔接。加强城市整体设计，突出地域特色，传承文化记忆，建设一批精品地段、精品景观、精品建筑，打造城市会客厅和优美天际线，塑造城市特色风貌。开展建筑品质示范工程，鼓励建筑设计创意创新，提升城市建筑美学水平，实现城市建设项目与城市环境、文化相融合，与建筑风格、使用功能相匹配，打造更精致大气的城市建筑形象。

实施城市更新行动。统筹宜居城市、绿色城市、韧性城市、智慧城市、人文城市建设，开展城市体检评估，系统梳理功能短板，持续推进城市有机更新。以建设骆岗生态公园和举办“园博会”为抓手，系统梳理城市生态肌理，推进城市生态修复、功能完善。充分挖掘老城区资源，尊重老街区、老建筑的传统格局和风貌，推进历史文化遗产“活化”利用。全面实施老旧小区改造、既有住宅加装电梯，加大城中村、菜市场、背街小巷等重点区域改造力度，统筹老旧小区及周边区域市政设施联动改造，补齐公共空间和服务设施短板，完善社区15分钟生活圈。

专栏十五 城市更新重点项目

加快建设马（合）钢工业遗址公园、罍街四期、十五里河片区综合改造、卫立煌故居环境提升整治、逍遥津公园提升改造、淮河路步行街片区立面及景观提升改造、庐州公园二期、拱辰街片区改造升级等。

加快推进城隍庙合肥古建筑文化群、十里工业文化创意廊道综合整治、新合肥西站片区改造、大铺头片区升级改造、青年港湾及附属工程、女人街和七桂塘片区改造、南淝河绿廊、董家老宅环境提升整治、李鸿章当铺环境提升整治、宋世科故居环境提升整治、绿都商城改造升级等前期工作。

第三节 构建现代化综合立体交通网络

提升全国性综合交通枢纽地位。深入推进交通强国试点市建设，大力实施“1155”行动计划，力争建成及在建铁路1000公里、高速公路1000公里、城区快速路500公里、轨道交通500公里，完善综合交通网络，巩固提升全国性综合交通枢纽地位。大力推进高铁、城际、市域（郊）铁路和铁路站场建设，加快沿江高铁合宁、合武段和合新、合肥—安康高铁等项目建设，建成“站城一体”的新合肥西站，推动肥东高铁站改造升级为合肥东站，基本形成“时钟型”高速铁路网。加强高速公路及联络线、国省干线建设，形成“两环十三射多联”快速交通网络和高快一体的结构布局，力争全市所有乡镇15分钟上高速。实施新桥国际机场改扩建，加密国内航线网络，拓展国际直飞客货航线，打造区域航空枢纽及国际航空货运集散中心，旅客吞吐量达2500万人次，货邮吞吐量达30万吨。推进通用机场建设，打造区域航空服务中心。提升水运通江达海能力，推进建设兆西河通江一级航道，加快打造江淮联运中心和合肥国际贸易始发港，集装箱吞吐量达到55万标箱。积极申报国家多式联运示范工程，加快形成空铁、水铁、公铁的多式联运运输结构。

完善城市交通体系。全面实施新一轮城市大建设，加快城市快速路、轨道交通、主次干道、支路等建设。加快城市交通基础设施建设，推进轨道交通网城区加密、县域延伸，规划建设现代有轨电车，建设长三角轨道交通示范市。优化提升路网结构，加快形成“五横七纵、多向加密”快速路网，加快弥补城区路网密度短板，畅通城市组团联系，打通断头路和交通堵点。加快停车设施建设，推进公共停车场产业化发展。健全城市慢行交通系统，改善非机动车、步行及残障人士的通行环境，倡导绿色出行。坚持公交优先战略，巩固扩大国家公交都市建设示范城市成果，有序推动市域公交一体化运营，构建城市绿色交通体系。

提升交通管理服务水平。开展ETC智慧停车城市试点，制定实施更有力度的差别化停车收费政策，降低机动车使用强度和主城区交通流量。提高交通管理智慧化水平和交通运行服务品质。加强交通安全管理，完善快速处置和应急救援机制，依法治理交通违法违规行为，提升交通文明水平。

专栏十六 综合交通枢纽重点项目

铁路。建成合新高铁、沿江高铁合宁段、沿江高铁合武段、新合肥西站、铜陵江北港专用线等。加快建设合肥南城际站、合新六城际、合巢马城际、合肥—庐江—池州（九华山）等城际铁路项目，合肥新桥机场S1线、合肥—巢湖等市域郊铁路项目。推进合肥东站、合肥至安康高铁，庐巢、合池、合芜宣、合肥—新桥机场—淮南等城际，合庐、合六、合长淮、合舒（万佛湖）等市域郊铁路项目前期工作，加快形成以合肥为中心，通达全国主要城市的现代高效铁路网。

高速公路。建成明巢高速、德上高速合枞段、合周高速滁州—合肥—寿县段、铜商高速无为（塔桥）—合肥段和合肥—霍山—皖豫界段、岳武高速东延无岳段、绕城高速新增互通立交。加快建设宣商高速、京台高速西绕线、外环绕城高速及联络线、合芜宣杭二通道等项目。实施沪陕高速合肥—大顾店段等项目改扩建。推进无桐高速、合肥—淮南—桐城、改扩建京台高速合肥—蚌埠段等项目前期工作。

水运。实施引江济淮派河口、蜀山等复线船闸，引江济淮东淝河、合裕线巢湖等一线船闸改造工程。推进丰乐河等航道整治。推进兆西河通江一级航道建设前期工作。

航空。建成运营新桥机场二期、肥东白龙通用机场、肥西官亭通用机场。推进合肥滨湖通用机场（肥西严店）、庐江（A1）通用机场、巢湖通用机场等项目前期工作。

国省干线。建成G206吴山至南岗段、G329西大路（马厂至合浦段）、G329西大路（杨王至巢湖界段）、G329柘皋至含山界段、G312柘皋至滁州段、S351盛同路、S311乌曹路二期、S103罗埠至店桥段、S321环城路段、S105肥东段、S105巢湖段、S211梁界段、S330盛无路、S218巢无路、S103合肥三河同大过境段、S236山南至双河段、S227肥东段、S328夏阁至巢湖含山界段、S315杨桃路改建等。推进G330同大至石头段、G330罗埠至城南段、G346石山至汤池段、S231连接线（庐城至柯坦段）、S232万山至乐桥段、S321水九路至张祠段、S323白龙至杨庙段改建、S324元疃至炎刘段改建等前期工作。

城市轨道交通。建成1号线三期、4号线、5号线北段、2号线东延、3号线南延、4号线南延、6号线一期、7号线一期、8号线一期、东部城区有轨电车一期工程。推进第三轮城市轨道规划修编、第四轮城市轨道规划和项目前期工作。

城市快速路。建成畅通二环西南环、畅通二环北环东段改造等项目。开工建设郎溪路、文忠路、包公大道、金寨路快速化改造等项目。推进西二环快速化改造、方兴大道东延、徽州大道南延、锦绣大道、新合肥西站配套路网、S17蚌合高速长丰西道口、分水岭路（长丰段）等前期工作。

第四节 夯实城市运营保障基础

强化能源供应保障。推进智慧能源综合利用，推动新能源和可再生能源高比例、高质量发展，构建清洁低碳、安全高效现代能源体系。积极争取外电入肥，推进合肥受电电源点落地建设。规划建设国内一流骨干电网，构建智能电网体系，提升城乡配电网水平，完善充（换）电站等基础设施保障。加快高压管网和城乡燃气管网设施建设，强化与西气东输、川气东送、中俄东线等天然气主干管网互联互通，推进与长三角油气设施互济互保。优化加油（气）站布局和服务设施，保障油气供应稳定。促进热电联产健康发展，推广先进、节能、环保的供热用热技术，构建多热源联网供热体系。

确保城市防洪和饮用水安全。加强城市积涝点整治和堤坝、调蓄池建设，提升城市堤坝防洪标准，增强城市防洪排涝能力，建设海绵城市、韧性城市。强化水资源供应保障，持续加大水源地建设和保护力度，构建供水安全保障与水资源配置基础设施网络。

加强城市地下空间开发利用。科学编制城市地下空间开发利用规划，建立健全城市地下空间权属管理制度。加强城市地下空间建设项目规划建设管理，健全地下空间信息化支撑体系，鼓励地铁、商业、公共配套服务设施等地下空间之间互连互通，鼓励建设地下市政场站和地下综合管廊。结合城市轨道交通TOD开发，推动人防工程建设与地下商业街区、地下交通、地下市政公用、地下仓储和防灾减灾等功能融合贯通。

专栏十七　城市运营保障能力重点项目

供电。开工建设白鹤滩—江苏±800kV特高压直流输电工程、500kV紫蓬变、500kV金牛变、500kV包公变等电网项目。加快推进神皖庐江电厂2×1000MW发电机组、肥东天然气调峰电厂、外电入皖合肥直流落点、500kV中心变等项目落地。

供水。实施四水厂迁建工程、六水厂提升改造工程、龙河口引水工程、众兴水厂工程、巢湖市长江供水工程、巢湖市二水厂改扩建工程、江水西引生态补水提升改造工程、长丰县新建水源工程、庐江县新建水源工程。

供气。建成绕城天然气高压天然气管线、环巢湖高压天然气管线工程；开工建设中海油江苏滨海LNG配套管线（合肥段）、天然气宿州—黄山干线（蚌埠禹会—长丰段）等项目。加快推进清洁能源“镇村通”工程、巢湖至芜湖LNG接收站天然气干线等项目落地。

供热。建成新能热电联产项目一期B标段工程、大科学装置配套供热工程等项目。开工建设寿蜀产业园热电联产、金源热电二期扩建等项目。加快推进合肥骆岗生态公园配套能源供应工程、空港经济示范区集中供能工程等项目落地。

煤炭。开工建设合肥热电集团煤炭应急储备库等项目。加快推进长三角煤炭交易中心落户。

新能源。建成皖能长丰农林生物质发电项目、巢湖市鑫皖C-RDF热电联产项目、庐江县生活垃圾焚烧发电二期项目。开工建设安徽日昱生物天然气二期项目等。加快推进肥西生物质气炭联产二期项目、肥东县鼎阳新能源200MW渔光互补光伏电站项目。

城市防洪。建设南淝河防洪完善工程（二期）、城市内涝治理工程三期、城市内涝气象监测预警工程、庐阳区河道防洪堤整治工程、庐阳区内涝隐患点综合整治工程、巢湖市城市防洪工程、巢湖市重点乡镇镇防工程、大闸河、界牌河堤防达标工程和瓦埠湖行蓄洪区等。推进城市排水防涝信息化及应急处置、城市雨水管渠等重大项目建设。

第五节　提升现代城市治理能力

强化常态长效管理。树立全周期管理意识，下足绣花功夫，提升城市科学化、精细化、智能化治理水平。健全城市综合管理标准体系，巩固全国文明城市建设成果，加快基础设施配套建设，进一步提升环境卫生、扬尘污染防治、城市照明维护、道路桥梁管养、交通噪声防治等水平，努力打造洁净环境、完好设施、清爽景观、规范秩序。推进城市管理进社区，提升住宅小区物业服务管理水平，强化交通秩序、意杨飞絮等突出问题治理，基本建立生活垃圾投放和分类收集、运输、处理系统，构建整治违法建设长效机制。

创新城市管理体制机制。更新城市管理理念，完善“执法+管理+服务”工作体系，推广“大共治”模式，加快推动城市管理由“重建轻管”向“建管并重”转变。落实城市管理主体责任，理顺部门职责分工，深化街道体制改革，科学划分城市管理相关专业职能，构建“大城管”城市综合管理格局。加大城市管理力度，提升综合执法水平，推进和谐城管、法治城管、智慧城管建设，提升城市管理现代化水平。

第六节　加快农业转移人口市民化

统筹推进户籍制度改革。进一步调整完善城区落户政策，全面落实支持农业转移人口市民化的财政政策，加大新增建设用地计划指标与吸纳落户数量挂钩力度。保障进城落户农民土地承包经营权、宅基地使用权、集体收益分配权等农村权益，鼓励依法自愿有偿转让，探索自愿有偿退出机制。争取保障性安居工程中央预算内投资更多投向保障性住房建设，畅通农业转移人口入城通道。

加快城镇基本公共服务常住人口全覆盖。健全以居住证为主要依据的农业转移人口随迁子女入学入园政策，将农业转移人口及其随迁家属纳入社区卫生服务体系，将更多符合条件的新就业无房职工、外来务工人员等纳入住房保障范围，大力提高社保跨制度、跨地区转移接续手续，切实提升农民就业创业能力，帮助农业转移人口及其随迁家属快速适应城市生活，推动农业转移人口共享城镇基本公共服务，努力提升农业转移人口落户城镇的便利性、归属性、获得感。

第七章 坚持农业农村优先发展，开创乡村全面振兴新局面

坚持把解决好“三农”问题作为重中之重，全面推进、分类实施乡村振兴战略，建立健全城乡融合发展的体制机制和政策体系，全面提升县域经济综合实力和新型城镇化水平，推动形成新型工农城乡关系，促进农业高质高效、乡村宜居宜业、农民富裕富足，加快农业农村现代化。

第一节 发展壮大县域经济

做大做强县域特色产业。健全促进支持县域发展的体制机制和政策体系，围绕争创“千亿县”目标，全面增强县域经济综合实力和竞争力，五县（市）经济增速力争高于全市、总量突破5000亿元。坚持工业强县战略不动摇，统筹市县产业布局，围绕市域主导产业，以战略性新兴产业、先进制造业、城市配套工业、农副产品加工业等为主攻方向实施延链补链强链行动。实施产业集群培育工程，每个县（市）集中力量培育1-2个主导产业集群，实现县域特色产业集群（基地）全覆盖。

强化县城综合服务能力。推进以县城为重要载体的城镇化建设，推进县域公共服务设施提标扩面、市政公用设施提档升级、环境卫生设施提级扩能，使县城成为农民就业安家的重要平台。支持各县（市）加快县城城镇化补短板强弱项，争创国家级、省级县城新型城镇化示范，完成庐江县国家级县城新型城镇化建设示范任务，积极创建省级现代化中小城市培育工程试点。依法开展人口较大县城设置街道改革试点，深入推进经济发达镇行政管理体制改革。加快中心城区优质资源下沉延伸，稳步推进非核心功能疏解，带动县域经济向城市经济跨越升级，促进市区与县（市）协同发展。以微型产业集聚区为空间单元，培育打造一批精品特色小镇。深入实施小城镇基础设施及环境提升行动，完善配套服务功能，提升吸引力和人口承载能力。

专栏十八 县域经济突破行动计划

供气。建成绕城天然气高压天然气管线、环巢湖高压天然气管线工程；开工建设中海油江苏滨海LNG配套管线（合肥段）、天然气宿州—黄山干线（蚌埠禹会—长丰段）等项目。加快推进清洁能源“镇村通”工程、巢湖至芜湖LNG接收站天然气干线等项目落地。

肥东县。聚焦打造产业转移重要承载地、县域经济高质量发展排头兵。重点发展高端装备制造、生物医药、新材料、绿色食品等产业。到2025年，地区生产总值达到1200亿元。

肥西县。聚焦打造合肥未来城市建设新中心、长三角高质量发展强劲增长点、全国城乡融合发展示范区。重点发展新一代信息技术、生物医药、智能家电、汽车及智能装备等产业。到2025年，地区生产总值达到1500亿元。

长丰县。聚焦打造产业强县引领区、城乡一体示范区、县域发展样板区。重点发展新能源和智能网联汽车、智能家居家电、装备制造、食品工业等产业。到2025年，地区生产总值达到1100亿元。

庐江县。聚焦打造长三角产业转移重要承接基地、现代优质高效特色农业示范基地、长三角知名生态休闲旅游度假基地。重点发展新材料、新型化工、装备制造等产业。到2025年，地区生产总值达到800亿元。

巢湖市。聚焦打造现代产业高地、旅游度假胜地、山川秀美生态之城。重点发展新材料、新一代信息技术、绿色食品、高端装备制造、钢构制造、渔网具等产业。到2025年，地区生产总值达到700亿元。

第二节 大力发展现代农业

稳定粮食和农产品生产。坚决扛稳粮食安全责任，健全和落实农业支持保护制度，坚持最严格的耕地保护制度，严守耕地红线，坚决遏制耕地“非农化”、防止“非粮化”。深入实施藏粮于地、藏粮于技战略，推进全域土地综合整治试点，大力实施高标准农田改造提升工程，增强农田防灾减灾能力，稳定粮食播种面积，有效提升粮食产能。完善粮食储备体系，优化仓储设施布局，推进优质粮食工程，提升收储调控能力。深入开展粮食节约行动，坚持不懈制止餐饮浪费。扎实开展生猪养殖标准化创建活动，建立健全动物防疫体系，做好生猪稳产保供，加快构建现代养殖体系。持续推进“菜篮子”工程，构建科学合理、安全高效的重要农产品供给保障体系。

优化农业发展布局。加强粮食生产功能区、重要农产品生产保护区和特色农产品优势区建设，优化“环湖、近城、岭上、多极”农业发展布局。统筹推进环巢湖大道堤段固化、沿线绿化、景观美化的亲水生态岸线建设，改造升级一批“农湖”相依，“水村”融合的环湖农业特色小镇、美丽乡村，打造环湖生态涵养区。以绕城高速沿线为重点发展区域，重点建设7个省级农业产业化示范基地、5个省级现代农业产业园，打造近城产业集聚带。系统规划江淮分水岭、引江济淮工程沿线、巢湖干支流等区域和周边“大组群+小组团+特色产业区”单元，打造乡村发展多极组团。高水平建设一批都市现代农业园（区），共建合肥都市圈农业现代化先行区，建设长三角绿色农产品生产加工供应基地，引进一批农业龙头企业落户合肥。

加快现代农业产业发展。深化农业供给侧结构性改革，突出有机农业、都市农业、互联网农业，加快蔬菜、草莓、龙虾、家禽、乳品、苗木花卉等12条农业产业链建设，推动品种培优、品质提升、品牌打造和标准化生产。深化农产品“三品一标”认证工作。加快农村一二三产业融合补链强链，深入实施农产品加工业“五个一批”工程、休闲农业和乡村旅游精品工程，开发精品旅游线路，推广休闲观光农业。搭建多层次、多样化农民创业、农业创新平台，带动县域腹地小农业向高效、特色、精品产业的梯次延伸和多极聚合。建设连接城乡覆盖全域的县、乡、村三级农村快递服务体系，实现村村通快递。大力发展农村电商，培育一批本土知名农村电商企业，推进“互联网+”农产品出村进城，丰富乡村经济业态。培育一批全国知名农产品区域公用品牌和企业产品品牌，打造2家以上百亿级产值龙头企业，力争农产品加工产值突破1500亿元。

提升农业科技水平。加快推进农业关键核心技术攻关，实施现代种业提升工程，有序推进生物育种产业化运用，支持优势种业企业做大做强，打造“种业之都”。创建安徽合肥国家农业高新技术产业示范区、长丰县国家现代农业产业园，建好合肥智慧农业谷、“首席专家工作室”，打造一批国家级、省级农业产业科技创新中心和创新平台基地。

专栏十九 现代农业示范重点项目

种植业和养殖业。建设大杨现代农业产业园、肥西县粮食物流中心库、蓝莓特色农业综合体、合肥花卉种植基地、春生农业生态示范基地、合肥龙冠禾稻渔生产基地、肥东县牌坊现代农业产业园、长丰县国家现代农业产业园等项目。

休闲观光农业。建设合肥智慧农业谷、国家级农村产业融合发展示范园提升工程、蜀山区生态文化旅游休闲区、圩美·磨滩乡村民俗体验村、蜀山小庙省级现代农业示范区、安徽复兴家园休闲农业、大圩镇生态田园综合提升、尖山湖逸趣园田园综合体、长丰马郢全国乡村旅游重点村、庐江汤池—柯坦—万山民宿群等项目。

第三节 实施乡村建设行动

全域建设美丽乡村。统筹县域城镇和村庄规划建设，编制多规合一的村庄规划，打造美丽集镇、美丽村庄，把乡镇建成服务农民的区域中心，把乡村建成农民安居乐业的幸福家园，进一步彰显岭湖风貌、地域文化、产业特色。组织实施农村人居环境整治提升行动，深化农村环境“三大革命”“三大行动”。深化农村“双基”建设，开展数字乡村行动，继续实施农村饮水安全巩固提升工程，扎实推进“四好农村路”和“村组通”建设，加速农村公路联网循环，提升农房建设质量，健全农村公共基础设施管护机制。增加农村公共服务供给，促进公共教育、医疗卫生、公共文化、社会保障、养老设施等资源向农村倾斜。

实现巩固拓展脱贫攻坚成果与乡村振兴有效衔接。持续推进财政投入、金融服务、土地支持、人才智力支持、社会帮扶等方面政策衔接，过渡期内兜底保障类政策严格落实“四个不摘”要求，保持主要帮扶政策总体稳定。健全防止返贫动态监测和帮扶机制，巩固提升“两不愁三保障”成果。加强扶贫项目资产管理和监督，健全农村低收入人口常态化帮扶机制，完善农村社会保障和救助制度。发展壮大乡村特色主导产业，推动产业扶贫向产业振兴提升，力争所有行政村年集体经济收入达50万元以上，增强巩固脱贫成果及内生发展能力。向巩固脱贫攻坚成果和乡村振兴任务重的村派驻第一书记和乡村振兴工作队，完善社会力量参与帮扶机制。

专栏二十 乡村全面振兴行动计划

先行示范区。区位条件优越，县域经济发展质量高，农业农村发展基础好，基本没有巩固拓展脱贫攻坚成果任务。包括：肥东县、肥西县、瑶海区、庐阳区、蜀山区、包河区。主要任务是，对标长三角先进地区，探索经验、率先突破、走在前列，高起点、高标准推进乡村振兴，打造乡村全面振兴的安徽样板，为其他县作好示范。到2025年，一批资源条件好、地理位置优、产业发展旺、集体经济强的乡村率先基本实现农业农村现代化。

正常推动区。农业农村发展基础较好，巩固拓展脱贫攻坚成果任务轻。包括：长丰县、庐江县、巢湖市。主要任务是，用好现有政策，在巩固拓展脱贫攻坚成果的基础上，由易到难、持续发力，加快推进乡村振兴，达到或超过全国平均水平。到2025年，农业农村现代化体系初步建立，乡村振兴取得阶段性成果。

第四节 深化农业农村改革

巩固完善农村基本经营制度。健全城乡融合发展机制，创建城乡融合发展试验区，促进城乡要素平等交换、双向流动。衔接落实农村基本经营制度和第二轮土地承包到期后再延长三十年政策，加快培育家庭农场、农民合作社等现代农业经营主体，健全农业专业化社会化服务体系，规范农村土地流转，发展多种形式适度规模经营，实现小农户和现代农业发展有机衔接。

推进农村土地制度改革。健全城乡统一的建设用地市场，探索农村集体经营性建设用地入市改革，建立公平合理的入市增值收益分配机制。深化农村土地征收制度改革，执行公共利益征地的相关制度规定。稳步提高土地出让收入用于农业农村比例。加强农村宅基地管理，稳慎推进宅基地所有权、资格权、使用权“三权分置”改革，开展农村宅基地和闲置住宅盘活利用试点示范。深化农民承包地“三权分置”改革。

激发农村要素活力。巩固农村集体产权制度改革成果，探索赋予农民集体资产股份权能，深入推进农村“三变”改革，大力实施“百村示范、千村提升”工程，发展新型农村集体经济。切实减轻村级组织负担。持续加大财政对农业农村投入，做大用好乡村振兴投资基金，鼓励和引导社会资本、金融资本投资农业农村支持乡村振兴。健全农村金融服务体系，稳定并扩大重要大宗农作物保险覆盖面，提高小农户投保率，逐步提高特色保险占农业保险比重。纵深推进党建引领信用村建设。

增强乡村治理效能。完善村党组织领导乡村治理的体制机制，构建民事民议、民事民办、民事民管的自治格局，加强基层法制宣传教育，完善乡村法律服务体系，发挥新乡贤作用，维护公序良俗，涵育文明乡风、良好家风、淳朴民风。

第八章 加快全面绿色转型，打造美丽中国的合肥样板

坚持绿水青山就是金山银山理念，深入实施可持续发展战略，守住自然生态安全边界，优化生产生活生态空间，不断改善生态环境质量，形成绿色化、低碳化、循环化生产生活方式，让巢湖成为合肥“最好名片”。

第一节 构建全域绿色生态系统

完善生态屏障布局。严格落实“三线一单”保护制度，形成以环境管控单元为基础的空间管控体系，有机统筹山水林田湖草系统，构建“南湖北岭、多片多廊”的市域生态系统格局。提升沿河、湖防护林体系建设水平，构建以林涵水、以水养林、林水一体的河、湖岸带森林生态屏障。全面推进全国林长制改革示范区建设，完善江淮分水岭等重点水源涵养林区布局，高标准建设江淮运河、淠河总干渠、滁河干渠等生态防护林带。强化天然林保护，持续深化森林圈建设。建立分类科学、布局合理、保护有力、管理有效的自然保护地体系，深入推进“绿盾”行动，着力恢复生态系统功能，构建市域生态安全屏障。

优化生态网络体系。高标准建设以巢湖为中心的连通水系廊道、江淮运河廊道、铁路绿色廊道、高速绿色廊道、城市快速路绿色廊道，串联全市生态网络。以南淝河、江淮运河、十五里河、淮南铁路—板桥河4条一级生态廊道建设为骨架，以店埠河廊道、京台高速廊道、合安高铁廊道等10条二级廊道建设为重要构成，保育董铺水库—大房郢水库、大圩湿地、紫蓬山3大生态绿楔，合理划分城市组团，避免城市建设过度蔓延，构建多层次生态网络体系。

打造特色生态空间。编制实施市级国土空间生态修复规划，保育城市湖泊、大型水库、国家森林公园、大型生态湿地等重要生态空间，实施生物多样性保护工程，阻隔城市空间黏连、蔓延拓展。以翡翠湖、王咀湖、锦绣湖等湖泊公园为中心，优化沿湖周边空间布局，全力打造“清水廊道”，塑造“群湖气质”的特色生态空间，大力建设环巢湖生态示范区，争创国际湿地城市。顺应城市格局和主导风向，构建科学的通风廊道体系。

第二节 把巢湖打造成合肥“最好名片”

实施巢湖碧水工程。坚持点线面结合、内外源统筹，构建全流域、全方位、全过程水污染防治体系，实现全湖水质稳定Ⅳ类并力争更好，确保出湖入江水质保持优良。整治“点源”污染，加强环巢湖重点污染源治理，强化航运船舶污染防治、管网排查力度，补齐提标城乡污水处理设施，全面完成农村改水改厕，推进城镇污水全收集全处理。整治“线源”污染，推进环巢湖小流域综合治理，巩固提升南淝河等重点河流治理成果，加强清水河流保护，推广全流域生态补偿，实现国考断面及干支流全面达标。整治“面源”污染，推进化肥农药减量化和畜禽养殖无害化，构建环湖绿色有机农业带，实现巢湖流域一级保护区内化肥农药“零使用”，高标准建设环湖湿地、林带，修复环湖矿山，形成湖滨生态缓冲带。整治“内源”污染，精准开展湖盆勘测，积极探索底泥清淤，加强蓝藻防控体系建设，削减湖体污染存量。推进“数字巢湖”平台和巢湖水科学试验研究基地建设，积极筹建巢湖博物馆。

实施巢湖安澜工程。聚焦河流湖泊安全、生态环境安全、城市防洪安全，谋划建设一批基础性、枢纽性的重大项目。完善流域气象水文监测网络，提高流域总体防洪标准，推进巢湖大堤及重要圩口强基固坝，规划建设环巢湖行蓄洪区，建设安全可靠的泄洪通道和强大灵活的闸站枢纽。实施驷马山等大型灌区续建配套与现代化改造工程和一批中型灌区续建配套与节水改造工程。编织江淮水网，加快实施杭埠河、滁河等主要支流治理，建成引江济淮一期工程，推进引江济淮二期工程、二十埠河引水工程、巢湖排洪畅通工程等建设，构建巢湖健康水循环系统，完善巢湖流域水资源调配工程体系，助推河湖水生态修复。完善提升环湖防洪治理工程，推进沿湖防浪林台建设，实施灾后水利项目建设，加

强主要中小河流、病险水库除险加固、湖泊防洪综合治理等薄弱环节，提高巢湖流域防洪能力。

实施巢湖富民工程。结合引江济淮工程建设，推进流域入湖河道综合整治，发挥防洪、航运、生态、旅游等综合效益。全面实施巢湖禁捕退捕，打造环湖绿色有机农业带，培育高附加值有机农产品品牌，推动绿色城乡、绿色农业、绿色生活深度融合，加快休闲农业、健康养老、文化旅游等产业发展，探索生态产品价值实现新机制，建设环巢湖国家旅游休闲区，实现环境美、文化热、旅游火、百姓富。

第三节 争创国家生态园林城市

建设公园体系。高质量推进城市十大公园建设，高水平建设环巢湖湿地公园，加快构筑区域绿地、综合公园、专类公园、社区公园、游园组成的城市绿地体系，全面消除公园绿地服务半径覆盖盲区。实施拆违增绿、拆墙透绿、缺株补绿、立体造绿，不断拓展城市绿化空间。依托公交、绿道、慢行系统等交通空间，打造生态景观带，形成全民共享、覆盖全域的绿色网络。实施“绿地+”行动，多元化打造城市绿色空间文化主题，推进公园绿地与公共服务、生活办公、出行游憩有机融合。高水平规划建设园博园，承办好第十四届中国国际园林博览会。

提升绿地品质。健全护绿、增绿、管绿、用绿、活绿“五绿并进”体制机制，推进森林城市、森林乡村建设，构建绿色生态屏障，优化绿地布局，增加绿地总量，提升绿地质量，完善江淮分水岭等重点水源涵养林区建设，打造环巢湖、江淮运河、高压走廊等绿色廊道。不断拓展城市绿化维度，优化提升公园、道路、滨河、街头绿地景观，加快完善城市绿道系统，有效串联各类绿地。依托公交、绿道、慢行系统等交通空间打造生态景观带，形成全民共享、覆盖全域的绿道网络。打造特色生态空间，加强湖泊水库、森林公园、生态湿地保育，实施生物多样性保护工程。

第四节 持续打造优质生态环境

深化大气污染治理。建立主要污染源清单，调整优化产业结构、能源结构、运输结构和用地结构，从源头上减少污染。深入推进控煤、控气、控车、控尘、控烧等“五控”举措。推进细颗粒物和臭氧协同控制，加快重点行业超低排放改造，减少挥发性有机物和氮氧化物排放总量。强化施工工地、道路交通、物料堆场、裸露土地等重点区域的扬尘防控。加快推进柴油货车和非道路移动机械排气治理。加强区域合作，健全大气污染联防联控机制，共同应对秋冬季传输型污染，实现空气质量优良率稳定提升，基本消除重污染天气。

协同推进水和土壤污染治理修复。深入实施河长制、湖长制，持续推进城镇污水处理提质增效三年行动，推动农村黑臭水体治理，消除劣Ⅴ类水体和城市黑臭水体，实现国考断面水质优良率达80%以上，持续推进地表水考核和生态补偿。加快重点地块土壤污染治理，动态更新污染地名录和开发利用负面清单，落实企业土壤污染防治主体责任，推行“治理修复+开发建设”模式，加强中盐红四方、马（合）钢等重点区域土壤修复，污染地块安全利用率达到95%。实施“一库一策”尾矿库治理。完善城乡生活垃圾分类治理体系，有效控制白色污染。推进固体废弃物减量和资源化利用，加强危险废物、医疗废物收集处理，积极创建“无废城市”。优先保护耕地土壤环境，强化农用地分类管理，按污染程度分类利用和保护。

提升环境风险防范与监测能力。严密防范生态环境领域风险，加强环境风险应急能力标准化建设，构建全过程、多层级的环境风险防控体系。开展区域环境风险评估，推进化工园区、化工企业风险防控，降低化学品环境风险。重点在水源地、化工园、尾矿库、涉辐射源、重点企业等风险区域，建立环境风险监测预警体系，推进重金属污染防治和化学物质环境风险防控。加强生态保护监管力度，提升“数智环保”平台功能，落实生态环境公益诉讼制度和生态环境损害赔偿制度，严厉打击破坏生态环境违法犯罪行为，实行生态环境损害终身负责制。

专栏二十一　生态环境治理与优化重点项目

大气污染防治。建设远程视频监控（秸秆禁烧）、空气监测平台微观站、乡镇空气自动监测站、环巢湖自然灾害防治和生态保护气象保障工程等。

水环境治理。建成十五里河流域治理一期工程、巢湖市城市建成区黑臭水体等水系综合治理工程、巢湖市双桥河初期雨水调蓄工程、肥西县城关地区初期雨水调蓄工程、肥东县城初期雨水污染治理工程等项目；加快建设巢湖流域水生态修复与治理工程、盛桥河生态清洁小流域建设工程、柘皋河流域综合治理工程，白石天河、马槽河、兆河生态清洁小流域建设工程，淠河总干渠（肥西段）水质与生态保护工程、派河流域污水处理厂尾水截污导流工程、丰乐河生态清洁流域先期工程、引江济淮一潜南干渠水系连通及水环境整治工程、金牛河生态清洁小流域建设工程；开工建设裴河流域及裴岗联圩水环境治理工程、杨柳圩水环境治理工程、巢湖生态清淤试点工程、炯炀河流域氮磷控制示范工程、南淝河上游流域治理工程、四里河上游流域治理工程等。

土壤矿山修复。实施马（合）钢地块污染治理、中盐安徽红四方（氯碱化工）土壤污染治理项目、庐南矿山生态修复工程、巢湖市废弃矿山生态修复工程等。

资源节约集约利用。实施巢湖生物资源调查及生态修复示范工程、东方污泥干化提效技改项目、高新区再生资源综合利用基地项目、中科合肥煤气化清洁能源产研一体化中心项目、肥西县生活垃圾填埋场生态修复工程、肥西县餐饮及厨余垃圾处置项目等。

园林绿化。加快“十大公园”建设，提升学林公园、大房郢公园、新安江公园、淝河智慧公园、劳动公园的品质，建成石台路公园、金斗公园五期、庐州公园二期，加快推进三十岗郊野公园、凤凰湖公园建设；深化“十大湿地”建设，重点建设十八联圩湿地修复工程，提升合肥巢湖湖滨、包河派河口湿地品质，建成半岛、槐林、柘皋河、马尾河、栖凤洲、三河、玉带河等湿地修复工程；推进骆岗生态公园、滨湖卓越城生态公园、引江济淮生态廊道、高压走廊绿化等工程。

第五节　推动绿色低碳发展

强化资源节约利用。提高存量国有建设用地利用水平，优化土地利用结构，推广节地模式和技术，提高土地开发强度，增加土地效益产出，完善城镇低效用地再开发政策和机制，推进全域土地综合整治和工业企业“亩均效益”综合评价。坚持以水定产、以水定城，实施雨洪资源利用、再生水利用工程，大力应用和推广节水技术，开展节水行动，提高农业、工业、城镇生活用水效率，全面建设节水型城市和水生态文明城市。全面构建排污许可证为核心的固定污染源监管制度，探索推进排污权、用能权、用水权、碳排放权市场化交易。

全面加强节能降耗。开展碳峰值管理和碳中和发展研究，制定实施碳排放达峰行动方案，推进重点领域减煤，加快发展清洁能源、可再生能源，提高非化石能源比重。大力发展绿色、循环经济，推行循环型生产方式，加快企业循环式生产、产业循环式组合、园区循环化改造，建立健全绿色低碳循环经济体系。强化能源消费总量和强度“双控”制度，严格落实节能审查制度。加快建设重点用能单位能耗在线监测系统，加大节能技术和产品推广力度，实施重要领域和重点行业综合能效提升改造。积极推进绿色建筑发展，加大既有建筑节能改造，开展节约型公共机构示范创建，推动商贸流通行业节能降耗。深化低碳交通运输体系建设，加快发展公共交通。

积极倡导绿色低碳生活。完善绿色发展政策保障，发展绿色金融，支持绿色技术创新，全面推进产业链绿色改造，培育壮大节能环保、清洁生产、清洁能源、循环经济等绿色新产业新业态。推行绿色办公、绿色出行、绿色居住、绿色消费，实施节约型机关、绿色家庭等绿色生活创建行动，开展低碳园区、低碳社区试点建设，深化国家低碳城市和气候适应型城市试点建设。

第九章　推动更深层次改革，形成充满活力的体制机制

坚持和完善社会主义基本经济制度，推动改革和发展深度融合、有效市场和有为政府更好结合、活力和秩序有机统一，进一步发挥市场在资源配置中的决定性作用，完善市场体系、增强微观主体活力，加快破除深层次体制机制障碍，扩大有效制度供给，增创体制机制新优势，实现更高质量、更有效率发展。

第一节　打造全国营商环境标杆城市

持续深化“放管服”改革。全面贯彻落实优化营商环境条例，对标国际一流和全国标杆城市，打造具有合肥特色的市场化法治化国际化营商环境。深化商事制度改革，落实“全省一单”权责清单制度体系，构建“清单制+容缺受理+告知承诺”投资审批模式，最大限度精简行政审批许可事项。常态化开展涉及公平竞争、行政审批等领域的地方性法规、规章、规范性文件清理。遵循“有求必应，无事不扰”，以市场主体评价和群众感受为第一标准，深化“一次办”“零上门”改革，着力打造“皖事通办”品牌。全面推广“7×24小时政务服务地图”，推动企业开办注销、工程项目建设、水电气热接入、获得信贷、跨境贸易等重点领域时限再压缩、环节再简化，提升服务事项标准化、便利化水平，全面加强政府服务能力建设。

加强和规范事中事后监管。推进政府服务标准化、规范化、便利化，加强重大政策事前评估和事后评价，提高科学决策、民主决策、依法决策水平。全面推进“双随机、一公开”监管和“互联网+监管”，深化重点领域综合执法改革，完善联合执法机制，实现“一次检查、多项体检、全面监管”，对新产业新业态实行触发式监管、包容审慎监管。健全营商环境第三方评估机制，动态监测营商环境指标。

加强社会信用体系建设。深化信用合肥建设，推进政务诚信、商务诚信、社会诚信、司法公信四大重点领域信用建设。夯实合肥市公共信用信息平台，强化信用信息归集和使用。建立健全贯穿市场主体全生命周期，衔接事前、事中、事后全监管环节的以信用为基础的新型监管机制。大力推广以“信易贷”为代表的“信易+” 新模式系列应用，规范和完善失信约束制度。加强信用宣传、诚信教育和人才培养，努力营造诚实、自律、守信、互信的社会氛围和经济秩序。

第二节　推动国资国企高质量发展

持续深化国资国企改革。制定落实国有企业改革三年行动方案工作举措，稳妥推进市属企业混合所有制改革和股权多元化，充分利用多层次资本市场，着力提升国有资产证券化水平，做强做优做大国有企业和国有资本。改革国有资本授权经营体制，探索开展国有资本投资、运营公司试点。

积极推进国有经济布局优化和结构调整。充分发挥国有经济在优化结构、畅通循环、稳定增长中的作用，立足产业结构转型升级和城市承载保障能力提升，优化国有资本投向，加快推动国有资本更多投向战略性新兴产业、公共服务、城市建设、新型基础设施等领域。

加快形成以管资本为主的国有资产监管体制。持续推动国资监管机构职能转变，强化顶层设计，健全完善科学系统、精简高效的国资监管制度体系。优化监管方式，强化事中事后监管，构建协同高效的监督体系。加快在线监管系统建设，提升国资监管信息化、智能化、规范化水平。

不断健全市场化经营机制。完善中国特色现代企业制度，强化国有企业市场主体地位，建立完善市场化选人用人、激励约束、容错纠错等机制，改革健全国有企业工资分配决定机制，贯彻落实职业经理人试点方案，探索实施中长期激励举措，激发国企竞争活力。

第三节　激发民营经济发展活力

营造公平竞争环境。坚持“两个毫不动摇”，依法健全以公平为原则的产权保护制度，全面实施公平竞争审查制度，深化行业协会、商会和中介机构改革，营造各类市场主体平等使用生产要素、公平参与市场竞争、同等受到法律保护的发展环境。全面落实放开民营企业市场准入的政策措施，推动“非禁即入”普遍落实，消除要素使用、经营运行、招投标等方面“隐性壁垒”。吸引民营资本参与重大平台、产业园区和新型基础设施建设，实

施社会力量办学负面清单制度，鼓励社会力量以多种形式投资医疗服务业。

加快构建亲清新型政商关系。常态化开展“四送一服”双千工程。弘扬新时代企业家精神，依法平等保护民营企业和企业家权益，促进正向激励，营造支持民营企业、尊重民营企业家的良好社会环境。建立规范化常态化政商沟通机制，完善促进中小微企业和个体工商户发展的政策体系，全面实施开展降低实体经济企业成本行动，打造惠企政策“直通车”。持续做优“百千万”企业家培训品牌，鼓励支持企业家以恒心办恒业。促进非公有制经济健康发展和非公有制经济人士健康成长。

激励民营企业发挥体制机制优势。健全支持民营企业发展政策体系，积极引进和扶持一批世界500强、中国500强、行业前10强的龙头民营企业，实施民营企业培育工程和民营经济上台阶行动计划。建立完善企业全生命周期培育体系，保障民营企业平等使用资源要素，推动民营企业改革创新、转型升级、健康发展。

第四节　推进财税金融体制改革

优化财税体制机制。加强财政资源统筹，完善支持经济高质量发展的财政政策体系，增强全市重大任务、重大项目、重大工程财力保障。深化预算管理制度改革，完善支出定额标准体系。深化预算绩效管理改革，推进预算和绩效管理一体化，健全以绩效为导向的预算分配体系，完善预算与绩效挂钩的激励约束机制，提高财政资金使用效益。分领域推进财政事权和支出责任划分改革，优化收入分配和转移支付制度，增强基层公共服务保障能力。健全政府债务管理制度，防范化解政府债务风险。持续深化税收征管制度改革。

创新金融有效支持实体经济体制机制。构建地方风险投资、银行信贷、债券市场、股票市场等多层次金融支持服务体系，持续深化金融产品改革创新，拓宽初创期、成长期中小企业融资渠道，有效降低融资成本，切实解决民营和中小微企业融资难等问题。完善新型政银担、税融通、科技融资担保、“信易贷”等金融服务模式，打造合肥特色财政金融产品体系。健全企业上市挂牌后备资源培育、政策激励和协调服务机制，落实民营企业上市挂牌奖励政策，力争上市企业总数突破120户。完善国有金融资本管理体制，更好发挥国有金融资本服务实体经济作用。完善地方金融监管规则，提高金融监管透明度和法治化水平，对违法违规行为零容忍。

第五节　深化要素市场化配置改革

推进土地要素市场化配置。深化土地管理制度改革，加强节约集约用地，推动不同产业用地类型合理转换，探索增加混合用地供给。完善城乡建设用地增减挂钩政策，推进闲置、废弃以及低效利用的农村建设用地整治复垦。建立“亩产效益”综合评价机制，深化产业用地市场化配置改革，制定实施工业用地保障计划，划定工业产业区块控制线，优化工业用地空间布局，实行工业用地容积率弹性制度，全面提高工业用地利用效率，扩大国有土地有偿使用范围，鼓励盘活存量建设用地。

畅通人力资源流通渠道。健全劳动力和人才社会性流动体制机制，持续深化户籍制度、人力资源市场改革，加快建设合肥国家级人力资源服务产业园。完善城乡劳动就业制度，进一步放宽农业转移人口以及各类人才落户政策，推动长三角地区率先建立协调衔接的劳动力、人才流动政策体系和交流合作机制。完善技术技能评价制度，营造公平就业环境，促进人力资源自由有序流动和有效配置。

健全要素市场运行机制。实施高标准市场体系建设行动，破除阻碍要素自由流动的体制机制障碍，促进土地、劳动力、资本、技术、数据、能源等要素价格市场决定、流动自主有序、配置高效公平。建强用好“省市共建、市县一体”公共资源交易平台，完善要素交易规则和服务体系，建设综合性公共资源交易市场。深化电力、天然气等领域体制改革，制定实施支持天然气发电政策，降低能源要素获得成本。加快发展技术要素市场，深化科技成果权益分配改革，鼓励技术开发、转让集成化服务，促进技术要素与资本要素融合发展。

第十章　全面融入长三角一体化，塑造更高水平开放新优势

深入落实长三角一体化发展国家战略，加快建设长三角世界级城市群副中心，完善高水平开放平台体系，构建开放型经济新体制，用好国际国内“两个市场”“两种资源”，实现更大范围、更宽领域、更深层次开放合作。

第一节　深入推进长三角一体化建设

携手打造长三角科技创新共同体。推进合肥与上海张江综合性国家科学中心合作，健全开放共享合作机制，联合长三角优势力量，构建世界一流的重大科技基础设施和网络。推进长三角国家技术创新中心加快落地，打通重大基础研究成果产业化关键环节，提升技术创新策源能力。深入实施长三角联合创新攻关计划，共同承接国家重大战略项目和国家科技重大专项。推动科技创新资源和平台共建共用共享，探索区域创新收益共享机制。共建长三角成果转移转化示范区，协同开展长三角全面创新改革试验。

携手打造世界级产业集群。协同开展长三角产业链补链固链强链行动，提升重要原材料、关键零部件、核心元器件、工业软件稳定供应水平，共同打造自主可控、安全可靠的现代产业体系。发挥龙头企业带动作用，谋划建立存储芯片、新型显示、新能源暨智能网联汽车、环境等G60产业联盟，强化与长三角城市产业分工协作，加快长三角“感存算”一体化超级中试中心等重点项目建设。深化园区合作，推进省际产业园区合作，共建G60科创走廊、沪宁合产业创新带。发挥长三角绿色农产品生产加工供应联盟作用，搭建产供销对接平台。

携手打造互联互通基础设施网络。协同推进轨道交通、高速公路、航道等互联互通，强化江海联运、铁海联运，谋划高速磁悬浮通道合肥—芜湖试验线建设，共建轨道上的长三角、携手打造世界级机场群和港口群。推动长三角油气能源设施互济互保，共建长三角能源应急供应保障基地，提升天然气应急储备调控能力。协同布局新一代信息基础设施，推动超算和大数据中心共享，共建数字长三角。

携手打造绿色长三角。联合实施$PM_{2.5}$和臭氧浓度“双控双减”，深入实施长三角秋冬季大气污染综合治理攻坚行动和重污染天气联防联控。加强巢湖综合治理，共建长江生态廊道。完善落实固体废物污染防控长效机制，推动建设长三角固体废物信息化监管体系，严厉打击危险废物非法跨界转移、倾倒等违法犯罪活动。加强长三角区域协作和地方标准建设，建立同等环境考评体系，推进长三角区域生态环境监管执法一体化和行政处罚裁量基准一体化，合力建设生态环境监测体系。加强适应气候变化联防联治，共建气象监测体系。

携手打造便利共享公共服务体系。协同建设长三角公共卫生等重大突发事件应急体系，加强区域内应对突发公共卫生事件、自然灾害、事故灾难应急预案和处置方案衔接。推动教育合作发展，加强区域教育标准体系建设，建立健全各级各类学校校长和教师双向交流机制，积极引入长三角一流大学、科研院所在肥设立分支机构。加快长三角城市文化旅游合作发展，推进公共文化服务共建共享和重大文化活动联办联动，协同构筑国际化文创产业基地，共同打造高品质精品旅游线路和全国乃至世界旅游目的地。加快推动与长三角高水平医院开展人才培养、学科建设合作，推动长三角区域内医院专科联盟建设。推进医保一体化和养老合作，合力打造长三角健康养生基地。

携手打造一体化市场体系。加快长三角“一网通办”平台互联互通，提升长三角政务服务一体化水平。强化长三角人力资源合作，推动建立互认共享的人才评价和培养机制。推动建立统一开放的资本市场，支持符合条件的金融机构互设分支机构，协同推动建立长三角区域性股权市场。支持长三角公共资源交易联盟建设，加强区域内公共资源交易平台互联共享，共建长三角产权交易平台市场。共建国家社会信用体系建设区域合作示范区，携手打造诚信长三角。推动长三角市场监管一体化发展，深入开展满意消费长三角行动。深化长三角城市人大、政协交流合作，常态化开展专题调研和交流。

加强与长江中游城市群合作。落实中部崛起战略，完善长江中游城市群省会城市会商制度，发挥合肥连接长三角城市群和长江中游

城市群枢纽作用，深入开展与长江中游城市群基础设施、科技产业、环境治理、城市气象服务、金融服务、市场监管、公共服务、文化旅游等领域的合作。

专栏二十二　长三角一体化重点领域行动计划

省际合作产业园区建设工程。加快推进肥东经开区（合肥上海产业园）、包河经开区长三角省际合作产业园建设。支持省级开发园区与长三角园区合作共建。

G60科创走廊园区建设工程。推进建设蜀山区环境产业园、庐阳区金融科技产业园、瑶海区物联网产业园、肥西县生物医药产业园等合作示范园、肥东县长三角G60科创走廊科技成果转移转化（合肥）基地、包河区合杭梦想小镇、长丰县合肥智慧农业谷（筹）等。

第二节　做强做优合肥都市圈

推动合肥都市圈同城化发展。不断提升都市圈一体化高质量发展水平，建设国内具有较强影响力的现代化都市圈和支撑全省发展的核心增长极。加快构建一小时通勤圈，打造轨道上的都市圈，完善都市圈高速公路网络，建设城际铁路、市域（郊）铁路、高速（高等级）公路等都市圈综合交通走廊。加快构建一体化产业链，发挥都市圈产业（链）联盟作用，促进产业链创新链协同发展，引导都市圈城市产业错位布局、分工协作。加快推进合六经济走廊、合淮产业走廊建设，积极发展合芜、合马、合滁、合铜产业带，推进合肥蚌埠在新一代信息技术等产业协同发展，共建若干市域毗邻合作园区。加快构建一卡通服务网，推进医疗、教育、文化等优质公共服务资源共建共享，推动生态环境协同共治。建立健全高层领导沟通会商、办公室综合协调、牵头部门推进落实、各市共同配合的常态化推进运行机制，做到决策更科学、协调更及时、运转更有力。

深化区域协同发展。加强与南京都市圈协同发展、区域联动，打造东中部区域协调发展典范，推动与上海大都市圈对标对接，共建沪宁合产业创新带，深化与杭州、宁波都市圈互动互补，共建长三角世界级城市群。加强与皖北结对合作，强化人才和项目支持，高水平建设阜合现代产业园区，支持县区合作共建园区建设。持续深入推进援疆援藏对口支援。

专栏二十三　合肥都市圈重点领域行动计划

基础设施互联工程。建成合新高铁、沿江高铁合宁段和合武段，加快合巢马、合新六等城际铁路、合肥新桥机场S1线项目。建成明巢高速合肥段、合六叶高速改扩建、合六南通道，加快实施沪陕高速复线、京台高速西绕线、宣商高速等工程。提升合肥新桥机场区域枢纽机场功能，建成运营新桥机场二期。

产业发展协同工程。围绕新一代信息技术、智能家电、装备制造、汽车等优势产业，建立专项产业联盟，促进与都市圈城市产业协同发展。

合作平台共建工程。推进合六经济走廊、合淮产业走廊建设，争创国家级临空经济示范区，提升寿县蜀山现代产业园区、合肥高新区霍邱现代产业园、临泉庐阳现代产业园区共建水平，加快巢含产业合作园建设。

生态环保共治工程。加强跨界河流水污染联防联控，加大对丰乐河、杭埠河等入河支流及渠道综合防治。完善大别山区水环境生态补偿机制。

第三节 建好用好对外开放大平台

高质量建设安徽自贸试验区合肥片区。实施自贸试验区专项推进行动，重点发展高端制造、集成电路、人工智能、新型显示、量子信息、科技金融、跨境电商、节能环保、服务贸易、生命健康等产业，推动科技创新、产业创新、企业创新、产品创新、市场创新，促进科技创新和实体经济发展深度融合。加快复制推广改革试点经验，用好更大改革自主权，开展规则、规制、管理、标准等制度型开放，构建开放包容的创新产业体系、自由便利的投资贸易体系、安全普惠的金融环境体系、优质高效的政务服务体系，探索系统集成创新和跨部门协同创新，形成更多可复制可推广的制度创新成果，带动江淮、辐射全省。加强自贸试验区与开发园区协调配合、与合肥综合性国家科学中心联动发展、与长三角自贸试验区及芜湖、蚌埠片区协同协作、与国内国际先进自贸试验区交流合作，打造具有全球影响力的综合性国家科学中心和产业创新中心引领区。

高水平推进国家开放试点示范。推动国家全面深化服务贸易创新发展试点，深化服务业对外开放先行先试，推动数字经济、科技金融、跨境电商、服务外包、“工程+技术”服务、文旅健康、教育体育等领域服务贸易高质量发展，打造服务贸易发展高地。加快合肥经开区进口贸易促进创新示范区建设，围绕重点产业发展和人民美好生活需求，扩大先进技术、高端设备和服务、日用消费品进口。加快中国（合肥）跨境电商综合试验区建设，做大业务规模，完善综合服务体系，提升发展能级，构建跨境电子商务完整产业链和生态圈。

优化提升对外开放平台。推动合肥综保区、经开区综保区等海关特殊监管区域提质扩面，加快合肥航空港、水运港、内陆港等口岸或港口开放步伐，积极申建粮食、木材等进境指定监管场地。打造对外合作园区和平台，推进中德、中日等国际合作园区和“侨梦苑”建设。推进国际人才交流，打造欧美同学会长三角海创中心、合肥国际人才城等对外引智机构。

专栏二十四 对外开放领域重点项目

开放平台。推动合肥综合保税区、合肥经济技术开发区综合保税区、合肥空港保税物流中心（B型）等海关特殊监管区域建设；提升航空港口岸开放水平；推进跨境电商综合试验区建设；推进对外劳务合作服务中心建设，搭建海外就业服务平台。

合作园区。推进中德（合肥）智能制造国际创新园、安徽中德（合肥）国际合作智慧产业园、合肥宇桥生态科技园—安徽中日（长丰双凤）国际合作先进制造产业园、侨梦苑等园区建设；推进中德教育合作示范基地项目、海峡两岸青年创业基地、欧美同学会长三角海创中心、合肥国际人才城等建设。

“一带一路”合作。建设合肥中欧班列集结中心示范工程；推进匈牙利欧侨科技产业园等国际境外合作园区建设；推进国际产能合作，引导家电产业与东南亚、中亚、俄罗斯等地区开展合作，引导汽车及零部件产业开拓拉美、东南亚、西亚、东欧等地区市场，引导光伏产业与东南亚、欧洲、大洋洲等地区开展合作。

国际公共服务设施。推进空港国际小镇、运河新城国际社区、柏堰湖国际化社区、空港国际学校等建设。

国际会展赛事。举办世界制造业大会、世界声博会、中国（安徽）科技创新成果转化交易会、中国国际园林博览会、中德应用型高等教育研讨会、合肥马拉松等。

第四节 推进开放型经济高质量发展

促进外贸稳定发展。推进外贸转型升级基地建设，打造一批具有竞争优势的外贸产业集群，促进对外贸易与优势产业联动发展，完善重点外贸企业包保服务机制，力争年进出口总额达450亿美元。创新通关协作机制和模式，优化通关流程，推广应用国际贸易“单一窗口”，深入推进“提前申报”“查检合一”，实施“随到随检”“即查即放”模式，提高通关效率。

提升招商引资水平。围绕重点产业链、科技创新链、城市功能链，继续完善和创新以商招商、校友招商、展会招商、基金招商、委托招商等方式，在招大引强上不断取得新突破。全面落实外商投资准入前国民待遇加负面清单管理制度，健全外商投资政策和服务体系。优化利用外资结构，引进一批世界知名跨国企业。用好放宽外资金融机构准入政策，积极争取引进更多外资金融机构。

积极融入“一带一路”。全力拓展对外合作领域，构建“一带一路”投资合作的政策和服务体系，争取共建“一带一路”科技创新合作区和国际技术转移中心。深化与“一带一路”沿线国家和地区的务实合作，提升合肥中欧班列功能和覆盖面。深化国际产能合作，鼓励行业优势企业扩大对外投资，建设境外经贸合作区和重大基础设施，加快资本、技术、装备、服务和标准走出去。

第五节　提高城市国际化水平

构建接轨国际的公共服务体系。大力引进优质国际教育、医疗资源和管理机构，规划建设一批中小学国际部、国际学校、国际教育园区和1-2所综合性国际医院。深入实施城市外语标识体系建设，进一步规范城市公共服务领域外语标识，营造国际化宜居氛围。建立统一的外籍人员服务窗口，建立完善在肥工作的境外人员就业管理服务和社会保障服务体系。

建设合肥特色的国际化社区。对标国际先进做法，结合片区规划、产业发展、人才引进等核心要素建设一批具有合肥特色的国际化社区，形成若干个国际化街区，促进国际社区（街区）与开发园区、功能板块等区域功能相衔接，引导外籍人口集聚居住。

打造知名会展城市和赛事之城。持续拓展国际优质会展资源合作开发渠道，协助办好世界制造业大会、世界显示大会、世界声博会等重大展会，打造会展名城。充分发挥综合性国家科学中心优势，打造国际学术会议目的地。按照国际一流水准新建或改造提升一批重点体育场馆，大力开展国际赛事引进、联办与开发，打造合肥马拉松等一批知名赛事品牌。

推动国际人文友好交往。深化对外合作交流，优化友城战略布局，积极探索与“一带一路”沿线国家加强教育交流合作。搭建文体旅游交流桥梁，强化卫生、农业等领域国际化合作。依托优质创新、产业资源，积极争取设立驻肥外国领事机构、国际组织、国际知名行业协会分支机构。

第十一章　深化文化合肥建设，全面增强城市文化软实力

坚持马克思主义在意识形态领域的指导地位，坚持以社会主义核心价值观引领文化建设，坚持精神文明和物质文明协调发展，突出以文铸魂、以文兴城，坚定文化自信，丰富文化供给，激发文化创新创造活力，促进满足人民文化需求和增强人民精神力量相统一，加快建设创新型文化强市。

第一节　提高社会文明程度

深入实施铸魂工程。切实加强理论武装，深入开展习近平新时代中国特色社会主义思想学习教育，建好用好“学习强国”合肥学习平台，深化“理响合肥”理论传播网络矩阵建设。实施哲学社会科学创新工程。持续深化爱国主义、集体主义和社会主义教育，扎实开展党史、新中国史、改革开放史、社会主义发展史教育，加强渡江战役纪念馆、中国共产党合肥历史馆、新四军江北指挥部、中共合肥北乡支部纪念馆等红色文化资源保护利用。以铸造时代精神价值为核心，坚持以文化人、成风化俗、凝心聚力，用中国梦和社会主义核心价值观凝聚共识。

持续实施文明创建工程。巩固全国文明城市建设成果，积极创建全国文明典范城市，打造环巢湖精神文明建设示范带，拓展新时代文明实践中心建设，深化群众性精神文明创建活动。推进公民道德建设，加强家庭家教家风建设，强化未成年人思想道德建设，积极培育文明道德风尚，在全社会积聚向上向善力量。广泛开展志愿服务关爱行动，建立健全志愿服务体系，进一步壮大志愿服务队伍。深化诚信合肥建设，打造“好人之都”，让“好人频出、好事涌现、好行成风”引领社会风尚。加强网络文明建设，实施“绿网工程”“净网行动”，发展积极健康网络文化。

第二节　促进文化事业繁荣发展

完善公共文化服务体系。建成城乡一体、优质普惠的现代公共

文化服务体系，推动公共文化服务数字化、主体化、持续化发展。加快建设市中心图书馆、市博物馆、市音乐厅、市科技馆新馆、市美术馆等一批高水平的公共文化服务平台，打造城市文化新地标。倡导全民阅读，建立完善“1+100+X”立体化、全覆盖阅读服务体系，推进文化资源数字化建设，打造“书香合肥”，争创全国全民阅读典范城市。推动基本公共文化服务标准化均等化优质化发展，健全基层公共文化设施网络，推动乡镇（街道）综合文化站、农家书屋转型升级，每个县（市）区、开发区建设1-2处片区级公共文化设施集中区和3-5处街道级公共文化活动中心，打通公共文化服务“最后一公里”，建成15分钟文化圈。

专栏二十五　公共文化服务领域重点项目

市级公共文化场馆。建成合肥市中心图书馆、合肥市博物馆、合肥市科技馆新馆、合肥市美术馆、合肥市妇儿活动中心、合肥市青少年活动中心、合肥市包河工人文化宫、合肥市新站工人文化宫，推进合肥市音乐厅、合肥市少儿图书新馆等项目建设。

县（市）区、开发区公共文化场馆。建成肥东图书馆、肥东大剧院、肥东文化馆、肥西图书馆、长丰剧场、长丰博物馆、巢湖博物馆（二期）、干渠精神纪念馆，推进瑶海湾生态科普馆、近现代工业博物馆、庐阳区文化新馆非遗展示区、宝教寺国际文化岛、包河凤凰剧院、安巢经开区公共服务中心（含图书馆）、肥西文化美术馆、庐江博物馆、庐南地区党史陈列馆、巢湖文化馆等项目建设。

加强文化精品创作生产。实施文艺精品创作工程，深度挖掘创新文化、巢文化、三国文化、包公文化、淮军文化等时代和历史特色地域文化内涵，推动庐剧、巢湖民歌振兴，建立重点文艺作品项目库，加强文艺人才培养和引进，完善文艺创作扶持政策，推出更多文艺精品力作。实施文化活动提升工程，发挥文化热心人、能人作用，持续开展文化惠民，积极举办国际化、全国性文化活动，扎实开展艺术名家大讲堂、全民文化活动季、新春文化庙会、文艺下基层演出、戏曲进校园、农民丰收节、乡村春晚等群众性品牌文化活动，实行点单配送，提高活动质量。

加大历史文化保护力度。实施文化遗产保护利用工程，加强历史遗迹、历史街区和名镇古村保护，加大各级文物保护单位的修缮投入，做好肥西三官庙遗址等研究工作，加快建设古巢国文化遗址公园、大城遗址公园，打造一批文物“活化”精品工程。提高各级非物质文化遗产保护利用水平，加大各级非物质文化遗产继承人培养力度，推动合肥非物质文化遗产保护地方立法。加强优秀传统文化教育普及。鼓励民间资本参与优秀传统文化保护利用。

深化文化体制改革。牢牢把握正确的舆论导向，完善舆论引导工作机制，传播正能量。实施全媒体传播工程，推进媒体融合发展，加快市属媒体和县级融媒体中心守正创新、提质增效。加强“大湖名城、创新高地”城市品牌建设，扩大国内外传播影响力。加强文化市场体系建设，深化国有文艺院团改革，扶持民营院团发展壮大，加快发展新型文化企业、文化业态、文化消费模式。坚持政府与市场统合、事业与产业融合、公益与商业结合，推进文化管理和运行体制改革创新，提升文化服务效能和发展活力。

第三节　大力发展现代文旅产业

努力打造具有全国影响力的文创产业中心。打响合肥创新文化品牌，培育壮大文化市场主体，重点培育一批主业突出、具有核心竞争力的骨干文创企业，大力引进和扶持一批龙头企业。优化文化产业空间布局，大力推进各具特色的文化功能区、文化产业园区和文化产业基地建设，高水平推进合肥都市圈文化发展核心区、国家级文化与科技融合示范基地、国家文化出口基地、国家广播影视科技创新试验基地等建设，规划建设一批文化产业示范园区、文创小镇。完善文化产业支撑服务体系，加强文化产业公共技术平台和公共服务平台建设。利用人工智能、大数据、云计算等手段，打造全国数字创意产业高地，促进文化与科技、旅游、金融、制造等相关产业融合发展。力争文化产业增加值突破1000亿元、3家文化企业入围全国文化企业30强。

努力打造全国特色旅游目的地。加强重大旅游基础设施建设，加大国家5A级旅游景区和国家休闲度假区、国家全域旅游示范区创建力度，加快构建全域旅游发展格局。着力打造温泉养生、生态度假等特色业态，大力发展红色旅游、乡村旅游、研学旅游、工业旅游、科教旅游、生态旅游，持续推出主题旅游精品线路，实施旅游服务质量标杆引领计划和服务承诺制度。

专栏二十六　文化旅游产业重点项目

文创产业。建成罍街特色街区集群、合柴1972文创园、文华园二期、皖新文化科技创业中心、包河区创意文化特色街区、崔岗艺术小镇，推进数字创意产业园、庐州意库、青年创意田园二期、工业文旅综合开发项目、华润啤酒厂啤酒文化创意园、时代出版产业园 、恒大水世界等项目建设。

旅游产业。推进半汤国家旅游度假区、庐江汤池温泉旅游度假区、冶父山旅游综合开发项目、浮槎山旅游开发项目、三国文化旅游产业园、蜀山生态文化旅游休闲区、肥西淮军圩堡群等项目建设；支持包公园、中庙姥山岛等争创国家5A级旅游景区。

第十二章　改善人民生活品质，构筑共建共治共享美好家园

始终把人民对美好生活的向往作为奋斗目标，尽力而为、量力而行，提高基本公共服务质量和水平，完善人的全生命周期民生服务，加强和创新社会治理，扎实推动共同富裕，促进人的全面发展和社会全面进步。

第一节　优化收入分配格局

统筹推进收入分配改革。坚持按劳分配为主体，多种分配方式并存，提高劳动报酬在初次分配中的比重，健全工资合理增长机制。实现居民收入增长高于经济增长、劳动报酬增长和劳动生产率同步提高。健全以税收、社会保障、转移支付等为主要手段的再分配调节机制，合理调节过高收入，取缔非法收入。拓宽居民劳动收入渠道，增加劳动者特别是一线劳动者劳动报酬，为经济社会发展提供持久动力。

不断缩小收入差距。健全企业职工工资正常增长机制、高校科研院所薪酬激励机制、机关事业单位工作人员工资正常调整机制。落实各类生产要素由市场决定报酬的制度，探索通过土地、资本等要素使用权、收益权增加中低收入群体要素收入。完善农民工资性、经营性、财产性、转移性收入增长机制，多渠道增加农民收入，持续缩小城乡收入差距。以农民工、新型职业农民、高校和职业技术院校毕业生等为重点，切实增加低收入者收入，缩小收入分配差距，扩大中等收入群体规模。发展慈善事业，培育打造具有合肥特色的慈善项目、慈善品牌。

第二节　实现更高质量就业

坚持就业优先战略。千方百计稳定和扩大就业，坚持经济发展就业导向，实现经济发展与扩大就业良性互动，加快建设实体经济与人力资源协同发展的产业体系，提升就业容量和质量，促进充分就业，保障劳动者待遇和权益。加强重点群体就业保障，健全劳动关系协调机制，持续开展“四进一促”专项行动，促进高校毕业生、下岗失业人员、农民工、退役军人、受灾群众、困难居民等重点群体就业。健全就业需求调查和失业监测预警机制。

健全公共就业创业服务体系。健全统一规范的人力资源市场体系，加快建立协调衔接的劳动力、

人才流动政策体系和交流合作机制。扩大公益性岗位安置，帮扶残疾人、零就业家庭成员就业，动态消除家庭“零就业”。完善促进创业带动就业、多渠道灵活就业的保障制度，大力发展基于平台经济、数字经济、宅经济的“新就业形态”。着力提升人力资源市场供求匹配能力，增强人力资源流动，创造新的“人口红利”。营造公平就业环境依法纠正身份、性别等就业歧视现象，保障城乡劳动者享有平等就业权利。到2025年，力争实现城镇累计新增就业65万人。

提升劳动者素质能力。大力发展现代职业教育，深入实施职业技能提升行动，加快建立劳动者终身职业技能培训制度，着力提升培训针对性、有效性。大力弘扬劳模精神、劳动精神和工匠精神，选树命名“合肥工匠”，畅通产业技术工人职业上升渠道，持续办好职工职业技能竞赛和职工创新成果评选活动，积极申办全国职业技能大赛。建设认定一批高技能人才培训基地、公共实训基地、就业实训基地、技能大师工作室和人力资源产业园。

第三节 健全多层次社会保障体系

提高全民社会保险水平。按照兜底线、织密网、建机制的要求，持续实施全民参保计划，健全覆盖全民、统筹城乡、公平统一、可持续的多层次社会保障体系。发展多层次养老保险体系，规范发展第三支柱养老保险，完善城乡居民养老保险基础养老金正常调整机制，健全机关事业单位养老保险政策和职业年金运转制度，落实渐进式延迟法定退休年龄政策。深化医疗保障制度改革，完善基本医保、大病保险、生育保险和医疗救助政策，加快推进医疗保障基金监管制度改革和医保支付方式改革，落实异地就医结算，探索建立长期护理保险制度，推进以社保卡为载体的公共服务“一卡通”。

完善社会保障机制。持续完善城乡社会救助体系，提升困难群体保障水平。统筹社会福利、慈善事业、优抚安置等制度，健全农村留守儿童、妇女、老年人关爱体系，大力发展残疾人事业。推进中央财政支持住房租赁市场发展试点，完善长租房政策，有效增加保障性住房供给。建设以家庭为单位的福利支持体系，切实减轻家庭在住房、医疗、教育等方面的支出负担。完善失业保险、工伤保险制度，健全灵活就业人员社保制度，健全退役军人工作体系和保障制度。

第四节 办好人民满意的教育

深化教育领域综合改革。全面贯彻党的教育方针，落实立德树人根本任务，健全学校家庭社会协同育人体系，坚持社会主义办学方向，坚守为党育人、为国育才，深化社会主义核心价值观教育，重视青少年身心健康教育，促进学生德智体美劳全面发展，营造刻苦学习、快乐成长的良好氛围。全面深化新时代教师队伍建设改革，提升教师教书育人能力素质。深入推进管理体制、办学体制、人事制度、招生考试制度和教育综合评价体系改革，增强教育改革的系统性、整体性、协同性，破解教育发展突出问题。积极构建精准化、动态化、数据化、智能化新型教育治理体系，实现智慧学校全覆盖。

促进基础教育优质均衡发展。提升学前教育办学水平，逐步提高公办园比例，稳步发展普惠性民办园。到2025年，公办园在园幼儿占比达到60%，普惠性幼儿园在园幼儿占比达到85%以上。推进城乡教育一体化和义务教育优质均衡发展。优化高中教育资源布局，实施“普通高中倍增计划”。加速扩大优质教育资源供给，推广区域教育结对帮扶、集团化办学模式，积极引进国内优质教育资源。加快国家级新课程新教材示范区建设，打造“学在合肥”教育品牌。五年新增基础教育学位30万个以上，构建与人口规模和群众需求相适应的高质量教育供给体系，让学生从“好上学”到“上好学”。

促进职业教育提质培优。围绕战略性新兴产业、现代服务业重点领域发展需求，实施职业教育提质培优“八大”工程，深化国家产教融合试点市建设，稳步发展高层次职业教育，扩大专科层次高等职业教育，发展本科层次职业教育，推动专业、就业、产业一体贯通。深化职业教育供给侧结构性改革，高质量完成省级中等职业学校办学水平评估，全面提高职业院校办学水平。探索中职—应用型本科贯通培养，构建从中职教育到专业学位研究生教育相衔接的人才培养体系。重点建设1所以上高水平应用型本科院校、2所高水平高等职业院校、10所左右高水平中等职业学校和一批骨干特色专业（群），打造全国职业教育名城。

提升高等教育发展质量。支持中国科学技术大学办成中国特色、世界一流大学，支持合肥工业大学和安徽大学等高校建设一批世界一流学科，实现与区域经济发展的高效对接。推动合肥学院创建高水平应用型大学，合肥职业技术学院和合肥幼儿师范高等专科学校高水平高职院校和专业建设；推进安徽大学江淮学院转设成市属高水平应用型公办本科院校。扩大高等教育对外开放，积极引进国内外名校在肥办学，支持在肥高校与国内外高水平大学、科研院所开展科研合作和师生交流。

发展多元特色教育。实施特殊教育全覆盖，探索建立适合残疾幼儿身心发展的学前教育模式，全面普及残疾儿童义务教育，鼓励社会力量举办残疾人高中教育、中等职业教育。加强民族团结进步教育，办好合肥三十五中西藏班、合肥幼儿师范高等专科学校新疆班，推进各族学生交往交流交融。规范民办教育发展，大力开展规范校外培训机构专项治理。推动政府、社会、市场、企业等多方协同，形成以需求为导向、共建共享的终身教育发展机制。加强国际理解教育，深化教育开放合作与交流，拓展师生国际视野。

专栏二十七　教育领域重点项目

基础教育。建成合肥六中新校区、合肥九中新校区、合肥一中东校区、合肥一中教育集团淝河校区、合肥八中教育集团运河新城校区，推进北师大实验学校、科大附中高新中学、中科大高新园区附属中小学、巢湖四中新校区、庐江三中新校区等项目建设。

职业教育。建成合肥幼专梅冲湖校区、黄麓师范学校改扩建工程（二期）、合肥职业技术学院大学生创新就业中心一期、合肥学院智能制造产教融合实训基地、合肥幼专产教融合实训基地。推进合肥市工程技术学校新校区、合肥职业技能公共实训中心、水湖镇产教融合园区等项目建设。

高等教育。支持建设中国科学技术大学国际学院、合肥工业大学智能制造技术研究院、安徽大学未来学院、安徽医科大学新医科中心。支持合肥学院创建合肥大学，建成安徽大学江淮学院新校区（暂定名）、合肥学院中德教育合作示范基地。

特殊教育。推进肥西县特殊教育学校新校、庐江县特殊教育学校、蜀山区特殊教育学校建设。

第五节　实施健康合肥行动

提升优质医疗资源供给。实施名医名科名院建设工程，深化与国内外高水平医院合作，积极推进国家区域医疗中心建设，培引一批医德高尚、医技精湛的医学领军人才，打造一批全省领先、全国有名的特色医技科室，建设群众信任的优质品牌医院，加快从“有医”向“优医”转变。强化卫生健康基础建设，加强紧密型县域医共体和城市医联体建设，推进社区医院建设，稳定乡村医生队伍，让广大人民群众就近享有公平可及、系统连续的预防、治疗、康复、健康促进等服务。深入推进“互联网+医疗健康”，加快智慧医院、互联网医院和国家健康医疗大数据（中部）中心建设，深化“智医助理”应用，拓展远程医疗服务，推广线上线下一体化医疗服务新模式，加快推进医疗资源共享普惠、优质便捷。发展高端医疗，加快离子医学中心建设和应用。到2025年，三级医院达到32家，每千常住人口医疗卫生机构床位数达到8.5张。

强化公共卫生服务能力。健全公共卫生应急管理体系，强化疾病预防控制体系，建设平战结合的重大疫情防控救治体制机制。加强应急指挥中心、防疫防控物资储备中心等建设，完善突发公共卫生事件监测预警处置机制，建立更加紧密有效的医防协同体系，提高应对突发公共卫生事件能力。加快推进市公共卫生临床医疗中心、综合医院传染病区等重点项目建设，深化传染病院“省市共建”，提升重大传染病救治和储备能力，建设区域性传染病救治基地。持续强化医学重点专科及人才队伍建设，加强全科医生培养，优化提升公共卫生机构服务水平，全方位全周期保障人民健康。全面加强采供血等服务能力建设，营造无偿献血良好社会氛围。加强急诊急救能力建设，广泛开展群众性应急救护培训，加快推进公共场所配备自动体外除颤器（AED）等急救设备。

深化医药卫生领域改革。建立稳定的公共卫生事业投入机制，深化公立医院体制机制改革，支持社会力量办医。加大疾病预防控制体系改革力度，加强农村、社区等基层防控和传染病医疗救治、疫情直报体系建设，提升重特大疫情防控救治能力，健全重大疾病救治制度。大力实施促进中医药传承创新发展专项行动，加强市中医院建设和中医专业人才培养，推动中西医相互补充、协调发展。深化药品、医用耗材集中带量采购制度改革，健全分级诊疗、现代医院管理等制度。

深入开展爱国卫生运动。丰富爱国卫生工作内涵，推动从环境卫生治理向全面社会健康管理转变，探索更加有效的社会动员方式，提高社会健康综合治理能力。推动将健康融入所有政策，把全生命周期健康管理理念贯穿城市规划、建设、管理全过程各环节。加强公共卫生环境基础设施建设，推进城乡环境卫生综合整治。全面推进卫生城市和卫生乡镇（县城）创建，持续提升省级卫生乡镇（县城）覆盖率。加快培育一批健康村镇、健康社区、健康单位（企业）、健康学校、健康家庭。加强卫生健康教育和科学知识普及，提高群众公共卫生素质。提升健康教育、慢病管理和残疾康复服务质量，重视精神卫生和心理健康，积极创建国家卫生城市和健康城市。

加快建设体育强市。统筹建设全民健身场地设施，通过新建、改造等多种方式完善社区体育设施，加大体育场馆、社区文体设施等补短板力度，推进公共体育设施和学校体育场地免费或低收费开放，建成城镇社区10分钟健身圈，人均体育场地面积不少于2.5平方米。群众体育更加惠民，完善覆盖城乡、规范有序、富有活力的全民健身组织网络，建立全民健身志愿服务长效机制。广泛开展全民健身活动，大力发展群众喜闻乐见的运动项目，全面普及青少年体育运动，推动妇女、老年人、职业人群、残疾人等群体健身体育广泛开展。提升竞技体育综合实力，创新优秀运动员培养和优秀运动队组建模式，构建符合科学发展要求的训练体系，力争全运会有金牌、奥运会有选手，积极创建国家、省级体育后备人才培养基地。积极申办国际国内大型体育赛事，打造国内外知名的品牌赛事，适度超前规划，建设具备承担重大国际、国内赛事能力的赛事体育设施。创新体育人才引进、培养、选拔、激励保障机制，建立人才流动绿色通道。加快发展体育产业，完善体育产业链条，促进体育与相关行业融合发展，打造合肥都市圈体育产业增长极。办好第五届全国智力运动会。

第六节 推动人口结构优化和素质提升

优化提升人口结构和素质。落实生育政策，增强生育政策包容性，引导生育水平适度提升，并稳定在合理区间，促进人口长期均衡发展。加强妇幼保健能力建设，加快改善妇产等医疗设施条件。普及优生优育政策，提高优生优育服务水平。强化出生缺陷综合预防和干预，提高出生人口素质。降低生育、养育、教育成本。加强青年思想道德引导，更好保障青年合法权益，建立健全促进青年发展政策体系和工作机制，探索推进“青年发展型城市”建设，优化青年成长环境。提高劳动年龄人口平均受教育年限。

完善幼儿托育服务体系。围绕打造儿童友好型城市，建立健全3岁以下婴幼儿照护服务体系。优先发展普惠托育服务体系，合理增加托位供给，积极推进托幼一体化建设，规划建设一批示范性托育服务机构，引导社会力量多方式提供托育服务。每年建成2-3个示范性托育服务机构，各县（市）区每年至少建成1个普惠性托育服务机构。到2025年，基本实现城乡社区（村居）托育机构全覆盖。

完善养老服务体系。落实积极应对人口老龄化国家战略，推动养老事业和养老产业协同发展，打造老年友好型社会。分类发展居家型、医养型、护养型、疗养型、结伴互助型等养老服务，构建具有合肥特色的居家社区机构相协调、医养康养相结合的现代智慧养老服务体系。建立多层次长期照护保障制度，健全老年人能力评估和长期护理需求评估体系。完善养老服务需求侧补贴政策，逐步增强老年人购买养老服务能力。培育居家社区养老服务企业和社会组织，开展“家庭照护床位”试点，支持发展社区嵌入式中小型养老机构，鼓励品牌化、连锁化运营。统筹发展农村养老服务，探索结伴互助性养老服务等发展模式。加强养老服务设施建设，提高新建城区、新建小区养老服务配套设施比重，推动老旧小区养老服务配置设施达标，各县（市）区公办机构养老设施实现全覆盖，建立市区和县城15分钟养老服务圈，各县建设1所县级失能照护服务机构。规范推进公办养老机构改革，有序推进社会化运营，不断提升服务质量水平，推动形成“兜底有保障、中端有市场、高端有选择”的养老供给格局。建设一批养老服务业发展园区，打造一批健康养老示范基地，积极发展银发经济。

专栏二十八　医疗健康和养老托育重点项目

卫生健康。建成复旦大学附属儿科医院安徽医院（国家儿童区域医疗中心）、安徽医科大学新医科中心、合肥市空港医院、合肥市第三人民医院新区、合肥市中医院、巢湖市中医院、合肥市妇幼保健院和口腔医院滨湖分院，推进安徽省儿童医院医技综合楼、安徽省第二人民医院业务大楼、安徽医科大学附属口腔医院高新院区、中科大一附院国家创伤区域医疗中心等项目建设。建设或完善1所高水平传染病专科医院或三级综合医院传染病独立院区，二级及以上综合医院建设相对独立的传染病院区或可转换病区。

体育健身。建成庐阳区全民健身中心、蜀山区全民健身中心、包河区全民健身中心，推进合肥市全民健身中心、合肥市冰雪运动中心、合肥奥体中心二期、滨湖全民健身中心（体育中心）、合肥市网球中心、合肥市田径馆、合肥市青少年体育集训中心（含水上训练基地）、合肥体育运动学校新校区、运河新城体育中心、高新区全民健身中心等项目建设。

养老托育。建成合肥市智慧养老中心、市属新站老年护理院、半汤疗养院康养中心、科大讯飞语音产业园配套托育项目、庐阳区创和托育机构、创和幸福庄园，推进安医大附属巢湖医院医养中心、运河新城国际医养综合体、安徽儒阳康复护理院等项目建设。

第七节　保障妇女、未成年人和残疾人权益

促进男女平等和妇女全面发展。制定实施合肥市新一轮妇女发展纲要。实现妇女儿童活动中心全覆盖，推动城乡社区和村普遍建立妇女儿童之家。统筹兼顾妇女在政治、经济、文化、社会和家庭生活各方面的发展权益，消除就业性别歧视，培养女科技人才，加强妇女卫生保健，促进妇女终身教育、平等就业、参与决策和管理。提高农村妇女“两癌”检查覆盖率，实施城镇低保适龄妇女“两癌”免费筛查，设立贫困妇女“两癌”救助专项资金。加强特殊困难妇女群体民生保障。

关爱保护未成年人。制定实施合肥市新一轮儿童发展纲要。依法优先保障儿童生存、发展、受保护和参与的权利，缩小儿童发展城乡、区域、群体差异。加强儿童思想道德建设，促进学校教育、家庭教育、社会教育协调互动，保障儿童身心健康。健全儿童关爱服务体系，加强困境儿童分类保障，加大对流动、农村留守儿童和困境儿童的救助关爱。优化儿童成长环境，提升儿童营养及食品用品质量安全水平，提高城乡社区儿童之家建设水平，创建儿童友好型城市。依法保障未成年人合法权益，保护未成年人身心健康，严厉打击危害儿童身心健康的违法犯罪行为，有效预防青少年违法犯罪。

加强家庭建设。实施“家家幸福安康工程”，实施家庭文明创建行动、家庭教育支持行动、家庭服务提升行动。加强对困难家庭、失独家庭、单亲特困等特殊家庭的政策支持、救助和服务。充分发挥家庭家教家风在基层社会治理中的重要作用，完善婚姻家庭纠纷预防化解机制，预防和制止家庭暴力。促进发展家庭服务，健全基本养老服务体系，加快发展家政服务业。

促进残疾人事业全面发展。大力发展残疾人康复、特殊教育，加强残疾人职业技能培训，促进残疾人就业创业。落实残疾人基本社会保障，完善残疾儿童康复救助制度，实施对残疾人的特别救助。健全残疾人服务体系，加快发展重度残疾人托养服务，培育发展残疾人社会服务组织。发挥我市人工智能、生物医药和大健康等产业优势，实施康复辅助器具产业提升工程，鼓励支持优势企业与大院大所合作研发推广康复辅助器具领域前沿技术、创新产品和应用场景，积极创建省级康复辅助器具特色产业园，完善康复辅助器具社区租赁制度，推动康复辅助器具产业高质量发展，满足人民群众对康复辅助器具需求。系统推进无障碍环境建设，增强全社会扶残助残意识，营造关心关爱残疾人的浓厚氛围。

第八节　提升社会治理现代化水平

完善基层社会治理能力。健全党组织领导的自治、法治、德治相结合的城乡治理体系，提升社会治理科学化、精细化、智能化。创建全国市域社会治理现代化试点合格城市。着力推进党建引领城

乡基层治理，推动社会治理和服务重心向乡镇（街道）、村（社区）下移，实施社区现代化治理工程，提升基层社会治安综合治理能力。建立完善“网络+网格”基层治理模式，加强基层网格化服务管理中心建设，推进综治中心（工作站）建设，夯实基层治理基础。

构建多元共治社会治理格局。健全社会和公众参与机制，深化城乡社区协商，推动“五社联动”，促进企事业单位、社会组织和公众广泛参与社会治理，依法保障居民知情权、参与权、决策权和监督权。大力培育社区服务类、公益慈善类、邻里互助类社区社会组织，着力培育农村社区社会组织，建立社会组织规范运行、监督管理和评估评价机制。加大对社会组织扶持力度，实施社会组织扶持发展专项计划。

第十三章 统筹发展和安全，推动平安合肥建设达到更高水平

全面落实依法治国方略，推进社会主义政治建设，践行总体国家安全观，实施国家安全战略，把安全发展贯穿经济社会发展各领域全过程，构建大安全格局，铸牢城市发展安全底板，树立公正和谐法治城市典范。

第一节 筑牢城市安全发展基础

加强国家安全体系和能力建设。完善国家安全领导体制和工作机制，深入落实市防范化解重大风险“1+9+N”方案体系，有效防范化解各领域重大风险。深入开展国家安全宣传教育，巩固国家安全人民防线。坚定维护国家政权安全、制度安全、意识形态安全，全面加强网络安全保障体系和能力建设。严密防范和严厉打击敌对势力渗透、破坏、颠覆、分裂活动。

完善国防动员体制机制。深化国防动员体制机制改革，健全国防动员政策法规制度，完善国防动员组织指挥体系，常态化组织国防动员指挥演练，提升国防动员组织指挥能力。深化后备力量调整改革，优化力量编建、训练、使用、管理、保障等机制，配套经济动员中心、区域保障中心、油料保障中心、医疗保障中心等保障设施建设，提高支援保障行动能力。加快国防动员和应急管理机制衔接，建立军地联合的应急指挥平台、信息共享的情报互通机制、军地一体的联合保障体系，提升应对各类突发情况能力。促进经济建设与国防动员协调发展，增强基础设施国防功能，强化全民国防教育，加强现代人民防空建设，巩固全国双拥模范城建设成果。

确保经济安全。加强经济安全风险预警、防控机制和能力建设，深入开展产业链风险排查，增强产业体系抗冲击能力。确保粮食安全，强化种子安全，保障能源安全，维护水利、电力、供水、油气、供热、交通、通信、网络、金融等重要基础设施安全，提高水资源集约安全利用水平。完善政府债务管理制度，防范化解政府债务风险，健全地方金融监管体系，坚决守住不发生区域性金融风险底线。

保障人民生命安全。全面提高公共安全保障能力，创建国家安全发展示范城市。完善和落实安全生产责任制，持续推进“铸安”行动，坚决防范和遏制重特大安全事故。强化生物安全保护，建立健全食品药品安全治理体系，强化疫苗药品等重点领域安全监管，创建国家食品安全示范城市。提升气象灾害、洪涝干旱、森林火灾、地质灾害、地震等自然灾害监测预警能力和防御工程标准，谋划实施新一轮“一规四补”水利工程，完善城市生命线安全运行监测系统。加强应急管理体系和消防救援能力建设，强化物资储备安全保障，发展巨灾保险，提高防灾、减灾、抗灾、救灾能力。

维护社会稳定和安全。坚持和发展新时代“枫桥经验”，畅通和规范群众诉求表达、利益协调、权益保障通道，完善信访制度，构建源头防控、排查梳理、纠纷化解、应急处置的社会矛盾综合治理机制。健全社会心理服务体系和危机干预机制。推进“雪亮工程”建设，实现智慧平安小区全覆盖，深化系列平安创建活动，持续开展“守护平安”行动，机制化开展扫黑除恶斗争，坚决防范打击暴力恐怖、新型网络犯罪，创建全国社会治安防控体系建设示范城市。落实重大决策社会稳定风险评估制度，提高预警预测预防能力。推进安徽警官职业学院、安徽公安学院建设。弘扬见义勇为精神，加强公益宣传，普及安全知识。

第二节 推进社会主义政治建设

坚持和完善人民代表大会制度。支持和保证人大及其常委会依法行使各项职权，健全人大对

"一府一委两院"的监督制度。保障拓展人大代表同人民群众联系渠道，健全代表议案建议交办、办理和督办机制。

坚持和完善中国共产党领导的多党合作和政治协商制度。加强人民政协专门协商机构建设，健全用好专题议政性常务委员会会议、专题协商会等协商方式，注重发挥民主党派、工商联和无党派人士作用，充分发挥社会主义协商民主独特优势，精准建言资政，更好凝聚共识。

巩固和发展最广泛的爱国统一战线。健全同党外知识分子、非公有制经济人士、新的社会阶层人士沟通联络机制。全面贯彻党的民族政策和宗教工作基本方针，扎实做好民族、宗教工作，支持民族乡、村建设发展。加强对台、港澳、外事和侨务工作。增强工会、共青团、妇联等人民团体的政治性、先进性、群众性。

第三节　深化法治合肥建设

持续完善科学立法。加强和改进立法工作，发挥人大及其常委会立法工作主导作用，健全地方立法工作机制。坚持立改废释并举，科学制定立法规划和计划，加强重点领域、新兴领域立法。依法优化政府职能，健全行政权力清单制度，完善重大行政决策公众参与、风险评估等依法科学民主决策机制。

深入推进文明执法。深化行政执法体制改革，推进机构、职能、权限、程序、责任法定化，严格规范公正文明执法，强化行政权力运行监督机制。建立完善执法协作联动机制，推进跨部门、跨领域综合执法体制改革。推动执法重心下沉，规范行政执法主体，健全执法保障体系。严格落实行政执法人员培训考核，强化执法证件管理。常态化开展关系群众切身利益重点领域执法监管。

扎实推进公正司法。深入实施司法改革，规范司法行为，推进司法公开，保障人民群众参与司法，完善司法监督制约机制。加强人权司法保障，持续完善防错纠错"制度链"，实行办案质量终身负责制和冤假错案倒查问责制。推动审务、检务、警务、狱务公开，实现跨部门网上执法办案业务协同。加强法治工作队伍建设，加快形成覆盖城乡、便捷高效、均等普惠的现代公共法律服务体系。加强执法联动，健全民生领域司法执法联席会议机制。加强法律服务队伍建设，依法保障律师执业权利。

持续开展法治宣传教育。实施"八五"普法，完善法治宣传教育工作机制，深入落实"谁执法谁普法"工作机制，将现代法治精神融入国民教育体系和社会文明建设中，形成社会"大普法"格局，切实增强全民法治观念，提升全民法治意识和法治素养。

第十四章　规划实施保障

建立健全规划实施机制，强化统筹协调和制度保障，最大程度激发全市人民的积极性、主动性和创造性，广泛团结一切可以团结的力量，凝聚起推动合肥高质量发展的强大合力，确保"十四五"规划的主要目标和战略任务顺利实现。

第一节　加强党的全面领导

全面落实新时代党的建设总要求，围绕在全省当好示范，巩固深化"不忘初心、牢记使命"主题教育成果，推动全市广大党员、干部学懂弄通做实习近平新时代中国特色社会主义思想，增强"四个意识"、坚定"四个自信"、做到"两个维护"，不断提高政治判断力、政治领悟力、政治执行力。严格落实全面从严治党主体责任、监督责任，提高党的建设质量。强化理想信念教育和党性教育，引导全市广大党员、干部坚持共产主义远大理想和中国特色社会主义共同理想。全面贯彻新时代党的组织路线，完善上下贯通、执行有力的组织体系，落实好干部标准，加强干部教育培训，着力锻造高素质专业化干部队伍，强化干部激励约束，以正确用人导向引领干事创业导向。改进高质量发展的政绩考核，充分发挥"指挥棒"作用。践行党的群众路线，推动党员、干部始终保持"放心不下"的心态，永远做忠诚的人民服务员。严格落实中央八项规定精神，持续纠治形式主义、官僚主义。严格落实党内监督各项制度，推动各类监督有机贯通、相互协调。一体推进不敢腐、不能腐、不想腐，营造风清气正的良好政治生态。

第二节　建立健全统一规划体系

构建以市发展规划为统领，市

级国土空间规划为基础，市级专项规划、区域规划为支撑，由市及县（市）区、开发区规划共同组成，定位准确、边界清晰、功能互补、统一衔接的市域规划体系。加强与国家、省级规划的衔接。市发展规划明确全市空间战略格局、空间结构优化方向及重大生产力布局安排。市级国土空间规划聚焦空间开发强度管控和主要控制线落地，为国家、省、市发展规划确定的重大战略任务、重大工程项目落地提供空间保障。市级专项规划具体指导特定领域发展、布局重大工程项目。市级区域规划指导跨行政区且经济社会活动联系紧密的连片区域发展战略任务。

第三节　强化政策要素保障

坚持规划定方向、财政金融作支撑、土地要素做保障，其他政策相协调，构建发展规划、财政、金融、产业等政策协调和工作协同机制。加强财政预算与规划纲要实施的衔接协调，财政性资金优先投向规划纲要确定的重大战略任务，引导金融要素资源配置方向和结构。积极争取国家和省的土地要素支持，制定落实土地征收成片开发方案，提升土地节约集约利用水平。强化能源、水资源支撑，深化环境容量控制，有效引导社会资源合理配置。

第四节　夯实项目支撑

坚持规划引领、项目支撑，围绕重点领域，聚焦新型基础设施、新型城镇化、交通水利等重大工程以及重大产业项目，谋划提出有全局性、前瞻性、带动性的大工程、好项目，推进一批强基础、增功能、利长远的重大项目建设，以重大工程、重大项目实施支撑规划目标推进落实。全面落实高质量“四督四保”，按照“土地要素跟着项目走、能耗指标围着项目走、严守生态保护红线优化路径走”要求，加大项目投入力度，推动一批“十四五”规划重大工程项目早开工、早投产、早见效。

第五节　严格评估督导

细化分解市发展规划确定的发展目标、主要任务，明确牵头单位和工作责任，强化部门联动，协调解决规划实施中的困难和问题。将市发展规划确定的主要指标分解纳入国民经济和社会发展年度指标体系，设置年度目标并做好年度间综合平衡。加强规划任务落实和评估考核，提升规划实施监测和评估能力，在规划实施年度、中期、末期，组织开展年度计划评估、中期评估和总结评估，并提请市人大常委会审议。探索引入第三方评估，作为规划评估考核的重要参考。完善规划实施动态调整修订和监督考核机制，发挥纪检监察、组织人事、统计审计等部门的监督作用，完善政府向人大、政协报告和沟通机制，发挥社会各界对规划实施的监督作用。

第六节　引导社会广泛参与

面向社会、面向群众多渠道广泛深入宣传规划的基本思路、主要目标和重要任务。推进规划实施信息公开，加大规划实施情况和发展成果的宣传推广，提高规划实施的民主化程度和透明度。坚持群策群力、共建共享，不断健全政府与企业、市民的信息沟通和反馈机制，激发社会各界投身合肥经济社会发展的积极性、自觉性和创造性，依法参与规划的编制实施和民主监督，营造全社会共同参与和支持规划实施的和谐氛围。

合肥市科技创新条例

（2021年8月24日合肥市第十六届人民代表大会常务委员会第二十九次会议通过
2021年9月29日安徽省第十三届人民代表大会常务委员会第二十九次会议批准）

第一章　总　则

第一条　为了深入贯彻实施创新驱动发展战略，加快推进合肥综合性国家科学中心建设，全面塑造创新驱动发展新优势，根据有关法律和行政法规，结合本市实际，制定本条例。

第二条　本条例适用于本市行政区域内的科技创新活动。

第三条　坚持把创新驱动作为全市发展主导战略，坚持面向世界科技前沿、面向经济主战场、面向国家重大需求、面向人民生命健康，构建以应用基础研究、技术创新、成果转化、产业创新、人才支撑、科技金融、知识产权为重点的全过程创新生态链。

第四条　本市设立科技创新委员会，作为专门议事协调机构，统筹协调科技创新活动过程中的重大问题，负责组织编制战略规划、研究制定政策措施、协调推进重大事项、评估督查重点工作、开展政策绩效评价等。

第五条　市人民政府应当推动合肥综合性国家科学中心建设，推动国家实验室、重大科技基础设施、前沿交叉研究平台等建设，建立支持关键技术突破的工作机制，服务保障国家战略科技力量。

第六条　市人民政府应当推动滨湖科学城建设，建立现代化基础设施体系，优化创新环境，推动国家实验室、综合性国家科学中心和滨湖科学城整体规划、一体建设，建设国家级科学城。

第七条　市、县（市）区人民政府应当加强对科技创新工作的领导，将其放在发展全局的核心位置，并做好下列工作：

（一）将科技基础设施建设、重大科技项目攻关、科技创新人才支撑、科技成果转化、高新技术产业发展等纳入国民经济和社会发展规划，制定科技创新专项发展规划；

（二）编制、修编国土空间规划应当充分保障科技创新发展的基本要求；

（三）加大财政投入，完善经费投入和使用机制，重点支持基础研究和应用基础研究、重大共性关键技术研究、社会公益性技术研究、科技成果转化、创新平台建设、知识产权创造和运用等科技创新活动；

（四）建立科技安全协调工作机制，加强科技安全制度建设，强化本市重点产业供应链安全保障，防范化解科技领域重大风险；

（五）建立创新驱动评价机制，把创新业绩纳入对各级领导干部考核内容；

（六）加强对创新主体、创新过程、创新成就的宣传，营造尊重人才、开放包容、追求卓越的创新文化；

（七）其他依法应当做好的科技创新工作。

第八条　市科学技术部门是科技创新工作的行政主管部门，负责科学研究、技术创新、科技成果转化和产业化等工作的监督管理。

市发展改革部门负责组织开展科技创新重大投资、重大工程等评估督导，研究提出战略性新兴产业发展规划和政策等工作。

市教育部门负责指导高等院校培养本市重点产业创新人才，推动高等院校学科建设、科学研究与产业发展联动等工作。

市经济和信息化部门负责推进产业结构调整和升级，组织协调新产品、新技术、新装备、新材料的推广应用等工作。

市知识产权部门负责做好科技创新工作中知识产权保护等工作。

市财政、人才服务、人力资源和社会保障、自然资源和规划、农业农村、商务、卫生健康、国有资产监督管理、地方金融监督管理、公共资源交易监督管理、司法行政等部门在各自职责范围内，做好科技创新相关工作。

第二章　创新平台

第九条　市人民政府应当建立国家实验室服务保障机制，实施国家实验室建设专项推进行动，支持国家实验室实施重大科技计划项目。

第十条　市人民政府应当规划建设大科学装置集中区，支持全超导托卡马克、同步辐射光源、稳态强磁场等大科学装置性能升级，推动聚变堆主机关键系统综合研究设施等大科学装置建设，推动重大科技基础设施集群化、协同化发展。

第十一条　市人民政府应当推动合肥综合性国家科学中心能源研究院、人工智能研究院、大健康研究院、未来技术研究院、环境研究院等各类前沿交叉研究平台建设。

第十二条　市人民政府应当支持高等院校建设世界一流大学和一流学科，支持科研院所建设世界一流科研院所；建立学科协同和多学科交叉融合发展的机制；支持建设基础学科研究中心、国家重点实验室等，推动重大科学研究。

第十三条　市、县（市）区人民政府应当支持合作共建科学研究、技术创新、成果转化和研发服务的新型研发机构，在建设运营、技术研发、人才招引、成果转化等方面予以支持。

新型研发机构在项目申报、职称评审、人才培养等方面可以适用科研事业单位有关政策。

第十四条　市、县（市）区人民政府应当建立集研究开发、检验检测、成果推广等功能于一体的产业集群或者产业基地服务平台。

支持建立创新联合体、技术创新中心；支持高等院校和科研院所建立专业化技术转移机构；支持企业与高等院校、科研院所合作建设产业创新中心、制造业创新中心、工程技术研究中心、企业技术中心、工业设计中心和院士工作站、博士后科研工作站等创新平台；支持企业建立研发中心、国家重点实验室，支持龙头企业建设开放创新服务平台。

鼓励、支持企业、高等院校、科研机构、社会组织等投资兴办科技型企业孵化器、众创空间等创新创业服务载体。

第三章　成果转化

第十五条　市人民政府设立的自然科学基金应当支持本市重点产业开展任务导向型应用基础研究，推动关键核心技术和产业共性技术突破。

市人民政府应当围绕本市重点产业的核心基础零部件、关键基础材料、先进基础工艺与基础软件等领域，组织实施科技重大专项，支持企业联合高等院校、科研院所开展攻关。

涉及国家利益以及社会公共利益的科技重大专项，可以通过定向委托、下达指令性任务等方式，组织关键核心技术攻关。

鼓励企业加大研发投入，围绕本市重点产业共性技术研发、重大科技成果工程化等开展科技攻关。符合条件的，市、县（市）区人民政府应当予以支持。

第十六条　市人民政府应当支持高等院校、科研院所、企业和个人投资建设各类概念验证中心，为实验阶段的科技成果提供技术概念验证、商业化开发等服务，支持建设综合性和专业性中试基地，为科技成果转化提供投产前试验或者试生产服务，支持高等院校与企业合作建立中试平台。

第十七条　市、县（市）区人民政府应当支持开展成果推介会、项目对接会、成果竞拍会等活动，促进成果转化供给与需求的有效对接。

第十八条　市、县（市）区人民政府应当建设科技市场，完善技术交易功能。

鼓励高等院校、科研院所、新型研发机构、企业和个人进入科技市场开展科技成果交易、转化、应用。

第十九条　市、县（市）区人民政府应当建立科技成果评价机制，完善社会组织、企业、投融资机构等共同参与的多元评价体系，推动创新链、产业链、价值链深度融合。

第二十条　鼓励建设综合性科技成果转化服务平台，支持其建立应用型科技成果资源库和企业技术需求库，收集汇聚各类创新主体科技成果和技术需求，定期发布成果和需求清单。

第二十一条　市、县（市）区人民政府应当支持科技服务机构和技术经理人队伍建设，为科技和产业创新提供技术转移、评价评估、挂牌竞拍、展览展示、认证认可等专业化服务。

第二十二条　市、县（市）区

人民政府应当建设科技成果转化示范基地和园区。

支持农业高新技术产业示范区、农业科技园区等建设，培育农业高新技术企业，鼓励开展农业种源关键核心技术科技攻关。

第四章　产业创新

第二十三条　市、县（市）区人民政府应当围绕本市重点产业，建立各类科技型中小企业、高新技术企业、高成长企业、领军企业等企业创新主体的全过程培育链条。

第二十四条　市、县（市）区人民政府应当加强技术应用场景基础设施建设，加大应用场景开放力度。

市、县（市）区人民政府应当面向社会发布技术创新需求清单，推动新技术、新产品推广应用、新业态衍生发展和新模式融合创新。

第二十五条　市、县（市）区人民政府应当推动产业基础高级化、产业链现代化，推动电子信息、家用电器制造、装备制造、汽车及其零部件制造等优势产业高端化、智能化、绿色化。

第二十六条　市、县（市）区人民政府应当推动产业创新，推动新型显示器件、集成电路、人工智能、新能源和节能环保、新能源汽车和智能网联汽车、高端装备制造、智能家电、生物医药、现代种业、文化和科技融合等战略性新兴产业发展，推动互联网、物联网、大数据与各类产业的融合。

第二十七条　市人民政府应当加快布局量子信息、生物制造、先进核能、下一代人工智能、分布式能源、类脑科学、质子医疗装备、新一代半导体、精准医疗、超导技术等未来产业，加快应用基础研究、技术开发、市场应用、产业链构建协同推进。

第五章　人才支撑

第二十八条　市、县（市）区人民政府应当制定措施，加强对科技创新管理人才的培养和引进。

鼓励高等院校围绕本市科技创新开展学科建设和人才培养，支持高等院校围绕本市重点产业设立产业学院和开设新专业。

支持企业与高等院校围绕本市紧缺人才、知识产权和成果转化专业人才合作办学，开展定向人才培训。

鼓励高等院校、科研院所、新型研发机构等创新主体培养急需紧缺人才，推动人才培养与产业链、创新链有机结合。

鼓励职业院校围绕本市重点产业培养高技能人才，建设技能大师工作室等高技能人才培训平台。

第二十九条　市人民政府应当制定人才引进制度，编制重点单位人才需求目录，建立市场化的人才发现和引进机制。

市、县（市）区人民政府应当建立人才创新创业绿色通道，优化人才创新创业公共服务，在住房、医疗、家属安置、子女教育等方面提供便利。

市、县（市）区人民政府应当为引进的外籍人才在本市工作、生活提供便利服务。

第三十条　鼓励科技人才在高等院校、科研院所和企业间合理流动。鼓励高等院校、科研院所设置一定比例的流动岗位，吸引具有创新实践经验的企业家、科研人员兼职。鼓励、支持科研人员在职或者离岗创办企业。

第三十一条　市、县（市）区人民政府应当建立以创新能力、质量、实效、贡献为导向的科技人才评价体系，建立体现知识、技术等创新要素价值的收益分配机制。

鼓励用人单位根据技术创新、科技成果转化等活动的不同特点，建立科技人才分类评价方式。

鼓励高等院校、科研院所建立科研人员收入与岗位职责、工作业绩、实际贡献紧密相关的薪酬激励机制。

第六章　科技金融

第三十二条　鼓励商业银行等金融机构建立服务科技型企业的风险控制和激励考核体系；在科技和产业资源集聚区设立科技支行等专营机构；创新科技金融产品，开展信用贷款、知识产权质押贷款、股权质押贷款、履约保证保险贷款、投贷联动试点等融资业务。

鼓励融资租赁机构为科技创新企业开展无形资产融资租赁业务。

鼓励保险机构为科技创新企业在产品研发、生产、销售各环节以及数据安全、知识产权保护等方面提供保险。

第三十三条　市、县（市）区人民政府应当推动覆盖种子期投资、天使投资、风险投资、产业投资、并购重组投资的基金体系建设。

鼓励社会资本依法设立创业投资基金、并购投资基金、产业投资基金等股权投资基金，开展创业、产业投资。

第三十四条　支持发展多层次资本市场和金融要素市场，支持科技创新企业依法开展上市挂牌、发行债券、并购重组、再融资等活动。

第三十五条　市、县（市）区

人民政府应当加强融资服务平台建设，为科技型企业提供线上化、智能化、批量化投融资服务。

设立政府性融资担保风险补偿资金，通过融资担保、提供信用增进服务等方式，降低科技创新的融资成本。

第七章 知识产权

第三十六条 市、县（市）区人民政府应当制定措施，促进知识产权与科技创新产业融合。

第三十七条 市、县（市）区人民政府应当引导高等院校、科研院所等创新主体转化自主创新成果知识产权，实施高价值专利培育计划、商标品牌战略，推动形成相关技术标准，在关键技术领域和重点产业培育知识产权贯标企业、示范企业、优势企业，引导企业建立知识产权管理制度。

第三十八条 市、县（市）区人民政府应当推动知识产权运营服务体系建设；围绕关键核心技术加强专利导航体系建设，推动本市重点产业知识产权运营中心建设；实施专利技术转移转化专项工作，完善专利开放许可运行机制，实施地理标志运用促进工程；支持知识产权保险工作；依法推进知识产权证券化，深化知识产权融资服务，鼓励、支持发行知识产权证券化产品。

第三十九条 完善知识产权保护体系，建立行政、司法、社会监督协同保护机制，推动中国（合肥）知识产权保护中心和知识产权法庭建设。

市、县（市）区人民政府以及有关部门应当建立知识产权侵权行为快速查处机制，提高行政执法效率。

完善知识产权纠纷多元化解机制，加强知识产权司法保护，充分发挥调解、仲裁等作用。

第四十条 市、县（市）区人民政府应当加强知识产权服务业载体建设，建立区域知识产权运营服务平台，培育知识产权服务机构，加强知识产权服务业监管。

第八章 创新环境

第四十一条 市、县（市）区人民政府应当建立科技创新专家咨询制度，成立由科技、产业、投资、法律等领域专家组成的科技创新决策咨询委员会，开展科技创新重大战略问题研究和决策咨询。

第四十二条 市、县（市）区人民政府应当推进产业投资项目承诺制审批，简化、整合项目报建手续，精简新技术、新产业、新业态、新模式准入和行政许可流程；开展效能提升专项行动，升级综合服务平台；开展制造业降本减负专项行动，降低制造业企业综合成本；优化项目工作机制，加快项目落地实施；优化项目要素配置，保障新兴产业项目用地。

第四十三条 市、县（市）区人民政府应当建立科技创新激励制度，依法设置科技创新奖项，对在科学研究、科学普及、科技服务、科技管理等活动中取得重大成果或者作出突出贡献的单位和个人给予激励。

鼓励社会力量按照有关规定设立科学技术奖项，对科技创新活动予以奖励。

第四十四条 弘扬科学家精神、企业家精神和工匠精神，宣传科技创新先进事迹，推动创新文化、创新精神、创新价值融入城市精神。

支持开展创新创业大赛、职工技术创新成果评选、技能大赛等群众性科技创新活动。

第四十五条 市、县（市）区人民政府应当加强对接长三角一体化科技创新合作交流，建立科技创新资源共享机制，建设大型仪器设备、科技文献等各类资源共享平台，推动重大科技基础设施、大型科学仪器设施以及科技信息、科学数据、科技报告等开放共享。

第四十六条 市人民政府司法行政部门应当会同有关部门建立公共法律服务平台，为高等院校、科研院所、企业以及科技人员的科技创新活动提供公共法律服务。

第四十七条 市、县（市）区人民政府应当加强科学普及工作。

市、县（市）区人民政府以及有关部门应当制定措施，实施全民科学素质提升行动，以及科技资源科普化、科普信息化、科普基础设施、基层科普能力提升、科学素质国际交流合作等工程。

第四十八条 有关单位和负责人在科技创新过程中作出的决策未能实现预期目标，但符合法律法规、国家、省市有关规定以及相关决策程序要求的，不作负面评价，依法免除相关责任。

科技人员在科技创新活动中依法履职、勤勉尽责，但由于客观原因未达到预期目标的，不作负面评价，并允许其在今后仍可享受相关科技政策，依法免除相关责任。

第九章 附 则

第四十九条 本条例自2022年1月1日起施行。

责任编辑：徐仙春

索 引

本索引采取主题分析索引法，按索引词首字汉语拼音字母顺序排列，同声同韵字按声调、同音字按笔画顺序排列，若首字相同则按第二字音序排列，依次类推。索引词后的阿拉伯数字表示该词所在页码，数字后的英文字母a、b、c 分别表示该页文字的左、中、右栏。

J

N

P

Q

R

Y

Z